耐火木造［計画・設計・施工］マニュアル

令和7年大改正完全対応版

著／佐藤 考一、小見 康夫、呉 東航、栗田 紀之、[A/E WORKS]

目次

5章 耐火木造の納まり

6章 耐火木造の現場

7章 大規模耐火木造の施工管理

8章 耐火木造の確認申請

令和7年大改正完全対応版の刊行にあたって

耐火木造を取り巻く状況の急激な変化を受け、今回の改訂では主に3つの加筆・整理に取り組みました。まずは木造耐火構造の例示仕様に関する内容の強化です。本書は大臣認定仕様の解説本として企画されましたが、現在は例示仕様との使い分けが実務的課題になっています。そこで認定仕様の最新内容を盛り込みつつ、例示仕様の特徴も詳述しました。

次に構造設計の解説を刷新しました。小規模建築物は仕様規定によって構造安全性を確保します。耐火木造の固定荷重の大幅増加を踏まえ、本書では小規模耐火木造の必要壁量の1.7倍増しを提案してきました。しかし、この提案は建築関連法規の令和7年改正によって役割を終えたと判断し、最新の構造規定の効果的運用に向けた内容に改めました。

3つ目は、言うまでもなく防耐火規定解説のアップデートです。近年は準耐火構造の適用範囲が著しく拡大し、耐火木造と準耐火木造の境界が曖昧になりました。複雑化した防耐火規定を丁寧に紐解いているので、耐火木造の理解はもちろんのこと、両者の使い分けの資料としても活用できる内容になっています。

著者を代表して　佐藤考一

推薦のことば〈初版より〉

このところ、木造建築には追い風が吹いている。ことに、公共建築物木材利用促進法によって、戸建て木造よりも規模の大きい木造建築を建てる機会が広がった。もちろん、民間の建築物でも、木造でつくろうという動きが盛んになりつつある。これらのことは、私のように木造建築にかかわってきたものにとって、非常にありがたいことである。

しかし、公共建築であれ民間建築であれ、いざ木造で建てようとすると、現実問題として、さまざまな障害がある。まず木材の調達ひとつとっても、たとえば地元の森林で採れる木材を集成材にしようとすると、どこにどう頼めばよいかがわからない。まして、それを無垢のまま製材として使いたいと思ったら、乾燥させる時間が必要なのだが、公共建築の場合、年度ごとの予算にどう対応させればよいのかなど、鉄筋コンクリート造や鉄骨造ではなかった問題がたくさんある。

話を設計に限っても、構造計算をどうやるか、防・耐火性能をどうやって確保すればよいかなど、これまた大きな問題である。構造計算の場合、法令の整備も進みつつあり、建築学会の設計規準や諸団体の計算マニュアルも、実務に使えるようにはなっている。しかし、ほかの構造に関しては熟達している技術者も、木造となったとたん、とまどうようである。防・耐火に関しては、燃えしろ設計など、もう20年以上も前からできるようになっている設計法すら、まだ十分には知られていないように思うし、まして最近の燃え止まりを考えた設計など、ほとんど理解されていないのではないかと思う。

このような状況を考えると、まず、木造でどんなことが可能かを示し、かつそれを実現するには、具体的にどうすればよいかということを、関係者、特に設計者に理解してもらうことが必要である。そして、本書は、耐火木造に関して、まさにそのような情報を盛り込んだ参考書であり、その出版は非常に時宜を得ている。

筆者たちは、A/E WORKSという専門家集団のメンバーで、いずれも研究者としての背景を持ち、かつ多くの設計や開発などの実務にも携わってきており、このような本の執筆者としてふさわしい人達である。しかも、それぞれに個性があり、この本でもそれぞれの得意分野を執筆している。

本書が、耐火木造の設計をするための参考となり、ひいては木造建築の発展のための一助となることを望みたい。

東京大学名誉教授　坂本　功

1

耐火木造の可能性

「耐火木造」の広がり

図1 耐火木造の広がり

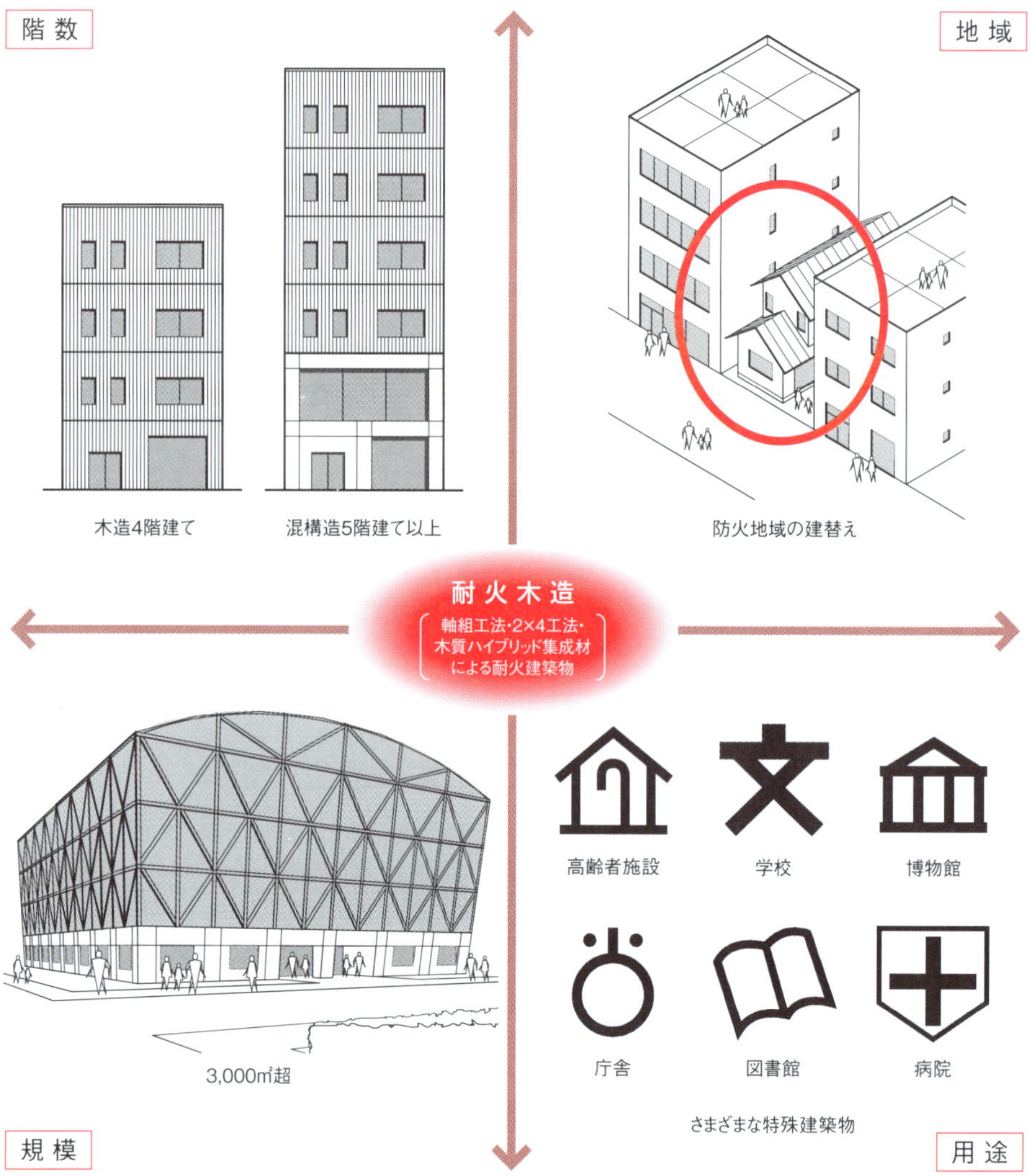

耐火木造の歩み

木造耐火建築物（以下、耐火木造と呼ぶ）は、2020年代に二つの顔を持つようになった。木質材料を用いた耐火構造が、一通りの部位に告示されたのは2018年のことである。しかし、こうした仕様が例示される前から、木造住宅の関連団体等※1が大臣認定を取得し、居住系建物を中心とした耐火木造づくりを進めてきた。その一方で、木質構造部材メーカーや大手建設会社が2時間耐火の認定仕様を本格的に展開し始め※2、2010年代後半からは3000㎡超の大規模建築物や5階建て以上の多層建築物も続々と建設されるようになったのである［図1］。

一言で言えば、前者は木造建築の高性能化の取り組みである。耐火性の向上が木造の適用範囲を広げ、構造安全性や遮音性などを引き上げる原動力になっていった。一方、後者は耐火木造が建築分野の技術的フロンティアになったことを示している。実際、大手建設会社の耐火木造には、仕口が混構造化されるといった、従来には思いもよらなかった構法も出現している。本章では木造住宅関連団体の統計資料や建築関連誌の掲載状況に基づき、耐火木造の二つの顔を確認してみよう。

※1：本書では（一社）日本ツーバイフォー建築協会、（一社）日本木造住宅産業協会、日本集成材工業協同組合を、それぞれ「2×4協会」「木住協」「日集協」と呼ぶことがある

※2：2016年に燃え止まり型（木材現し）の耐火木造を推進する（一社）日本木造耐火建築協会（以下、木耐建と呼ぶことがある）が設立された

図2　5階建て以上の耐火木造の例

〈庁舎〉「高知県自治会館新庁舎」RC造（1～3F）＋軸組工法（4～6F）延床面積：3,648㎡／竣工：2016年（設計・写真提供：細木建築研究所）

〈高齢者施設〉「花畑あすか苑」RC造（1F）＋2×4工法（2～5F）延床面積：9,773㎡／竣工：2016年（写真提供：三井ホーム）

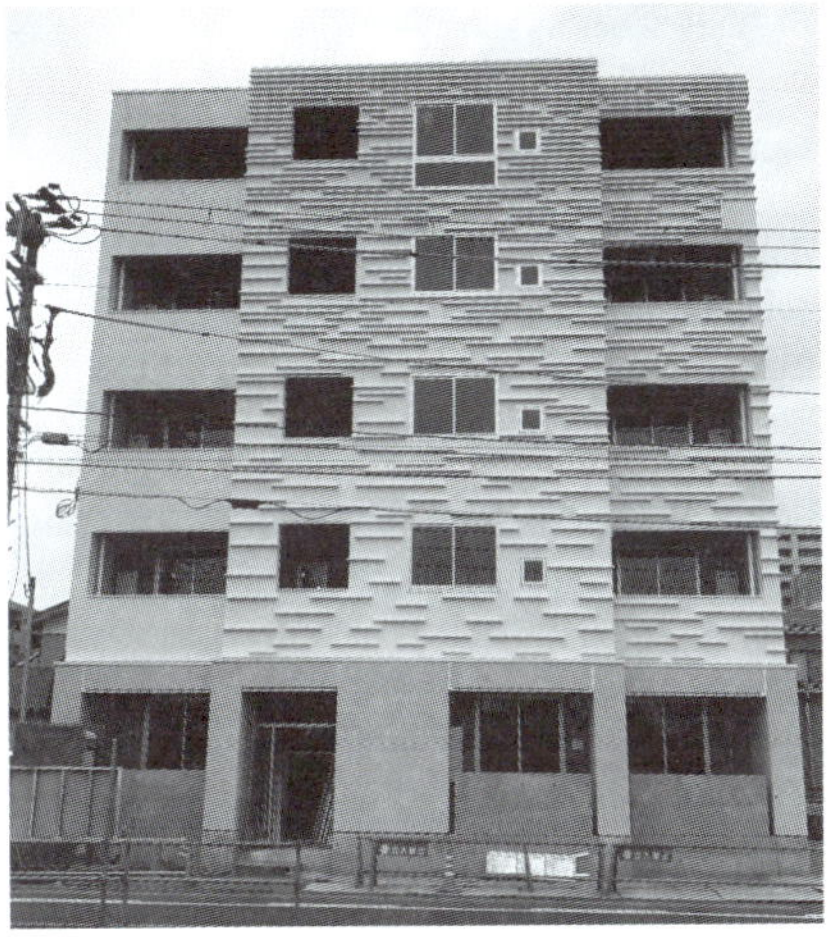

〈集合住宅〉「yeniev南笹口」軸組工法（5F）延床面積：742㎡／竣工：2018年（写真提供：大和不動産）

〈事務所〉「国分寺フレーバーライフ社本社ビル」S造（1～3F）＋木質ハイブリッド（4～7F）延床面積：601㎡／竣工：2017年（設計：スタジオ・クハラ・ヤギ、撮影：淺川敏）

建設エリアの広がり

2023年3月末の時点で、木造住宅関連団体の認定仕様を用いた耐火木造は9000棟に近づいている［22頁］。これらで目立つのは防火地域の戸建住宅である。防火地域に指定されるのは中心市街地か幹線道路沿いであり、そこには事務所ビルや店舗の建設が主に想定されている。しかし東京・神奈川の防火地域では、建替えの際に再び戸建住宅になることも少なくない。生活には慣性力が働く。こうしたエリアでは今でも木造住宅のニーズが根底に流れている。

その一方で準防火地域の集合住宅も目立つ。準防火地域は中心市街地周辺の住宅地などが指定される。こうしたエリアでは戸建住宅が集合住宅に建替わることもごく一般的である。

多層化の進行

もはや都市化が進んだエリアの木造は3階建てがデファクトスタンダードであるが、耐火木造ならば4階建ても建つ。既に木造4階建ては200棟を超えており、そのほとんどは防火地域か準防火地域に建っている。さらに混構造にすれば1時間耐火の仕様でも建築物としては5階建て以上が可能であり※3、こうした事例を建築関連誌で目にするようになってきている。

例えば、1万㎡近い規模を持つ花畑あすか苑

※3：例えば低層部にRC造などを用いて、この部分を2時間耐火仕様にした場合

図3 耐火木造の代表例

〈4階建て住宅〉軸組工法（左）延床面積：256㎡／竣工：2010年、2×4工法（右）延床面積：176㎡／竣工：2011年（写真提供：三井ホーム）

〈集合住宅〉2×4工法（3F）
延床面積：251㎡／竣工：2007年 （写真提供：住友不動産）

〈高齢者施設〉「明治清流苑」2×4工法（BF1＋2F）
延床面積：4,469㎡／竣工：2006年
（設計・写真提供：吉高綜合設計）

〈幼稚園・保育園〉「浦佐認定こども園」軸組工法（1F）
延床面積：1,950㎡／竣工：2011年
（設計：種村俊夫建築設計事務所、写真提供：シェルター）

〈庁舎〉「東部地域振興ふれあい拠点施設」S造（1～4F）＋軸組工法（5・6F） 延床面積：10,529㎡／竣工：2011年
（設計：山下設計、写真：解良信介）

〈オフィス〉「ウッドスクェア」木質ハイブリッド（BF1＋4F）
延床面積：6,593㎡／竣工：2012年
（図版提供：ポラスグループ）

は、耐火木造4階建てをRC造の1階の上に載せた建物である。実はこの建物は、RC造都営住宅の建替えであり、木造建築を取り巻く時代状況を象徴的に示している。また、高知県自治会館新庁舎は、RC造と耐火木造を3層ずつ組み合わせた6階建てである。1階と2階の間に免震装置を設置した中間階免震建物になっており、多層化の進行に伴って木造の構造設計が新たな段階に突入したことを感じさせてくれる［図2］。

その一方で、木造のみの5階建て以上も建ち始めている。2時間耐火の認定を取得した企業が現れたのは2014年である。現在は日本木造住宅産業協会も日本ツーバイフォー建築協会も、2時間耐火の認定を取得しており、それらの仕様をマニュアル類に掲載している。つまり、耐火技術上は、14階建てまでの木造を通常の建築確認手続きで建てられる状況になっている。

多様化するビルディングタイプ

防火・準防火地域に指定されていなくても、所定の用途・規模には耐火建築物が要求される。とりわけ防火・準防火地域の外側のエリアで目立つ耐火木造が高齢者施設であり、集合住宅（共同住宅）に並ぶ建設実績がある。

その他にも学校や庁舎や体育館など、さまざまな耐火木造が建てられ始めている。実際、2010年に施行された公共建築物木材利用促進法※4（通称）

※4：2021年改正よって民間建築物も対象になり、名称も「都市の木造化推進法」（通称）に改められた

表 耐火木造づくりに関連する主な技術基準の整備状況

年	内容*1	左記に関する技術基準の変化
2014	木造耐火構造（1時間）の例示仕様の登場	平12建告1399号改正
2015	木造による大規模建築物の禁止規定を撤廃、延焼防止に用いる壁等に関する性能の明確化	法21条改正、令109条の5・平27国告250号
2017	木造耐火構造の開口部・防火区画貫通部措置の明確化	BCJ マニュアル出版*1
2018	木造耐火構造の例示仕様が一通りの部位に出揃う	平12建告1399号改正
2019	木質系混構造の構造計算ルートの明確化	住木センター手引き改訂*2
	耐火建築物相当の建築物（3階建て以下）の導入：準耐火建築物の適用範囲の拡大	法61条・令136条の2改正・令元国告194号
2023	耐火性能を30分刻みに細分化 木造耐火構造1.5時間の例示仕様の発場	令107条改正 平12建告1399号改正
2024	木質系混構造の構造計算（ルート2）のクライテリアを緩和	昭55建告1791号改正
2025	簡易な構造計算（ルート1）の適用範囲を拡大	法20条改正
	省エネ基準の適合義務の範囲を拡大	建築物省エネ法6条改正
	早見表等を用いた壁量計算方法の導入	令46条改正

*1 「木造建築物の防・耐火設計マニュアル」日本建築センター
*2 「木質系混構造建築の構造設計の手引き」日本住宅・木材技術センター

を後ろ盾として、様々な公共建築が木造で建てられており、みんなの森ぎふメディアコスモス［15頁］のように、建築作品として話題になった木造の耐火建築物も現れている。

もちろん、こうしたビルディングタイプを木造の準耐火建築物として建てることも可能である。しかし、その場合は所定の規模までであり、どのような用途であれ3000㎡を超えれば単なる準耐火建築物として建てることはできなくなる。※5そのため準耐火建築物の計画には、程度の差こそあれ規模的な制約がつきまとう。耐火木造はこうした制約を解き放ち、木造建築に多様性をもたらし始めている［図3］。

大規模木造の解禁と技術基準の整備

2010年代中頃から、建築関連誌は定期的に木造特集を組むようになった。現在では年間80棟を超える木造建築が掲載されており、もはや大規模耐火木造の記事を目にすることは珍しくない。こうした状況は、建築基準法第21条の大規模木造の禁止規定が撤廃されたことによって加速した。もちろんそれまでにも、例外的な規定に基づいて3000㎡超の木造建築をつくることは可能であった。しかし建築基準法の2015年改正を皮切りに、耐火木造づくりを支える技術基準が次々に整備され［表］、大規模建築物や多層建築物を木造でつくることが当たり前になり始めたのである。

実際、近年の建築基準法には劇的な変化が生じている。従来の耐火性能（耐火時間）は、建物の階数（避難距離）に応じて1時間刻みに定められていた。しかし、木造による多層建築物づくりを促進するために建築基準法施行令第107条が改正され、2023年からは30分刻みに改められている。

建築基準法第20条は、構造安全性能を確認する際、建物高さと規模に応じて計算方法を使い分けるよう求めている。従来、木造建築の構造計算ルート1は、建物高さ13m（軒高9m）以下に限定されていたが、2025年には適用範囲が高さ16mへと引き上げられる。さらにルート2についても、木質系混構造を念頭に置いた新たな規定が制定され、既に2024年には施行されている。

耐火性能と耐震性能に関する規定は、建築基準法の単体規定の根幹である。こうした技術基準の核心部分が今日的な木造建築づくりのために変化しているのであるが、その余波は資格制度にまで及んでいる。建築士の業務範囲は法第20条の規模区分に立脚している。そのため、前述の改正と合わせて建築士法の改正も予定されている。つまり二級建築士が扱える木造建築は、延べ面積300㎡以下に縮小する一方で、高さは16mにまで拡張されることになった。

※5：2019年からは準耐火構造によって「耐火建築物相当の建築物」をつくることが可能になった（36頁）

耐火木造の導入の契機

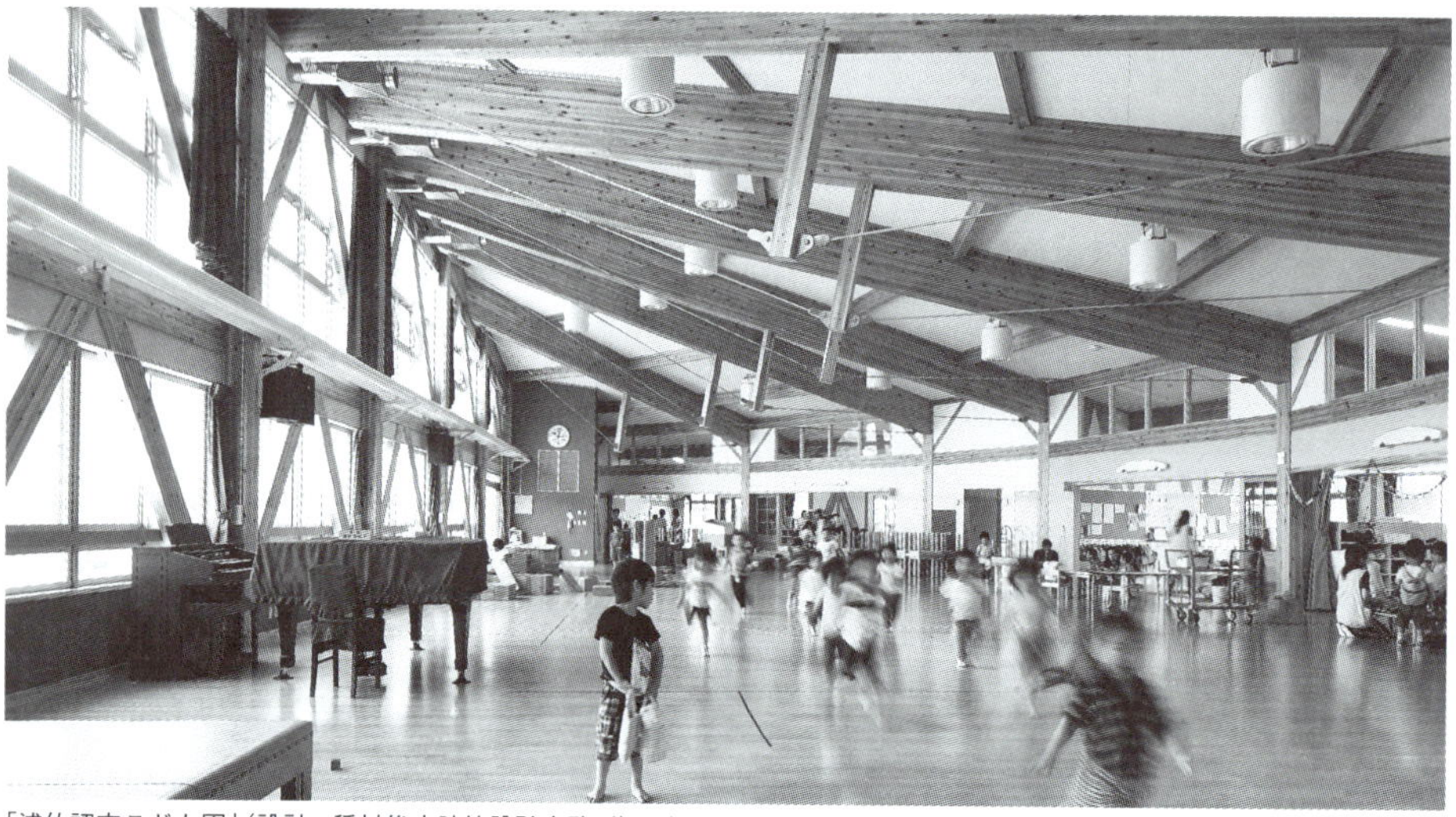

「浦佐認定こども園」（設計：種村俊夫建築設計事務所）の内観。耐火木造（軸組工法）によって木造平屋建てを1,000㎡以内に区画　（写真提供：シェルター）

図1 工事単価の比較（特別養護老人ホームの場合）

●各種構造方式の一床当たりの工事単価例

坪単価×床面積／床＝一床単価

事例1 耐火木造（2×4工法）
53.8万／坪×66.0㎡／床
1,070万／床

事例2 準耐火木造（2×4工法）
59.2万／坪×37.5㎡／床
673万／床

事例3 鉄骨造
62.5万／坪×64.9㎡／床
1,227万／床

事例4 RC造
71.3万／坪×48.2㎡／床
1,040万／床

データ提供：井上由起子

●従来型施設の一床当たりの工事単価※1

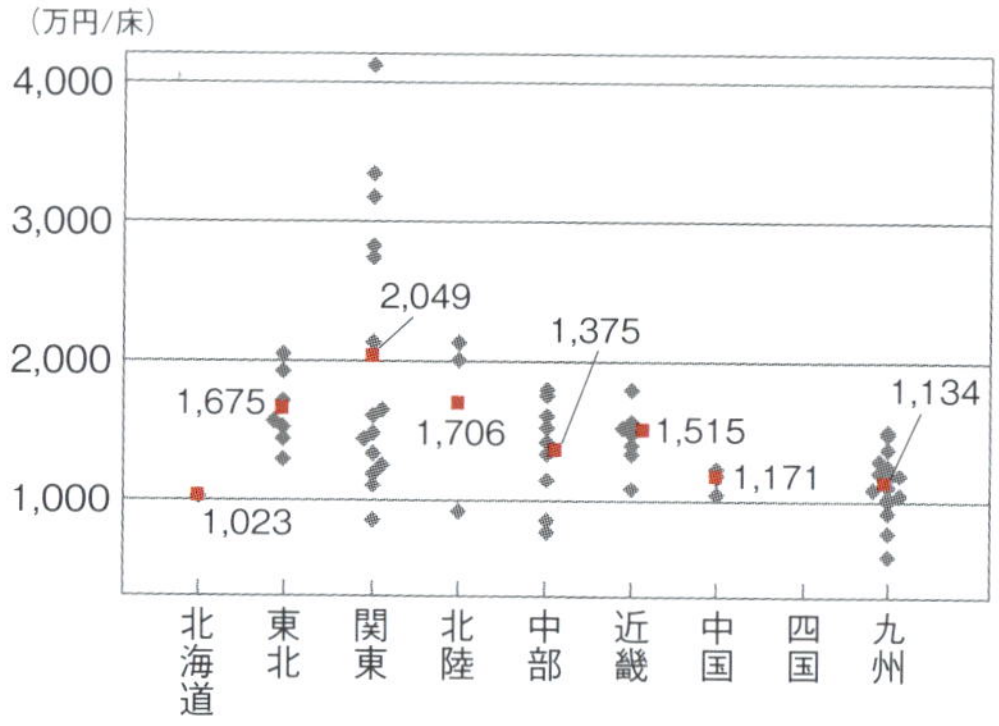

（注）工事単価は設計監理料と備品費を含めずに求めたもの

脱施設化への期待

戸建住宅への建替えでは、建築主側に木造住宅のニーズがある。耐火木造が防火地域の戸建住宅に採用されるのは自然な成り行きでさえある。では戸建住宅以外の建築物には、どのような動機で耐火木造が導入されているのだろうか。

耐火木造の先駆けとなった建築物用途の1つに高齢者施設がある。実はここにも建築主の意向が大きく働いている。もっとも、こちらの場合は従来型施設への批判という背景がある。

現在、高齢者施設の拡充は社会的急務とされているが、介護のあり方自体も従来型からユニットケアへの転換が推進されている。つまり病棟のような収容施設を脱却し、介護の場を住宅に近づける取り組みが進められている。意識の高い介護事業者は、そうした介護空間そのものの刷新のこととして木造に期待を寄せている。

もちろん耐火木造を採用すれば必ず優れた高齢者施設が生まれるわけではない。今のところ見識ある建築主の下に、耐火木造という新技術に意欲的にチャレンジしている設計者と施工者が集まることによって、プロジェクトに一定の水準が保たれていると考えるべきであろう。

※1：「高齢者施設における建物整備と法人経営」（平成20年度厚生労働省老人保健事業推進等国庫補助事業）日本医療福祉建築協会、2009.3

木造：耐火木造（2×4工法）の小屋トラスの建て方「りんどう麻溝」（写真提供：西武建設）

S造：鋼材の工場溶接

RC造：コンクリート打設

構造材料の選択とコスト・工期

とは言え、事業性を無視して耐火木造が採用されているわけではない。耐火木造の工事単価をRC造やS造と比較した試みは少ないが、※2 高齢者施設については耐火木造の経済的優位性を示した例もある［図1］。ただしユニットケアの導入で面積が増えることも多いため、一床当たりの単価が大きく異なるわけではないという指摘もある。

耐火木造高齢者施設の関係者ヒアリングによれば、工事単価以上に評価が高いのは工期である。※3 ほとんどの高齢者施設は地方自治体経由で補助金を受けているため、事業実施の決定から竣工までが1年ほどということも少なくない。こうしたスケジュールを強いられる介護事業者にとって短い工期は魅力的である。

もっとも耐火木造は普及途上の技術である。価格や工期の優位性が常に得られるのか疑問に思うかもしれない。実際、これまでに設計者のイニシアチブで耐火木造高齢者施設が建設されたという報告はないので、RC造やS造に対する優位性を、説得力を持って説明できる設計者は少ないのであろう。しかし耐火木造の関連団体は、登録制によって耐火木造技術を運用しており、最新の施工実績を把握している。講習会の質疑応答などを含めた各種参考情報はこうした団体から入手できるし、大手建設会社も急速に知見を深めている。

※2：木住協は「木造1時間耐火建築物の設計事例（2009.5）」や「同（2010.5）」でコスト比較例を示している
※3：建築環境ワークス「耐火木造による福祉施設建設指針策定事業報告書」（平成22年度社会福祉振興事業）2011.3

図2 住宅のライフサイクルCO2内訳 一般的な木造住宅の例※5

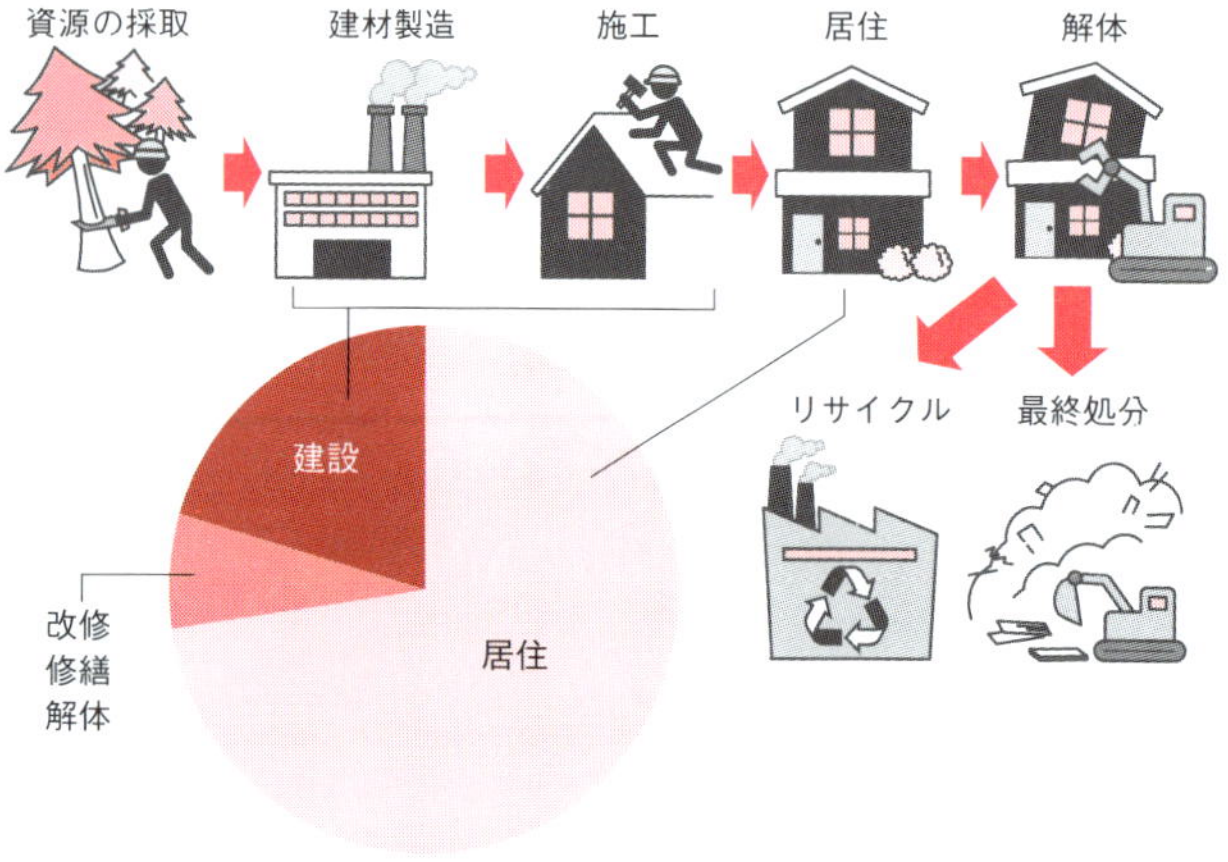

表 CASBEEによるCO2排出量の試算※4

戸建住宅	CO_2排出量（kg-CO_2/年 ㎡）	
	建設段階	修繕・更新・解体
木　造	8.915	3.023
鉄骨造	15.051	2.847
RC造	16.831	3.132

〈摘要〉次の条件（すべてレベル3）で試算
①躯体：寿命30年
②屋根材・外壁材：25～50年の耐用性
③維持管理：特別な取り組みなし

図3 木材の炭素循環※6

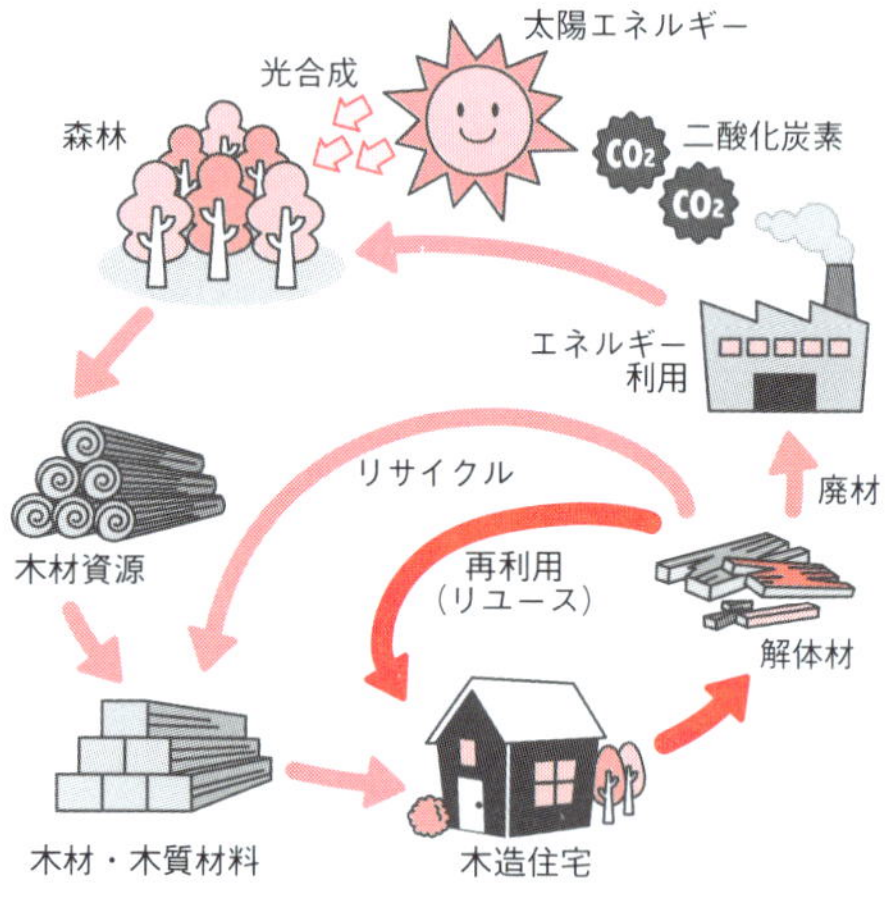

元祖カーボンニュートラル

'90年代後半から地球温暖化が広く認識され始め、その抑止策としてCO_2に代表される温室効果ガスの削減が社会的に要請されるようになった。各種建材製造から建築物の解体に至るまでに排出されるCO_2の内訳を見ると、その3／4ほどは建築物の利用段階で発生する［図2］。そのため建築関連の取り組みはまずはこの段階のCO_2削減が目標とされ、省エネ仕様の普及が推進されてきた。たとえば1990年頃にペアガラスを用いた戸建住宅は北海道を除けばほとんど存在しなかった。しかし、現在では新築戸建のほとんどにペアガラスが採用されている。さらに最近ではLED照明への転換も加速している。

このように利用段階のCO_2削減のめどが立ったことから、建設段階でのCO_2の削減が注目され始めている。評価ツールも徐々に整備され、表が示すように、建設段階のCO_2排出量を各種建築物で求めることが可能になっている。こうしたツールによっても木造建築はCO_2排出が少ないことが確認され、環境負荷が小さな建設方式であることが再認識されている。

もちろんS造やRC造でもCO_2の排出削減に向けた取り組みは進められている。材料のリサイクル率などが変われば表の値も変化する。ところが、さらにリサイクルを考えた場合にも木材にはCO_2排出に関する優位性がある。

自然中の炭素はさまざまな状態で循環しており、CO_2はその1つに過ぎない。図3が示すように、建材の製造段階でCO_2を排出したとしても、全体的な生産サイクルの中で吸収できれば温室効果に影響を与えることはない。こうしたさまざまな炭素循環を考えたリサイクルが各種材料で考えられるようになったが、木材の場合、この炭素循環の期間が短いという特徴がある。つまり木を伐採しても適切に植林を行えば、人の平均寿命の間には再生する。木材利用と温暖化対策は矛盾するものではなく、むしろ効果的な組み合わせであり、こうした炭素循環は他の材料には見いだせない特色になっている。

※4：「CASBEE戸建-新築評価マニュアル（2010年版）」IBEC、2011.3、pp.192-1951より作成　※5：同左p.189より作成
※6：http://www.2x4assoc.or.jp/builder/act/environment/eco-material.html（閲覧日2012年1月31日）より作成

公共建築と耐火木造

耐火木造(軸組)とS造の混構造による公共建築：「東部地域振興ふれあい拠点施設」の建て方　(写真提供：山下設計)

図1 公共建築物木材利用促進法の推進スキーム※1

〈農林水産大臣・国土交通大臣による基本方針の策定〉

低層の公共建築物については原則としてすべて木造化を図る

↓

木材利用促進のための支援措置の整備

〈法律による措置〉
- 公共建築物に適した木材を供給するための施設整備などの計画を農林水産大臣が認定

〈木造技術基準の整備〉
- 本法律の制定を受けて、官庁営繕基準について木造建築物にかかわる技術基準を整備

〈予算による支援〉
- 品質・性能の確かな木材製品を供給するための木材加工施設などの整備への支援

公共建築のジレンマ

かつて木造の公共建築は禁忌であった。正確に言えば、小さな公共建築物は木造でつくられ続けたものの、いわばお目こぼしであった。木造公営住宅が1つも新設されなかった1972年、当時の建設省担当者はこのことを誇りにしていたという。※2 このエピソードは、原則として木造を禁止しつつも、現実の建設手段としては木造を使わざるを得ないという公共建築が陥った矛盾を如実に示している。

防災拠点としての公共建築

1993年、建築基準法の改正によって準耐火建築物のカテゴリーが導入されると、大規模な木造の公共建築が徐々に建設されるようになった。しかしそれらの多くは林産地に建てられた、地元産材のショールームのようなものであり、結局は林産地以外の公共建築の木造化を促す原動力にはなり得なかった。

その理由は決して複雑ではない。学校などの公共建築物は災害時の避難所として利用される。そのため、原則としてそれらは耐火建築物として建てることが求められている。さらに戦後の建築行

※1：「公共建築物等における木材利用の促進スキーム」http://www.mlit.go.jp/common/000119022.pdf（閲覧日2012年1月31日）、国土交通省、2010.10より作成　※2：鎌田宜夫「木造住宅政策を振り返る」群居37、1994.12、pp.29-32

図2 木造学校施設の推進施策の例

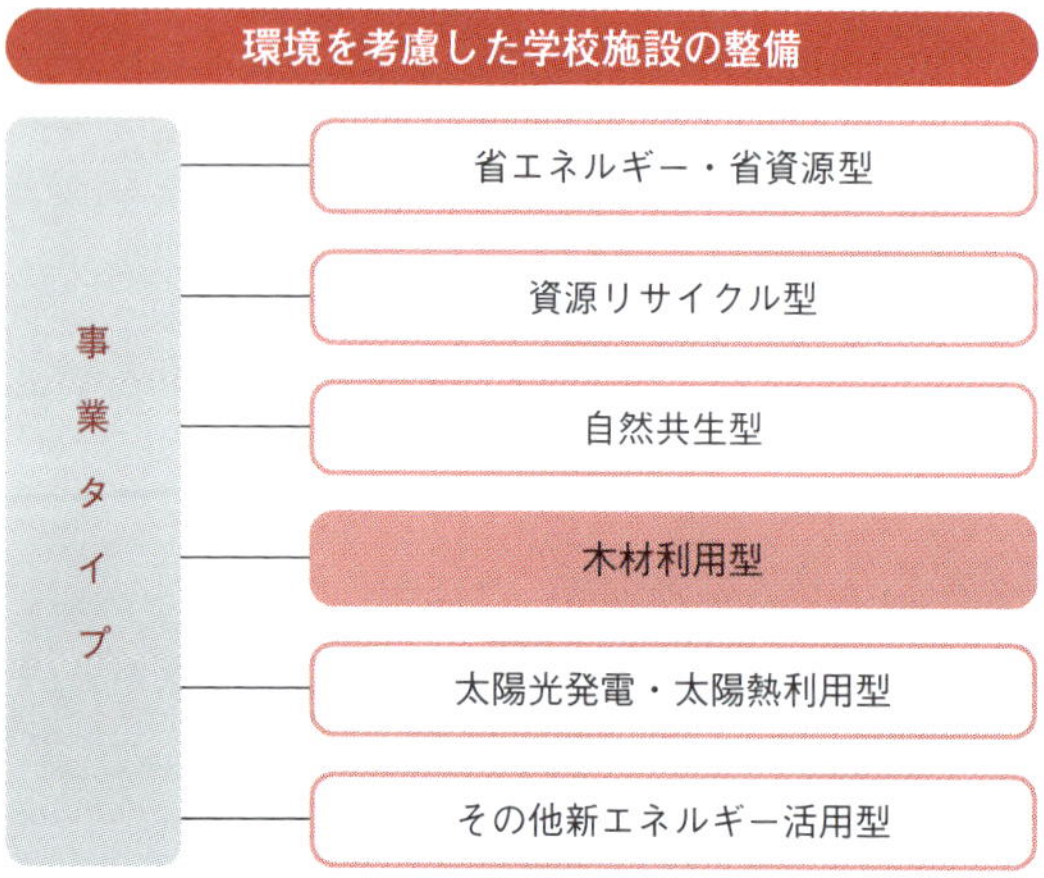

エコスクール・パイロットモデル事業※3

市町村有林の活用（栃木県茂木中学校）

政の根底には不燃化というポリシーが流れている。2000年に建築基準法が性能規定化されるまで、不燃化とは木材を使わないことと同義であった。こうした強力な原則が陰に陽にある以上、たとえ準耐火建築物の公共建築が可能であったとしても、積極的に木造化を促進するインセンティブにはならなかったのである。

木造公共建築の振興施策

ところで見方を変えれば、公共建築とは耐火建築物の一大マーケットである。耐火建築物であれば、特定の構造材料にこだわることなく、公共建築の特性に応じて使い分けられることが自然な姿である。2010年代には「公共建築物等における木材の利用の促進に関する法律（通称：公共建築物木材利用促進法）」によってそうした公共建築物づくりが推進されるだけでなく［13頁図1］、エコ推進の文脈からも様々な木造振興策が実施された［図2］。

しかし公共建築が耐火木造の先導役を務め続けると考えるのは早計である。高度経済成長が始まった頃は、学校や郵便局や電信電話局などの先導によって、RC造の技術が日本各地に広まっていった。現在、日本全国の地元建設業者がRC造を建てられるのはこのためである。しかし当時は耐火建築物をつくる方法は実質的にRC造しか存在せず、この技術の習得なしに公共建築の受注は見込めないという事情があった。全国津々浦々にまでRC造やS造の技術が普及している今日、単に耐火建築物が可能であるという理由だけで耐火木造が広まっていくと考えるのは無理がある。実際2021年には、公共建築物木材利用促進法は「脱炭素社会の実現に資する等のための建築物等における木材の利用の促進に関する法律（通称：都市の木造化推進法）」へと改称され、そのターゲットが民間中高層ビルにまで拡大されている。

木造公共建築の動向

そうした問題意識を持って2010年代後半の木造公共建築を見ていくと、1990年代の木造ブームとは、取り組みのスタンスが異なっていることに気づく。もちろん、木造化や木質化の動機の1つが、地元産材の活用にあることは変わりがない。しかし、かつてのように木造づくりそのものが目的になっているというより、そのプロジェクトにふさわしい建物をつくる手段として木造化・木質化が図られている。

例えば長門市本庁舎の場合、水平力をRC耐震壁に負担させた平面混構造になっているが、防災拠点として高い構造安全性を確保するために免震構造にもなっている。つまり、あくまで木質部材は架構の構成要素であり、建物を単一材料で埋め尽くそうという態度は感じられない［図3］。

また、みんなの森ぎふメディアコスモスは、20

※3：「環境を考慮した学校施設の整備推進ーエコスクールパイロット・モデル事業事例集」文部科学省・農林水産省・経済産業省・環境省、2011.2より作成

図3 2010年代後半の木造公共建築の例

〈図書館〉「みんなの森ぎふメディアコスモス」耐火性能検証法ルートC（2F）
延床面積：15,295㎡／竣工：2015年
（設計：伊東豊雄建築設計事務所、写真：中村絵）

〈庁舎〉「国見町役場庁舎」木質ハイブリッド（3F）
延床面積：4,824㎡／竣工：2015年
（設計：JR東日本建築設計）

〈庁舎〉「長門市本庁舎」木＋RC造（免震構造）
延床面積：7,202㎡／竣工：2019年（本庁舎本体）（設計：東畑建築事務所／藤田建築設計事務所／M.DESIGN ASSOCIATES一級建築士事務所 設計JV、写真：時空アート）

×120㎜の地元産ヒノキを使った格子シェルで覆われている。この部材構成は地元大工の参加を狙っており、実際、その組み立てには約8500人工が関わっている。この建物は耐火性能検証法に基づくため、通常の確認申請で建つわけではないが、年間100万人を超える来館者を集めることになったのも、こうした物語性が一因になっているのであろう。

フィードバック回路としての認定仕様

結局、耐火木造が広まるかどうかは、技術的な魅力と信頼性を高めていけるかどうかにかかっている。木住協や2×4協会が開発した被覆型の認定仕様はこれら2つの役割を担ってきたが、例示仕様が本格化したことによって、今後は後者の役割が大きくなっていくように思われる。

両協会が20年近くの耐火木造建設によって得た知見は膨大である。認定仕様に関する講習「79～81頁」はそうした知見に基づいてアップデートされており、現在では例示仕様に関する内容も充実している。つまり事実上、木造住宅関連団体の講習が例示仕様を用いた耐火木造の品質確保の基盤にもなっている。耐火木造の普及に伴って例示仕様のみの耐火木造が増えると予想されるが、今後はそうした取り組みを社会的に支える役割も両協会を始めとする関連団体に求められることであろう。

耐火木造による建替え

図1 耐火性能と構造安全性の確認方法の見取り図（住宅用途の場合）

階数	用途	求められる耐火性能：法22条地域	求められる耐火性能：準防火地域	求められる耐火性能：防火地域	耐火木造の構造安全性の確認方法
2階建て	戸建住宅	不燃材屋根葺き外壁防火構造	準耐火建築物／延焼防止建築物	耐火建築物	壁量計算（荷重増加を考慮）（93～111頁参照）
	共同住宅	+軒裏防火構造			
3階建て	戸建住宅			耐火建築物	構造計算ルート1
	共同住宅	木三共仕様（40、83頁表参照）			
4階建て	戸建住宅	耐火建築物			構造計算ルート2
	共同住宅				

図2 木造の高性能化としての耐火木造（戸建住宅の建替え）

木造2階建てから3階建てへの建替えの例（2×4工法）（設計・写真提供：サトーテクニカルデザイン）

木造の高性能化としての耐火木造

耐火木造の9割は木造住宅の建替えと考えられる。図1は住宅用途を例にとり、求められる耐火性能と構造安全性の確認方法を表したものである。この図が示すように、耐火木造によって木造の高性能化を図っても建築基準法で求められる構造計算ルートが変わるわけではない。

現在、建築基準法には3つの耐火設計法が定められている［51～53頁］。例示仕様や認定仕様を用いて耐火建築物を構成する方法は、その中のルートAに位置づけられる。確認申請業務に注目すれば、ルートAの耐火設計とは、主要構造部の耐火構造の認定書や開口部の防火設備の認定書を揃えることであり、この点は耐火木造でも変わりはない。

もっとも現状では認定仕様の認定書を入手するにあたって、木住協や2×4協会の講習を受ける必要がある。そのため初回は少々手間かもしれないが、2回目以降はロックウール耐火被覆などと同様の手間で申請書類を整えることができる。

なお2010年3月に建築基準法施行規則が改正され、申請図書が簡素化された。これにより現在の確認申請では認定書（写し）の添付は不要になったが、認定仕様を明示する書類が建築主の手元に残らないことになった。そのため木住協は、住宅履歴情報の整備という観点から認定書（写し）を契約図書に含めることを推奨している。

防火地域に建つ小規模耐火木造

防火地域でも幹線道路の裏側に位置するような敷地では、木造2階建てが同じ階数のまま耐火木造に建替えられることも少なくない。このような建築物は、一般的に木造の構造仕様規定（建築基準法施行令3章3節）の範囲内で建てられる。つまり、延べ面積300㎡以下の規模であれば構造安全性の確認は壁量計算で済ますことができる。

なお耐火木造は、これまでの木造仕様に比べて大幅に重量が増加する。床・壁・天井に石膏ボードを重ね張りするためである。そのため耐火木造の固定荷重の概算によれば、必要壁量は1・8倍ほどに増加することになる［100頁］。

耐火木造のニーズで圧倒的に多いのは防火地域における3階建て戸建住宅への建替えである［図2、3］。軸組工法であれ2×4工法であれ、この場合の構造設計は建築基準法に従ってルート1で行う[※1]。

3階建て集合住宅（共同住宅）の構造設計も同様であるが、こうした用途では1階をRC造にして駐車場を設けるといった計画も求められる。この場合は混構造になるが、小規模建築物の範囲な

図3 木造の高性能化としての耐火木造（3階建てへの建替え）

耐火木造3階建てへの建替えの例
（軸組工法）
（設計・写真提供：フタキ設計）

耐火木造3階建てへの建替えの例
（2×4工法）
（設計・施工・写真提供：三井ホーム）

※1：ルート1は、原則として高さ16m以下、階数3階建て以下、延べ面積300㎡以下の建築物に適用できる構造計算ルートである。なおこれらの条件を満たす建築物は「小規模建築物」と呼ばれる

図4 技術的フロンティアとしての耐火木造（大規模建築物の建替え）

超高層オフィス「東京海上日動火災本店ビル」（20F）設計：レンゾ・ピアノ・ビルディングワークショップ／竣工：2028年（予定）（図版提供：東京海上日動火災保険）

大規模店舗「渋谷マルイ」（9F）リードデザイナー：フォスター＋パートナーズ／竣工：2026年（予定）（©Foster＋Partners）

らば、ルート1で構造設計を行えばよい。

技術的フロンティアとしての耐火木造

21世紀に入り、木材は新たな建材として再発見された。GX（グリーントランスフォーメーション）と相性が良いため、海外の話題作が木造であることも珍しくない。日本でも、海外建築家を起用した話題プロジェクトに木造が採用され、皇居前のお堀端や渋谷の公園通りにも耐火木造が建ち始めている［図4］。

今日、こうした大規模耐火木造は技術開発の最前線である。2020年以降の認定仕様は、耐火木造の多層化を見据えて2時間耐火や3時間耐火が2／3を占めているし［239頁］、最近の大手建設会社は保有技術のショールームを兼ねた自社研修施設等にこうした技術を使うことが定番である。工事現場に目を向ければ、木材現しの燃え止まり型部材の養生や建て方はもちろんのこと、カーテンウォール用2次部材の取り付け方法といった各種工事の効率化などが課題になり始めている[※2]。

本書は、被覆型の耐火木造に重点を置いたコンパクトな解説書である。そのため、燃え止まり型の耐火木造を十分に解説する余裕はないが、次章以降では、そうした技術的フロンティアの入り口までは可能な限り迫ってみたい。

※2：西川直志・佐藤考一「大規模耐火木造の普及に向けた施工実態の調査」日本建築学会北陸支部研究報告集第66号、2023.7、pp.236-239

公共建築へのアプローチ

図1 高齢者施設開設までのスケジュールの例（自治体公募型、2カ年事業）※1

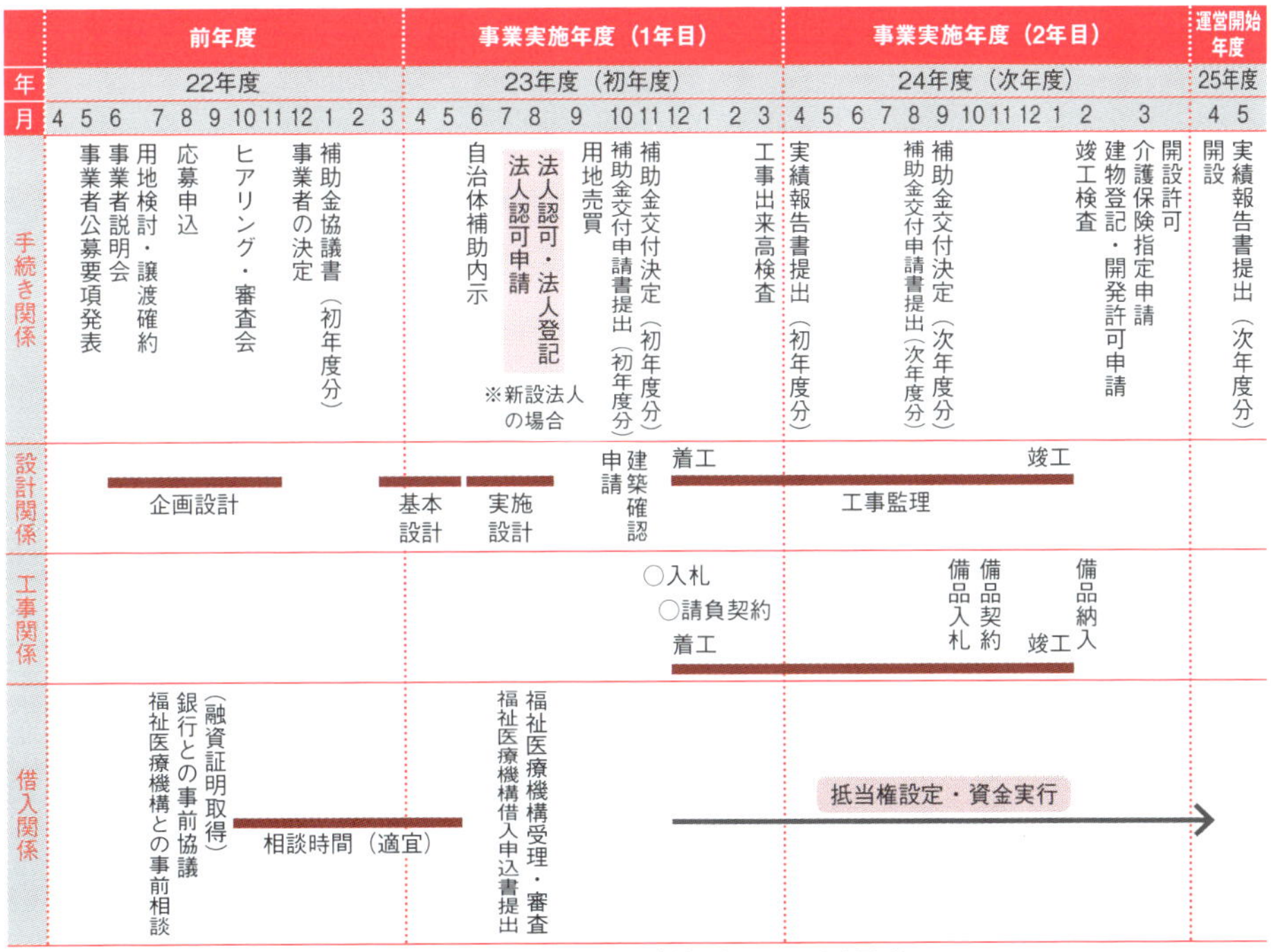

（注1）事業者決定までのスケジュールは、自治体によって異なるので、事前に確認しておく必要がある。
（注2）自治体補助内示は、自治体によって時期が異なることがある。

図2 耐火木造による高齢者施設の事業費の内訳の例※1

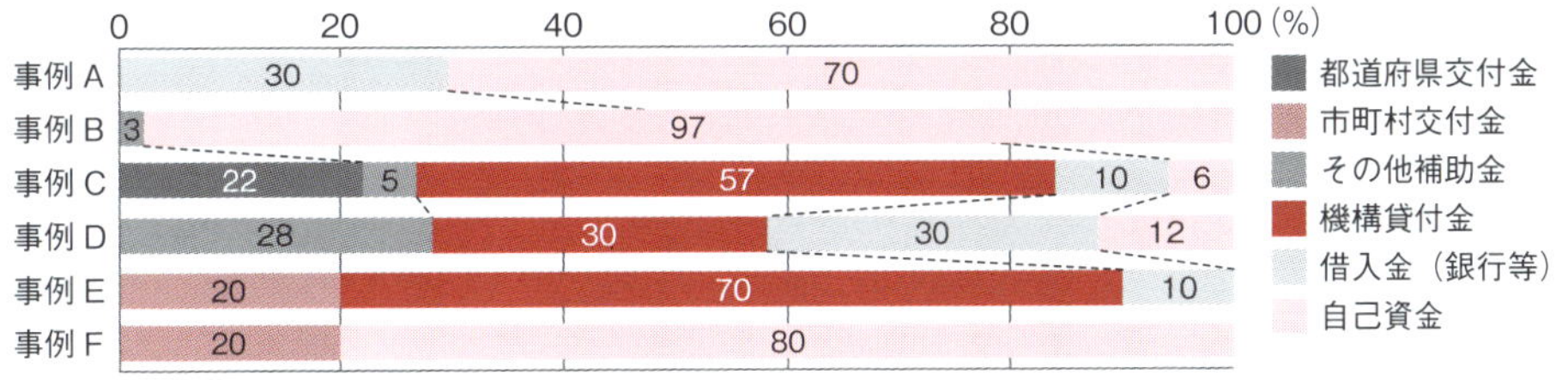

公共建築と耐火木造

公共建築の発注は2種類に分けられる。1つは国や地方自治体が直接発注する庁舎などであり、もう1つは民間事業者が補助金を受けて建設する老人ホームなどである。

1993年以降、林産地で進められてきた公共建築の木造化は前者の発注であるが、実は耐火木造と公共建築の結びつきは後者の発注から始まっている。もちろんどちらの場合でも、原則として単年度事業となることや入札によって工事業者が選定されることなど、民間の建築物とは異なったスケジュールや手続きが必要となることに変わりはない。ここでは公共建築に耐火木造を用いるケーススタディとして高齢者施設における設計関連業務を取り上げる。

補助金申請に伴う前さばき業務

図1、2に示されるように、介護事業の多くは補助金申請と表裏一体である。つまり補助金の内示後に、福祉医療機構への借入金の申し込みなどが行われ、事業費調達や建築物の設計が一気に具体化する。こうしたスケジュールの慌ただしさは公共建築につきものであるが、高齢者施設の設計

※1：建築環境ワークス、「耐火木造による福祉施設建設指針策定事業報告書」（平成22年度社会福祉振興助成）、2011.3

表1 耐火木造（2×4工法）による特別養護老人ホームにおける業者選定方法など※1

	資金計画サポート					業者選定方法				
						設計者			施工者	
	1 福祉医療機構	2 福祉医療関係コンサルタント	3 建築設計事務所	4 金融機関	5 自力で計画	1 技術審査等による選考	2 相見積もりにより選定	3 コンセプト、図面コンペ	1 入札	〈備考（右記参照）〉
事例A				●		●			●	★
事例B					●	●			●	
事例C	●						●		●	
事例D	●							●	●	★
事例E		●	●			●			●	
事例F					●	●			●	★

（注）事例Cは準耐火建築物

設計者の選定について

設計者の選定理由は「紹介」「2×4建築物の設計実績」「高齢者施設の設計実績」の3つが3件ずつで並んでいる。なお紹介者としては社会福祉関係コンサルタントや同業の社会福祉法人が挙げられている。

〈備考★〉施工者の選定について

評価に関して「建築部門と住宅部門の両方を有する組織を評価した」という回答があった。また入札を実施するに当たって「㈳日本ツーバイフォー建築協会より会員のリストを入手した」や「所在地の自治体の入札条項に準じて実施した」という回答も見られた。

表2 耐火木造（2×4工法）の施工者の入札条件の例※1

- 経営事項審査
- 地域限定
- 2×4工法の実績がある
- 2×4工法で当該建築物規模に近い実績の有無
- 大型物件（1,500㎡以上）の実績＋耐火または準耐火の2×4工法の実績
- 認定仕様に関する自主工事検査員の資格を取得すること

関連業務には、補助金申請から着工に至るまでの助走期間が長いという特徴がある。そのため高齢者施設の設計業務は事務所に経営的な体力がないとこなせないとも言われているが、この期間に徐々に木造の採用が決まるわけではない。

当然のことながら補助金申請時には耐火木造の採用は決定されており、むしろ当該事業の特色として木造建築であることがアピールされていく。もちろん事業費の調達は設計者の役割ではないが、計画施設の効果的な説明資料の作成は設計者しかできない業務である。内外観パースやダイアグラムなど、各種ビジュアル資料の作成が求められることになる。

それ以上に重要なのが建設費の見積りである。これまでの調査によれば、高齢者施設への耐火木造の導入は建築主の主導で進められており、国内外の先駆例を知った意欲的な介護事業者が施設刷新のてことして耐火木造を選択している。こうした事業者にとって工事費の削減は必ずしも第1の目的ではない。しかし事業的優位性が判明したからこそ、耐火木造へと舵が切られたことも間違いのない事実である。つまり耐火木造による高齢者施設を検討する場合、RC造やS造といった他の構造方式に対する概算工事費の比較は必須の作業と考えた方がよい。

入札業務のサポート

事業実施が正式に決定すると設計者と施工者が選定される[表1]。高齢者施設の設計は専門技術を要する業務と位置づけられていることから、設計者の選定はいわゆるプロポーザル方式によって行われることが多い。もっとも事業スケジュールの都合で補助金申請から内示までに基本設計を進めておく必要があるため、実質的には特命に近いと考えた方が適切である。

一方、施工者の選定は入札によって行われる。経営事項審査などを含む入札要項の作成は介護事

表3 耐火木造高齢者施設に活用された補助制度の例※1

- 施設開設準備経費補助金
- 太陽光発電設備補助金（NEDO）
- 介護労働者設備等整備モデル奨励金（特殊浴槽）（労働局：労働者負担軽減）
- 老人福祉施設整備補助金
- 県・木づくり事業補助金
- 市・高齢者福祉施設整備費
- 小規模介護等の緊急整備事業補助金
- 地域介護・福祉空間整備等施設交付金

図3 先導的な木造建築に対する補助事業の採択例「ハートホーム宮野」

（設計：アプルデザインワークショップ）※2

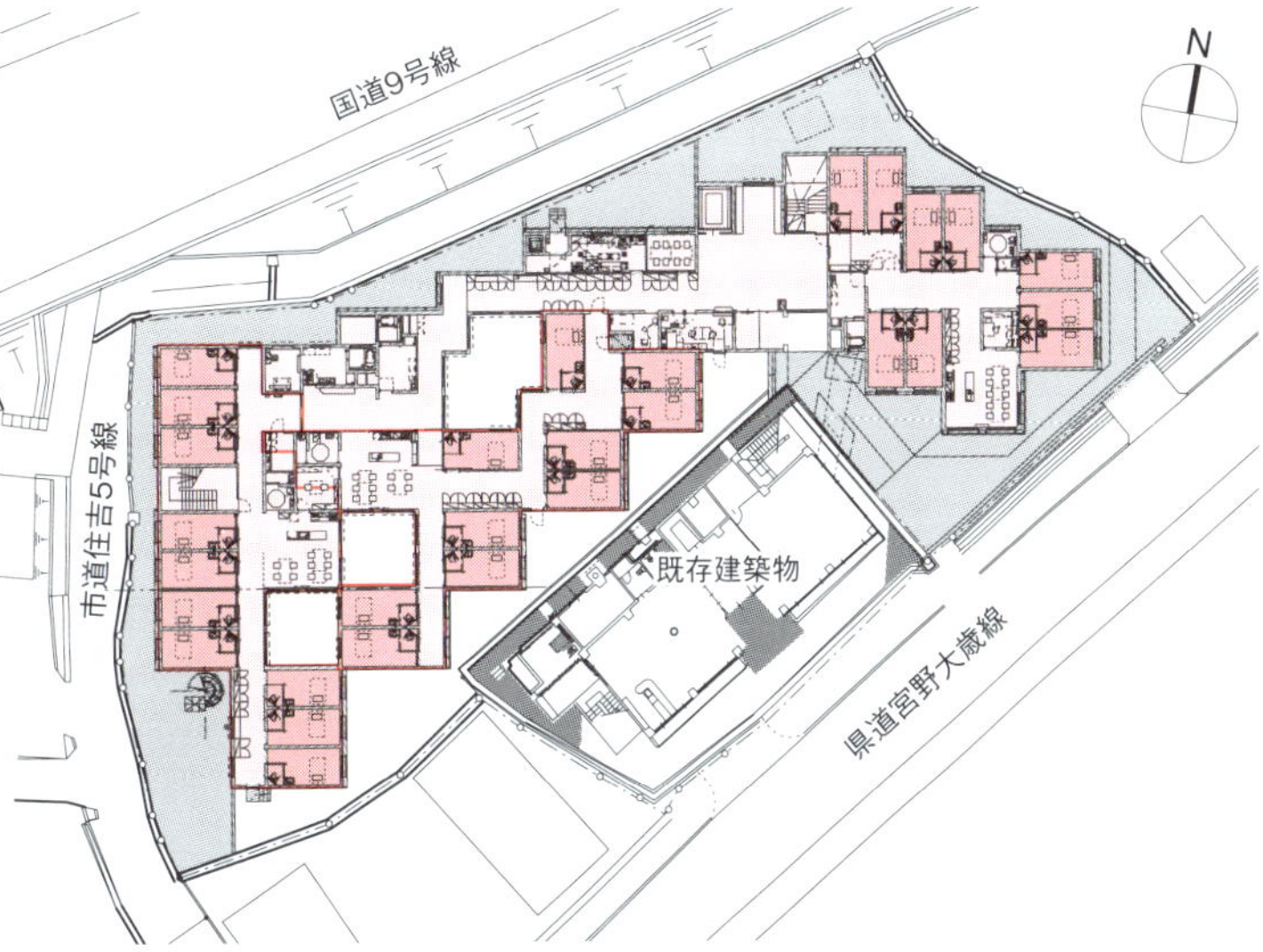

配置平面図
延床面積：4,730㎡
竣　　工：2012年（予定）

外観パース

軸組の建て方

業者の役割である。基本的な条件は当該自治体の工事発注がひな形になるが、RC造を前提とした既存の入札要項のままでは、応札者が耐火木造の施工技術を保有しているかどうか判断できない。そのため表2に示されるような条件が追加される。当然のことながら、こうした技術的要件を介護事業者が独力で設定することは困難であり、設計者の適切なアドバイスが必要になる。

高齢者福祉施設の補助金制度の現状

ところで平成17年度から老人福祉施設に対する国庫補助金制度は、「地域介護・福祉空間整備等交付金」という交付金制度に改められた。以前は厚生労働省が申請施設1件ごとに直接審査してきたが、現在は自治体が「地域介護・福祉空間整備計画」を作成し、国はその総額を交付している。

この他にも自治体独自の補助や木材利用推進のための林野庁などの補助もある［表3］。例えば先導的な木造建築に対する補助として国土交通省の「サステナブル建築物等先導事業（木造先導型）」がある。図3の採択例では軸組工法による国内最大級の耐火木造高齢者施設に地域産材を用いたことなどが評価されている。

こうした補助制度は原則として重複利用できないが、併用できることもある。特に地方自治体独自の補助制度についてはよく調査することが必要である。

※2：「木造化・木質化を進めて木のまちをつくろう」（平成22年度木のまち整備促進事業）http://www.kinomachishien.jp/23/case/（閲覧日2012年1月31日）、木を活かす建築推進協議会、2011.3

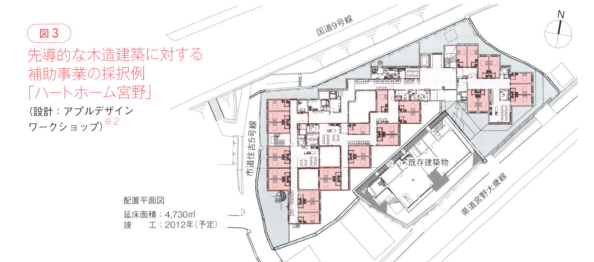

Column

大臣認定仕様を用いた耐火木造の実績

図1 建設累積棟数の推移

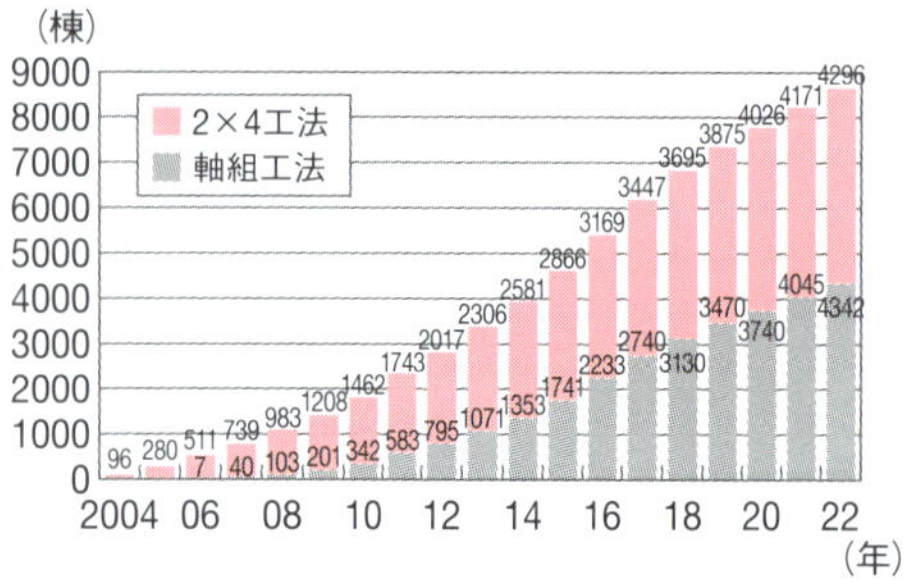

図2 建設地

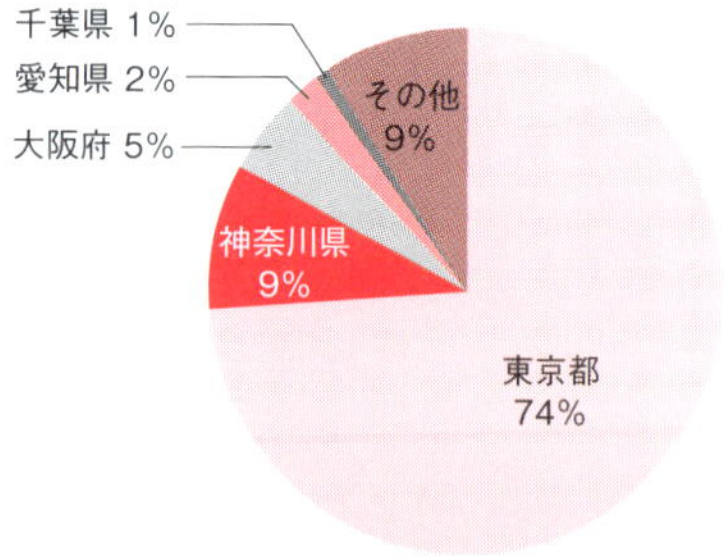

図3 防火地域など

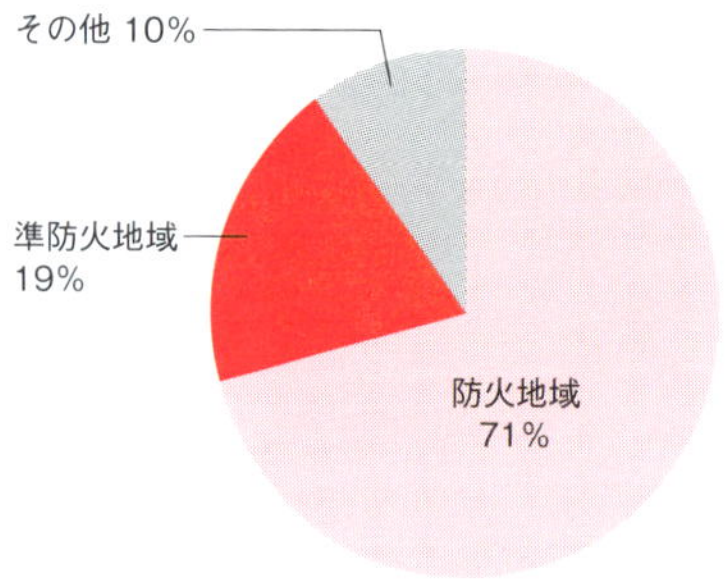

図4 延床面積

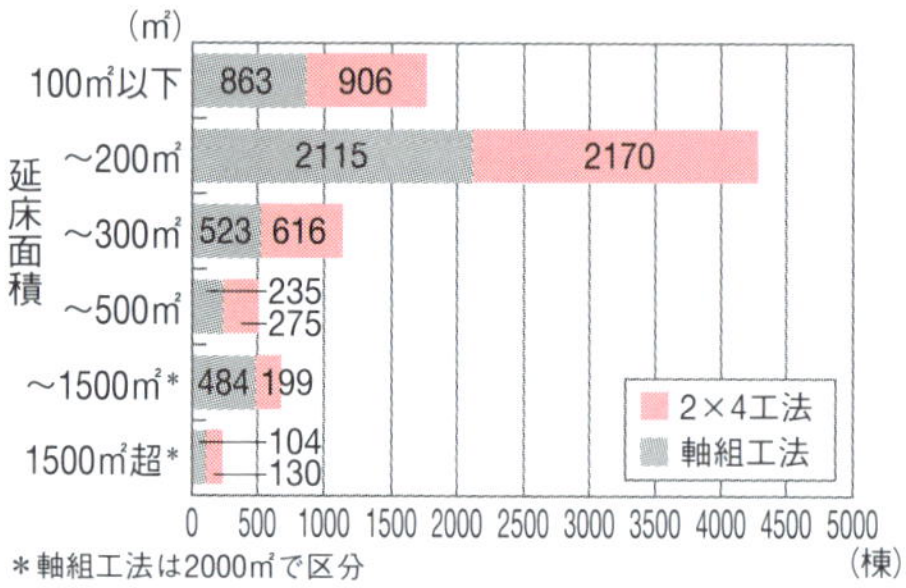

図5 階数

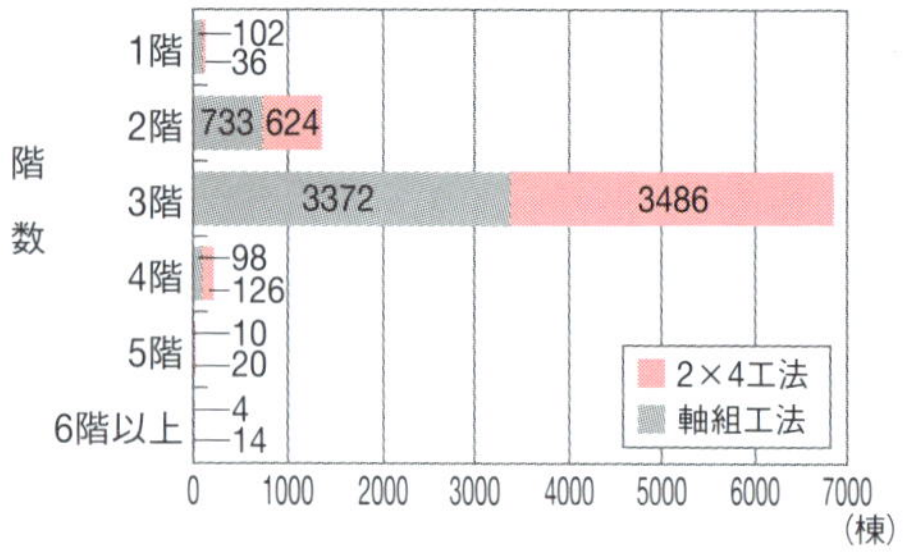

図6 建物用途

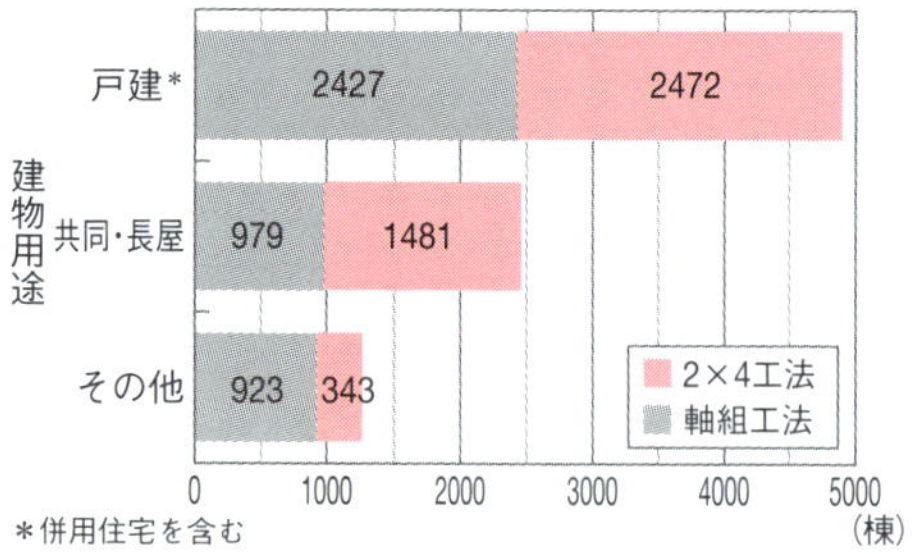

木材を用いた耐火構造は、（一社）日本ツーバイフォー建築協会が2004年4月、（一社）日本木造住宅産業協会が2006年10月に大臣認定を取得して幕を開けた。前者は2×4工法（枠組壁工法）、後者は軸組工法の仕様で認定を取得した。

現在、これらの認定仕様を用いた耐火木造は、累積棟数9000棟に迫っている。図1～6は2022年度末時点の実績である。ここでは両団体が発行した耐火構造の大臣認定書（写し）の数を建設実績としたが、一部のデータは建築確認済数である（図4～6の軸組工法の棟数）。

メンブレン耐火構造以外では、日本集成材工業協同組合の木質ハイブリッド集成材と（一社）日本木造耐火建築協会の燃え止まり型耐火部材が代表的な認定仕様になる。両者とも中高層建物で展開されており、前者は2022年度末までに15棟後者は38棟の建設実績がある。さらに大手建設会社の認定仕様を用いた建物も10棟程度存在する。

以上が認定仕様を用いた耐火木造の実績である。一方、耐火性能検証法を用いた木造の耐火建築物もある。耐火設計ルートB・Cを活用した木造の耐火建築物は、現在35棟前後報告されている[56～58頁]。

2
耐火木造にかかわる法規

防耐火の基本用語

図1 建築用語としての「防火」「耐火」「不燃」

■防　火
○火を出さない（出火防止）
○燃え広げない（拡大防止、延焼防止）
○安全に避難できる
○建築物の倒壊を防止する（耐火）
○消防活動上の支障とならない

■耐　火
○火災が広がっても一定時間倒壊しない
・「主要構造部」が対象となる
・一定時間（30分、45分、1時間、75分、1.5時間、2時間、2.5時間、3時間）

■不　燃
○燃えにくい（不燃、準不燃、難燃）

表1 主要構造部（建築基準法2条5号）

主要構造部	除外される部分
壁	間仕切壁
柱	間柱、付け柱
床	揚げ床、最下階の床、廻り舞台の床
梁	小梁
屋根	庇
階段	局部的な小階段、屋外階段

防火と耐火

もともと「防火」と「耐火」は、たとえばもっと身近なところで「防水」と「耐水」がはっきり区別されるように、字面通りに異なる概念である。すなわち、「防火」は火災を防ぐことであり、一方の「耐火」は火災に耐えることで、万が一火災が生じた際にも建築物が壊れないことを意味する。

そう言い切ってしまうことができれば簡単なのだが、建築用語としての防火は、火を出さないこと（不燃材の使用や安全装置の設置など）、建築物内部での火災の拡大防止（防火区画、スプリンクラー設置など）、延焼防止だけではなく、建築物の耐火も含み、さらに、避難安全性や消防活動支援まで含む広い概念で用いられている［図1］。

かといって「耐火」が防火の下位の概念というわけでもなく、特に法令上の「耐火」には、遮熱性や遮炎性等の、火災の拡大・延焼を防止する性能も要求される。

主要構造部・特定主要構造部

「主要構造部」（建築基準法2条5号）とは、耐火建築物や準耐火建築物において、耐火性（耐火性能、準耐火性能）が必要とされる部分のことを意味する。具体的には、表1に示すとおり、壁、柱、床、梁、屋根、階段を指し、建築物の構造上重要でない部分は除外される。

よく似た用語に「構造耐力上主要な部分」（建築基準法施行令1条3号）がある。こちらは、建築物の構造安全性に関係し、荷重・外力に対して建築物を支える部分である。

両者は、建築物の部位としては重複する部分も多いが、火災時に検討対象となる部分か、地震・暴風時に検討対象となる部分かで、まったく扱いが異なっている。

なお、2024年の改正で、防火・避難上支障のない主要構造部を「損傷許容主要構造部」とすることができるようになり、耐火性が必要とされる従来の主要構造部は「特定主要構造部」（法2条9号の2）と改めて規定された。

耐火性能・耐火構造・耐火建築物

「耐火性能」「耐火構造」「耐火建築物」の用語は、大意については文字通りに区別すればよいが、法令上は相互に関連づけて定義される。

建築物の建つ地域、用途、規模によって、その建築物を耐火建築物や準耐火建築物等としなければならない規定がある［38〜43頁］。

このときの「耐火建築物」は、一般的には、特定主要構造部が「耐火構造」でできている建築物のことである。「耐火構造」は所定の「耐火性能」を有する構造のことであり、具体的にはRC造や耐火被覆付きのS造のことをいう。かつては、本書の主題である木造耐火建築物はまったく想定されていなかった。

2000年の法改正で性能規定化が進められ、「耐火性能」「耐火構造」「耐火建築物」という用語は表2のように説明できるようになった。

すなわち、「耐火建築物」の特定主要構造部は「耐火性能」を有していなければならず、一般的な耐火建築物の特定主要構造部は「耐火構造」でできているが、耐火性能検証法による場合は特定主要構造部が耐火構造であるとは限らない。

準耐火性能・準耐火構造・準耐火建築物

準耐火についても、「性能」「構造」「建築物」の用語間の関係は、耐火の場合とほぼ同じである。

言いかえれば、「準耐火建築物」の主要構造部は、「準耐火構造」でできていることが基本であり、準耐火構造には所定の「準耐火性能」が要求される。このときの「準防火性能」が、「耐火性能」より低いランクの性能ということになる［27〜37頁］。

また、準耐火建築物の概念は1993年の法改正で創設されたが、このとき廃止された「簡易耐火建築物」に相当する建築物も、準耐火建築物の一種として認められている（ロ準耐）。しかしながら、この場合、主要構造部は必ずしも準耐火構造であるとは限らない。

防火性能・準防火性能

耐火性能・準耐火性能の、さらに下位に並んで「防火性能」「準防火性能」という用語がある。

耐火性能と準耐火性能の対象が、内部火災、外部火災の両方を対象としているのに対し、「防火性能」「準防火性能」は、建築物の周囲において発生する外部火災だけを対象とし、また「防火性

表2 建築基準法による定義

■耐火性能

（建築基準法2条7号）

通常の火災が終了するまでの間、建築物の倒壊および延焼を防止するため、建築物の部分に必要とされる性能

■耐火構造

（建築基準法2条7号）

耐火性能を有する、壁、柱、床等の部分の構造

■耐火建築物

（建築基準法2条9号の2）

特定主要構造部が耐火構造でできている建築物、または、特定主要構造部の耐火性能が耐火性能検証法によって確かめられた建築物。かつ、外壁開口部（延焼のおそれのある部分）に防火設備（防火戸）が設けられていること

■準耐火性能

（建築基準法2条7号の2）

通常の火災による延焼を抑制するために、建築物の部分に必要とされる性能

■準耐火構造

（建築基準法2条7号の2）

準耐火性能を有する、壁、柱、床等の部分の構造

■準耐火建築物

（建築基準法2条9号の3）

主要構造部が準耐火構造でできている建築物（イ準耐）、または、主要構造部に所定の防火措置がなされている建築物（ロ準耐）。かつ、外壁開口部（延焼のおそれのある部分）に防火設備（防火戸）が設けられていること

■防火性能

（建築基準法2条8号）

建築物の周囲において発生する通常の火災による延焼を抑制するため、外壁、軒裏に必要とされる性能

■防火構造

（建築基準法2条8号）

防火性能を有する、外壁、軒裏の構造

■準防火性能

（建築基準法23条）

建築物の周囲において発生する通常の火災による延焼の抑制に一定の効果を発揮するため、外壁に必要とされる性能

■準防火構造

（建築基準法23条、ただし建築基準法においてこの用語自体は出てこない）準防火性能を有する、外壁の構造

能」は外壁と軒裏、「準防火性能」は外壁のみが対象となっている。

「防火性能」を有する構造を「防火構造」という。また「準防火性能」を有する構造を「準防火構造」ということがあるが、これは法令上の呼称ではない。

図2に示すように耐火構造、準耐火構造、防火構造、いわゆる準防火構造は、包含関係になっている。したがって、法令上要求される構造より上位のものを併用することは差し支えない。

図2 防耐火構造の包含関係

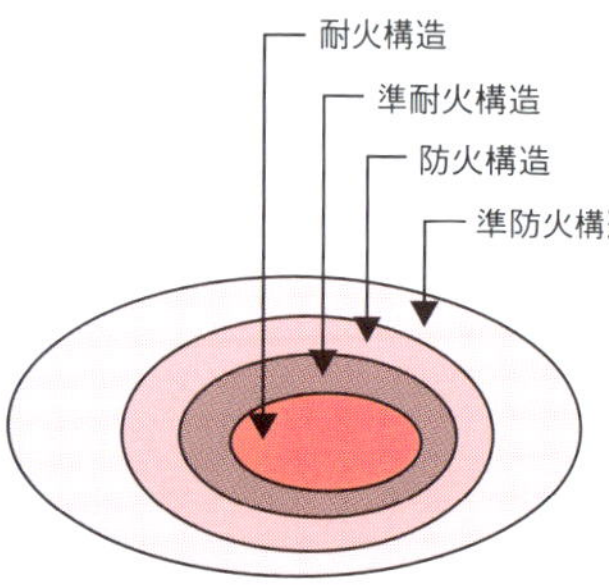

延焼のおそれのある部分

耐火建築物および準耐火建築物では、外壁の開口部で「延焼のおそれのある部分」に防火設備（防火戸等）を設けなければならない。

「延焼のおそれのある部分」（建築基準法2条6号）とは、隣地境界線、道路中心線等から、1階ならば3m以下、2階以上では5m以下の距離にある建築物の部分をいう［図3］。なお、2019年の改正により、建築物の外壁面と隣地境界線との角度に応じて、延焼のおそれのある部分を緩和する規定が設けられた。

耐火建築物等

2015年の建築基準法27条の改正により新たに「耐火建築物等」の用語が規定された。以前は、劇場、病院、共同住宅、学校等の特殊建築物は、階数や面積等により、一律に耐火建築物または準耐火建築物とすることが規定されていた。これが性能規定化され、避難終了までの間、主要構造部の倒壊及び延焼を防止するという性能（特定避難時間）が明確化された。耐火建築物等には、従来からの耐火建築物、準耐火建築物のほか、「耐火構造建築物」、「特定避難時間倒壊等防止建築物」の4種類が含まれる。

防火地域・準防火地域・法22条区域

都市計画法の規定により、都市計画区域では、「市街地における火災の危険を防除するため定める地域」として、「防火地域」「準防火地域」が指定されている（都市計画法8条5号、同9条20項）。

防火地域は、中心市街地・駅前・主要幹線道路沿い等、防火への備えが最も重要な地域が指定される。準防火地域は、防火地域の周辺等、防火地域に準じた備えを必要とする地域が指定される。一般には、防火地域よりも準防火地域が広範囲に広がっている。

防火地域、準防火地域内に建てられる建築物は、用途、規模、構造によってさまざまな制約を受ける［38～43頁］。なお、防火地域・準防火地域は、前述の防火性能・準防火性能の用語とは直接関係がない。

防火地域・準防火地域以外の市街地でも、火災による延焼を防止するため、屋根、外壁に一定の防火性能を要求する区域を特定行政庁が指定することができる。建築基準法22条に規定されていることから、一般に「法22条区域」、あるいは「屋根不燃化区域」とも呼ばれる。

図3 延焼のおそれのある部分

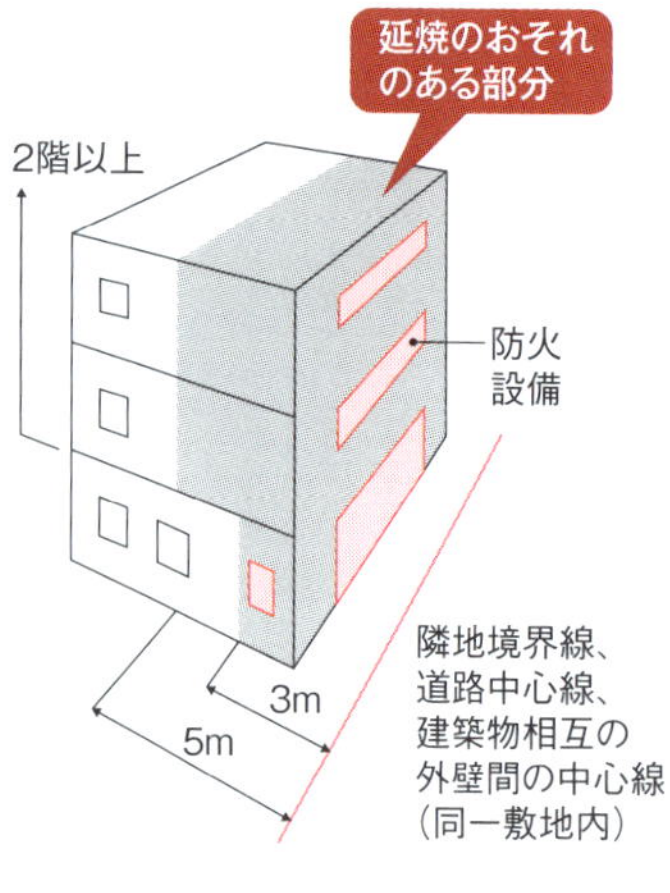

表1 防耐火性能の技術的基準（耐火時間）

耐火性	性能		壁 外壁 耐力壁	壁 外壁 非耐力壁 延焼のおそれ あり	壁 外壁 非耐力壁 延焼のおそれ なし	壁 間仕切壁 耐力壁	壁 間仕切壁 非耐力壁	柱	床	梁	屋根	軒裏 延焼のおそれ あり	軒裏 延焼のおそれ なし	階段
耐火構造の耐火性能	非損傷性	最上階から4階以内	1時間	—	—	1時間	—	1時間	1時間	1時間	30分間	—	—	30分間
		最上階から5～9階	1.5時間	—	—	1.5時間	—	1.5時間	1.5時間	1.5時間	30分間			30分間
		最上階から10～14階	2時間	—	—	2時間	—	2時間	2時間	2時間	30分間	—	—	30分間
		最上階から15～19階	2時間	—	—	2時間	—	2.5時間	2時間	2.5時間	30分間			30分間
		最上階から20階以上	2時間	—	—	2時間	—	3時間	2時間	3時間	30分間	—	—	30分間
	遮熱性		1時間	1時間	30分間	1時間	1時間	—	1時間	—	—	—	—	—
	遮炎性		1時間	1時間	30分間	—	—	—	—	—	30分間	—	—	—
45分準耐火構造の準耐火性能	非損傷性		45分間	—	—	45分間	—	45分間	45分間	45分間	30分間	—	—	30分間
	遮熱性		45分間	45分間	30分間	45分間	45分間	—	45分間	—	—	45分間	30分間	—
	遮炎性		45分間	45分間	30分間	—	—	—	—	—	30分間	—	—	—
1時間準耐火構造の準耐火性能	非損傷性		1時間	—	—	1時間	—	1時間	1時間	1時間	30分間	—	—	30分間
	遮熱性		1時間	1時間	30分間	1時間	1時間	—	1時間	—	—	1時間	30分間	—
	遮炎性		1時間	1時間	30分間	—	—	—	—	—	30分間	—	—	—
火災時倒壊防止構造*1の準耐火性能	非損傷性		*2	—	—	*2	—	*2	*2	*2	30分間	—	—	30分間
	遮熱性		*2	*2	30分間	*2	*2	—	*2	—	—	*2	30分間	—
	遮炎性		*2	*2	30分間	—	—	—	—	—	30分間	—	—	—
避難時倒壊防止構造*3の準耐火性能	非損傷性		*4	—	—	*4	—	*4	*4	*4	30分間	—	—	30分間
	遮熱性		*4	*4	30分間	*4	*4	—	*4	—	—	*4	30分間	—
	遮炎性		*4	*4	30分間	—	—	—	—	—	30分間	—	—	—
防火構造の防火性能	非損傷性（周囲で発生する通常の火災）		30分間	—	—	—	—	—	—	—	—	—	—	—
	遮熱性（周囲で発生する通常の火災）		30分間	30分間	30分間	—	—	—	—	—	—	30分間	30分間	
準防火性能	非損傷性（周囲で発生する通常の火災）		20分間	—	—	—	—	—	—	—	—	—	—	—
	遮熱性（周囲で発生する通常の火災）		20分間	20分間	20分間	—	—	—	—	—	—	—	—	—

＊1　建築基準法21条1項に規定する構造方法
＊2　通常火災終了時間
＊3　建築基準法27条1項に規定する構造方法
＊4　特定避難時間

「耐火建築物」と「準耐火建築物」の違い

耐火と準耐火の根本的な違い

主要構造部が可燃材料である木造建築物では、耐火と準耐火の違いは大きい。建物からの避難に要する時間を想定した、所定の耐火時間に対し、主要構造部が倒壊してはならないところまでは、両者ともほぼ同じと言ってよい。

しかし、準耐火性能は、所定の耐火時間が経過すれば、火災が継続し倒壊に至ることを防止する規定はなく、実際、準耐火建築物は、所定時間経過直後に燃え落ちることもあり得る。

一方、耐火性能は、所定の耐火時間を過ぎても、「火災が終了するまで」、倒壊と延焼を防止する必要がある。

木造建築物の場合、準耐火建築物で燃えしろ設計が成立するのに対し、耐火建築物では、そもそも木材に着火しないか、着火しても自然に鎮火する（燃え止まる）ことが要求される。

耐火は「倒壊防止」、準耐火は「延焼抑制」

「耐火建築物」は特定主要構造部を「耐火構造」にしたもの（ルートA）と、耐火性能検証法によるもの（ルートB、C）があるが、このうち「耐火構造」に要求される「耐火性能」は「通常の火災が終了するまで、建築物の倒壊および延焼を防止するため」の性能である（耐火建築物の設計ルートについては、51～53頁参照）。

一方、「準耐火建築物」にも「準耐火構造」によるもの（イ準耐）と、所定の防火措置がなされたもの（ロ準耐）がある［36頁］が、「準耐火構造」に要求される「準耐火性能」は「延焼を抑制するため」の性能であり、「火災が終了するまで」の規定はない。

非損傷性・遮熱性・遮炎性

具体的には、耐火構造の耐火性能および準耐火構造の準耐火性能は、主要構造部ごとに「非損傷性」「遮熱性」「遮炎性」の３つの性能について、27頁表1に示すように、避難に要する一定の時間を「耐火時間」として技術的基準が定められている。

「非損傷性」は、所定の時間、主要構造部が構造耐力上支障のある変形、溶融、破壊等の損傷を生じない性能である。

「遮熱性」は、主要構造部のうち壁と床にのみ要求される性能で、所定の時間、加熱面以外が「可燃物燃焼温度」以上に上昇しないことにより、延焼を防止するための性能である。

「遮炎性」は、外壁および屋根が対象で、所定の時間、屋外に火炎を出す原因となる亀裂等の損傷を生じない性能である。

耐火構造の耐火性能

耐火構造の非損傷性については、27頁表1に示すように、最上階から数えた階数によって耐火時間が定まっている。上階からの避難に要する時間を考慮し、下階ほど耐火要求時間が長くなっている。3時間耐火が要求されるのは、主要構造部のうちでも柱と梁だけである。２０２３年の法改正により、階数に応じて要求される耐火性能基準が30分刻みに精緻化され、1.5時間耐火と2.5時間耐火が新設された。

木造の場合、1時間耐火構造はすでに普及が進み、告示で1.5時間耐火まで例示仕様が規定された［表2］。2時間耐火構造についても、各工法の大臣認定仕様が出揃ってきており、近年では3時間耐火構造の大臣認定まで登場している。1時間耐火では、純木造で4階建てまでしか建てられず、中高層化を図るにはＲＣ造等とのハイブリッドを考慮する必要があった。法規上は、1.5時間耐火であれば9階建てまで、2時間耐火であれば14階建てまで建設可能である（構造については別途考慮する必要がある）。

非耐力壁については、「構造耐力上の支障」に関係する非損傷性はそもそも要求されず、遮熱性と遮炎性のみ要求される。

耐火構造の例示仕様

耐火構造は、建築基準法2条7号で「鉄筋コンクリート造、れんが造その他の構造」であると定義され、具体的な仕様は平12建告１３９９号に例示されている［表2］。

ここでは、ＲＣ造、ＳＲＣ造、ＣＢ造、れんが造のほか、S造を鉄網モルタルやコンクリートブロック、れんが等で被覆した仕様が示されている。耐火被覆としてごく一般的なロックウール吹き付けは例示に含まれていない。

本書の主題である木造の耐火構造は、２０１４年の告示改正により初めて規定された。当初は間仕切壁と外壁だけの例示であったので、これだけで1棟の耐火建築物を建てることはできなかったが、２０１８年の告示改正で新たに柱、梁、床、屋根、階段の仕様が新たに例示され、例示仕様だけで木造耐火建築物が建てられるようになった。

これら例示仕様にない耐火構造は、すべて、27頁表1に示す耐火性能の技術的基準に適合する構造として国土交通大臣認定を受けたものである［64～69頁］。

表2 耐火構造の例示仕様の概要

	耐火構造（平12建告1399号）
壁	【2時間耐火構造】 ①［RC造、SRC造、鉄骨コンクリート造］、厚さ10cm以上、鉄骨に対してはかぶり3cm以上 ②軸組S造で、両面に鉄網モルタル4cm以上 ③軸組S造で、両面に［コンクリートブロック、れんが、石］5cm以上 ④鉄材補強の［コンクリートブロック造、れんが造、石造］、総厚さ8cm以上、かぶり厚さ5cm以上 ⑤軸組S造で、両面にパーライトモルタル3.5cm以上 ⑥木片セメント板、両面にモルタル1cm以上、厚さ8cm以上 ⑦ALCパネル7.5cm以上 ⑧中空鉄筋コンクリートパネル、［パーライト、気泡コンクリート］充填、厚さ12cm以上、肉厚5cm以上 【1.5時間耐火構造】 ○2時間耐火構造のもの ①間柱・下地が［木材・鉄材］、両面に強化石膏ボード3枚以上（総厚さ63mm以上）で被覆 ②［RC造、SRC造、鉄骨コンクリート造］、厚さ8.5cm以上 【1時間耐火構造】 ○2時間耐火構造、1.5時間耐火構造のもの ①［RC造、SRC造、鉄骨コンクリート造］、厚さ7cm以上 ②軸組S造で、両面に鉄網モルタル3cm以上 ③軸組S造で、両面に［コンクリートブロック、れんが、石］4cm以上 ④鉄材補強の［コンクリートブロック造、れんが造、石造］、肉厚5cm以上、かぶり厚さ4cm以上 ⑤［コンクリートブロック造、無筋コンクリート造、れんが造、石造］、総厚さ7cm以上 ⑥間柱・下地が［木材、鉄材］の間仕切壁（耐力壁・非耐力壁）は、両側に［a：強化石膏ボード2枚以上（総厚さ42mm以上）、b：強化石膏ボード2枚以上（総厚さ36mm以上）＋繊維混入ケイ酸カルシウム板8mm以上、c：強化石膏ボード15mm以上＋ALCパネル50mm以上］ ⑦間柱・下地が鉄材の間仕切壁（非耐力）は、上記⑥のほか、繊維混入ケイ酸カルシウム板2枚以上（総厚さ30mm以上） ⑧間柱・下地が［木材、鉄材］の外壁は、上記⑥＋屋外側に［金属板、ALCパネル、窯業系サイディング、モルタル塗り、漆喰塗り］（cの場合を除く） ⑨非耐力の外壁では、［気泡コンクリート、ケイ酸カルシウム板］＋両面に［繊維強化セメント板（スレート波板・スレートボード）3mm以上、繊維混入ケイ酸カルシウム板6mm以上］、総厚さ3.5cm以上 【30分耐火構造】（外壁・非耐力・延焼なし） ○2時間耐火構造、1.5時間耐火構造、1時間耐火構造のもの ①［気泡コンクリート、ケイ酸カルシウム板］＋両面に「繊維強化セメント板（スレート波板・スレートボード）3mm以上、繊維混入ケイ酸カルシウム板6mm以上］、総厚さ3.5cm以上
柱	【3時間耐火構造】 ①［RC造、SRC造、鉄骨コンクリート造］、小径40cm以上、鉄骨に対してはかぶり6cm以上 ②鉄骨を、鉄網モルタル8cm以上または［コンクリートブロック、れんが、石］9cm以上で被覆、小径40cm以上 【2.5時間耐火構造】 ○例示仕様（告示）未制定 【2時間耐火構造】 ○3時間耐火構造のもの ①［RC造、SRC造、鉄骨コンクリート造］、小径25cm以上、鉄骨に対してはかぶり5cm以上 ②鉄骨を、鉄網モルタル6cm以上または［コンクリートブロック、れんが、石］7cm以上で被覆、小径25cm以上 ③鉄骨を鉄鋼パーライトモルタル4cm以上で被覆、小径25cm以上 ④鉄骨（所定形状）を［ケイ酸カルシウム板（かさ比重0.35以上）50mm以上、ケイ酸カルシウム板（かさ比重0.15以上）55mm以上］で被服 【1.5時間耐火構造】 ○3時間耐火構造、2時間耐火構造のもの ①［木材・鉄材］に強化石膏ボード3枚以上（総厚さ63mm以上）で被覆 【1時間耐火構造】 ○3時間耐火構造、2時間耐火構造、1.5時間耐火構造のもの ①［RC造、SRC造、鉄骨コンクリート造］ ②鉄骨を、鉄網モルタル4cm以上または［コンクリートブロック、れんが、石］5cm以上で被覆 ③鉄骨（所定形状）を［吹付けロックウール（かさ比重0.3以上）35mm以上、ケイ酸カルシウム板（かさ比重0.35以上）20mm以上、ケイ酸カルシウム板（かさ比重0.15以上）27mm以上、ALCパネル35mm以上］で被服 ④鉄材補強の［コンクリートブロック造、れんが造、石造］、かぶり厚さ5cm以上 ⑤［木材、鉄材］に強化石膏ボード2枚以上（総厚さ46mm以上）で被覆

表2 耐火構造の例示仕様の概要（続き）

	耐火構造（平12建告1399号）
床	【2時間耐火構造】 ①［RC造、SRC造］、厚さ10cm以上 ②鉄材補強の［コンクリートブロック造、れんが造、石造］、総厚さ8cm以上、かぶり厚さ5cm以上 ③鉄材両面を、5cm以上の［鉄網モルタル、コンクリート］で被覆 【1.5時間耐火構造】 ○2時間耐火構造のもの ①根太・下地が［木材・鉄材］で、表側、裏側または直下の天井を強化石膏ボード3枚以上（総厚さ63mm以上）で被覆 【1時間耐火構造】 ○2時間耐火構造、1.5時間耐火構造のもの ①［RC造、SRC造］、厚さ7cm以上 ②鉄材補強の［コンクリートブロック造、れんが造、石造］、肉厚5cm以上、かぶり厚さ4cm以上 ③鉄材両面を、4cm以上の［鉄網モルタル、コンクリート］で被覆 ④ALCパネル100mm以上 ⑤根太・下地が［木材、鉄材］で、表側を強化石膏ボード2枚以上（総厚さ42mm以上）、裏側または直下の天井を強化石膏ボード2枚以上（総厚さ46mm以上）で被覆
梁	【3時間耐火構造】 ①［RC造、SRC造、鉄骨コンクリート造］、鉄骨に対してはかぶり6cm以上 ②鉄骨を、鉄網モルタル8cm以上または［コンクリートブロック、れんが、石］9cm以上で被覆 ③鉄骨を、鉄網パーライトモルタル5cm以上で被覆 【2.5時間耐火構造】 ○例示仕様（告示）未制定 【2時間耐火構造】 ○3時間耐火構造のもの ①［RC造、SRC造、鉄骨コンクリート造］、鉄骨に対してはかぶり5cm以上 ②鉄骨を、鉄網モルタル6cm以上または［コンクリートブロック、れんが、石］7cm以上で被覆 ③鉄骨を、鉄網パーライトモルタル4cm以上で被覆 ④鉄骨（所定形状）を［ケイ酸カルシウム板（かさ比重0.35以上）45mm以上、ケイ酸カルシウム板（かさ比重0.15以上）47mm以上］で被服 【1.5時間耐火構造】 ○3時間耐火構造、2時間耐火構造のもの ①［木材・鉄材］に強化石膏ボード3枚以上（総厚さ63mm以上）で被覆 【1時間耐火構造】 ○3時間耐火構造、2時間耐火構造、1.5時間耐火構造のもの ①［RC造、SRC造、鉄骨コンクリート造］ ②鉄骨を、鉄網モルタル4cm以上または、［コンクリートブロック、れんが、石］5cm以上で被覆 ③鉄骨（所定形状）を［吹付けロックウール（かさ比重0.3以上）35mm以上、ケイ酸カルシウム板（かさ比重0.35以上）20mm以上、ケイ酸カルシウム板（かさ比重0.15以上）25mm以上］で被服 ④［木材、鉄材］に強化石膏ボード2枚以上（総厚さ46mm以上）で被覆 ⑤床面からの高さ4m以上のS造小屋組で、直下に天井なし、または不燃材料、準不燃材料の天井
屋根	①［RC造、SRC造］ ②鉄骨たるき（所定形状）を［吹付けロックウール（かさ比重0.28以上）、ケイ酸カルシウム板（かさ比重0.35以上）］25mm以上で被覆 ③鉄材補強の［コンクリートブロック造、れんが造、石造］ ④［鉄網コンクリート、鉄網モルタルでふいたもの］、または［鉄網コンクリート、鉄網モルタル、鉄材補強のガラスブロック、網入ガラス］でつくられたもの ⑤鉄筋コンクリート製パネル、厚さ4cm以上 ⑥ALCパネル ⑦下地が［木材、鉄材］で、屋内側または直下の天井を強化石膏ボード2枚以上（総厚さ27mm以上）で被覆
階段	①［RC造、SRC造］ ②［無筋コンクリート造、れんが造、石造、コンクリートブロック造］ ③鉄材補強の［れんが造、石造、コンクリートブロック造］ ④鉄造 ⑤桁・下地が［木材、鉄材］で、表側及び裏側を強化石膏ボード2枚以上（総厚さ27mm以上）で被覆

表中［、］は「または」を表す。表中「A+B」は、「Aの上にB」を表す
表中の網掛けは、木材を用いた仕様

準耐火構造の準耐火性能

準耐火性能は通常の火災の「延焼を抑制するため」の耐火性能であるが、その遮熱性や遮炎性が発揮される前提として、これと同じ耐火時間の非損傷性も要求される。

準耐火構造には、45分準耐火構造と1時間準耐火構造があり、主要構造部ごとに要求される性能および耐火時間が異なっている［27頁表1］。

準耐火構造の例示仕様

耐火構造と同様に、準耐火構造は告示で仕様が例示されているものと、個別に国土交通大臣認定を受けたものがある。

45分準耐火構造の例示仕様は、平12建告1358号に、1時間準耐火構造の例示仕様は令元国交告195号に示されている［32～35頁表3］。

準耐火構造の基本的な仕様は、主要構造部を木造またはS造とし、防火被覆を施すことである。石膏ボード、強化石膏ボード、硬質木片セメント板、モルタル、ロックウール等が主な防火被覆の材料となるが、同じ防火被覆の仕様規定が異なる主要構造部で適用されることもあるため、32～35頁表3では準耐火構造の仕様の概要を示す表3－1と、防火被覆の仕様を示す表3－2に分けて表示している。

主要構造部のうち柱と梁は、非損傷性のみ要求され、遮熱性や遮炎性は無関係の部位である。準耐火構造の木造の柱と梁は、防火被覆を施すほかに、燃えしろ設計によることもできる。

燃えしろ設計

木材は火熱にさらされると、高温となる表面から燃焼し、炭化層を形成する。炭化層は熱を伝えにくいため、木材内部ではなかなか温度が上昇せず、断面が大きければ火災に遭ってもかなりの健全部が残る。これを考慮し、火災時に炭化して断面が減少しても残存断面が建築物の荷重を支えられることを確認することを燃えしろ設計という。

木材の炭化速度は概ね0.5～0.7㎜／分であり、これにもとづいて耐火時間ごとに必要な燃えしろが規定されている［表4］。

燃えしろ設計は、建築基準法施行令46条2項にもとづく構造計算［92頁表4、115頁図］を行う建築物に適用することができる。燃えしろ設計では、通常の許容応力度計算に加えて、燃えしろを含まない有効断面で計算した「長期応力度」が「短期許容応力度」を超えないことを確かめる［表5］。火災は一時的な状況と見なすため、長期荷重（固定荷重、積載荷重、多雪区域においては積雪荷重×0.7）を、有効断面で短期的に支持できればよく、地震力や風圧力は考慮しなくてよい（全断面で計算すればよい）。

燃えしろ設計は、通常の構造計算をした断面に、防火被覆として燃えしろ分を追加することだと勘違いされることもあるが、燃えしろ計算を行っても、部材の必要断面が通常と変わらないこともあり得る（特に風圧力が支配的な場合等）。

表4 燃えしろの値

柱・梁	壁・床	防火壁設置緩和等	45分準耐火構造	1時間準耐火基準に適合する構造
構造用集成材 化粧張り構造用集成柱 構造用単板積層材（LVL）	フェノール樹脂等を接着剤に使用した 構造用集成材 構造用単板積層材（LVL） 直交集成板（CLT）	2.5cm	3.5cm	4.5cm
JAS構造用製材	フェノール樹脂等以外のものを接着剤に使用した 構造用集成材 構造用単板積層材（LVL） 直交集成板（CLT）	3.0cm	4.5cm	6.0cm
耐火時間		30分	45分	1時間
関連告示		昭62建告1901号 昭62建告1902号	平12建告1358号	令元国交告195号

表5 燃えしろ計算の概要

常時	全断面（燃えしろも含む）	長期応力度≦長期許容応力度
地震、暴風、積雪時	全断面（燃えしろも含む）	短期応力度≦短期許容応力度
火災時	有効断面（燃えしろ含まない）	**長期応力度≦短期許容応力度**

表 3-1 準耐火構造の例示仕様の概要

	1時間準耐火基準に適合する準耐火構造（令元国交国195号）	45分準耐火構造（平12建告1358号）
間仕切壁（耐力壁）	○耐火構造、特定準耐火構造*1 ○間柱および下地を木材でつくり、両面に防火被覆Aを設ける ○間柱および下地を木材または鉄材でつくり、両面に防火被覆Bを設ける ○燃えしろ設計　集成材等（フェノール樹脂等）*2：4.5cm／集成材等（その他）*3：6cm	○耐火構造、1時間準耐火基準に適合する準耐火構造、火災時倒壊防止構造*4、避難時倒壊防止構造*5 ○間柱および下地を木材でつくり、両面に防火被覆aを設ける ○間柱および下地を木材または鉄材でつくり、両面に防火被覆bを設ける ○間柱および下地を不燃材料でつくり、両面に防火被覆cを設ける ○間柱もしくは下地を不燃材料以外の材料でつくり、両面に防火被覆dを設ける ○燃えしろ設計 集成材等（フェノール樹脂等）*2：3.5cm／集成材等（その他）*3：4cm
間仕切壁（非耐力壁）	○耐火構造、特定準耐火構造*1 ○間柱および下地を木材でつくり、両面に防火被覆Aを設ける ○間柱および下地を木材または鉄材でつくり、両面に防火被覆Bを設ける ○壁厚さ　集成材等（フェノール樹脂等）*2：7.5cm以上（燃えしろ4.5cm）／集成材等（その他）*3：9cm以上（燃えしろ6cm）	○耐火構造、1時間準耐火基準に適合する準耐火構造、火災時倒壊防止構造*4、避難時倒壊防止構造*5 ○間柱および下地を木材でつくり、両面に防火被覆aを設ける ○間柱および下地を木材または鉄材でつくり、両面に防火被覆bを設ける ○間柱および下地を不燃材料でつくり、両面に防火被覆cを設ける ○間柱もしくは下地を不燃材料以外の材料でつくり、両面に防火被覆dを設ける ○壁厚さ 集成材等（フェノール樹脂等）*2：6.5cm以上（燃えしろ3.5cm）／集成材等（その他）*3：7.5cm以上（燃えしろ4.5cm）
外壁（耐力壁）	○耐火構造、特定準耐火構造*1 ○間柱および下地を木材でつくり、屋内側に防火被覆A、屋外側に防火被覆Cを設ける ○間柱および下地を木材または鉄材でつくり、屋内側に防火被覆B、屋外側に防火被覆Dを設ける ○燃えしろ設計　集成材等（フェノール樹脂等）*2：4.5cm／集成材等（その他）*3：6cm	○耐火構造、1時間準耐火基準に適合する準耐火構造、火災時倒壊防止構造*4、避難時倒壊防止構造*5 ○間柱および下地を木材でつくり、屋内側に防火被覆a、屋外側に防火被覆gを設ける ○間柱および下地を木材でつくり、屋内側に防火被覆e、屋外側に防火被覆hを設ける ○間柱および下地を木材または鉄材でつくり、屋内側に防火被覆b、屋外側に両面に防火被覆iを設ける ○燃えしろ設計 集成材等（フェノール樹脂等）*2：3.5cm／集成材等（その他）*3：4cm
外壁（非耐力壁・延焼あり）	○耐火構造、特定準耐火構造*1 ○間柱および下地を木材でつくり、屋内側に防火被覆A、屋外側に防火被覆Cを設ける ○間柱および下地を木材または鉄材でつくり、屋内側に防火被覆B、屋外側に防火被覆Dを設ける ○壁厚さ　集成材等（フェノール樹脂等）*2：7.5cm以上（燃えしろ4.5cm）／集成材等（その他）*3：9cm（燃えしろ6cm）	○耐火構造、1時間準耐火基準に適合する準耐火構造、火災時倒壊防止構造*4、避難時倒壊防止構造*5 ○間柱および下地を木材でつくり、屋内側に防火被覆a、屋外側に防火被覆gを設ける ○間柱および下地を木材でつくり、屋内側に防火被覆e、屋外側に防火被覆hを設ける ○間柱および下地を木材または鉄材でつくり、屋内側に防火被覆b、屋外側に両面に防火被覆iを設ける ○壁厚さ 集成材等（フェノール樹脂等）*2：6.5cm以上（燃えしろ3.5cm）／集成材等（その他）*3：7.5cm以上（燃えしろ4.5cm）
外壁（非耐力壁・延焼なし）	○耐火構造、1時間準耐火基準に適合する準耐火構造、火災時倒壊防止構造*4、避難時倒壊防止構造*5 ○間柱および下地を木材でつくり、屋内側に防火被覆f、屋外側に防火被覆gを設ける ○間柱および下地を木材または鉄材でつくり、屋内側に防火被覆f、屋外側に防火被覆iを設ける ○壁厚さ　集成材等（フェノール樹脂等）*2：6.5cm以上（燃えしろ3.5cm）／集成材等（その他）*3：7.5cm以上（燃えしろ4.5cm）	

<table>
<tr><th></th><th>1時間準耐火基準に適合する準耐火構造
（令元国交国195号）</th><th>45分準耐火構造
（平12建告1358号）</th></tr>
<tr><td>柱</td><td>○耐火構造、特定準耐火構造[*1]
○防火被覆Eを設ける
○燃えしろ設計　集成材、LVL：4.5cm　JAS製材：6cm</td><td>○耐火構造、1時間準耐火基準に適合する準耐火構造、火災時倒壊防止構造[*4]、避難時倒壊防止構造[*5]
○防火被覆jを設ける
○燃えしろ設計　集成材、LVL：3.5cm　JAS製材：4.5cm</td></tr>
<tr><td>床</td><td>○耐火構造、特定準耐火構造[*1]
○根太および下地を木材または鉄材でつくり、表側に防火被覆F、裏側または直下の天井に防火被覆Gを設ける
○燃えしろ設計　集成材等（フェノール樹脂等）[*2]：4.5cm／集成材等（その他）[*3]：6cm</td><td>○耐火構造、1時間準耐火基準に適合する準耐火構造、火災時倒壊防止構造[*4]、避難時倒壊防止構造[*5]
○根太および下地を木材または鉄材でつくり、表側に防火被覆k、裏側または直下の天井に防火被覆lを設ける
○燃えしろ設計　集成材等（フェノール樹脂等）[*2]：3.5cm／集成材等（その他）[*3]：4.5cm</td></tr>
<tr><td>梁</td><td>○耐火構造、特定準耐火構造[*1]
○防火被覆Gを設ける
○燃えしろ設計　集成材、LVL：4.5cm　JAS製材：6cm</td><td>○耐火構造、1時間準耐火基準に適合する準耐火構造、火災時倒壊防止構造[*4]、避難時倒壊防止構造[*5]
○防火被覆mを設ける
○燃えしろ設計　集成材、LVL：3.5cm　JAS製材：4.5cm</td></tr>
<tr><td>屋根</td><td colspan="2">○耐火構造、1時間準耐火基準に適合する準耐火構造、火災時倒壊防止構造[*4]、避難時倒壊防止構造[*5]
○不燃材料でつくるか、葺いたものであり、屋内側または直下の天井に防火被覆nを設ける
○野地板を構造用合板、構造用パネル、パーティクルボード、硬質木片セメント板等9mm以上とし、屋内側または直下の天井に防火被覆oを設ける
○屋内側または直下の天井に防火被覆pを設ける
○燃えしろ設計　集成材等（フェノール樹脂等）[*2]：2.5cm　集成材等（その他）[*3]：3cm</td></tr>
<tr><td>軒裏</td><td>○特定準耐火構造[*1]
○防火被覆Hを設ける
○野地板（30mm以上）および垂木を木材でつくり、防火被覆Iを設ける</td><td>○1時間準耐火基準に適合する準耐火構造、火災時倒壊防止構造[*4]／避難時倒壊防止構造[*5]
○防火被覆qを設ける
○野地板（30mm以上）および垂木を木材でつくり、木材の面戸板（45mm以上）</td></tr>
<tr><td>階段</td><td colspan="2">○耐火構造、火災時倒壊防止構造[*4]、避難時倒壊防止構造[*5]
○段板および桁が厚さ6cm以上の木材
○段板および桁が厚さ3.5cm以上の木材で、段板裏面に防火被覆r、桁の外側に防火被覆f（屋外側は防火被覆s）を設ける
○段板の裏面に防火被覆l、桁の外側に防火被覆t（屋外側は防火被覆s）を設ける</td></tr>
</table>

＊1 特定準耐火構造：火災時倒壊防止構造[*4]のうち通常火災終了時間が1時間以上であるもの、または、避難時倒壊防止構造[*5]のうち特定避難時間が1時間以上のもの
＊2 集成材等（フェノール樹脂等）：構造用集成材（ラミナ厚12mm 以上）、LVL（ラミナ厚12mm 以上）、CLT で、接着剤にフェノール樹脂等を使用したもの
＊3 集成材等（その他）：集成材（ラミナ厚21mm 以上）、LVL（ラミナ厚21mm 以上）、CLT で、接着剤にフェノール樹脂等以外のものを使用したもの
＊4 火災時倒壊防止構造：法21 条1 項に規定する構造方法
＊5 避難時倒壊防止構造：法27 条1 項に規定する構造方法

表 3-2 準耐火構造の例示仕様に用いる防火被覆の概要

	1時間準耐火基準に適合する準耐火構造に用いられる防火被覆	45分準耐火構造に用いられる防火被覆
壁の屋内側	【防火被覆A】 ①強化石膏ボード×2枚以上、総厚さ42mm以上 ②強化石膏ボード×2枚以上、総厚さ36mm以上＋繊維混入ケイ酸カルシウム板8mm以上 ③強化石膏ボード15mm以上＋ALC板50mm以上 ④石膏ボード12mm以上×2枚以上 ⑤スラグ石膏セメント板8mm以上＋石膏ボード12mm以上 ⑥強化石膏ボード16mm以上 ⑦強化石膏ボード12mm以上＋［石膏ボード、難燃合板］9mm以上 ⑧「石膏ボード、難燃合板］9mm以上＋強化石膏ボード12mm以上 ⑨ALC板35mm以上	【防火被覆a】 ①強化石膏ボード×2枚以上・42mm以上 ②強化石膏ボード×2枚以上･36mmm以上＋ケイ酸カルシウム板8mm以上 ③強化石膏ボード15mm以上＋ALC板50mm以上 ④スラグ石膏セメント板8mm以上＋石膏ボード12mm以上 ⑤ALC板35mm以上 ⑥石膏ボード15mm以上 ⑦石膏ボード12mm以上＋石膏ボード9mm以上 ⑧石膏ボード9mm以上＋石膏ボード12mm以上 ⑨石膏ラスボード7mm以上＋石膏プラスター塗り8mm以上
	【防火被覆B】 ①強化石膏ボード×2枚以上、総厚さ42mm以上 ②強化石膏ボード×2枚以上、総厚さ36mm以上＋繊維混入ケイ酸カルシウム板8mm以上 ③強化石膏ボード15mm以上＋ALC板50mm以上 ④石膏ボード12mm以上×2枚以上 ⑤スラグ石膏セメント板8mm以上＋石膏ボード12mm以上 ⑥強化石膏ボード16mm以上 ⑦強化石膏ボード12mm以上＋［石膏ボード、難燃合板］9mm以上 ⑧「石膏ボード、難燃合板］9mm以上＋強化石膏ボード12mm以上	【防火被覆b】 ①強化石膏ボード×2枚以上・42mm以上 ②強化石膏ボード×2枚以上・36mm以上＋けい酸カルシウム板8mm以上 ③強化石膏ボード15mm以上＋ALC板50mm以上 ④スラグ石膏セメント板8mm以上＋石膏ボード12mm以上 ⑤石膏ボード15mm以上 ⑥石膏ボード12mm以上＋石膏ボード9mm以上 ⑦石膏ボード9mm以上＋石膏ボード12mm以上 ⑧石膏ラスボード7mm以上＋石膏プラスター塗り8mm以上
		【防火被覆c】 ①鉄網モルタル塗り1.5cm以上 ②［木毛セメント板、石膏ボード］＋「モルタル、しっくい］塗り10mm以上 ③木毛セメント板＋［モルタル、しっくい］塗り＋金属板
		【防火被覆d】 ①［鉄網モルタル、木摺りしっくい］塗り20mm以上 ②［木毛セメント板、石膏ボード］＋［モルタル、しっくい］塗り15mm以上 ③モルタル塗り＋タイル張り、総厚さ25mm以上 ④［セメント板、瓦］＋モルタル塗り、総厚さ2.5cm以上 ⑤土蔵造 ⑥土塗真壁造、裏返塗り ⑦石膏ボード12mm以上＋亜鉛鉄板 ⑧ロックウール保温板25mm以上＋亜鉛鉄板
		【防火被覆e】 ①［ロックウール、グラスウール］50mm以上充填＋［石膏ボード×2枚以上（総厚さ24mm以上）、強化石膏ボード21mm以上］
		【防火被覆f】 ①スラグ石膏系セメント板8mm以上 ②石膏ボード12mm以上
壁の屋外側	【防火被覆C】 ①強化石膏ボード×2枚以上、総厚さ42mm以上、被覆の上に［金属板、ALC板、窯業系サイディング、モルタル、しっくい］ ②強化石膏ボード×2枚以上、総厚さ36mm以上＋繊維混入ケイ酸カルシウム板8mm以上、被覆の上に［金属板、ALC板、窯業系サイディング、モルタル、しっくい］ ③強化石膏ボード15mm以上＋ALC板50mm以上 ④硬質木片セメント板18mm以上 ⑤鉄網モルタル塗り20mm以上 ⑥鉄網軽量モルタル（有機物8%以下）20mm以上 ⑦ALC板35mm以上 ⑧硬質木片セメント板12mm以上＋鉄網軽量モルタル（有機物8%以下）10mm以上	【防火被覆g】 ①強化石膏ボード×2枚以上、総厚さ42mm以上、被覆の上に［金属板、ALC板、窯業系サイディング、モルタル、しっくい］ ②強化石膏ボード×2枚以上、総厚さ36mm以上＋ケイ酸カルシウム板8mm以上、被覆の上に［金属板、ALC板、窯業系サイディング、モルタル、しっくい］ ③強化石膏ボード15mm以上＋ALC板50mm以上 ④硬質木片セメント板18mm以上 ⑤鉄網モルタル塗り20mm以上 ⑥鉄網軽量モルタル（有機物8%以下）20mm以上 ⑦ALC板35mm以上 ⑧硬質木片セメント板12mm以上＋鉄網軽量モルタル（有機物8%以下）10mm以上 ⑨石膏ボード12mm以上＋金属板 ⑩［木毛セメント板、石膏ボード］＋［モルタル、しっくい］塗り15mm以上 ⑪モルタル塗り＋タイル張り、総厚さ25mm以上 ⑫［セメント板、瓦］＋モルタル塗り、総厚さ2.5cm以上 ⑬ロックウール保温板25mm以上＋金属板
	【防火被覆D】 ①強化石膏ボード×2枚以上、総厚さ42mm以上、被覆の上に［金属板、ALC板、窯業系サイディング、モルタル、しっくい］ ②強化石膏ボード×2枚以上、総厚さ36mm以上＋繊維混入ケイ酸カルシウム板8mm以上、被覆の上に［金属板、ALC板、窯業系サイディング、モルタル、しっくい］ ③強化石膏ボード15mm以上＋ALC板50mm以上 ④硬質木片セメント板18mm以上 ⑤鉄網モルタル塗り20mm以上 ⑥鉄網軽量モルタル（有機物8%以下）20mm以上 ⑦ALC板35mm以上 ⑧硬質木片セメント板12mm以上＋鉄網軽量モルタル（有機物8%以下）10mm以上	【防火被覆h】 ①鉄網軽量モルタル（有機物8%以下）15mm以上
		【防火被覆i】 ①強化石膏ボード×2枚以上、総厚さ42mm以上、被覆の上に［金属板、ALC板、窯業系サイディング、モルタル、しっくい］ ②強化石膏ボード×2枚以上、総厚さ36mm以上＋ケイ酸カルシウム板8mm以上、被覆の上に［金属板、ALC板、窯業系サイディング、モルタル、しっくい］ ③強化石膏ボード15mm以上＋ALC板50mm以上 ④硬質木片セメント板18mm以上 ⑤鉄網モルタル塗り20mm以上 ⑥石膏ボード12mm以上＋金属板 ⑦［木毛セメント板、石膏ボード］＋［モルタル、しっくい］塗り15mm以上 ⑧モルタル塗り＋タイル張り、総厚さ25mm以上 ⑨［セメント板、瓦］＋モルタル塗り、総厚さ2.5cm以上 ⑩ロックウール保温板25mm以上＋金属板

<table>
<tr><th></th><th>1時間準耐火基準に適合する
準耐火構造に用いられる防火被覆</th><th>45分準耐火構造に用いられる防火被覆</th></tr>
<tr><td>柱</td><td>【防火被覆E】
①石膏ボード12mm以上×2枚以上
②スラグ石膏セメント板8mm以上＋石膏ボード12mm以上
③強化石膏ボード16mm以上
④強化石膏ボード12mm以上＋［石膏ボード、難燃合板］9mm以上
⑤［石膏ボード、難燃合板］9mm以上＋強化石膏ボード12mm以上</td><td>【防火被覆j】
①石膏ボード15mm以上
②石膏ボード12mm以上＋石膏ボード9mm以上
③石膏ボード9mm以上＋石膏ボード12mm以上
④石膏ラスボード7mm以上＋石膏プラスター塗り8mm以上</td></tr>
<tr><td>床の表側</td><td>【防火被覆F】
①合板等12mm以上＋［石膏ボード、硬質木片セメント板、ALC板］12mm以上
②合板等12mm以上＋［モルタル、コンクリート、石膏］塗り12mm以上
③木材40mm以上
④畳</td><td>【防火被覆k】
①合板等12mm以上＋［石膏ボード9mm以上、ALC板9mm以上、硬質木片セメント板8mm以上］
②合板等12mm以上＋［モルタル、コンクリート、石膏］塗り9mm以上
③木材30mm以上
④畳</td></tr>
<tr><td rowspan="2">床の裏側、直下の天井、梁</td><td rowspan="2">【防火被覆G】
①石膏ボード12mm以上×2枚以上＋［ロックウール、グラスウール］（比重0.024以上）50mm以上
②強化石膏ボード12mm以上×2枚以上
③強化石膏ボード15mm以上＋［ロックウール、グラスウール］50mm以上
④強化石膏ボード12mm以上＋ロックウール吸音板9mm以上</td><td>【防火被覆l】
①石膏ボード12mm以上×2枚以上＋［ロックウール、グラスウール］（比重0.024以上）50mm以上
②強化石膏ボード12mm以上×2枚以上
③強化石膏ボード12mm以上＋ロックウール吸音板9mm以上
④強化石膏ボード15mm以上
⑤強化石膏ボード12mm以上＋［ロックウール、グラスウール］（比重0.024以上）50mm以上</td></tr>
<tr><td>【防火被覆m】
①強化石膏ボード15mm以上
②強化石膏ボード12mm以上＋［ロックウール、グラスウール］（比重0.024以上）50mm以上</td></tr>
<tr><td rowspan="3">屋根の屋内側または直下の天井</td><td colspan="2">【防火被覆n】
①強化石膏ボード12mm以上
②石膏ボード9mm以上×2枚以上
③石膏ボード12mm以上＋［ロックウール、グラスウール］50mm以上
④硬質木片セメント板12mm以上
⑤石膏ボード12mm以上＋金属板
⑥［木毛セメント板、石膏ボード］＋［モルタル、しっくい］塗り15mm以上
⑦モルタル塗り＋タイル張り、総厚さ25mm以上
⑧［セメント板、瓦］＋モルタル塗り、総厚さ2.5cm以上
⑨ロックウール保温板25mm以上＋金属板
⑩鉄網モルタル塗り20mm以上
⑪繊維混入けい酸カルシウム板×2枚以上、総厚さ16mm以上</td></tr>
<tr><td colspan="2">【防火被覆o】
①強化石膏ボード12mm以上</td></tr>
<tr><td colspan="2">【防火被覆p】
①強化石膏ボード15mm以上
②強化石膏ボード12mm以上＋［ロックウール、グラスウール］（比重0.024以上）50mm以上
③石膏ボード×2枚以上、総厚さ21mm以上
④石膏ボード12mm以上＋ロックウール吸音板9mm以上</td></tr>
<tr><td rowspan="2">軒裏</td><td>【防火被覆H】
①強化石膏ボード15mm以上＋金属板
②繊維混入ケイ酸カルシウム板×2枚以上、総厚さ16mm以上</td><td rowspan="2">【防火被覆q】
①硬質木片セメント板15mm以上
②石膏ボード12mm以上＋金属板
③［木毛セメント板、石膏ボード］＋［モルタル、しっくい］塗り15mm以上
④モルタル塗り＋タイル張り、総厚さ25mm以上
⑤［セメント板、瓦］＋モルタル塗り、総厚さ2.5cm以上
⑥ロックウール保温板25mm以上＋金属板</td></tr>
<tr><td>【防火被覆I】
①木材の面戸板12mm以上＋しっくい等40mm以上（屋内側）
②木材の面戸板30mm以上＋しっくい等20mm以上（屋内側または屋外側）</td></tr>
<tr><td rowspan="3">階段</td><td colspan="2">【防火被覆r】
①強化石膏ボード12mm以上
②石膏ボード9mm以上×2枚以上
③石膏ボード12mm以上＋［ロックウール、グラスウール］50mm以上
④硬質木片セメント板12mm以上
⑤石膏ボード12mm以上＋金属板
⑥［木毛セメント板、石膏ボード］＋［モルタル、しっくい］塗り15mm以上
⑦モルタル塗り＋タイル張り、総厚さ25mm以上
⑧［セメント板、瓦］＋モルタル塗り、総厚さ2.5cm以上
⑨ロックウール保温板25mm以上＋金属板</td></tr>
<tr><td colspan="2">【防火被覆s】
①石膏ボード12mm以上＋金属板
②［木毛セメント板、石膏ボード］＋［モルタル、しっくい］塗り15mm以上
③モルタル塗り＋タイル張り、総厚さ25mm以上
④［セメント板、瓦］＋モルタル塗り、総厚さ25mm以上
⑤ロックウール保温版25mm以上＋金属板</td></tr>
<tr><td colspan="2">【防火被覆t】
①石膏ボード15mm以上
②石膏ボード12mm以上＋石膏ボード9mm以上
③石膏ボード9mm以上＋石膏ボード12mm以上
④石膏ラスボード7mm以上＋石膏プラスター塗り8mm以上</td></tr>
</table>

強化石膏ボード：石膏含有率95%以上、ガラス繊維含有率0.4%以上、ひる石含有率0.2%以上
合板等：構造用合板、構造用パネル、パーティクルボード、デッキプレートその他これらに類するもの
しっくい等：しっくい、土またはモルタル
表中［、］は「または」を表す。表中「A＋B」は、「A の上にB」を表す

図1 準耐火建築物が満足すべき技術的要件

- 準耐火建築物（建築基準法2条9号の3）
  - **主要構造部**（建築基準法2条5号）
    - 準耐火構造とする（建築基準法2条9号の3イ） 【イ準耐】
      - （準耐火構造：建築基準法2条7号の2）
      - 政令で定める技術的基準に適合（建築基準法施行令107条の2）
        - 大臣が定めた構造方法
          - 準耐火構 造の構造方法を定める件（平12建告1358号）
        - 大臣認定を受けた構造方式
    - 政令で定める技術的基準に適合（建築基準法2条9号の3ロ） 【ロ準耐】
      - 主要構造部を準耐火構造とした建築物と同等の耐火性能を有する建築物の技術的基準（建築基準法施行令109条の3）
        - 外壁耐火構造（建築基準法施行令109条の3第1号） 【ロ準耐1号】
        - 不燃構造（建築基準法施行令109条の3第2号） 【ロ準耐2号】
  - **外壁開口部**（建築基準法2条9号の2ロ）
    - 延焼のおそれのある部分に防火設備を設ける
      - 政令で定める技術的基準に適合（建築基準法施行令109条の2）
        - 大臣が定めた構造方法
          - 防火設備の構造方法を定める件（平12建告1360号）
        - 大臣認定を受けた構造方式

準耐火建築物

準耐火建築物の技術的要件を図1に示す。準耐火建築物は、主要構造部が準耐火構造でできている、もしくは同等の耐火性能を有するとともに、外壁開口部の延焼のおそれのある部分に防火設備（防火戸）を設けた建築物である。

主要構造部を準耐火構造とした準耐火建築物は、「イ準耐」と通称されている。

これと同等の耐火性能を有する建築物の技術的基準が建築基準法施行令109条の3に示され、「ロ準耐」と呼ばれている。1993年に準耐火建築物が制定される以前には、簡易耐火建築物という定義があり、これがそのままロ準耐に移行している。ロ準耐には2種類の措置がある。1つは、外壁を耐火構造とし、屋根を不燃材料で葺いた建築物で、「ロ準耐1号」等と呼ばれる（旧・イ簡耐）。もう1つは、柱と梁を不燃材料でつくり、屋根は不燃材料で葺き、延焼のおそれのある部分の外壁を防火構造とし、その他の主要構造部もすべて準不燃材料とした建築物で、「ロ準耐2号」等と呼ばれる（旧・ロ簡耐）。

構法・設備等に配慮した準耐火構造建築物

法21条（規模）、法27条（用途）、法61条（地域）の規定により、建築の防火のための制限が設けられている［38〜43頁］。従来、これらの規定を十分に満たすものとして、耐火建築物が位置付けられてきたが、それぞれの条件を個別に考えれば、必ずしも耐火建築物であることが必要とされないと考えられるようになった。

そこで、2018年の法改正以降、準耐火建築物を最低限のベースとして、用途・規模・立地の条件に応じた特定の必要条件に対し、構法（防火区画等）や設備（防火設備等）の性能を耐火建築物同等に強化していく設計方法が段階的に導入されてきた。37頁表6に、これらを一覧比較する。

特定準耐火構造

火災時倒壊防止構造は「通常火災終了時間」を、避難時倒壊防止構造は「特定避難時間」を計算で求める仕組みになっている。これらが1時間以上である構造など、1時間準耐火基準に適合する構造を「特定準耐火構造」と称す（令元国交告195号）。従来からの1時間準耐火構造もここに含まれる。これに伴い、75分間準耐火構造や90分間準耐火構造の仕様も規定されている。

準耐火構造の層間変形角

主要構造部を準耐火構造とした準耐火建築物（イ準耐）は、層間変形角を1／150以内としなければならないという規定がある（建築基準法施行令109条の2の2）。

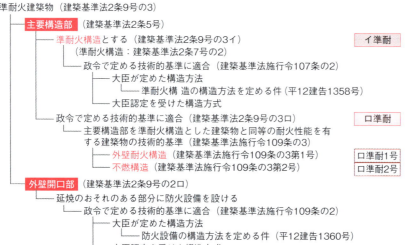

表6 構法・設備等に配慮した準耐火構造建築物の比較※

	【参考】耐火建築物（耐火構造の場合） 平12建告1399号	火災時倒壊防止建築物 令元国交告193号	周辺危害防止建築物 令6国交告284号	避難時倒壊防止建築物 平27国交告255号	延焼防止建築物 令元国交告194号
構造のイメージ	—	高層建築物を想定した基準 「区画」を細かく、早期消火で局所被害に止める	面積が大きい建築物を想定した基準 建築物周辺への火熱の「絶対」影響小（火の粉影響も一定配慮）	特殊建築物を想定した基準 在館者避難・消防隊の捜査の間は十分安全	市街地にある建築物を想定した基準 隣接建築物への「相互」延焼を抑制
主要構造部（柱・壁・梁・床・軒裏）	・耐火 ・階数に応じ要求時間増加	・準耐火（燃えしろ設計可） ・階数に応じ要求時間増加 ・4階建ては75分間	・準耐火（燃えしろ設計可） ・45分間	・準耐火（燃えしろ設計可） ・面積等に応じ要求時間増加 ・3階建て学校、共同住宅は60分間	・準耐火（燃えしろ設計可） ・60分間（戸建以外）
一定面積ごとの防火区画	・原則1,500㎡ごと（SP設置で最大3,000㎡ごと）	・原則100㎡ごと（SP設置、室内準不燃仕上げ、常閉防火設備により最大600㎡ごと）	・500㎡ごと ・開口部防火設備に遮熱性・遮煙性要求	・原則1,000㎡ごと（SP設置で最大2,000㎡ごと）	・原則500㎡ごと（共同住宅等は100㎡ごと）
外壁部を通じた上階延焼防止対策	—	・上階延焼防止措置（庇・バルコニー＋防火設備等） ・外壁仕上げ不燃化	・外壁45分 ・外壁開口防火設備45分 ・外壁仕上げ不燃化 ・開口率上限（0.45）	・上階延焼防止措置（庇・バルコニー＋防火設備等） ・外壁仕上げ一部不燃化	・外壁75分／90分 ・外壁開口部20分／30分防火設備 ・開口率上限（0.25）
その他	—	・周辺通路等の設置	・屋根強化（45分間相当） ・最大3階まで	・周辺通路等の設置	・最大3階まで ・床面積3,000㎡まで ・面積500㎡以上は要SP設置
設計上の特徴	・石膏ボード等で被覆または燃え止まり層を設けた木造耐火部材を用いる	・防火区画を小さく作る必要がある ・外壁開口部の防火設備の強化、周辺通路の設置が必要	・防火区画、外壁開口部に設ける防火設備の強化 ・現行規定では3階建てまでの建築物に限定	・外壁開口部の強化が必要 ・周辺通路の設置が必要	・外壁開口率に制限がある ・現行規定では3階、3,000㎡までの建築物に限定
設計上の主なメリット	・他構造（RC造、S造等）の耐火構造と設計プロセスが近い ・高層でも設計しやすい ・防火区画の範囲を大きく取れる ・開口部防火設備に汎用品を使用可能 ・用途、地域、規模に応じた規制が条件として複数かかる場合でも適用しやすい	・大断面集成材により設計可能 ・木造耐火構造の部材より安価（特に「木材あらわし」で設計する場合） ・耐火構造に比べ、荷重が小さい ・地場産材等、特定の木材を使うことも可能			

SP：スプリンクラー設備

※：「中大規模木造建築物に係る防火基準の全体像と設計手法のポイントについて」（国土交通省住宅局、2024.3）を元に作成

地域・用途・規模による防火のための制限

表1 防火地域内、準防火地域内の建築物の構造制限の概要（法61条、令136条の2）

防火地域区分	延べ面積	階数	建築物の制限				
			耐火建築物	延焼防止建築物	準耐火建築物	準延焼防止建築物	その他の建築物
防火地域内	100㎡以下	4以上（地階を含む）	○	×	×	×	×
		3（地階を含む）	○	○	×	×	×
		1、2（地階を含む）	○	○	○	○	×
	100㎡超3,000㎡以下	1、2、3（地階を含む）	○	○*1	×	×	×
	3,000㎡超		○	×	×	×	×
準防火地域内	500㎡以下	4以上（地階を除く）	○	×	×	×	×
		3（地階を除く）	○	○	○	○	×
		1、2（地階を除く）	○	○	○	○	○*2
	500㎡超1,500㎡以下	1、2、3（地階を除く）	○	○	○	○	×
	1,500㎡超3,000㎡以下		○	○*1	×	×	×
	3,000㎡超		○	×	×	×	×

＊1　一戸建ての住宅においては、延焼防止建築物は延べ面積200㎡以下とする
＊2　木造建築物等では、延焼のおそれのある部分の外壁、軒裏は防火構造とする

耐火建築物・準耐火建築物にかかわる制限の概要

建築の防火のための制限事項は耐火、防火区画、内外装の制限等、非常に多岐にわたるが、本節では、27～37頁で説明した耐火建築物および準耐火建築物が、どのような状況で必要とされるかを中心に解説する。

制限事項の多くは建築基準法による。地域（防火地域、準防火地域）、用途（特殊建築物）、規模に応じて、耐火建築物や準耐火建築物などとしなければならないことが規定されている。

さらに、特定の用途の建築物には、建築基準法以外の設置基準が規定されているものがある。

地域による制限

防火地域、準防火地域［26頁］内に建てられる建築物は、用途にかかわらず、表1に示すように、規模に応じた制限がある。

防火地域内に建てられる建築物は、かつては、耐火建築物と準耐火建築物（階数2以下、１００㎡以下の場合）に限られていた。

２０１９年に建築基準法施行令１３６条の2が改正されて、「延焼防止建築物」の仕組みが作られた。これは、1時間準耐火構造をベースとし、外壁、軒裏、外壁開口部の延焼対策を強化したものである。延焼防火建築物は、建物の用途により、外部の延焼対策の程度が異なり、表2に示す4つの種類がある。また延焼防止建築物は、外壁と隣地境界線との距離に応じて、開口部面積（外壁面積に対する割合）に制限がある。

延焼防止建築物の導入により、必ずしも耐火建築物としなくても3階建て、３０００㎡までの木造建築物が建てられるようになった。

また準防火地域内では、2階建て以下で５００㎡以下であれば、その他（耐火・準耐火以外）の建築物も建てることができるが、木造建築物等では、外壁、軒裏に制限がある。4階建て以上または１５００㎡を超える建築物は、耐火建築物としなければならない。

また以前より準防火地域内の５００㎡以下の木造は、一定の技術基準に適合すれば準耐火建築物と同等の性能があるとして扱われ、「準防木三戸」と呼ばれて3階建てとすることができたが、２０１９年の法改正で「準延焼防止建築物」（令元国交告１９４号第4第1号）に整理され、適用可能な範囲が広がった。

表2 延焼防止建築物の用途別の防火措置（建築基準法施行令136条の2、令元国交告194号第2第1号）

建築物用途		主要構造部（外壁、屋根、階段除く）	外壁及び軒裏	屋根（軒裏除く）及び階段	外壁開口部設備	防火区画	区画ごとに設置
別表1（い）欄（1）、（3）、（4）（店舗除く）、事務所	事務所、集会場、庁舎、学校等	1時間準耐火構造	75分間準耐火構造	準耐火構造	準耐火建築物の防火設備	500㎡以下	スプリンクラー設備等
別表1（い）欄（2）	共同住宅、病院、ホテル、老人ホーム等	1時間準耐火構造	90分間準耐火構造	準耐火構造	準耐火建築物の防火設備	100㎡以下	スプリンクラー設備等
物販店舗	店舗	1時間準耐火構造	90分間準耐火構造	準耐火構造	30分間防火設備	500㎡以下	スプリンクラー設備等
一戸建ての住宅	一戸建ての住宅	準耐火構造	75分間準耐火構造	準耐火構造	準耐火建築物の防火設備	竪穴部分の区画	－

表3 特殊建築物の構造制限の概要（建築基準法27条、別表第1、建築基準法施行令110条、110条の2、平27国交告255号等）

用途	左記の用途に供する階	左記の用途に供する部分の床面積の合計	特定主要構造部	延焼のおそれのある外壁開口部
劇場、映画館、演芸場	3階以上の階または主階が1階にないもの*1	－	耐火構造または避難時倒壊防止構造	20分間防火設備
	－	客席が200㎡以上（屋外観覧席の場合1,000㎡以上）		
観覧場、公会堂、集会場	3階以上の階*1	－	耐火構造または避難時倒壊防止構造	
	2階以下の階	客席が200㎡以上（屋外観覧席の場合1,000㎡以上）		
病院、診療所（患者の収容施設があるものに限る）	3階以上の階*2	－	耐火構造または避難時倒壊防止構造	
	2階	患者の収容施設が300㎡以上	準耐火構造等*3	
ホテル、旅館、児童福祉施設等（老人福祉施設、有料老人ホームを含む）	3階以上の階*2	－	耐火構造または避難時倒壊防止構造	
	2階	300㎡以上	準耐火構造等*3	
下宿、共同住宅、寄宿舎	3階以上の階	－	耐火構造または避難時倒壊防止構造	
	3階建ての3階*1	－	耐火構造、避難時倒壊防止構造または木三共	
	2階	300㎡以上	準耐火構造等*3	
学校、体育館、博物館、美術館、図書館、ボーリング場、スキー場、スケート場、水泳場、スポーツ練習場	3階以上の階	－	耐火構造または避難時倒壊防止構造	
	3階建ての3階*1	－	耐火構造、避難時倒壊防止構造または木三学	
	－	2,000㎡以上	準耐火構造等*3	
百貨店、マーケット、展示場、キャバレー、カフェー、ナイトクラブ、バー、ダンスホール遊技場、公衆浴場、待合、料理店、飲食店、物品販売業の店舗	3階以上の階	－	耐火構造または避難時倒壊防止構造	
	－	3,000㎡以上		
	2階	500㎡以上	準耐火構造等*3	
倉庫	3階以上の部分	200㎡以上	耐火建築物	
	－	1,500㎡以上	準耐火構造等*3	
自動車車庫、自動車修理工場、映画スタジオ、テレビスタジオ	3階以上の階	－	耐火建築物	
	－	150㎡以上	準耐火構造等*4	
危険物の貯蔵場または処理場			準耐火構造等*5	

＊1　階数が3で延べ面積200㎡未満のものを除く
＊2　階数が3で延べ面積200㎡未満のものを除く。ただし、警報設備が必要。（特定小規模施設）
＊3　準耐火構造または令109条の3各号に適合する構造（ロ準耐1号または2号）
＊4　準耐火構造または令109条の3二号に適合する構造（ロ準耐2号）
＊5　準耐火構造または令109条の3二号に適合する構造（ロ準耐2号）。ただし、危険物の数量による

表4 木三共、木三学の対象と技術的基準（建築基準法27条1項、平27国交告255号）

	木三共（平27国交告255号第1第3号）	木三学（平27国交告255号第1第4号、第2、第3）
対象	①3階を下宿、共同住宅、寄宿舎の用途に供し、他の特殊建築物の用途に供しないもの。	①3階を学校、体育館、博物館、美術館、図書館、ボーリング場、スキー場、スケート場、水泳場、スポーツ練習場の用途に供し、他の特殊建築物の用途に供しないもの。
	②地階を除く階数が3。 ③特殊建築物の用途による制限（1、2階）や、規模の制限（準防火地域で1,500㎡超、その他地域で3,000㎡超）によって耐火建築物とする必要がないこと。 ④防火地域以外。	
技術的基準	①主要構造部を1時間準耐火基準に適合する準耐火構造とすること。 ②各宿泊室等に避難上有効なバルコニー等を設けること。または、避難経路が直接外気に開放された廊下、階段であり、各宿泊室等からの開口部に防火設備を設けること。 ③建築物の周囲に幅員3mm以上の通路を設けること（例外規定あり）。 ④準防火地域内の場合は、3階の各宿泊室等の外壁開口部、他用途室に面する開口部に防火設備を設けること（例外規定あり）。	①主要構造部を1時間準耐火基準に適合する準耐火構造とすること。 ②建築物の周囲に幅員3m以上の通路を設けること。 ③外壁開口部で、延焼のおそれがある場合には、20分間防火設備とし、かつ、以下のいずれかの措置をする ・開口部のある室にスプリンクラー設備等設置。／開口部のある室の天井の不燃化。／法2条9号の2ロに規定する防火設備を設ける。／防火上有効なひさし、バルコニー等を設ける。／開口部の大きさの制限。／開口部の離間距離の確保。

用途による制限

不特定または多数の者が利用したり、就寝したり、あるいは火災発生のおそれが高かったりする「特殊建築物」は、その用途と規模に応じて、39頁表3に示すような制限がある。

たとえば学校の場合、3階以上の階を学校の用途に供した場合は耐火構造とするか、避難時倒壊防止構造（後述）としなければならない。建築物が3階建てでも、1、2階のみが学校で3階が事務所等の（特殊建築物でない）用途に供される場合は、耐火構造とする必要はない。しかし、学校用途に供される部分の面積が2000㎡以上だと、準耐火構造等にしなければならない。

木三共・木三学

39頁表3に示す用途による制限を規定している建築基準法27条について、かつては、特殊建築物は、用途、規模等に応じ、耐火建築物あるいは準耐火建築物とすることが一律に要求されていた。数次の改正を経て、2020年より、「避難時倒壊防止構造」も可となった。これは特定主要構造部と延焼のおそれのある外壁開口部のそれぞれについて避難安全性の観点から性能規定化がなされたものであり、「特定避難時間」を計算で求める仕組みになっている。

避難時倒壊防止構造において、特定避難時間は建築の計画にしたがって個別に算出するものだが、3階建ての共同住宅・下宿・寄宿舎（「木三共」と称され、以前から規定があった）と、3階建ての学校等（同様に「木三学」）の用途に供するものは、特定避難時間を計算せずとも仕様規定が告示化され、一定の防火措置を行えば1時間準耐火基準に適合した準耐火構造で建設できるようになった。木三共、木三学の技術的基準を表4に示す。

規模による制限

特定主要構造部（床、屋根、階段を除く）のうち、長期荷重（自重、積載荷重、多雪区域では積雪荷重を含む）を支える部分に可燃材料（木材、プラスチック等）を用いた建築物は、地域や用途にかかわらず、大規模であることにより、構造の制限を受ける（法21条）［41頁表5、表6］。

地階を除く階数が4以上である建築物、高さが16m（一部用途では13m）を超える建築物、延べ面積が3000㎡を超える建築物は、原則として特定主要構造部を耐火構造としなければならない。

しかし、2019年の法21条の改正により「火災時倒壊防止構造」の規定が導入され、高さが16mを超えても必ずしも耐火構造とする必要がなくなった。火災時倒壊防止構造は、「通常火災終了時間」を計算により算出し、特定主要構造部がその時間以上の準耐火性能を持つ構造方法である。

また、地階を除く階数が4以下であれば、階数に

表5 大規模の建築物の制限の概要（建築基準法21条、建築基準法施行令109条の5、109条の6、令元国交告193号等）

対象	延べ面積	高さ	階数[*1]	特定主要構造部等の制限
特定主要構造部（床、屋根、階段除く）のうち、自重、積載荷重、積雪荷重（多雪区域のみ）を支える部分に可燃材料を用いた建築物[*2]	3,000㎡	16m[*3]以下	5階建て以上	耐火構造、火災時倒壊防止構造
			4階建て	耐火構造、火災時倒壊防止構造、75分間準耐火の措置
			3階建て以下	制限なし
		16m[*3]超	5階建て以上	耐火構造、火災時倒壊防止構造
			4階建て	耐火構造、火災時倒壊防止構造、75分間準耐火の措置
			3階建て	耐火構造、火災時倒壊防止構造、1時間準耐火の措置[*4]
			2階建て以下	耐火構造、火災時倒壊防止構造、30分間防火の措置[*4]

＊1　地階を除く階数
＊2　建築物の周りにその高さ分の空地がある場合は、対象外
＊3　倉庫、自動車車庫、自動車修理工場、映画スタジオ、テレビスタジオ等の特殊建築物では13m
＊4　倉庫、自動車車庫、自動車修理工場、映画スタジオ、テレビスタジオ等の特殊建築物では適用不可

表6 火災時対策準耐火構造の概要（令元国交告 193 号第 1）

	火災時倒壊防止構造	75分間準耐火の措置	1時間準耐火の措置	30分間防火の措置
特定主要構造部	火災時倒壊防止構造	75分間準耐火構造	1時間準耐火構造	外壁・軒裏：防火構造 柱・梁：燃えしろ
地階を除く階数	制限なし	4以下	3以下	2以下
防火区画	100㎡以内ごと（スプリンクラー設置等による緩和あり）	200㎡以内ごと[*1] 区画ごとにスプリンクラー設備等設置	–	–
給水管等・換気等設備の風道	区画貫通処理	区画貫通処理	–	–
内装	–	天井に準不燃材料	–	壁、天井に難燃材料等
2階以上に居室がある場合	直通階段設置	直通階段設置	–	–
外壁開口部	上階延焼抑制防火設備	防火設備	–	–
居室	自動火災報知設備	自動火災報知設備	–	–
道に接しない外壁周囲	幅員3m以上の通路	幅員3m以上の通路	幅員3m以上の通路[*2]	
その他	用途地域外ではスプリンクラー設備等設置	用途地域内であること 屋内廊下に排煙設備設置	–	–

＊1　常時閉鎖式の防火設備であれば、500㎡以内ごと
＊2　200㎡以内ごと（常時閉鎖式の防火設備であれば、500㎡以内ごと）に防火区画、上階延焼を防止するひさし等を設置する場合は、適用しない。

応じた防火区画等の防火措置を行うことで、より簡便な構造方法とすることができるようになった。

さらに2024年の法改正により、「周辺危害防止建築物」の規定が追加され、3000㎡を超える建築物についても、防火区画や外殻防火性能を強化することで、13500㎡を上限として、主要構造部を準耐火構造とできる構造方法が追加された［42頁表7］。

壁等による別棟みなし

従前より、耐火構造でない一続きの建築物であっても、耐火構造を挟んだ平面とすることで、耐火構造でない部分を「別棟」と解釈する通達があったが、運用に曖昧な点があった。法21条が2015年に改正された際、床面積の合計3000㎡以内ごとに、延焼防止に必要な「壁等」によって有効に区画されていれば、3000㎡を超える木造建築物が建築できるようになった。

2024年の法改正では、法21条（規模）において、前述のように3000㎡を超える木造建築物の構造方法が整理されたが、これに加え法27条（用途）、法61条（地域）においても、火熱遮断壁等（延焼を遮断できる耐火性能の高い壁等）によれば、別棟みなしが適用できるようになった。これにより、混構造建築物や複合用途建築物において、部分的な木造を導入しやすくなった。火熱遮断壁等の概要を42頁表8に示す。

表7 大規模の建築物（3000㎡超）の制限の概要（建築基準法21条、建築基準法施行令109条の7、令6国交告284号）

	3000㎡超4500㎡*1以下	4500㎡*1超13500㎡以下
対象	・地階を除く階数3以下 ・倉庫、自動車車庫、自動車修理工場、映画スタジオ、テレビスタジオ等の特殊建築物ではない ・周辺高火熱面積が所定の規模以下（建築基準法施行令109条の7、令6国交告285号、286号）	
主要構造部である壁（外壁を除く）、柱、床、梁、屋根の軒裏	準耐火構造	
主要構造部である外壁	準耐火構造	・耐火構造（1.5時間以上） ・火災継続予測時間が90分以上の「壁等」
主要構造部である屋根（軒裏を除く）	屋根不燃措置（平12建告1365号）、かつ、①～④のいずれか ①耐火構造②1時間準耐火基準にに適合する床の構造方法③準耐火構造の床の構造方法（小屋裏隔壁、屋根内部への炎侵入防止措置）④天井の全部が強化天井	
防火区画	500㎡以内ごとに1時間準耐火基準に適合する床、壁、特定防火設備*2で区画	
	―	4500㎡*1ごとに、大規模延焼抑止壁等*3で区画
外壁	・外壁の屋外側の仕上げは不燃材料 ・地階を除く階数が2以上の建築物では、外壁開口部に45分間防火設備設置 ・外壁開口比0.45以下	
	―	・壁等と他の部分とはエキスパンションジョイント等のみで接すること ・地階を除く階数が1の建築物の外壁開口部には、壁等を設けた部分、壁等で分離された建築物同士の外壁面のなす角等により、所定の防火設備設置
その他	・防火区画ごとに排煙設備 ・給水管、配電管、換気等設備の風道は、所定の区画貫通処理 ・竪穴部分は、他の部分と1時間準耐火基準に適合する床、壁、特定防火設備*2で区画	

*1　建築物の全ての室にスプリンクラー設備等を設ける等、消火上有効な措置が講じられている場合は、6000㎡
*2　施行令112条19項2号に適合する、遮熱型特定防火設備、遮熱型特定防火設備（場合により区分）
*3　壁タイプ、コアタイプがある。原則として耐火構造または75分間準耐火構造、所定の防火設備

表8 火熱遮断壁等の概要（建築基準法施行令109条の8、令6国交告227号）

	火熱遮断壁等	
	壁タイプ	コアタイプ・渡り廊下タイプ
延焼防止の考え方	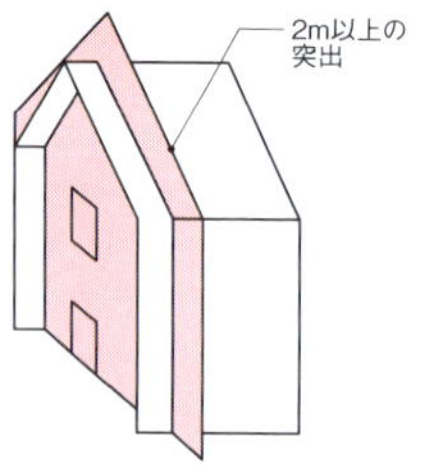 自立する間仕切壁*1によって区画	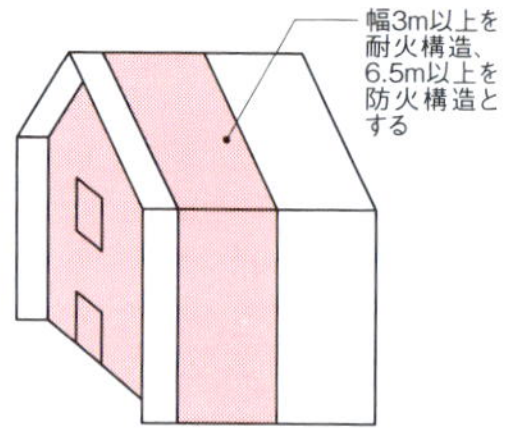 「区画室等」*2によって区画
用途	―	廊下、階段、便所、エレベーターの機械室等
構造	壁等と当該壁等以外の部分は、構造的に独立させる（エキスパンションジョイント等）	
主要構造部の構造	火災継続予測時間に応じた、非損傷性、遮熱性、遮炎性を有する構造 例）強化石膏ボード3重張り（総厚さ63mm以上）×両面	
隣り合う外壁面の延焼防止	①壁等を、外壁面及び屋根面から2m以上突出させる（上図）。 ②壁等の突出長さ（0～2m）に応じ、壁等を含む一定の範囲の外壁を耐火構造（最大3m）及び防火構造（最大6.5m）とする。 ③壁等を含み、壁等に接する一方の部分を幅6.5m以上にわたって耐火構造とする。	①耐火構造の部分（壁等を含み幅3mの範囲）及び防火構造の部分（壁等を含み幅6.5mの範囲、最下階除く）を確保する（上図）。 ②壁等を含み、壁等に接する一方の部分を幅6.5m以上にわたって耐火構造とする。
相対する外壁面の延焼防止	相互の外壁線の中心線から5m以下の部分の外壁面を耐火構造とする等	
その他	・高さが異なる部分がある場合、外壁面の一部を耐火構造とする等 ・給水管、配電管、換気等設備の風道は、所定の区画貫通処理	
適用条件	・屋根の屋外側の仕上げが不燃材料。 ・倉庫、自動車車庫、自動車修理工場、映画スタジオ、テレビスタジオ等の特殊建築物ではない。 ・火熱遮断壁等に隣接する室を倉庫や車室の用に供しない。 ・構造耐力上主要な部分をS造としない。ロ準耐2号（不燃構造）でない。 ・火熱遮断壁等により分離された各部分が床または天井のみで区画されない。 ・火熱遮断壁等、または隣接する部分の階数が4以上の場合、これらを竪穴部分としない。	

*1　間仕切壁を耐力壁とする場合と、柱・梁を併用する場合の2つの方法がある
*2　火災の発生の恐れの少ない室、または、通行の用にのみ供する建築物の部分

表9 建築基準法以外の耐火性能に関する制限（上乗せ基準）

施設種類		施設規模等	耐火性能等	関連基準	所管
幼稚園		保育室、遊戯室または便所を2階に置く場合	耐火建築物	幼稚園設置基準第8条	文部科学省
保育所		乳児室、ほふく室、保育室、乳児室（「保育室等」）を2階に設ける建物	準耐火建築物（イ準耐に限る）	児童福祉施設の設備及び運営に関する基準第32条	厚生労働省
		保育室等を3階以上に設ける建物	耐火建築物		
老人施設	特別養護老人ホーム	2階建てまたは平家建て居室等が1階のみ	準耐火建築物	特別養護老人ホームの設備及び運営に関する基準第11条	
		2階建てまたは平家建て居室等が2階または地階	耐火建築物、準耐火建築物（非常災害対策がなされた場合）		
		上記以外	耐火建築物		
	養護老人ホーム	—	準耐火建築物	養護老人ホームの設備及び運営に関する基準第11条	
	介護老人保健施設	2階建てまたは平家建て療養室等が1階のみ	準耐火建築物	介護老人保健施設の人員、施設及び施設並びに運営に関する基準第4条	
		2階建てまたは平家建て療養室等が2階または地階	耐火建築物、準耐火建築物（非常災害対策がなされた場合）		
		上記以外	耐火建築物		
	軽費老人ホーム	—	準耐火建築物	軽費老人ホームの設備及び運営に関する基準第10条	
	有料老人ホーム	—	準耐火建築物	有料老人ホーム設置運営標準指導指針5	
	高齢者生活福祉センター	—	準耐火建築物	高齢者生活福祉センター運営事業実施要綱10	
	指定短期入所生活介護事業所	2階建てまたは平家建て居室等が1階のみ	準耐火建築物	指定居宅サービス等の事業の人員、設備及び運営に関する基準第124条	
		2階建てまたは平家建て居室等が2階または地階	耐火建築物、準耐火建築物（非常災害対策がなされた場合）		
		上記以外	耐火建築物		

上乗せ基準

幼稚園、保育所、高齢者福祉施設等の特定の用途の建築物は文部科学省や厚生労働省が管轄する設置基準が規定されており、この中に耐火上の要件が含まれる場合がある。これらの設置基準による要件の中には建築基準法より厳しく規定されているものがあるため、一般に「上乗せ基準」と呼ばれることがある。主なものを表9に示す。

たとえば幼稚園は、建築基準法上は学校に分類されるため2階建て（2000㎡以下）の場合耐火要件はないが、上乗せ基準では保育室等を2階に設けるには耐火建築物としなければならない。

また、特別養護老人ホームの場合、建築基準法上の特殊建築物としては、3階以上の階を当該用途に供する場合に耐火建築物等とするが、上乗せ基準では、居室その他の入所者の日常生活にあてられる場所が2階でも耐火建築物としなければならない。

耐火建築物の防火区画

表1　防火区画・防火壁の概要
（建築基準法26条、建築基準法施行令112条、113条、等）

区分	細区分	対象建築物		区画の面積等	区画の構造 床・壁	区画の構造 開口部
防火区画	面積区画	特定主要構造部が耐火構造		1,500㎡以内ごと[*1]	耐火構造	特定防火設備
防火区画	面積区画	・準耐火建築物（法規制によらない任意の場合） ・延焼防止建築物（下記以外） ・準延焼防止建築物（下記以外）		1,500㎡以内ごと[*1]	1時間準耐火基準に適合する準耐火構造	特定防火設備
防火区画	面積区画	準耐火建築物等（建築基準法の規定[*2]による場合）	・1時間準耐火基準に適合する準耐火建築物 ・ロ準耐2号（主要構造部不燃） ・特定準耐火建築物 ・準延焼防止建築物（準防火地域内で1時間以上）	1,000㎡以内ごと[*1]	1時間準耐火基準に適合する準耐火構造	特定防火設備
防火区画	面積区画	準耐火建築物等（建築基準法の規定[*2]による場合）	・準耐火建築物（45分） ・ロ準耐1号（外壁耐火） ・火災時倒壊防止建築物（1時間未満） ・避難時倒壊防止建築物（1時間未満） ・準延焼防止建築物（準防火地域内で1時間未満）	500㎡以内ごと[*1]	1時間準耐火基準に適合する準耐火構造	特定防火設備
防火区画	面積区画	火災時倒壊防止建築物（令元国交告193号第1）		100㎡以内ごと[*3]	火災時倒壊防止構造	防火設備（通常火災終了時間）
防火区画	面積区画	75分間準耐火基準に適合する準耐火建築物（令元国交告193号第2）		200㎡以内ごと[*4]	75分間準耐火基準に適合する準耐火構造	防火設備（75分間）
防火区画	面積区画	延焼防止建築物（令元国交告194号第2）		500㎡（共同住宅等は100㎡）以内ごと	1時間準耐火基準に適合する準耐火構造	特定防火設備
防火区画	面積区画	周辺危害防止建築物（令6国交告284号）		500㎡以内ごと	1時間準耐火基準に適合する準耐火構造	特定防火設備[*5]
防火区画	高層区画	11階以上の階	−	100㎡以内ごと[*1]	耐火構造	防火設備
防火区画	高層区画	11階以上の階	壁・天井の仕上げ、下地とも準不燃材料	200㎡以内ごと[*1]	耐火構造	特定防火設備
防火区画	高層区画	11階以上の階	壁・天井の仕上げ、下地とも不燃材料	500㎡以内ごと[*1]	耐火構造	特定防火設備
防火区画	たて穴区画	主要構造部が準耐火構造（耐火構造を含む）とした建築物、延焼防止建築物、準延焼防止建築物で、地階または3階以上の階に居室を有する建築物		メゾネット住戸、吹き抜け、階段、EV昇降路、DSとその他の部分の区画	準耐火構造	防火設備
防火区画	たて穴区画	3階建ての3階部分を病院・診療所・児童福祉施設等とした200㎡未満の建築物（上欄の建築物を除く）		吹き抜け、階段、EV昇降路、DSとその他の部分の区画	間仕切壁	防火設備
防火区画	たて穴区画	3階建ての3階部分をホテル・共同住宅・寄宿舎とした200㎡未満の建築物（上欄の建築物を除く）		吹き抜け、階段、EV昇降路、DSとその他の部分の区画	間仕切壁	戸（ふすま、障子等を除く）
防火区画	たて穴区画	延焼防止建築物（令元国交告194第2）である一戸建ての住宅		吹き抜け、階段、EV昇降路、DSとその他の部分の区画	準耐火構造	防火設備（10分間）
防火区画	異種用途区画	一部を建築基準法27条の規定により耐火建築物または準耐火建築物とした建築物		当該部分と他の部分とを区画	1時間準耐火基準に適合する準耐火構造	特定防火設備
防火壁		その他の建築物（耐火建築物または準耐火建築物以外）		1,000㎡以内ごと	防火床・防火壁（自立する耐火構造の床・壁）	特定防火構造（幅2.5m以下、高さ2.5m以下）

＊1　スプリンクラー、水噴霧、泡等の自動式消火設備を設けた部分は、その床面積の1/2を除くことができる
＊2　建築基準法21条第1項・第2項・法27条第1項・第3項、法61条第1項、法67条第1項
＊3　スプリンクラー設備等、室内準不燃仕上げ、常時閉鎖式防火設備により、最大600㎡以内ごと
＊4　常時閉鎖式の防火設備であれば、500㎡以内ごと
＊5　建築基準法施行令112条19項2号に適合する、遮熱型特定防火設備、準遮熱型特定防火設備（場合により区分）

耐火木造とする利点

建築基準法においては、火災の拡大を防止するため、建築物の空間を防火上有効に区画する「防火区画」や「防火壁」の設置などが規定されている。詳細は後述するが、一般に木造建築物において、計画上の大きな不利となりがちな規定となっている。

木造であっても耐火建築物とすることにより、以下に示すような利点が得られ、かなりの制約を回避することができる。

・面積防火区画が1500㎡ごとでよい（スプリンクラー設備等の自動消火設備を設置すれば3000㎡まで緩和できる）
・防火壁の設置が一切不要である
・小屋裏の隔壁が不要である
・大規模木造建築物の場合の敷地内通路を設けなくてよい

防火区画

建築物の内部で火災が発生した際に、火災の拡大を防ぐために、建築物の空間を、防火性能の高い床、壁、開口部によって区画することを「防火区画」という。

防火区画は、4種類のものが建築基準法施行令112条に規定されている。それぞれ一般に、「面積区画」、「高層区画」、「たて穴区画」、「異種用途区画」と呼ばれている。

防火区画の種類や対象建築物の構造等によって、区画しなければならない面積、区画の構造、開口部の防火設備（防火戸）の種類等が異なっている［44頁表1］。

面積区画

大規模な建築物においては、火災の拡大を防止するために、一定の面積ごとに防火区画しなければならない。

面積区画の対象となるのは、特定主要構造部を耐火構造とした建築物（ルートA）と、準耐火建築物、延焼防止建築物、準延焼防止建築物である。すなわち、耐火性能検証法（ルートB）や高度な検証法（ルートC）による耐火建築物は、面積区画の対象とならない。

耐火建築物（ルートA）は、1500㎡以内ごとに、1時間準耐火基準に適合する準耐火構造の床、壁、特定防火設備によって防火区画する。

準耐火建築物については、38～43頁で解説したように、法令によって準耐火建築物としなければならない場合と、任意に準耐火建築物とする場合で異なる。

任意の場合の面積区画は、耐火建築物と同じである。法令で規制されていなくても、準耐火建築物とすることで、後述する防火壁による1000㎡以内ごとの区画が不要になる。

地域、用途、規模等の制限によって準耐火建築物としなければならない場合の面積区画は、イ準耐（45分準耐火構造）とロ準耐1号（外壁耐火構造）では500㎡以下ごととなっている。また、イ準耐（1時間準耐火基準に適合する準耐火構造）とロ準耐2号（主要構造部不燃）では1000㎡以下ごととなっている。

上述の面積区画は、自動式のスプリンクラー設備、水噴霧消火設備、泡消火設備等を設けた部分の床面積の1／2を、区画から除くことができる。すなわち、全面積に消火設備を設ければ、各区画面積を2倍にまで緩和できる。

なお、2018年以降の法改正により、構法・設備等を強化した準耐火建築物が導入されてきた［37頁表6］。細かい面積で防火区画を設けること等により、耐火建築物同等の性能を得る仕組みになっている。

高層区画

高層階での火災の拡大を防止するために、建築物の11階以上の部分では防火区画が規定されている。通常は、100㎡以下ごとに、耐火構造の床、壁と、防火設備によって区画しなければならないことになっている。

ただし、内装［47～50頁］の仕上げと下地ともに準不燃材料とし、開口部を特定防火設備とした場合は200㎡以下ごとにまで区画面積を緩和できる。さらに内装の仕上げおよび下地を不燃材料とした場合は500㎡以下ごとにまで区画面積を緩和できる。

さらに、面積区画と同様、自動式スプリンクラー設備等による1／2の床面積の緩和規定がある。

たて穴区画

吹き抜けや階段等の、縦につながる部分からの延焼を防止するために防火区画しなければならない。

対象となるのは、地階または3階以上の階に居室を有する建築物で、主要構造部が準耐火構造（耐火構造を含む）であるものまたは延焼防止建築物、準延焼防止建築物である。

たて穴部分とその他の部分を、準耐火構造の床、壁と、防火設備によって区画する。ただし、階数が3で延べ面積200㎡以下の病院・診療所・児童福祉施設等、ホテル、共同住宅、寄宿舎について、たて穴区画を緩和する規定がある。

異種用途区画

建築物に不特定または多数の者が利用したり、就寝したり、あるいは火災発生のおそれが高かったりする「特殊建築物」の用途に供する部分があ

表2 界壁・間仕切壁・隔壁の概要（建築基準法施行令114条）

	建築物の用途等	対象部分	構造	防火措置
界壁	長屋、共同住宅	各戸の界壁	準耐火構造	小屋裏または天井に達せしめる（さらに、建築基準法30条にもとづく遮音性能が必要）。
間仕切壁	学校、病院、診療所（有床）、児童福祉施設等（老人福祉施設、有料老人ホーム等を含む）、ホテル、旅館、下宿、寄宿舎、マーケット	防火上主要な間仕切壁	準耐火構造	小屋裏または天井に達せしめる。
小屋裏隔壁	建築面積が300㎡を超え、小屋組が木造である建築物	小屋裏の隔壁	準耐火構造	小屋組の桁行間隔12m以内ごとに設ける。または、小屋裏の直下の天井の全部を強化天井とする。
小屋裏隔壁	延べ面積が200㎡を超える建築物（耐火建築物を除く）相互を連結する渡り廊下で、小屋組が木造のもの	小屋裏の隔壁	準耐火構造	小屋組の桁行が4mを超える場合に設ける。

る場合においては、その部分と他の部分を防火区画する。

建築基準法27条の規定により、特殊建築物の用途または規模により、耐火建築物等としなければならない規定がある［39頁表3］。建築物の一部がこの用途に該当する場合、当該用途部分とその他の部分とを、1時間準耐火基準に適合する準耐火構造の床、壁と、特定防火設備によって防火区画しなければならない。

防火壁

延べ面積が1000㎡を超える建築物は、防火上有効な構造（自立する耐火構造）の防火壁または防火床によって、1000㎡以内ごとに区画しなければならない（建築基準法26条）。ただし、耐火建築物および準耐火建築物については、この規定は適用されない。

本書の主題である耐火木造建築物とすることで、防火壁による区画をすべて免れることの利点は大きい。

またこのほか、スポーツ施設等の火災の発生のおそれが少ない用途で一定の防火上の措置（建築基準法施行令115条の2）が講じられた建築物や、畜舎等や水産物の用途で周辺状況に関して避難や延焼防止に支障がない建築物については、防火壁の設置が免除される。

2024年の法改正により、建築基準法26条についても、前項［41頁］で述べた別棟見なし規定が適用されるようになった。例えば、耐火木造とその他木造が防火壁を挟んで一続きである建築物において、従前は、耐火木造部分にも1000㎡ごとの防火壁が必要であったが、別棟と見なしてこれが不要となった。

界壁・間仕切壁・小屋裏隔壁

火災の延焼を防ぐため、防火壁や防火区画で規定できない部分を、きめ細かく防火措置するため、表2に示すような、界壁、防火上主要な間仕切壁、木造小屋裏の隔壁が建築基準法施行令114条により規定されている。

これらの構造は、いずれも準耐火構造としなければならないが、界壁と間仕切壁は特定主要構造部であるため、耐火建築物の場合は耐火構造とする必要がある。

小屋裏の隔壁については、建築物が耐火建築物の場合や、内装や自動消火設備等の条件によって設置を免除できる。

大規模木造建築物等の敷地内通路

主要構造部が木造の建築物で1000㎡を超えるものは、その周囲に幅3m以上の通路を設けなければならない（建築基準法施行令128条の2）。規定の詳細は割愛するが、建築物が耐火建築物の場合、適用されない。

内装制限、外装材の制限

図1 内装制限を受ける居室の部分の例

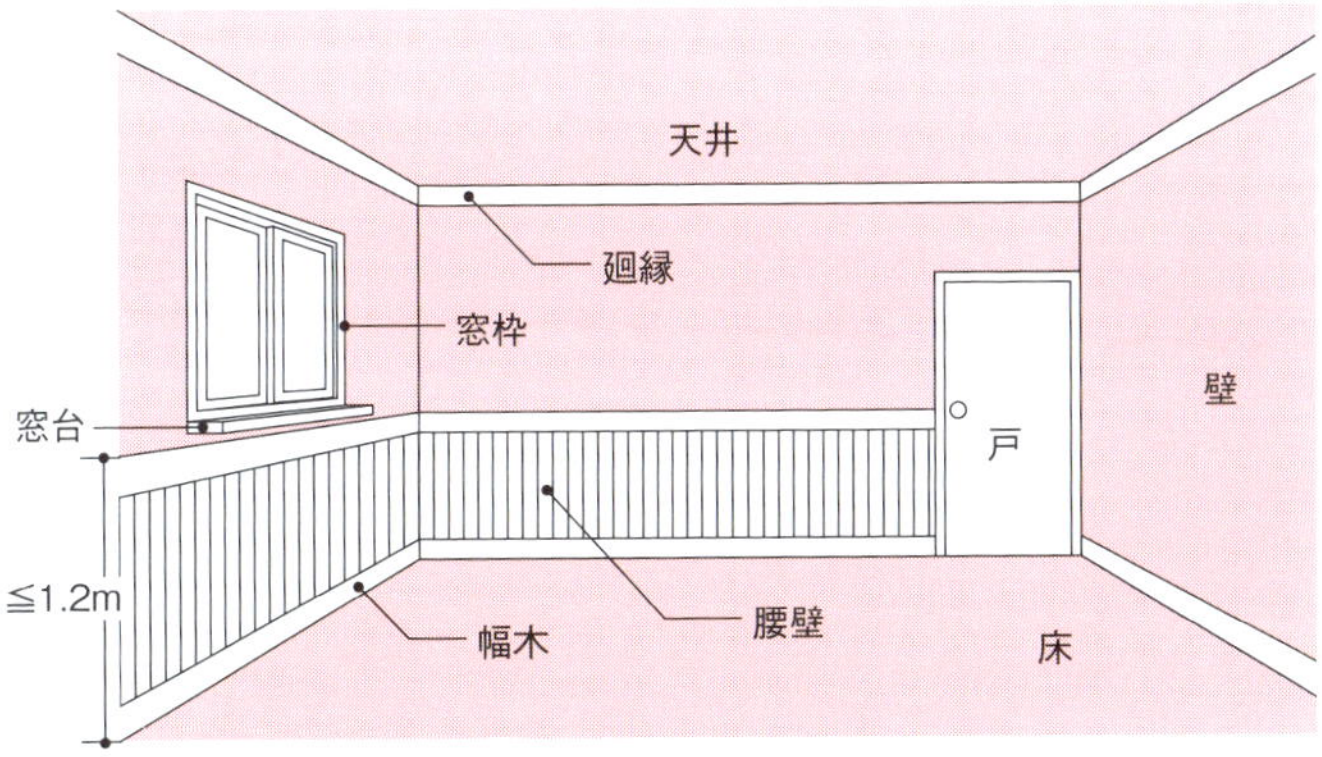

□：内装制限を受ける部分
□：一部の居室を除いて内装制限を緩和される部分

耐火建築物とすることにより、特殊建築物にかかわる内装制限のかなりの部分が、適用除外される。

壁・天井仕上げ材料の内装制限

建築基準法では、初期の火災拡大の防止、避難安全性の確保を目的として、壁および天井の室内に面する部分の内装を、不燃材料、準不燃材料、難燃材料で仕上げることを義務づけている（建築基準法35条の2）。

内装制限の概要を48頁表1に示す。制限の対象となるのは、特殊建築物（①〜⑤）、大規模な建築物（⑥）、無窓の居室（⑦、⑧）、火気使用室（⑨、⑩）である。

特殊建築物の内装制限は、用途（建築基準法別表1）および当該用途に供する部分の階と面積、構造によって、制限の適用不適用が異なってくる。特に準耐火建築物、さらに耐火建築物とすれば、内装制限のかなりの部分の適用が除外できる。

また、特殊建築物でも学校、図書館、美術館、スポーツ施設等の用途（建築基準法別表1（い）欄（3）項の用途）は、内装制限の対象とならず、そのうち学校等（建築基準法施行令126条の2第1項第2号、スポーツ施設も含む）は、⑥の大規模建築物としても内装制限の対象になっていない。

一方、無窓の居室およびその避難経路、火気使用室（避難経路は含まない）は、建物用途にかかわらず内装制限の対象となる。

内装制限は、可燃性ガスが部屋の上部に溜まってフラッシュオーバーを起こすのを抑制する目的があるため、部屋の上部に重点的になされるようになっている。天井面は対象となり、床面は対象とならず、壁は床面からの高さが1.2m以下の部分（腰壁部分）が対象とならない（一部の居室は除く）［図1］。また廻り縁や窓台等も制限対象から除かれる。

また、消火設備（自動式のスプリンクラー設備等）を設け、かつ建築基準法施行令126条の3の規定に適合する排煙設備を設けた場合は、すべての内装制限が適用されない。さらに、床面積、天井高さ、消火設備、排煙設備の設置の状況および構造によって、内装制限が緩和できる規定が2020年に追加された（令2国交告251号）。

不燃材料・準不燃材料・難燃材料

内装制限を受ける部分の仕上げに用いられる不燃材料、準不燃材料、難燃材料は、48頁表2の①

表1 内装制限の概要（建築基準法35条の2、建築基準法施行令128条の3の2、128条の4、128条の5等）

		用途等	内装制限の対象となる構造・規模			内装制限の内容		
			・耐火建築物（ルートA） ・1時間準耐火基準に適合する準耐火建築物（イ準耐）	・準耐火建築物（1時間未満）	その他の建築物	居室		廊下、階段、通路※1
						壁	天井	
①	特殊建築物	劇場、映画館、演芸場、観覧場、公会堂、集会場等	客室が合計400㎡以上	客室が合計100㎡以上		難燃（床面から1.2m以下の腰壁部分を除く）	2階以下：難燃 3階以上：準不燃	準不燃
②		病院、診療所（有床）、ホテル、旅館、下宿、共同住宅、寄宿舎、児童福祉施設等（老人福祉施設、有料老人ホームを含む）等	当該用途の3階以上の部分が合計300㎡以上*2	当該用途の2階部分が合計300㎡以上*2	当該用途の部分が合計200㎡以上			
③		百貨店、マーケット、展示場、キャバレー、カフェー、ナイトクラブ、バー、ダンスホール、遊技場、公衆浴場、待合、料理店、飲食店、物品販売業の店舗（10㎡以内除く）等	当該用途の3階以上の部分が合計1,000㎡以上	当該用途の2階部分が合計500㎡以上				
④		自動車車庫、自動車修理工場	すべて			準不燃	準不燃	準不燃
⑤		地階の居室を①②③の用途に供するもの	すべて			準不燃	準不燃	準不燃
⑥	大規模建築物 以下の(1)〜(3)を除く (1)学校、スポーツ施設等の用途 (2)②の用途で高さ31m以下の部分 (3)100㎡以内ごとに防火区画され、特殊建築物の用途に供さず、耐火またはイ準耐火建築物で、高さ31m以下の部分		・階数3以上で、延べ面積500㎡超 ・階数2で、延べ面積1,000㎡超 ・階数1で、延べ面積3,000㎡超			難燃（床面から1.2m以下の腰壁部分を除く）	難燃	準不燃
⑦	排煙上の無窓の居室		・床面積50㎡超 ・天井または天井から下方80cm以内にある開放可能な開口部が床面積の1/50未満 ・天井高さ6m以下			準不燃	準不燃	準不燃
⑧	温湿度調整作業室等の無窓居室*3		・天井高さ6m以下			準不燃	準不燃	準不燃
⑨	住宅および併用住宅の調理室・浴室・ボイラー室等*4		—	階数が2以上の建築物の最上階以外の階		準不燃	準不燃	—
⑩	住宅以外の建築物の調理室・浴室・ボイラー室等*4		—	すべて		準不燃	準不燃	—

*1：当該用途に供する居室から地上に通ずる廊下、階段、通路の壁および天井
*2：100㎡（共同住宅は200㎡）以内ごとに準耐火構造の床、壁と、防火設備で防火区画されている部分の居室を除く
*3：建築基準法28条1項ただし書きの用途上やむを得ない居室
*4：調理室、浴室、乾燥室、ボイラー室、作業室等で、かまど、こんろ、ストーブ、炉、ボイラー、内燃機関等、火を使用する設備または器具を設置したもの

表2 不燃材料・準不燃材料・難燃材料に要求される不燃性能と時間

	定義条文	時間	不燃性能（建築基準法施行令108条の2）
不燃材料	建築基準法2条第9号	加熱開始後20分間の不燃性能	①燃焼しない ②防火上有害な変形、溶融、き裂その他の損傷を生じない ③避難上有害な煙またはガスを発生しない （外部仕上げに用いるものにあっては①②のみ）
準不燃材料	建築基準法施行令1条第5号	加熱開始後10分間の不燃性能	
難燃材料	建築基準法施行令1条第6号	加熱開始後5分間の不燃性能	

～③の「不燃性能」を満たす必要がある。

また、加熱開始後、不燃材料は20分間、準不燃材料は10分間、難燃材料は5分間の不燃性能が要求されている。したがって、準不燃材料は不燃材料を含み、難燃材料は不燃材料および準不燃材料を含む［図2］。また、外部の仕上げに用いる場合は、①②の性能のみでよい。

不燃材料、準不燃材料、難燃材料は、50頁表3に示す通り告示で例示された材料と、国土交通大臣が個別に認定したものとがある。木質系材料でも、不燃、準不燃に認定されたものがある。

図2 不燃材料・準不燃材料・難燃材料の関係

不燃材料、準不燃材料、難燃材料は包含関係にある

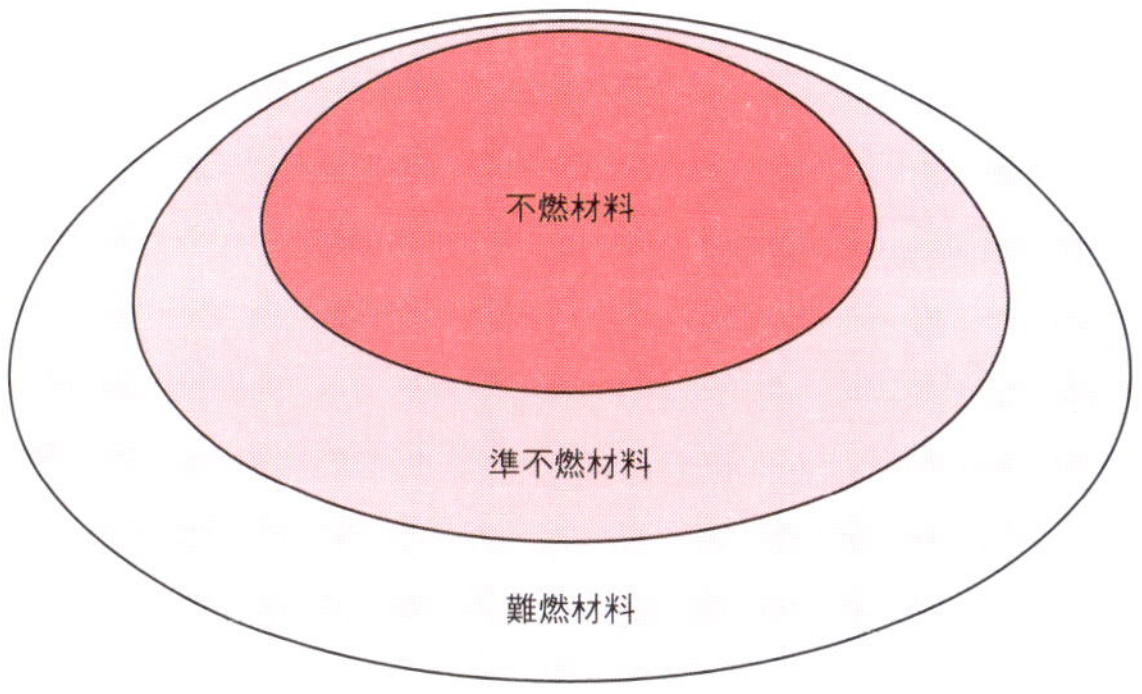

難燃・準不燃に準ずる組み合わせ

48頁表1において、①～③の特殊建築物および⑥の大規模建築物の居室の内装は難燃材料としなければならないが、これに準ずる組み合わせが規定されている（平12建告1439号）。

天井を準不燃材料とすることで、「木材等」（木材、合板、構造用パネル（OSB）、パーティクルボード、繊維板等）を壁の内装に使用することができる。木材等は厚さを25㎜以上とするか、難燃材料の壁に直接取り付ける等、一定の仕様条件を満たす必要がある。

また、48頁表1の⑨の一戸建て住宅の、最上階以外の階の火気使用室は内装を準不燃材料としなければならないが、やはりこれに準ずる組み合わせが規定されている（平21国交告225号）。こんろ、ストーブ、壁付暖炉、いろり等の周辺の内装を「特定不燃材料」［50頁表3］としたり、遮熱板等の設置をすることにより、それ以外の部分については「木材等」や難燃材料による内装仕上げが可能になる。

避難安全検証法等による適用除外

内装制限は、避難安全性の確保を目的とする仕様規定のひとつに位置づけられる。したがって、在館者の避難終了時間と、煙やガスが避難に支障ある高さまで降下する時間をそれぞれ計算し比較する「避難安全検証法」（ルートB）や、高度な検証法による大臣認定（ルートC）によって避難安全性を検証する場合は、内装制限を含む仕様規定の適用が除外される。

ただし、48頁表1の④（自動車車庫等）、⑨⑩（火気使用室）、および階段にかかわる内装制限は適用除外されない。

外装材の制限

建築物が建てられる地域によっては、外装に延焼するのを防ぐため、屋根、外壁、軒裏、外壁開口部に防火措置を行う必要がある。

防火地域内、準防火地域内の建築物については、外装材も含んだ構造制限が、2019年に建築基準法61条に統合され、延焼防止建築物、準延焼防止建築物等に整理された［38頁表1］。

防火地域、準防火地域以外でも、建築基準法22条に基づき、屋根、外壁に一定の防火性能を要求する区域を特定行政庁が指定できる。法22条区域における外装材の制限を50頁表4に示す。なお、屋根については、防火地域内、準防火地域内も、法22条区域内と同様の制限となる（建築基準法62条）。また、従前の「木造建築物等である特殊建築物の外装等」の規定は廃止された。

表3 不燃材料・準不燃材料・難燃材料の例示仕様

	告示	例示仕様
不燃材料（●は特定不燃材料）	平12建告1400号（平21国交告225号）	❶コンクリート ❷れんが ❸瓦 ❹陶磁器質タイル ❺繊維強化セメント板 ❻ガラス繊維混入セメント板（厚さ3mm以上） ❼繊維混入けい酸カルシウム板（厚さ5mm以上） ❽鉄鋼 ⑨アルミニウム ❿金属板 ⑪ガラス ⓬モルタル ⓭しっくい ⑭壁土（厚さ10mm以上） ⓯石 ⓰石膏ボード（厚さ12mm以上、ボード原紙厚さ0.6mm以下） ⓱ロックウール ⓲グラスウール板
準不燃材料	平12建告1401号	①不燃材料 ②石膏ボード（厚さ9mm以上、ボード原紙厚さ0.6mm以下） ③木毛セメント板（厚さ15mm以上） ④硬質木片セメント板（厚さ9mm以上、かさ比重0.9以上） ⑤木片セメント板（厚さ30mm以上、かさ比重0.5以上） ⑥パルプセメント板（厚さ6mm以上）
難燃材料	平12建告1402号	①不燃材料、準不燃材料 ②難燃合板（厚さ5.5mm以上） ③石膏ボード（厚さ7mm以上、ボード原紙厚さ0.5mm以下）

表4 外装材の制限（建築基準法22条、23条、62条）

部位	地域	適用条件	制限の内容	関連条項
屋根	防火地域内 準防火地域内 法22条区域内	すべての建築物*1	①不燃材で造るか、葺く ②準耐火構造（屋根面は準不燃材料） ③耐火構造（屋根面は準不燃材料、勾配30度以内）＋屋外面に断熱材および防水材	建築基準法22条 建築基準法62条 建築基準法施行令109条の9 建築基準法施行令136条の2の2 平12建告1361号 平12建告1365号 平28国交告693号
		不燃性物品の倉庫等*2で、屋根以外の主要構造部が準不燃材料	上欄の①～③ ④難燃材料で造るか、葺く	
外壁	法22条区域内	木造建築物等	延焼のおそれのある部分を準耐火構造とする	建築基準法23条 建築基準法施行令109条の9 平12建告1362号

*1 法22条区域内においては、茶室、あづまや等の建築物、10㎡以内の物置、納屋等の屋根で、延焼のおそれのある部分以外の部分は適用対象外
*2 スポーツ施設、不燃性物品を扱う荷捌き場、畜舎等、劇場等、アトリウム等

耐火建築物の設計ルート

図1 耐火建築物が満足すべき技術的要件

耐火建築物（建築基準法2 条９号の２）
- 特定主要構造部 （建築基準法２条５号、２条9号の2）
  - 耐火構造とする（建築基準法２条９号の２イ（1）、2条7号） ルートA
    - 政令で定める技術的基準に適合（建築基準法施行令107条）
      - 大臣が定めた構造方法
        - 耐火構造の構造方法を定める件（平12建告1399号）
      - 大臣認定を受けた構造方式
  - 政令で定める技術的基準に適合（建築基準法２条９号の２イ（2））
    - 耐火建築物の特定主要構造部にかかわる技術的基準（建築基準法施行令108条の４）
      - 耐火性能検証法（建築基準法施行令108条の４第１項第１号） ルートB
        - 耐火性能検証法に関する算出方法を定める件（平12建告1433号）
      - 高度な検証法による大臣認定（建築基準法施行令108条の４第１項第２号） ルートC
- 外壁開口部 （建築基準法２条９号の２ロ）
  - 延焼のおそれのある部分に防火設備を設ける
    - 政令で定める技術的基準に適合（建築基準法施行令109条の２）
      - 大臣が定めた構造方法
        - 防火設備の構造方法を定める件（平12建告1360号）
      - 大臣認定を受けた構造方式

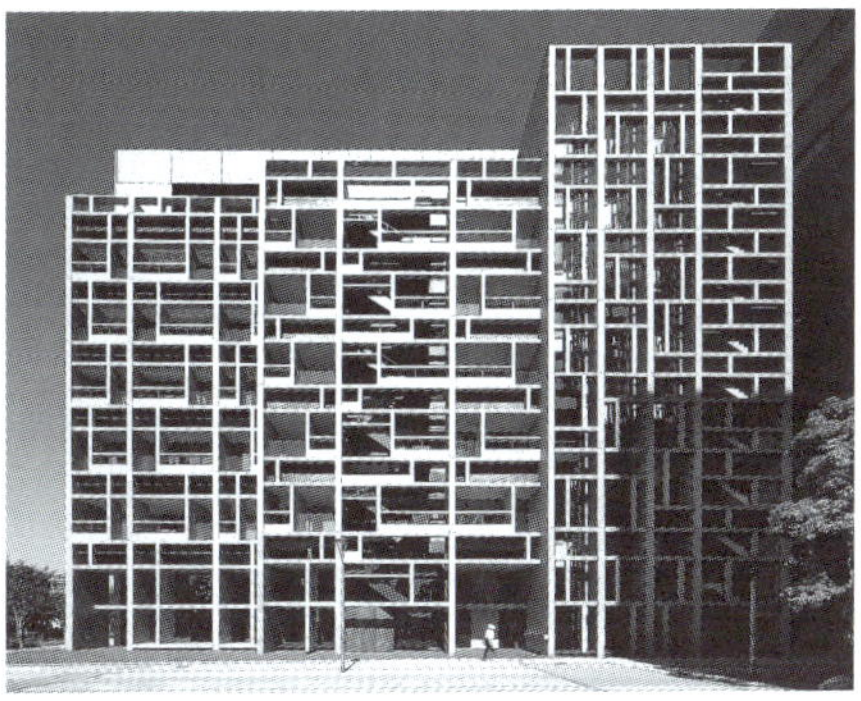

ルートB の適用例
木材会館（東京都）
（設計：山梨知彦＋勝矢武之／日建設計、写真：雁光舎）

耐火建築物設計の3ルート

かつての建築基準法では、「耐火建築物」は主要構造部を耐火構造とした建築物で、外壁開口部（延焼のおそれのある部分）に防火設備を有するもの、と定義されていた。しかし、2000年の法改正により性能規定化が進められ、主要構造部を耐火構造としなくても、個別に「耐火性能」が検証されれば、耐火建築物とすることができるようになった。また、2024年の法改正では、当該対象が「特定主要構造部」に限定されるようになった。

耐火建築物の設計では、特定主要構造部と外壁開口部それぞれについて技術的基準を満たす必要があるが、特定主要構造部については、図1に示すような3つの設計ルートがあり、便宜上「ルートA」、「ルートB」、「ルートC」と称されている。

ルートA：耐火構造

ルートAは、特定主要構造部を耐火構造とする設計ルートである。耐火構造は、昔ながらの耐火建築物の概念であるRC造や耐火被覆付きS造等の仕様が告示で例示されていたが、2014年から木造の仕様も新たに加わり、現在では1.5時間耐

図２ 耐火建築物の主要構造部に関する技術的基準

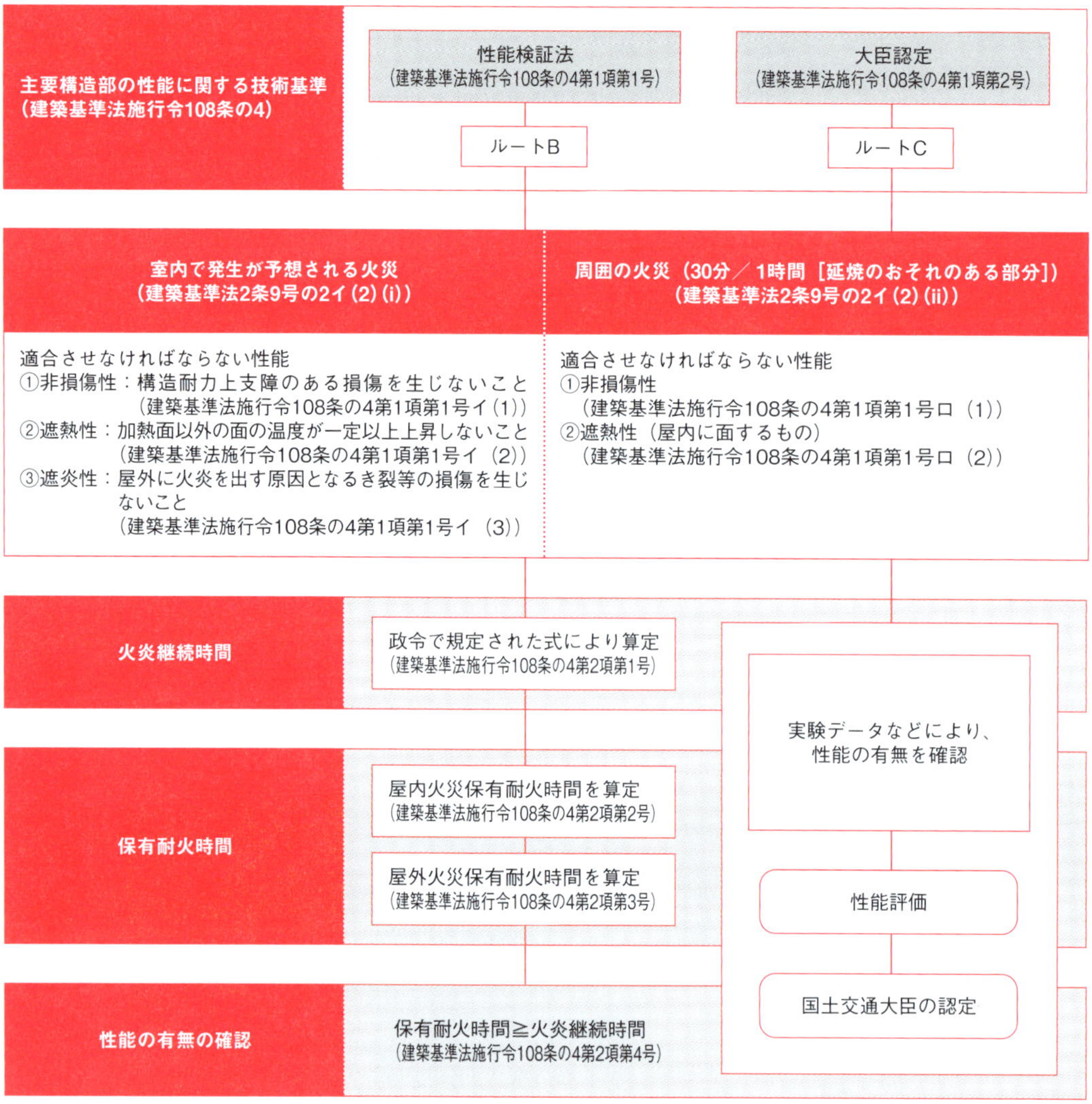

火の仕様まで例示されている［29、30頁表2］。

耐火構造とするためには、告示仕様を用いるほかに、耐火性能の技術的基準に適合する構造として国土交通大臣の認定を受けたものを用いることができる。特にS造の耐火被覆は多くの工法が認定されている。

在来軸組工法や2×4工法、木質ラーメン工法等でも、近年技術開発が進み、各特定主要構造部について耐火構造の国土交通大臣認定を取得している［76～80頁］。最近では3時間耐火構造部材も登場した。これらの構造を用いることにより、比較的容易に耐火建築物の設計が可能となっている。

ルートB：耐火性能検証法

ルートBは、告示に規定された算出方法に従い、特定主要構造部の耐火性能（非損傷性、遮熱性、遮炎性）を直接的に確認する「耐火性能検証法」により、耐火建築物を設計するルートである［図2］。特定主要構造部に耐火構造でない構造も使用できるため、木材を現しにした耐火建築物が実現できる。

ルートBでは、主に①各特定主要構造部の屋内火災保有耐火時間が火災継続時間以上であることと、②外壁の屋外火災保有耐火時間が1時間（延焼のおそれのある部分以外は30分間）以上であることを検証する。具体的な検証方法は、S造、RC造、木造といった構造形式ごとに告示に定めら

ルートCの適用例
所沢市民体育館（埼玉県）
（設計：坂倉建築研究所、写真：川澄・小林研二写真事務所）

ルートCの適用例
高知学芸高等学校創立50周年記念体育館（高知県）
（設計：上田建築事務所、写真：上田宏）

れている（平12建告1433号）。

木造の柱と梁部材については、可燃物の総発熱量や開口条件等から決まる火災室の火災性状から、木材が着火温度（260℃）に達するまでの時間を計算し、保有耐火時間とするように規定されている。56〜58頁TOPICSでも触れているとおり、大空間で可燃物量が少なく、開口面積・周壁面積が大きく、火災の影響を受けにくい場所（高い小屋組等）に木造部材を配置する、体育館等の建築物に適用しやすい。

ルートBは、告示に記載された簡便な検証方法により、建築主事や確認検査機関の一般的な手続きで建築確認が可能である。しかし、計算方法が簡便な分、木造建築に適用させるには、可燃物量、天井高、開口面積等に十分な余裕がないと検証が成立しにくく、設計上の限界もある。

ルートC：高度な検証法

ルートCは、個別の条件で耐火性能を検証して、国土交通大臣の認定を受ける設計ルートである［52頁図2］。

ルートCも、基本的には、ルートBと同じ考え方で、大空間の高い小屋組に木造部材を配置し、局所火源から隔離して引火しないようにする方法で耐火設計を行うことができる。ルートCでは、局所火源の火炎の高さを限定でき、煙層温度等の計算を詳細に行える分、ルートBに比べて必要な開口部面積は小さくて済む等、設計の自由度は格段に高くなる。

ルートCにより耐火性能を検証するためには、火災シミュレーションや実験等を伴う場合もあり、耐火設計について専門的な知識が必要である。また、性能評価機関による評価、大臣認定が必要であり、確認までの手続きが複雑になり、時間、費用も要する。

消防法関連

消防関連の指摘事項

消防関連の規定はやっかいである。建築確認の際、一定の規模になると「消防長または消防署長の同意」（以下、消防同意）が必要になるためである［表1］。もちろん消防法と建築基準法は基本的には整合する。しかし、前者が消防の管轄単位で行われることも手伝って、しばしば設計実務では対立が生じたりする。

さらに耐火木造には登場してから日が浅いという事情も加わる。表2は消防法と耐火木造をめぐる実務上のやりとりの例を示している。これらは木造耐火構造の例示仕様が存在しなかった頃の話である。必ずしも最近の出来事ではないが、消防既定の厄介さをよく伝えている。

表2-①〜③の指摘は消防署の認知不足に起因する。たとえば②のエピソードは、木質系耐火構造の認定範囲の取り違えにも見える。耐火木造の室内側は強化石膏ボード上張りまでで1時間耐火を実現しており、仕上げ材はあくまで内装制限のみに関連するからである。しかしこの指摘の本質は当該区画を耐火構造とみなしていないことにある。したがってこうした指摘に対しては、まずRC造と同等の木質系耐火構造が存在するという説明が必要になる。なお木住協や2×4協会が全国行政会議と行った協議が功を奏し、建築主事等からこうした指摘がなされたという報告はない。

一方、④と⑤は技術的な空白部に対する指摘であり、今後の耐火木造の課題を示唆する。たとえば④は所定の取付強度を確保できる適切な納まりを示す必要がある。⑤も同様であるが、鋼材による局所的な熱伝達についてはコンセントボックス

表1 消防同意と消防検査の対象（消防法7条と消防法施行令35条の要約による）

対象	消防同意	消防検査
下記以外	必要	消防法施行令 別表表1 （1）～（18）の用途 （300㎡以上）
戸建住宅* （防火地域・準防火地域以外の場合）	不要	不要

＊住宅用途以外の部分の床面積が延べ面積の1/2未満かつ50㎡以下

表2 耐火木造に対する消防関連の指摘事項※1

① 消防は概ね耐火の認知度が低く、特殊建築物の３階で木造と記載してあると間違いではないかと質問されることがしばしばある
② 内装制限のない耐火構造で区画された居室を、不燃クロスにするように指導されたことがある
③ 耐火木造に不燃ボード張りの火気廻りにしたところ「準耐火以上にするように」といわれたことがある
④ 消防が規定する避難ハッチの取り付け強度※を耐火木造で確保することは困難
⑤ 業務用キッチンのフードでは吊りロッドを構造材（木材）に取り付けるため、熱が伝わり危険

※「避難器具の設置及び維持に関する技術上の基準の細目」平8消防庁告示2号

※1：中田好彦氏（69～71頁参照）のメール回答にもとづく。なお同氏の2×4協会セミナー講演録「2×4耐火4階建共同住宅設計に関する問題点」中田好彦建築設計事務所，2010.9も参考にした

の納まりなどで検討済みである。吊りロッドの納まりに関しても、こうした検討成果の見直しによって有効な知見が得られることであろう。

表3 火気設備に関する隔離距離（消防上安全な距離）の緩和

規程	緩和条件の要約		
消防法施行令5条1項	防火上支障がないもの（総務省令で定める）		
総務省令24号4条（平成14年）	仕上げ	不燃材料	
	建築物の部分	耐火構造	耐火構造以外
	間柱、下地その他の主要な部分	準不燃材	不燃材
東京都火災予防条例3条1項1号	仕上げ	特定不燃材料*	
	建築物の部分	準耐火構造	
	間柱、下地その他の主要な部分	特定不燃材料*	
平21国交告225号	コンロ廻りの仕上げ（可燃物燃焼部分）	①石膏ボード（12.5mm厚以上） ②繊維混入けい酸カルシウム板（5.6mm厚以上）重ね張り ③モルタル（12mm厚以上）	

＊コンクリート、れんが、鉄鋼、アルミニウム、モルタル、漆喰その他これらに類する不燃性の材料（なお平21国交告225号が定める特定不燃材料とは異なる）

火気設備の隔離距離

ところで54頁表2−③のエピソードは少しややこしい問題を含んでいる。消防が木質系耐火構造を理解していない様子は明らかであるが、理解したとしても仕上げ材に「特定不燃材料」が求められることは変わらないからである。

表3が示すように、火気設備廻りの壁などには総務省令にもとづく内装制限が課される。つまり火気から一定の距離を確保できない場合、耐火構造の仕上げ材にも不燃材料が必要になる。東京都の火災予防条例はこの条件を厳しくしたものであり、隔離距離より近い部分では、仕上げ材が「特定不燃材料」に限定される。

東京都の火災予防条例は単純に内装制限を強化しただけのように見えるが、耐火構造部の現し仕上げを考えると奇妙なことが生じる。耐火構造であるRC壁の表面はコンクリートになる。つまり特定不燃材料になるので隔離距離より近い部分の仕上げとして用いることができる。一方、木質系耐火構造は表面の強化石膏ボードや木材が特定不燃材料でないので、現し仕上げにはできない。

火気使用室の内装制限緩和

耐火構造と内装制限は別物である。異なる規定になるのは当然であるが、両者が組み合わさったとき、ある耐火構造のみ火気設備廻りの内装制限を免れる結果となっている。かつて耐火性能や不燃性能が材料仕様によって代替されていたときであれば違和感は少なかったのかもしれない。しかし現在は建築物の技術基準が性能規定にシフトしている。同等の耐火性能を持つ部位に対して実質的に異なる内装制限が課されるとすれば、いささか合点がいかないことも確かである。

いずれにせよ耐火木造にまつわる消防関連のエピソードは、新しい技術が既存の基準類と摩擦を起こす典型例であろう。木質系耐火構造の最初の大臣認定は2004年である。一方、火気設備廻りの内装制限を定めた総務省令24号は2002年に示された技術基準である。

ところで火気使用室の内装制限には、平21国交告225号という緩和規定が存在する［表3］。コンロ廻りの不燃性を強化すれば、これ以外の部分を木造等（平12建告1439号で定義）で仕上げられるという規定であり、こうした措置を行う材料として、モルタルと並んで石膏ボードとけい酸カルシウム板に特別な位置づけが与えられている。※2 この告示は戸建住宅のみを対象にしていたが、2020年からは他の用途（ホテル、飲食店等を除く）にも適用可能となった。この改正は防火性能に関する最新の性能検証にもとづくと考えられる。

東京都火災予防条例などを含め、今後も消防関連の規定の性能的整理が進むことを期待したい。

※2：「住宅の内装防火設計マニュアル」日本建築センター、2009.12、pp.128-129

第2世代の木造ドーム——耐火性能検証法の活用

表 耐火性能検証法が活用された木造大空間の例

竣工年	名称（主な用途）	延べ面積（主要スペース）	所在地	耐火設計
2001	あけのべドーム（体育館）	1,296㎡（30m×40m）	兵庫県大屋町	ルートB
2002	一戸コミュニティセンター（集会所）	2,690㎡（37m×37m）	岩手県一戸町	ルートB
2004	所沢市民体育館	14,722㎡（67m×87m）	埼玉県所沢市	ルートC
2006	綾てるはドーム（体育館）	6,636㎡（50m×60m）	宮崎県綾町	ルートB
2007	樹海体育館	8,367㎡（38m×63m）	秋田県大館市	ルートC
	高知学芸高等学校創立50周年記念体育館	3,295㎡（32m×44m）	高知県高知市	ルートC
2009	高知駅（駅舎）	3,231㎡（38m×58m）	高知県高知市	ルートC
2010	二ツ井小学校体育館	1,414㎡（32m×33m）	秋田県能代市	ルートC
2013	秋葉山公園県民水泳場	25,206㎡（66m×66m）	和歌山県和歌山市	ルートC
2015	静岡県草薙総合運動場体育館	13,509㎡（76m×103m）	静岡県静岡市	ルートC
2016	五條市上野公園総合体育館	5,031㎡（50m×50m）	奈良県五條市	ルートC

耐火性能検証法（ルートC）の活用例「静岡県草薙総合運動場体育館（設計・写真：内藤廣建築設計事務所）」

第1世代の木造ドーム

1990年代に木造建築ブームが巻き起こったことはよく知られている。準耐火構造の導入により、原則として禁止されていた大規模木造が解禁されたためである。当時は日米貿易摩擦が激化しており、さまざまな分野で内需拡大が求められていた。防耐火規定の緩和もそうした政策の一環として行われたと言われている。

その結果、'90年代に大規模な木造ドームが続々と建設され、最大スパンも次々に塗り替えられていった。もっとも3000㎡を超える木造は通常の建築確認では建てられなかった[※1]ため、それらは建築基準法の旧38条にもとづく大臣認定を受けての建設であった。

地域産材活用法としての耐火性能検証法

2000年の建築基準法改正によって性能規定の考え方が導入されると、旧38条の条文そのものはなくなり[※2]、それまでエキスパートジャッジによって運用されてきた技術的基準は構造や防耐火といった性能ごとに位置づけられることになった。

耐火性能検証法とはこうした経緯によって建築基

※1：2015年まで建築基準法21条は、原則として大規模木造を禁止していた
※2：2015年から、建築基準法38条が復活した

耐火性能検証法（ルートC）の活用例「樹海体育館」（設計：石本建築事務所、写真：解良信介）

準法に導入された耐火設計法であり、考え方としては目新しいものではない。実際、その適用例を見ると鉄骨部材や免震装置の無耐火被覆化や膜屋根の計画であり、防耐火がらみの旧38条認定の典型である。

　したがって耐火性能検証法が木造大空間の耐火設計に使われるのも当然の成り行きであるが、旧38条認定と異なるのは身近な規模の建築物に適用され始めたことである。つまり申請の手間と費用がかさむことから、大臣認定が事実上大規模プロジェクトに限定されたのに対し、ルートBならば通常の確認申請手続きで建設することができる。そのため56頁表に示されるように、林産地を中心に地域産材を公共建築に活用する手法として耐火性能検証法が活用され始めた。

耐火性能検証法の考え方

　耐火性能検証法による耐火木造は本書の守備範囲を越えてしまうが、大きな可能性を秘めていることは確かである。その詳しい解説は専門書に譲るとして、その考え方の概要を紹介してみよう。

　58頁図が示すように、耐火性能検証法とは「火災継続時間t_f」と「火災保有耐火時間t_{fr}」を比較し、後者が上回ることを確認することである。前者は「可燃物の総発熱量Q_r」と「1秒間当たりの発熱量q_b」から求められる。具体的には収納物や内装材の内訳と窓の大きさを評価しており、ボ

図　木造における耐火性能検証法（ルートB）の進め方※3

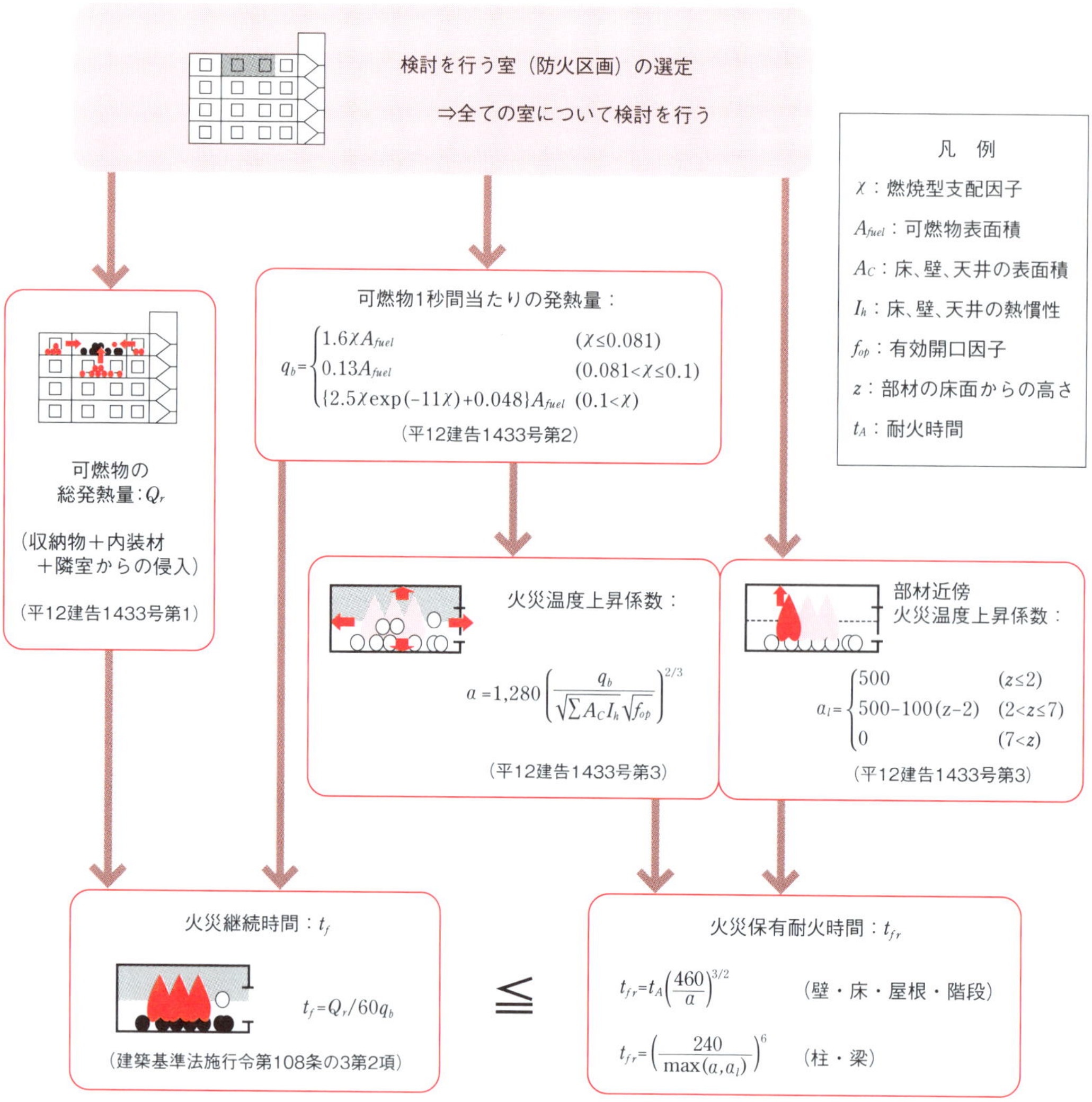

イラーの燃料タンク容量と燃費を求めてその稼働時間を求めているようなものである。一方、後者は主要構造部の材料から求められるが、木材については発火するまでの時間と考えればよい。

現在は耐火性能検証法の計算プログラムも市販されている。しかしこうした計算をしなくとも、図が示す検討の枠組を理解すればどのような建築物に耐火性能検証法が向いているのか見当がつく。まず「火災継続時間t_f」を短縮するには「可燃物の総発熱量Q_r」を小さくすればよい。つまり収納物が少ないガランとした建築物は自然とこの条件に当てはまる。一方、「火災保有耐火時間t_{fr}」を延ばすには「火災温度上昇係数α」と「部材近傍火災温度上昇係数α_l」が減少すればよい。たとえばαは大きな開口部が高い位置にあれば小さくなる。α_lは部材が床から高い位置にあれば小さくなる。

つまり柱や壁を耐火構造にしてしまえば、小屋組に木材を用いた体育館が耐火性能検証法によって性能検証されるであろうことは容易に想像できる。木造意匠の魅力の1つは木材現しの表現であるが、そうした木造耐火建築物を実現できる有力な耐火設計方法が耐火性能検証法である。この耐火設計法は適用できる建築物の条件に向き不向きがあったり専用の計算プログラムが必要になったりするものの、木造の耐火設計法として利用しがいのある方法であることは確かである。

※3：日本建築センター他編「2001年版耐火性能検証法の解説及び計算例とその解説」海文堂出版、2006.1.より作成

耐火等級4が表示できる

図1 住宅性能表示制度による評価の流れ（新築住宅の場合）

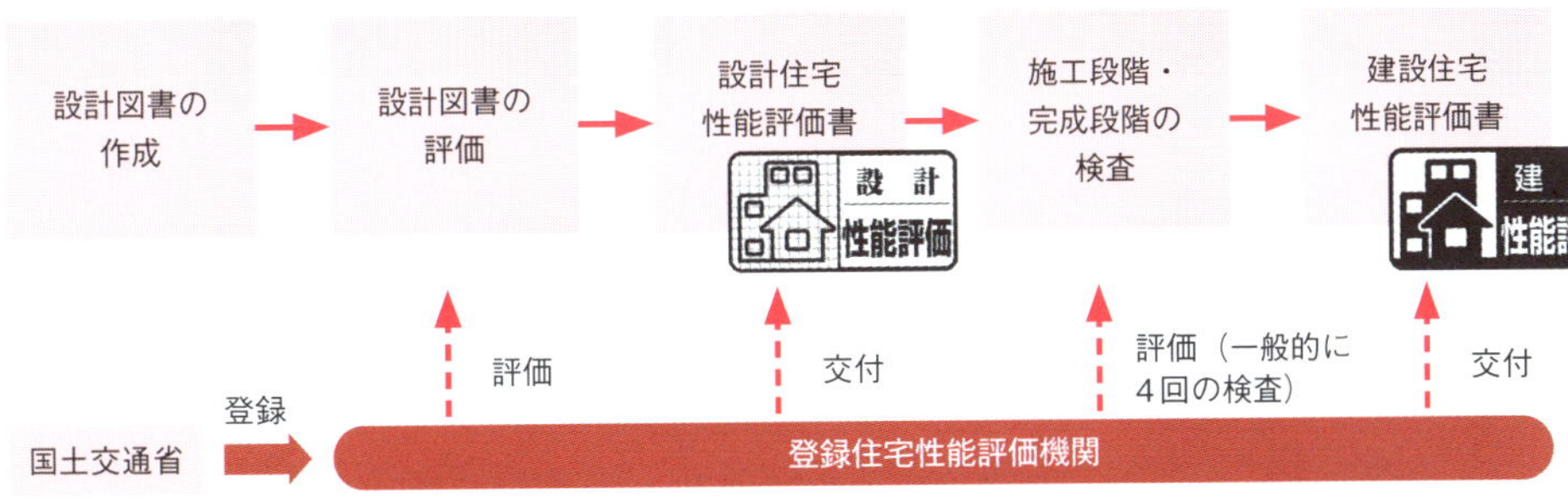

（出所）国土交通省ホームページ「新築住宅の性能表示制度かんたんガイド」
https://www.mlit.go.jp/jutakukentiku/house/content/001586565.pdf

表 耐火等級の概要

性能表示事項	①耐火等級（延焼のおそれのある部分（開口部））	②耐火等級（延焼のおそれのある部分（開口部以外））	③耐火等級（界壁および界床）
適用範囲	一戸建て・共同住宅等	一戸建て・共同住宅等	共同住宅等の各戸
説明	延焼のおそれのある部分の開口部に係る火災による火炎を遮る時間の長さ	延焼のおそれのある部分の外壁等（開口部以外）に係る火災による火熱を遮る時間の長さ	住戸間の界壁および界床に係る火災による火熱を遮る時間の長さ
等級4	－	火熱を遮る時間が60分相当以上	火熱を遮る時間が60分相当以上
等級3	火炎を遮る時間が60分相当以上	火熱を遮る時間が45分相当以上	火熱を遮る時間が45分相当以上
等級2	火炎を遮る時間が20分相当以上	火熱を遮る時間が20分相当以上	火熱を遮る時間が20分相当以上
等級1	その他	その他	その他

住宅の性能を客観的に表示する制度として「住宅性能表示制度」［図1］がある。耐火木造とした場合、表示事項のうちの「耐火等級」は、最高等級である等級4を表示することが可能である。

住宅性能表示制度の概要

2000年に施行された「住宅の品質の確保の促進等に関する法律」（通称「品確法」）の骨子の1つとして、「住宅性能表示制度」がある。この制度は、住宅の性能表示を適正に行うことができるように「共通ルール」を設け、消費者が住宅の性能を相互に比較できるようにしたものである。さらに、表示の信頼性を向上させるため、性能の評価を行う第三者機関が整備されている。

住宅性能表示は、図1のフローのように、設計段階と建設段階の2段階で評価され、それぞれ評価書が交付される。建設段階の評価では、評価機関により4回（一戸建ての場合）の現場検査が実施される。

性能表示の対象は、新築住宅の場合、図2に示した10分野であり、全部で32事項ある。

耐火等級

「火災時の安全に関すること」に区分される性

図2 住宅性能表示のイメージ（新築住宅の場合）

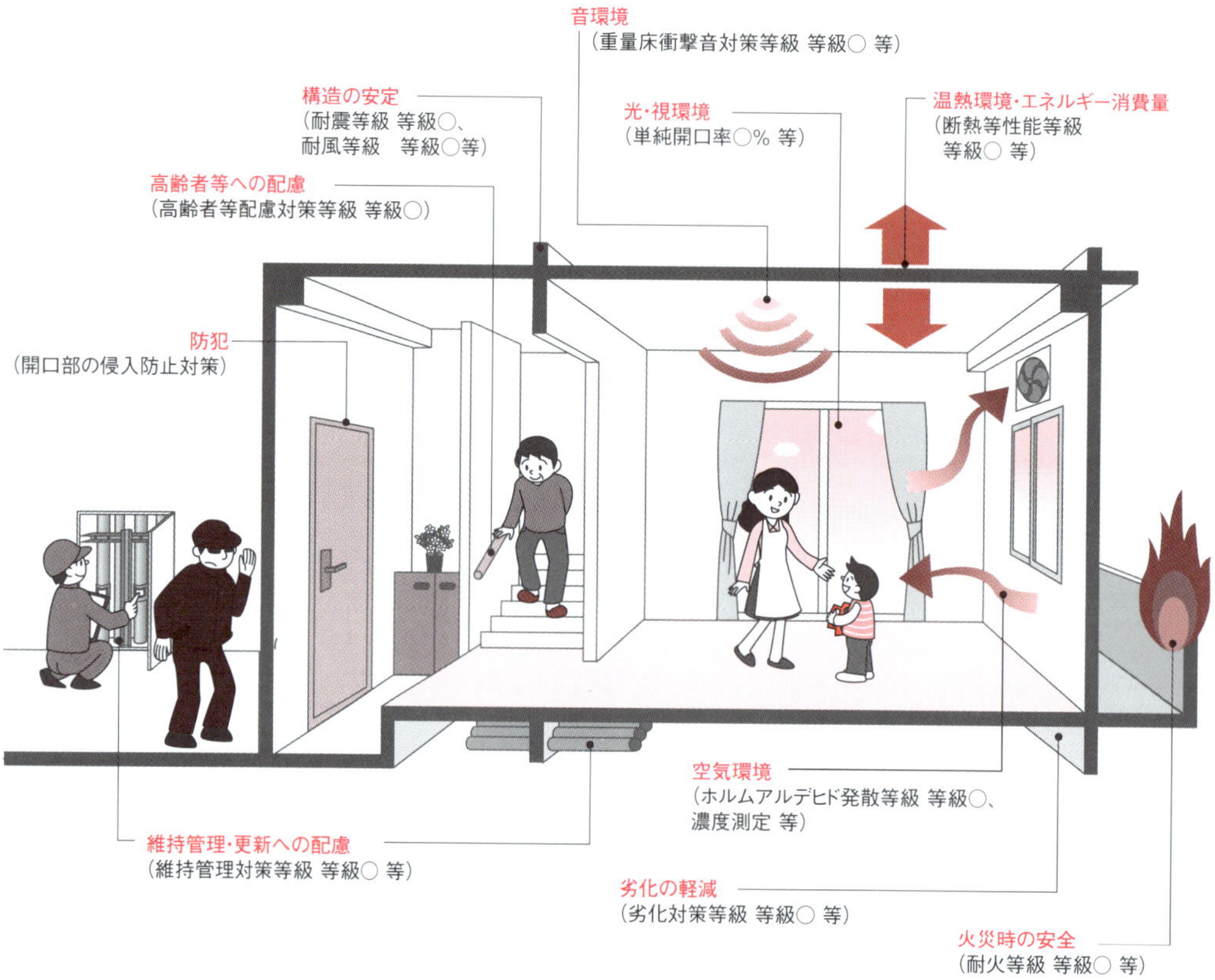

（参考）国土交通省ホームページ「住宅性能表示制度」 http://www.mlit.go.jp/common/000129267.pdf（閲覧日2017年12月14日）

能表示事項の中に、表に示す①～③の「耐火等級」がある。いずれも等級で表示される。

①の延焼のおそれのある部分（開口部）の耐火等級は、開口部の遮炎性を評価する。防火設備を設けることで等級2を表示することができる。また、特定防火設備を設けることで最高等級の等級3を表示できる。

②の延焼のおそれのある部分（開口部以外）の耐火等級は、具体的には外壁と軒裏のみが評価の対象である。また③の界壁および界床の耐火等級は、共同住宅等のみが対象となる。いずれも、耐火構造・1時間準耐火に適合する準耐火構造とする、耐火性能検証法による、または大臣認定された構造方法とすることにより、60分以上の遮熱性が証明できた場合、最高等級の等級4を表示できる。

認定仕様による場合

後述する、木住協や2×4協会の耐火構造の大臣認定仕様を用いても、耐火等級4の表示は可能である。

②の耐火等級（開口部以外）では、評価の対象は外壁と軒裏のみとなっているが、認定仕様を用いて等級表示する場合は、外壁と軒裏だけでなく、ほかの主要構造部も含めて「耐火建築物」とする必要がある。認定仕様の適用範囲［79頁］が耐火建築物に限られているためであり、いわゆる「つまみ食い」は認められない。

3

耐火木造の基礎知識

木材を利用した耐火構造の種類

表　木材を利用した耐火構造の概要

	被覆型	燃え止まり型 （燃えしろ被覆型を例示）	鉄骨内蔵型 （木質ハイブリッド型）
概要	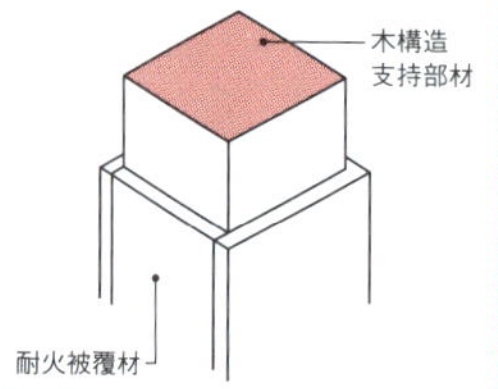	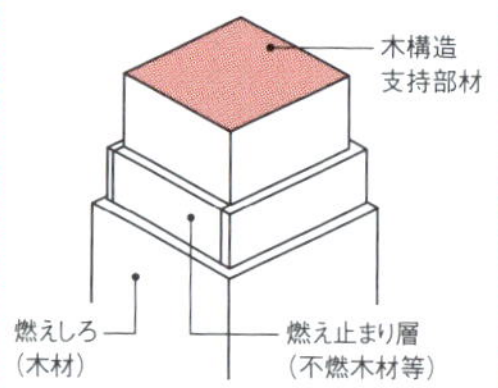	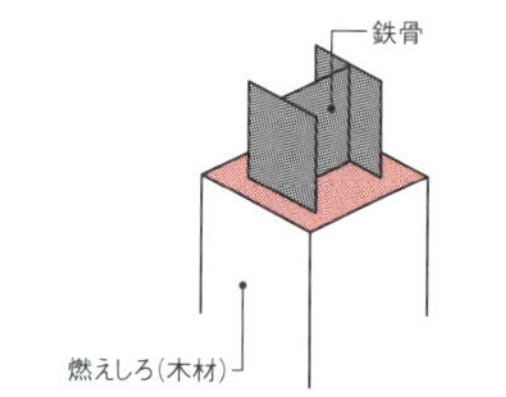
構造	木造	木造	S造
特徴	木構造部を耐火被覆し、燃焼・炭化しないようにする	加熱中は燃えしろが燃焼する。加熱終了後、燃え止まり層で燃焼を停止させる	加熱中は燃えしろが燃焼するが、鋼材を被覆し温度上昇を抑える。加熱終了後は鉄骨の影響で燃焼停止する
長所	実用化が進み実績がある。樹種が限定されない	現しにできる	現しにできる

木造による耐火構造の3つの考え方

準耐火建築物では、非損傷性・遮熱性・遮熱性が要求されるのが所定の耐火時間に限られるため、燃えしろ設計が成立する。これに対して耐火建築物では、火災が終了するまでこの性能が要求されるため、特定主要構造部が可燃材料である木材でできている木造建築物の場合、そもそも木材に着火しないか、着火しても自然に鎮火する必要がある。

2000年の法改正で建築物の性能規定化が進められ、法令上、木造の耐火建築物が建築可能となった。当初は、木材を使用した耐火構造（ルートA）の仕様は告示に例示されておらず、部材の耐火性能を耐火試験により評価して、国土交通大臣認定を受ける必要があったが、積極的な研究開発が進められ、多様な耐火構造が大臣認定を取得している。

これら木材を利用した耐火構造は、被覆型、燃え止まり型、鉄骨内蔵型（ハイブリッド型）の3つの種類に大別される[表]。なお、2014年には、木材を利用した耐火構造が告示に例示されるようになったが、いずれも被覆型の仕様である。

被覆型耐火構造

被覆型耐火構造とは、石膏ボード等の不燃材料を用いて木部を耐火被覆することで、木材が燃焼したり、炭化したりしないようにする構造である。この構造では、構造材である木材を被覆してしまうため、現しの表現とすることは不可能である。2×4協会（2×4工法）が2004年、木住協（在来軸組工法）が2006年に、大臣認定による被覆型の耐火構造を実用化して以来、2014年には告示（平12建告1399号）が改正されて例示仕様が登場し、広く普及して住宅を中心として多くの実績がある。

現在、告示では1.5時間耐火構造まで例示されているが、2015年には2×4協会、木住協が2時間耐火構造の大臣認定を取得し、中・大規模建築物への展開が進められている。

例示仕様、大臣認定仕様いずれも、耐火構造の仕様は、壁、床、屋根、階段等の、特定主要構造部ごとに定められている。しかし各部材それぞれ耐火被覆するのではなく、すべての特定主要構造部をまとめて、隙間なく連続した面で覆う構造方法を採用している。それゆえに、一般的には「メンブレン耐火構造」（メンブレン＝膜）と呼ばれ

図1 メンブレン耐火構造の基本的な考え方※1

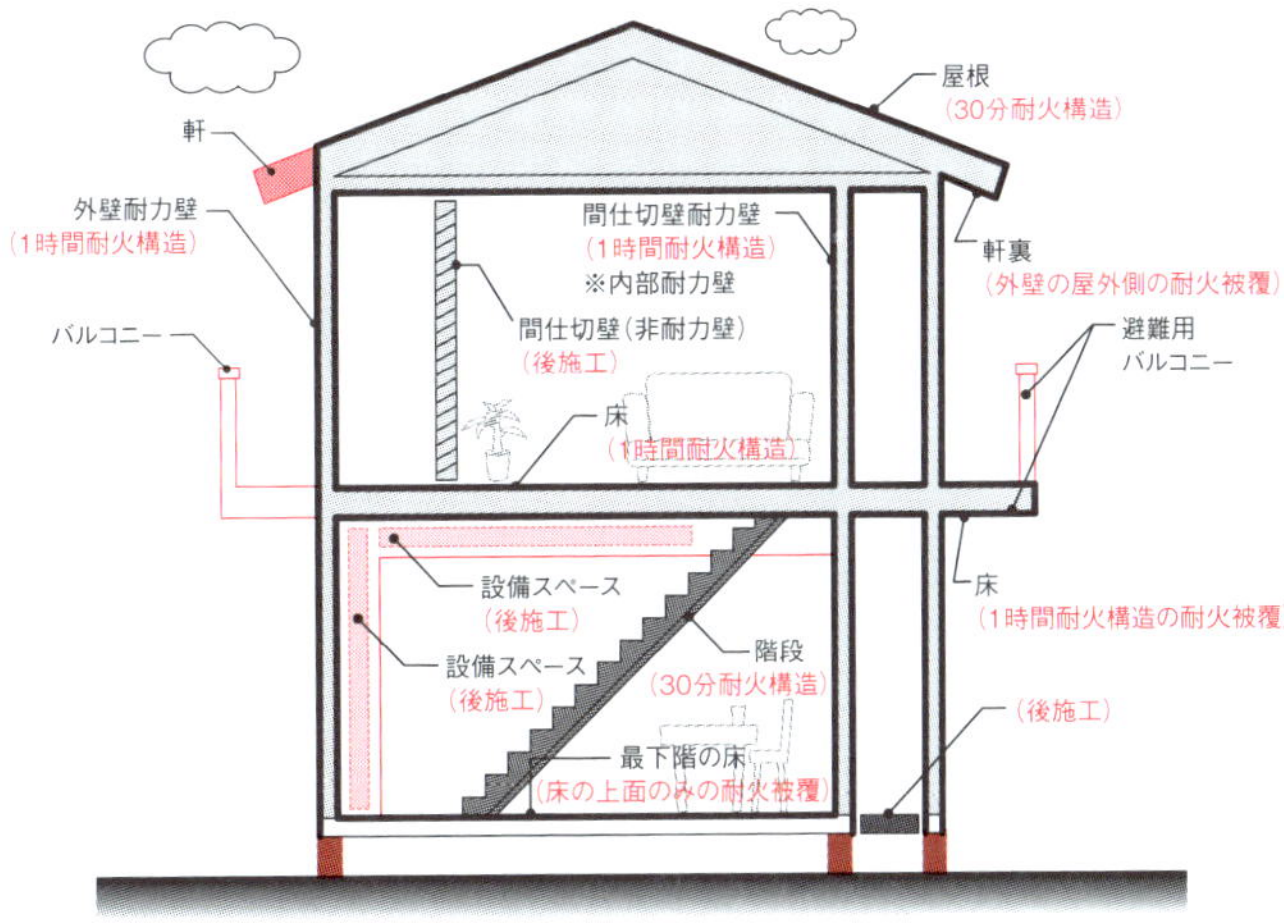

図2 カラマツ木質ハイブリッド集成材※2

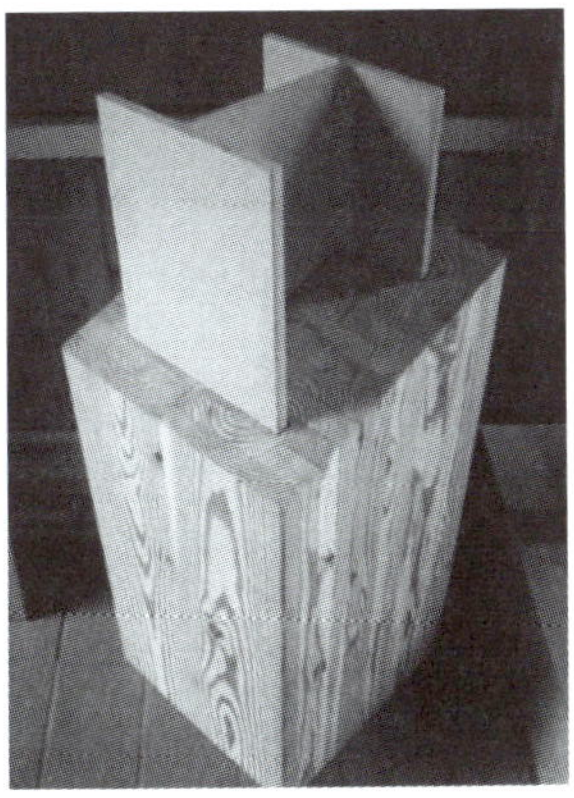

ている［図1］。各部材間の取り合い部もメンブレンで耐火被覆されている必要があるため、大臣認定の場合は認定取得団体がそれぞれ定めている仕様に従わなければならない［5章］。告示では具体的仕様まで示されていないため、認定仕様等を参考にする。

燃え止まり型耐火構造

燃えしろ設計だと、構造体である木材を現して表現することができる。しかし木材は火災終了後も燃え続け、やがて倒壊に至るため耐火構造とすることができない。これに対し、加熱後に自然鎮火する燃え止まり型耐火構造が開発されている。燃えしろの内側に燃え止まり層を設ける燃えしろ被覆型もこの一例である。燃えしろ層は炭化して直接の火炎を遮り、その内側の燃え止まり層に熱容量の大きい材料を用いることで、熱を吸収して自然鎮火する性能を確保する。

燃え止まり型の耐火構造は、燃え止まり層にモルタルなどを用いた「燃エンウッド」（竹中工務店）、石膏ボードなどを用いた「オメガウッド」（大林組）、「クールウッド」（シェルター）、「スリム耐火ウッド」（清水建設）、難燃薬剤注入スギ集成材を用いた「FRウッド」（鹿島）、CLTと不燃材と通気層を組み合わせた「木ぐるみCT」（住友林業）などがある。

最近では、3時間耐火構造（柱・梁）の大臣認定を取得した部材も登場し、木質高層建築物への展開が期待されている。

鉄骨内蔵型耐火構造

鉄骨内蔵型耐火構造は、鉄を燃えしろの木で完全に覆うと、木が一定の厚みを残して燃焼停止するという性質を活かしたものである。

「木質ハイブリッド集成材」［図2］という名称で、日集協が、2005年に柱と梁の1時間耐火構造の大臣認定を取得しており、2024年5月現在16件の採用案件がある。

構造的には、準耐火構造の燃えしろ設計と同様に、木材部分も火災時以外の荷重を負担するハイブリッドも想定されているが、木材と鋼材の強度・剛性が大幅に違うこと、また木材のみ乾燥収縮すること等の理由から、現状では、純粋なS造として構造設計されている。この点については、既存のS造のシステムで設計できるというメリットもある。

また、日集協のほかにも、鉄骨内蔵型耐火構造が開発されている。例えば住友林業は、鉄骨建方後に、鋼管柱に、木材（スギ・カラマツ）による耐火被覆を現場組み立てでできる仕様で、1時間耐火構造の大臣認定を2024年に取得している。

※1：「ツーバイフォー耐火大型建築物　特別養護老人ホームりんどう麻溝」（日本ツーバイフォー建築協会、2010.11）より作成
※2：「"都市に木造の森を" 都市防火地域等での木質ハイブリッド集成材を用いた耐火建築物の建築促進」（日本集成材工業協同組合）より引用

耐火構造の例示仕様と認定仕様

木造耐火構造のための例示仕様

耐火建築物のほとんどは主要構造部に耐火構造を採用し、開口部に防火設備を取り付けることによって成立している※1［図1］。そのため建築基準法の告示には耐火建築物を構成できる耐火構造の仕様が示され、木造でも1.5時間耐火までが一通りの部位に例示されている。

木造耐火構造の例示仕様は、基本的に強化石膏ボード重ね張りによって耐火性能を確保している。耐火被覆の厚みは部位に応じて異なり、1時間耐火であれば柱・梁の被覆が46㎜以上になるのに対して壁は42㎜以上で済む［図2］。いうまでもなく耐火被覆は壁の両面に施すが、外壁の屋外側には次のいずれかの被覆（厚みの規定はない）も必要になる。①金属板、②ALC、③窯業系サイディング、④モルタル、しっくい塗り。

床の耐火被覆は表側と裏側で最小厚みが異なり、それぞれ42㎜以上と46㎜以上が求められる。屋根と階段は30分耐火構造であることから、耐火被覆の厚みは27㎜以上で済む。強化石膏ボードの厚みには25㎜、21㎜、15㎜、12・5㎜という4種類がある。これらを適宜組み合わせることによって、図2の耐火被覆を過不足なく構成することが可能であり、そうした層構成を完成させた上から木質仕上げを行うことは差し支えない。1時間耐火の例示仕様には、左記以外の技術基準は事実上存在しない※2。平26国住指第1785号は「石膏ボードハンドブック」（石膏ボード工業会）を参考にした耐火被覆張りを求めているが、結局のところ省令準耐火構造に準じたボード張りを求めているに過ぎない。

そのため耐火被覆の各種納まりには、別の技術基準を活用する。強化石膏ボード張りの施工要領は、各種団体の認定仕様を参考にするのが実務的である。開口部や貫通部の内周部措置の考え方は日本建築センターの「木造建築物の防・耐火マニュアル」に示されており、木造住宅関連団体はこのマニュアルに従って簡便な措置を開発している。中高層建物になると木質耐火部材にカーテンウォール等が取り付く。耐火性を損なわない配慮が求められるが、そのための接合具長さは木耐建のマニュアルが参考になる。

一方、1.5時間耐火に関しては、厚み63㎜の強化石膏ボード3重張りが、柱・梁・床・壁の耐火被覆として例示されている。こちらには、66頁の表2に示すような具体的な技術的助言（令3国住指第536号）が存在するものの、特に目を引く内

図1 耐火設計の3つのルート

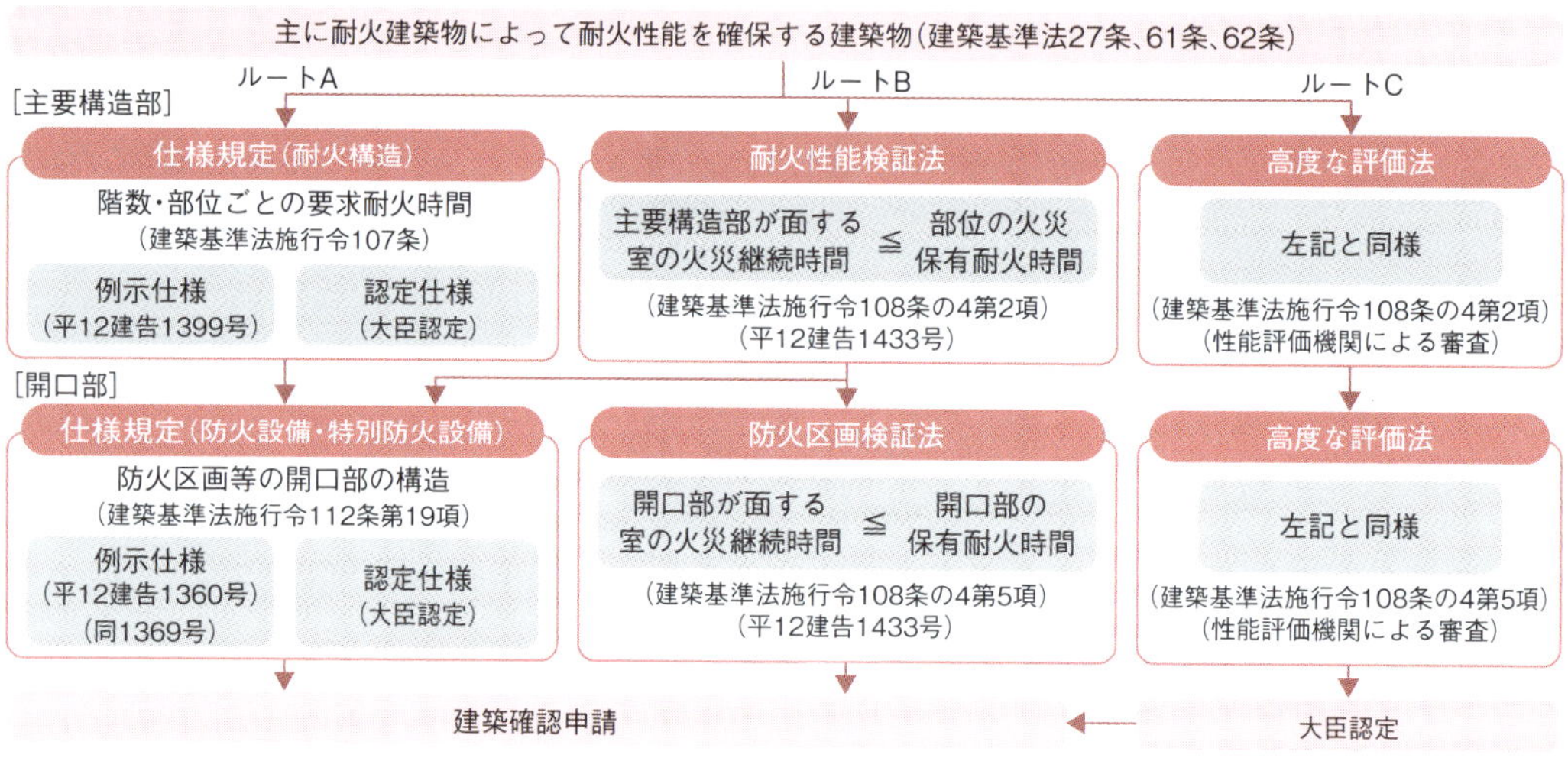

※1：耐火設計のルートB・C［図1］で設計した耐火建築物は、主要構造部が耐火構造であるとは限らない
※2：木材に関する制限（樹種、断面寸法、設置間隔等）も存在しない

図2 木造耐火構造（1時間）の例示仕様と開口部措置

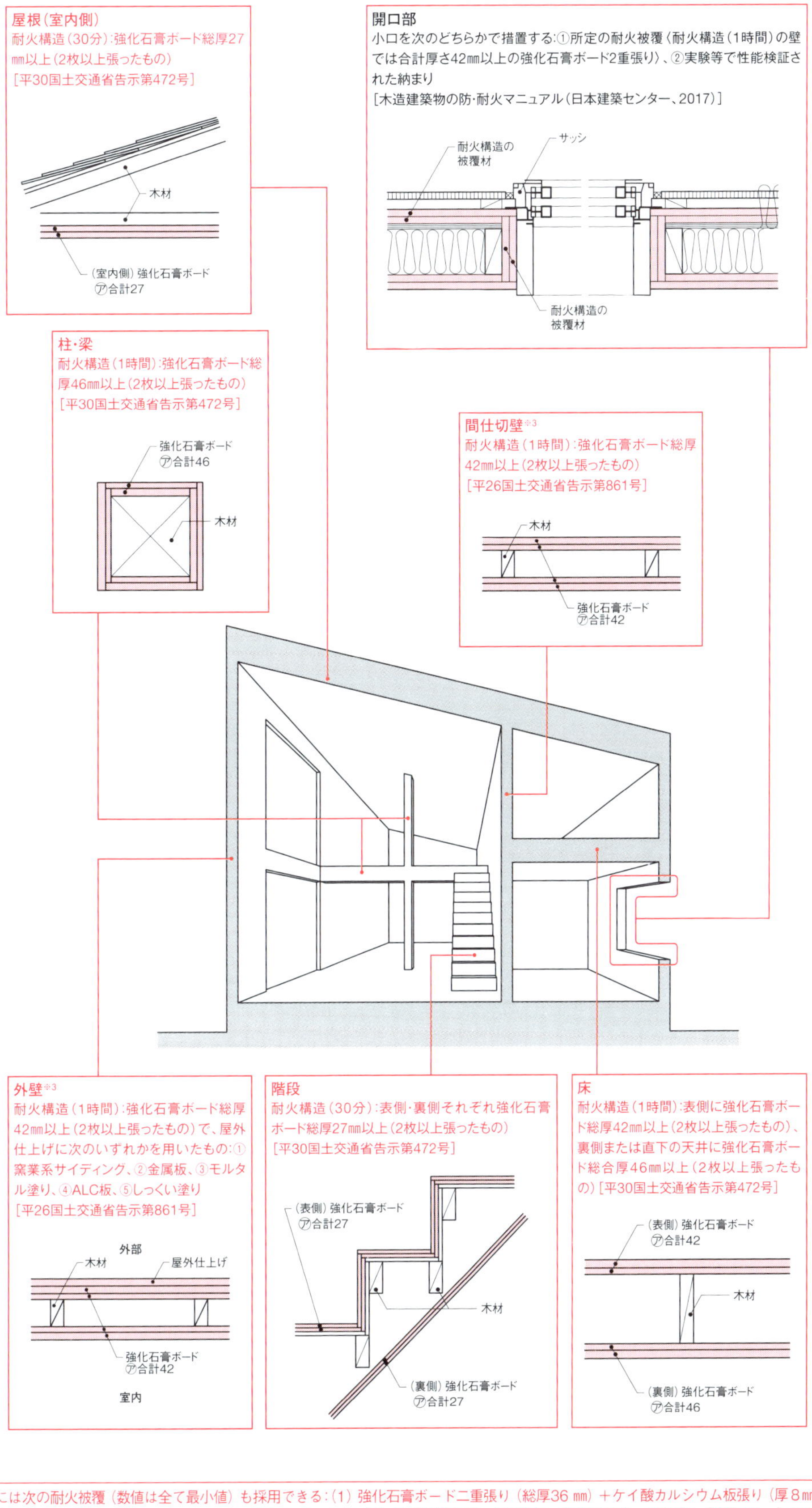

※3：壁には次の耐火被覆（数値は全て最小値）も採用できる：(1) 強化石膏ボード二重張り（総厚36 mm）＋ケイ酸カルシウム板張り（厚8mm）。(2) 強化石膏ボード張り（厚15 mm）＋ＡＬＣ（厚50 mm）。なお (1) を屋外側に用いる場合は、強化石膏ボード重張り（総厚42 mm）と同様に金属板張り等の措置が必要

表2 木造耐火構造（1.5時間）の例示仕様に関する技術的助言（要約）＊1

部位			壁、柱	床、はり
接合具・接着剤	種類		①木ねじ等（木ねじ、タッピングねじ等）　②ステープル ③無機系または酢酸ビニル樹脂系接着剤点付け　④無機系接着剤点付け	
	長さ・塗布量	種類①	耐火被覆合計厚み＋20㎜	耐火被覆合計厚み＋27㎜
		種類②	上張り厚み+10㎜（中張りを貫通しない）	
		種類③④	塗布量180g／㎡	
	間隔	下張り	種類①303㎜	［床］種類①野縁平行方向606㎜、直交方向303㎜ ［梁］種類①梁長さ方向606㎜、直交方向455㎜
		中張り	下張りと同様	［床］種類①両方向303㎜（床下面には種類④200㎜を併用） ［梁］種類①梁長さ方向455㎜、直交方向303㎜（梁下面には両方向とも種類④200㎜を併用）＊2
		上張り	下張りと同様、または種類②200㎜（種類③200㎜を併用）	［床］種類①野縁平行方向200㎜、直交方向303㎜（床下面には両方向とも種類④200㎜を併用） ［梁］側面は中張りと同様、または種類②200㎜（種類④200㎜を併用）。下面は種類①梁長さ方向303㎜、直交方向200㎜（両方向とも種類④200㎜を併用）＊2
ボード割り付け		上下層	中張りの目地は下張り・上張りの目地と重ならないこと（下張りと上張りの目地は重なってもよい）	
		同一層	［壁］十字目地、T字目地 ［柱］直角に取り合うボードの横目地は揃えないこと	壁と同様

＊1：数値は全て下限値　＊2：隅角部には開き止めのためのステープル留めを行う

容を含んでいるわけではない。

たとえば、この助言に従って耐火被覆を留め付けるためには、間柱や野縁といった下地材を303㎜間隔に設置することが必要になったりする。しかしこの部材間隔は、今日のデファクトスタンダードに過ぎない。

さらに接合具に関する規定を見ると、その内容は大らかでさえある。壁張りにタッピングねじを用いる場合、通常はボード周辺部を間隔200㎜ほどで留める。しかしこの技術的助言によれば、壁の耐火被覆の下張りや中張りは全て300㎜ほどの間隔で留めて差しつかえない。つまり、下層のボードほど多数の接合具が貫通するという重ね張りの効果が考慮されている。

木造耐火構造の大臣認定仕様

今日の耐火木造には、認定仕様と例示仕様の適切な使い分けが求められ始めている。両者を比較すると、認定仕様には2つの特徴がある。

まず部位・部材の断面を絞れることである。燃え止まり型の耐火部材は燃えしろ層を兼ねた表面材をもつ。柱・梁を木材現しにする場合、被覆型よりも小さな断面にできるという利点があり、こうした耐火部材は現時点では認定仕様にしか存在しない。

被覆型の場合でも、認定仕様の層構成には独自の工夫がある。たとえば、耐火性を確保するために木材の最小断面を定めるといった工夫がなされており、こうした仕様を用いれば、1時間耐火の耐火被覆は36㎜の厚みで済む。ただし、木材の断面寸法だけでなく樹種も限定されることがある［5章］。また外装仕上げの木質化を行う場合、例示仕様とは考え方が異なってくることにも注意が必要である［75頁］。

認定仕様のもう1つの特徴は、2時間耐火が存在することである※4［図3］。耐火木造は、多層化に伴って架構が複雑になりがちである。低層部の耐火性能を確保する手段として、立面混構造を採用することがあったためである。

もちろん現在では、木造耐火構造の例示仕様に1.5時間耐火が導入済みであれば、耐火木造づくりの課題はもはや10階建て超に向かい始めている。つまり、認定仕様を活用すれば、防耐火措置のためだけに非木造を併用する必要はなくなることになる。こうした例示仕様と認定仕様の使い分けは、耐火木造に固有の課題と言える。実際S造では、吹付けロックウールに代表される認定仕様がもっぱら使われており、例示仕様を用いることは稀である。一方RC造では、例示仕様が定石であり、そもそも主要構造部の耐火性能を意識しないことも多い。いずれにせよ、耐火構造に関する仕様の例示と認定は部位ごとになされていることから、両者の仕様を適宜組み合わせて耐火建築物を構成できる。

※4：大臣認定仕様には、柱や梁の3時間耐火も存在する

表1 耐火構造（2時間）の仕様の例

種類		RC造	S造	木造
主要構造部の仕様の例	柱	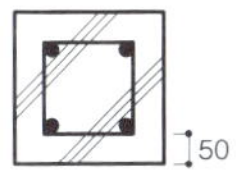 ［例示］平12建告1399号	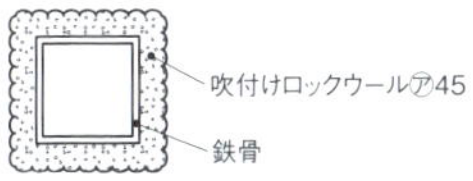 ［認定］FP120CN-9463	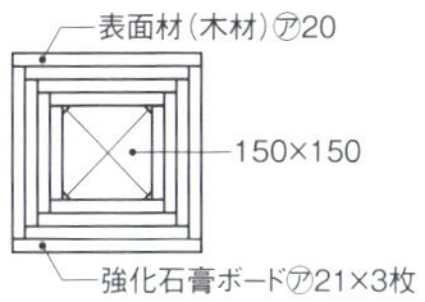 ［認定］FP120CN-0599-4（1）
	梁	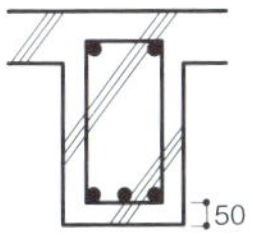 ［例示］平12建告1399号	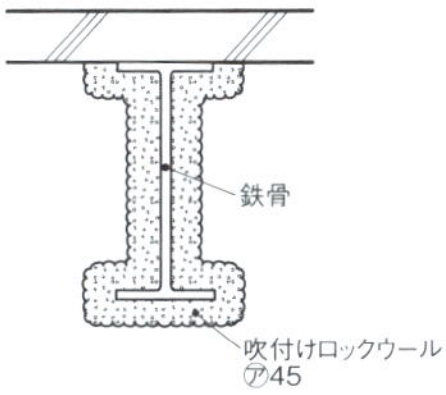 ［認定］FP120BM-9411	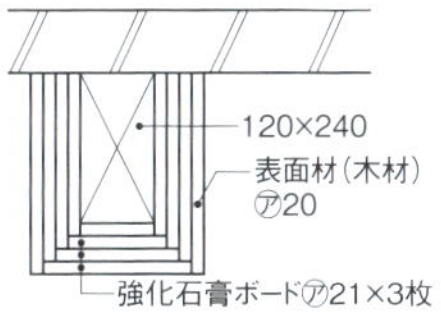 ［認定］FP120BM-0392-3
	壁	 ［例示］平12建告1399号	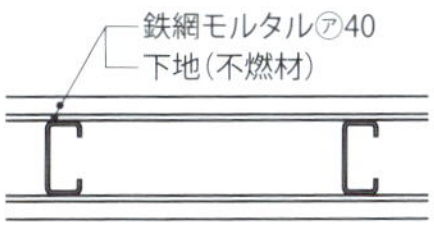 ［例示］平12建告1399号	［間仕切壁］ 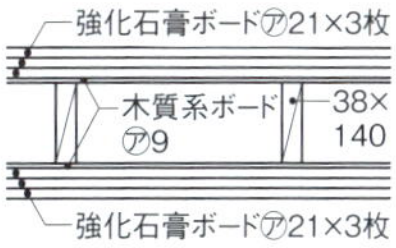 ［認定］FP120BP-0066
	床	 ［例示］平12建告1399号	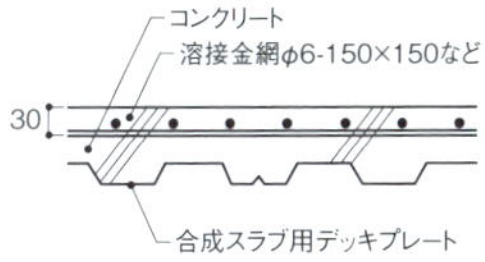 ［認定］FP120FL-9107	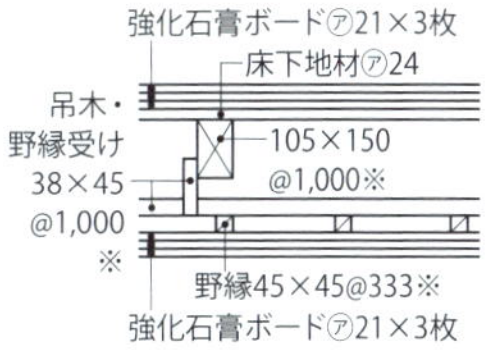 ［認定］FP120FL-0138

（注）寸法（mm）は当該仕様の下限値を示す（ただし※は上限値）。なお、記号「FP120＊＊-＊＊＊」は耐火構造の大臣認定番号を示す

木造耐火構造の認定仕様の利用

鉄骨の吹付けロックウールにせよ木造関連団体の木造耐火構造にせよ、大臣認定仕様の施工管理の要点は同じである。仮に同じ材質のロックウールを鉄骨に吹き付けたとしても、認定された仕様を満たしていなければ、建築基準法上の耐火構造にはならない。同様に、認定仕様と同じ強化石膏ボードや木材を用いていたとしても、張り方や層構成等が所定の仕様と異なれば木造耐火構造にはならない。

しかし設計段階に着目すれば、両者には大きな違いがある。吹付けロックウールなどでは、確認申請書類として認定書の写しや別添が必要になった場合、メーカー各社のホームページからダウンロードするだけで済む。いわばカタログ請求と同様のルーチンであり、設計者や元請業者は認定制度の存在を特別に意識することはない。

一方、木住協であれ2×4協会であれ木耐建であれ、木造耐火構造の認定仕様を用いるためには、各団体の講習を受けて登録することが求められる。もっとも、後述するように、講習は半日程度であり受講に特別な要件はないので、建築設計・工事に携わっていれば誰にでも門戸は開かれている［79〜81頁］。実際、近年の講習は例示仕様の解説にも力を入れており、耐火木造全般に関する講習として受講する価値がある。

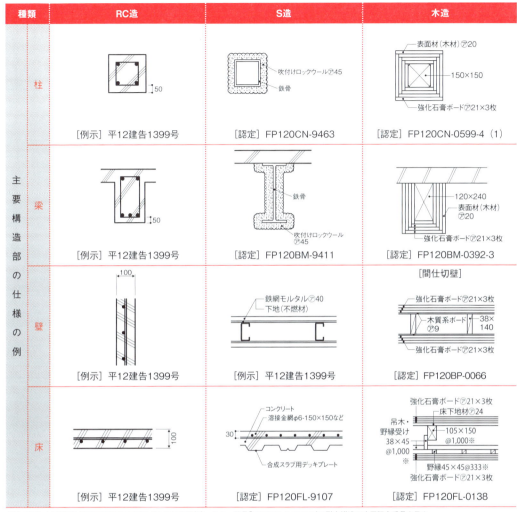

例示仕様と認定仕様の使い分け

表 木造耐火構造の例示仕様と認定仕様の比較例

部位		例示仕様		認定仕様（軸組工法）	認定仕様（2×4工法）
外壁	木材仕上げ	例示された外装仕上げ材を設けてから、木材仕上げを施す必要がある	－	153頁図2	170頁図3
	木材以外仕上げ	外装仕上げと断熱材の選択の自由度が高い	図①	152頁図1	169頁図1
間仕切り壁	断熱材あり 断熱材なし	断熱材の選択の自由度が高い一方で、壁の耐火被覆が厚くなる	図②	154頁図1	174頁図1
床		天井の耐火被覆が認定仕様よりも厚くなる	図③	156頁図1	176頁図1
界壁		胴縁が不要で断熱材の選択の自由度も高い	[図④]	155頁図6	175頁図5
勾配屋根	勾配天井	屋根下地の継目の受材は必須ではない	[図⑤]	149頁図1	167頁図2
	水平天井		[図⑥]		166頁図1
陸屋根	シート防水 FRP防水	シート防水仕上げやFRP防水仕上げの下地として準不燃材料が必要になる	－	151頁図3	168頁図5

（注）赤字は有利な点の多い仕様を示す。ただし［ ］内は2×4工法のみ該当する

例示仕様が有利な部位

耐火木造の設計では、例示仕様と認定仕様の使い分けが重要になる。こうした判断が求められる代表的な部位・部材構成は10種類ほどあり、両者の比較結果は表のようになる。

例示仕様が有利なのは、外装仕上げを木材以外にする場合である［図①］。もちろん認定仕様にはさまざまな仕上げがラインナップされているが、使用できる断熱材が定められている。しかし例示仕様には、こうした制約は存在しない。

2×4工法に限れば、共同住宅の界壁も例示仕様のほうが有利である［図④］。簡単に遮音の技術基準（平12建告第1827号）を満足できるだけでなく、認定仕様のような胴縁組が不要なためである。同様に、勾配屋根も例示仕様がやや有利である［図⑤⑥］。認定仕様で必須となる下地材継目の受材が、不要になるためである。ただし軸組工法の認定仕様では、界壁の胴縁組や屋根下地継目の受材が必須でないため、例示仕様との違いはほとんど見当たらない。

認定仕様が有利な部位

認定仕様が有利と考えられる場合は4種類ある。その1つは外装仕上げを木質化する場合である。現在の技術基準（平12建告第1399号）は木材仕上げの木造耐火構造を示していないため、例示仕様は二重仕上げにならざるを得ない。つまり、例示された外装仕上げ材で層構成を完結させる必要があるのに対し、認定仕様は木材のみで仕上げることができる［153頁図2、170頁図3］。

陸屋根も認定仕様が有利である。例示仕様は屋外側の層構成を規定しておらず、火の粉による発煙等を別途考慮する必要があるためである。つまり防火地域等では、平12建告1365号に従ってシート防水等の下地に準不燃材を設けることになるが、認定仕様にこうした措置は不要である［151頁図3、168頁図5］。さらに床についても、天井の耐火被覆を例示仕様より薄くできるため、認定仕様のほうがやや有利である［156頁図1、176頁図3］。

仕様選択を単純に判断できない部位

一方、間仕切壁の仕様の得失は、単純に判断することができない。例示仕様のほうが断熱材の選択の自由度が高いものの、認定仕様よりも耐火被覆が厚くなるためである。したがって間仕切壁の仕様については、建物特性や設置箇所に応じて設計者が判断していくことになる。

図 例示仕様を用いた部材構成の例（2×4工法）※

①外壁（木材以外の仕上げ）

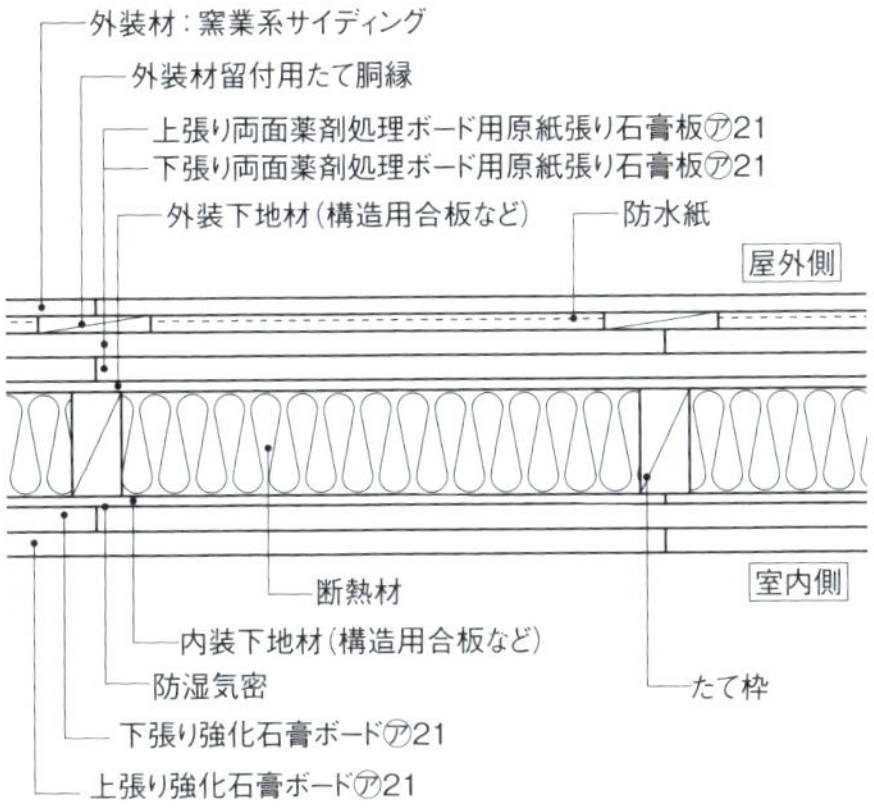

②間仕切壁（断熱材なし）

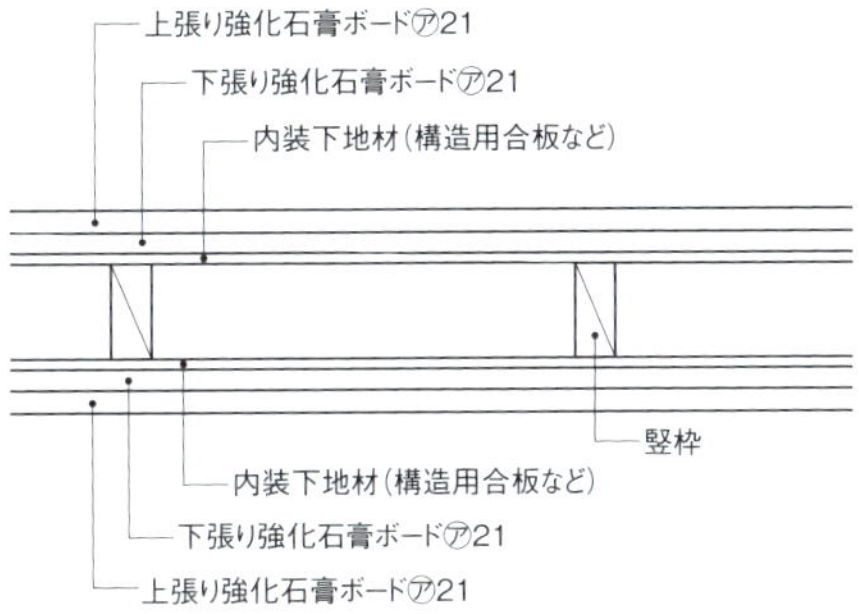

③床

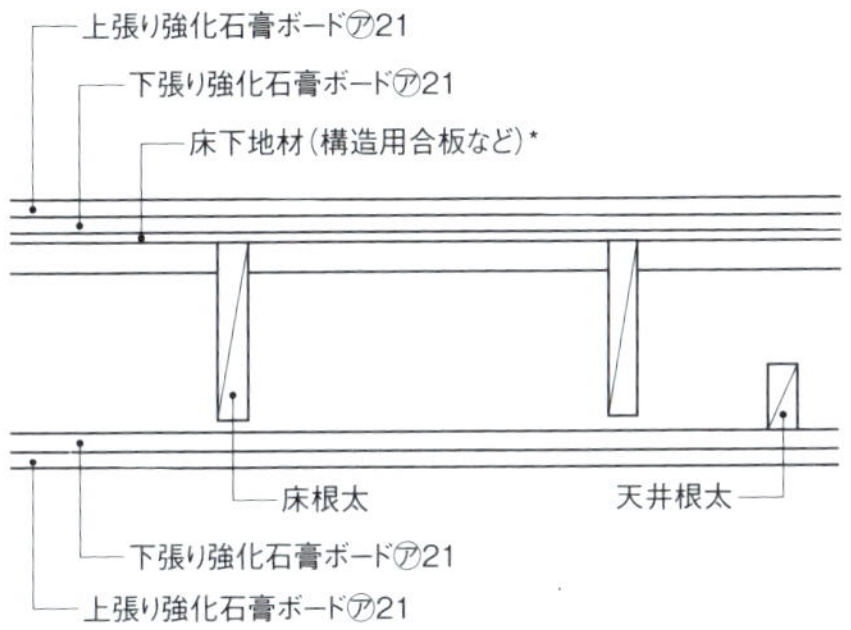

*受け材は必要に応じて取り付ける

④界壁

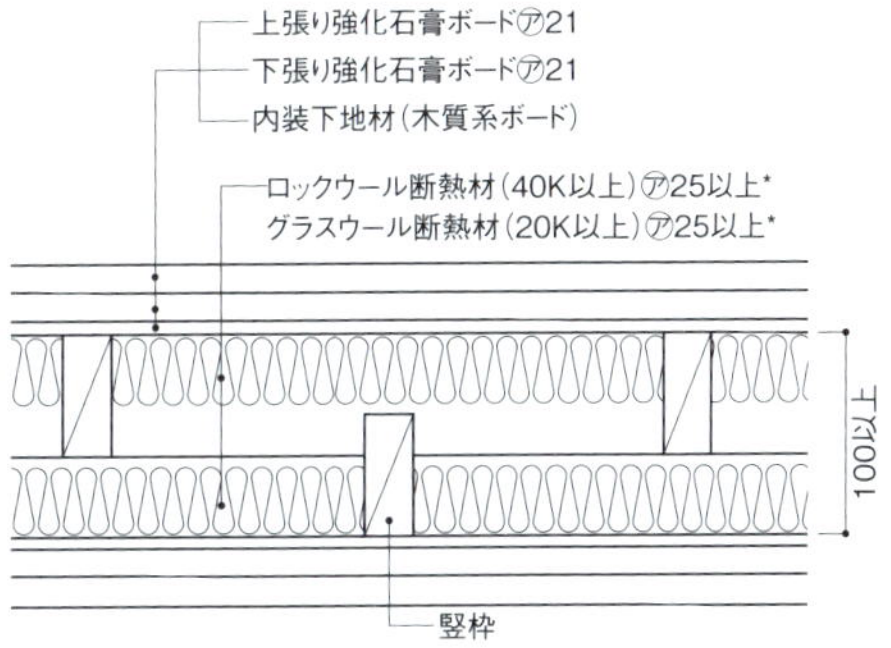

*2×4協会は界壁の遮音材（断熱材）の厚みとして50㎜を標準仕様として示している（「2018年枠組壁工法建築物設計の手引き」丸善、2018年）

⑤屋根（勾配天井）

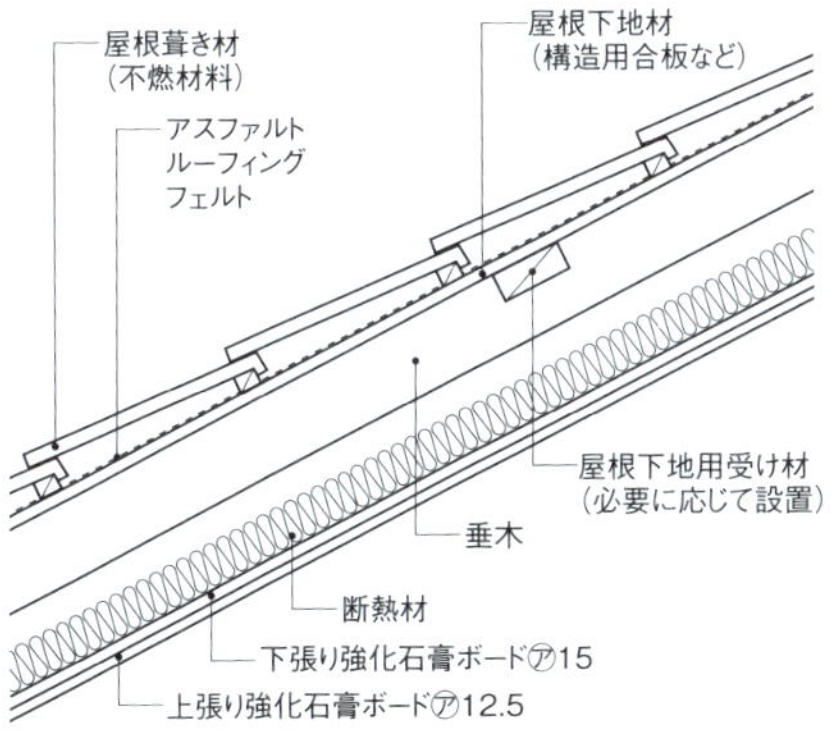

⑥屋根（水平天井）

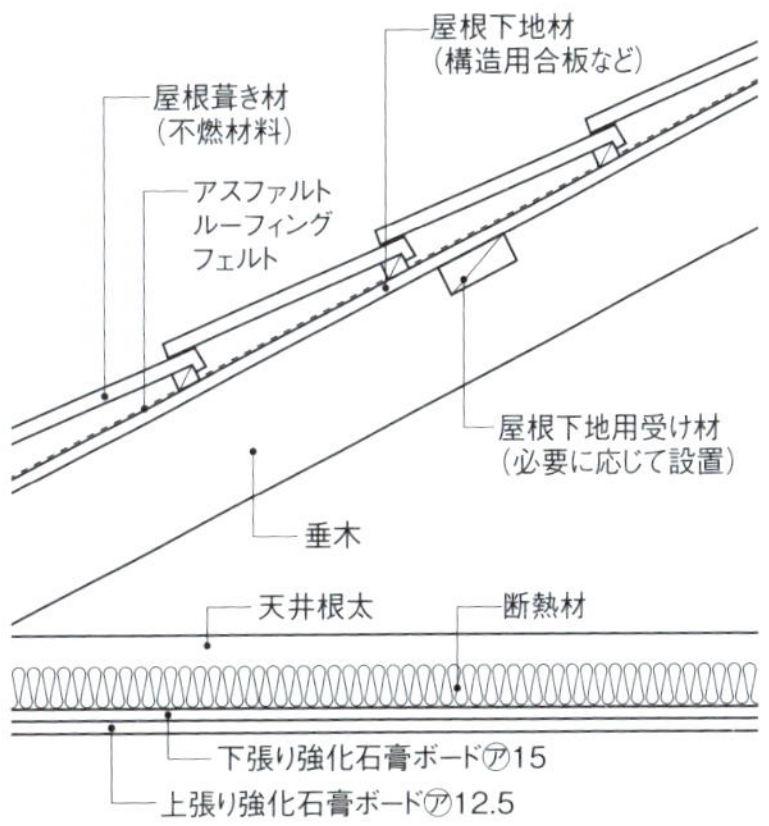

※：次を参考に作図した。「耐火構造における協会大臣認定仕様と告示仕様の上手な利用法について」https://www.2x4assoc.or.jp/technology/taika/file/taika03_specification.pdf（閲覧日2023年12月1日）、日本ツーバイフォー建築協会

これまでの木造仕様との違い

図1　耐火木造（1時間）の各部仕様の例：軸組工法（認定仕様）

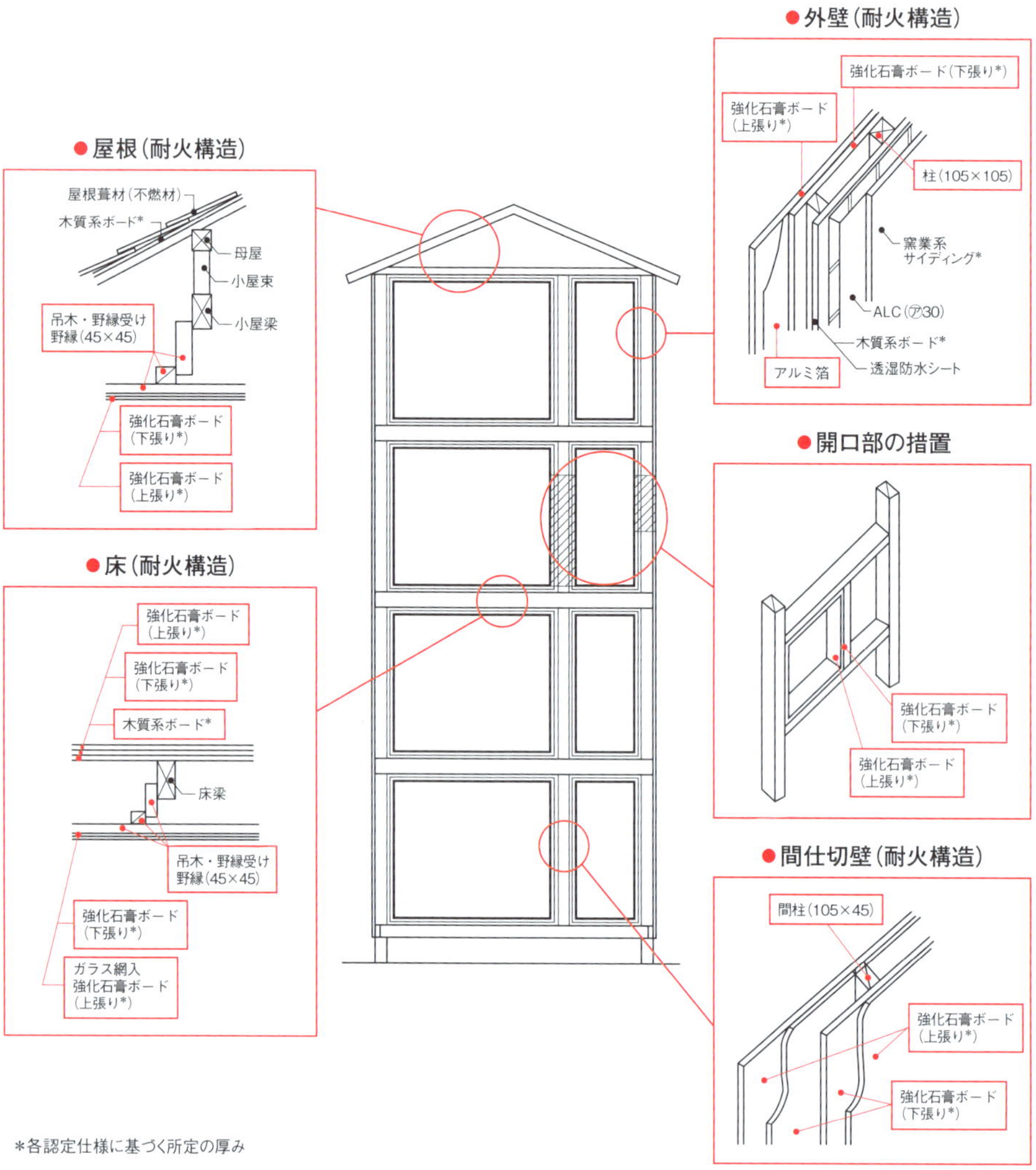

＊各認定仕様に基づく所定の厚み

構造材に実用上の制限はない

木造耐火構造の認定仕様では主要構造部に使用できる木材の最小断面が定められている。※1 耐火性能を仕様規定によって確保しているためである。しかし軸組工法にせよ2×4工法にせよ、慣用的な木材断面寸法と食い違いが生じないよう耐火木造は開発されているので、構造材に関する制限は実質的にないと考えて差し支えない［図1］。

下地材の仕様・配置は少し異なる

一方、間柱や野縁・野縁受けといった下地材には、慣用的な部材よりも一回り太い断面を用いる。耐火構造では、火災時の強度・変形だけでなく部材温度も考慮するため、熱容量をかせぐ目的から下地材は耐力上の必要断面よりもやや太くなっている。また、耐火木造（1時間）の壁は原則として強化石膏ボード2重張りになる。ボードの継目に受材を設けるのは当然であるが、入隅には通常より幅の広い受材が必要になり、2×4工法では枠材の数を増やして対応することになる。

ちなみに軸組工法の省令準耐火構造の壁には天井への延焼防止措置として、石膏ボードを桁や梁まで張り上げたり、ファイアーストップ材と呼ばれ

※1：樹種が規定されている認定仕様もある。一方、例示仕様には木材の樹種にも断面寸法にも制限はないが、大臣認定仕様に比べて耐火被覆の厚みが大きくなる

る水平材を天井高さに設けたりする［図2］。しかし耐火木造は、天井懐や壁内に火炎を侵入させない設計のため、こうした措置は不要である。

強化石膏ボード2重張り

木住協や2×4協会が認定を受けた木造耐火構造（1時間）の最大の特徴は、室内側に強化石膏ボードを2重張りすることにある。これらは、耐火被覆が床・壁・天井の各面を連続的に覆うことから、メンブレン（膜）耐火とも呼ばれている。

こうした耐火被覆面の連続性を確保するため、耐火木造の開口部やスイッチボックス類には防火措置が必要である。つまり窓やドアの建具枠を取り付ける前に、間柱や楣の表面にも耐火被覆を設ける。※2 スイッチボックス類については、たとえば不燃材を介して間柱に取り付け、その周囲をグラスウールなどで覆うことになる。

図2 省令準耐火構造の仕様の例

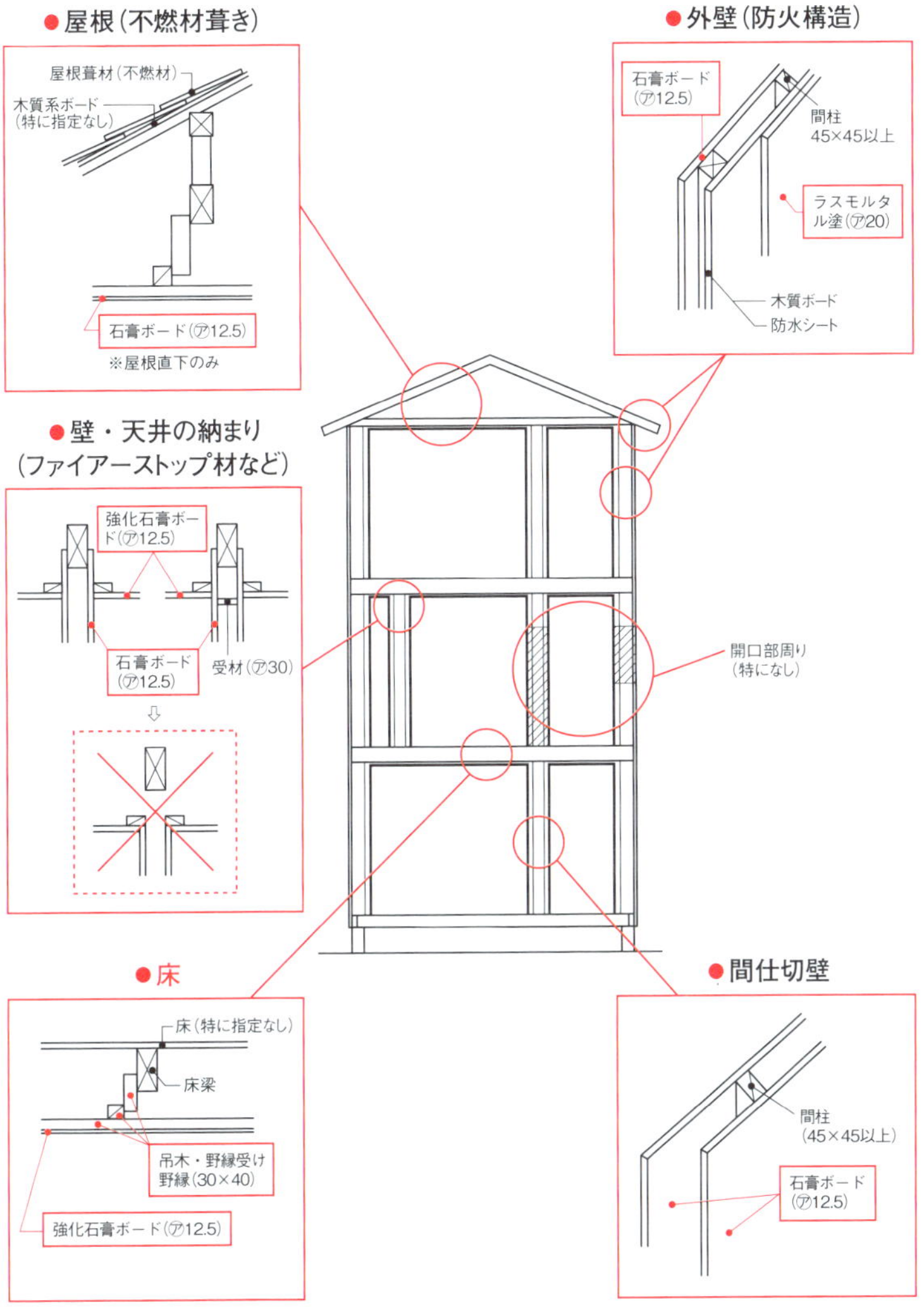

非耐火構造の間仕切壁

天井懐や壁内に配線や配管を行うことは差し支えないが、耐火被覆面の貫通部には不燃材の充填が必要である。これは従来から防火区画の貫通部に求められてきた措置と同じなので、目新しいものではない。

ただし貫通部が密集する分電盤まわりなどの処理はやっかいである。こうした部分では2重壁にするなどの納まりの対処が必要になる。

この考え方をさらに進めると配線は耐火構造の部分に行わないという発想も生まれる。言い換えると、配線ルート用の2重天井や非耐火構造の間仕切壁を設けるという考え方が出てくる。SI（スケルトン・インフィル）方式には耐力壁と設備の分離という原則があるが、これを防火区画を含めた耐火構造の部分にまで拡張し、設備天井や設備壁とでも呼ぶべき部位を設けるのである。

このアプローチは大規模な建築物に有効と考えられる。こうした部位を設ける場合には、耐火被覆を完結させ、その後からランナー下地材などを設置する工程になる。

※2：開口部小口の耐火被覆には、実験で確かめられた仕様を用いることができる。そのため、各団体の手引き書には上張りの強化石膏ボードを所定の厚みの木材で代替した仕様が示されている

木造外壁の層構成の変化

日本では木造軸組構法を在来構法と呼ぶ。しかし、その姿は時代によって大きく異なる。木造の壁形式はラスモルタル塗りの普及などと共に大壁へと転換したが、その後も驚くほどの変化が生じている［図3］。

伝統木造の真壁は4層ほどで構成されていた。つまり、小舞竹と泥土で構成された壁体に内外仕上げを施したに過ぎなかった。ところがラスモルタル塗りが防火構造として普及した1960年代に、木造外壁の層構成は7層ほどに急増する［図3①］。モルタルを保持するにはラス（金網）が必要であり、その下には防水紙や下地板も必須になったためである。'60年代の頃の住宅室内は化粧合板張りが典型であったが、'80年代に洋室化が進行すると室内の石膏ボードクロス張りが一般化する。さらに省エネ基準や新耐震基準が導入されて、要所要所に筋かいを設置した断熱材入り外壁が普及していく。

そして2000年代前半には、木造外壁の層構成は10層を超えることになった［図3②］。'90年代にも内部結露の問題が認識されていたものの、新省エネ仕様の段階では、防湿シート張りや通気構法は寒冷地に限定されていた。しかし、長期優良住宅への優遇措置が始まった2000年代前半、次世代省エネ仕様が東京などでも本格化していったのである。

高性能化はメカニズムを複雑化する。今日の1時間耐火の木造外壁は標準的に14層から構成されている［図3③］。防火構造から耐火構造へ、無断熱から次世代省エネ等へと性能が向上するにつれて、10年間に1.2層のペースで層構成は増加したのである。とは言え、こうした構成がこのまま定着するかどうか判然としないことも確かである。性能を充足した技術は、仕組みの簡素化に向かう。実際、ラスモルタル塗り下地は、通気構法化に伴ってリブラスに転換された。そして現在、強化石膏ボードを重張りした壁体に、防湿シート等の気密措置が本当に必要なのかという問いが、新たに浮上し始めている。

図3 ラスモルタル塗りの層構成の変遷

①1960年代頃の例

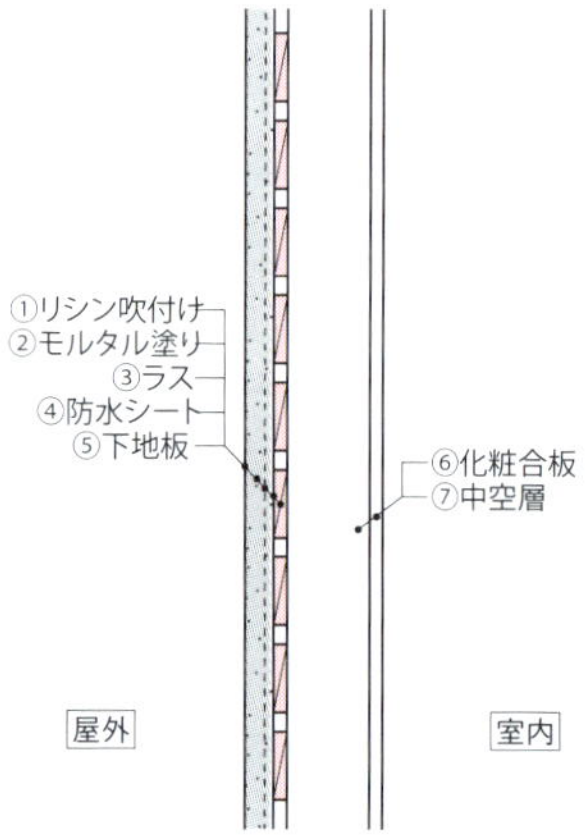

②2000年代頃の例

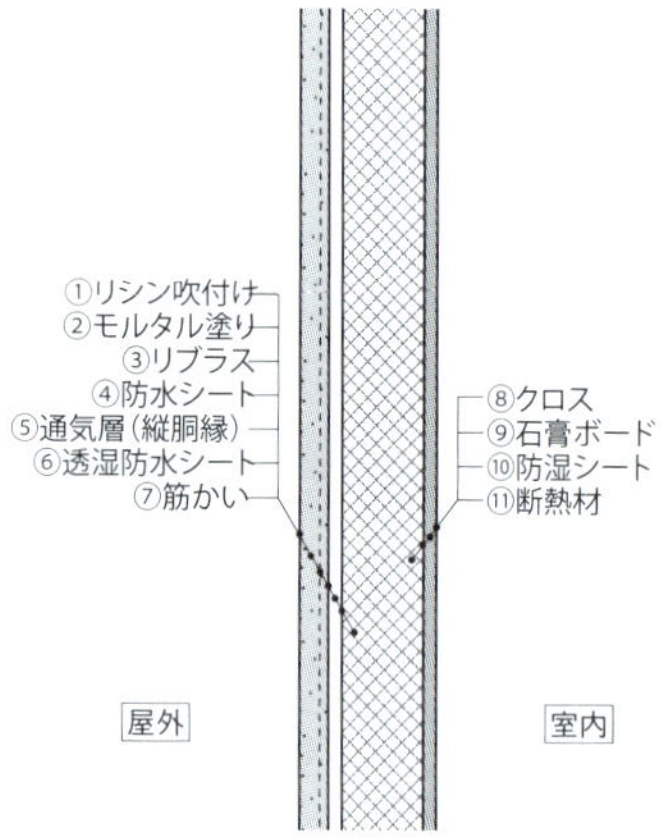

③木造耐火構造（1時間）の例

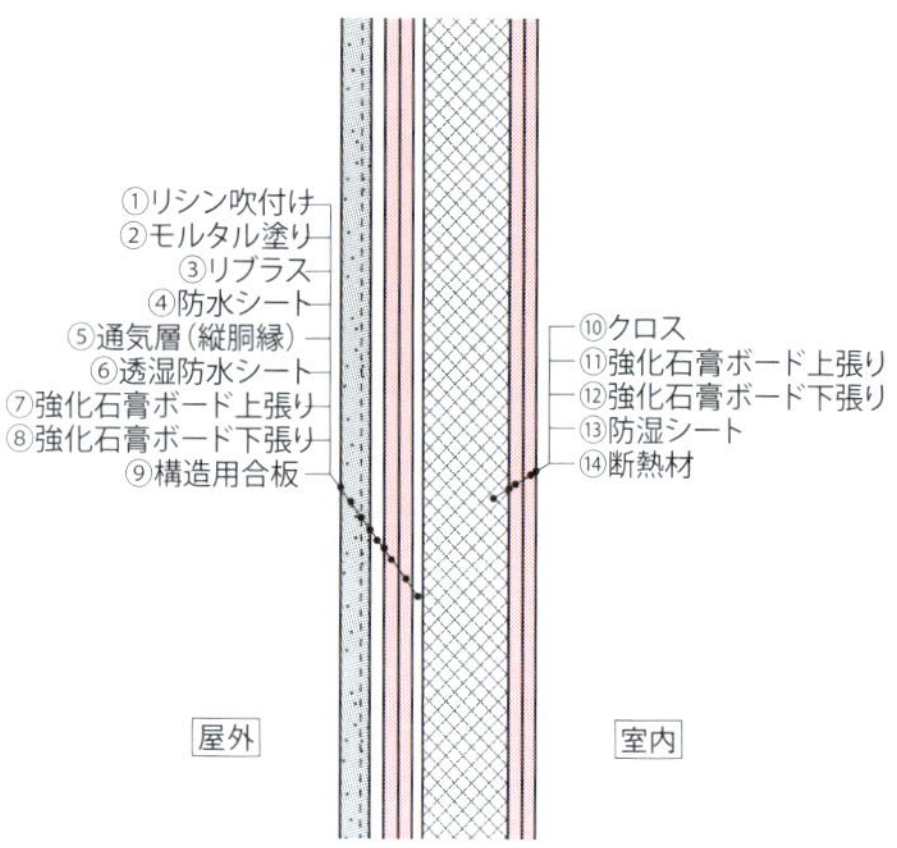

現し耐火木造の方法

図1 木質ハイブリッド耐火建築物の例「ウッドスクェア」
（設計：JR東日本建築設計、ポラテック・ポウハウス一級建築士事務所）

木製耐火被覆を現して内装仕上げとしている（内観パース）（図版提供：ポラスグループ）

梁継手の木製耐火被覆

被覆済み柱梁の建て方の後に梁継手が被覆される

燃えしろ設計から燃え止まり部材へ

木質耐火構造の1つに「木質ハイブリッド」という方式がある［図1］。鉄骨の柱梁を木材によって耐火被覆するもので、構造耐力上はS造になる。可燃物で被覆するのは一見奇妙だが、火災時には、着火して燃焼している材が燃え尽きることなく自然に鎮火して火種がなくなる。つまりこの方式は「燃え止まり部材」を用いた技術である。

よく知られているように、1990年代に入って「燃えしろ設計」による木造の準耐火構造が登場し、木造大規模建築物の道が切り開かれてきた。しかしこの技術には耐火性能の限界がある。一定の部材断面を持つ木材は、炭化層に囲まれた木部が火災中の耐力を保つ。ところが燃焼がいつ停止するか不確実なため、火災後も断面が減り続けて倒壊するおそれがある。そのため大断面木造は準耐火構造に留まってしまう。

一方、木質ハイブリッド耐火構造は、部材内部の鉄骨が熱を吸収することで木質系耐火被覆の確実な燃え止まりを実現する。言わばS造と木質系耐火被覆の相互扶助によって耐火構造を実現しており、木質材料の耐火技術開発の1つの到達点と考えてよい。

図3 柱梁接合部の加熱試験※1

●加熱前

●加熱後

図2 梁断面の温度推移※1

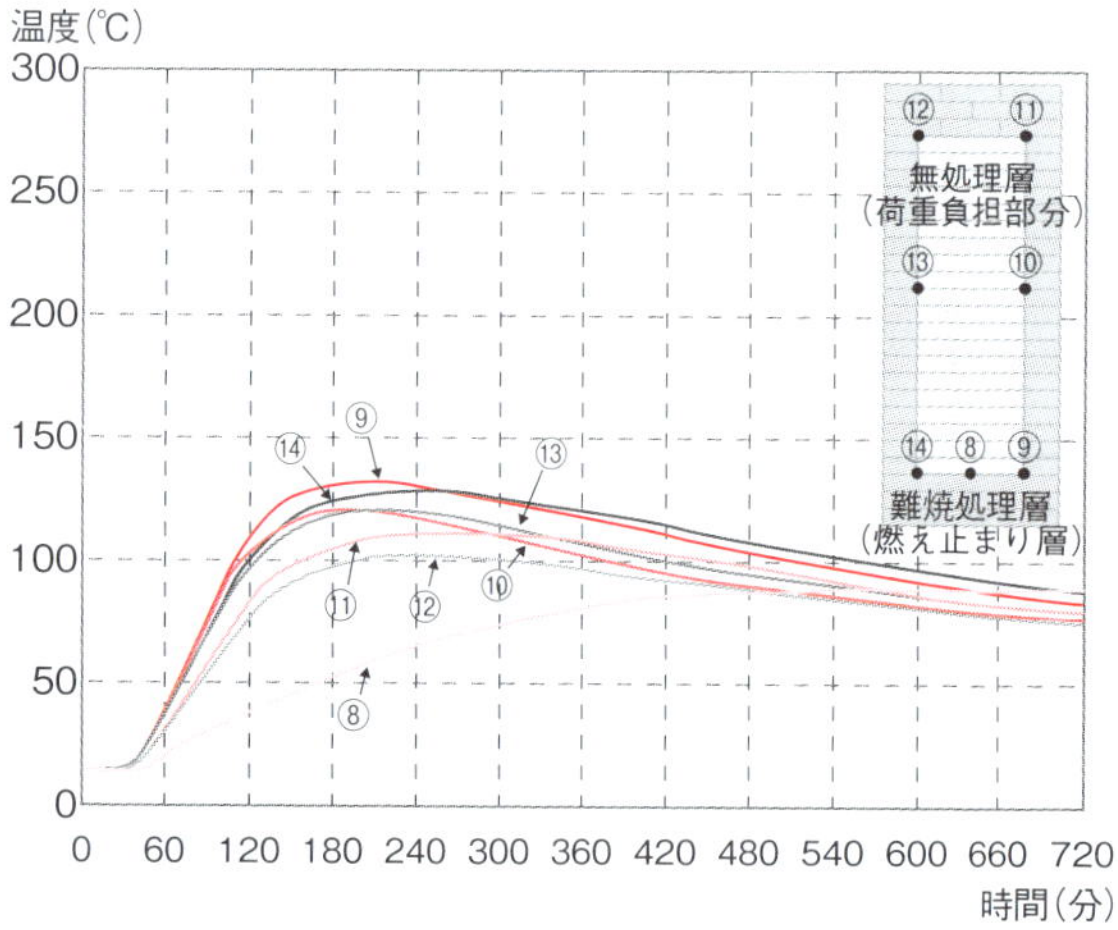

図4 水平力負担要素の現し表現

①東部地域振興ふれあい拠点(工事中)
(設計：山下設計)

②下馬の集合住宅プロジェクト
(設計：内海彩・長谷川龍友建築設計事務所、写真・淺川敏)

耐火被覆材から耐力部材へ

木材の魅力は現し表現によって一層引き立つ。特別な樹種や木目でなくても、木材の素地そのものに意匠的価値がある。しかし軸組工法にせよ2×4工法にせよ、今の耐火木造の認定仕様では主要構造部の木材を現すことはできない。皮肉なことに、木質ハイブリッド集成材は木製耐火被覆が仕上げにもなるため、S造であるにもかかわらず視覚的な木造らしさを備えている。

こうした不思議な状況を抜け出すためにも、木質系材料のみの耐力部材の実現が、耐火木造の開発テーマの1つに掲げられてきた。この純木質路線とも呼ぶべき取り組みは、仕上材を兼ねた燃えしろ層を持つ点に特徴があり、大きく2つの考え方に分かれる。

その1つが、難燃材を集成材に注入する方法である。こうした難燃処理集成材の耐火構造（1時間）の大臣認定は2009年に行われ［図2、3］、そのパイロットプロジェクトである「野菜倶楽部ｏｔｏｎｏｈａＣａｆé」が2013年に竣工した。もう1つは、燃えしろ層の内側に石膏ボードなどを設けた燃え止まり型である。こちらも「サウスウッド」といったパイロットプロジェクトが2013年に竣工し、その翌年には2時間耐火の大臣認定を取得した。さらにこの技術は、2017年には3時間耐火の認定にまでこぎ着け、今日の技術基準が求める一通りの耐火性能を実現することになった。

水平力負担要素の現し表現

建築基準法のうえでは、「主要構造部」と「構造耐力上主要な部分」とは一致しない。つまり耐火性能はすべての構造部材に求められるわけではない。具体的に言えば、もっぱら水平力に耐える筋かいには、柱や梁のような耐火性能は必ずしも

※1：西村光太他「耐火集成材の開発（その8）ラミナの部分的薬剤処理により作成したスギ耐火集成材柱・梁接合部の加熱実験」日本建築学会大会学術講演梗概集、2009.8、pp.325-326

求められていない。

そのため現状の耐火木造の仕様でも、水平力の負担要素を現しとすることは可能である。たとえば「東部地域振興ふれあい拠点」では耐震部材として外周部に配置されたLVLパネルが、内部に無塗装で現しとなっている［74頁図4―①］。また「下馬の集合住宅プロジェクト」でも水平力を負担する木製斜格子が現しとなって内外観の意匠を構成している［74頁図4―②］。

もちろん、こうした表現を行う場合、主要構造部の耐火被覆は必要である。複雑な取り合いによって耐火被覆に思わぬ空白部が生じないよう床・天井との納まりを検討し、現しとする耐震部材を適切に設置しなければならない。

図5 避難安全検証法を活用した内装仕上げの木質化の例「木材会館」（設計：山梨知彦＋勝矢武之／日建設計）

SRC造＋木造の7階建て。SRC造の6階までは避難安全検証法を活用して内装を木質化。最上階は耐火性能検証法による木造

エレベーターホール（写真：雁光舎）

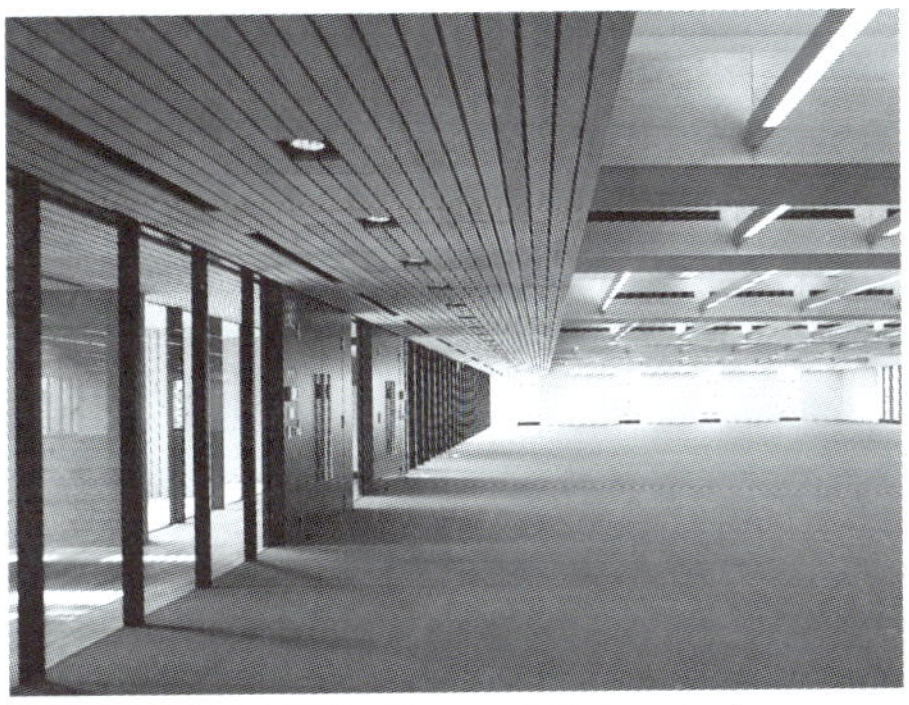

オフィススペース（写真：Nacasa & Partners Inc）

内装仕上げの木質化

第2章のTOPICS［56～58頁］で紹介したように、耐火性能検証法は現し耐火木造を実現する有力な方法である。事実上、この方法は適用対象が体育館などに限定されるが、多層建築物に適用された例もある。

もちろん内装仕上げの木質化は主要構造部と切り離して考えてもよい。例示仕様であれ認定仕様であれ、耐火構造の層構成を完成させた上から木質仕上材を張ることは差し支えない。壁に関する認定仕様を見れば分かるように、内装仕上材は耐火構造の認定範囲に含まれておらず、その選択は個々の設計に任されている。ただし木製手摺などを設ける場合は、手摺子の脚部などが耐火被覆の欠落部にならないよう納めることが求められる。

避難経路の安全性を確保するため、建築物の用途や規模に応じて内装制限が課される。いうまでもなく、内装の木質化はこの制限の下で行うことになる。もっとも現在の建築基準法には避難経路の性能設計の方法として「避難安全検証法」が用意されている。内装制限が課される場合でも、この方法によって安全性が確認されれば、ムク材などを面的に張ることが可能になる［図5］。

外装仕上げの木質化

一方、外壁の耐火構造は屋外側の仕上材を含む認定になる。軸組工法でも2×4工法でも、現在は外壁の認定仕様に木質外装仕上げを用いるものがあるので、それらを用いれば外装仕上げの木質化も簡単に実現ができる。ただし、仕上げの板材には厚みなどに規定がある［153・170頁］。

なお例示仕様として告示された耐火構造の外壁には、屋外側に木材を張ることが可能である。表面に木材を張っても防耐火性能は損なわれないと判断されているためである。したがって、現在の木造耐火構造の例示仕様には、木材を外装仕上げにした仕様は見当たらないものの[※2]、耐火構造の層構成を完成させてから板張りを施しても差し支えない。しかし、こうした考え方は認定仕様には適用されないので注意する必要がある[※3]。

※2：2023年3月末時点
※3：日本建築行政会議編「建築物の防火避難規定の解説2016（第2版）」ぎょうせい、2021.6、p.14

耐火木造の4つの工法［在来軸組工法、2×4工法、CLT工法、木質ラーメン工法］

表 国土交通大臣認定を受けている仕様の数

		木住協		2×4協会		CLT協会	木耐建
		2006年 運用開始時	2019年 9月時点	2004年 運用開始時	2018年 7月時点	2022年 9月現在	2022年 8月現在
外壁耐力壁	1時間耐火構造	4認定	10認定	1認定	9認定	—	9認定
	2時間耐火構造	—	4認定	—	1認定	2認定	7認定
間仕切壁耐力壁	1時間耐火構造	6認定	10認定	2認定	4認定	—	—
	2時間耐火構造	—	20認定	—	3認定	2認定	18認定
床	1時間耐火構造	4認定	4認定	1認定	4認定	—	—
	2時間耐火構造	—	2認定	—	1認定	2認定	2認定
柱	1時間耐火構造	—	1認定	—	—	—	4認定
	2時間耐火構造	—	1認定	—	—	—	2認定
	3時間耐火構造	—	—	—	—	—	6認定
梁	1時間耐火構造	—	1認定	—	—	—	4認定
	2時間耐火構造	—	—	—		—	2認定
	3時間耐火構造	—	—	—		—	1認定
屋根	30分間耐火構造	—	6認定	1認定	3認定	5認定	—
階段	30分間耐火構造	—	1認定	1認定	2認定	1認定	—
合計		17認定	60認定	6認定	27認定	12認定	55認定

耐火木造の工法

木造建築物にはさまざまな工法があるが、耐火木造とする場合、大きく4つの工法が実現されている。在来軸組工法、2×4工法、CLT工法、木質ラーメン工法である。それぞれの工法について、耐火構造の国土交通大臣認定が取得されており、工法ごとに工夫された耐火被覆が用意されている。また耐火構造の構造方法を規定した告示（平12建告1399号）には、すべての工法に適用できる耐火被覆が例示されている。耐火木造では、これらの技術的蓄積を大いに活用したい。

例示仕様と認定仕様

耐火建築物の設計には3つのルート［51〜53頁］があり、このうち、特定主要構造部をすべて耐火構造とするルートAが、最も簡便な設計法ということになる。2000年に耐火建築物が性能規定化されて耐火木造が解禁されたが、耐火構造の構造方法を規定した告示は全く木造を想定しておらず、また木材を利用した耐火構造の具体的な仕様も存在していなかった。そこで、在来軸組工法については木住協が、2×4工法については2×4協会が、それぞれ耐火構造の国土交通大臣認定を取得することで、実際の運用が開始された。いずれも、被覆型のメンブレン耐火構造である［63頁図1］。

個別の建築案件について耐火構造の大臣認定を新規取得することは決して容易ではない。しかし、すでに大臣認定が取得されていて、運用が公開されている構造を利用すれば、容易に耐火建築物が実現できる。木住協、２×４協会、ＣＬＴ協会、木耐建などが取得している大臣認定は、厳格な運用規定が設けられているものの、講習を受講すれば誰にでも利用できるもので、住宅を中心にすでに多くの実績がある。

一方、耐火構造の構造方法の告示については、２０１４年に木材を使用する一部部位の仕様が新たに例示され、さらに２０１８年には大臣認定を使用しなくても耐火建築物（ルートＡ）が建てられるように仕様が追加された。しかし、告示に例示されている仕様の範囲が広くはないため、これを少しでも外れる場合は、併用も含め、やはり大臣認定を用いることになる。具体的には、例示仕様にない材料を使用できる、耐火被覆の厚さを例示仕様より薄くできる、標準詳細図などが整備されているといったメリットがある。また、告示では、現時点で1.5時間耐火の仕様までしか例示されていないが、大臣認定では2時間、3時間の耐火構造の仕様も認定されている。

木住協の認定仕様

木住協は、在来軸組工法住宅の普及と健全な発展に寄与することを目的とした公益法人で、１９８６年に設立された。２０００年の法改正により木造でも耐火構造の大臣認定取得が可能になったことを受け、木住協では２００４年よりワーキンググループを組織して防耐火性能の研究開発を進め、２００６年10月までに、表に示す17仕様について国土交通大臣認定を取得し、12月より運用を開始した。当初は階段はＳ造とすることとし、認定を受けていない。その後、界壁対応可能な間仕切壁、木製階段、柱、床などの認定を逐次追加取得した。

さらに２０１５年以降、各主要構造部の2時間耐火構造の認定を取得し、２０１９年9月時点で60仕様の認定数で運用されている［表］。

２×４協会の認定仕様

２×４協会は、２×４住宅の普及、性能・品質の向上を目指して、１９７６年に設立された。

２×４住宅の耐火性能については、協会設立当初から実大を含む火災実験を重ね、技術・性能の検証とデータ収集に努めてきている。

その結果、２×４協会では、カナダ林産業審議会（ＣＯＦＩ）と共同で、２００４年4月までに、表に示す6仕様について国土交通大臣認定を取得し、運用を開始した。さらに共同住宅の界壁や外壁耐力壁の新仕様の認定を追加取得した。

２０１５～２０１６年に、外壁、間仕切壁、床の2時間耐火構造の大臣認定を取得し、２０１８年7月時点で27仕様の認定数で運用されている［表］。

ＣＬＴ協会の認定仕様

ＣＬＴ協会は、ＣＬＴおよびＣＬＴを用いた建築物の普及を目指し、２０１２年に設立、２０１４年に法人化された。

ＣＬＴパネル工法では、1時間耐火構造は告示の例示仕様によることとし、2時間耐火構造のみ大臣認定を取得している。

木耐建の認定仕様

上述の各団体の他にも、多くの企業、団体が耐火構造の国土交通大臣認定を取得している。

木耐建は、協会会員の大臣認定をオープン化し、会員相互で広く利用できるようにすることで、中高層・大規模耐火木造建築を普及することを目的に、２０１４年に設立、２０１６年に法人化された。

木耐建では、２０２２年8月時点で、会員企業・団体が取得した55仕様の大臣認定を運用している［表］。木質ラーメン工法に用いられる、燃え止まり型の柱や梁の耐火構造が中心となっている。

図 木住協仕様耐火木造の矩計図の一例 [S=1：60]

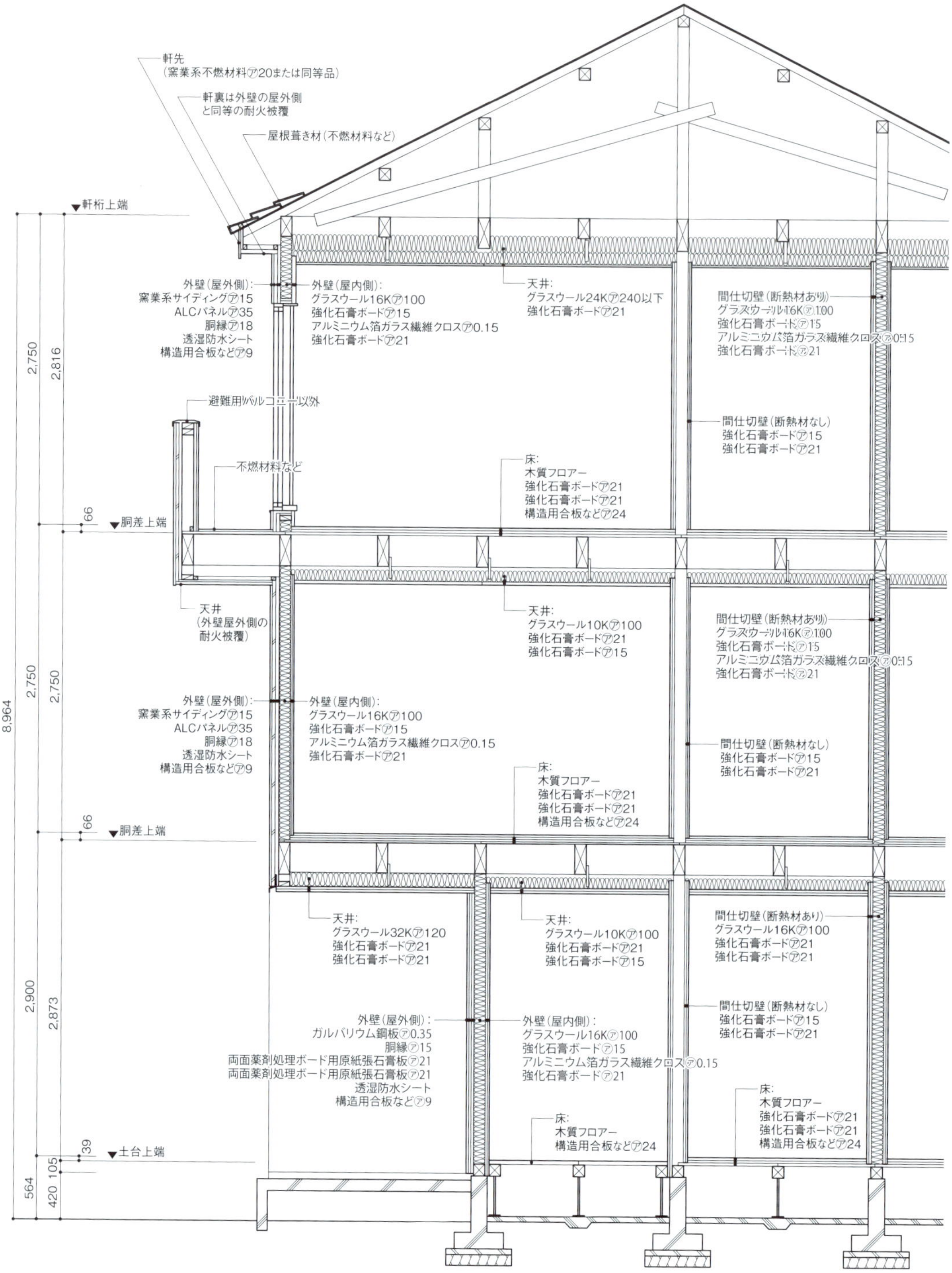

「木造軸組工法による耐火建築物設計マニュアル（第7版）<本編>」（一社）日本木造住宅産業協会　2019.9、p.12

認定仕様の利用方法

表1 講習会受講・大臣認定書の写し等の発行手数料

		会員	非会員
木住協	1時間耐火構造マニュアル講習会受講料	8,800円	17,600円
	2時間耐火構造マニュアル講習会受講料	5,500円	11,000円
	大臣認定書の写し等発行（送料込み）	5,500円	55,000円
2×4協会	耐火建築物設計者講習会受講料	16,500円	60,500円
	大臣認定仕様使用承諾書の発行（大臣認定書の写しを含む）	5,500円	55,000円
CLT協会	認定管理者・認定検査員登録料	4,400円	4,400円
	大臣認定仕様使用承諾書の発行（大臣認定書の写しを含む）	5,500円	55,000円
木耐建	マニュアル講習会受講料	22,000円	–
	大臣認定書（写）の発行手数料 22,000円	22,000円	–

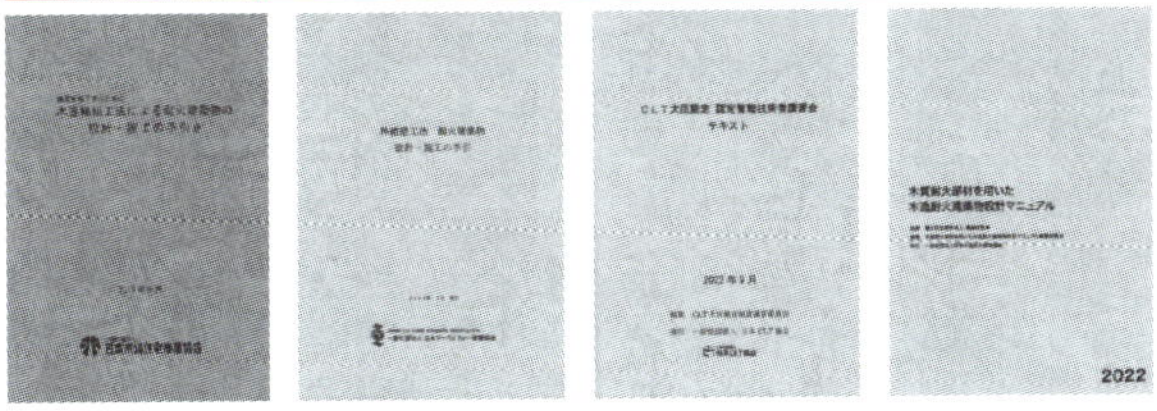

設計・施工の手引き：
（左から）木住協、2×4協会、CLT協会、木耐建

まずはじめに講習会受講

各認定取得団体（以下、協会）とも、耐火構造の認定仕様の運用ルールを規定しており、認定仕様を利用するためにはこれを遵守する。木住協の運用フローを図1に、2×4協会の耐火設計者の作業概要を図2に、CLT協会の運用フローを図3に、木耐建の運用フローを図4に示す。

それぞれに細かい規定はあるが、以下に挙げるように、主要な部分において共通点が多い。

①設計、工事監理は、各協会が開催する講習会を受講し、各協会に登録した資格者が行う。

②各協会は設計者等の申請に応じ、耐火構造大臣認定書の写し（を含む図書）を有償発行する。

③講習を受講した有資格者が、工事検査を実施し、適正に施工されていることを確認する。検査チェックリスト[※1]は一定期間保管する。

④建築確認後および工事完了後、各協会に報告を行う。

⑤木住協・2×4協会・CLT協会は、会員でなくても認定の利用は可能であるが、非会員は図書発行等の費用が高額に設定されている［表1］。

認定仕様の利用には、会員、非会員にかかわらず、各協会が開催する講習会の受講が必須の条件である。各協会のホームページ[※2]には運用ルールの詳細や、講習会の受講案内も掲載されている。

認定仕様の適用範囲

基本的に、木住協の認定仕様は在来軸組工法、2×4協会の認定仕様は2×4工法、CLT協会の認定仕様はCLTパネル工法に適用でき、同時にそれぞれの運用ルールが適用される。1棟が各認定仕様で完結する場合だけでなく、告示の例示仕様等との併用も含まれる。また木住協は、建材メーカー等が軸組工法用に取得した認定仕様との併用も認めている。他の構造との併用構造による耐火建築物について、たとえば1階RC造、2～5階が木造の認定仕様というように、構造区分が歴然と判別できる場合は、適用範囲に含まれる。

認定仕様と認定仕様の併用、たとえば在来軸組工法と2×4工法、あるいは日集協のハイブリッド集成材等との併用については、実施を妨げるものではないが、設計者の責任において特定行政庁や指定確認検査機関との事前協議が必要である。

木耐建の認定は、中高層建築物への適用を念頭に、さまざまな木質耐火部材がラインナップされたものであり、各種工法（非木造も含む）との併用が前提となっている。

※1：木住協・木耐建では「工事自主検査チェックリスト」、2×4協会では「耐火構造工事検査チェックリスト」、CLT協会では「防耐火・界壁遮音構造チェックリスト」と呼ぶ

※2：木住協　https://www.mokujukyo.or.jp/、2×4協会　https://www.2x4assoc.or.jp/、CLT協会　https://clta.jp、木耐建　https:moku taiken.or.jp（いずれも閲覧日2024年12月1日）

図1 木住協の認定書（写し）等の運用フロー※3

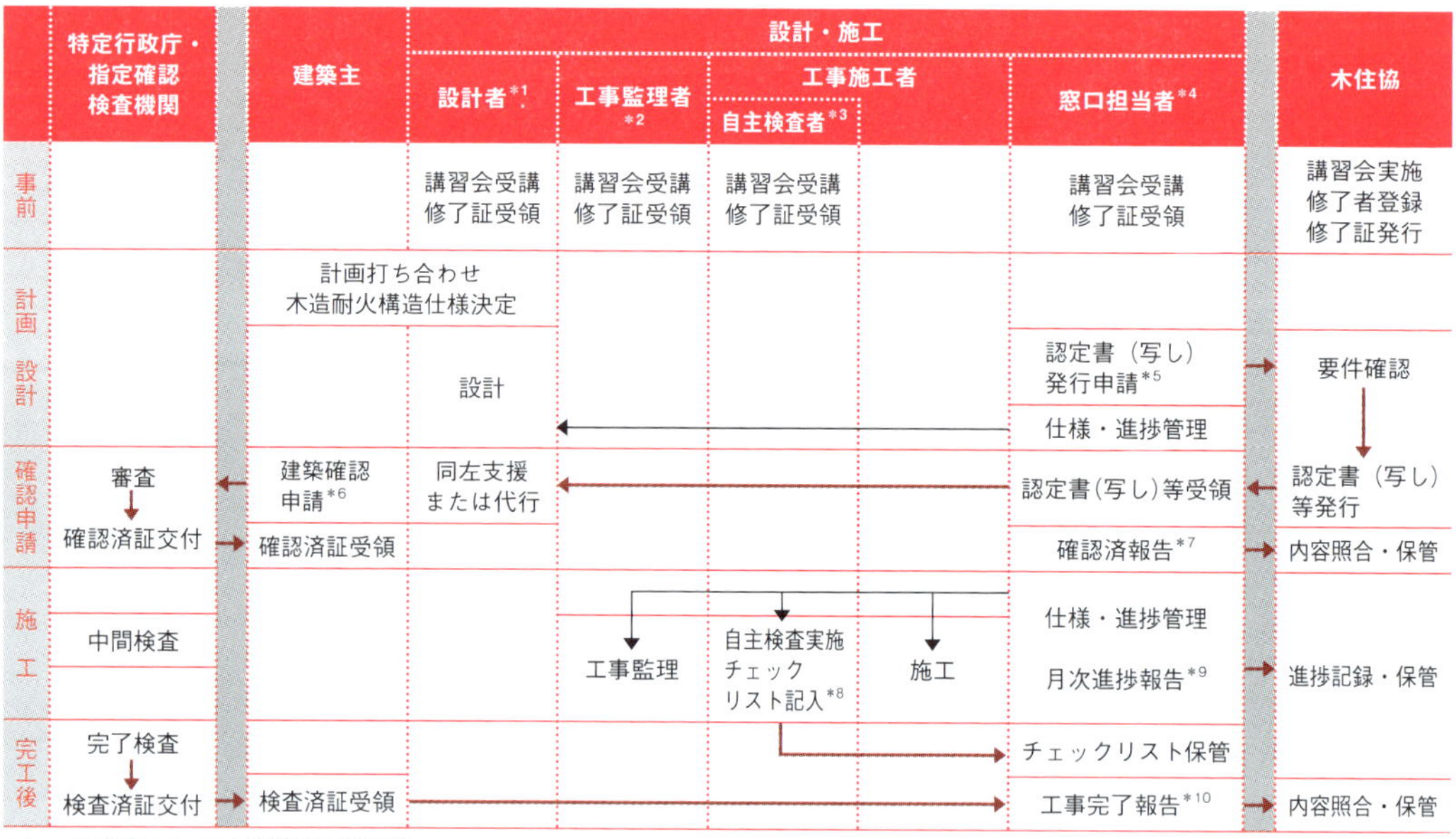

＊1 ～ 4は耐火マニュアル講習会修了登録者
＊4は、＊1 ～ 3の兼務も可、設計・施工仕様や進捗の総括管理も担当
＊5は木住協指定書式による（HPよりダウンロード可）
＊6に木住協発行使用大臣認定表及び必要に応じて標準仕様書及び標準詳細図を添付する
＊6の建築確認申請に＊5発行申請にある＊1・＊2の氏名及び＊3の会社名があることを確認。変更の場合は＊7で報告（但し変更後も＊1 ～ 4の要件を満たすこと）
＊7、9の書式はHPよりダウンロードも可
＊7、8、9は木住協指定書式による（認定書（写し）に同封）
＊10は木住協指定書式（＊7と同じ）による
大臣認定書（写し）は、建築主との契約図書の一部として使用する

図2 2 × 4 協会 耐火設計者の作業概要（大臣認定仕様を利用する場合）※4

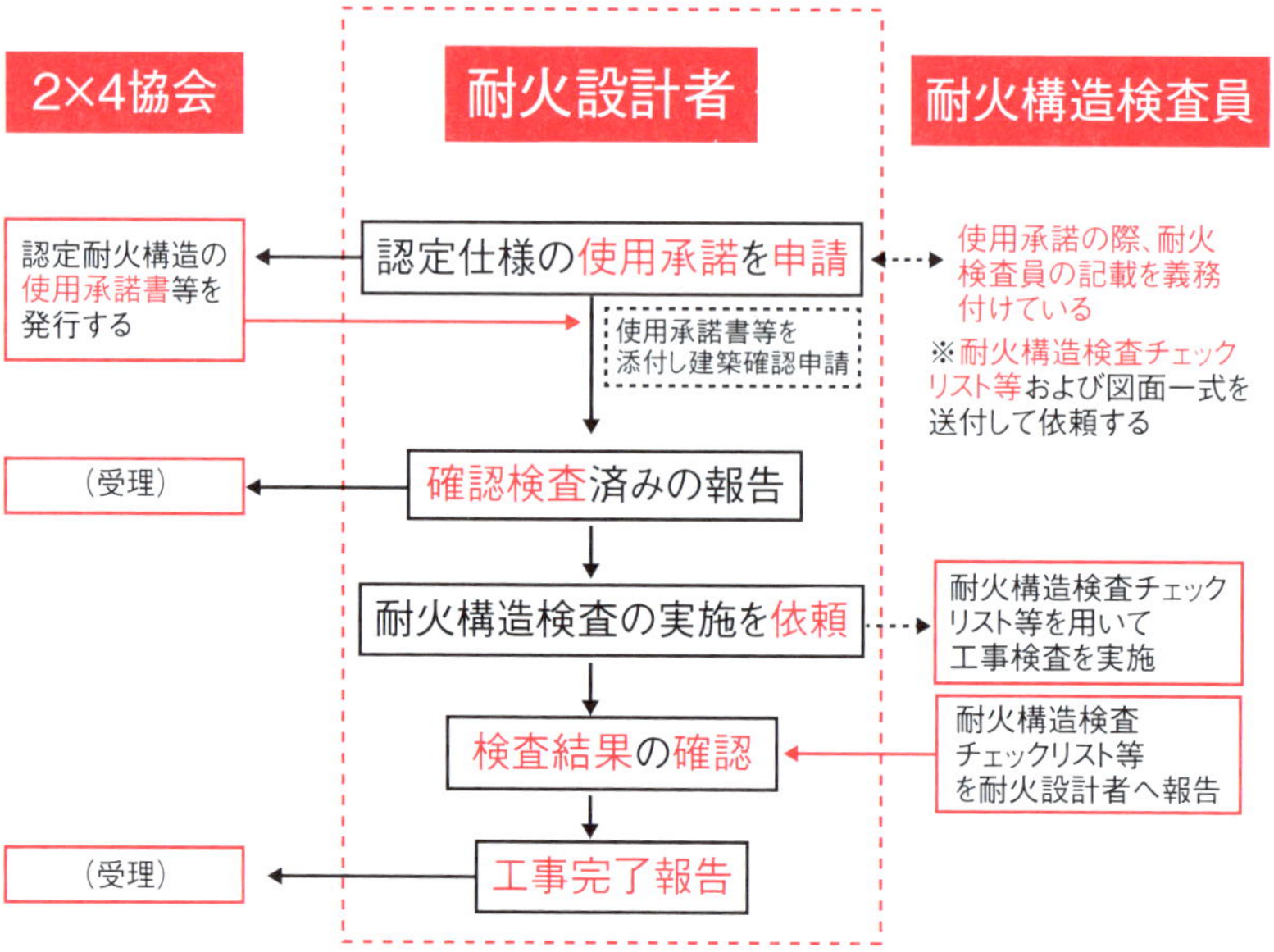

※3：木住協「耐火構造大臣認定書（写し）等の運用フロー」https://www.mokujukyo.or.jp/initiative/fireproof/（閲覧日 2024年12月1日）
※4：2×4協会「耐火設計者の作業概要（大臣認定仕様を利用する場合）」https://www.2x4assoc.or.jp/technology/taika/index02.html（閲覧日 2024年12月1日）

図3 CLT 協会　耐火建築物の設計・施工フロー※5

工程	設計担当者	認定管理者		認定検査員		協会
設計	使用承諾申請書を協会へ郵送 →	→	→	→	→	確認
設計	受領 ←	←	←	←	←	使用承諾書等の郵送
設計		標準仕様書等の作成				
確認申請		確認済交付の報告 →	→	→	→	受理
工事完了時			←	工事検査報告		
工事完了時		工事完了報告 ←	←	←	←	受理（保管）

出典：「CLTとは」(https://clta.jp/clt/)

図4 木質耐火部材の運用手続きフロー※6

	特定行政庁・指定確認検査機関	建築主	設計・施工：設計者*1	設計・施工：工事監理者*2	設計・施工：工事施工者：自主検査者*3	設計・施工：工事施工者	設計・施工：窓口担当者*4	木耐建
事前			講習会受講 修了証受領	講習会受講 修了証受領	講習会受講 修了証受領		講習会受講 修了証受領	講習会実施 修了者登録 修了証発行
計画		計画打ち合わせ 木造耐火構造仕様決定	計画打ち合わせ 木造耐火構造仕様決定					
設計			設計				認定書（写し）発行申請*5 →	案件確認 ↓
設計				←	←	←	仕様・進捗管理	
確認申請	審査 ↓ ←	建築確認申請*6	同左支援または代行 ←	←	←	←	認定書（写し）等受領 ←	認定書（写し）等発行
確認申請	確認済証交付 →	確認済証受領					確認済報告*7 →	内容照合・保管
施工				↓	↓	↓	仕様・進捗管理	
施工	中間検査			工事監理	自主検査実施 チェック リスト記入*8	施工	月次進捗報告*9 →	進捗記録・保管
完工後	完了検査 ↓				→	→	チェックリスト保管	
完工後	検査済証交付 →	検査済証受領 →	→	→	→	→	工事完了報告*10 →	内容照合・保管

＊1 ～ 4は木耐建会員。＊4は、＊1 ～ 3との兼務も可、設計・施工仕様や進捗の統括管理も担当
＊5、7、8、9は木耐建指定様式による(HPよりダウンロード可)。＊10は木耐建指定様式による(＊7と同一様式)
＊6に木耐建発行の耐火構造大臣認定書(写)及び必要に応じて標準詳細図を添付する
＊6の建築確認申請に＊5発行申請にある＊1及び＊2の氏名及び＊3の会社名があることを確認。変更の場合は＊7で報告
(但し変更後も＊1 ～ 4の要件を満たすこと)。認定書(写)は、建築主との契約図書の一部として使用する

※5：CLT協会「CLT大臣認定制度の運用基準」https://clta.jp/document/detail/clt大臣認定制度/（閲覧日 2024年12月1日）
※6：木耐建「木質耐火部材の運用手続きフロー図」https://mokutaiken.or.jp/operation/（閲覧日 2024年12月1日）

さまざまな集合住宅への適用

図1 賃貸集合住宅市場のイメージマップ

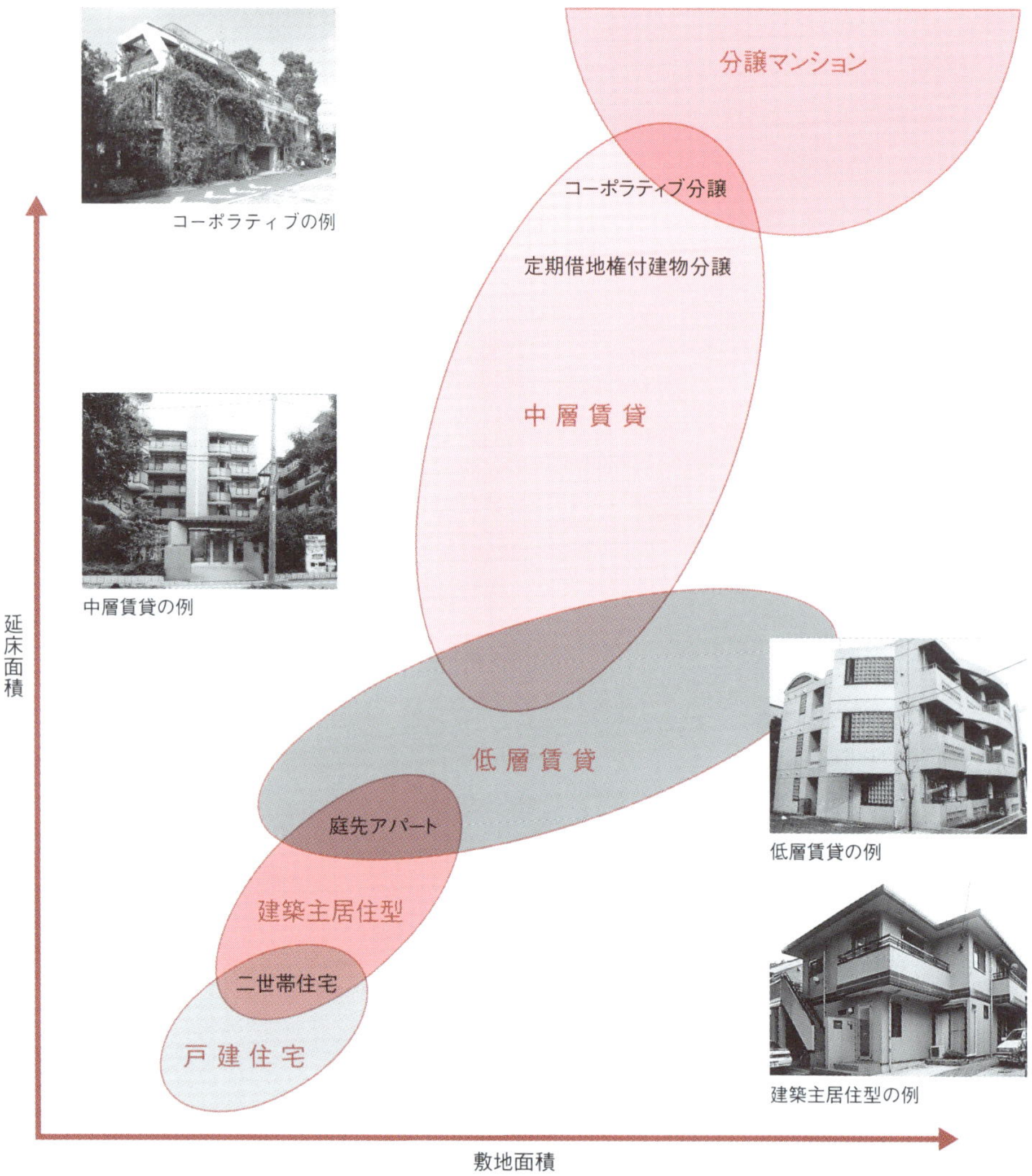

建替えを契機とした集合住宅化

戸建住宅の次に目立つ耐火木造が集合住宅である。集合住宅というと分譲マンションや賃貸アパートをイメージすることが多い。しかしこれらを念頭に置くと、東京近郊に建つ集合住宅を見誤ってしまう［図1］。

たとえば東京都で最大人口を抱える世田谷区では年間1000棟を超える集合住宅が新築される。実にこれらの1／3は戸建住宅の建替えであり、木賃アパートの建替えの2.5倍ほどを占めている。[※1] 戸建住宅の建替えから生まれた小規模集合住宅は、一般に建築主自身も居住しているため「賃貸併用住宅」とも呼ばれる。これらは二世帯住宅の延長線上にあると指摘されたりするが、[※2] 実は二世帯住宅にせよ賃貸併用住宅にせよ「共同住宅」や「長屋建て」として確認申請されることが少なくない。

つまりこうしたエリアでは賃貸経営を目的とする集合住宅が建つ一方で、二世帯住宅や賃貸併用住宅といった戸建と集合の中間的な居住形態もほぼ同じ割合で建設されている。耐火木造は東京近郊の建替え需要から広がり始めているが、そのエリアにはさまざまな小規模集合住宅のニーズが存

※1：佐藤考一「集合住宅のパラダイムシフト」新建築2003年12月号、p.113
※2：「次代の住宅メーカーが目指す新機能」『住まいのりすとら』東洋書店、2010.1、pp.361-375

在しているのである。

木三共仕様からの解放

防火地域を除けば、3階建て集合住宅（共同住宅）は準耐火構造によって建設可能である。※3 そのため準防火地域や法22条地域に集合住宅を計画する場合、木造の準耐火構造が耐火木造と競合するように思える。

実際「木三共仕様」とも呼ばれる条件にもとづき［表］、木造3階建て共同住宅が少なからず建てられてきた。室内に石膏ボード重ね張りが必要な耐火木造に比べ、こうした準耐火木造の工事単価は明らかに低い。また、よく知られているように東京都は共同住宅に窓先空地や避難上有効なバルコニーの設置を求めてきた（東京都安全条例19条）。そのため東京に関して言えば、木三共仕様を採用しても新たな規制が増えたようには見えない。

ところが木三共仕様の縛りが小規模集合住宅に与える影響はことのほか大きい。道路に対面しない住戸に対して窓先空地を求めていることは、安全条例も木三共仕様も同様である。しかし前者の窓先空地は建築物の規模に応じて4段階に分かれているが、後者にこうした区分はない。つまり戸建住宅と変わらない規模でも幅員4mの窓先空地が必要になるため、小規模な木三共では住戸配置を工夫する余地が実質的に存在しない。

さらに木三共仕様では今日的な共用部分を計画することも困難である。現在の集合住宅には利便性や防犯性の観点からエントランスホールが設けられる。しかし小規模な木三共では4番目の条件が足枷となり、共用部を木賃アパート並みにするしかない。

つまり木三共仕様は準耐火構造による木造3階建て共同住宅を可能にしているが、小規模な建築物に対してはその付加価値を高めるプランニングを禁じてもいるのである。そのため小規模な賃貸集合住宅を数多く手掛けてきた設計者によれば、耐火木造を手掛けるようになってからは、敷地条件が恵まれている場合を除き、木三共仕様を採用することはなくなったという。

表 耐火建築物以外の木造3階建て共同住宅の設計仕様

〈建築基準法施行令115条の2の2の要約〉

1. 主要構造部：準耐火構造（1時間）
2. 各住戸：避難上有効なバルコニーの設置
3. 外壁開口部：防火設備＊1
4. 共用廊下・階段：開放廊下・屋外階段
5. 3階住戸：非常用進入口の設置＊2

ただし隣地側に幅3mの通路を設置できる場合には「2」または「3と4」のいずれかを講じればよい

＊1 準耐火構造の庇や腰壁によって上階への延焼防止を講じてもよい。なお法22条地域では3階開口部の防火設備を省略できる

＊2 道路や幅4mの通路に面した開口部（幅75cm×高さ1.2m以上）

耐火木造（軸組工法）による高齢者専用賃貸住宅「うきうき館」（設計：田中住建）（写真提供：シェルター）

高齢者住宅

2011年の「高齢者住まい法」の改正により、「高齢者円滑入居賃貸住宅」「高齢者専用賃貸住宅」「高齢者向け優良賃貸住宅」に分かれていた高齢者向け賃貸住宅が、「サービス付き高齢者向け住宅」として制度的に一本化された。

高齢者住宅は介護施設なのか共同住宅なのか判断に迷うことがある。前者が脱施設化を進めている一方で、後者は介護サービスの充実に努めているからである。実際、建築確認上の用途が自治体によって異なるとも指摘されてきた。しかし今日では、サービス付き高齢者向け住宅は「共同住宅」であることが明示されているので、介護施設の上

※3：準防火地域では延べ面積1,500㎡以下、法22条地域では延べ面積3,000㎡以下まで。なお延焼防止建築物としての仕様を満たせば防火地域や準防火地域での建設も延床3,000㎡まで可能になる［38頁］

図2 耐火木造（2×4工法）による分譲集合住宅仕様の開発「蔵波台社宅プロジェクト」（設計：三井ホーム）

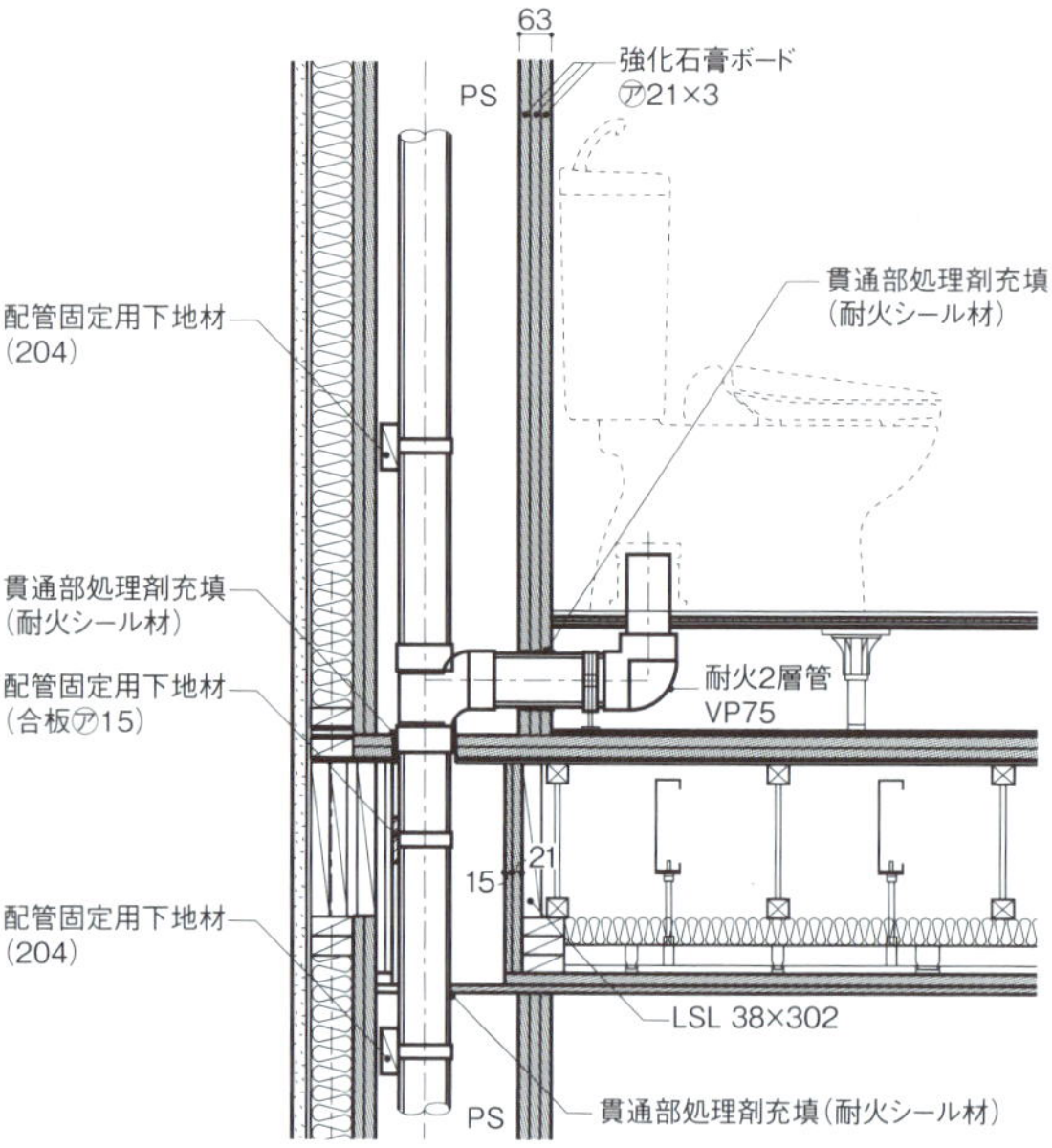

パイプスペース廻りの仕様検討の例。本図はたて穴区画方式。この他に床区画方式も検討された

置床によって遮音性を改良しつつ区分所有に対応した配管ルートを確保（写真提供：吉野石膏）

片面施工方式の耐火構造間仕切壁（A60、吉野石膏）の実装（写真提供：吉野石膏）

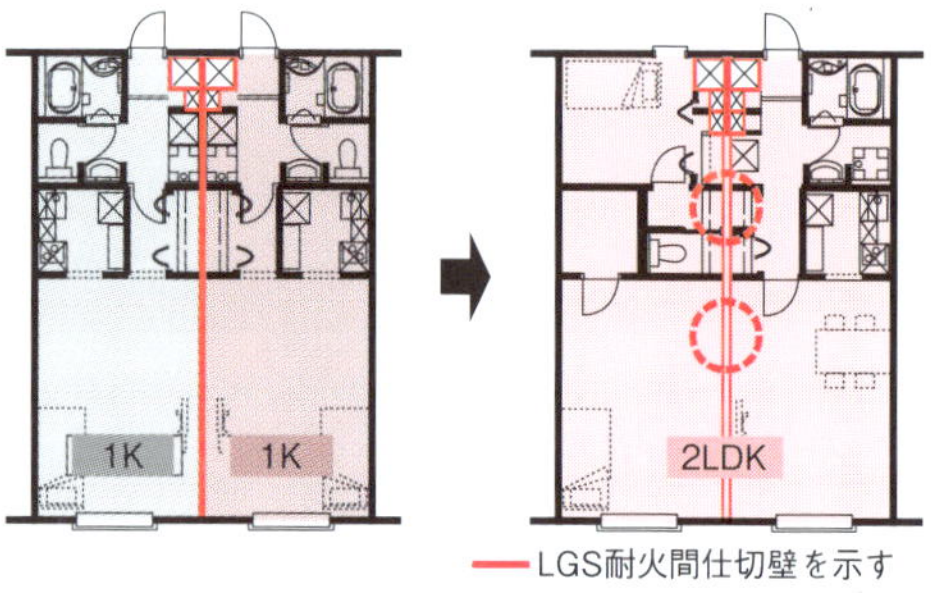

非耐力の戸境壁には超高層マンションなどに採用されている遮音壁（A2000・WI，吉野石膏）を実装

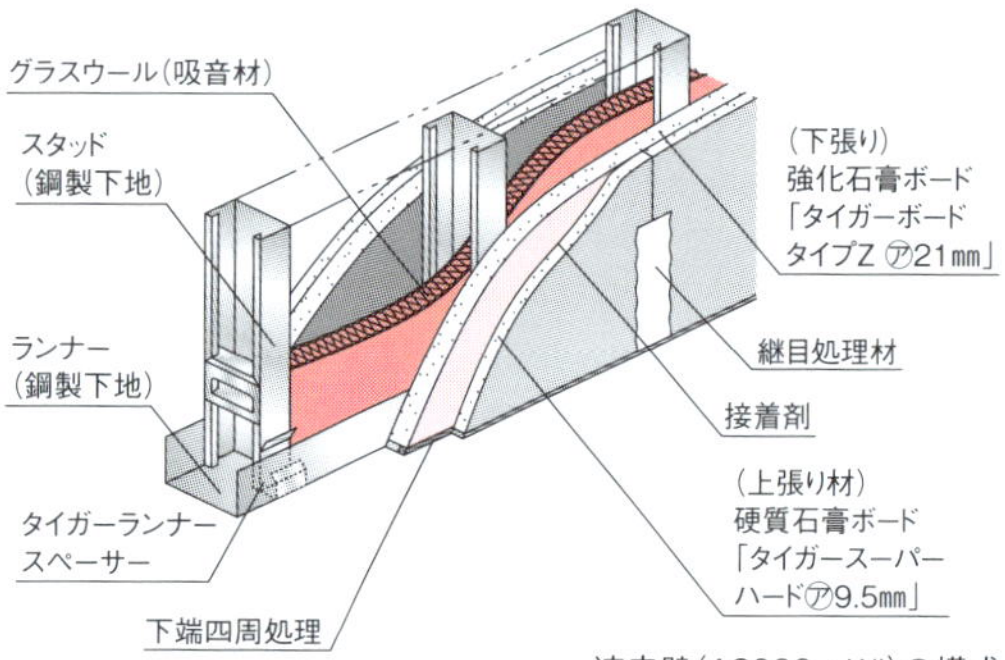

遮音壁（A2000・WI）の構成

乗せ基準を気にせずに設計できる。

また耐火木造は、木三共仕様が建設困難な敷地にも計画可能である。たとえば一定のエリアに小規模なサービス付き高齢者向け住宅を複数配置し、介護サービスを巡回提供するような事業スキームとも親和性が高いと考えられる。さらに高齢者の半数ほどは都心居住を希望している。85〜87頁に述べるように耐火木造は4階建ても容易であり、市街地近くに高齢者住宅を企画する場合にも適合性は高い。

分譲集合住宅へ向けて

分譲住宅と賃貸住宅に求められる最大の違いは遮音性能である。新築の木造賃貸住宅の遮音性に対して不満が出ている様子は見られないが［212・213頁］、分譲住宅になれば1ランク上の遮音性能が求められることは確かである。※5

そのため耐火木造による分譲集合住宅の実現に向けた遮音工法の開発と性能検証が着々と進められてきた。たとえば図2は2×4工法における分譲仕様の開発の取り組みであり、床遮音改良のための置床設置や超高層マンションなどに実績のある乾式遮音壁の実装などが試された。こうした取り組みを経て、2021年には標準的なRC造と同等の遮音性をもつ集合住宅が耐火木造によって実現している［213頁］。

※5：木造の床遮音の技術資料としては次の文献が参考になる。「枠組壁工法床遮音工法ハンドブック」日本ツーバイフォー建築協会、2011.3

木造4階建ての展開

図1　構造設計ルートの骨子

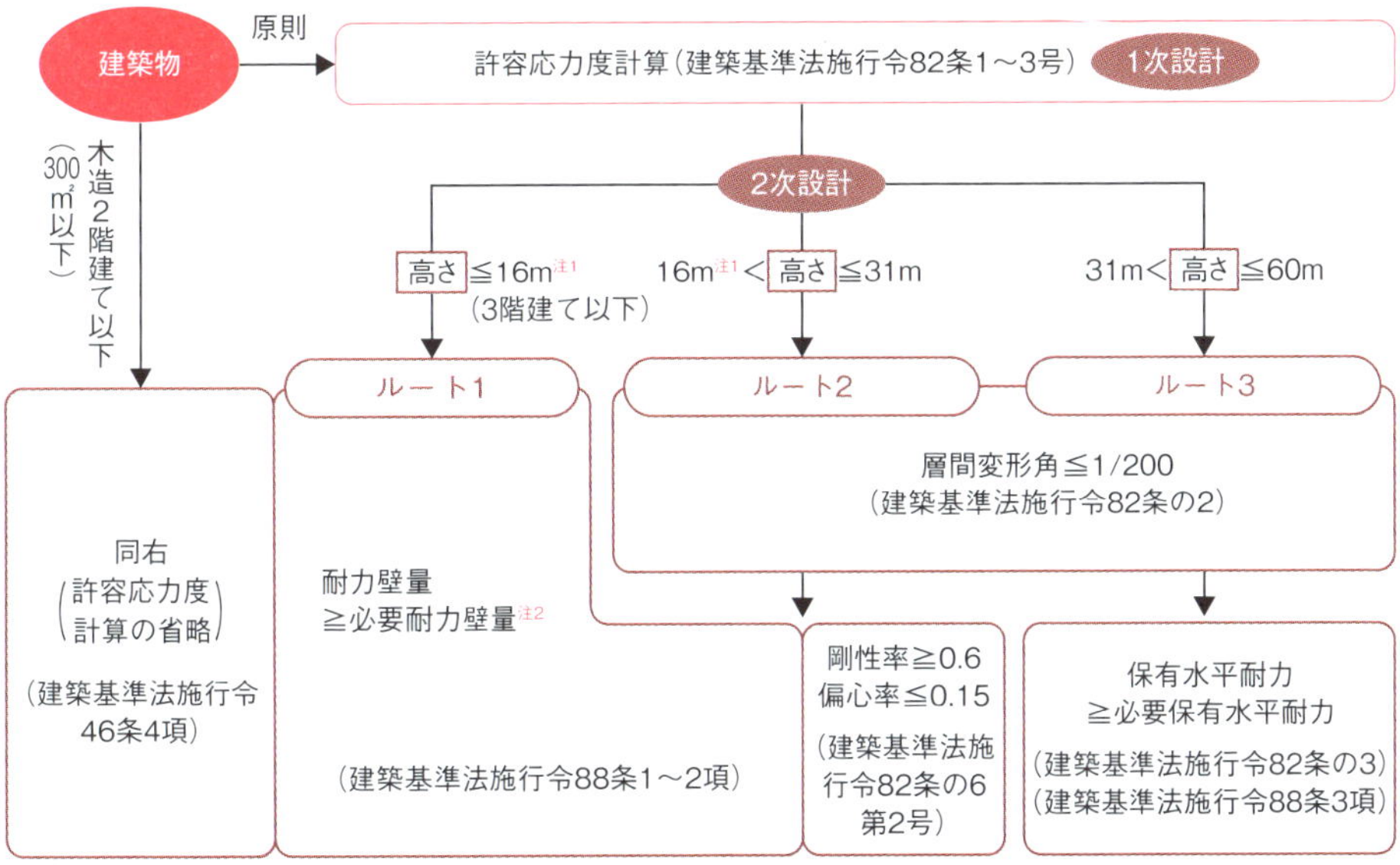

注1：S造は13m、RC造は20m（RC造には階数区分なし）　注2：ルート1の必要耐力壁量はルート2より割増し

図2　木造４階建てのメリットとハードル

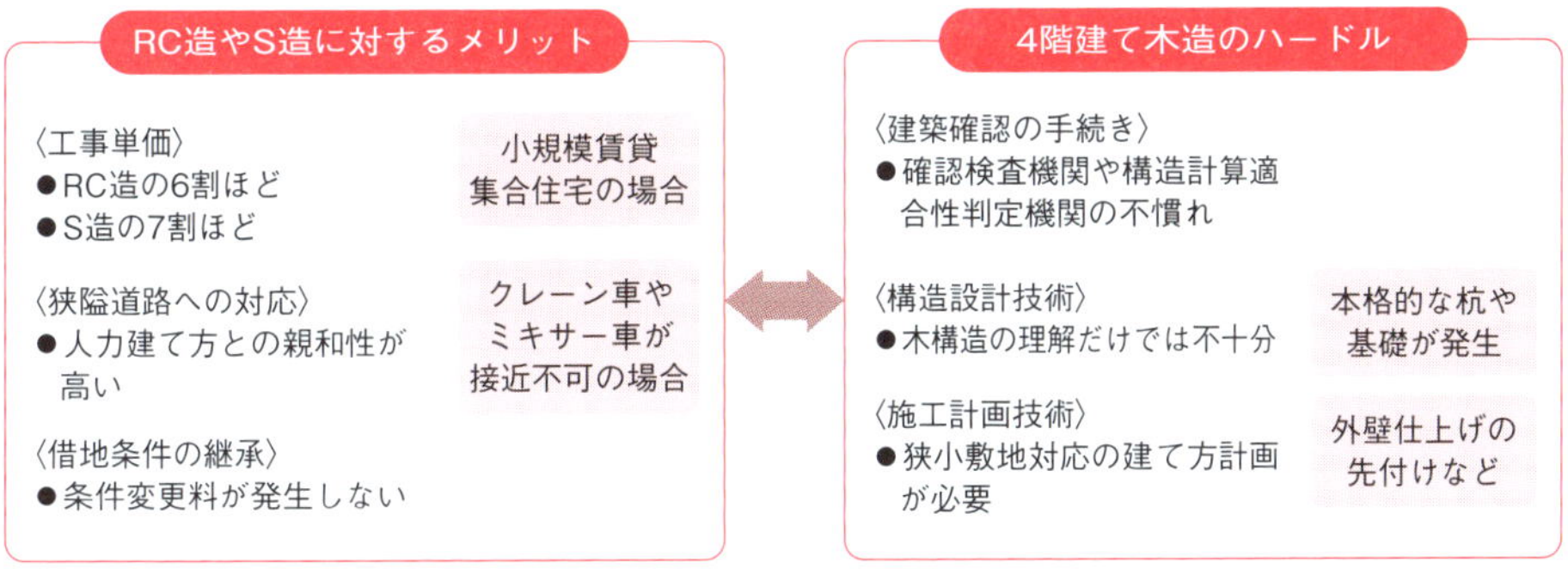

耐火木造の隠れた課題

日本には、建築物の高さと階数に建築設計実務の大きな分かれ目がある。木造であれば3階建て以下や高さ16m以下の「小規模建築物」はルート1で構造設計を行えるのに対して、16mを超える「中大規模建築物」ではルート2やルート3による設計が求められるためである［図1］。さらに2006年の建築基準法改正以降、ルート1以外には構造計算適合性判定が必要になったため、高さ16mや階数3という数値は確認申請業務の大きな分かれ目にもなっている※1。

歴史的な経緯から、両者の実務上の境界がやや入り組んでいることは確かである。いずれにせよ、3階建てや小規模建築物の耐震設計が壁量の割増しという方法で済むのに対し、4階建て以上や中大規模建築物になると各階の変形やねじれをきちんと評価することが必要になる。つまり耐火木造によって4階建てが可能になると、小さな延床面積でも中大規模建築物としての扱いが必要になり、構造設計という課題が前面に浮上する。そのため木造4階建てを建設する場合には、そのメリットとハードルをしっかりと考慮してから取り組むことが重要である［図2］。

※1：従来は高さ13mが実務的な分かれ目であった。しかし、2022年建築基準法改正によって、木造の高さ区分が16mに変更された

図3 木造4階建ての例（2×4工法）

名　称	池上新町の家
所在地	神奈川県川崎市
設計者	中田好彦建築設計事務所
施工者	石田組
延床面積	572㎡
構造・階数	2×4工法（耐火構造） 4階建て
用途・地域	共同住宅 防火＆準防火地域
竣　工	2010年12月

木造4階建てのメリット

これまでに図3の事例を含めて木造4階建て（2×4工法）を6棟手掛けてきた設計者と施工者によれば、RC造やS造に対する耐火木造の優位性は次の3つにまとめられる。※2

まず1つめは工事価格である。小規模な賃貸集合住宅ならば、耐火木造の工事単価はRC造やS造の6割から7割ほどに抑えられるという。もちろんこれは通常の見積りを前提にしており、規模効果が生じる場合などはその差はもう少し縮まるかもしれない［10・11頁］。

2つめは狭隘道路への対応力である。前面道路幅が4mに満たない敷地では、クレーン車やコンクリートミキサー車を横付けできないことも多い。敷地前面に支障がなくとも2項道路が続くと通行不能なボトルネックがどこかに現れたりするためである。図3の建築物の施工者によると、これまでに手掛けた6棟の木造4階建てのうちの3棟は手組み建て方を行っており、なかには2t車さえ接近できない敷地もあったため、資材をリヤカーに載せ替えて搬入したことさえあるという。

3つめは借地条件が変わらないという効用である。一般に借地契約の更新時には借地料の5％の更新料が発生し、木造からS造などに建替える場合には、さらに更新料と同額の条件変更料も発生する。しかし耐火木造に建替えても、木造であることは変わらないので後者の費用は発生しない。旧法借地物件は不動産市場に流通していないが、東京都心では珍しくない。該当する場合には事業者に対するアピール力は極めて大きい。

木造4階建てのハードル

一方、木造4階建てが伴う実務的困難は、設計や施工に関する技術上のハードルと確認手続き上のハードルとに分かれる。もっとも両者の問題は本質的に同一である。木造4階建てを実現するには、木造と非木造の両方の理解が必要になるが、こうした人材が建築実務の各局面で不足しているのである。

まず木造4階建てには大きな引き抜き力が働くため、住宅仕様の基礎では対応できない。しかも地盤によっては杭打ちが必要になることもある。ところが木造は4号建築物がほとんどなので、そもそも構造設計者が関与する機会が少ない。木造に慣れた構造設計者も存在するが、業務が小規模な建築物に特化しがちなので大規模建築物の仕様に疎いことがある。

施工技術についても、4階建てになると仮設工事が戸建住宅の延長では済まなくなり、たとえば足場に壁つなぎを設ける必要などがある。建て方にしても、先に述べたような手組みもあれば、外壁仕上げを下地に先付けしてクレーンでチルトアップすることもあり、柔軟な計画が必要になる。

※2：中田好彦建築設計事務所と石田組に対して2011年10月にヒアリングを実施した。工事価格等の比較はこの時点までの価格を前提としている

その一方で木材調達に関する知識も必要である。たとえば軸組工法にはさまざまな断面の木材が使用される。現在は古材転用でもない限り、規格材以外を使うことは滅多にない。しかしＪＡＳ材でも実質的に流通していない規格が少なからず存在する。野丁場の経験しかないと、こうした木材事情の常識を知らないことが多い。

確認手続きについては、申請の窓口探しに手間取ることに加え、木造４階建てを受け付けた機関の適合性判定員が必ずしも木造に慣れているとは限らないという厄介さがある。一般的に言えば適合性判定員の業務経験はＲＣ造に偏っている。そうした判定員が担当になると審査が長引くおそれがある。場合によっては次々と追加資料が求められ、木造をＲＣ造に置換して説明するような資料が要求されることさえある。

確認検査機関の選択という業務

構造適合性判定制度が導入された当初、さまざまな手続き上の混乱が生じたことはよく知られている。

現在では、そうした過渡的トラブルは、制度の合理化と申請者側の慣れによって収まってきている。86頁図3の建築物の設計者によれば、現在では木造４階建ての審査期間は1.5ヶ月ほどで済むという。もっともこれはこの設計者が申請先を慎重に選択している結果でもある。

２０００年の建築基準法改正によって、建築主事だけでなく確認検査機関による建築確認が始まった。この時から内容に応じて適切な窓口を選択することも申請業務の１つになったのであるが、現在のところ木造４階建てはこうした業務を注意深く行う必要がある建築物の１つである。

木造4階建ての例（軸組工法）

名　称	永遠の家	延床面積	256㎡
所在地	大阪府	構造・階数	軸組工法（耐火構造）4階建て
設計者	豊運	用途・地域	戸建住宅・準防火地域
施工者	豊運	竣　　工	2010年9月

木造4階建ての例（2×4工法）

名　称	YK邸	延床面積	176㎡
所在地	東京都千代田区	構造・階数	2×4工法（耐火構造）4階建て
設計者	三井ホーム	用途・地域	共同住宅（賃貸併用住宅）・防火地域
施工者	三井ホーム	竣　　工	2011年11月

Q&A形式で学ぶ耐火木造（軸組工法）

1. 外装仕上材など

	Question	Answer
1-1	窯業系サイディングとＡＬＣの目地はどの程度ずらせばよいのでしょうか？	認定上の規定寸法はありません。ただし、木住協の加熱試験は60㎜ずらして実施されています［152頁］。
1-2	外壁の屋外側補強用壁材に構造用合板と石膏ボードを併用することは可能ですか？	それぞれの屋外側補強用壁材を用いる壁が明確に区別されていれば可能です。なお、認定番号が異なるので、建築確認申請にあたって該当する認定をすべて示す必要があります［152頁］。
1-3	基礎パッキンや床下換気口に関連する規定はありますか？	認定上の規定はありません。なお木住協は、基礎パッキンの使用に当たって確認検査機関との協議を推奨しています。

2. 耐火被覆・下地材（木材など）

	Question	Answer
2-1	下張りと上張りの目地ずれの最小寸法を教えてください。	木住協が取得した認定仕様に規定寸法はありません。
2-2	天井下地材として鋼製の野縁等を使用することは可能ですか？	認定に含まれていないため、鋼製野縁は使用できません［156頁］。

3. 開口部等の措置

	Question	Answer
3-1	サッシ廻りの規定はありますか？	（一社）日本建築センターの「木造建築物の防・耐火設計マニュアル」に「原則として耐火構造の屋外側と屋内側の耐火被覆を連結させる」と記載されているためそれを準用することになります［153頁］。
3-2	コンセント等の防火措置に用いる不燃性断熱材に規格品はありますか？	今のところ規格品はないと思われるため、一般断熱材を加工して用いることが想定されています［162頁］。

4. 断熱材

	Question	Answer
4-1	柱120×120㎜の場合に厚さ120㎜のグラスウールを使うことは可能ですか？	厚さ100㎜を超えるものは認定されていません。断熱材の性能が高まると、火災時の壁内温度が上昇して柱等が炭化するおそれがあります。そのため断熱材の厚さや密度は認定範囲に限定されます［152頁］。
4-2	吹込み工法のグラスウールやロックウールは使えますか？	密度と厚さが認定の範囲であれば使用できます。

5. 内装仕上材

	Question	Answer
5-1	内壁、天井の仕上げに木質の板張りや付柱（和室）を設けることは可能ですか？	内装仕上げ材に対する認定上の規定はありません［147頁］。内装の仕上げは内装制限に従えば問題ありません。
5-2	天井・小屋裏点検口の詳細を教えてください。	アルミの点検口は火災時にすぐ落下します。そのため、代替仕様が木住協の手引書に示されています。

6. その他

	Question	Answer
6-1	告示の例示仕様や他社認定仕様を併用する際の注意点はなんですか？	それぞれの仕様を用いた範囲を設計図に明記します。

●ここに掲載したQ&Aは本書の理解を深めるために想定したものです。なお2023年12月末時点の認定仕様を前提にしています。

4
耐火木造の構造

耐火木造の構造安全性確認ルート

2022年建築基準法が改正され、2025年施行されている。本書では、これに基づいて耐火木造の安全性確認を解説する。

この改正では、4号建築物が廃止され、新たに新2号建築物・新3号建築物へと分類され、木造にも、階数2以上又は延べ面積200㎡超えの建築物は構造関連規定の審査対象になる。それぞれの適応範囲は表1を参照されたい。

なお、木造建築物の構造計算対象の規模は表2に示される。一般的にこれらの構造計算方法は構造安全性確認ルートとして表3にあるような名称をつけて表現することが多い。

耐火木造の構造安全性の確認は、準耐火木造、その他の木造と同様に、建築基準法の木造建築に関する構造規定による。仕様規定は木造において特有のもので、最も簡単な確認方法である。ルート1からルート3は木造に限らず一般的に用いられる安全性確認ルートである。主な内容についても表3に概要を示している。これらのほかにも限界耐力計算、時刻歴応答解析などがあるが、木造建築物への運用は極めて少ないので、本書では省略する。

また、2007年の建築基準法改正で、ルート

表1 新2号・新3号建築物（都市計画区域、準都市計画区域、準景観地区等内）

階数＼延べ面積	～200㎡	200㎡～500㎡	500㎡～
3以上	新2号 ○	新2号 ○	新2号 ○
2	新2号 ○	新2号 ○	新2号 ○
1	新3号 △（一部審査省略）	新2号 ○	新2号 ○

○：審査対象
△：審査対象であるが、一部審査省略

表2 木造建築物の構造計算対象の規模

規模／高さ		16m以下	16m超60m以下	60m超
1階建	300㎡以下	仕様規定	高度な構造計算（許容応力度計算、保有水平耐力計算）	時刻歴応答解析
1階建	300㎡超	簡易な構造計算（許容応力度計算）	高度な構造計算（許容応力度計算、保有水平耐力計算）	時刻歴応答解析
2階建	300㎡以下	仕様規定	高度な構造計算（許容応力度計算、保有水平耐力計算）	時刻歴応答解析
2階建	300㎡超	簡易な構造計算（許容応力度計算）	高度な構造計算（許容応力度計算、保有水平耐力計算）	時刻歴応答解析
3階建		簡易な構造計算（許容応力度計算）	高度な構造計算（許容応力度計算、保有水平耐力計算）	時刻歴応答解析
4階建～		高度な構造計算（許容応力度計算、保有水平耐力計算）	高度な構造計算（許容応力度計算、保有水平耐力計算）	時刻歴応答解析

表3 構造安全性確認ルート

名　称	主な確認内容	難易度
仕様規定	簡易な計算　法規の仕様を守る	易
ルート1	許容応力度計算	↓
ルート2	許容応力度計算 層間変形角 剛性率、偏心率など	↓
ルート3	許容応力度計算 保有水平耐力計算	↓
その他	限界耐力計算　時刻歴応答解析	難

2（条件付き）、ルート3以上の場合は構造計算適合性判定の対象になり、確認申請に時間と費用が多くかかるので、注意すること。

92頁表4では耐火木造にかかわる軸組工法（集成材等建築物も含む）、2×4工法および、これらとRC造またはS造との混構造について必要な確認方法をまとめた。

軸組工法の場合

軸組工法の耐火木造に関して、階数、延べ面積、高さとも新2号建築物に該当する場合、全ての地域で建築確認・検査（大規模な修繕・模様替を含む）が必要であり、審査省略制度の対象外となる。一方で、新3号建築物に該当する場合も、都市計画区域等内に建築する際には、建築確認・検査が必要となり、審査省略制度の対象となる。

法規には耐火木造についての仕様が決められておらず、基本的に表4の仕様規定に従うか、ルート1の許容応力度計算を行うかになるが、耐火構造は耐火被覆材として用いられる2重張りの強化石膏ボードなどで固定荷重が重くなるので、当然のようにこの重量増加分を考慮し、壁量の確保、部材断面の決定、基礎の設計を行わなければならない。つまり、壁量が多くなり、部材断面が大きくなる。

今回の改正で、軽い屋根や重い屋根などのパラメータによる壁量仕様がなくなり、代わりに個々の建築物の荷重の実態に応じてより精緻に必要な壁量を算出する方法が提示された。本来は省エネ化などによる建築物の重量化に対応するためであるが、同様に重量化になる耐火木造もこの方法を用いればよい。その流れで、部材断面や基礎サイズも、スパン表の代わりに、実荷重による計算をすることを勧める。93頁以降でこれらについて具体的に述べる。

一方、ルート1の許容応力度計算などの構造計算を行う場合は、今回の改正で壁量計算が省略されたが、ほかに大きな変更がない。耐火被覆材による荷重増加分を適切に考慮して許容応力度などを確認すればよい。軸組工法においては、ルート3の計算はハードルが高いので、バランスよく計画してルート2までに留めたほうが無難である。

また、仕様規定によらず、集成材や乾燥材を用いる場合は、「集成材等建築物」の欄に従う。

2×4工法の場合

2×4工法の耐火木造の場合、「平13国交告1540号」によるが、基本的に軸組工法と同様に仕様規定と構造計算の2つの確認方法がある。

2022年建築基準法の改正に伴い、「平13国交告1540号」も改定され、2024年6月に告示された。仕様規定が適用できる建物規模の範囲は基本的に軸組工法と同じで、仕様も例示されている。しかし、構造計算による安全性確認を行う場合は、条件によってかなり複雑な規定になっている［表4］。

例示仕様を満足せず、または3階建て以上になる場合は構造計算が必要になる。同じ3階建てでも、高さが13m以下か、13m超え16m以下かによって要求される計算項目は異なる。

また、今回の改正には高さ16m超え、または階数3階超え6以下の建物に対して、ルート2が創設された。これは耐火木造の一般的な運用範囲と合致し、その普及に対する構造的な促進策だと考えられる。ただし、ここでのルート2は、層間変形角、剛性率、偏心率の規定を満たすだけではなく、許容応力度計算に応力の割り増しも要求されるので、余裕のある構造計画が必要である。

混構造の場合

低層階が鉄筋コンクリート造または鉄骨造、上層階が木造のような混構造はよく採用される。表4に示された混構造1～4は、（公財）日本住宅・木材センターが発行する「木質系混構造建築物の構造設計の手引き」（2019版）に示された、非耐火木造の組み合わせである。上層階が耐火木造の場合には、これらより階数が多く、高さが高く、面積が大きいケースが多いが、120頁以降で解説する混構造の基本的な考え方を参考にしながら、適切なモデル設定と計算により安全性を確認しなければならない。

表4 建築基準法による木造建築物の構造安全性の確認方法

対象工法	条件	確認方法：許容応力度（建築基準法施行令 82条各号、82条の4）	確認方法：層間変形角（建築基準法施行令 82条の2）	確認方法：剛性率・偏心率等（建築基準法施行令 82条の6 2号および3号）	確認方法：保有水平耐力（建築基準法施行令 82条の3）	備考	名称	構造計算適合性判定対象
軸組工法（建築基準法施行令3章3節）	階数2以下、面積300㎡以下、高さ16m以下	—	—	—	—	壁量の確保等	仕様規定	×
	階数2以下、延べ面積300m²超、高さ16m以下	○	—	—	—		ルート1	×
	階数3、高さ16m以下	○	—	—	—			×
	高さ16m超、または階数4以上	○	○	△（どちらか必要）	△	高さ60m以下	ルート2 or 3	○※
集成材等建築物 建築基準法施行令46条2項（大臣が定めた材料を用いる構造） ＊：昭62建告1899号	階数2以下、面積300m²以下、高さ16m以下	○＊	○＊	○＊	—		ルート1+α	×
	階数3、高さ16m以下	○	○＊	○＊	—			×
	延べ面積300m²超、高さ16m以下	○	○＊	○＊	—			×
	高さ16m超、または階数4以上	○	○	△（どちらか必要）	△	高さ60m以下	ルート2 or 3	○※
2×4工法（枠組壁工法）（平13国交告1540号）	階数2以下、面積300m²以下、高さ16m以下	—	—	—	—	壁量計算（平13国交告1540号1～8）	仕様規定	×
	階数3以下で、部位の仕様が告示仕様からはずれる建築物	○	—	—	—		ルート1	×
	階数3以下で、空間・開口のサイズが告示仕様からはずれる建築物	○	—	○	—		ルート1+α	×
	階数3、高さ13m以下	○	—	—	—		ルート1	×
	階数2以下、延べ面積300m²超、高さ16m以下	○	—	—	—			×
	3階建て共同住宅かつ高さ16m以下	○	○	—	—	耐力壁の降伏せん断耐力を計算し、架構のじん性を確認する	ルート1+α	×
	階数3、高さ13m超16m以下	○	—	剛性率	—			×
	高さ16m超、または階数3超6以下	○	○	○	—	高さ31m以下	ルート2	○※
	階数7以上	○	○	—	○	高さ60m以下	ルート3	○
混構造－1【1RC+2W】1階RC造、2階（3階）木造	階数3以下、高さ16m以下、延べ面積300㎡以下、1階の壁柱量：[Σ2.5Aw+Σ0.7Ac≧ZWAiβ]または[Σ2.5Aw+Σ0.7Ac≧0.75ZWAiβ]	○	—または[○]	—または[○]	—	平19国交告593号第2または昭55建告1791号第3第1号の規定（1階部分）。昭55建告1791号第1（2階以上）剛性率の計算については2階以上の各階に限る	ルート1または[ルート1+α]	×
混構造－2【2RC+1W】1階、2階RC造、3階木造	階数3、高さ16m以下、延べ面積300㎡以下、1階・2階の壁柱量：[Σ2.5Aw+Σ0.7Ac≧0.75ZWAiβ]	○	○	○	—	昭55建告1791号第3の規定（1階、2階部分）。昭55建告1791号第1（3階部分）剛性率の計算については2階以下の各階に限る	ルート1+α	×
混構造－3【1RC+1W】1階RC造、2階木造	階数2、高さ16m以下、延べ面積3000㎡以下、1階の壁柱量：[Σ2.5Aw+Σ0.7Ac≧0.75ZWAiβ]	○	○	○	—	昭55建告1791号第3の規定（1階部分）。平19国交告593号、Co=0.3または特別な調査または研究の結果に基づく構造計算（2階部分）	ルート1+α	×
混構造－4【1S+2W】1階S造、2階（3階）木造	[階数3以下、高さ16m以下、延べ面積300㎡以下、1階の柱間隔が6m以下]または[階数2・高さ16m以下、延べ面積300㎡以下、1階の柱間隔が12m以下]	○	—	—	—	平19国交告593号第1、Co=0.3（1階部分）。昭55建告1791号第1（2階以上）	ルート1	×
混構造－その他	上記以外	○	○	△（どちらか必要）	△（注）	（注）高さ31m以上の場合は必ず計算を行う	ルート2 or ルート3	○※

※：ルート2について、構造計算に関する高度の専門的知識等を有する建築主事等が確認審査を行う場合は不要

軸組工法の仕様規定による安全性確認

表1 仕様規定が適用可能な木造建築物

階数2以下
延べ面積300㎡以下
高さ16m以下

表2 耐火木造における仕様規定への対応

	一般木造の仕様規定の項目	耐火木造の対応
簡易な計算	壁量の確保（壁量計算）	耐火被覆などの荷重を考慮した壁量
	壁配置バランス（4分割法）	4分割法でよい
	柱の柱頭・柱脚の接合方法（N値計算法）	余力の分まで考慮して金物を決める
仕様ルール	基礎の仕様	実荷重により基礎形式を決定［112・113頁］
	屋根葺き材などの緊結	同左
	土台と基礎の緊結	アンカーボルトを増やす
	柱の小径等	負担軸力により算定
	横架材の欠き込み	同左
	筋かいの仕様	同左
	火打ち材等の設置	同左
	部材の品質と耐久性の確認	同左

適用条件

表1の条件を満足する場合、軸組工法による耐火木造建築物は一般の軸組工法建築物と同じく建築基準法施行令3章3節の仕様規定による安全性確認ができる。

仕様規定の項目

木造建築物に関する仕様規定は表2のように、3つの簡易な計算と8つの仕様ルールがある。

耐火木造は、耐火被覆材として用いられる床、壁、天井の強化石膏ボードや外壁のALCなどで、一般の木造に比べて固定荷重が重くなっている。これによってまず一般の基礎仕様では重くなった建築物を支えきれなくなる。次に自重が重くなると地震荷重も大きくなるので、一般の壁量では地震時の安全性を確保できなくなる。また、室内側の壁全面に耐火被覆材として強化石膏ボードを2重張りしている。建築物自体が固くなり、余力も増えるので有利になるはずだが、バランス的に不利な影響がないか、接合金物が十分かどうかの説明が求められる場合がある。

以上のことを考慮した設計が求められるため、ここからは必要壁量を決定づける要因等について解説する。

耐力壁の仕様

耐力壁の種類と壁倍率は建築基準法施行令46条および昭56建告1100号に定められているものによればよい［95～98頁表4］。耐火構造には一般的に筋かいを用いたほうが納まりやすい。構造用合板などのボード仕様は、納まり上耐火被覆材と干渉することがあるので、受材仕様とする必要がある［図2］。

図1では認定仕様で屋内側全面に耐火被覆材として15㎜以上の強化石膏ボードを2重張りしている。この場合、下張りの石膏ボードに関しては、横架材や土台に届くなら、95～98頁表4の⑧または⑫に該当し、壁倍率＝0.9として壁量に算入してよい。上張りの石膏ボードは軸組から離れかつ土台と横架材に届かないため算入してはならない［図2］。ただし、百パーセントでなくても、ある程度の剛性と耐力を持ち、その分の余力があると考えてもよい。

また、同じ位置にある筋かいや石膏ボードなどの耐力要素の壁倍率は足し合わせることができる。ただし、仕様規定により安全性確認を行う場合は上限7倍（令和4年改正）までである。

図1 壁量に算入できる強化石膏ボード

外壁アイソメ図[S＝1：40]

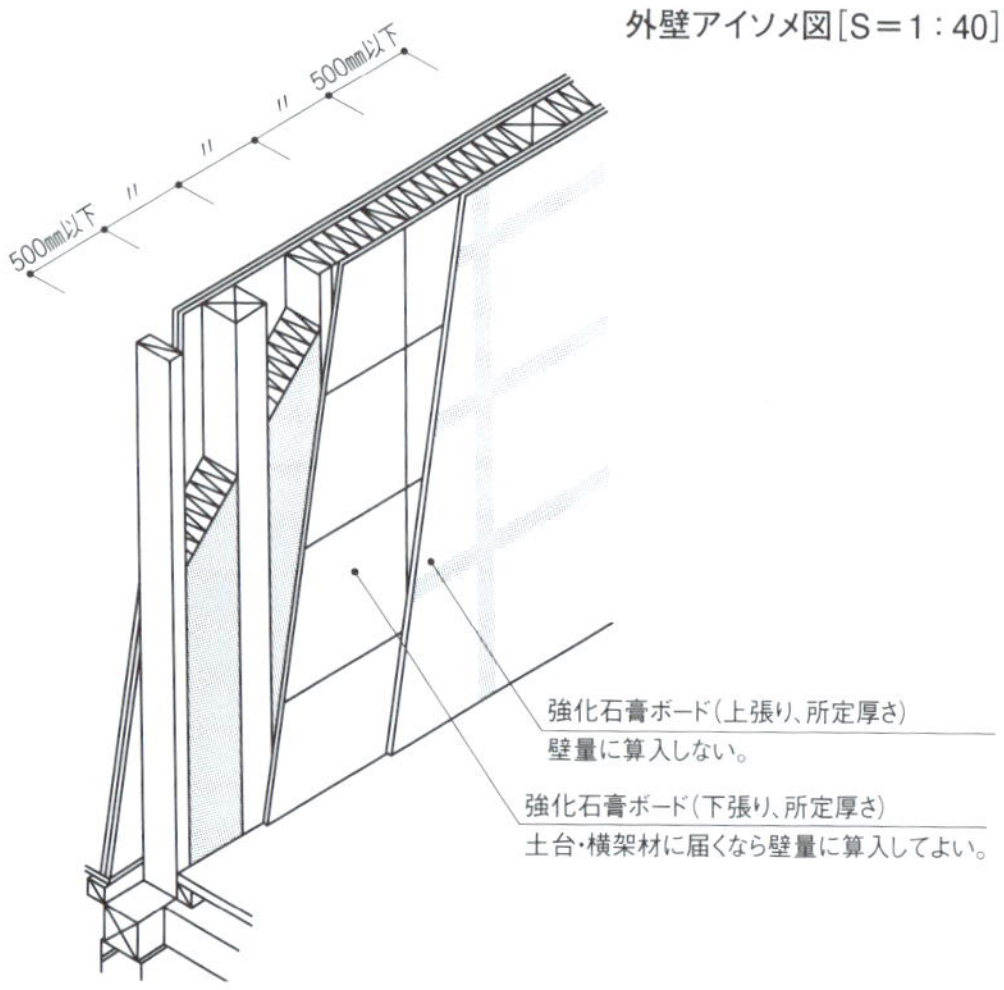

図2 構造用合板耐力壁と石膏ボード耐火被覆との納まり

（この例では石膏ボードは壁量に算入できない）

表3 軸組工法による耐火木造の設計荷重例

部位荷重	荷重増の仕様	荷重増加分	設計用荷重
屋　根	天井面の強化石膏ボード2重張り	0.2kN/㎡程度	1.2kN/㎡ （瓦（土なし）葺き5寸勾配）
床	上面（床面）の石膏ボード2重張り 下面（天井面）の強化石膏ボード2重張り	0.4～0.5kN/㎡程度	床計算用　2.5kN/㎡ 柱梁基礎計算用　2.4kN/㎡ 地震力計算用　1.7kN/㎡
間仕切壁	両面強化石膏ボード2重張り	0.9～1.5kN/㎡程度	最大　2.5kN/m 最小　1.9kN/m （高さ2.7mとして）
外周壁	屋外側のALC 屋内側の強化石膏ボード2重張り	1.1～1.5kN/㎡程度	最大　3.4kN/m 最小　3.0kN/m （高さ3.0mとして）

荷重の増加

耐火木造の大臣認定を取得した（一社）日本木造住宅産業協会が発行した「木造軸組工法による耐火建築物設計マニュアル」（第7版）の巻末資料（以下「木住協マニュアル」と略す）に、認定仕様の耐火被覆材の厚みとした荷重増加分が示されている［表3］。

荷重増加はいうまでもなく、耐火被覆材としての強化石膏ボードおよび外壁のALCによるものである。まず、屋根直下の天井面の強化石膏ボードは、一般の住宅の2倍以上の厚さが必要となる。内壁面および床下の天井面の強化石膏ボード総厚さは、一般の住宅の3倍に相当する36㎜以上になる。一般の住宅には石膏ボードを張らない床面にも強化石膏ボード2重張りが必要になっている。さらに、強化石膏ボードの密度は0・75t／㎥であり、普通の石膏ボードの0・65t／㎥よりも重くなる。また、外壁面には耐火性能が優れるALCが用いられ、一般のサイディング外壁材よりはだいぶ重い。そのほか、階段にも耐火被覆が必要になる。2階建ての1階は最大で1.8倍になる。

これはあくまで例示なので、認定以上の仕様を採用する場合は実状を考慮して精算する必要がある。また、床荷重には住宅の積載荷重を考慮しているが、用途が住宅ではない場合は積載荷重を置き換えて設計荷重を計算する必要もある。

表4 建築基準法施行令46条および昭56建告1100号に定められている軸組の種類と壁倍率（1）

<table>
<tr><th colspan="5">軸組の種類</th><th>壁倍率</th></tr>
<tr><td rowspan="2">①木摺り壁</td><td rowspan="2">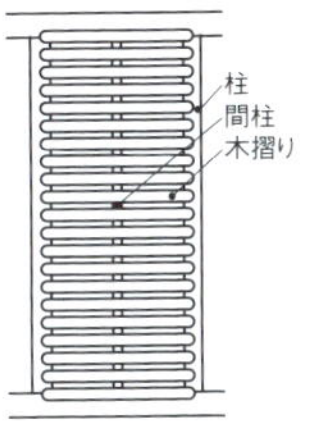
</td><td rowspan="2">**建築基準法施行令46条表1（1）（2）**
建築基準法施行令46条では、特に仕様の規定はない。公庫仕様書では、「12mm×75mm以上でN50釘2本ずつ平打ち」としているが、剛性は釘間隔の2乗に比例するので、なるべく幅の広い板を用いるほうが実際上の倍率は向上する</td><td colspan="2">柱および間柱の片面に釘打ち</td><td>0.5</td></tr>
<tr><td colspan="2">柱および間柱の両面に釘打ち</td><td>1.0</td></tr>
<tr><td rowspan="5">②土塗り壁</td><td rowspan="5">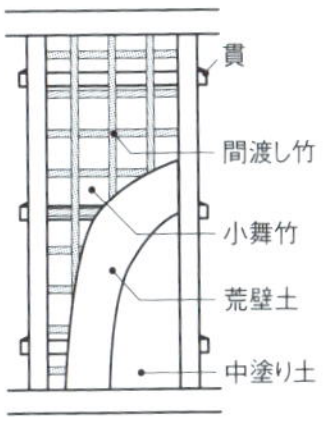
</td><td colspan="3">**建築基準法施行令46条表1（1）**
仕様規定なし</td><td>0.5</td></tr>
<tr><td rowspan="4">**昭56建告1100号第1第5号**
貫：15mm×100mm以上、ピッチ910mm以下、3本以上を柱に楔締め
間渡し竹：幅20mm以上の割竹または小径12mm以上の丸竹を柱・梁・土台に差し込み、貫にステンレス釘SNF25同等以上で釘止め
小舞竹：幅20mm以上の割竹をピッチ45mm以下で間渡し竹にシュロ縄・パーム縄・わら縄その他これらに類するもので締め付け
荒壁土：100リットルの荒木田土等の砂質粘土＋わらすさ0.4～0.6kgを両面塗り
中塗り土：100リットルの荒木田土等の砂質粘土＋砂60～150リットル＋もみすさ0.4～0.8kg</td><td>中塗り土の塗り方</td><td>土塗り壁の塗り厚</td><td></td></tr>
<tr><td rowspan="2">両面塗り</td><td>70mm以上</td><td>1.5</td></tr>
<tr><td rowspan="2">55mm以上</td><td>1.0</td></tr>
<tr><td>片面塗り</td><td>1.0</td></tr>
<tr><td rowspan="2">③筋かい</td><td rowspan="2">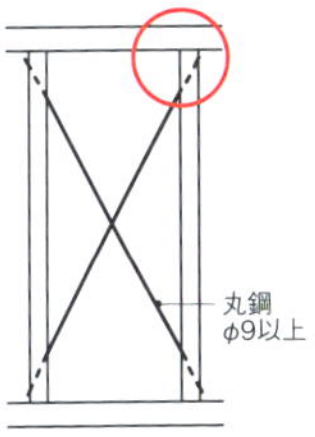
</td><td rowspan="2">**建築基準法施行令46条表1（2）（6）**
筋かい―径9mm以上の鉄筋
端部の仕様：平12建告1460号第1 イ
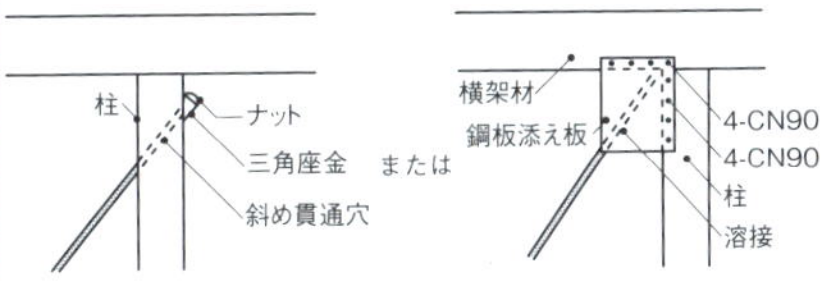
</td><td colspan="2">片筋かい</td><td>1.0
[圧縮：0.0
引張：2.0]</td></tr>
<tr><td colspan="2">たすき掛け筋かい</td><td>2.0</td></tr>
<tr><td rowspan="2">④筋かい</td><td rowspan="2">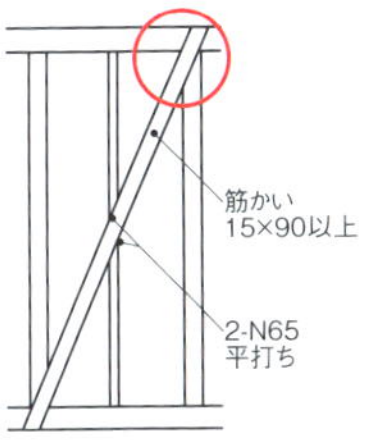
</td><td rowspan="2">**建築基準法施行令46条表1（2）（6）**
筋かい―15mm×90mm以上の木材
端部の仕様：平12建告1460号第1 ロ
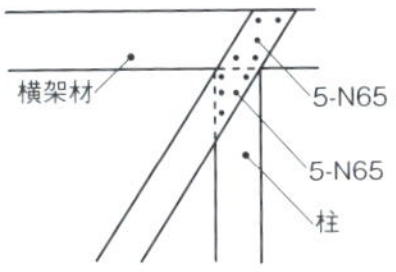

仕様規定にはないが、間柱に対しても2-N65で止めつけること</td><td colspan="2">片筋かい</td><td>1.0
[圧縮：1.0
引張：1.0]</td></tr>
<tr><td colspan="2">たすき掛け筋かい</td><td>2.0</td></tr>
<tr><td rowspan="2">⑤筋かい</td><td rowspan="2">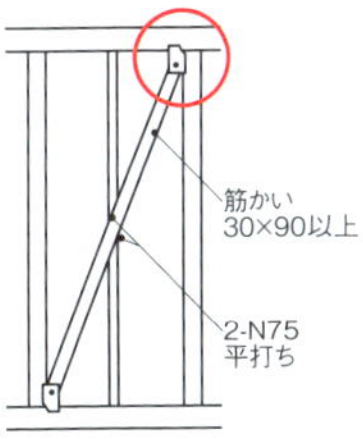
</td><td rowspan="2">**建築基準法施行令46条表1（3）（6）**
筋かい―30mm×90mm以上の木材
端部の仕様：平12建告1460号第1 ハ
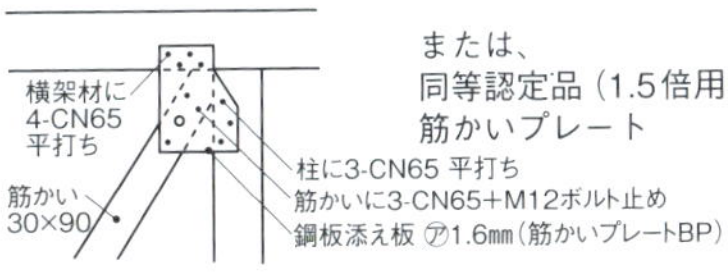

または、同等認定品（1.5倍用）の筋かいプレート</td><td colspan="2">片筋かい</td><td>1.5
[圧縮：2.0
引張：1.0]</td></tr>
<tr><td colspan="2">たすき掛け筋かい</td><td>3.0</td></tr>
</table>

→つづく

⑨胴縁仕様大壁	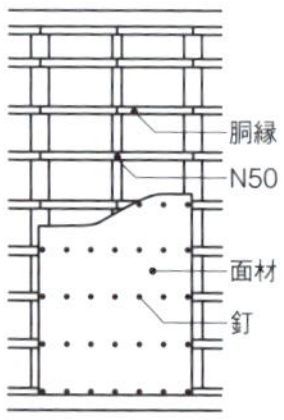	昭56建告1100号 第1第2号 胴縁：15㎜×45㎜以上、ピッチ310㎜以下で柱・間柱および横架材にN50打ち 面材：右の面材のいずれかを、N32同等以上の釘でピッチ150㎜以下に釘打ち	構造用石膏ボードA種12㎜以上*	GNF40 または GNC40 @150以下	1.7	0.5
			構造用石膏ボードB種12㎜以上*		1.2	
			石膏ボード12㎜以上* 強化石膏ボード12㎜以上*		0.9	
			シージングボード12㎜以上	SN40 外周部分：@100以下 その他の部分：@200以下	1.0	
			ラスシート 角波亜鉛鉄板0.4㎜以上 メタルラス0.6㎜以上	N38 @150以下	1.0	

軸組の種類					壁倍率	
			面材の種類と厚さ	釘の種類とピッチ	⑩	⑪
⑩受材仕様真壁	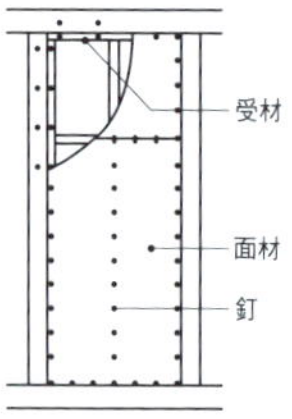	昭56建告1100号 第1第3号 受材：30㎜×40㎜以上を柱・土台・横架材にN75ピッチ300㎜以下で釘打ち	構造用パーティクルボード 構造用MDF	N50、CN50 外周部分： @75以下 その他の部分： @150以下	4.0	
			構造用合板9㎜以上		3.3	
			構造用パネル9㎜以上			
			構造用合板（外壁：特類）7.5㎜以上 パーティクルボード12㎜以上 構造用パネル（OSB）	N50@150以下	2.5	1.5
⑪貫仕様真壁	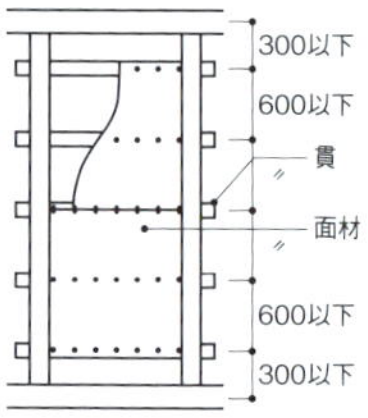	昭56建告1100号 第1第4号 貫：15㎜×90㎜以上を左図の間隔で5段以上。面材の継目は貫の部分でなければならない	石膏ラスボード9㎜以上に石膏プラスターを15㎜以上塗ったもの	GN32 またはGNC32 @150以下	1.5	1.0
			構造用石膏ボードA種12㎜以上*	⑩の場合：GNF40 またはGNC40 @150以下 ⑪の場合：GNF32 またはGNC32 @150以下	1.5	0.8
			構造用石膏ボードB種12㎜以上*		1.3	0.7
			石膏ボード12㎜以上* 強化石膏ボード12㎜以上*		1.0	0.5

＊屋外に面する壁または常時湿潤状態となるおそれのある壁（屋外壁等）以外に用いる場合に限る

→98頁へつづく

表4 建築基準法施行令46条および昭56建告1100号に定められている軸組の種類と壁倍率(2)

⑥筋かい

建築基準法施行令46条表1(4)(6)
筋かい―45mm×90mm以上の木材
端部の仕様:平12建告1460号第1 二

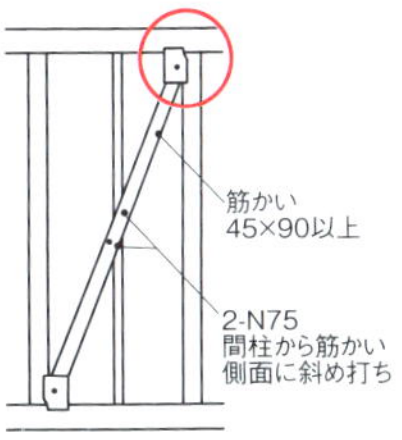

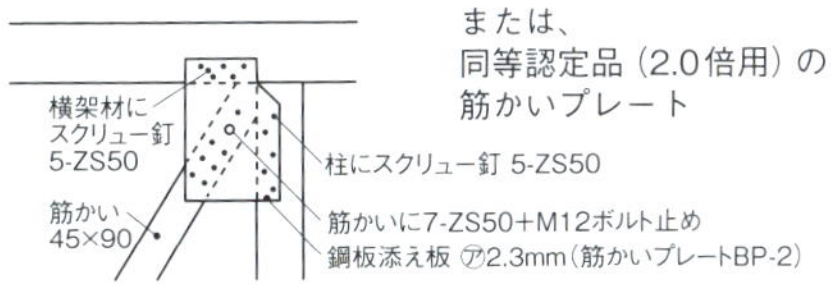

または、同等認定品(2.0倍用)の筋かいプレート

軸組の種類	壁倍率
片筋かい	2.0 [圧縮:2.5 引張:1.5]
たすき掛け筋かい	4.0

⑦筋かい

建築基準法施行令46条表1(5)(7)
筋かい―90mm×90mm以上の木材
端部の仕様:平12建告1460号第1 ホ

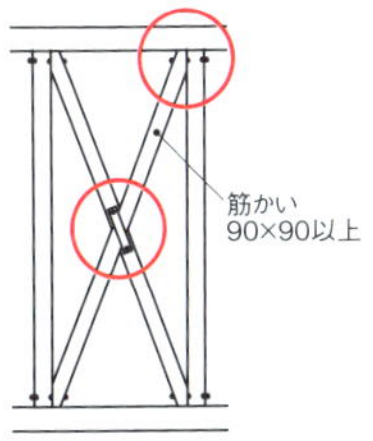

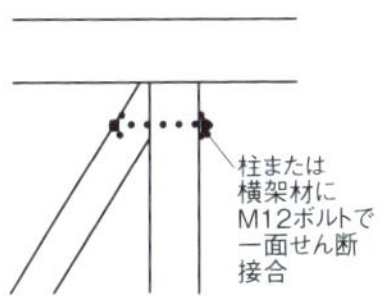

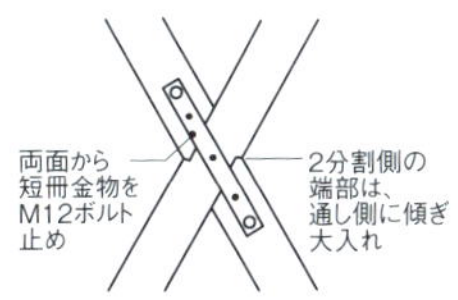

軸組の種類	壁倍率
片筋かい	3.0 [圧縮:5.0 引張:1.0]
たすき掛け筋かい	5.0

⑧面材張り大壁

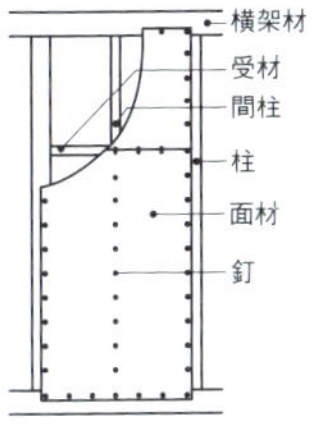

昭56建告1100号
第1第1号
右の面材を所定の釘とピッチによって、柱・間柱・梁・桁・土台その他の横架材の片面に釘打ち(継目には受材を設けて釘打ち)

面材の種類と厚さ	⑧の釘の種類とピッチ	壁倍率 ⑧	壁倍率 ⑨
構造用パーティクルボード 構造用MDF	N50、CN50 外周部分: @75以下 その他の部分: @150以下	4.3	
構造用合板9mm以上		3.7	
構造用パネル9mm以上			
構造用合板 内壁:5mm以上 外壁:特類7.5mm以上 パーティクルボード12mm以上 構造用パネル(OSB)	N50 @150以下	2.5	0.5
ハードボード5mm以上 硬質木片セメント板12mm以上		2.0	
炭酸マグネシウム板12mm以上	GNF40 または GNC40 @150以下	2.0	
パルプセメント板8mm以上		1.5	

→つづく

表4 建築基準法施行令46条および昭56建告1100号に定められている軸組の種類と壁倍率（3）

	軸組の種類					壁倍率
⑫床勝ち仕様大壁	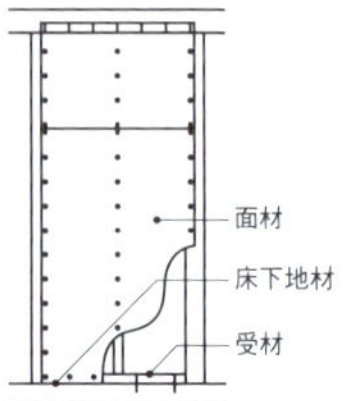	昭56建告1100号 第1第5号 受材：30mm×40mm以上を床下地材の上から土台・横架材にN75ピッチ300mm以下で釘打ち 面材：右の面材のいずれかを、受材・柱・間柱・（上側の）横架材に釘打ち	面材の種類と厚さ		釘の種類とピッチ	壁倍率
			構造用パーティクルボード 構造用MDF		N50、CN50 外周部分：@75以下 その他の部分：@150以下	4.3
			構造用合板9mm以上			3.7
			構造用パネル9mm以上			
			構造用石膏ボードA種12mm以上*		GNF40 または GNC40 @150以下	1.6
			構造用石膏ボードB種12mm以上*			1.0
			石膏ボード12mm以上* 強化石膏ボード12mm以上*			0.9
⑬面格子壁	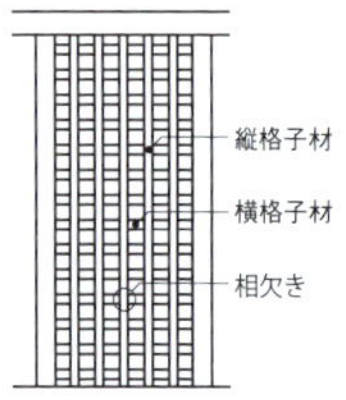	昭56建告1100号 第1第7号 格子材は含水率15％以下でその交点は相欠き。柱および横架材への格子材端部の接合方法は、大入れ、短ほぞ差し、または同等以上の方法（枠材に短ほぞ差しとし、枠材をCN100またはφ5.5の木ねじ等で間に2本ずつ止めるなど）	格子材の断面 見付け幅	厚さ	格子のピッチ	壁倍率
			45mm以上	90mm以上	90～160mm	0.9
			90mm以上	90mm以上	180～310mm	0.6
			105mm以上	105mm以上	180～310mm	1.0
⑭落し込み板壁	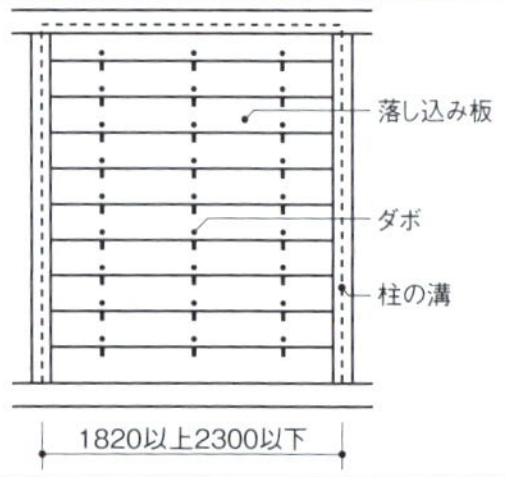	昭56建告1100号 第1第8号 柱間：1,800mm以上　2,300mm以下 落し込み板材：厚さ27mm以上×130mm以上、含水率15％以下 横架材の溝と最上段の板との設計上の隙間：3mm以下 柱の溝と板の隙間の左右合計：3mm以下 落し込み板同士をつなぐダボ： 小径15mm以上の木材（ナラ・ケヤキ）等または、φ9以上の丸鋼。ピッチ620mm以下で3本以上				0.6
⑮	建築基準法施行令46条表1（9）、昭56建告1100号第1第9号、第10号、第11号 前記①～⑭のうち2つまたは3つを併用した壁					倍率の和 上限7.0
⑯	建築基準法施行令46条表1（8）、昭56建告1100号 第1第12号 国土交通大臣が①～⑭までと同等以上の耐力を有するものとして認める軸組、国土交通大臣の認定を受けたもの		指定性能評価機関に申し込み、定められた試験方法と評価方法にもとづいて、壁倍率の大臣認定を受けることができる			大臣の定める数値 上限7.0

※屋外に面する壁または常時湿潤状態となるおそれのある壁（屋外壁等）以外に用いる場合に限る

算入可能な準耐力壁等の例

2022年改正より、準耐力壁の算入が可能になった。準耐力壁は、耐力壁としての仕様を満たしてはいないが、一定の耐力を期待できる壁体をいう。例として、図3のような面材、木ずり等を柱・間柱のみにくぎ打ちをした準耐力壁と、垂れ壁及び腰壁が挙げられる。その基準及び壁倍率の算定方法も図に掲げられている。

必要壁量の計算

耐火木造建築物の必要壁量は、2022年改正により、個々の建築物の荷重の実態に応じてより精緻に必要な壁量を算出する方法［式1］を用いることとなった。

以前のような基準法に定められた壁量に対するチェックに比べ、この方法は省エネ建築物や、耐火建築物のような重量化した場合に対して精緻に検証することができる。しかし、設計する建築物各部の単位荷重を把握する必要があることに加え、さらに面積などを乗じて集計し、式の中の建築物の荷重Σwiを算出する必要がある。耐火建築物の場合は、一般な木造建築物の固定荷重に、耐火仕様の増加分を加算しなければならない。

また、この式で計算する建築物荷重は、図4のような、いわゆる見上げ荷重であることを注意しなければならない。2階荷重とは2階壁高さの半

図3 準耐力壁等の具体例

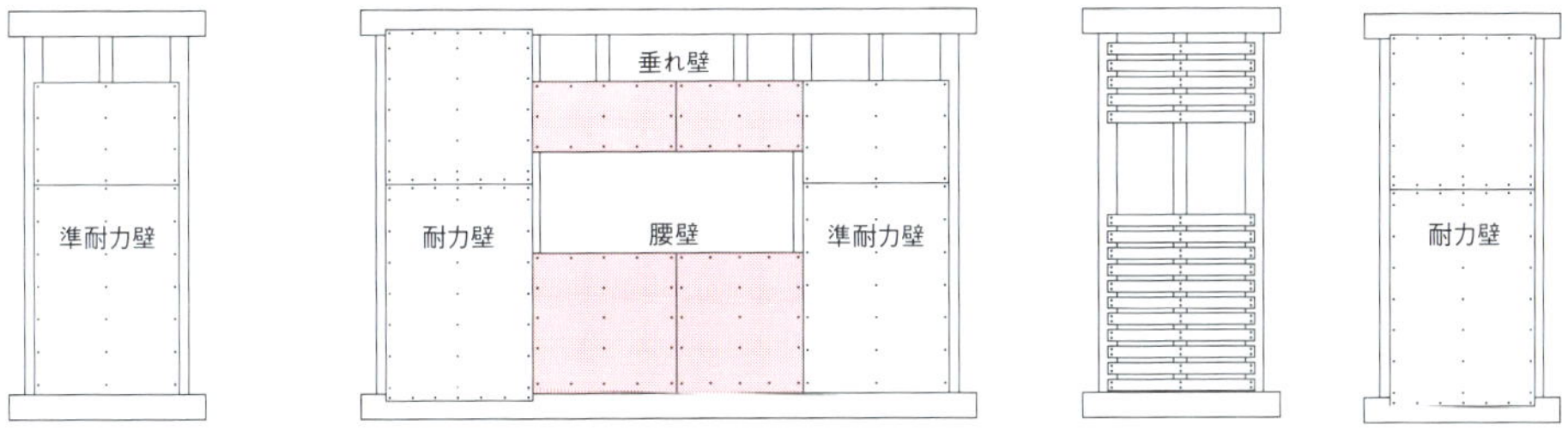

準耐力壁（面材）の例
・木ずり、面材等
・柱、間柱のみに釘打ち
・幅 90cm以上
・木ずり又は面材が一続きで横架材内法寸法の80%以上

腰壁等（面材）の例
・木ずり、面材等　・柱、間柱のみに釘打ち
・一続きの木ずり又は面材の高さが36cm以上
・一続きの木ずり又は面材の横幅が90cm以上かつ2m以下
・両側に耐力壁か準耐力壁がある

腰壁等（木ずり）の例
・幅 90cm以上

（参考）建築基準法で評価される耐力壁の例
・柱、横架材、継目受材と横架材に釘打ち

<準耐力壁等の壁倍率>

$$\text{面材の準耐力壁等の壁倍率} = \text{材料の基準倍率※} \times 0.6 \times \frac{\text{面材の高さの合計}}{\text{横架材間内法寸法}}$$

$$\text{木ずりの準耐力壁等の壁倍率} = 0.5 \times \frac{\text{木ずりの高さの合計}}{\text{横架材間内法寸法}}$$

※材料の基準倍率は、昭和56年建設省告示第1100号別表第1（は）欄に掲げる数値

式1 必要壁量計算式

当該階の床面積当たりの必要壁量＝（Ai・Co・Σwi）／（0.0196・Afi）

Ai：層せん断力分布係数
　Ai＝1＋{（1/√αi）－αi}×2T/（1＋3T）
　固有周期T＝0.03h（秒）
　αi：建築物のAiを算出しようとする高さの部分が支える部分の固定荷重と積載荷重の和（多雪区域においては、更に積雪荷重を加えるものとする。）を当該建築物の地上部分の固定荷重と積載荷重との和で除した数値

h：建築物の高さ（m）
Co：標準せん断力係数　0.2とする。
　※令第88条第2項の規定により指定した区域の場合は0.3
Σwi：実況に応じた荷重(固定荷重、積載荷重、積雪荷重)により算出（kN）
Afi：当該階の床面積（㎡）

図4 荷重（Wi）算定のイメージ

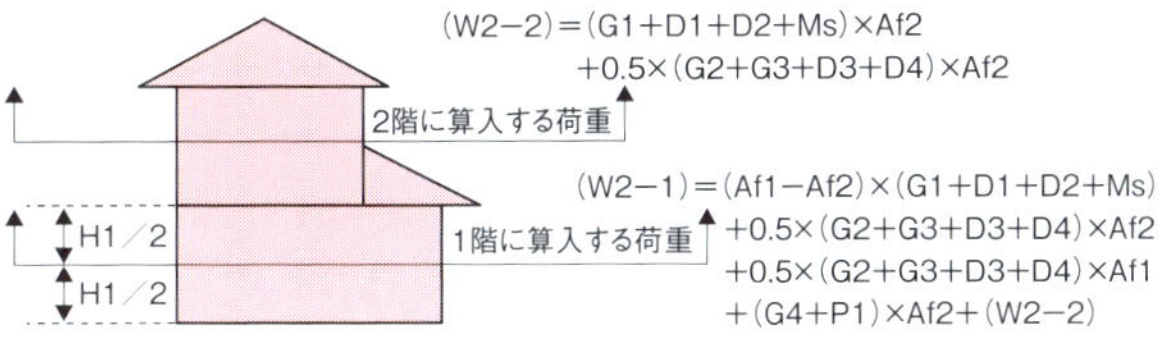

<算入する荷重>

Af1：1階面積(㎡)
Af2：2階面積(㎡)
G1：屋根荷重(kN／㎡)
G2：外壁荷重(kN／㎡)
G3：内壁荷重(kN／㎡)
G4：床荷重(kN／㎡)
P1：積載荷重(kN／㎡)
Ms：積雪荷重(kN／㎡)
D1：天井(屋根)断熱材荷重(kN／㎡)
D2：太陽光発電設備等荷重(kN／㎡)
D3：外壁断熱材荷重(kN／㎡)
D4：高断熱窓荷重(kN／㎡)
W2−1：2階建の1階の荷重(kN)
W2−2：2階建の2階の荷重(kN)

図5 風圧力に対する必要壁量

	区　域	算定用見付面積に乗ずる数値（㎝/㎡）
一般の木造	特定行政庁がしばしば強い風が吹くと認めて指定する区域	50を超え、75以下の範囲内において、特定行政庁がその地方における風の状況に応じて規則で定める数値
	その他の区域	50
	算定用見付面積（対象階の床面より1.35m以上の部分）	
	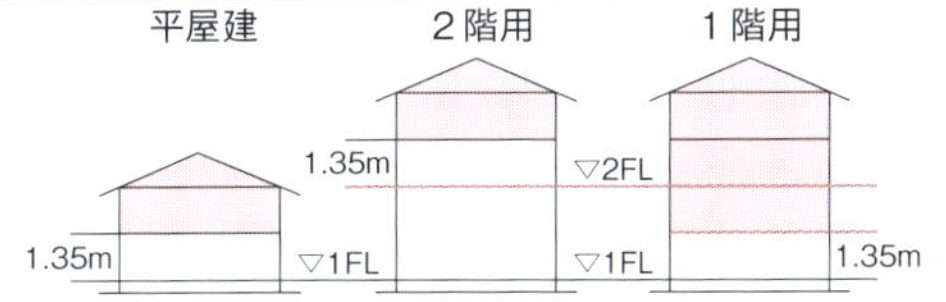	

分より上の荷重の集計で、1階荷重とは1階壁高さの半分より上の荷重の集計である。

なお、風圧力に対する必要壁量については今回の改正で言及されていないため、耐火木造建築物の場合も一般な木造と同じく、図5に従って計算すればよい。

2022年改正に対応する必要壁量の計算ツールとして、(公財)日本住宅・木材センターが発行した表計算ツールなどがある。基本的に上述した計算方法と同じだが、設定されているのは耐火木造建築物の重量ではないため、直接使用することができない。荷重設定が変えられるものであれば、便利なツールとして使うことができるだろう。

固定荷重と積載荷重

式1を使って必要壁量を計算するためには、建物の固定荷重と積載荷重を把握する必要がある。101頁表4は、省エネ仕様も含めた一般木造建築物の固定荷重例である。耐火木造の場合は、さらに耐火仕様による増加分を加算しなければならない。「木住協マニュアル」に、認定仕様の耐火被覆材の厚みとした荷重増加分が示されているので、その内容を［表5］に示す。

因みに、想定した耐火木造用途の積載荷重は表6によって算出することができる。ほかの用途については、建築基準法施行令第85条の値を使うか、当該建築物の実況に応じて計算することができる。

前述したように、耐火木造建築物の必要壁量は式1より算出することとし、式1のΣWiを算出するため、全体に対して荷重拾いを行う必要がある。ΣWiには、固定荷重、表6の「地震力の計算用」積載荷重、多雪区域においては地震力計算用積雪荷重が含まれる。層ごとに、それぞれの単位荷重と面積または長さの積を合算すればよい。

長期状態においては、柱梁、基礎の負担荷重と応力を算出するため、同様に荷重拾いを行う必要がある。この場合は固定荷重が変わらないが、積載荷重は表6の「大梁、柱または基礎の構造計算用」の値、多雪区域においては長期用積雪荷重を用いる。かつ、根太や小梁などによる荷重の伝達方向を考慮し、それぞれの部材の負担範囲を決めなければならない。

部材断面

耐火木造は自重が重くなるので、一般の木造より部材断面を増やす必要がある。設計荷重を用いて個々に計算するのが望ましいが、木住協マニュアルから目安が提示されているので、その要点を102頁表7にまとめた。余裕をもって概略で決める場合には参考にしてほしい。ただし、これらは住宅を対象としたものであり、それ以外の用途については計算により決めなければならない。また、

表5 軸組工法による耐火木造の増加荷重

部位荷重	荷重増の仕様	荷重増加分
屋根	天井面の強化石膏ボード2重張り	0.2kN／㎡程度
床	上面（床面）の石膏ボード2重張り 下面（天井面）の強化石膏ボード2重張り	0.4～0.5kN／㎡程度
間仕切壁	両面強化石膏ボード2重張り	0.9～1.5kN／㎡程度
外周壁	屋外側のALC 屋内側の強化石膏ボード2重張り	1.1～1.5kN／㎡程度

表6 積載荷重（kN／㎡）

	床の構造計算用	大梁、柱または基礎の構造計算用	地震力の計算用
居室*1	1800	1300	600
事務室*1	2900	1800	800
教室*1	2300	2100	1100
乗用車専用車庫*2	3900	2900	1500

＊1　建築基準法施行令第85条
＊2　「建築構造設計指針」2019（東京都建築構造行政連絡会）

表4 一般木造の固定荷重例

		部位の面積当たりの荷重（N／㎡）	床面積当たりの荷重（N／㎡）	仕様の構成	荷重の出典など
屋根*1	瓦屋根（葺き土無）	990	1300	瓦葺き（640）＋小屋組（200）＋打上げ天井（150）	瓦葺き、天井：令84条 小屋組：耐震診断法の参考資料*4
	スレート屋根	740	1000	スレート葺き（440）＋小屋組（200）＋竿縁天井（100）	スレート葺き、天井：令84条 小屋組み：耐震診断法の参考資料*4
	金属板葺き	500	650	鉄板瓦棒葺き（200）＋小屋組（200）＋竿縁天井（100）	耐震診断法の参考資料*4
屋根*2	土塗り壁	1000	1300	土塗り壁（上塗りとも、厚6.5㎜）（850）＋軸組（150）	土塗り壁：耐震診断法の参考資料*4 軸組：令84条
	モルタル	890	1040	モルタル壁（640）＋軸組（150）＋石膏ボード（100）	モルタル壁、軸組：令84条 石膏ボード：耐震診断法の参考資料*4
	サイディング	600	710	サイディング（350）＋軸組（150）＋石膏ボード（100）	サイディング：耐震診断法の参考資料*4より試算 軸組：令84条 石膏ボード：耐震診断法の参考資料*4
	金属板張り	500	590	金属板張り（250）＋軸組（150）＋石膏ボード（100）	軸組：令84条 石膏ボード：耐震診断法の参考資料*4
	下目板張り	350	410	下目板張り（100）＋軸組（150）＋石膏ボード（100）	下目板張り＋軸組：令84条 石膏ボード：耐震診断法の参考資料*4
内壁*3	石膏ボード	350	200	石膏ボード（両面）（200）＋軸組（150）	軸組：令84条 石膏ボード：耐震診断法の参考資料*4
積雪荷重*1	多雪区域（垂直積雪量1m）	1050	1365	垂直積雪量1mの区域で平均的な積雪時（短期積雪荷重の0.35倍）積雪単位荷重30N／㎡／㎝	100㎝×30N／㎡／㎝×35％×1.3（軒の出・屋根勾配の考慮）
	多雪区域（垂直積雪量2m）	2100	2730	垂直積雪量2mの区域で平均的な積雪時（短期積雪荷重の0.35倍）積雪単位荷重30N／㎡／㎝	200㎝×30N／㎡／㎝×35％×1.3（軒の出・屋根勾配の考慮）
太陽光発電*1		200	260	屋根全面設置を想定	国土交通省によるヒアリング調査等より想定
断熱材	天井断熱材	100	100	（GW24K　400㎜程度）*3	国土交通省によるZEH150棟調査より想定
	壁断熱材	70	90*2	（GW24K　170㎜＋胴縁程度）*3	国土交通省によるZEH150棟調査より想定
開口部	トリプルガラス	400	50*2	トリプルガラス（250）＋サッシ枠（150）	開口部（外壁に対する開口の比率）9％程度 国土交通省によるZEH150棟調査より想定
床		610	610	天井竿縁（100）＋畳敷（340）＋床張り（170）	令84条

＊1　軒の出450～600㎜、屋根勾配5寸想定（×1.3）
＊2　開口率9％、壁高2.8m、外周6m×16.5m想定開口率は開口部面積／外壁面積
＊3　荷重から想定される仕様の例
＊4　木造住宅の耐震診断と補強方法（日本建築防災協会）

省エネ仕様の重くした荷重を考慮したスパン表を用いても、耐火木造の荷重増加分はその上に加算することになるので、断面を表7の要領によって加算する必要がある。

設計荷重を用いて部材を個別に計算する場合、小屋梁や床梁などの横架材については、曲げ耐力、たわみ、せん断耐力、接合金物の耐力などに対して確認しなければならない。曲げ耐力、たわみ量の計算に用いる断面二次モーメント、せん断耐力については、プレカット仕口による欠損に応じた低減、または実の有効形状を考慮する必要がある。また、たわみの計算と許容値については、部材の用途と部位によって異なるし、告示と日本建築学会などの規準書に提示された確認方法も違うので、注意する必要がある。

壁配置バランスのチェック

耐火木造は室内側全面に強化石膏ボード2重張りとなる。壁量計算には上張りが耐力の確実性などの懸念で無視され、下張りしか算入しない。しかし、2枚とも初期剛性があるので、建築物が確実に固くなる。これは不利なことではないが、バランスに悪影響がないか、従来のチェック方法で担保できるかについて、以下のように考えることができる。

①壁量に算入されない上張りの強化石膏ボードは室内側全面に張ってあるので、偏ったりせず、重心と剛心がほぼ一致する。したがって、バランスに悪影響が生じないと考えてよい。

②耐火木造は一般木造より壁量が多い。上張りの強化石膏ボードによる余力まで考えるとなおさらである。したがって、耐火木造は一般の木造よりもねじれ抵抗が大きく、バランスを保つことには有利である。

③床面と天井面にも強化石膏ボード2枚張りとなっているので、一般の木造より水平構面の剛性が強い。よって建築物が一体となり、バランスを保つには有利である。

まとめると、耐火木造は一般の木造よりも水平剛性と一体性が強く、偏心による影響が小さい。したがって、従来の4分割法または偏心率≦0.3をもってチェックすれば壁配置バランスが担保できる（4分割法の詳細については103頁の図6を参照）。ただし、4分割法を用いる場合には、準耐力壁な

木造建築物の火打ちの配置

表7 耐火木造（軸組工法）の部材断面

部位	荷重増の仕様	備考
小屋梁	梁せい≦300㎜以下の場合は梁せい+30㎜、梁せい≧330㎜の場合は梁せい+60㎜	一般の木造の荷重の1.2倍とする
床梁	梁せい≦240㎜以下の場合は梁せい+30㎜、梁せい≧270㎜の場合は梁せい+60㎜	一般の木造の荷重の1.25倍とする
天井野縁	認定は45×45㎜ @333㎜　一般の木造でせい40㎜ @455㎜の場合はせい60㎜ @303㎜としてよい	一般の木造の荷重の3倍とする
間仕切壁の受け梁	負担床幅に1mを加えて梁断面を決める	間仕切壁荷重はおよそ幅1m床の荷重に相当する
外周壁の受け梁	負担床幅に2mを加えて梁断面を決める	外周壁荷重はおよそ幅2m床の荷重に相当する
柱	支配面積が一般の木造の8割程度になるように柱を配置する。ただし、上階壁を支持する2階建ての1階柱は、間隔の上限を設けるように数を確保する必要がある	屋根荷重が1.2倍、床荷重が1.25倍、合計で1.24倍として考える

図6 4分割法※

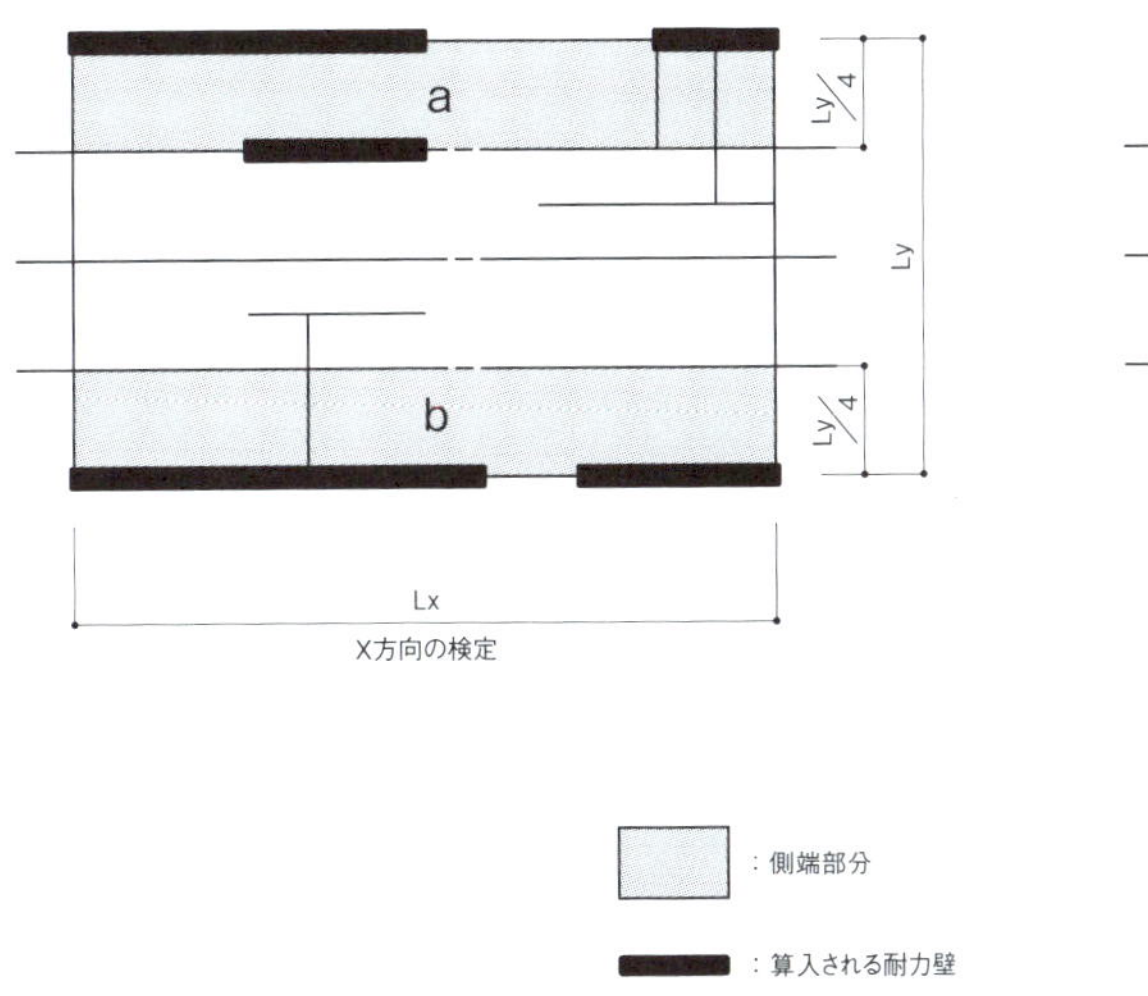

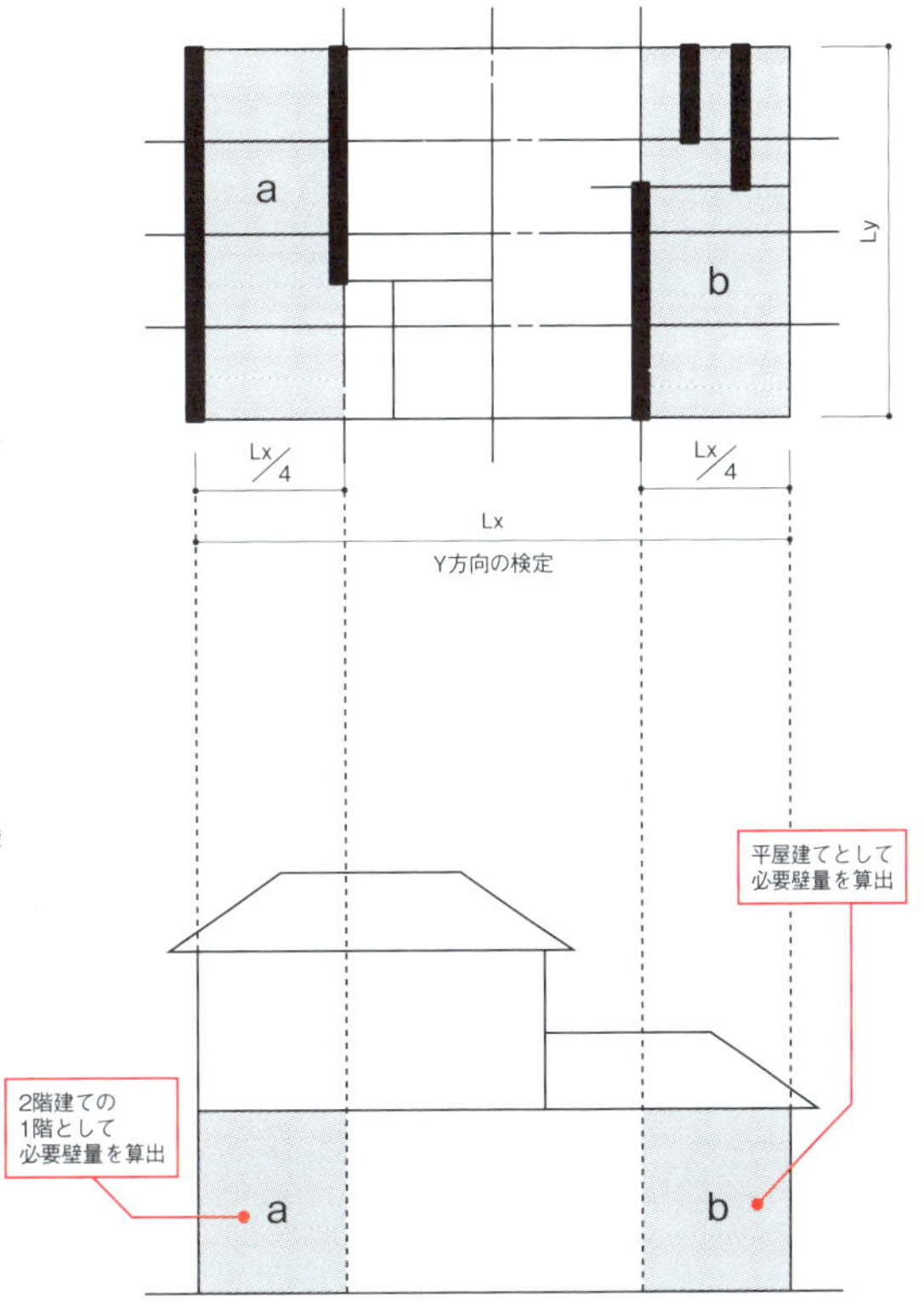

①各側端部分（aおよびb）の地震に対する壁量充足率を求める
②［aの壁量充足率＞1、かつ、bの壁量充足率＞1］
または、
$$[\text{壁率比}=\frac{\text{小さい方の壁量充足率}}{\text{大きい方の壁量充足率}}\geqq 0.5]$$
であることを確認する

● 4分割法による壁配置の検定方法

①各階、各方向ごとに、両端1／4部分（側端部分）それぞれについて、耐力壁の存在壁量（線上を含む）と、地震に対する必要壁量（側端部分の床面積×側端部分について99頁式1で計算した数値）を算出する（側端部分の階数については、建築物全体の階数ではなく、当該部分ごとに取り扱う）

②X方向およびY方向双方ごとに、両側端部分の壁量充足率がいずれも1を超えていること、または、壁率比（壁量充足率の小さい方を大きい方で除した値）が0.5以上であることを確認する

どを側端部分の存在壁量に算入しない。

また、建築物のバランスを保つには、建築基準法の要求通り火打ち材などを設置し、水平構面の剛性と耐力を確保することが不可欠である。

柱頭・柱脚の接合方法

耐火木造も一般の木造と同じように接合金物を用いて柱頭・柱脚を緊結しなければならない。接合金物はZマークまたは同等品を使い、柱頭と柱脚は同一仕様とする。接合金物の役目は柱の浮き上がり、または、はずれを防ぎ、耐力壁の剛性耐力を安定的に発揮させることにある。

一般の住宅について、耐力壁の種類によって柱頭・柱脚に必要な接合方法を平12建告1460号の表から直接引き当てることができる。しかし、耐火木造は耐力壁が強化石膏ボードか、強化石膏ボードと筋かいなどを組み合わせたものなので、同表から引き当てることはできず、N値計算［105頁］を行う必要がある。

図7はN値計算の詳細である。壁倍率が1.5以下の準耐力壁について、当該準耐力壁の倍率を0としてN値計算する。壁倍率差を計算する際、2枚目の強化石膏ボードの耐力を含めた壁倍率を用いることが望ましい。壁量には算入されなくても初期剛性とある程度の耐力を持ち、柱頭・柱脚に十分な引張耐力がないと、地震や暴風の早い段階で浮き上がってしまうおそれがあるからである。

※：「木造軸組工法住宅の許容応力度設計（2017年版）」（公財）日本住宅・木材技術センター、p.56

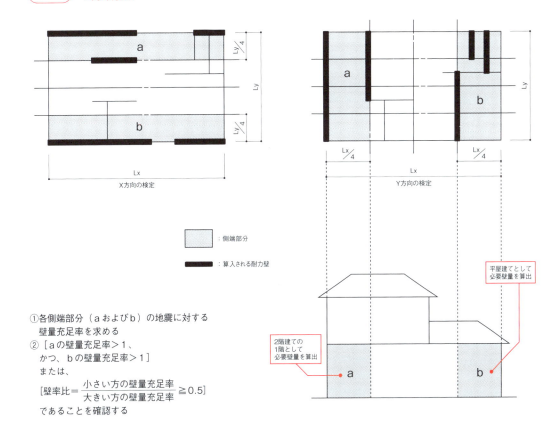

また、耐火木造の自重が重いので、本来鉛直荷重による押さえ効果係数は図7の提示よりも大きい値を使ってよいが、具体的な数値については根拠作りが必要になるので、余力として考えた方が無難である。

柱の小径

2022年建築基準法の改定には、省エネ仕様等の建築物における柱の小径に関する基準が追加されたが、耐火木造の場合はその以上の荷重になる可能性もあるので、建築物の実況荷重に応じて柱の負担軸力を計算し、算定式による安全性を確認することを勧める。

算定式は、「長期優良住宅に係る認定基準 技術解説書」(令和4年10月1日版)によるものである。

式2は「土台等へのめり込み防止」を確認する方法で、式にある基準強度Fcvと、柱の接触面積についてもよく使われるサイズが示されている。柱の接触面積は、ほぞの欠損(30㎜×90㎜)を考慮したものである。

式3は、「柱の座屈防止」を確認する方法である。柱の長期負担軸力または、長期積雪時の負担軸力に対して算定する。柱によく使われる樹種の圧縮基準強度を添付した。ただし、耐火木造の柱は厚い石膏ボードに取り込まれるので、定量な根拠があれば、座屈防止に有利だと考えてもよい。

式2 土台等へのめり込み防止確認

$$Nd \leq \frac{1.5}{3} Fcv \cdot Ae$$

Nd：柱の負担軸力［N］、*Fcv*：横架材・土台のめり込み基準強度［N／㎟］、*Ae*：柱の接触面積［㎟］

材種	Fcv［N／㎟］
ツガ、ベイツガ、モミ、エゾマツ、トドマツ、ベニマツ、スギ、ベイスギ、スプルース	6
カラマツ、ヒバ、ヒノキ、ベイヒ	7.8
アカマツ、クロマツ、ベイマツ	9

接触面積の外形	105角	105×135	105×165	120角
接触面積Ae［㎟］	8,325	11,475	14,625	11,700

式3 柱の座屈防止確認

$$\begin{cases} {}_{L}Nd \leq \frac{1.1}{3} \eta \cdot Fc \cdot Ace \\ {}_{LS}Nd \leq \frac{1.43}{3} \eta \cdot Fc \cdot Ace \end{cases}$$

$_{L}Nd$：柱の長期負担軸力［N］
$_{LS}Nd$：柱の長期積雪時の負担軸力［N］
η：座屈低減係数（105角…0.410、120角…0.522）
Fc：柱の圧縮の基準強度［N／㎟］
Ace：柱の軸部の断面積［㎟］

材種	Fc［N／㎟］
モミ、エゾマツ、トドマツ、ベニマツ、スギ、ベイスギ、スプルース	17.7
カラマツ、ヒバ、ヒノキ、ベイヒ、ベイヒバ	20.7
アカマツ、クロマツ、ベイマツ	22.2

図7 N値計算 平12建告1460号第2号のただし書きから接合金物を求める方法

★N値とは・・・
ここでいうN値とは、柱に生じる軸方向力（引抜力）を接合部倍率として表したもので、引抜力を1.96kN/m（倍率1.0、長さ1.0mの耐力壁の基準耐力）×2.7m（標準壁高さ）で除した数値のことを言う

$$N値 = \frac{引抜力(kN)}{1.96kN/m \times 2.7m}$$

1.96kN/m：倍率1.0、長さ1.0mの耐力壁の基準耐力　2.7m：標準壁高さ

●N値計算の方法

① 平屋または最上階の柱

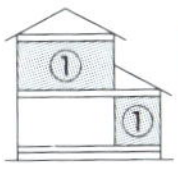

N（N値）＝ A1［当該柱の左右の壁倍率差＋補正値］× B1［周辺部材の押さえ効果係数］－ L［鉛直荷重による押さえ効果係数］

B1：出隅の場合＝0.8　その他＝0.5
L：出隅の場合＝0.4　その他＝0.6

② 2階建ての1階部分の柱

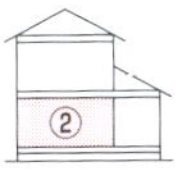

N（N値）＝ A1［当該柱の左右の壁倍率差＋補正値］× B1［周辺部材の押さえ効果係数］＋ A2［当該柱の上の柱の左右壁倍率差＋補正値］× B2［2階の周辺部材の押さえ効果係数］－ L［鉛直荷重による押さえ効果係数］

B1：出隅の場合＝0.8　その他＝0.5
B2：出隅の場合＝0.8　その他＝0.5
L：出隅の場合＝1.0　その他＝1.6

筋かいが片方から取り付く柱　補正値1

筋かいの取り付く位置＼筋かいの種類	図1	図2	図3
	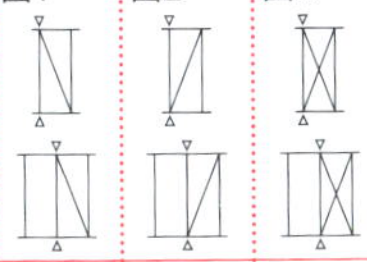		
30×90	0.5	−0.5	0.0
45×90	0.5	−0.5	0.0
90×90	2.0	−2.0	0.0

両側が片筋かいの柱　補正値2

他方が筋かい（mm）＼一方が筋かい（mm）	図4 30×90	図4 45×90	図4 90×90	図5
	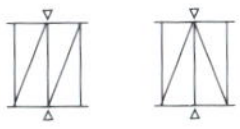			
30×90	1.0	1.0	2.5	0.0
45×90	1.0	1.0	2.5	0.0
90×90	2.5	2.5	4.0	0.0

一方が片筋かい、他方がたすき筋かいの柱　補正値3

他方がたすき筋かい（mm）＼一方が片筋かい（mm）	図6 30×90	図6 45×90	図6 90×90	図7
				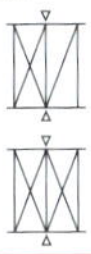
30×90	0.5	0.5	2.0	0.0
45×90	0.5	0.5	2.0	0.0
90×90	0.5	0.5	2.0	0.0

●必要な接合方法

告示記号	N値	必要耐力（kN）	継手・仕口の仕様	接合部
（い）	0.0以下	0.0kN	短ほぞ差しまたはかすがい打ち	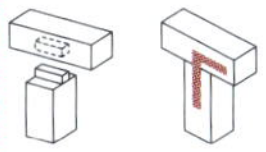 短ほぞ差し　かど金物CP・L
（ろ）	0.65以下	3.4kN	長ほぞ差し込み栓またはかど金物CP・L	
（は）	1.0以下	5.1kN	かど金物CP・T	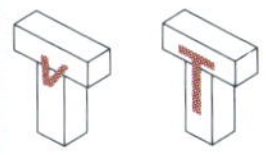 山形プレート　かど金物CP・T
			山形プレートVP	
（に）	1.4以下	7.5kN	羽子板ボルトまたは短ざく金物（スクリュー釘なし）	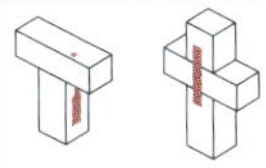 羽子板ボルト　短ざく金物
（ほ）	1.6以下	8.5kN	羽子板ボルトまたは短ざく金物（スクリュー釘あり）	

告示記号	N値	必要耐力（kN）	継手・仕口の仕様	接合部
（へ）	1.8以下	10.0kN	ホールダウンHD-B10（S-HD10）	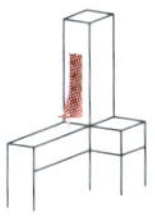 ホールダウン金物
（と）	2.8以下	15.0kN	ホールダウンHD-B15（S-HD15）	
（ち）	3.7以下	20.0kN	ホールダウンHD-B20（S-HD20）	
（り）	4.7以下	25.0kN	ホールダウンHD-B25（S-HD25）	
（ぬ）	5.6以下	30.0kN	ホールダウンHD-B15（S-HD15）×2個	

（注）継手・仕口の仕様から「または同等以上」を省略しています

アンカーボルト

耐火木造は一般の木造と同じようにアンカーボルトで土台を基礎に緊結する。アンカーボルトの役目は土台の浮き上りを拘束することと、水平せん断力を基礎に伝達することである。したがって、せん断力の大きさによって必要な数が変わる。

一般の2階建て木造にはアンカーボルトは以下の要領で取り付けられる。

①耐力壁（筋かいや面材耐力壁）の両端の柱脚の近接位置。ただし、ホールダウンの専用アンカーボルトが設けられる場合は省略できる。

②土台切れの箇所、土台の継手および仕口の上木端部。

③その他は、3P（2・73m）間隔以内の位置。

耐火木造は自重の増加によって地震力も大きくなるので、一般の木造よりも多くのアンカーボルトが必要となる。木住協マニュアルによると、一般地域では、一般の木造の1.8倍程度、積雪1mの地域では一般の木造の1.5倍程度のアンカーボルトを配置するべきである。ただしホールダウンの数も含めてよい。具体的にはアンカーボルトの間隔を密にして均等に配置した方がよい。

基礎

仕様規定による安全性確認の場合の基礎仕様は112・113頁で詳細を述べる。

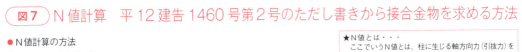

2×4工法の仕様規定による安全性確認

適用条件

表3は2024年6月に改正された「平13国交告1540号」(以下「新1540号」と略す)に基づいて作成したものであり、2×4工法が遵守すべき例示仕様および必要な構造計算である。

仕様規定のみで安全性が確認できるのは、この改正により、2階建て以下、延べ面積300㎡以下、高さ16m以下の範囲とされている。

仕様規定の項目

2×4工法が遵守すべき仕様は「新1540号」の第1から第8までに例示されている。改正された内容などについて、「表3」の該当項目を確認していただきたい。

耐火木造(2×4工法)は、耐火被覆材として用いられる床、壁、天井の強化石膏ボードや外壁のALCなどにより、一般の2×4工法に比べて固定荷重が重くなっている。これによってまず、一般の基礎仕様では重くなった建築物を支えきれなくなる。

次に自重が重くなると地震荷重も大きくなるので、この増加分を考慮して壁量を確保しなければならない。

また、壁の室内側の全面に耐火被覆として石膏ボードを2重張りしているため、建築物全体が固くなり、余力も増えるので有利になるはずだが、バランス的に不利な影響がないかの説明を求められる可能性がある。

これらのことを考慮して、2×4工法の耐火木造が例示仕様による安全性確認に必要な対応を表2にまとめた。具体的に以下のように解説し、参考に資する。

表1 耐火木造(2×4工法)の重量※1

●建物重量の比較(一般地)

建物	屋根仕上げ	階	建物重量		重量比
			告示基準	耐火建築物	
平屋建て	軽い屋根	—	1,080	1,908	1.77
	重い屋根	—	1,470	2,350	1.60
2階建て	軽い屋根	2	1,080	1,908	1.77
		1	2,780	5,548	2.00
	重い屋根	2	1,470	2,350	1.60
		1	3,170	5,990	1.89

●建物重量の比較(多雪区域　垂直積雪量100㎝)

建物	階	建物重量						重量比
		告示基準			耐火建築物			
		建物重量	積雪重量	合計重量	建物重量	積雪重量	合計重量	
平屋建て	—	1,080	1,365	2,445	1,908	1,365	3,273	1.34
2階建て	2	1,080		2,445	1,908		3,273	1.34
	1	2,780		4,145	5,548		6,913	1.67

積雪重量＝100×30×0.35×1.3＝1,365N/㎡

●建物重量の比較(多雪区域　垂直積雪量200㎝)

建物	階	建物重量						重量比
		告示基準			耐火建築物			
		建物重量	積雪重量	合計重量	建物重量	積雪重量	合計重量	
平屋建て	—	1,080	2,730	3,810	1,908	2,730	4,638	1.22
2階建て	2	1,080		3,810	1,908		4,638	1.22
	1	2,780		5,510	5,548		8,278	1.50

積雪重量＝200×30×0.35×1.3＝2,730N/㎡

表2 耐火木造(2×4工法)における仕様規定への対応

	2×4工法の仕様規定の項目	耐火木造(2×4工法)の対応
第1	階数	同左
第2	材料	同左
第3	土台	同左
第4	床版	認定の仕様による
第5	壁等	必要壁量を計算
第6	根太などの横架材	同左
第7	小屋組等	認定の仕様による
第8	防腐措置等	同左
その他	基礎	接地圧の確認(112・113頁)

※1:「2018年　枠組壁工法建築物構造計算指針」(一社)日本ツーバイフォー建築協会、p.375

表３ 2×4工法が遵守すべき仕様規定および必要な構造計算（平13国交告1540号）

構造計算方法 ＼ 建物概要（＊１） ＼ 遵守すべき例示仕様 必要な構造計算				仕様規定 告示第１～第８をすべて満たすもの						一部仕様規定 第11第3号	第11第2号	第11第1号	性能規定 第14（第9）	限界耐力計算
				２階建て以下かつ300㎡以下	３階建てまたは300㎡超	木造３階建て共同住宅	構造計算適合性判定対象（高さ16m超）（ルート2）	構造計算適合性判定対象（高さ16m超）（ルート3）	混構造（＊２）	部位の仕様が例示仕様からはずれる建築物	空間・開口のサイズが例示仕様からはずれる建築物	ルート2	建物形態に制限なし	建物形態に制限なし
例示仕様	第１	階数		２階建てまで	３階建てまで	３階建てまで	３階建てまで	３階建てまで	３階建てまで	３階建てまで	３階建てまで	地階を除く階数が6以下	制限なし	制限なし
	第２	材料		○	○	○	○	○	○	○	○	○＊6	○	—
	第３	土台	2 アンカーボルトの仕様	○	○	○	○	○	○	—	—	—	—	—
	第４	床板	2 床根太支点間距離8m	○	○	○	○	○	○	○	—	—	—	—
			3 床根太間隔65㎝	○	○	○	○	○	○	—	—	—	—	—
			7 釘打ち仕様	○	○	○	○	○	○	—	—	—	—	—
	第５	壁等	4 壁量計算	○	○（＊３）	○（＊３）	○（＊３）	○（＊３）	○（＊３）	—	—	—	—	—
			5 耐力壁線区画60（72）㎡	○	○	○	○	○	○	○	—	—	—	—
			8 たて枠材の仕様	○	○	○	○	○	○	—	—	—	—	—
			10 頭つなぎの設置	○	○	○	○	○	○	—	—	—	—	—
			11 開口幅4m開口比3/4	○	○	○	○	○	○	○	—	—	—	—
			14 釘打ちの仕様	○	○	○	○	○	○	—	—	—	—	—
	第６	根太等の横架材		○	○	○	○	○	○	○	○	○	—	—
	第７	小屋組等	9 釘打ちの仕様	○	○	○	○	○	○	—	—	—	—	—
		第３～第７の上記以外		○	○	○	○	○	○	○	○	○	—	—
	第８	防腐措置等		○	○	○	○	○	○	○	○	○	○	○
構造計算	許容応力度計算（接合部、屋根葺き材を含む）			—	○	○	○	○	＊５	○	○	○	○	—
	剛性率の確認			—	—	—	○	—	＊２	＊7	＊7	○	—	—
	偏心率の確認			—	—	—	○	—	＊２	—	○	○	—	—
	風圧力による層間変形角の確認			—	—	—	—	—	—	—	—	—	○	—
	地震力による層間変形角の確認			—	—	○	○	○	＊２	—	—	○	○	—
	保有水平耐力の計算			—	—	—	—	○	—	—	—	—	○	—
	その他			—	—	架構のじん性	＊４	○	＊２ ＊５	—	—	許容応力度計算（応力割増）	—	限界耐力計算

＊１：建物概要が重複する場合には、双方に要求される構造計算をすべて行わなければならない
＊２：平19国交告593号に混構造の場合の規定がある。併用される構造（S造、RC造等）により、必要とされる構造計算等が異なる
＊３：第11第３号が適用される場合には、壁量計算は不要である。第11第３号を適用しても、必要とされる構造計算は実質的に変わらない
＊４：昭55建告1791号（平19国交告595号にて改正）第１に定める構造計算。塔状比の規定が新たに追加されている
＊５：混構造のルートにより屋根葺き材の検討、塔状比の検討が必要となる場合がある
＊６：一部材料のみ対応　　＊７：3階建て、13m超16m以下の場合は必要

図1　アンカーボルト位置図※3

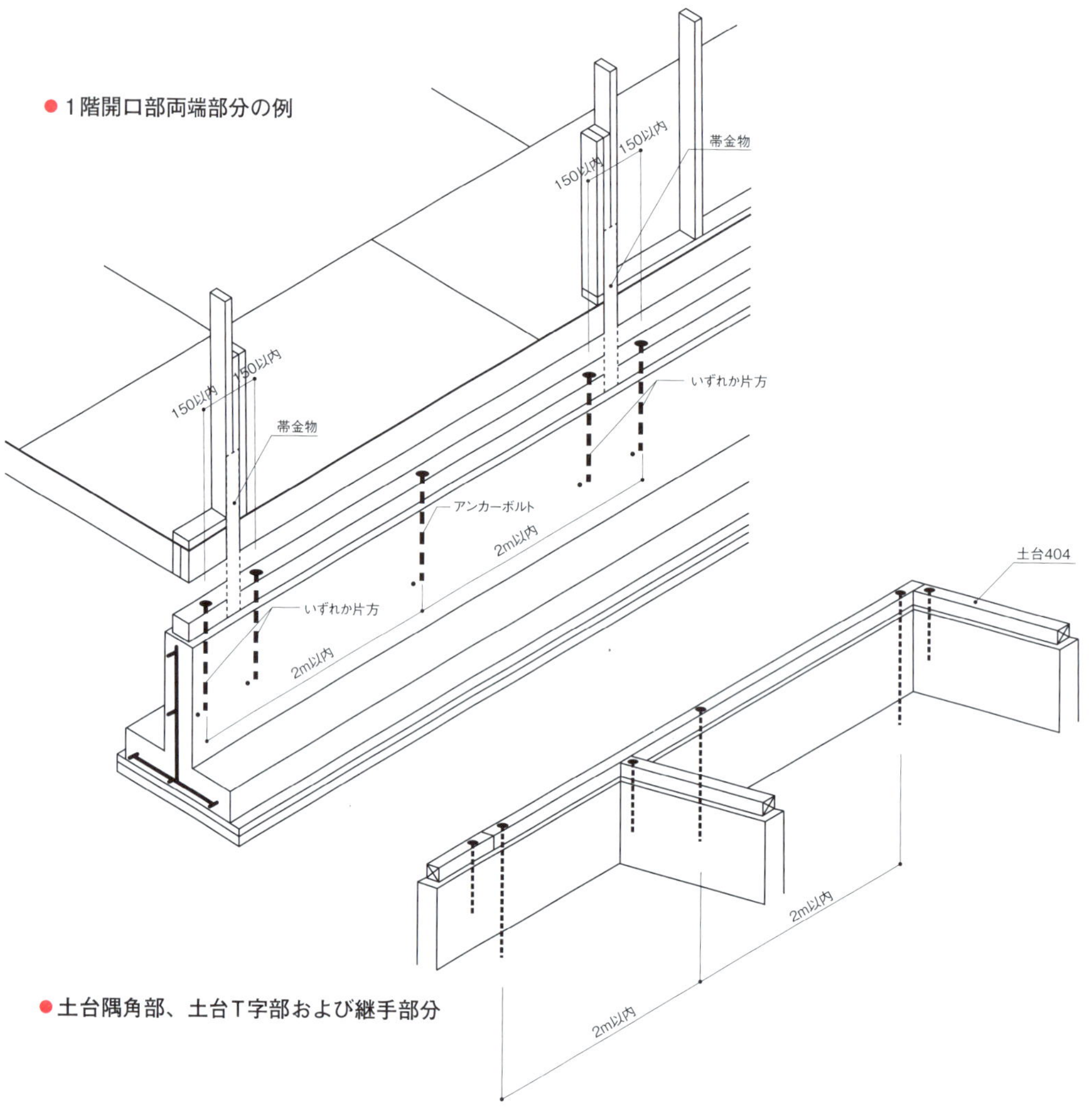

土台アイソメ図［S＝1：60］
●1階開口部両端部分の例

●土台隅角部、土台T字部および継手部分

荷重の増加

（一社）日本ツーバイフォー建築協会が発行した「2018年　枠組壁工法建築物　構造計算指針」では耐火2×4工法と一般の2×4工法との重量比較が行われている。平屋建て、2階建てごとおよび一般区域、多雪区域ごとの比較結果を106頁表1に示す。

荷重増加は耐火被覆材としての強化石膏ボードによるものである。天井面や内壁面は2重張りの仕様となり、総厚さは一般の住宅より天井が2倍、内壁面が3倍以上になる。また、一般の住宅には石膏ボードを張らない床面にも強化石膏ボード2重張りが必要になっている。さらに、強化石膏ボードの密度は0・75t／㎥であり、普通の石膏ボードの0・65t／㎥よりも重くなる。そのほか、階段にも耐火被覆が必要になる。全体的に一般地の2階建ての1階において最大で2倍程度の荷重になる。

「新1540号」には、個々の建築物の荷重の実態により必要な壁量を算出する方法が提示されたが、構造計画段階でこの比較結果を参考して行えば壁量を確保しやすい。

土台

土台の寸法および設置は一般の2×4工法と同じように告示の例示仕様［図1］を守ればよい。

※3：「2018年　枠組壁工法建築物設計の手引」（一社）日本ツーバイフォー建築協会、p.26より作成

表4 耐火構造（床）の認定仕様※4

床組	床根太	枠組壁工法構造用製材 寸法型式210 （38㎜×235㎜）以上 間隔455㎜以下
床組	床下地材用受材	枠組壁工法構造用製材 寸法型式204 （38㎜×89㎜）以上 間隔910㎜以下
床組	天井根太	枠組壁工法構造用製材 寸法型式204 （38㎜×89㎜）以上 間隔227.5㎜以下
床上側	床下地材	構造用合板 厚さ12㎜以上 留付方法：CN釘 CN50以上 外周部100㎜以下、中央部150㎜以下の間隔で床根太または床下地材用受材に留めつける
床上側	床下張材	強化石膏ボード 厚さ21㎜以上
床上側	アルミニウム箔	アルミニウム箔 厚さ0.05㎜以上 幅100㎜以上
床上側	床上張材	強化石膏ボード 厚さ15㎜以上
天井側	天井下張材	強化石膏ボード 厚さ21㎜以上
天井側	天井上張材	強化石膏ボード 厚さ15㎜以上

表5 床の構造計算用荷重

部位	項目	荷重（N/㎡）
床	床仕上材（畳、フローリング）	180
床	強化石膏ボード 厚15㎜	150
床	強化石膏ボード 厚21㎜	200
床	床下地（構造用合板）厚15㎜	100
床	床根太（210材@455㎜）	120
床	固定荷重	750
床	床計算用積載荷重	1800
床	設計用荷重	2550
天井	ロックウール 厚50㎜	20
天井	天井根太（204@227.5㎜）	50
天井	強化石膏ボード 厚15㎜	150
天井	強化石膏ボード 厚21㎜	200
天井	固定荷重	420

アンカーボルトの数については、本来固定荷重の増加によって増やすべきであるが、告示の仕様は多雪区域の3階建てまで同一なので、ここで述べる2階建てまでの耐火木造には不足がないと考えても良い。つまり、告示の第3第2号イにしたがって、アンカーボルトは、その間隔を2m以下とし、かつ、隅角部および土台の継手の部分に配置する。ただし、アンカーボルトの許容せん断力を用いて、増加の必要性を検討するのはなおさら良い。

床版

2×4工法による耐火木造について、大臣認定の床版（最下階以外）仕様は例示仕様より厳しく、かつ適用条件として「床の各辺の長さについて構造計算等により構造安全性が確認できる大きさとする」と定められているので、注意しなければならない。

耐火構造（床）の大臣認定仕様は表4に示すとおりである。まず、床根太の下限は寸法型式210になっており、206、208が使用できない。床根太の間隔も告示の例示仕様650㎜以下より密な455㎜以下となっている。次に、床下地材については構造用合板のみとなっており、告示の例示仕様のパーティクルボードやMDFなどが使用できない。また、留め付け釘の間隔も告示の例示仕様より外周部、中央部ともに50㎜小さ

※4：「枠組壁工法耐火建築物設計・施工の手引」（一社）日本ツーバイフォー建築協会、p.18

表6 耐力壁の種類と壁倍率（たて枠間隔50㎝以下、片面張り当たり）

耐力壁の種類	厚さ	釘の種類	釘の間隔	壁倍率
ラスシート	角波亜鉛鉄：0.4㎜以上 メタルラス：0.6㎜以上	CN50	外周部@100㎜以下、中間部@200㎜以下	1
石膏ボード	12㎜以上	GNF50		
シージングボード		SN40		
強化石膏ボード		GNF40		1.3
構造用石膏ボードB種				1.5
構造用石膏ボードA種				1.7
パルプセメント板	8㎜以上			2
フレキシブル板	6㎜以上		外周部@150㎜以下、中間部@300㎜以下	
ハードボード	5㎜以上	CN50	外周部@100㎜以下、中間部@200㎜以下	2.5
構造用合板二級	7.5㎜以上			
構造用パネル	―			3
パーティクルボード	12㎜以上			
ハードボード	7㎜以上			
構造用合板一級	7.5㎜以上			
構造用合板二級	9㎜以上			
構造用パネル	12㎜以上	CN65		3.6
構造用合板一級、二級				
構造用パネル	9㎜以上	CN50	外周部@50㎜以下、中間部@200㎜以下	3.7
構造用合板一級、二級				
構造用合板一級、二級	12㎜以上	CN65	外周部@75㎜以下、中間部@200㎜以下	4.5
構造用パーティクルボード、構造用MDF	―	CN50	外周部@50㎜以下、中間部@200㎜以下	4.8
構造用パネル	12㎜以上	CN65		
構造用合板一級、二級	12㎜以上			

くなっている。

さらに床根太のほかに天井根太を別途に設ける必要があり、間隔は床根太の半分の227・5㎜以下である。床面と同じく、天井も強化石膏ボード2重張りとなる。これはその荷重を受けることと火災時天井の落下防止のためである。

この仕様で床の各辺を決める構造計算には表5の荷重を用いてよい。

壁等

2×4工法に用いられる耐力壁の種類と壁倍率は「新1540号」に定められている。耐火木造もこれに準じるが、たて枠間隔が50㎝を超えることがないので、実際に使用するたて枠間隔50㎝以下の主な仕様を表6にまとめた。

屋内側全面に耐火被覆材として15㎜以上の強化石膏ボードを2重に張っている[図2]。下張りの石膏ボードに関しては、上下枠に届くなら壁倍率＝1.3として壁量に算入してよい。上張りの強化石膏ボードは骨組から離れ、かつ横架材や受材に届かないため算入してはならない。ただし百パーセントでなくても、その分の余力があると考えても良い。また、同じ位置にある複数の耐力要素の壁倍率は足し合わせることができる。なお例示仕様による安全性確認の場合は上限7倍までである。

さらに2022年改正より、耐力壁としての条件は満たしていないが、ある程度の壁量として期待できるものとして準耐力壁というものが加えられた。具体的に、別途確認していただきたい。

「新1540号」には、耐火構造に必要な壁量の例示がないが、個々の建築物の荷重の実態に応じてより精緻に必要な壁量を算出する方法が提示されている。この方法を用いて、耐火構造の荷重を考慮して必要な壁量を算出する。表7には耐火構造の固定荷重例を示している。必要な壁量の計算は軸組工法と同じなので、99頁式1を参照してよい。

風圧力に対する必要な壁量は、軸組工法の場合と、普通の2×4工法の場合と同じなので、99頁図5に従えばよい。

小屋組等

耐火木造（2×4工法）大臣認定の屋根仕様は告示の例示仕様より厳しく、かつ適用条件として「屋根の各辺の長さについて構造計算等により構造安全性が確認できる大きさとする」と定められているので、注意しなければならない。

耐火屋根の大臣認定仕様は表8に示されている。まず、垂木サイズの下限と間隔の上限とも告

表7 耐火構造の固定荷重の例※1

区分	材料	荷重	合計
軽い屋根	化粧屋根用スレート	260N/㎡	420N/㎡
	屋根下地（構造用合板 厚9㎜）	60N/㎡	
	垂木（206材@455）	100N/㎡	
重い屋根	瓦（葺き土なし）	600N/㎡	760N/㎡
	屋根下地（構造用合板 厚9）	60N/㎡	
	垂木（206材@455）	100N/㎡	
天 井	ロックウール 厚50	20N/㎡	340N/㎡
	ボード用天井根太（204材@455）	50N/㎡	
	強化石膏ボード 厚15	150N/㎡	
	強化石膏ボード 厚12.5	120N/㎡	
床	床仕上げ材（畳・フローリング）	180N/㎡	1,200N/㎡
	強化石膏ボード 厚15	150N/㎡	
	強化石膏ボード 厚21	200N/㎡	
	床下地（構造用合板 厚15）	100N/㎡	
	床根太（210材@455）	120N/㎡	
	天井根太（204材@227.5）	100N/㎡	
	強化石膏ボード 厚21	200N/㎡	
	強化石膏ボード 厚15	150N/㎡	
外壁（高さ2.7m）	窯業系サイディング 厚15	170N/㎡	940N/㎡
	ALCパネル 厚35	230N/㎡	
	外壁下地（構造用合板 厚9）	60N/㎡	
	枠組（206材@455）	100N/㎡	
	ロックウール 厚90	30N/㎡	
	強化石膏ボード 厚15	150N/㎡	
	強化石膏ボード 厚21	200N/㎡	
内壁（2.45m）	枠組（206材@455）	100N/㎡	830N/㎡
	ロックウール 厚90	30N/㎡	
	強化石膏ボード 厚15×2	300N/㎡	
	強化石膏ボード 厚21×2	400N/㎡	

図2 壁量に算入できる強化石膏ボード

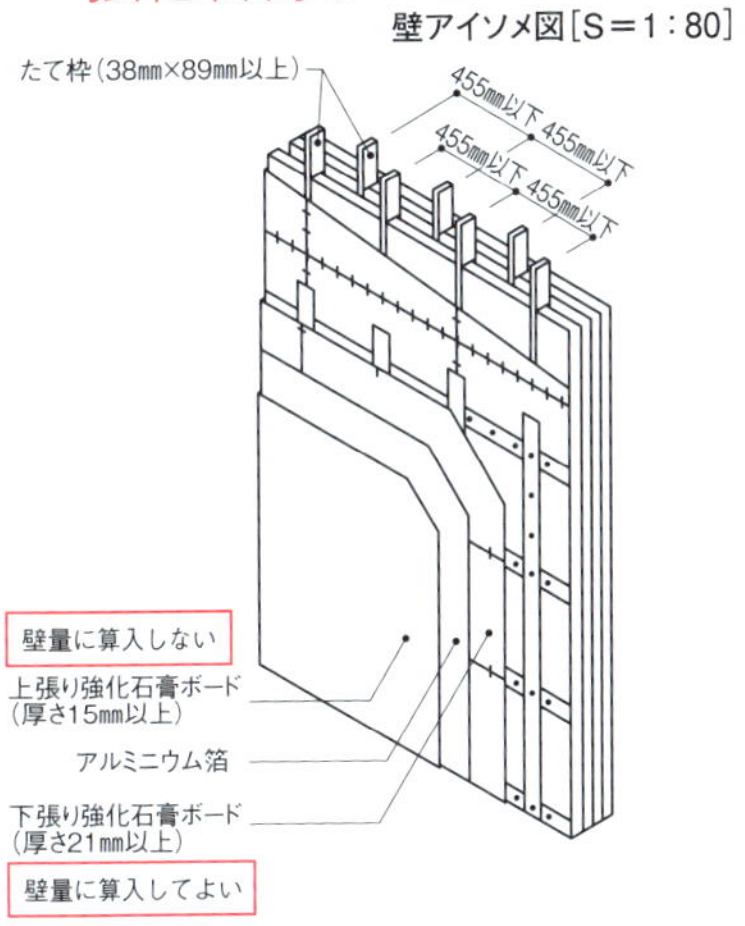

表8 耐火木造（2×4工法）の屋根の仕様

部位	部材	仕様
小屋内部（天井裏面空間高さ190㎜以上）	垂木	枠組壁工法構造用製材、寸法型式206（38㎜×140㎜）以上、間隔455㎜以下
	屋根下地材用受材	枠組壁工法構造用製材、寸法型式204（38㎜×89㎜）以上、間隔910㎜以下
	天井根太	枠組壁工法構造用製材、寸法型式204（38㎜×89㎜）以上、間隔455㎜以下
屋根上面側	屋根下地材	構造用合板 厚さ9㎜以上 留付方法：CN釘 CN50以上 外周部150㎜以下、中央部200㎜以下の間隔で垂木または屋根下地材用受材に留めつける
	ルーフィング	アスファルトルーフィングフェルト
	屋根葺き材	不燃材料（ただし、76kg/㎡以下）
天井側	天井下張材	強化石膏ボード 厚さ15㎜以上
	天井上張材	強化石膏ボード 厚さ12.5㎜以上

示の例示仕様よりは厳しい。屋根下地材は構造用合板に限られ、パーティクルボードや構造用パネルは仕様に入っていない。天井には別途天井根太を設け、耐火被覆材としての強化石膏ボードを2重張りとする。

防腐措置

耐火木造（2×4工法）には一般の2×4工法建築物と同じような防腐措置を講じなければならない。具体的に以下のような項目がある。

一、土台の基礎のコンクリートと接する面などに防水紙を使用する。

二、土台には防腐処理を施した材を使用する。

三、地面から1m以内の構造耐力上主要な部分（床根太および床材を除く）には、防腐と防蟻措置を施した材を使用する。

四、直接土に接する部分および地面から30cm以内の外周の部分には、RC造、S造、その他防腐、防蟻に有効な措置を講じる。

五、腐食および常時湿潤状態となるおそれのある部分の金物にはさび止めの措置を講じる。

六、薄板軽量形鋼を用いる場合にあたっては、さび止めおよび摩損防止の措置を講じる。

基礎

例示仕様による安全性確認の場合の基礎仕様は112・113頁で詳しく述べる。

仕様規定による基礎の安全性確認

表　地耐力に応じた基礎構造

地耐力（地盤の長期許容応力度：kN／㎡）	杭基礎	べた基礎	布基礎
地耐力＜20	○	×	×
20≦地耐力＜30	○	○	×
30≦地耐力	○	○	○

べた基礎の施工例

軸組工法か2×4工法かに問わず、仕様規定による安全性確認の場合、基礎は平12建告1347号に従った基礎の仕様［図1］とする。耐火木造の場合、耐火被覆材により一般の木造建築物より重くなるので、安全性確保のために基礎仕様を割増する必要がある。

基礎の告示によれば、地盤の長期許容応力度に応じて杭基礎、べた基礎、布基礎を採用することができる［表］。

長期許容応力度が20kN／㎡未満の地盤には杭基礎を採用しなければならない。杭基礎を採用する場合は杭の数や配置などを構造計算により決める。確認申請の際、上部構造が仕様規定に適用しても、一般的には杭基礎の構造計算書の提出が求められる。

長期許容応力度が20kN／㎡以上の地盤にはべた基礎、30kN／㎡以上の地盤には布基礎を採用することができる。

今まで、仕様規定に適合する一般な木造住宅には、べた基礎または、告示に示された底盤幅の布基礎を採用すれば支持力が足りるが、省エネ仕様による重量化または、耐火仕様などにより足りなくなる可能性がある。布基礎底盤幅を増やすか、地盤改良などでより大きな地耐力を求めることが必要になる。また、不同沈下の対策としても地盤改良が多く採用されている。

地盤改良には以下のような工法がよく採用されている［図2］。

①表層地盤改良（浅層混合処理）工法

軟弱な層が地表面付近にあり、支持力が不足している場合に、基礎直下から1～2mの厚さで平面状にセメント系の固化材で地盤改良する工法である。改良部の強度は土質に応じて固化材の配合量で調整する。

②柱状地盤改良（深層混合処理）工法

軟弱な層が厚い場合に、杭状に地盤を改良する工法である。一般的には、セメント系の固化材をスラリー状にして地盤中の土と混合撹拌することで地盤中に築造する。改良体の直径は60㎝程度で、改良体の底部の支持力と改良体の周辺摩擦力によって支持力を確保する。

③小口径鋼管杭工法

軟弱な層が厚い場合、軟弱な層の厚さに差がある場合や支持地盤が傾斜している場合に、支持地盤まで、小口径の鋼管を打設する工法である。

基礎接地圧の確認

基礎接地圧は、基礎や埋め戻し土などを含めた

図1 基礎の仕様

●べた基礎の断面と配筋の仕様規定

べた基礎断面図［S＝1：20］

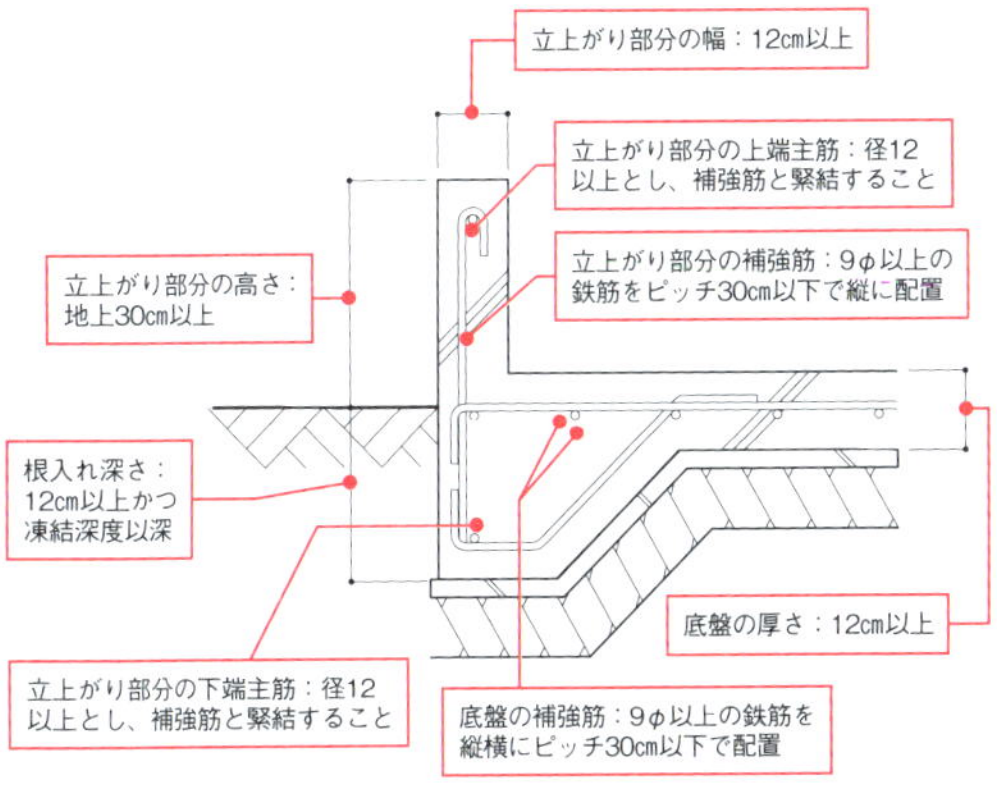

●布基礎の断面と配筋の仕様規定

布基礎断面図［S＝1：20］

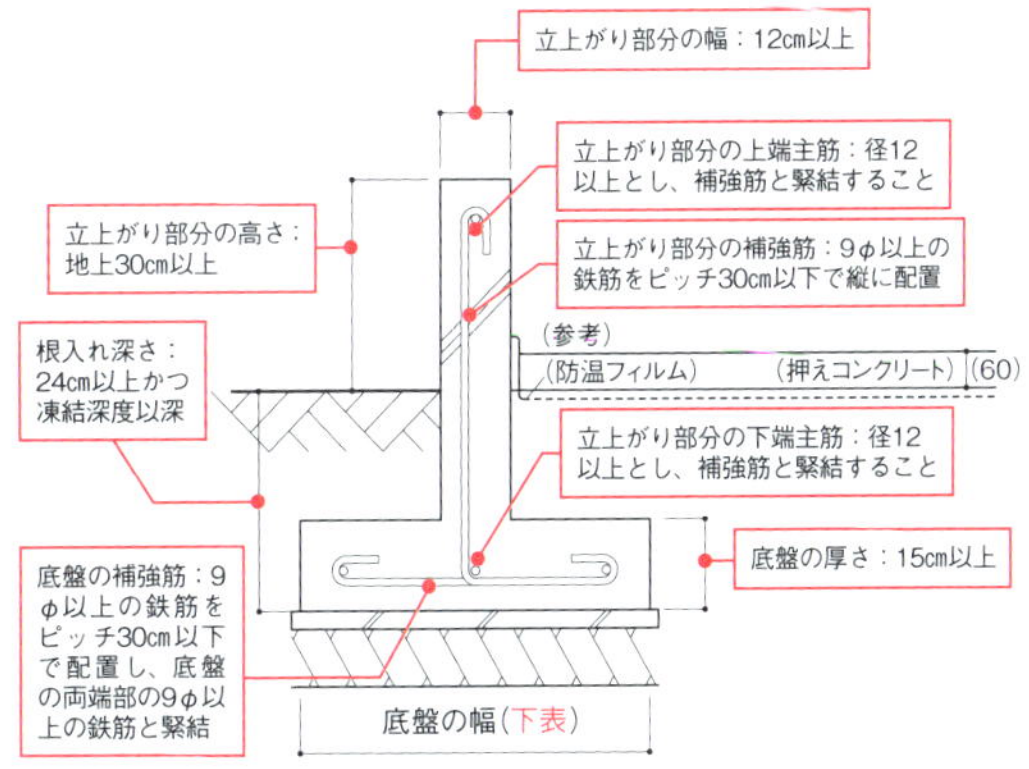

（注）耐火構造の場合でも仕様は一般の木造と同様（多雪区域・住宅以外の用途の場合を除く）

●布基礎底盤の幅

一般の仕様

地盤の長期許容応力度q_a(kN/㎡) ＼ 底盤の幅	木造またはS造その他これに類する重量の小さな建築物		その他の建築物
	平屋建て	2階建て	
$30 \leqq q_a < 50$	30cm	45cm	60cm
$50 \leqq q_a < 70$	24cm	36cm	45cm
$70 \leqq q_a$	18cm	24cm	30cm

図2 地盤改良工法

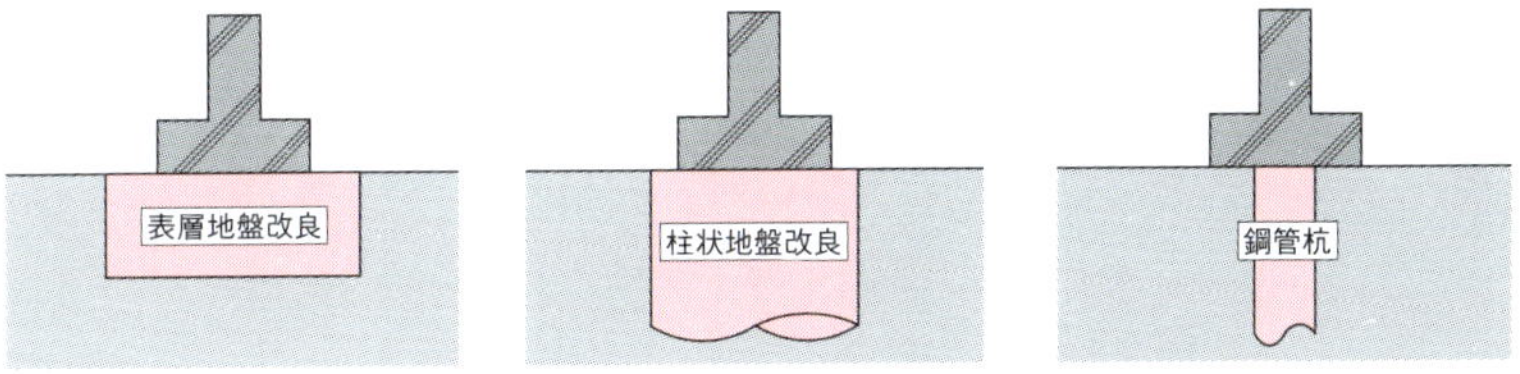

図3 平面的なブロック分け

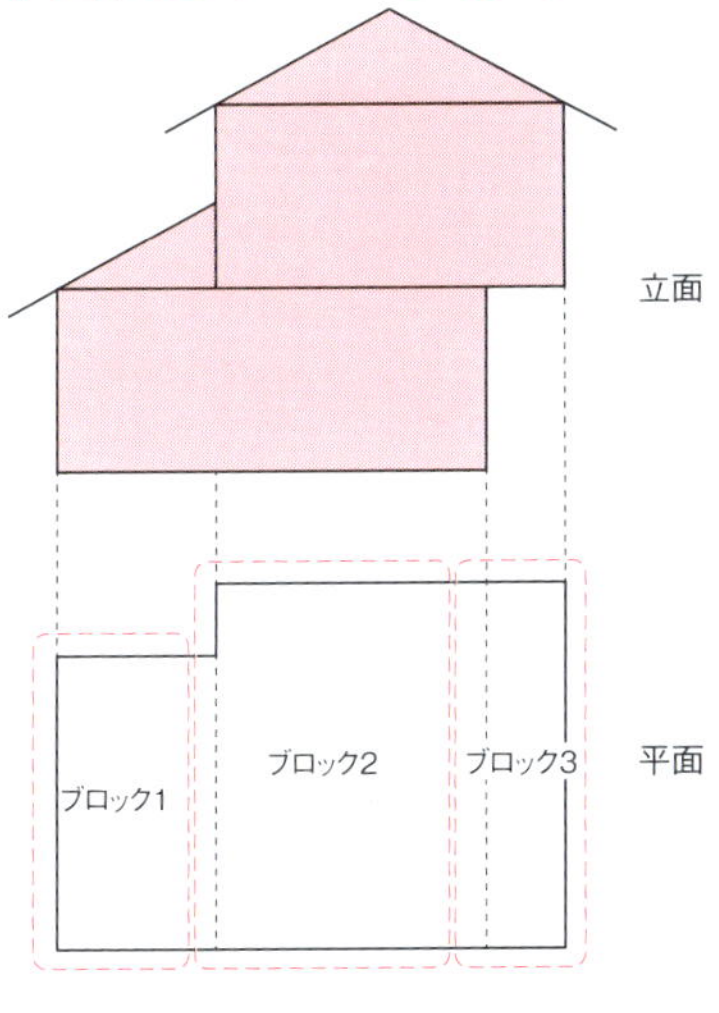

建物全重量を、基礎の接地面積を割ったものである。接地圧は、地耐力以下であることを確認しなければならない。

建物重量は、当該建物の仕様に合わせて100・101頁表4～6、111頁表7の該当する荷重を、それぞれの面積または個数等をかけて足し合わせたものとする。

下屋、オーバーハングなどの部分を有するような、荷重の偏りがある場合は、平面的なブロックを分けて確認し［図3］、それぞれの接地圧が地耐力以下であることと、不同沈下を防ぐためにそれぞれ比較的に均等であることを確認したほうが良い。

軸組工法の構造計算による安全性確認

構造計算ルート

軸組工法の構造計算は図のルート1～ルート3の方法がある。図中では検討項目および法規の根拠も示してある。現状では木造の建築物はほとんど高さ16m以下のものであり、ルート1の許容応力度設計が行われている。耐火木造の実現で中層化は可能になってきており、ルート2以上の構造計算は確実に多くなる。ルート2はルート1に比べ、主に偏心率と剛性率のチェックが増えるが、それほど難しくはない。しかし、ルート3の保有水平耐力計算は、軸組工法にとっては一般的な設計法ではなく、ハードルがかなり高い。よって、高さが31mという絶対条件を超えなければ、できる限り建築物を平面的に立面的にバランスよく計画し、偏心率と剛性率を許容値以内に収めることが重要である。つまり、条件をルート2に留め、ルート3の保有水平耐力計算を避けるべきである。

許容応力度設計

軸組工法の許容応力度設計は、（公財）日本住宅・木材技術センターから発行された「木造軸組工法住宅の許容応力度設計（２０１７年版）」に従えばよい。

同文献では層間変形角、偏心率、剛性率などの確認方法も示しており、事実上ルート2の計算、高さ31m以下の建築物に適用できる。ただし、ルート2以上の場合は適判の対象になるので、あらかじめ費用と時間の余裕を持っておかなければならない。

設計用荷重

設計用固定荷重・積載荷重および耐火木造の追加荷重は、100・101頁表4～6を参照。

耐力壁の仕様

許容応力度計算を行う場合、耐火被覆材としての下張りの強化石膏ボードが横架材または土台に届かなくても、耐力壁として剛性と耐力を評価できる。ただし、上張りは評価しない。

耐力壁や準耐力壁を複合して取り付け倍率が加算された短期許容せん断耐力の上限は、13・72kN／m（＝７×１・96）とすることができる。

水平構面

耐火木造には、床面にも天井面にも耐火被覆材としての強化石膏ボードが貼られ、一般な木造建物より水平構面が強いと考えられる。しかし、上述の文献には、強化石膏ボードに対する水平構面の剛性と許容せん断耐力の計算方法は提示されていない。特別な調査研究を除いて、床面の合板や火打ちによる評価になる。

層間変形角、剛性率、偏心率

木造軸組工法建築物の仕上げ材や外装の損傷は層間変形角１／１００程度を超えてから発生することが確認されている。したがって、層間変形角の上限は１／１２０としてよい。ただし、準耐火仕様の場合は１／１５０までとしなければならない。外装材の亀裂により耐火性能の低下を防ぐためである。耐火仕様に関する規定がないので、準耐火に準じればよいだろう。

剛性率は建築物の鉛直方向のバランスをコントロールする指標で、令82条の6第二号イの規定によって、それぞれ0.6以上であることを確認する。平19国交告５９４号第3第二号の規定によれば、剛性率の計算に用いる層間変形角の算定に用いる層間変位は、各階において計算しようとする方向のせん断耐力に対して一様に変形するものとして計算した水平剛性の数値に基づき計算してよいとされている。

偏心率の上限は建築基準法施行令84条の6のと

図 建築基準法における木造建築物の構造設計ルート

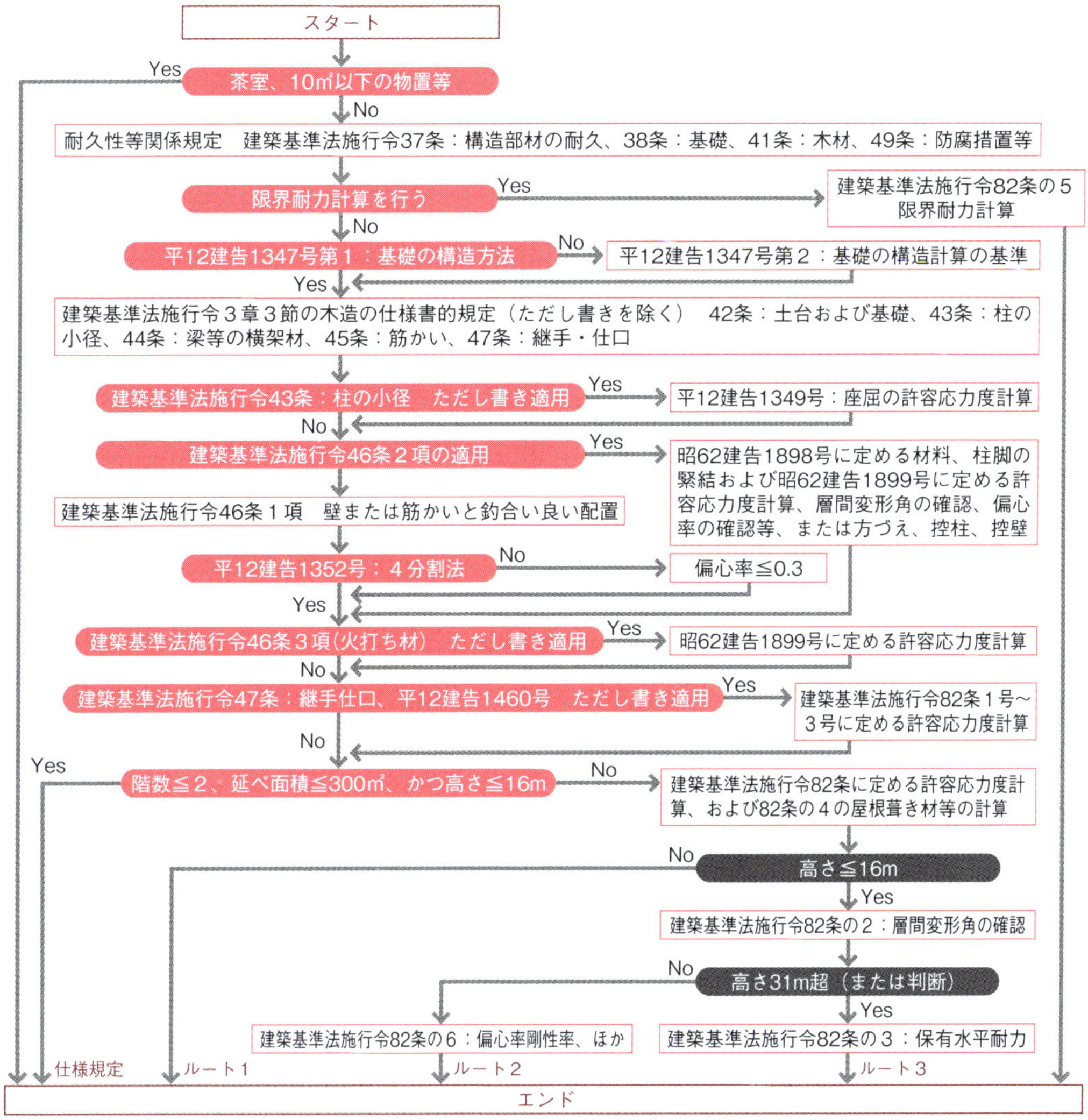

表1 軸組工法の許容応力度計算の主な項目

水平力に対する項目	鉛直荷重に対する項目	その他
鉛直構面（壁）	横架材の曲げとたわみ	基礎の接地圧
柱頭柱脚接合部	柱の座屈と面外風圧力	底盤（フーチング）
水平構面	柱の軸力による土台のめり込み	基礎ばり
横架材接合部の引抜	負の風圧に対する垂木、もや	転倒
土台とアンカーボルト	大きな吹き抜けに接する耐風梁	屋根葺き材
	梁上に載る耐力壁と横架材	

おり0・15である。ただし、建築基準法施行令46条2項（大臣が定めた材料を用いる構造）が適用される場合は、0.3を超えた場合、保有水平耐力の確認を行わなければならない。0・15〜0・30の場合はFeによる外力割り増し、ねじれ補正または保有水平耐力の確認のいずれかを行えばよい。また、よく聞く木造の偏心率の上限が0.3という話は、仕様規定の4分割法の代わりとなる偏心率の指標で、構造計算には適用されないので、注意しなければならない。

2×4工法の構造計算による安全性確認

2×4工法の構造計算による安全性確認

「新1540号」によると、階数2、延べ面積300㎡、高さ16mを超え、または告示の仕様規定を満たせない場合は、構造計算による安全性確認が必要になる。

2×4工法に通常行われる構造計算は図のルート1、ルート1+α、ルート2、ルート3がある。限界耐力計算が採用されることが稀であるため、本書では解説を省略する。

ルート1

いわゆるルート1は許容応力度計算と接合部検討からなる構造計算である。ただし、階数3、高さ13m超え16m以下の場合は剛性率又は壁の充足率（存在壁量を必要壁量で除した数値）も要求される。この計算を行えば、C枠に示される「適用除外の対象」の項目を告示の例示仕様から外すことができる。ルート1の計算は適判がいらず、通常の確認申請で済む。

ルート1+α

開口と空間の仕様規定を満たさず、いわゆる大開口、大空間の建築物に対して、ルート1の計算に偏心率の検討が加えられた。同じく、階数3、高さ13m超え16m以下の場合は剛性率又は壁の充足率も要求される。仮に偏心率も剛性率も加えられても、本書ではこれをルート1+αと呼び、ルート2とは呼ばない。適判がいらないからである。この構造計算を行えば、B枠に示される「適用除外の対象」の項目を告示の例示仕様から外すことができる。

ルート2

ルート2は「新1540号」に創設されたものである。階数6以下、高さ31m以下まで運用できる。これはまさに耐火木造が最も運用される範囲であり、今まではルート3の保有水平耐力計算が必要であった。この改正によって、構造的に耐火木造が採用しやすくなると考えられる。ルート2の構造計算を行えば、A枠に示される「適用除外の対象」の項目を告示の例示仕様から外すことができる。ただし、告示規定の第2の材料の一部のみ適用できるので、具体的に告示を確認していただきたい。2×4工法のルート2構造計算には、層間変形角、剛性率、偏心率のほか、許容応力度計算に応力割増も要求される。また、構造計算に関する高度の専門的知識等を有する建築主事などが確認審査を行う場合以外は、適判が必要になる。

ルート3

ルート3の保有水平耐力計算によって、告示の告示規定の第2（材料）と第8（防腐措置等）以外は適用除外の対象になる。自由度が高いが、計算が複雑になり、適判も必要になる。

2×4工法のルート3には、ほかの構造計算に見ない、風圧力による層間変形角の確認も要求されるので、注意していただきたい。木造建築物は比較的自重が軽いので、建設場所によっては風圧力が地震荷重よりも厳しくなる場合が考えられる。ただし、耐火木造は重くなるので、このようなケースは稀である。

耐火構造の構造計算の注意点

耐火構造の構造計算は、基本的に一般の2×4工法と変わりがないが、耐火被覆材としての強化石膏ボードに対して適切に評価するべきである。上下枠に届く下張りについては110頁表6により評価してよい。上下枠に届かない上張りについて、耐力を計上してはいけないが、剛性が存在するので、剛性率、偏心率、柱頭柱脚接合金物の計算に、その不利になる影響を考慮することが望ましい。

図 2×4工法の建築物の構造計算フロー（平13国交告1540号）
（すべてのルートにおいて告示第8は必須である）

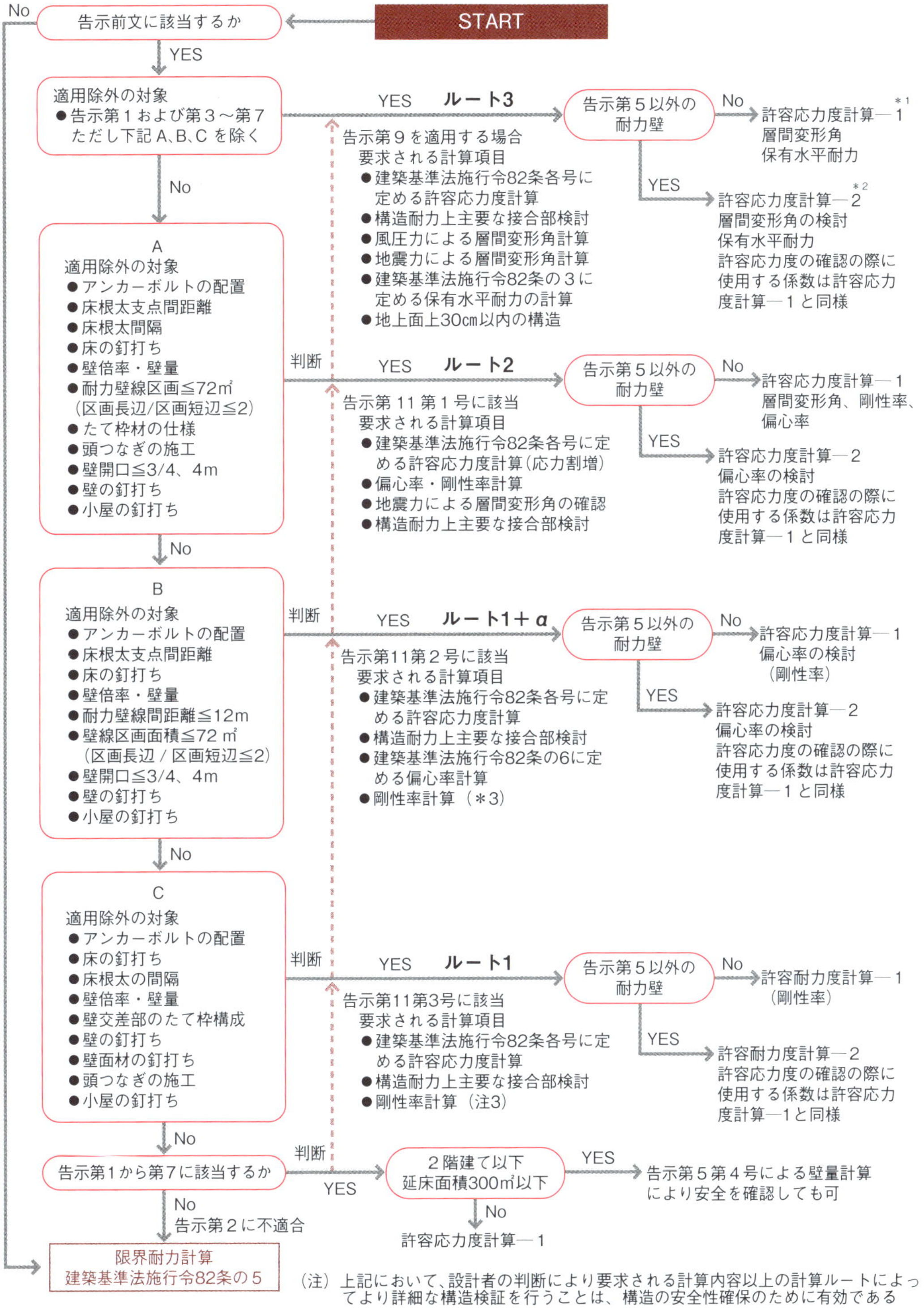

（注）上記において、設計者の判断により要求される計算内容以上の計算ルートによってより詳細な構造検証を行うことは、構造の安全性確保のために有効である

- - -➔ 設計者判断によってより詳細な構造計算を行う場合

＊1：耐力壁の剛性・耐力を壁倍率から求める場合

＊2：告示第5以外の　仕様の耐力壁を用いる場合

＊3：3階建て、13m超16m以下の場合のみ、建築基準法施行令第82条の6に定める剛性率計算が必要

木質ラーメン構造

図1　鉄筋挿入接着工法（柱－梁）

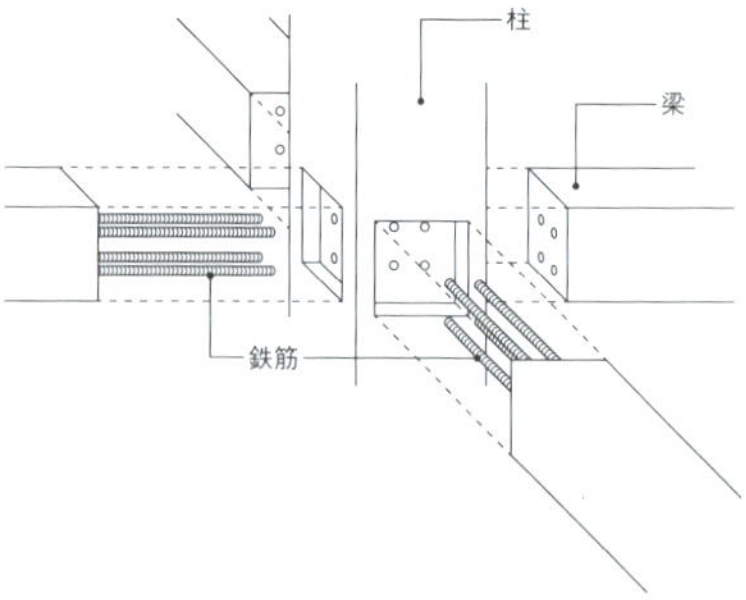

図2　鉄筋挿入接着工法（柱脚）

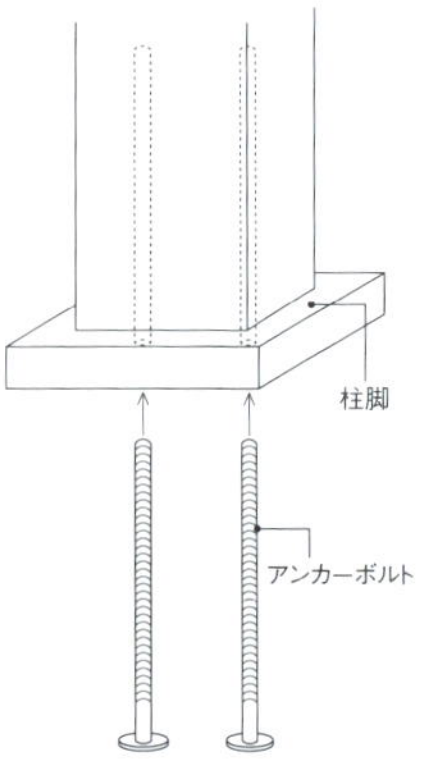

木質材料でより開放的な大空間を作るために、ラーメン構造の採用は増え続けている。

木質ラーメン構造に最も重要なのは柱梁の接合部及び柱脚の固定度である。これらの接合部は建物の長期、短期安全性を確保するために、十分な剛性、耐力、変形性能を有しなければならない。このため鋼材を使って補助することが多い。

代表的な工法

図1、図2は「鉄筋挿入接着工法」（GIR工法）の柱梁仕口部、柱脚である。木材に長い穴をあけ、異形鉄筋か全ネジ筋を挿入してエポキシ樹脂で接着する工法である。鉄筋が軸方向の引張力を負担し、接着を通じて木材に伝える。原理的に鉄筋コンクリート造に近い。仕口部の直交する鉄筋の位置をずらせば、両方向ラーメンも可能である。ただし、鉄筋位置は燃えしろ層、または燃え止まり層の内側からの必要なかぶり厚を確保しなければならない。現場接着のため、温度管理や固まるまでの養生が必要である。外観的に鉄筋は完全に木材に埋められるので、意匠性には優れる。

図3、図4は「引張ボルト工法」の柱梁仕口部、柱脚である。「鉄筋挿入接着工法」との違いは接着せず、代わりに支圧板を設けて力を伝える。同様にボルトの位置をずらせば両方向ラーメンができる。締めた後、支圧板の穴の処理が必要で、ボルトの緩み対策も考えなければならない。

図5は「鋼板挿入ドリフトピン工法」である。柱梁にスリットをあけて鋼板を挿入し、木材と鋼板を貫通してドリフトピンを打つ。ドリフトピンが鋼板、木材との支圧で力を伝達する。より大きな剛性、耐力を得るために、多くのドリフトピンを、広げて設けたいが、限度を超えると木材は割裂が起こりやすいので要注意である。また、所在位置によってドリフトピンと木材の支圧は、木材の繊維方向との角度によって耐力が異なる。計算には個々を区別して考えなければならない。なお、両方向ラーメンには、梁の高さをずらしたりする必要があるので、現実的にはほとんど一方向ラーメンしか採用されない。

構造性能

ほかにも様々な工法が開発、採用されているが、いずれにしても木質ラーメン構造は鉄骨造、鉄筋コンクリート造のように完全な剛接にはならない。水平力時の建物の層間変形角は大半が節点（仕口部）の回転による。接合部の耐力も母材の半分以下しか得られないと言われる。つまり、木質ラーメンの構造計画に最も重要なのは接合部の要求性能と工法選択で、部材断面はむしろそれに応じて決まってくる。

このような半固定と思われる接合の性能評価は、日本建築学会の「木質構造接合部設計マニュアル」などの資料があるが、どれも法規として制定されているものではない。よって、個別に実験によって評価することが多い。

構造計算

応力解析は、部材端部接合に、計算か実験かで得られる固定度をばね係数として設定して行う［図6］。弾性解析によって、［図7］のような水平力時の応力を得ることができる。断面算定は母材と接合部両方に対して行わなければならない。二次設計について、剛性率、偏心率の計算は通常の構造計算と変わりがないが、保有水平耐力の計算には、終局状態を適正に判断してDsを決める必要がある。

中高層建築物になると、純ラーメン構造では、柱一本あたり負担する水平力が大きくなり、接合部の設計が厳しくなったり、部材の断面が大きくなりすぎたりすることが考えられる。可能であれば、ブレースや耐震壁を併用して水平力を負担させるのは合理的である。この場合、ブレースや耐震壁が鉛直荷重を負担しなければ、耐火対象にならないので、木を表すことができる［写真1］。ただし、ブレースまたは耐力壁は平面的に、立面的にバランスよく配置されなければならない。

図3 引張ボルト工法(柱ー梁)

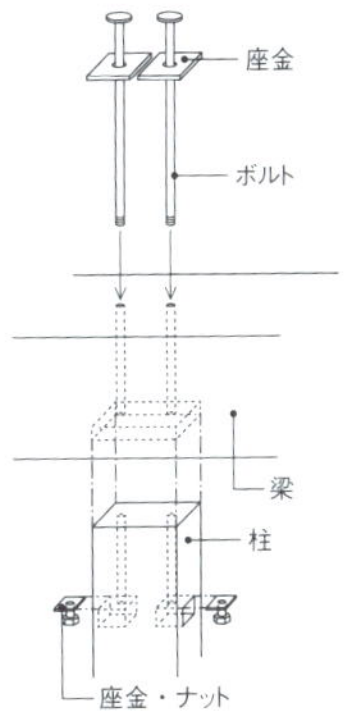

図4 引張りボルト工法(柱脚)

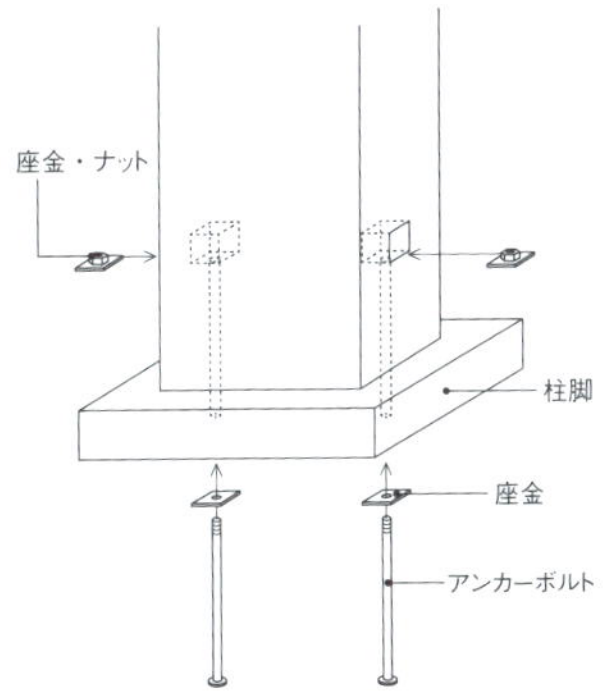

図5 鉄板挿入ドリフトピン工法

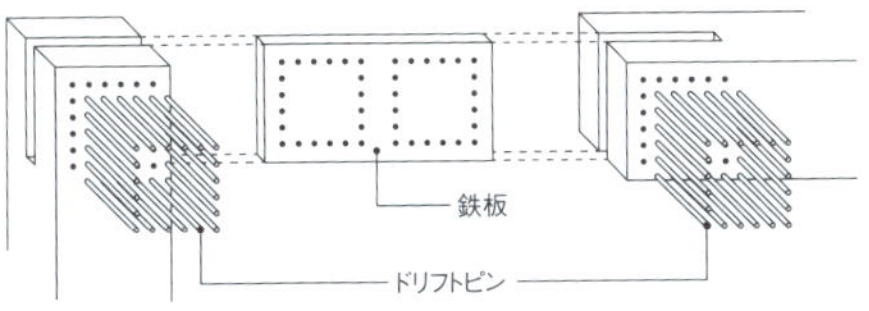

図6 応力解析モデル

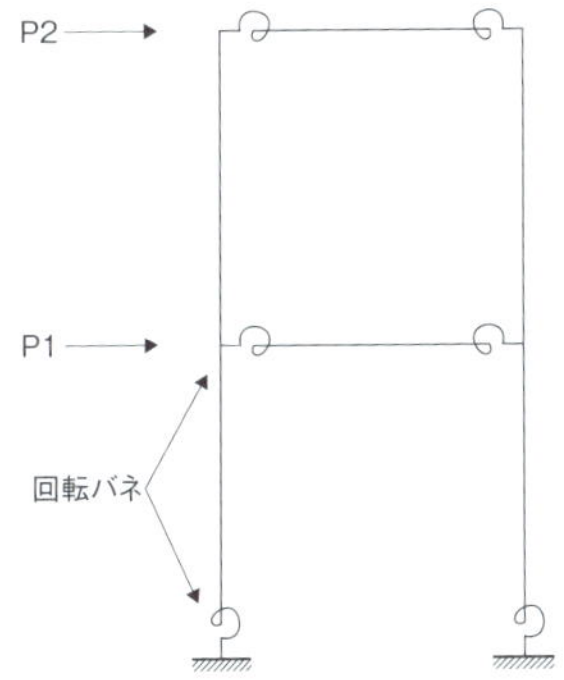

図7 弾性解析応力図

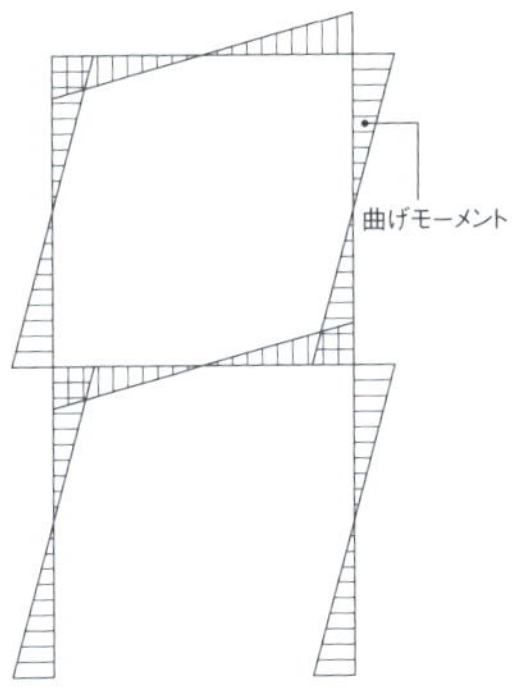

写真1 ブレースを利用した木造ラーメン(例)

混構造の種類

木造とその他の構造を併用した混構造は、概ね図に示されたような形式があり、大きく立面混構造と平面混構造に分類することもできる。このほかに小屋のみ木造とするものや、部材ごとに構造が異なるものなどがあるが、本書では省略する。

立面混構造

木造を併用する混構造は、下の層をRC造またはS造とし、その上に木造を建てるかたちになる。1階に長スパンや大空間の確保、または積雪対策、湿気対策に有利な構造になる。

立面混構造の中で、92頁表4の混構造—1【1RC＋2W】は今まで最も多く見られた混構造の種類である。図に示されるように、RC造の1階の上に2層（または1層）の木造を載せる。このような構造には上下の層重量比が大きく、一般的なAi分布では木造の階にかなり大きな地震力がかかる。また、木造の層の剛性はRC造の層に比べてはるかに小さいので、全層に対して剛性率をチェックすればとても建築基準法に決められた0.6以上をクリアできない。これらの問題に対する合理的な計算方法については、2024年7月9日付けで改正された「平19国交告593号」および、（公財）日本住宅・木材技術センターから発行された「木質系3階建混構造住宅の構造設計の手引き」（2019年版）（以下「混構造手引き」と略す）に具体的に示されており、122～126頁で詳しく紹介する。

混構造—2【2RC＋1W】と混構造—3【1RC＋1W】は平19国交告593号に追加された、適判対象から除外できる混構造の形式である。混構造—3【1RC＋1W】は条件付きで延べ面積の適用範囲が3000㎡以下まで広げられた。ただし、「混構造手引き」の適用範囲を超えているので、その方法を適用できるかどうかは要注意である。

混構造—4【1S＋2W】は混構造—1【1RC＋2W】と同じく、よくある混構造形式である。S造と木造の重量差、剛性差はRC造ほど大きくなく、地震力の計算と剛性率の確認も建築基準法通りとされている。今まで、S造と木造の全層に対して剛性率をクリアすることは困難であったが、最近の告示改正で、剛性率の代わりに上下の剛性比の指標が提示され、この形式の混構造は採用しやすくなる。

平面混構造

ここでいう平面混構造は、同一層で木造とRC造またはS造を併用するものである。この場合、一般的に左右対称に計画し、木造部分がRC造やS造に比べて剛性も耐力も弱いため、水平力のすべてまたは大部分をRC造やS造に持たせることが多い。左右対称でないと大きな偏心が生じ、木造部分はねじれで部分崩壊のおそれがあるからである。図に示したのはコア配置の概念で、両側の木造部分の水平力をコアに伝えるために、十分な剛性・耐力のある水平構面および異種構造間の接合がなければならない。

中層混構造

中層混構造とは4階建て以上の混構造を指す。耐火木造が実現するまで、事実上木造は3階建てまでしか建てられなかった。しかし、1時間耐火木造が可能になったため、最上階から数えて4層まで木造とすることができるようになった。つまり、複層のRC造またはS造と複層の木造からなる中層混構造は現実になって、現在普及しつつある。さらに2時間の耐火性能の実現で、今まで想定されない大規模、中高層、多用途の木造建築が可能になり、これに対応する構造基準の整備や新技術の開発などの支援を期待したい。これは92頁表4の「混構造—その他」に分類される。

図 混構造の分類

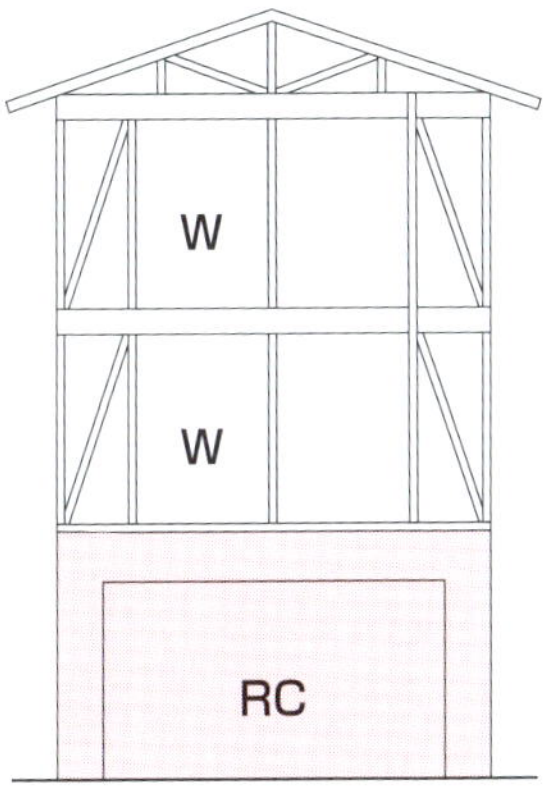

混構造－1
【1RC＋2W】

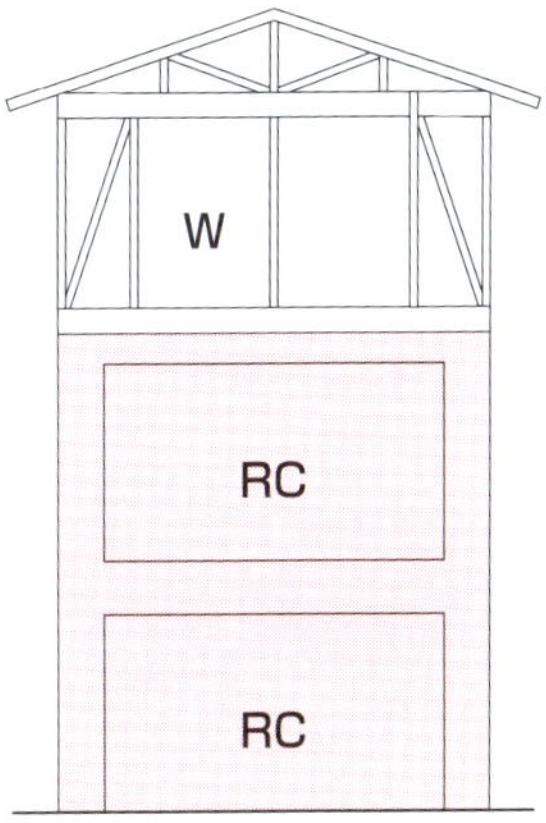

混構造－2
【2RC＋1W】

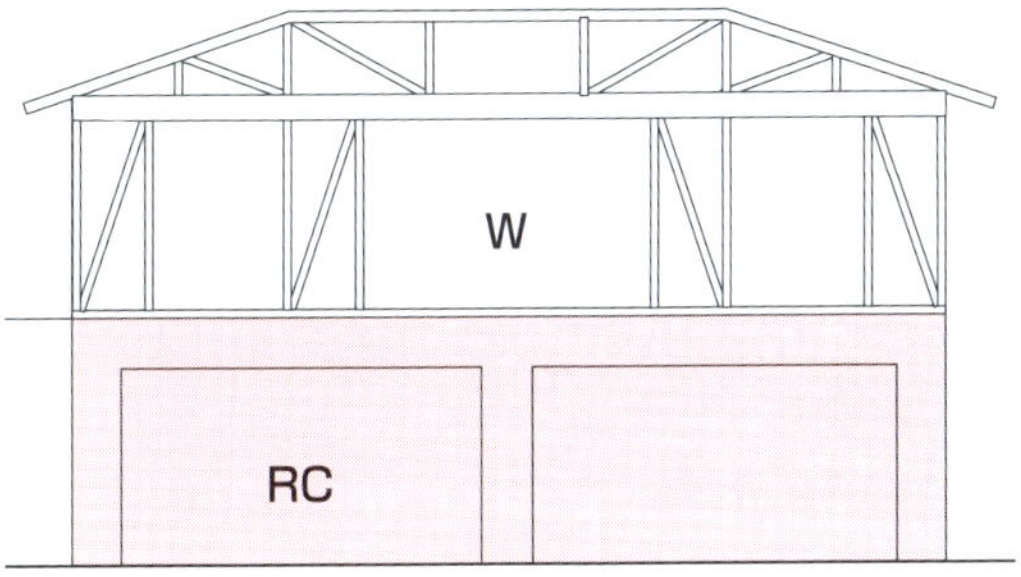

混構造－3
【1RC＋1W】

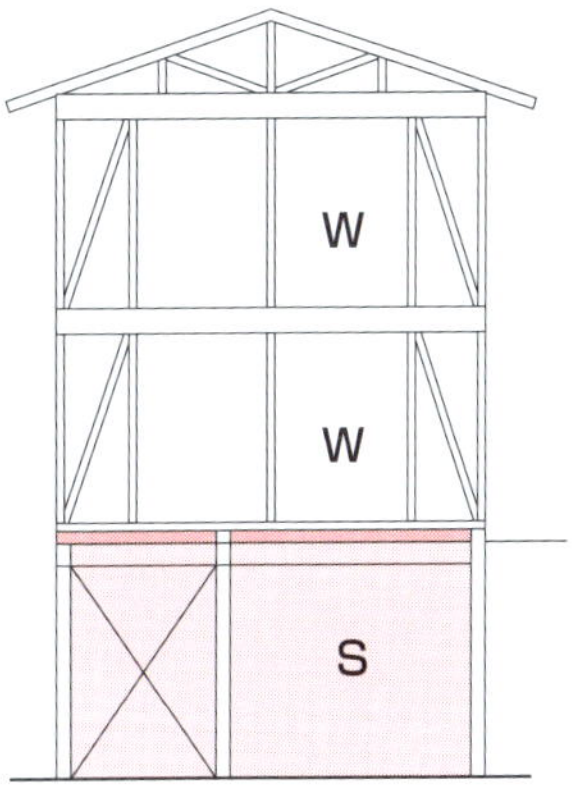

混構造－4
【1S＋2W】

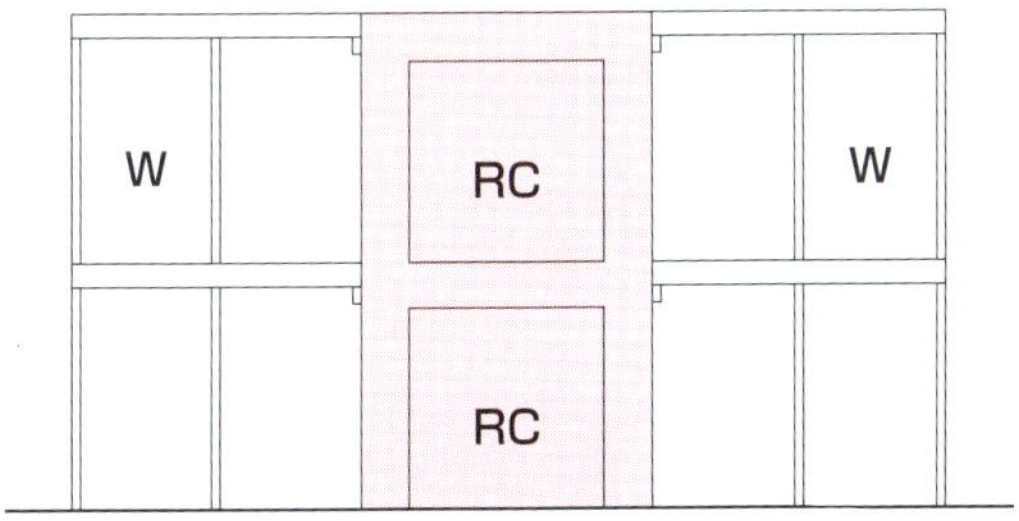

混構造－その他
【平面混構造】

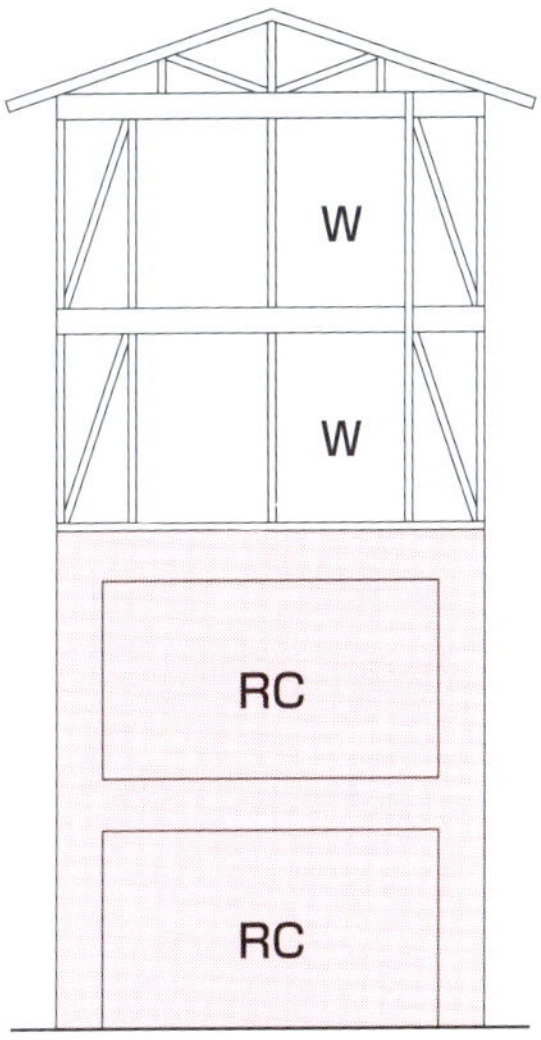

混構造－その他
【中層混構造】

混構造の構造計算フロー

混構造－1【1RC＋2W】

平19国交告593号から、図1に示すように、階数3以下、延べ面積500㎡以下、高さ16m以下の条件を満たし、所要の計算で確認できれば、適判対象から除外できるようになった。構造計算ルートはRC造の層の壁・柱量によってルート1とルート1＋αの2つがある。

確認項目に関しては、まず木造の層およびRCの層に対してそれぞれ許容応力度計算が必要である。木造の層が軸組工法の場合は、2022年建築基準法の改正により、壁量の確保が必要なくなる。許容応力度計算は「混構造手引き」を参考にして行えばよい。木造の層が2×4工法の場合は、平13国交告1540号に適合しなければならない。許容応力度計算を行うので、壁量の確認は必要なくなる。許容応力度計算は（一社）日本ツーバイフォー建築協会が発行した「枠組壁工法建築物構造計算指針」にもとづいて行えばよい。

また、RC造の層の壁・柱量によってルートが分かれてくる。昭55建告1790号の式を満たす場合はルート1となる。昭55建告1791号第3の1の式しか満たさない場合は、層間変形角、剛性率、偏心率の確認が要求される。本来、RC造のルート2―1に相当する計算になるが、適判対象から除外されるので、本書ではルート2と呼ばず、ルート1＋αと称する。実際、上部の木造の層が軽いので、RC造の層の壁柱量の確保は難しくなく、ほとんどの場合ルート1で可能だと考えてよい。このような混構造の地震力計算は127～129頁で述べる。

ルート1＋αになる場合、木造の層の層間変形角の上限は1／120とすることができる。ただし、準耐火構造の場合は1／150とする。耐火構造についての提示がないが、準耐火構造に準じてよいと考えている。また、剛性率の確認は2階

図1　混構造－1【1RC＋2W】の場合の構造計算フロー

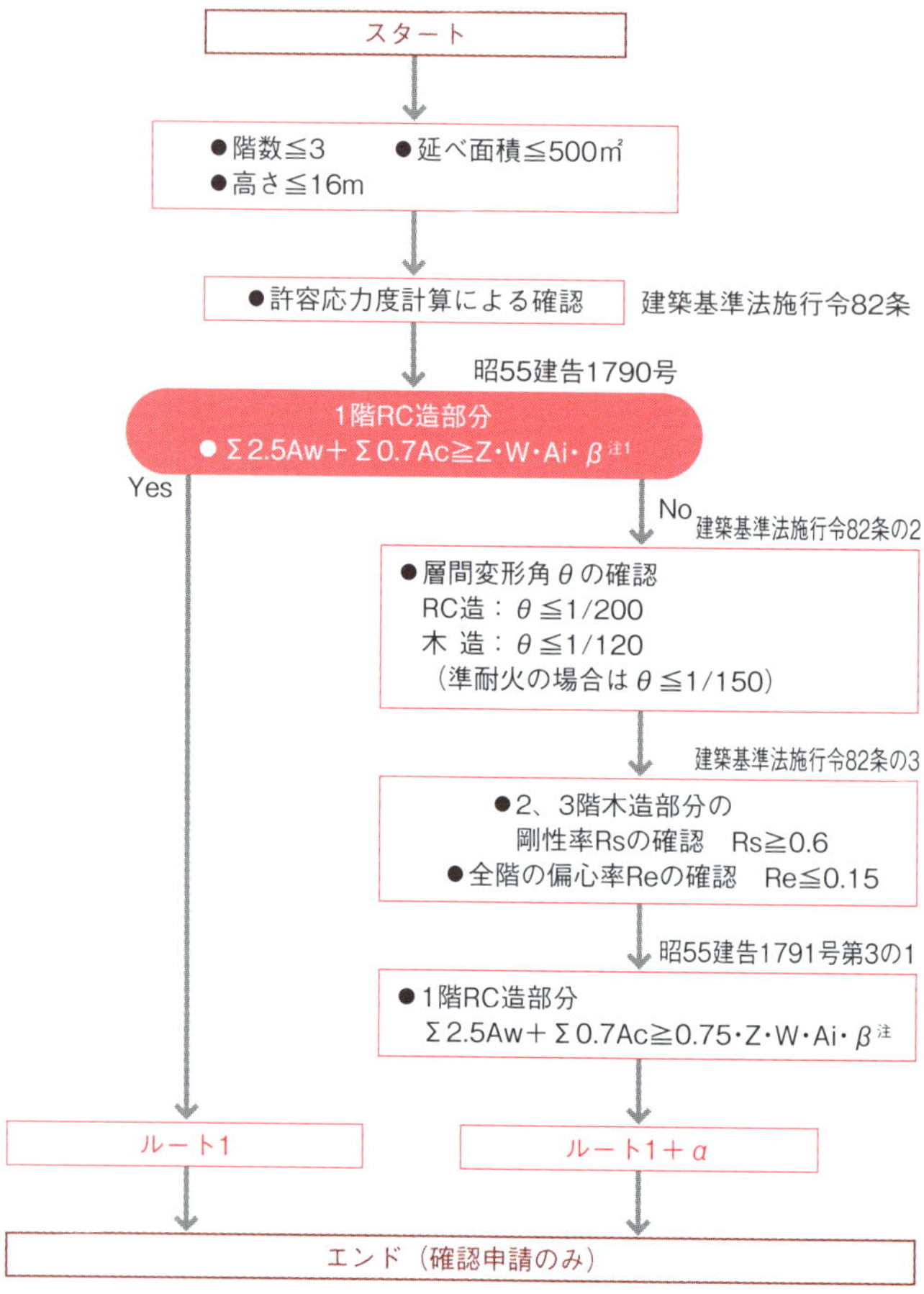

（注）コンクリートの設計基準強度による低減係数

図2 混構造−2【2RC＋1W】の場合の構造計算フロー

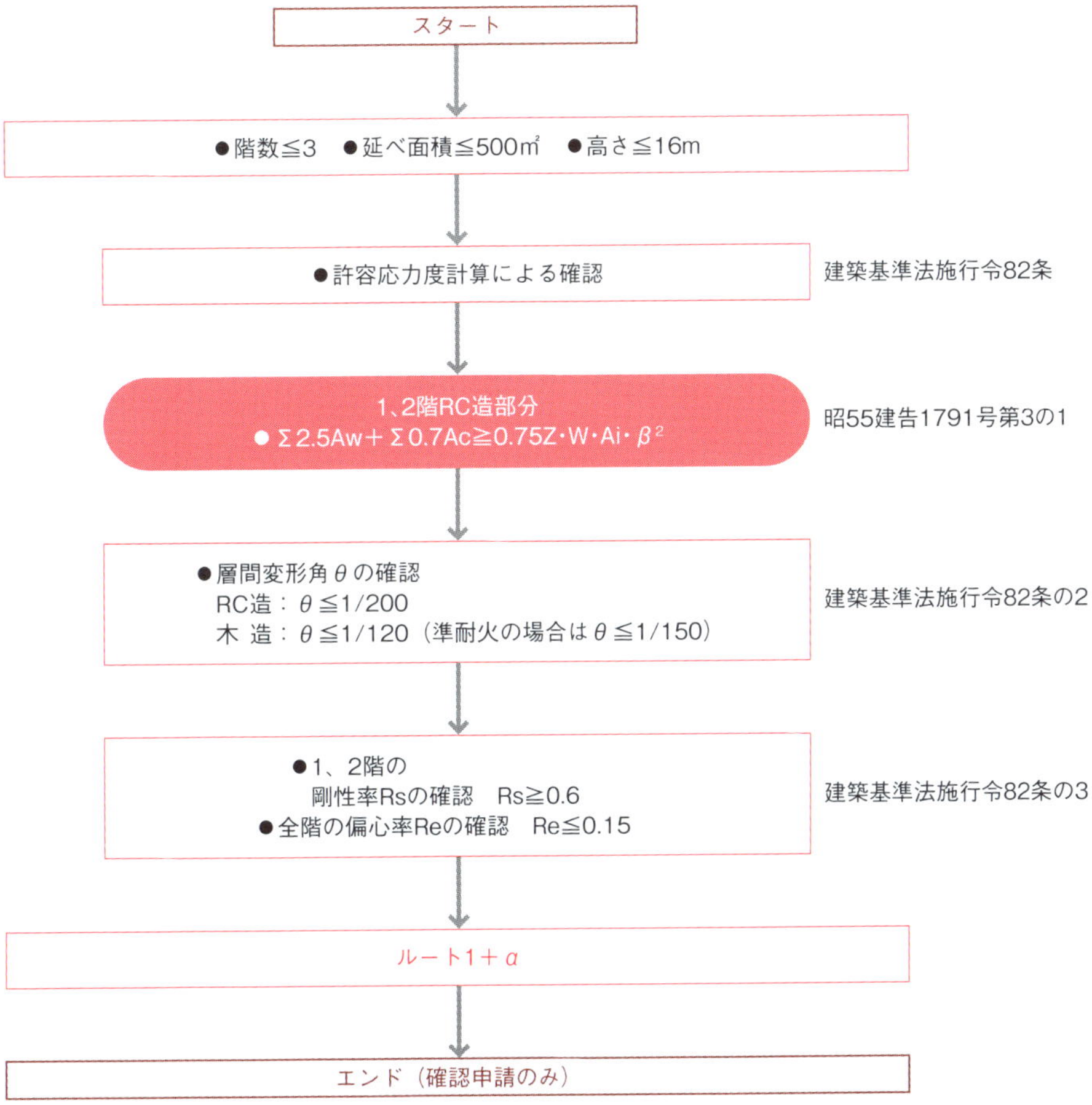

（注）コンクリートの設計基準強度による低減係数

と3階の木造の層のみ対象とすればよい。

規模の条件またはルート1＋αの要件を満たさない場合は後述する混構造−その他のフローによらなければならない。

上述のほか、塔状比が4を超える場合は、標準層せん断力係数Co＝0.3以上、または保有水平耐力に相当する層せん断力を用いて地盤と基礎を検討しなければならない。これは以降で述べるほかの混構造にも共通である。

木造はRC造より重量がはるかに軽いので、木造の階に作用する地震力は、通常のAi分布により計算すると大きくなりすぎる。このため、RC造層の重量を、木造階以上の重量の2倍に置き換えてAiの算出することにする［128頁図2］。

混構造−2【2RC＋1W】

平19国交告593号から、混構造−1と同じ規模条件までは、ほぼ同じようなルート1＋αの確認方法で適判対象から除外することができる［図2］。ただし、昭55建告1790号に要求するRC造の壁・柱量を有しても、ルート1の選択はなく、層間変形角、剛性率、偏心率の確認が必要になるので、注意しなければならない。

各項目の計算方法は、基本的に混構造−1のルート1＋αと同じであるが、剛性率の確認対象はRC造の1階と2階のみとなる。

図3 混構造—3【1RC＋1W】の場合の構造計算フロー

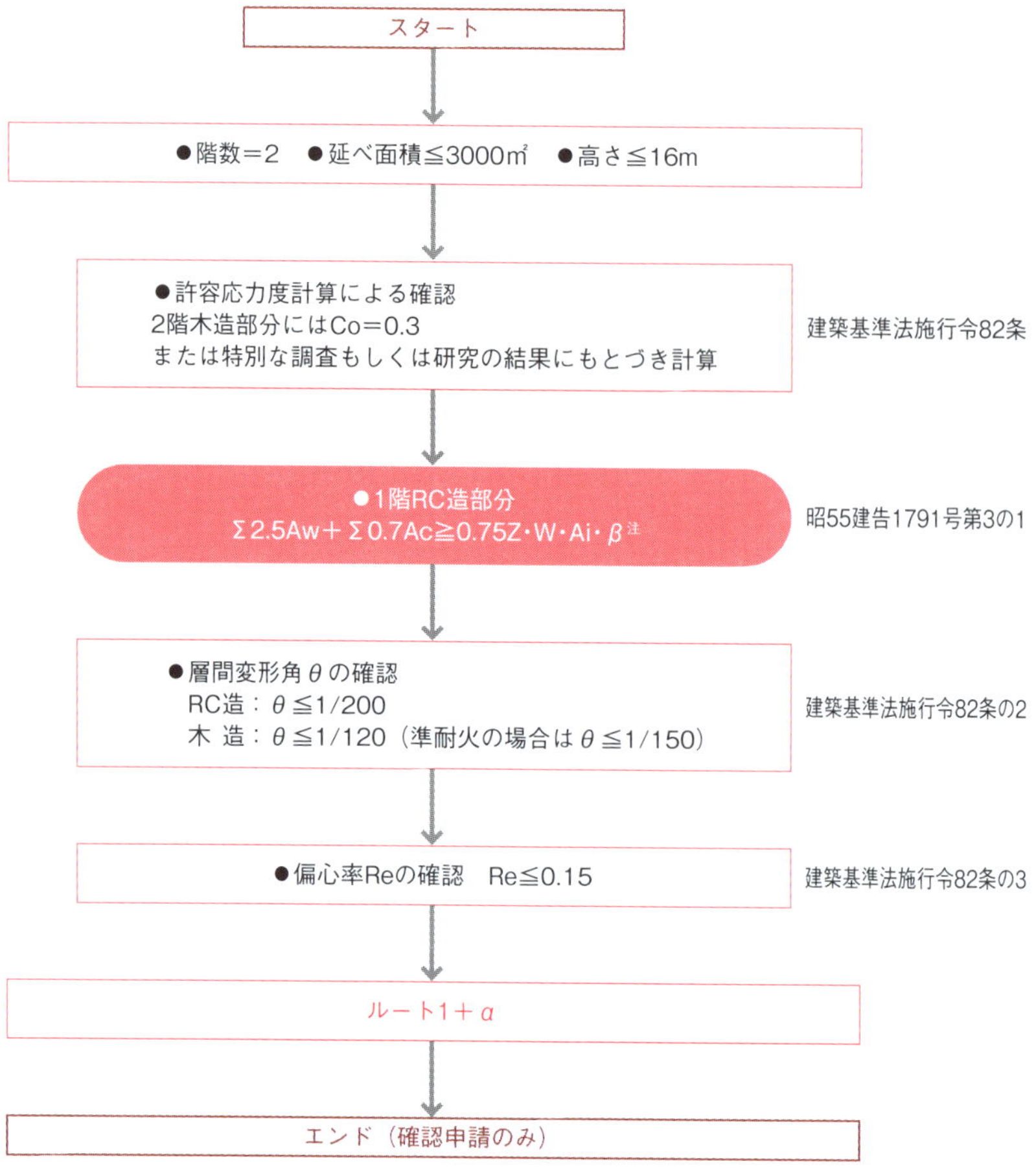

（注）コンクリートの設計基準強度による低減係数

混構造—3【1RC＋1W】

平19国交告593号によると、階数2までは適判除外の範囲が条件付きで延べ面積3000㎡以下まで広げられた。条件は「2階木造部分には標準せん断力係数Co＝0.3または特別な調査もしくは研究の成果にもとづき計算」である［図3］。これに関して、（一社）日本建築構造技術者協会（JSCA）から「木造混構造の構造設計事例」が示され、このような大規模木造平面を有する建築物における設計法が以下のように提案された（詳細についてはJSCAのホームページを参照※）。

「本則の構造計算（以下、①「簡易法」と呼ぶ）は、鉛直構面および水平構面の設計用地震時応力の1.5倍割り増し法である。また、特別な調査又は研究の結果に基づく構造計算としては、②「水平構面略算法」と位置付けられる水平構面の設計用地震時応力の1.5倍割り増し法や、③「水平構面精算法」と位置付けられる水平構面の設計用地震時応力のAi分布型割り増し法が提案できる。さらに、平面形状が整形でない④「平面的切欠きを有する水平構面」の場合は、応力集中部に特別な地震時応力割り増しが必要と考えられる。」

ただし、混構造—2と同じく、ルート1の選択肢がなく、層間変形角、剛性率、偏心率の確認が要求されるルート1＋αになる。具体的な計算方法などは、混構造—1と混構造—2を参照してよい。なお、RC造と木造はそれぞれ1層しかないので、事実上剛性率の確認の必要がなくなっている。

※：（社）日本建築構造技術者協会（JSCA） http://www.jsca.or.jp（閲覧日2012年1月31日）

図4 混構造−4【1S＋2W】の場合の構造計算フロー

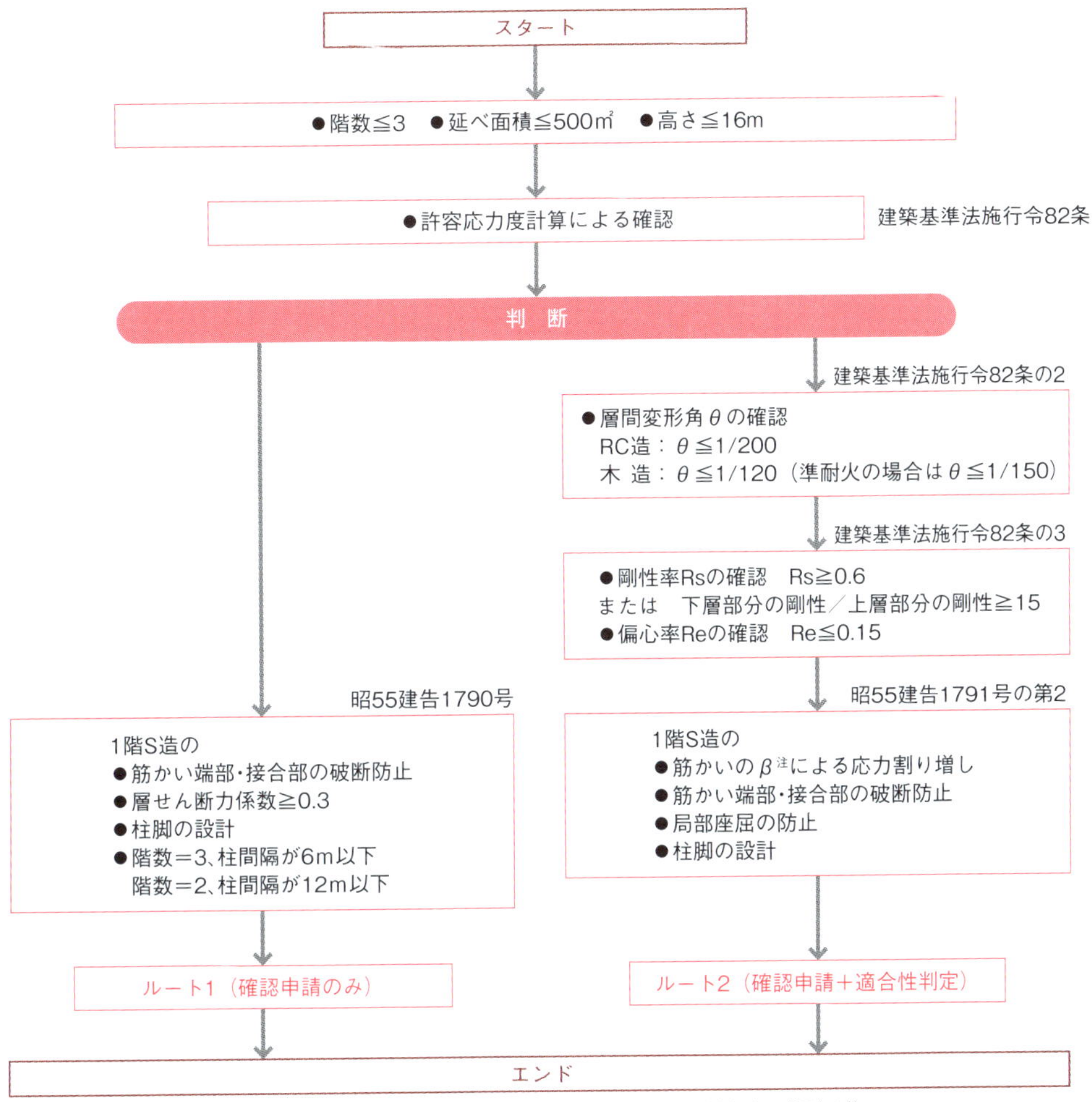

（注）建築基準法施行令88条1項に規定する地震力により建築物に生ずる水平力に対する筋かいが負担する水平力の比

混構造−4【1S＋2W】

図4では混構造−4【1S＋2W】のルート1とルート2の計算フローを示している。

ルート1は平19国交告593号告示に定められたもので、適判対象から除外できる。この場合、木造の層の確認項目は混構造−1【1RC＋2W】と同じになる。S造の層は昭55建告1790号に適合しなければならない。このため、この層に用いる標準層せん断力係数はCo＝0.3とする。さらにスパンは階数2において12m以下、階数3において6m以下とする。この2条件を満たさない場合はルート2の計算になる。

ルート2は原則的に図示の規模に限らないが、同じ規模の建築物の選択肢として示している。ルート2ではCo＝0.2とすることができ、柱間隔の制限もない。設計自由度が広がる一方、層間変形角、剛性率、偏心率の確認が必要になり、適判の対象にもなる。

前述したRC系の混構造とは異なり、地震力の計算は一般のAi分布とする。令和6年9月19日改正された「平成19年国土交通省告示第1274号」より、剛性率の代わりに、下層部分の剛性の上層部分の剛性に対する比率が15以上であることを確認することができる。これによって、S造部分にブレースなどにより剛性を高めることはルート2の計算に有利になる。

図5 混構造ーその他の構造計算フロー

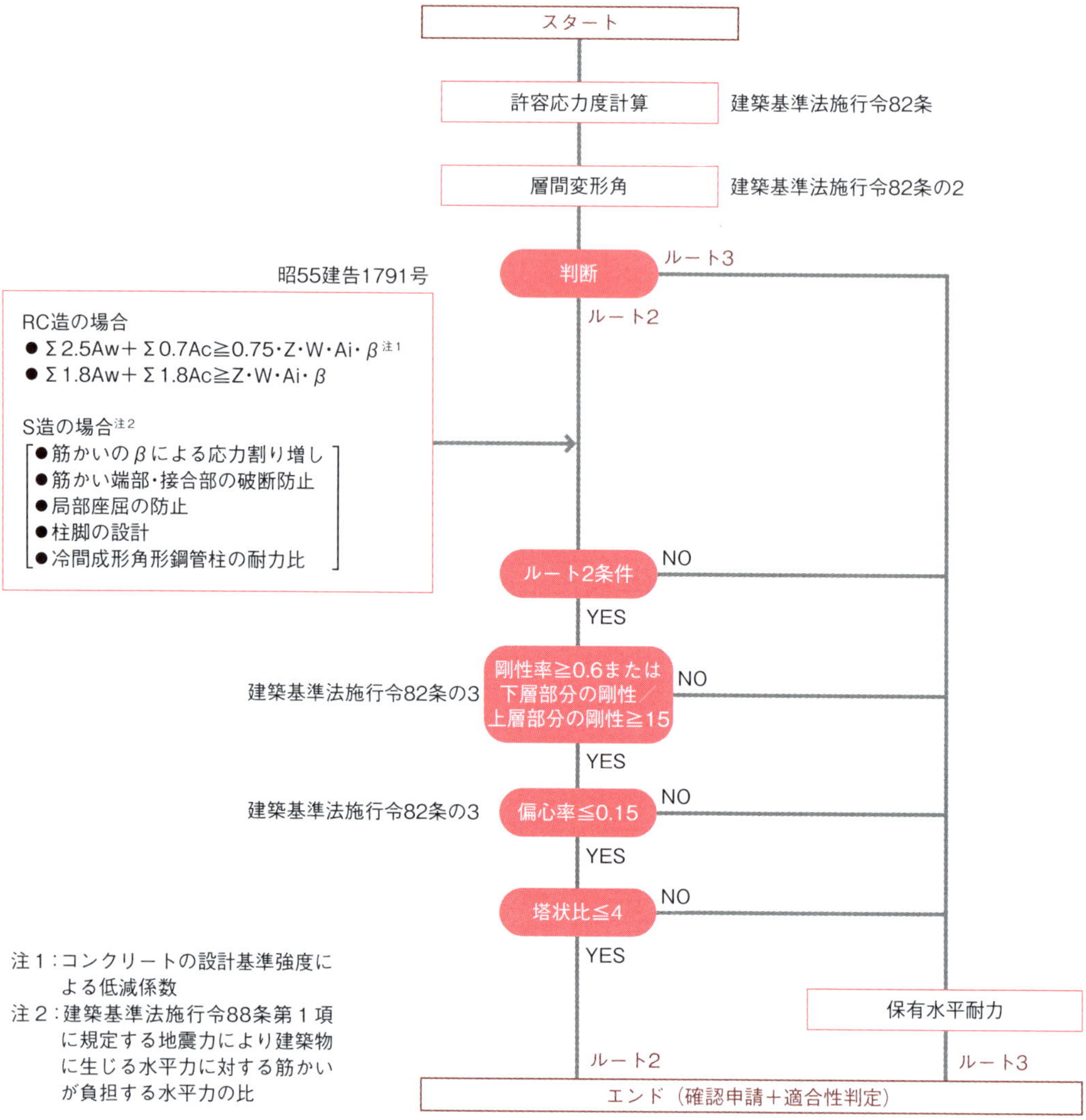

注1：コンクリートの設計基準強度による低減係数
注2：建築基準法施行令88条第1項に規定する地震力により建築物に生じる水平力に対する筋かいが負担する水平力の比

混構造—その他

上述した混構造―1～4は基本的に平19国交告593号に定められたものである。その他の混構造は図5に示されたフローのように、ルート2またはルート3の構造計算が必要になる。当然ながら適判の対象になる。

構造計算は許容応力度計算と層間変形角の検討が共通となる。木造のみの層の層間変形角は上限が1/120とすることができるが、準耐火と耐火構造の場合は1/150とする。

昭55建告1791号の規定によれば、RC造のルート2については柱・壁量の条件によってルート2―1、ルート2―2に分かれている。S造の場合は図示の4つの条件をすべて守らなければならない。そのうえ、剛性率と偏心率の確認も必要である。中層混構造においては、剛性率のクリアは最も難しく、図示の条件のどれかを満たさなければルート3になる。平面混構造においては偏心率のクリアが難しくなる場合が多い。偏心率が0・15を超えると、同様にルート3になる。

また、「2020年版 建築物の構造関係技術基準解説書」の付録1―5.2木造に関する技術資料によると、RC造と木造の立面混構造の地震層せん断力に関しては、Aiが適用可能であり、剛性率が0.6を下回る場合でもFsによる地震力の割り増しを行う必要はない。

混構造の地震力計算

図1 木造と異種構造の剛重比と振動性状

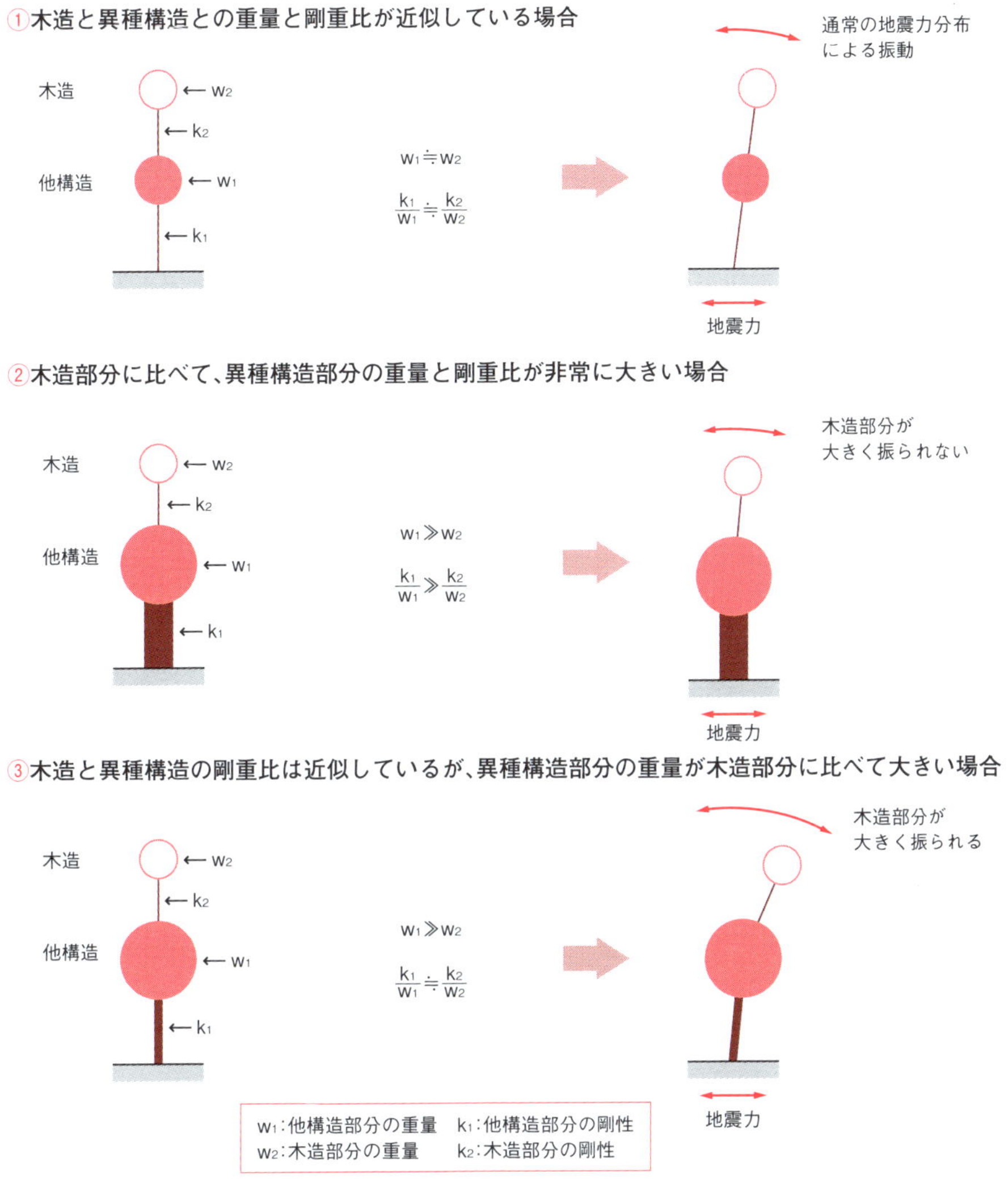

①木造と異種構造との重量と剛重比が近似している場合

②木造部分に比べて、異種構造部分の重量と剛重比が非常に大きい場合

③木造と異種構造の剛重比は近似しているが、異種構造部分の重量が木造部分に比べて大きい場合

混構造の振動特性

「混構造手引き」には、木造とほかの構造を併用する立面混構造の振動特性が図1のように示されている。

それによると、上下層の重量が近く、剛重比（剛性と重量の比）も近い場合は、図1-①のように通常の地震力分布による振動になる。つまり上下とも同一構造の場合と同じだと考えればよい。しかし、図1-③のように下層の重量が上層よりはるかに大きく、かつ剛重比が近い場合は、上層の木造部分が大きく振られる。また、図1-②のように、下層の重量が上層よりはるかに大きいが、剛重比も大きい場合は、上層の木造部分が大きく振られない。つまり下層がほとんど揺れないものと理解してよい。

木造とS造を併用する混構造は、図1-③のような振動になるおそれがあるので、重量と剛性のバランスを勘案して設計を行うとともに、耐力壁の偏在により地震時に建築物にねじれが生じることのないようにすることが重要である。

木造とRC造を併用する混構造は、図1-②のような振動になる。上層の木造部分の地震力が著しく増加することはないが、RC造部分の剛性が

※1：「木質系混構造建築物の構造設計の手引き」（2019年版）p8より作成

図2　1階が鉄筋コンクリート造の場合の地震力の求め方※2
（1階の重量が2階の重量の2倍を超える場合）

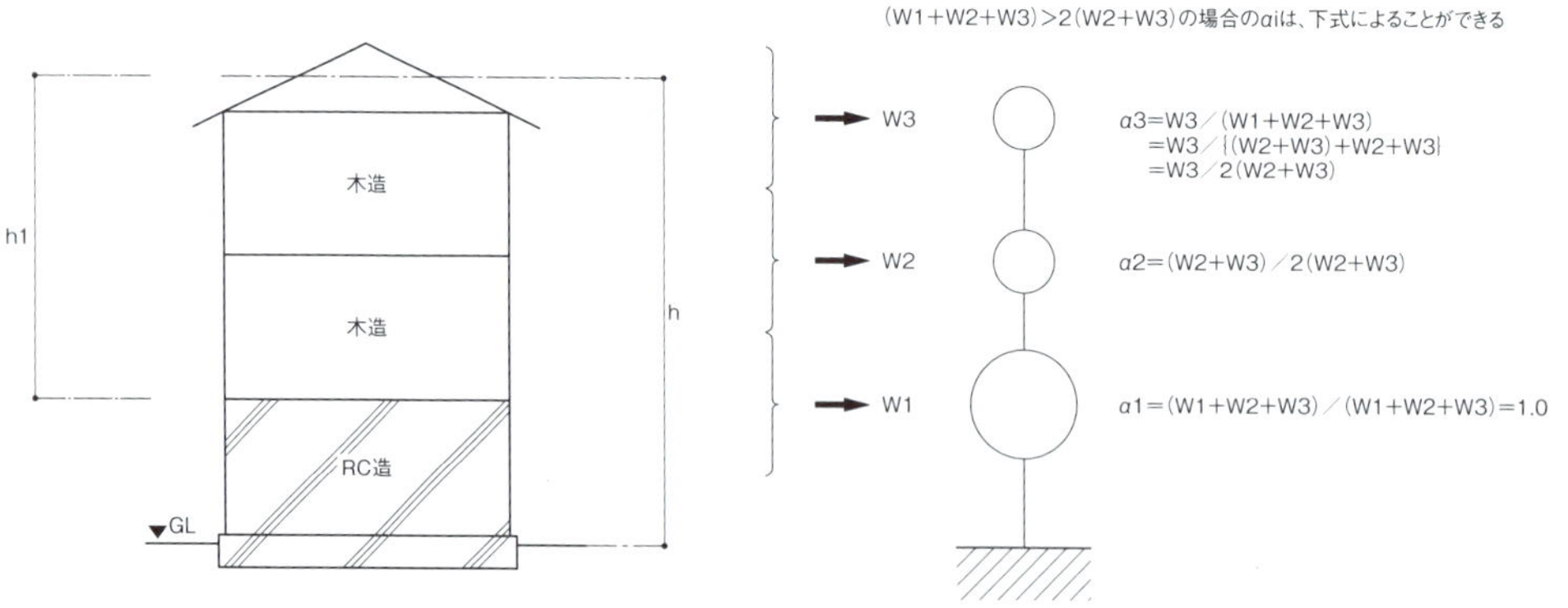

小さいと木造部分の地震力が増大する傾向がある。したがって、RC造部分の剛性を十分確保するように計画しなければならない。

混構造─1【1RC+2W】の地震力計算

「混構造手引き」によると、1階がRC造、2〜3階が木造の建築物について、地震力は図2のように求めることができる。すなわち、1階部分の地震力算定用重量（W1+W2+W3）が、2階部分の地震力算定用重量（W2+W3）の2倍を超える場合には、木造部分のAiは、1階部分の地震力算定用重量を、2階部分の地震力算定用重量の2倍【2×（W2+W3）】とみなして計算し、1階部分のAiは1.0とすることができる。

「混構造手引き」は基本的に軸組工法を対象にしたものであるが、振動特性は共通と考えられ、2×4工法の構造設計指針にもこの方法が採用されている。

すなわち、木造部分の工法を問わずに適用できると考えてよい。

その他の混構造の地震力計算

混構造─3【1RC+1W】は原理的に振動特性が混構造─1【1RC+2W】と同じく、上述した方法が適用できると考えられるが、「混構造手引き」には適用範囲が延べ面積500㎡までと書いてあるので、設計者と審査側の判断による部分が残されている。

これ以外の混構造については、地震力が原則的に一般のAi分布により計算する。

中層混構造の地震力の考察

耐火木造の実現で、中層混構造は今後普及に有望な分野だと考えられる。しかし、今まで実績が少なく、計画と設計のノウハウはまだ蓄積されていない。

ここでは図3のような簡単な事例を用いて中層混構造の地震力を考察する。計画にあたって必要な壁量などの参考にしてほしい。

まず、3つのモデルの共通条件については、各層の床面積が同じような整形な建築物で、階高がすべて3mとする。次に、各層の重量については、「2020年版　建築物の構造関係技術基準解説書」の「付録1─5.2　木造に関する技術資料」を参考にしつつ、1時間耐火木造に相当するものを採用する［表］。

また、地震力のAi分布はすべて建築基準法通りに算出する。

右側は耐火木造2階建てのモデルであり、真ん中は耐火木造4階建てのモデルである。左側は2層のRC造と2層の耐火木造からなる中層混構造のモデルであり、上の耐火木造の2層を見ると、Aiは2階建ての1・60倍となり、純木造4階建て

※2：「木質系混構造建築物の構造設計の手引き」（2019年版）p20より作成

図3 低層木造、中層木造、中層混構造の Ai の比較

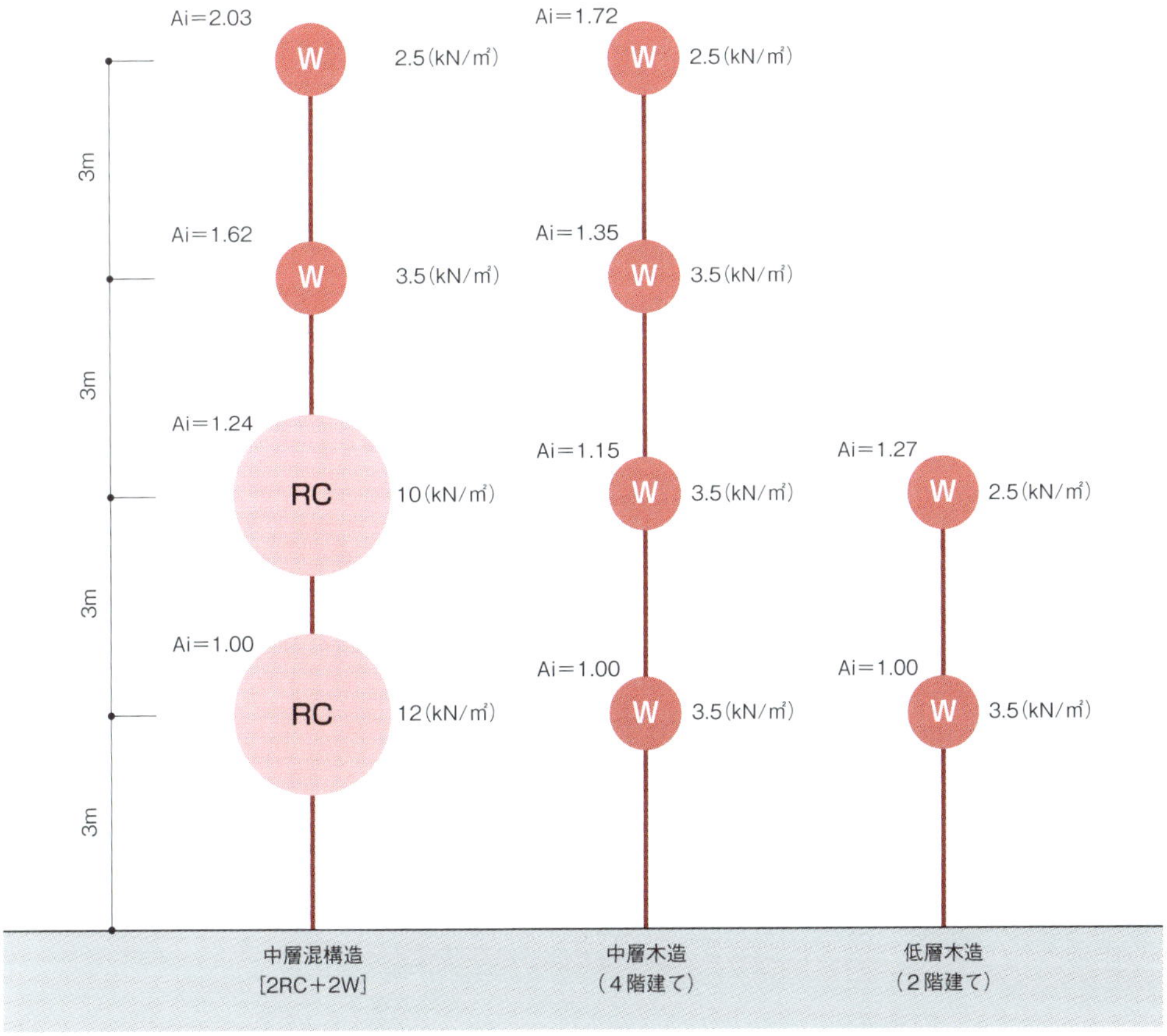

の上の2層に比べても1・18倍ある。つまり、混構造とした場合、低層および中層木造より大きな地震力がかかり、これに相当する壁量の増加が必要になる。

もともと耐火木造が普通の木造よりかなり多くの壁量になることはすでにこの章の前半で述べた。混構造にした場合はさらにそれ以上になる。

かつセットバックなどで上層の床面積が小さくなる計画もよくあり、小さいほどAiは大きくなるので、単位面積当たりの必要壁量が増える一方である。

このように、中層混構造には、現在の壁仕様では開口や使用空間を確保できなくなったり、現有技術の金物やアンカーボルトなどの能力を超えたりする可能性もあるので、無理のないように計画しなければならない。

当然、その普及のために、法規の整備も含め、新たな技術開発も期待したい。

表 各階の仮定荷重

	単位荷重(kN/㎡)
木造の屋根階	2.5
木造の一般階	3.5
木造直下のRC造階	10
RC造一般階	12

混構造の接合計画

図1　S造の場合（デッキプレート合成スラブの参考例）※1

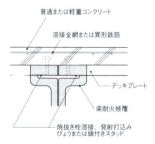

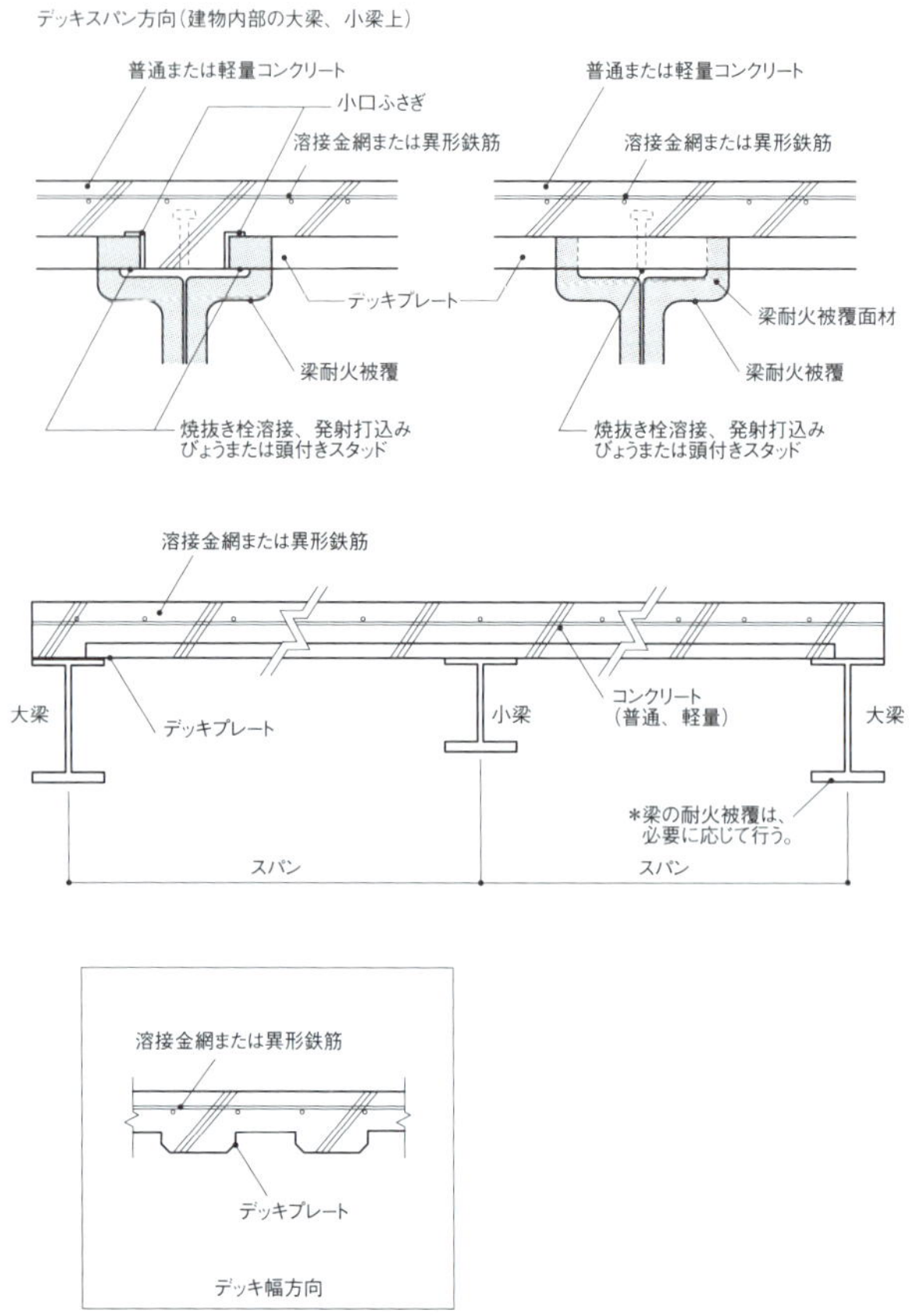

図2　S造の場合（非合成スラブの参考例）※1

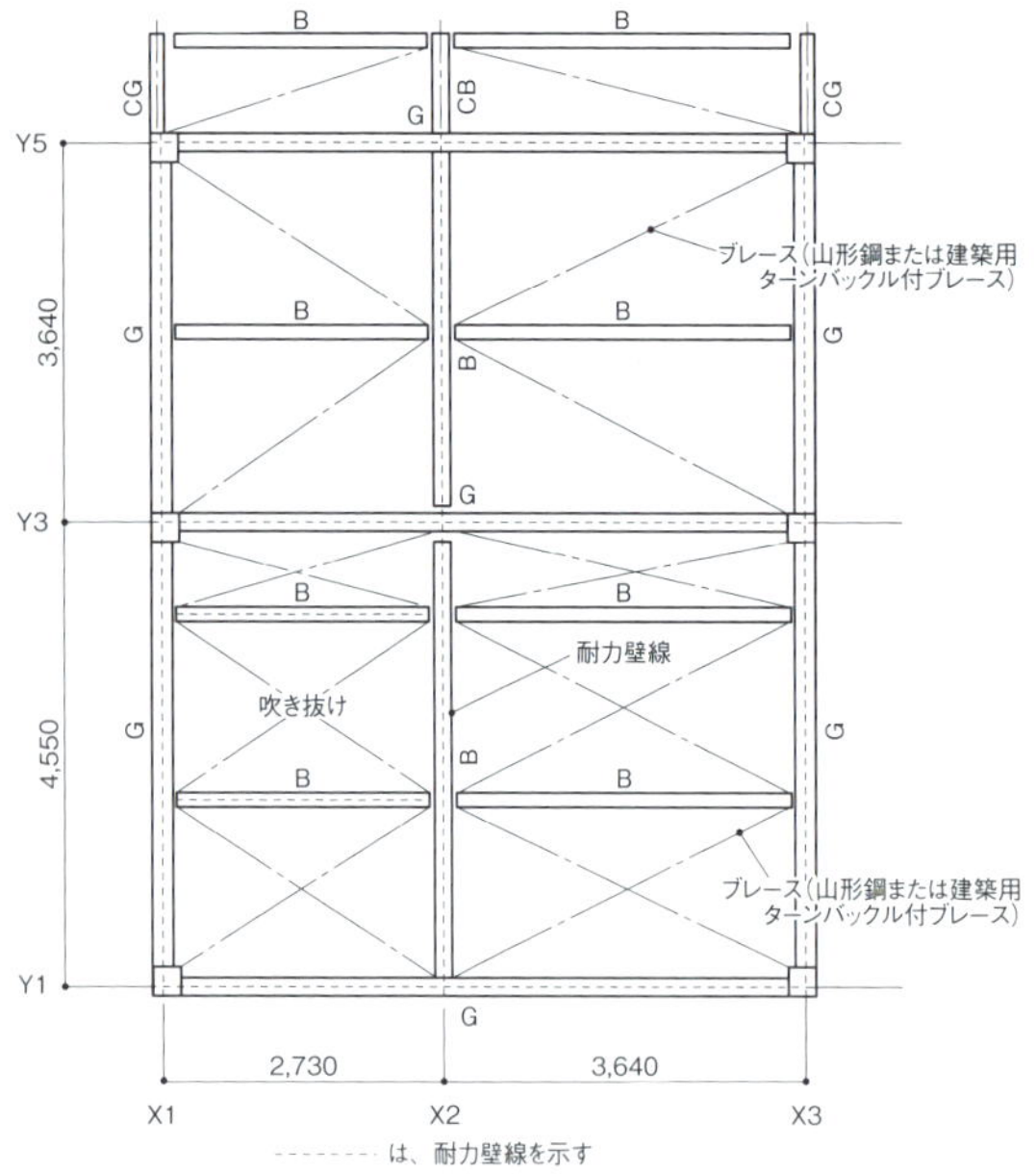

上下接合層の構造計画

低層部がRC造の場合は、頂部に原則としてスラブを設けて水平剛性を確保する。やむを得ずスラブが設けられない場合は十分な寸法の梁または臥梁を設け、ゾーニングで設計する方法もある。「混構造手引き」に示されているので、詳細はそれを参照してほしい。

低層部がS造の場合も、原則的にデッキプレートコンクリート合成スラブ［図1］のようなスラブを設ける。上層の木造耐力壁線に沿って小梁を配置し、耐力壁下の土台は原則として鉄骨梁と緊結する。合成スラブを設けない場合は水平ブレース［図2］により剛性を確保することもできる。ただし、耐火構造には不向きなので、中層混構造に採用するのは難しい。

※1：「3階建混構造住宅の構造設計の手引き」（財）日本住宅・木材技術センター、2005.1, p.16より作成

図3 アンカーボルトの取り付け※2

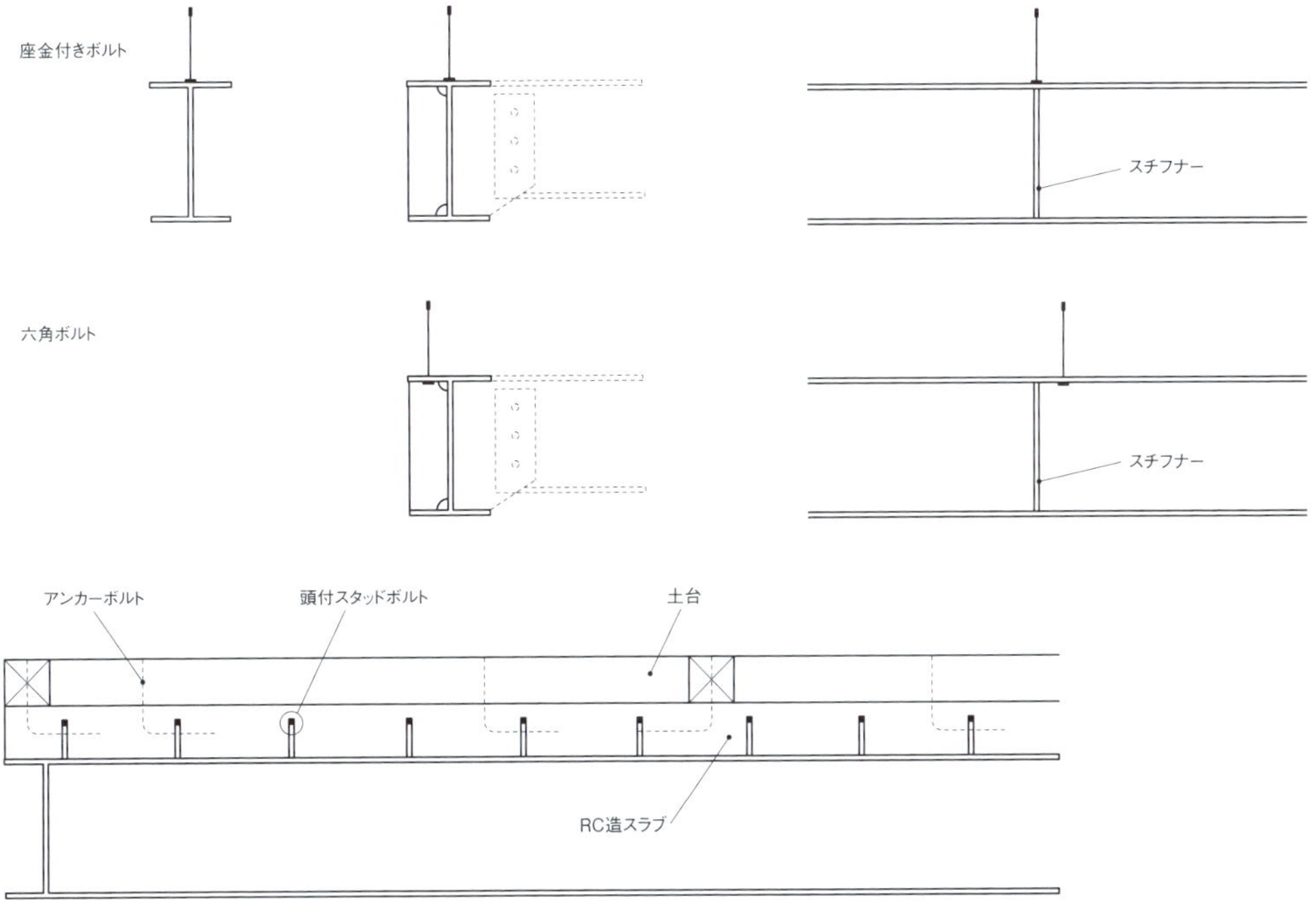

図4 合成スラブなしの接合※2

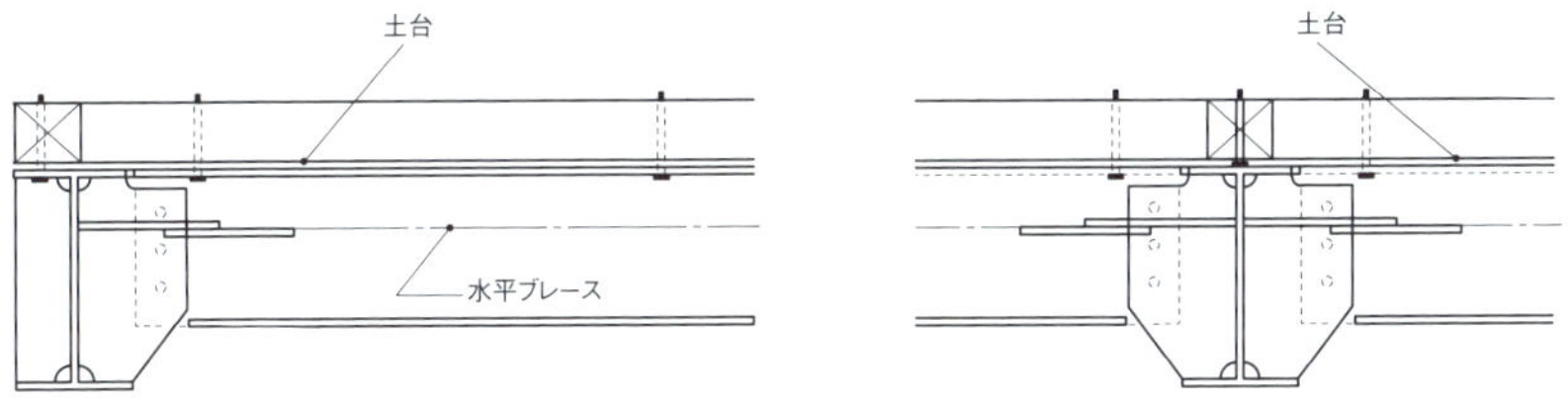

S造と木造の接合

木造のアンカーボルト、ホールダウン金物は原則鉄骨に取り付けるが、ただし、鉄骨上の合成スラブに十分な剛性と耐力がある場合はそこに埋め込むことも可能である。図3はアンカーボルトの取り付け例を示している。デッキプレート合成スラブの場合には、できるだけ薄い部分を避けて配置する。埋め込み深さの確保および、引き抜きによりコンクリート面の割裂を防ぐためである。図4はスラブを設けない場合の接合例である。

RC造と木造の接合

木造部分はRC造スラブの上に建つケースと、立ち上がり壁または逆梁の上に建つケースがある。前者は構造的、工事的に有利になる点があるが、木造床の下に空間がなく、配管などの設備関係についてはRCスラブを貫通しないと納まりにくいといった問題もある［132頁図5］。

スラブの上に建つ場合は、土台の下に梁がなければ、鉄筋を追加してスラブを補強する必要がある。補強計算は鉛直荷重のみならず、水平力時の反力に対しても行わなければならない。また、アンカーボルトやホールダウン金物に浮き上がりや抜き出しが生じないように定着長さや埋め込みディテールを決めなければならない。

立ち上がりを設ける場合は適切な配筋により構

※2：「３階建混構造住宅の構造設計の手引き」（財）日本住宅・木材技術センター、2005.1, pp.95-96より作成

図5 スラブまたは立上がり壁との接合※3

接合部断面図[S＝1：30]

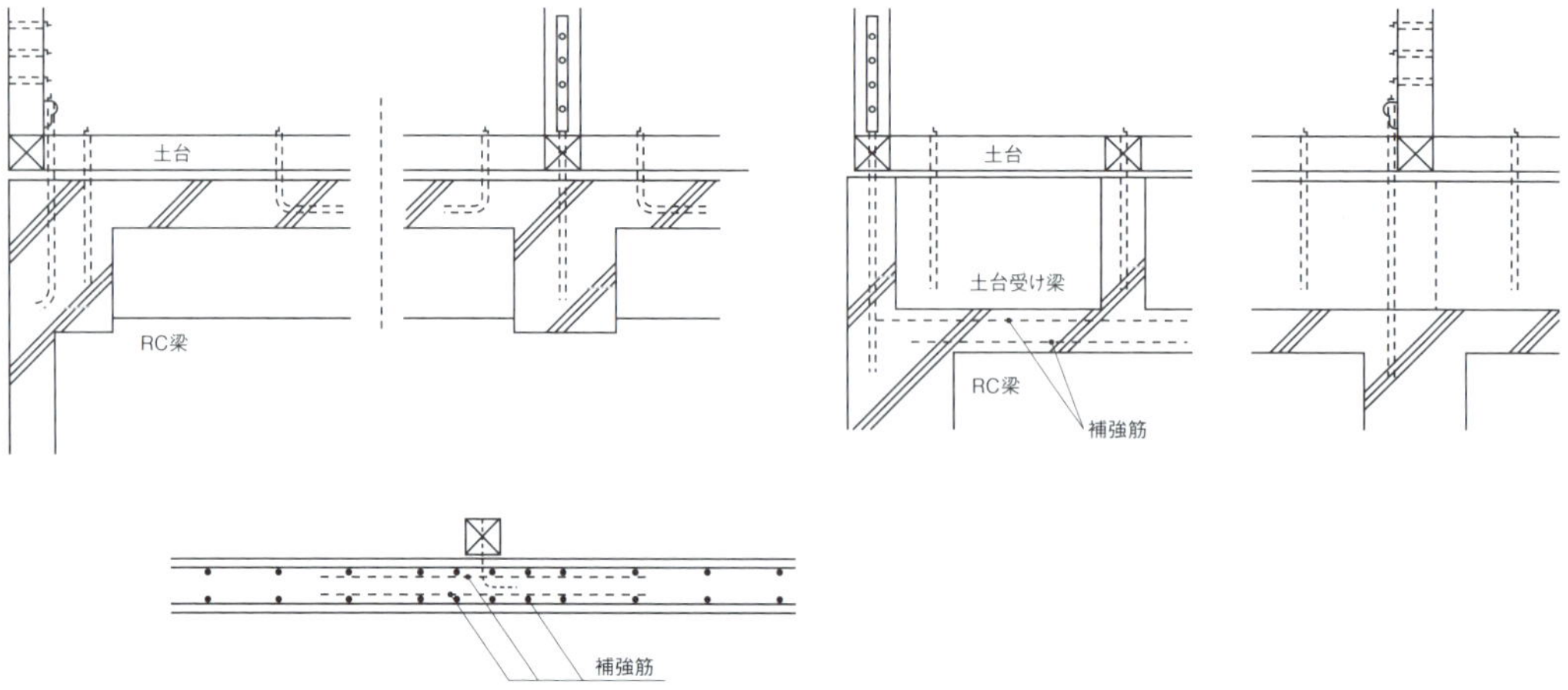

図6 接合部におけるせん断力の伝達方法

①アンカーボルトによるせん断伝達

②コンクリートコッターによるせん断伝達

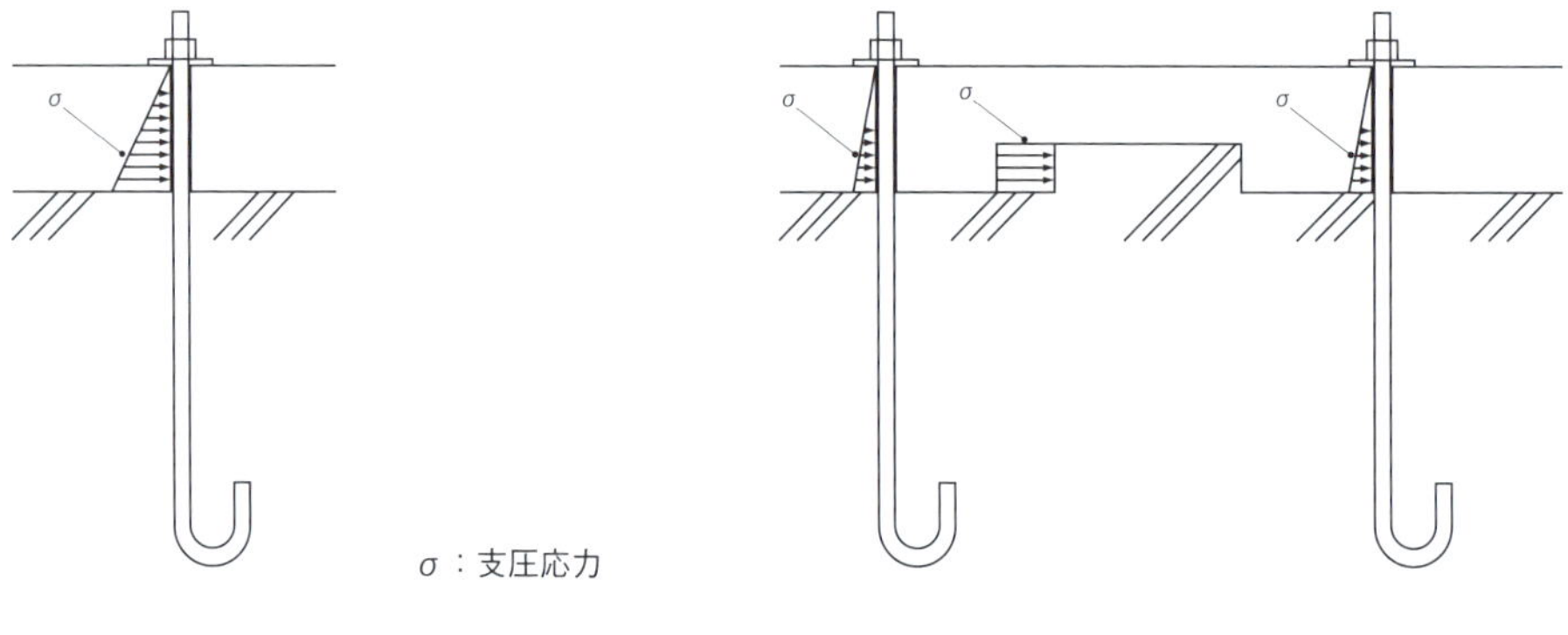

造の一体性を確保しなければならない。立ち上がりは連続的に配置すべく、木造部分の荷重をスムーズにRC造の梁、柱へ伝達することが重要である。

せん断力の伝達メカニズム

混構造の接合にはせん断力の伝達が最も重要である。立面混構造では上階に生じた風圧力、地震力を下階へ伝達しなければならない。平面混構造では水平構面の剛性や、異種構造床間の力の移行に必要な耐力を確保する必要がある。

一般的にせん断力の伝達はアンカーボルトに頼ることが多い。原理的には図6—①のように鋼製のボルトと木のボルト穴との間の支圧による伝達である。しかし、ボルト径は一般的に12〜16㎜と細く、剛性が弱くて支圧面積も小さい。前述したように、中層混構造の地震力は低層建築物よりはるかに大きいので、アンカーボルトが配置できなくなるほど多くなる可能性がある。この場合、図6—②のようなコンクリートコッターによるせん断伝達は確実性が高く、支圧面積が大きく取れるので耐力も大きい。コッターの両側を土台と密着させ、近くにアンカーボルトを配置すれば、土台がコッターから外れることもなく、安定的にせん断力を伝達することができる。ただし、コンクリートと直接に接する部分には防水紙の使用などの防腐措置を講じたほうがよい。

※3：「3階建混構造住宅の構造設計の手引き」（財）日本住宅・木材技術センター、2005.1, p.99より作成

混構造の構造計算

図1 木造部分の反力

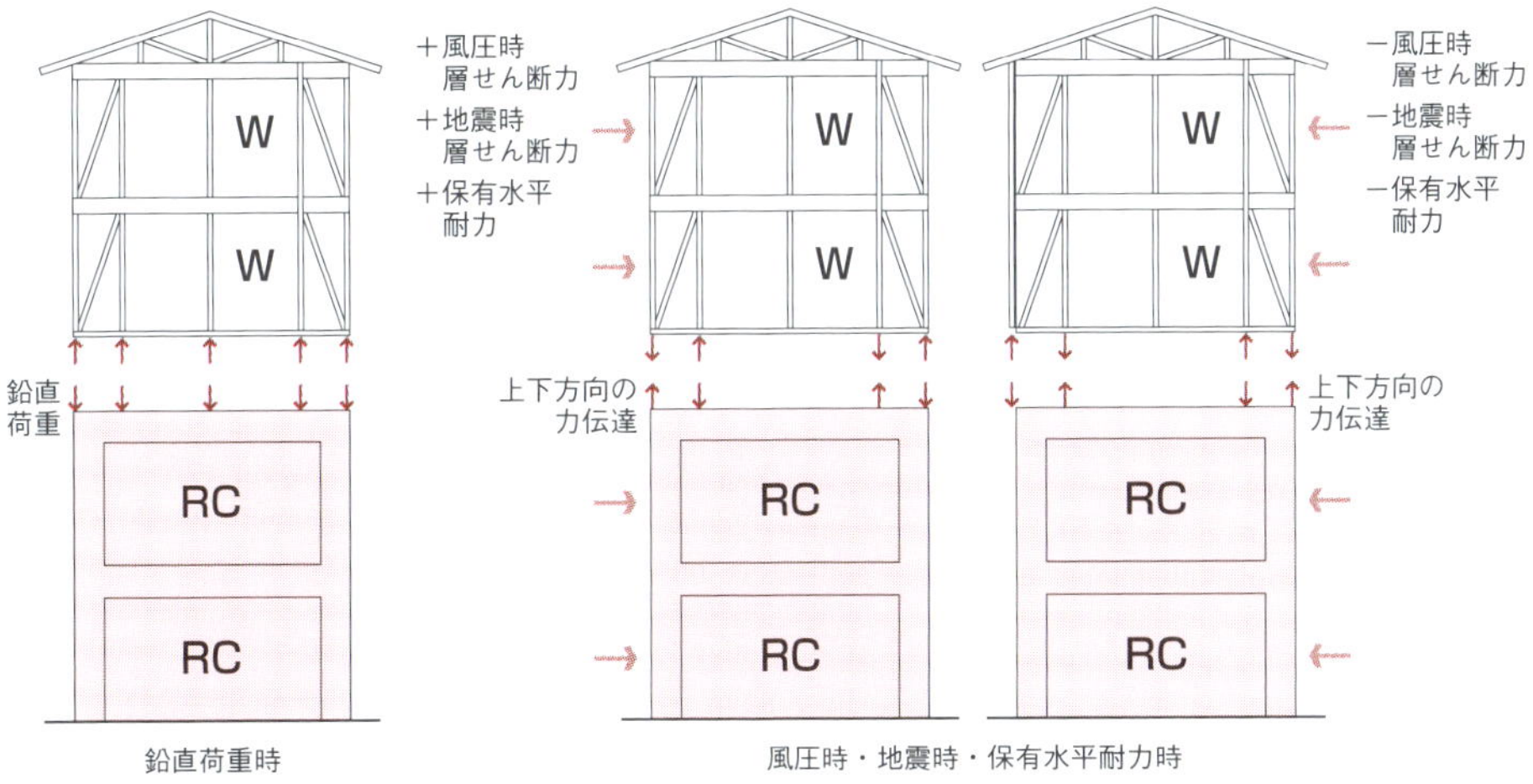

構造計算ルートは構造計算フロー［122~126頁］により決めるが、XY方向別で異なるルートとすることができる。ただし、上下は同一ルートとしなければならない。

構造計算プログラム

現状では混構造に対応できる一貫計算プログラムはほとんどなく、木造専用のプログラムと、RC造（またはS造）の一貫計算プログラムを併用する必要がある。この場合、建築物全体とした風圧力と地震力の計算や、異種構造間の荷重受け渡しなどは、普通の構造計算より多くの手間がかかる。繰り返し計算した場合、混乱して整合性を失うこともあるので、慎重に行わなければならない。

構造計算の進め方

木造の専用プログラムとほかの構造の一貫計算プログラムを併用する場合、RC造との立面混構造を例として、計算はおおむね以下の手順で進める。

①荷重拾い

それぞれのプログラムに入力し、各層の地震力計算用重量を算出する。接合層の重量は当該層に属する木造部分とRC造部分の合計になる。

②風圧力計算

建築物全体の高さにかかわるので、プログラムと別途で計算しなければならない。

③地震力の計算

建築物全層に対して地震層せん断力を求める。これもプログラムと別途になる。

④木造部分の解析と許容応力度検定

風圧時と地震時の層せん断力は②と③の結果を直接入力する。木造部分の鉛直構面、水平構面、柱頭・柱脚接合部、アンカーボルト、部材断面などをすべて許容耐力以下になるように検定する。

⑤木造部分の反力をRC造部分に入力

図1のように、鉛直荷重時、風圧時、地震時の木造部分の鉛直反力をケース別、XY方向別でRC造部分に荷重として入力する。ただし、水平反力の入力は必要ない。RC部分の層間せん断力は直接設定する。

⑥RC造部分の解析と許容応力度検定

風圧時と地震時の層せん断力は②と③の結果を直接入力する。すべての部材が許容応力度以下になるように検定する。

⑦層間変形角、剛性率、偏心率の確認

前述した混構造―1~3を除いて剛性率の確認

表1 アンカーボルトにより水平せん断力を伝達する場合※

土台の樹種		支圧の基準強度Fe（N／㎟）	短期許容せん断耐力Pa（kN）			
			アンカーボルトM12		アンカーボルトM16	
			土台105角	土台120角	土台105角	土台120角
J1	カラマツ	25.4	9.2	9.2	16.3	16.3
J2	ヒノキ、ヒバ、ベイツガ	22.4	8.6	8.6	15.3	15.3

アンカーボルトの基準強度F＝240（N／㎟）
材質：JIS B 1051に定める機械的性質の強度区分4.6または4.8に適合する炭素鋼

表2 アンカーボルトの許容せん断耐力

土台の樹種注2	アンカーボルト	許容せん断耐力（N）注1
ヒバ、ヒノキ、広葉樹	M12	8720
	M16	15510
ベイツガ、スギ	M12	7650
	M16	13600

注1：アンカーボルトの許容せん断耐力は、大変形時のロープ効果による耐力の増大を考慮して、日本建築学会「木質構造設計規準・同解説」のボルトの降伏耐力算定式を用いて算出した降伏せん断耐力の値を用いている
注2：ヒバ、ヒノキ、広葉樹はFc＝23.4N/㎟、ベイツガ、スギはFc＝18.0N/㎟とし、いずれも105㎜厚の場合

対象は全層になるので、プログラムと別途で行う必要がある。

⑧木造部分の保有水平耐力の計算

柱脚部が浮き上がりのおそれがある場合は、下層の構造を固めるか、または浮き上がりにより耐力を低減する。必要保有水平耐力の計算には工法によって適切なDsを設定しなければならない。ただし、「2020年版 建築物の構造関係技術基準解説書」の付録1－5.2によると、階数の範囲があるが、剛性率により割り増しが必要ないとされている。

⑨木造部分の保有水平耐力時反力をRC造部分に入力

133頁図1のように、保有水平耐力時の木造部分の鉛直反力をXY方向、正負方向別でRC造部分に保有水平耐力時の荷重として入力する。⑤と同じように水平反力を入力する必要がない。

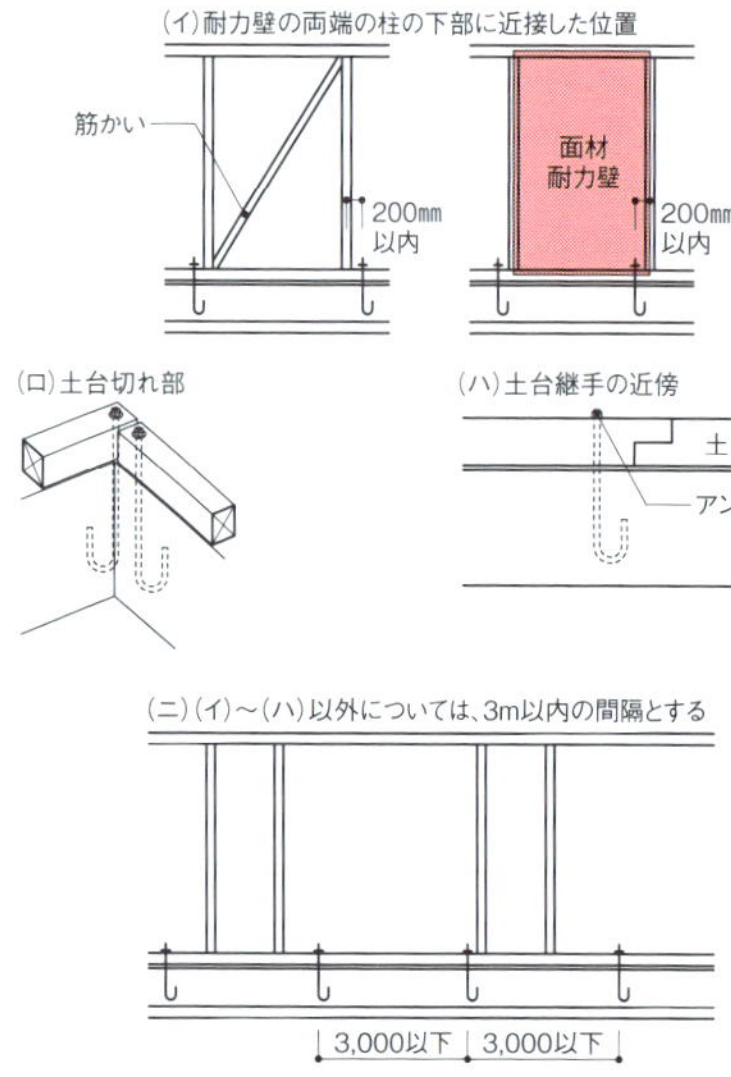

⑩RC造部分の保有水平耐力計算

一貫計算プログラムより計算する。すべての層の保有水平耐力が必要保有水平耐力を上回らなければならない。

⑪接合部の設計

木造耐力壁の引き抜きに対して、ホールダウンなどの接合金物を配置しなければならない。接合金物の選定は応力解析の結果を用いて行う。ルート3の場合は、保有水平耐力時の引き抜き力に対しても接合金物の短期許容耐力以下としなければならない。

アンカーボルトにより水平せん断力を伝達する場合は、「混構造手引き」に示された耐力［表］を用いることができる。132頁で紹介したコンクリートコッターによって伝達する場合は、基準類には示されていないが、許容耐力が支圧面積と木材の軸方向短期許容圧縮応力度の積としてよいと考えられる。アンカーボルトは図の要領により配置する。

⑫二次部材、基礎などの計算

木造の耐力壁を受けるRC造の小梁またはスラブは、鉛直荷重のみならず、水平力時または保有水平耐力時の耐力壁の反力を考慮して設計しなければならない。

※：「木質系混構造建築物の構造設計の手引き」（2019年版）p104,105より作成

中層木造の課題

図1 「東部地域振興ふれあい拠点施設」で開発された耐力壁

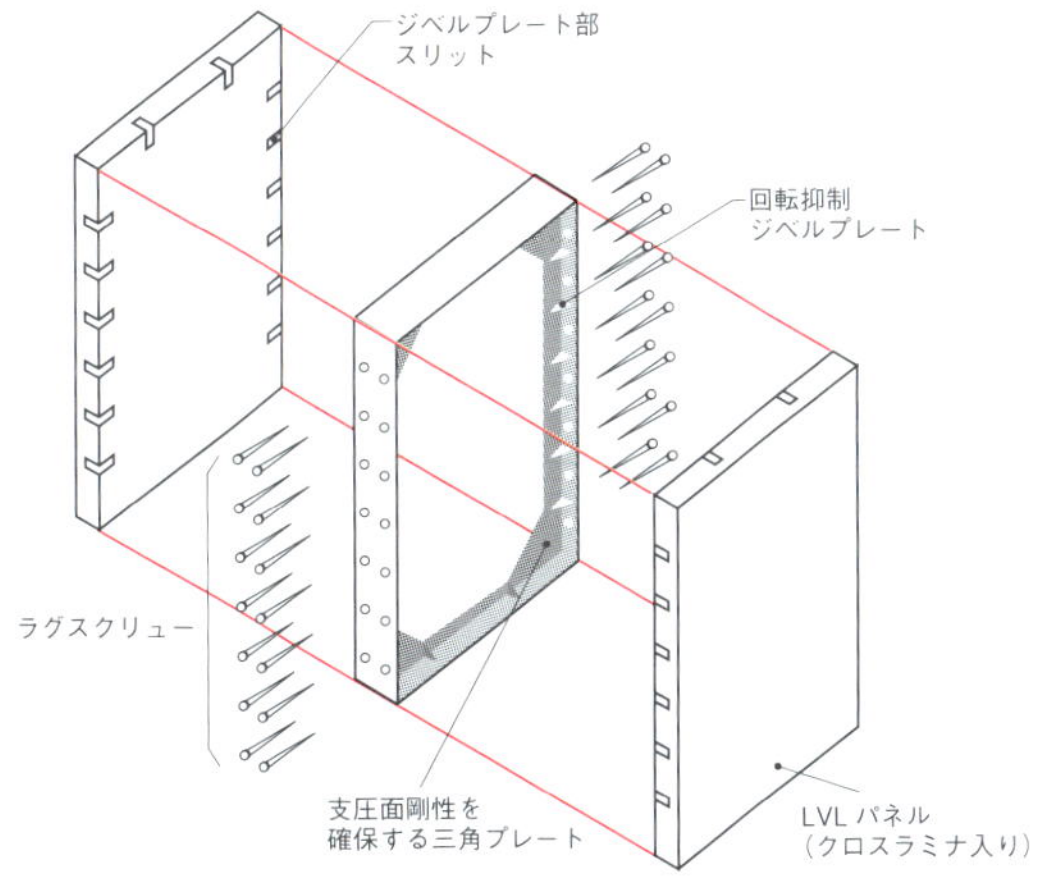

図2 高強度の金物の例

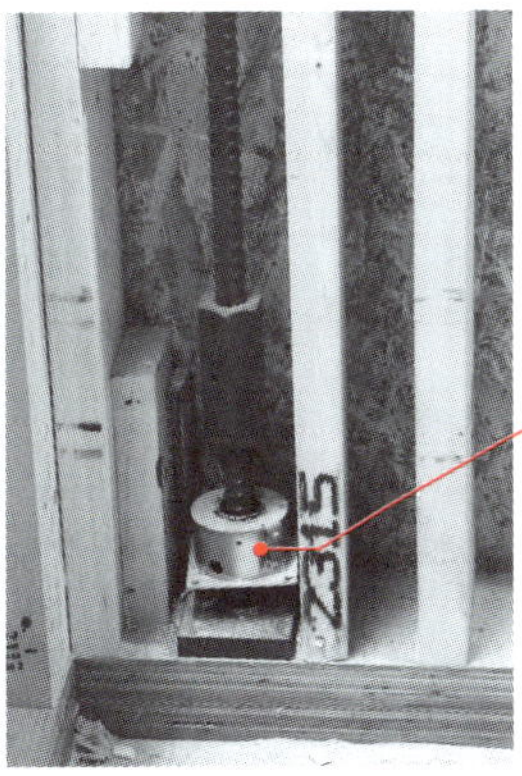

タイロッド金物

高強度ホールダウン金物

強い壁が必要

前述したとおり、中層木造と中層混構造は地震荷重が低層建築物よりはるかに大きい。今まで用いられてきた耐力壁の仕様は、必要な数が多く、建築物の空間や開口を確保できなくなる可能性がある。このため、より剛性・耐力の大きい壁が求められる。

軸組工法には、許容応力度計算による安全性確認の場合、耐力壁の足し合わせの上限は7倍までと決められている。これで足りない場合はやむを得ず2枚の耐力壁を重ねる事例もあった。これでは壁が厚くなるので、使用空間が狭くなる。2×4工法には上限が決められていないので、10倍前後の倍率を有する耐力壁も運用されている。また、個別的に精密計算や実験を通してより強いものを開発する事例も見られている。

図1は138〜140頁のＴＯＰＩＣＳ－１で紹介する「東部地域振興ふれあい拠点施設」のプロジェクトに開発された耐力壁である。鋼製の枠の両側からＬＶＬパネルをはめ込み、ラグスクリューで固定する。さらに鋼製枠とＬＶＬパネルの間にジベルプレートが設けられパネルの回転を抑制する。耐力壁同士または躯体とは鋼製枠で接合し、水平せん断力と鉛直反力を伝達する。

水平剛性は主に鋼製枠とＬＶＬパネルの間の支圧を通してパネルのせん断剛性によるものである。山下設計構造設計部門の担当者により発表された「鋼製枠組みとＬＶＬパネルを用いたハイブリッド耐震システムの開発」（日本建築学会大会学術講演梗概集２０１０）によると、幅８７５㎜の耐力壁の最大耐力は実験で６００kN以上あることが確認された。同幅の一般の木造耐力壁に比べて十数倍、もしくは数十倍にもなる。

強い金物が必要

中層建築物になると、在来の耐力壁を用いても、高倍率かつ連層に配置されることが多い。低

図3　中層木造と杭基礎

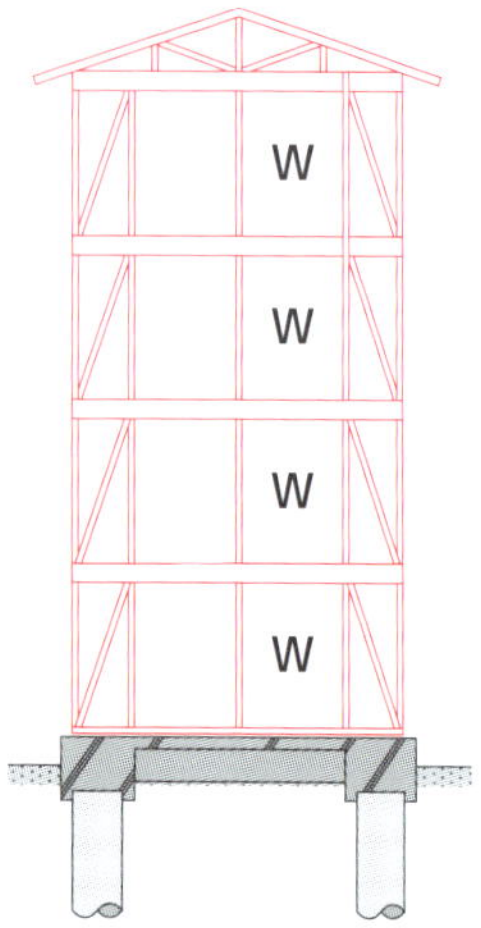

図4　木造4階建ての沈み込み量の例※

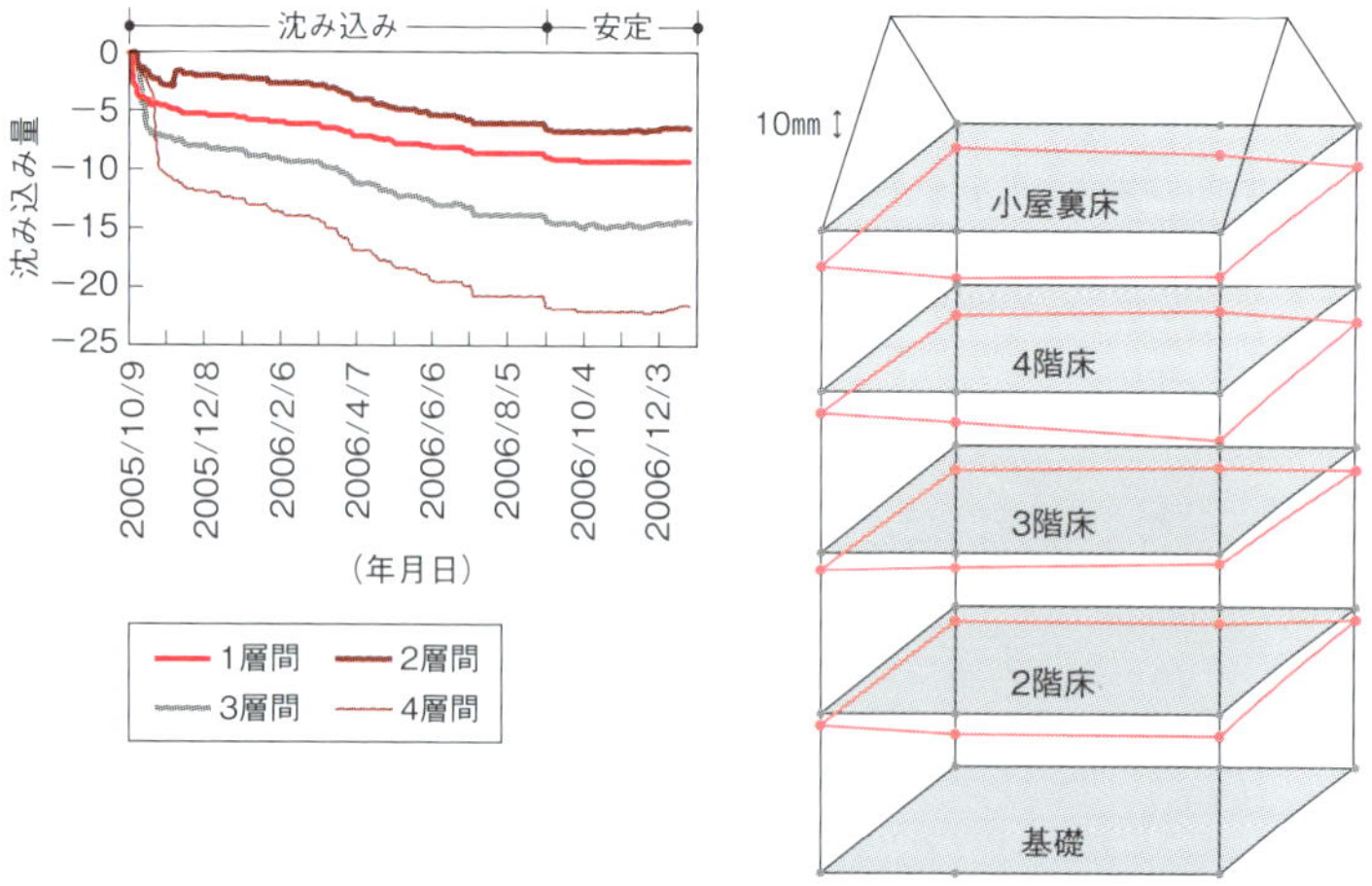

層建築物に比べ、耐力壁脚の引き抜き力はかなり大きくなる。かつルート3の場合は壁脚の降伏が認められていないので、保有水平耐力時の耐力壁脚反力に対しても接合金物の短期許容耐力内に納めなければならない。このため、低層用の金物では対応できなくなり、高強度ホールダウン金物や、タイロッド金物の使用が必要になる。高強度ホールダウン金物はボルトの本数増しにより強度を上げるか、上下に2つをつなげて使う。タイロッド金物は通し鋼棒を用いて柱脚を押さえつけて使う。

また、後述する中層木造の沈み込み問題の対策として、ナットの緩み防止や追随締めつけの措置を講じなければならない。135頁図2のタイロッド金物の写真に写っているのは石田組が開発した追随締めつけ装置である。

杭基礎が必要

中層木造の場合、地盤状況によっては杭基礎とする必要がある［図3］。単に鉛直支持力のために限らず、中層木造が都市の狭小敷地に運用される場合などの転倒対策としても考えられる。使われる杭の種類は小口径鋼管杭に留まらず、場所打ちコンクリート杭の事例もすでにある。木造を専門とする設計者は、杭の設計に得意でない方が多いと考えられる。杭種類の選定とその設計、工期計画、工事監理などは新たな課題になる。

沈み込み問題

木造建築物はほかの構造に比べて沈み込みが大きい。これによって建具の建て付け不良、外壁仕上げ材の亀裂、内壁石膏ボードのずれや割れなどが発生する。層数が多くなると総量としての沈み込み量は大きくなるので、中層建築物では特に、沈み込みに対する配慮が必要になる。

図4に示したのは日本ツーバイフォー建築協会会報誌「ツーバイフォー」のVol．166　2007年3月号に報告されたものである。平成17年度から2×4工法による4階建ての建築物（モデル棟）を測定した沈み込み量は、小屋の床面で最大20㎜を超えている。沈み込み現象は部材の収縮と部材間の隙間の減少によって生じると考えられている。

免震・制振の可能性

今まではまだ事例がないが、免震はいずれ中層木造の選択肢の1つになると考えられる。しかし、建設費や取り合いのディテールなどには課題が残されている。また、中層木造が低層より固有周期が長くなるので、適切な計画と計算が必要である。

免震に比べて制振は採用されやすく、かつ効果的な技術である。今まで木造建築に運用されている制振装置は、主に油圧系やゴム、粘性体系や摩

※：「ツーバイフォー」(社)日本ツーバイフォー建築協会会報誌Vol.166、2007年3月号

図5　制振技術例：WUTEC-SF

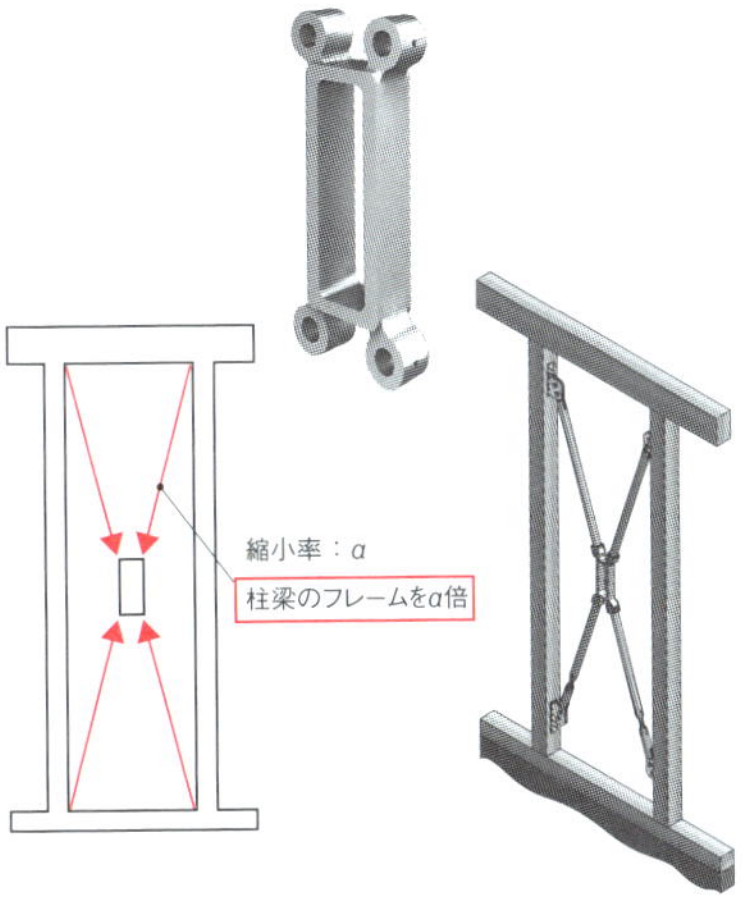

①WUTEC-SFと木造壁の性能比較

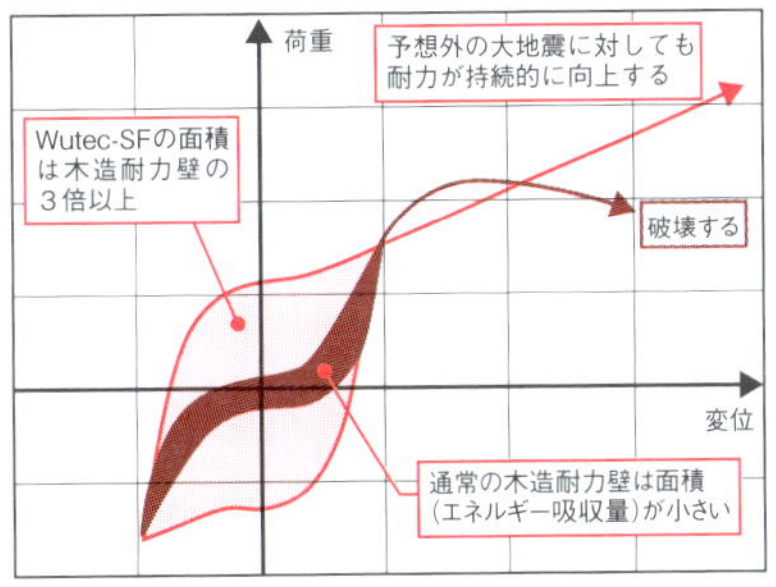

②振動解析によるシミュレーション

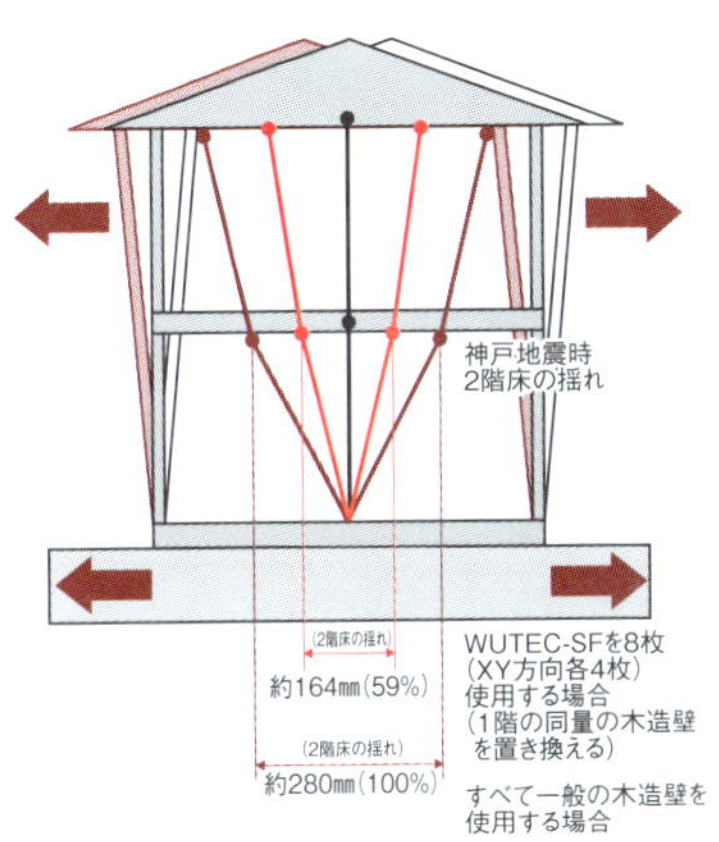

③地震揺れの低減効果

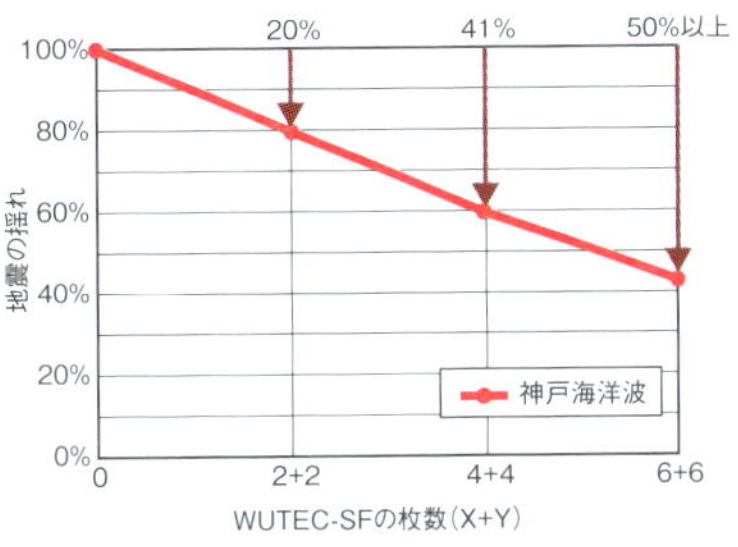

擦系などのダンパーがある。制振効果が認められているが、問題点も残されている。

まず、これらは指定建築材料ではないため、建築基準法の壁量に算入できない。しかし、剛性があるので、その配置によって建築物のバランスが崩れないかどうか別途の検討が必要になる。次に、油圧ダンパーには地震の性質や振動の速さによって性能が変わる「速度依存性」がある。ゴム、粘性体ダンパーには気温の影響を受けやすい「温度依存性」がある。また、耐久性についても十分証明されておらず、ほとんど動かない状態でも時間を経過すると劣化する傾向があり、いわゆる「時間依存性」もある。

図5に示されたWUTEC－SFは上述した問題点を解決した事例である。これは幾何学的原理にもとづいて、水平力時の水平変位を真ん中の小さなフレーム（SF）に集中させる。SFは柱梁架構に比例して縮小したもので、優れた変形能力を持つ純アルミニウム製である。その塑性変形により振動エネルギーを吸収する。指定建築材料の一般金属しか用いられていないので、耐力壁として建築基準法の壁量に算入できる（現在国土交通大臣壁倍率認定取得済み）。

制振効果に関しては、図5－①に示すように、エネルギー吸収量を表す面積が一般の木造壁の3倍以上あり、予想外の大地震に対しても耐力が安定的に向上し、建築物の倒壊を防ぎ、余震からも建築物を守ることができる。また図5－②は2階建ての住宅をモデルとして、振動解析によるシミュレーションの結果を示している。一部の木造壁をWUTEC－SFに置き換えれば、地震の揺れが大きく軽減される。図5－③に神戸の地震波に対する低減効果を示す。さらに、オール金属製なので、「速度依存性」、「温度依存性」、「時間依存性」もほとんどなく、いつでも安定的な性能を保つ。これからの中層木造などに役立つことが期待される。

混構造の展開

図1 立面混構造の例（東部地域振興ふれあい拠点施設）

建物名称	東部地域振興ふれあい拠点施設
所在地	埼玉県春日部市南1丁目
主要用途	庁舎、事務所、ホール
敷地面積	5212.4㎡
延床面積	1万529㎡
構造・規模	S造一部木造、地上6階建て
施工期間	2010年8月～2011年9月
建築主、事業者	埼玉県・春日部市
設計・監理	山下設計
施工	銭高組

工事時内観の写真

大規模耐火木造建築の実現

今回の計画では、最上階の5・6階を耐火木造とした。3.5m×7.0mのスパンで構成された木の軸組は、鉛直力のみを負担し、水平力は、外周部に配置したLVLパネルによって構成された耐震フレームが負担する計画としている。この市松のパターンが外観デザインの特徴となっている。

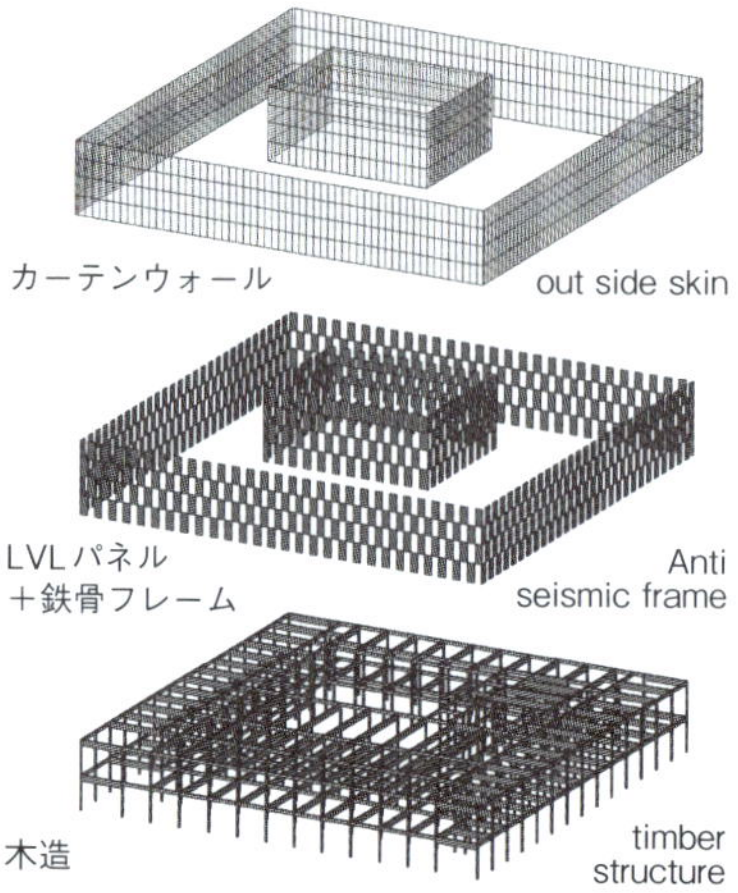

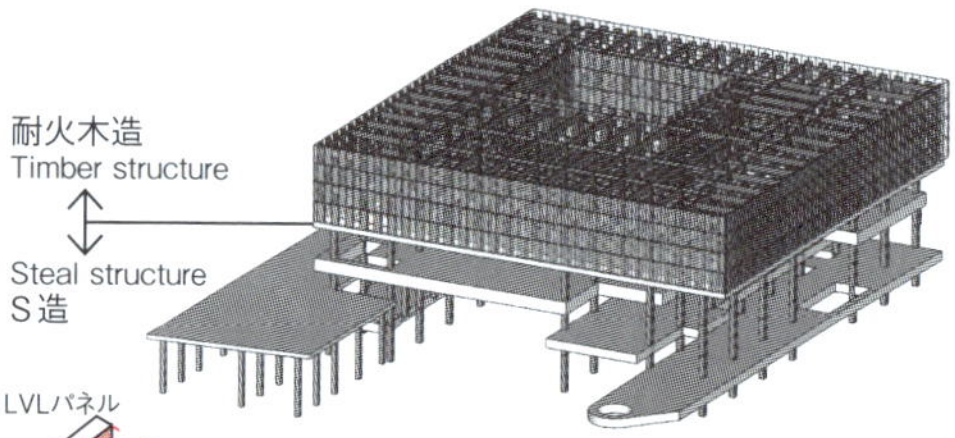

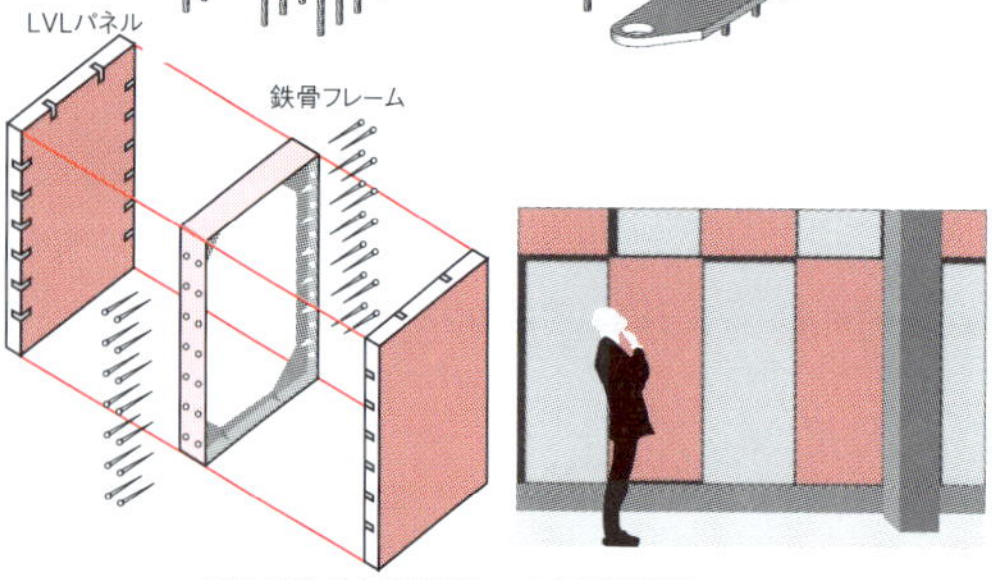

LVLパネルと鉄骨フレームによる耐震フレーム

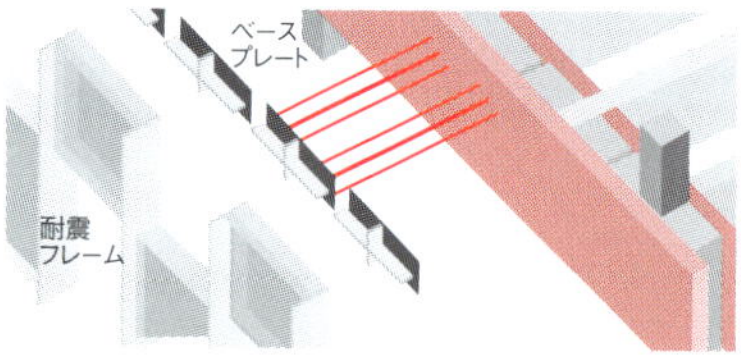

耐震フレームと梁の取り合い詳細

立面混構造の事例

図1の建築物は耐火木造による立面混構造の代表的な事例である。用途は事務所などの大型建築物で、地上6階建ての1～4階はS造、5階と6階は耐火木造としている。

設計のコンセプトには「都市を新しい森にする」ことが提唱され、日本に豊富にある木材を活用し、多くの炭素を都市の新しい場「森」に固定する試みがなされた。加えて、公共建築物に必要になる大空間と優れたデザイン性を実現できた。

木造部分には（一社）日本木造住宅産業協会が大臣認定を取得した耐火木造の仕様を採用した。軸組工法の独立柱は鉛直荷重を負担し、2重張りの強化石膏ボードにより被覆されている。水平力は、外周部に市松のパターンで配置された独自開発の耐力壁により負担する。この耐力壁については135頁で紹介している。耐力壁は鉛直荷重を負担せず、S造のブレースと同様に耐火被覆を要しない。つまり、地震と火災が同時に起こらないとの考えである。内外に見られるこの市松パターンの耐力壁はデザインの特徴になっており（図1の写真参照）木造建築物の暖かいイメージを演出している。

明治大学黒川農場 本館外観

構造設計はルート3で保有水平耐力計算により安全性を確認した。耐力壁の性能は実験により確認されている。

平面混構造の事例

平面混構造の事例として取り上げる図2の建築物は大学の校舎である。地上2階建て、延床面積が3000㎡以下なので、木造部分は燃えしろによる準耐火構造としている。本書は耐火木造をメインテーマとしているが、構造的に平面計画と安全性確認の良い事例として紹介する。

コア配置形式とは異なり、この建築物は2つのRC造部分が木造部分を挟んだ平面となっている[図2―①]。木造とRC造の間にはエキスパンションジョイントを設けておらず、3つの部分が構造的に一体となっている。木造部分は鉛直方向には自立しているが、水平の耐力要素が設けられておらず、水平力をすべて両側のRC造部分に負担させている。

ここで構造計画の要点をいくつか取り上げることができる。まず、挟んでいる木造部分に水平伝達力を生じさせないため、2つのRC造部分を同じ構造形式とし、ほぼ同じ剛性になるように計画している。次に、木造部分の床面には28㎜構造用合板2重張りとし、屋根面には15㎜の構造用合板張りとしている。これにより水平構面の剛性を確保している。木造とRC造の接合にはアンカーボルトとせん断コッターが併用されている。また、RC造の剛性が大きいので、地震時の水平変位が小さい。2つの部分に多少揺れの違いが生じても、比較的に柔軟性をもつ木造によって吸収することができる。

構造設計はルート2とし、木造部分が完全な剛床にならないため、全体およびそれぞれのRC部分の3つのケースに対して、許容応力度計算、剛性率、偏心率の確認を行っている。木造部分の荷重も最も不利になるように、部分ごとの検討の場合はすべてその部分に負担させ、十分な安全性を確保している。

木造部分にはベイマツ集成材を用い、燃えしろ厚さを35㎜としている。鉛直荷重に対しては、周囲の燃えしろ分を除いた断面および短期許容応力度を用いて検討した。

図2―②には木造部分とRC造部分の2階床の接合ディテールを示している。鉛直方向、水平方向とも荷重の伝達はアンカーボルトのせん断に頼らず、RCアゴと水平コッターを設けている。RCアゴが打設された後、無収縮モルタルで水平レベルを作り出してから木造の梁を取り付け（図2―②の写真参照）、水平コッターと木造梁の間にも無収縮モルタルを充てんして密着させる。これによって木造部分のクリープ変形により生じる床面の段差が最小限に抑えられ、地震時または風圧時の水平せん断力も確実に伝達できる。

図2 平面混構造の例（明治大学 黒川農場）

建物名称	明治大学 黒川農場　本館
所在地	神奈川県川崎市麻生区
主要用途	学校
建築面積	1702.95㎡
延床面積	2584.01㎡
構造・規模	RC造一部木造、地上2階建て
施工期間	2010年4月～2011年12月
建築主	明治大学
設計・監理	INA新建築研究所
構造設計協力	呉建築事務所
施工	戸田建設株式会社

木造部分は燃えしろによる準耐火構造

①断面図と2階平面図

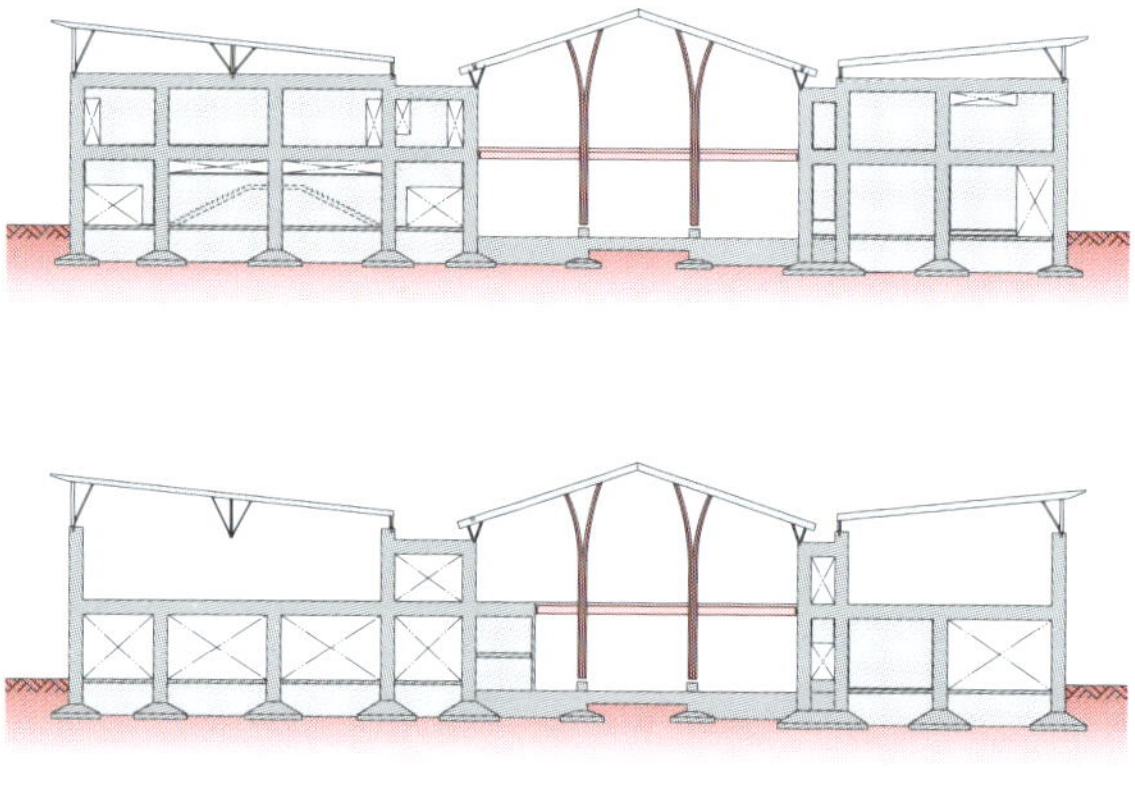

断面図

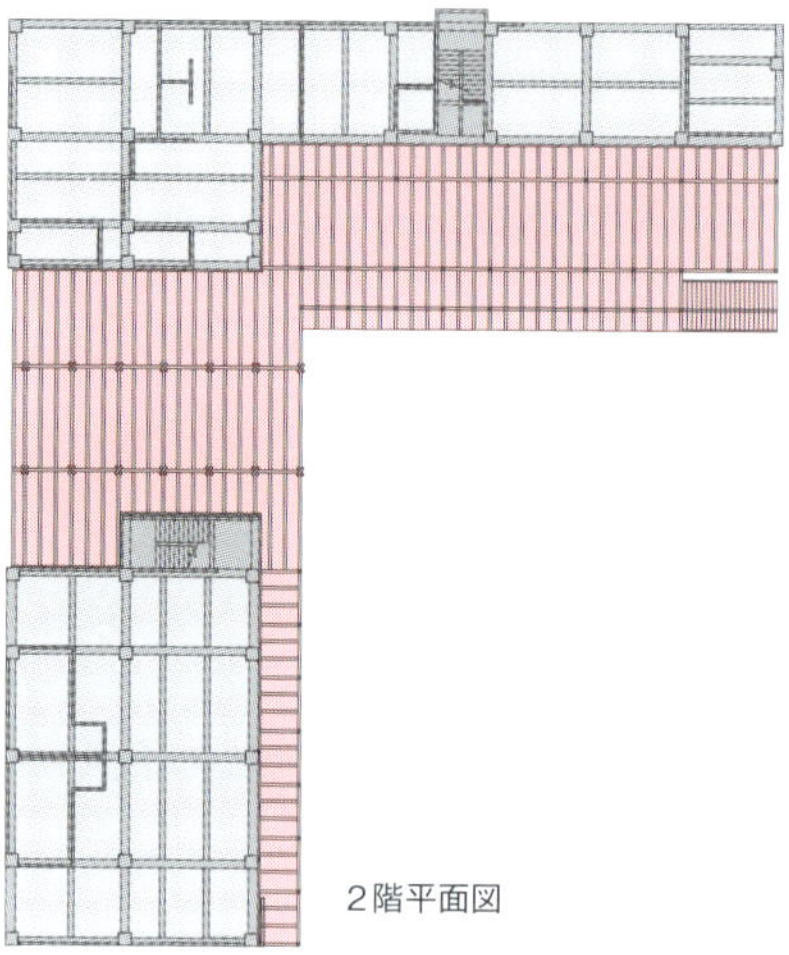

2階平面図

②RC造部分と2階床接合部

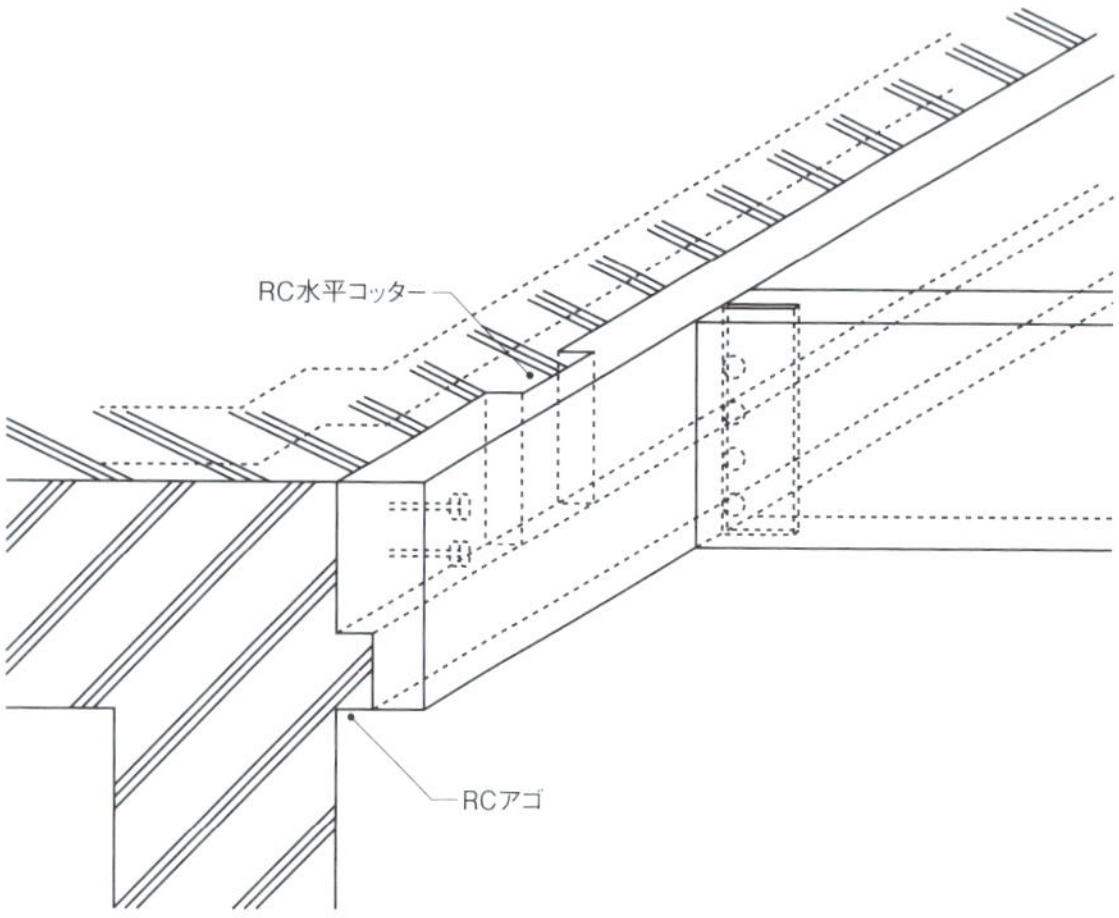

RCアゴと水平コッターの例

欧米の中高層木造建物の事例

アメリカの場合

アメリカでは、州により事情が異なるものの、中層木造建物がかなり普及している。それらのなかには、建設規模が大きく、混構造を採用し、平面的にも立面的にもバランスがよい事例が多くみられる。

写真1はニューヨーク郊外に建てられている集合住宅である。この地域には、1層の鉄筋コンクリート造の基壇と、4層の2×4木造による5階建ての建物が多く見られる。用途は1階が駐車場または店舗、2~5階が住戸になっている。外装は石張りやガラス張りなどで、モダンなデザインを演出している。

写真1
ニューヨーク郊外の集合住宅

写真2
ロサンゼルス市街地の集合住宅

写真3
ロサンゼルス市街地の建設現場

写真2と3は、ロサンゼルス中心部に建てられた大規模の中層木造建物である。ロサンゼルスの市街地には、このような規模とつくりの建物と工事現場が多く見られる。それらの下部には、RC造の2~3層の基壇が設けられている。これは市街地の商業施設または駐車場に供するものだと考えられる。基壇の上には6層分の2×4木造の上家がのせられている。用途は分譲住宅として販売する物件も少なくない。

一般的に言えば、分譲住宅は平面的に比較的大きく、断熱や遮音などの性能が一層高く要求される。また、ロサンゼルスは日本と同じく地震の多発地帯なので、耐震性能に厳しい。中層木造の建設技術が達したレベルの高さは伺い知れる。

構造詳細を見ると、大きな荷重を受けるために、たて枠の間に金属柱が設けられた例がある（写真4）。2×4耐力壁の中に、木材を用いた三角格子が組み込まれる例もある。上の階になるにつれ、三角格子の形状を変え、壁の耐力を調整している（写真5）。

写真4
壁中の金属柱

写真5
耐力壁

写真6
ウィーン郊外の建設現場

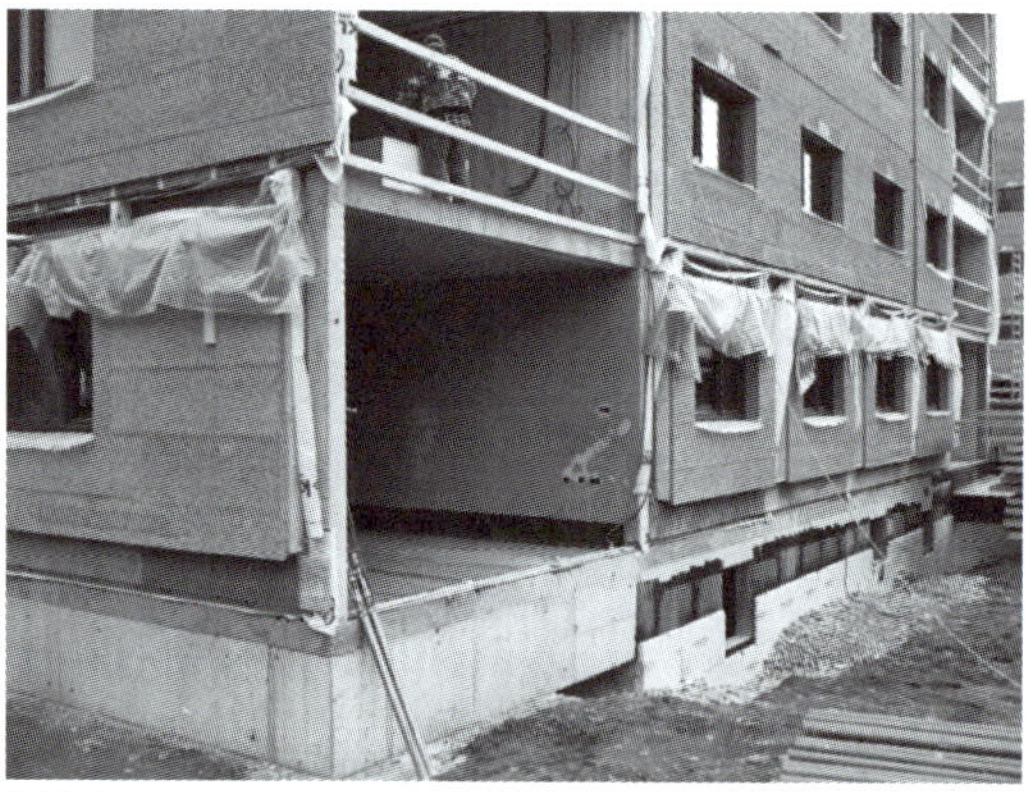

写真7
架台に用いる木質外壁

ヨーロッパの場合

写真6は2000年代後半にオーストリアのウィーン郊外で撮影された、大規模な木造集合住宅の建設現場である。ほぼ同じ規模、同じ形状の建物が複数並べられている。構造的には、1階の基壇及び上家のコアはRC造とされ、上家コア以外の部分は木造とされている。つまり、立面的にも平面的にも混構造である。コアには階段やエレベーターなどの竪穴が配置され、これをRC造とすることで、耐火・避難・水平力負担などにも有利になる。しかし、鉛直荷重を受けて、コンクリートと木材の変形が異なるので、その間の床に段差または亀裂が生じる恐れがある。またこの事例は、RC造の基壇にも木質の外壁が用いられ、上下階に同じイメージになるようにデザインされている［写真7］。

カナダの場合

ブリティッシュコロンビア大学構内に、2017年夏に完成した学生寮は、18階建ての木質ハイブリット構造である。高さが53mあり、その時点では世界一高層の木造建物である［写真8］。図1は建物全体の構造モデルである。1階はRC造の基壇とし、2階から最上階まで2つのRC造コアが設けられている。この2つのコアで全ての水平力を負担するように設計されるので、

写真8
Brock Commons

写真9
工事中の内観

写真10
外壁パネル

図1
構造モデル

図2
上下柱の接合部周囲の詳細

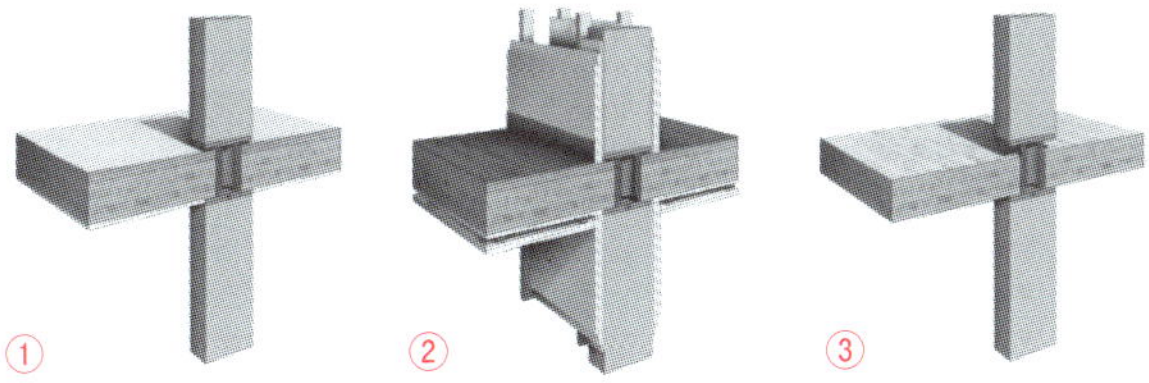

木造部分には耐力壁を設ける必要がない。木造部分は独立柱とフラットスラブからなる、極めてシンプルな構造である［写真9・10］。

3～18階の木質系の床は、5層5プライのクロス・ラミネイティド・ティンバー（CLT）パネルである。床パネルは、2・85m×4.0mのグリッドの交点に配置された柱によって4点で支持され、梁は設けられていない。床の上には、遮音のために40㎜のコンクリート層が設けられている［図2—①］。床パネルの下には、耐火のための直張り石膏ボードと、耐火と遮音を兼ねた二重天井が設けられている［図2—②］。

上階の柱は床パネルを介在しない金物接合で、軸力を直下の柱へ直接伝える［図2—③］。これによって、床パネルのめり込みにより沈下が避けられる。しかし、木質系の柱の鉛直荷重による軸組変形はコンクリートより大きいので、各階の軸組変形が累積され、上の階に行くほど沈み込みの量が大きくなり、RC造コアとの間に段差が生じる恐れがある。これを少しでも緩和するために、上下の柱間の接合部に1.6㎜厚の「シム」が挿入された。この「シム」は、竣工後1～2年でRC造コアと平らになるように、柱の軸組変形分を予測した厚みとしている。柱の周囲には同じく耐火のための石膏ボードが張られている。

外壁には工場生産のパネルを取り付け、金物で固定してあり、構造的には非耐力壁である。

木造3階建て学校の実大火災実験

図1 実大火災実験の様子

2012年2月22日に国土技術政策総合研究所で実施　（写真提供：坂本功）

図2 試験体の概要[※1]

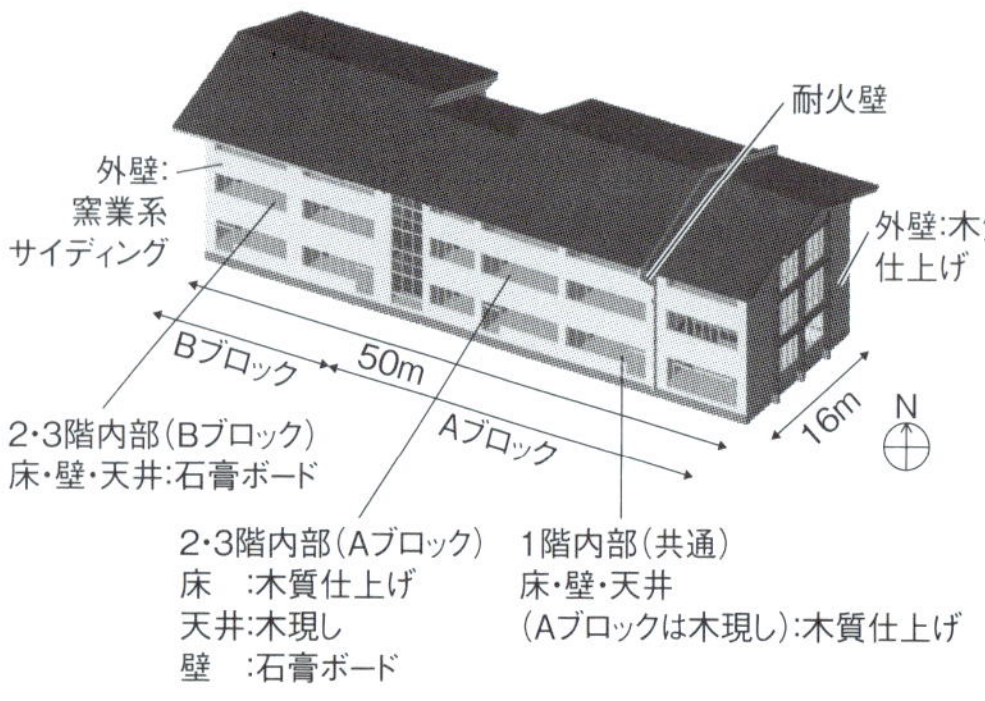

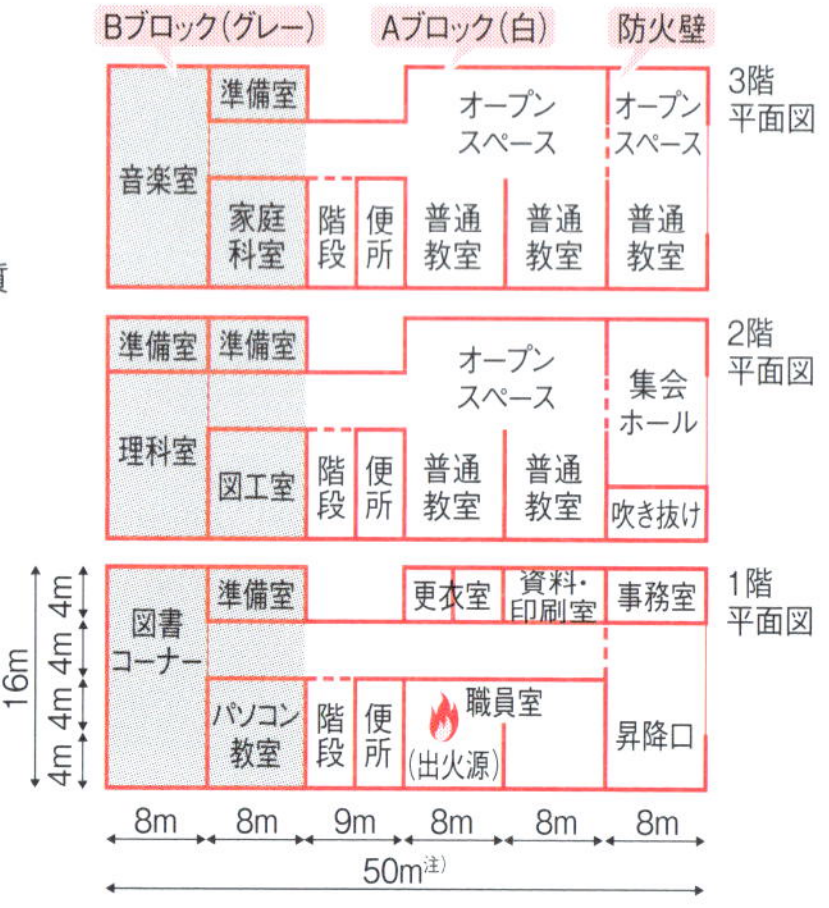

（注）防火壁等の厚みが加わるため、50mとなる

建築面積：約830㎡、延べ面積：約2,260㎡、階数：3階建て、構造：準耐火構造（1時間）、工法：軸組工法＋枠組壁工法、木材量：軸組－約350㎥、枠組壁－約315㎥、可燃物代替－約125㎥

「公共建築物木材利用促進法（通称）」の施行を受け、2011年から'13年にかけて木造に関する技術基準の見直しが進められた。建築基準法から3000㎡を超える木造を禁じる規定が削除されて久しいが、そうした規模を耐火構造以外でつくる基準が曖昧であり、大規模木造の建設が実務的に抑制されていたためである。

基準の見直しに当たっては、3回の大がかりな実大火災実験が実施され、話題を集めることとなった。初回実験を伝える記事によれば、点火してから17分後に防火壁を超えて一部が燃え始め、27分後にフラッシュオーバーが発生し、建物全体に延焼した。76分後にはAブロックが倒壊し、84分後からBブロックも順次倒壊していった。[※2] つまり1時間の準耐火性能が検証される一方で、防火壁が比較的早い時間に突破され、その検討課題が明らかにされた［図1・2］。

その後、2回の実験を通して防火壁（壁等）の仕様が固められ、「壁等による区画」という考え方が2014年の建築基準法改正に盛り込まれた。この技術基準は'15年6月から施行され、大規模木造の多様な展開を後押しする役割を果たしている。

※1：「木造3階建て学校の実大火災実験（予備実験）の実施について」記者発表資料（http://www.nilim.go.jp/lab/bcg/kisya/index.html）、国土技術政策総合研究所、2012.1.26
※2：「国総研、建研ら／木造3階建て校舎で実大火災実験実施／基準見直しへ課題抽出」日刊建設工業新聞2012年2月23日

5

耐火木造の納まり

【在来軸組工法】メンブレン耐火構造の基本事項

　2018年4月施行の告示により木造の耐火構造の一般的な基準が定められたが、その内容だけでは具体的な仕様や納まりが不明な部分も少なくない。そこで146～163頁では、木住協の仕様に従い、軸組工法における耐火木造の設計・施工のポイントを述べる。これ以上の詳細な内容については木住協のマニュアル類を直接確認してほしい。※なお木住協が取得した大臣認定の耐火構造を使用する際には、講習会を受けるなど所定の手続きが必要である［3章］。

　耐火建築物では、主要構造部である、壁、柱、床、梁、屋根または階段に一定時間以上の耐火性能が求められる。メンブレン耐火構造では、これら主要構造部を耐火被覆するにあたり、鉄骨躯体のように柱や梁を部材単位で被覆するのではなく、それらをまとめて被覆された空間内に隠蔽する。すなわち柱や胴差などは壁の中に、梁や根太は床・天井の中に、階段の骨組みは段板・蹴込み板と階段裏板などで囲まれた中に隠蔽する［図1］。

　もちろん、ただ隠蔽すればよいのではなく、耐火被覆の「膜」（メンブレン）で切れ目なく覆われる必要がある。さらに、被覆面だけでなくその下地等も含めて耐火性が確保されるため、設計・施工にあたっては、個別の耐火認定をうけた特定

図1 メンブレン耐火構造における被覆部位

●屋根の被覆

屋根断面図

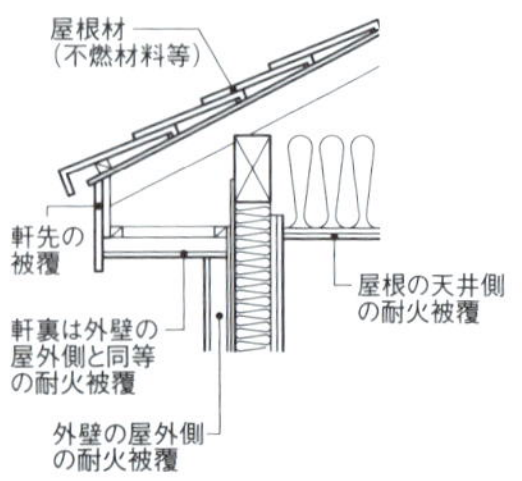

●壁・柱・梁・床（天井）の被覆

断面図

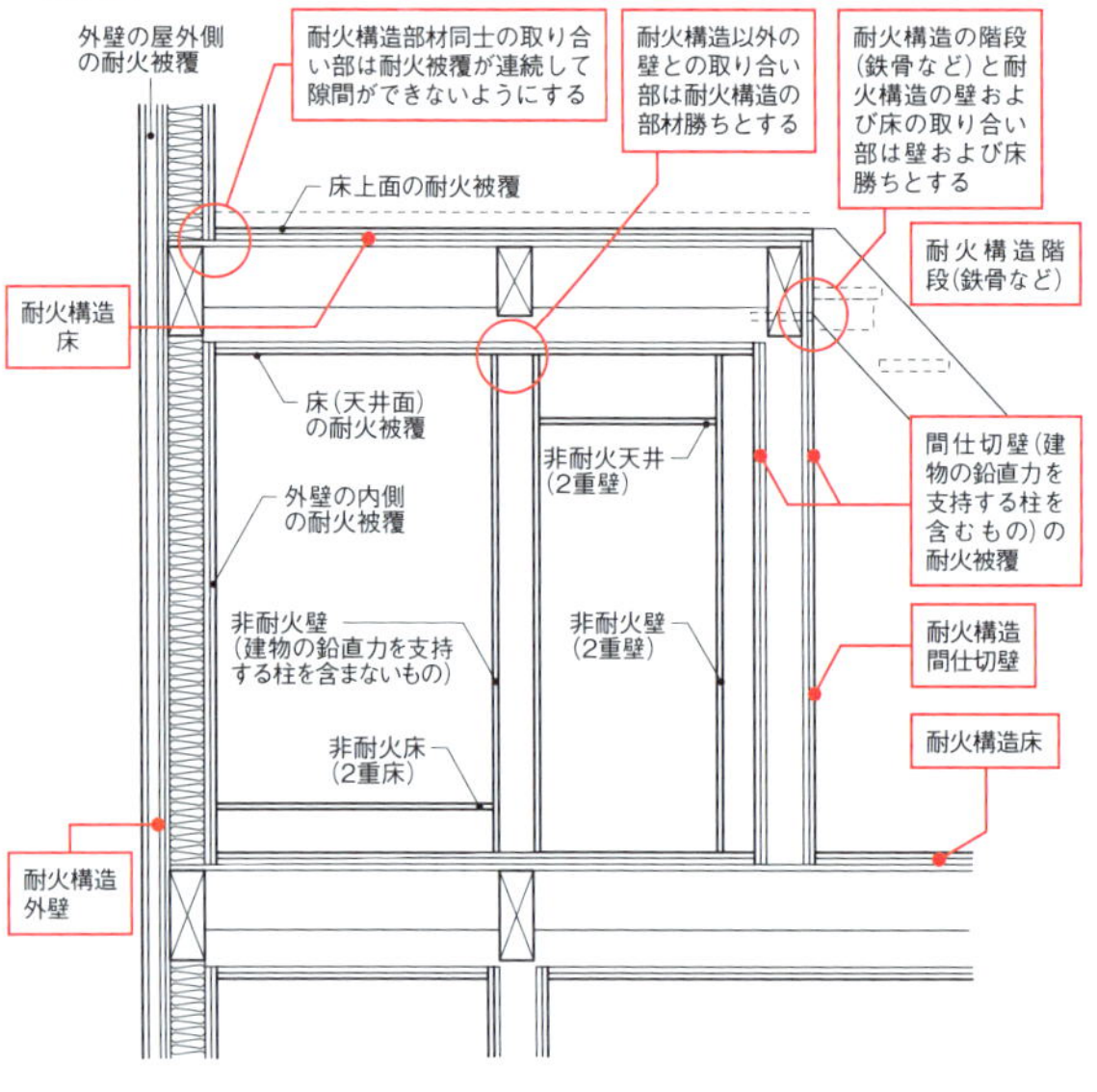

（注）非耐火壁・非耐火床・非耐火天井の下地・仕上材および開口面積の制限はない

●壁の取り合い

平面図

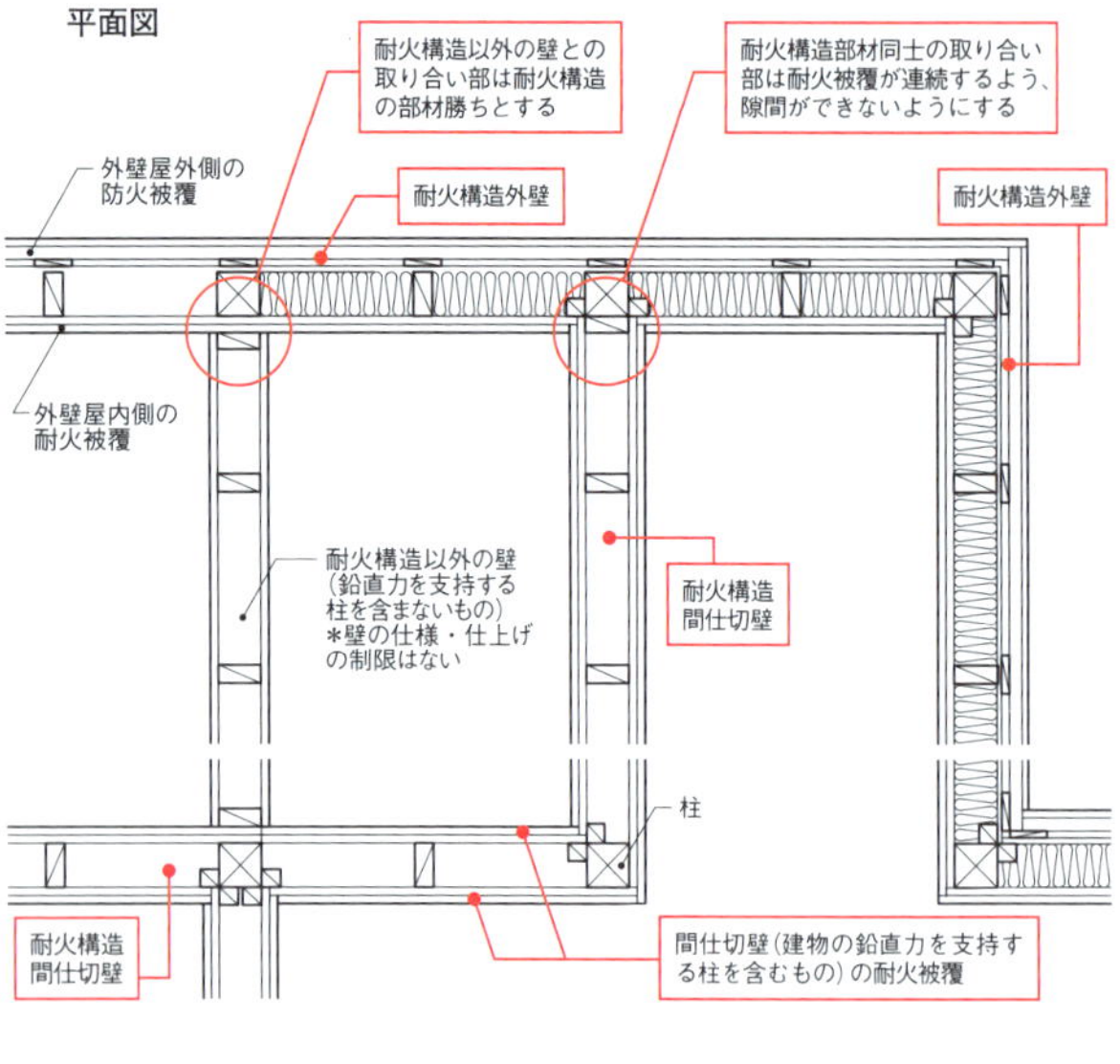

※：「木造軸組工法による耐火建築物設計マニュアル（第7版）〈本編〉」「同〈資料編①（1時間耐火構造）〉」「同〈資料編②（2時間耐火構造）〉」木住協、2019.9。なお、146～163頁の図表の多くはこれらを参照・引用している

の仕様を厳格に守る必要がある。

耐火構造で最上階から4階以内の部分に求められる耐火性能は、耐力壁（外壁および間仕切壁）・柱・梁・床（天井含む）で1時間、屋根・階段で30分で、最上階から5～14階部分では、耐力壁・柱・梁・床で1.5時間、屋根・階段で30分である。耐火時間が同じ部位なら、被覆面を連続させることができるが、異なる場合は耐火時間が長い方の被覆面を勝たせて縁を切る必要がある。もちろん耐火構造でない間仕切壁や下がり（化粧）天井、上げ床などは従来と同じ仕様で問題ない。

軒や1階床は、それ自体に耐火性能は求められないが、小屋組や軸組（土台等）の被覆と一体と見なす仕様の場合には耐火被覆が必要になるため、設計段階から方針を決めておく必要がある。

室内側の耐火被覆は、強化石膏ボード2重張り（2時間耐火の場合は3重張り）が基本になるため（それ以外の仕様は部位による［表］）、従来よりも壁や床は厚く、天井は低くなる。そのため室の有効幅や天井高に注意が必要である［図2・3］。

●基礎廻りの被覆

床断面図

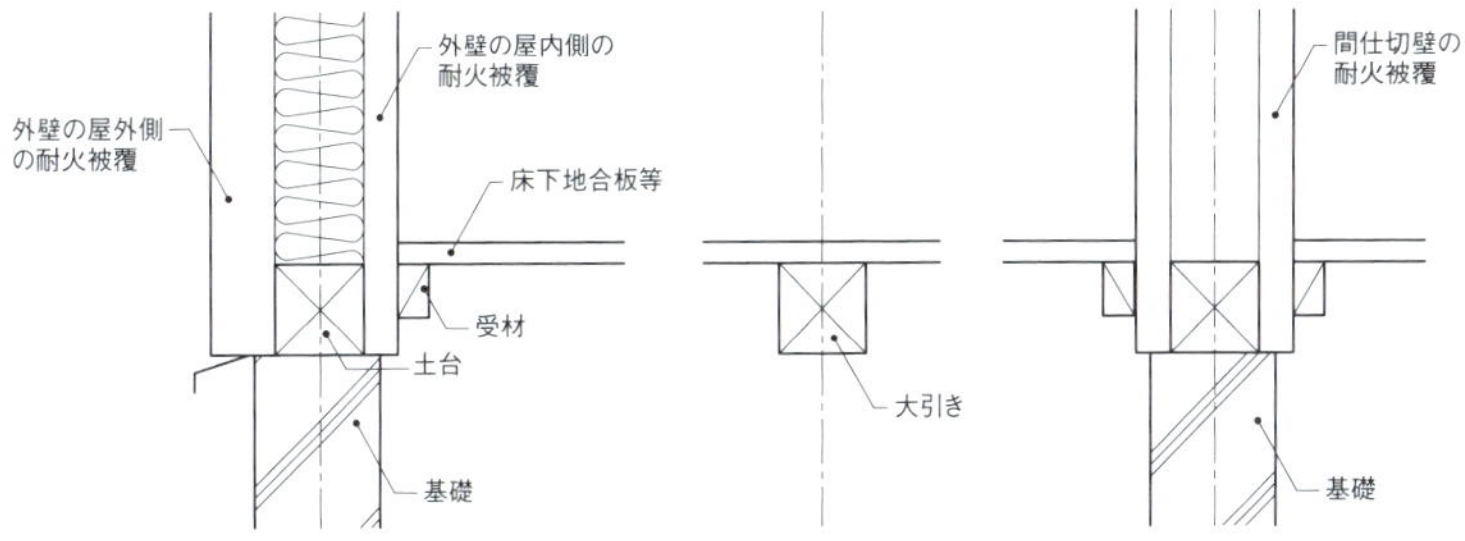

（床上面耐火被覆の場合）

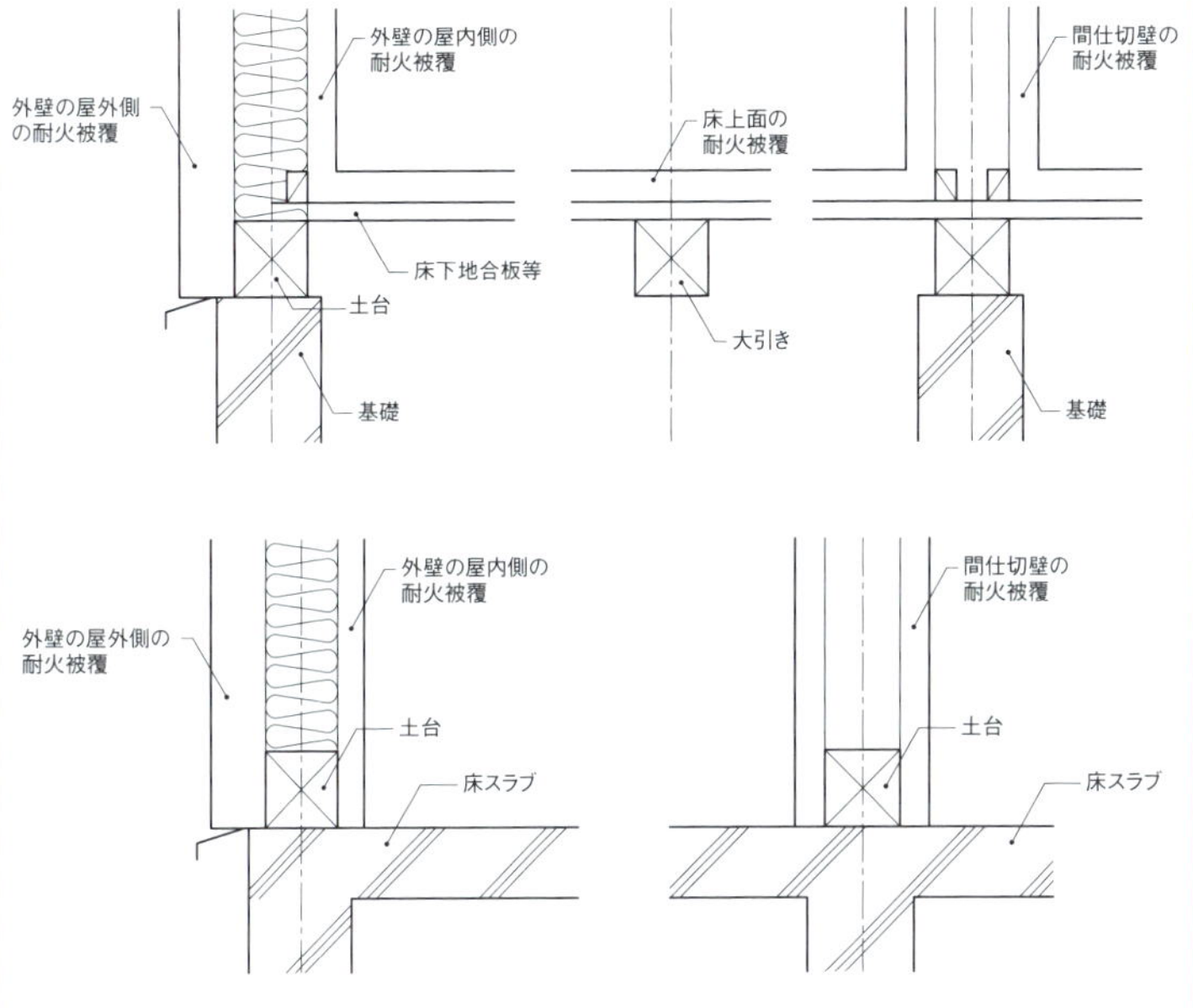

図2 被覆時の天井高さ

●一般階（梁下空き寸法45㎜★の場合）

断面図

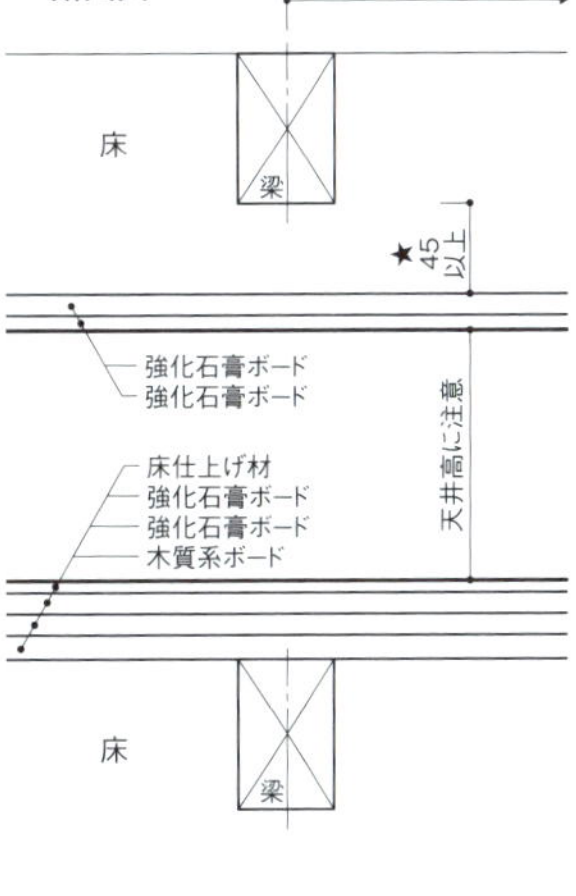

図3 被覆時の室内有効幅

平面図

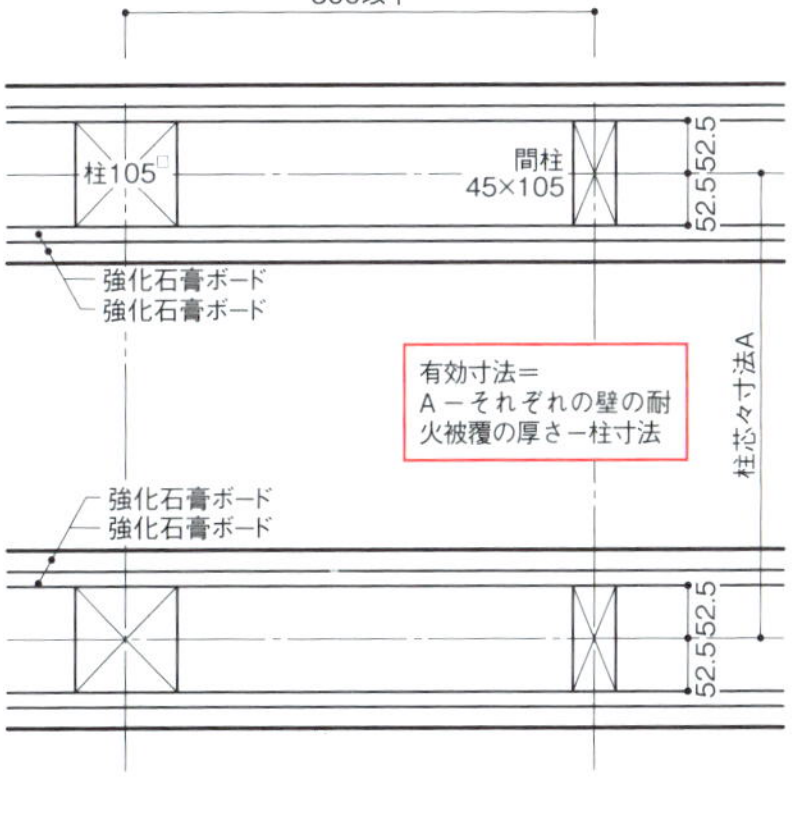

表 耐火構造大臣認定の概要（（一社）日本木造住宅産業協会が取得したもの）

外壁

外壁	屋外側（外側より内側へ）			壁体内	屋内側（内側より外側へ）			
木製軸組造外壁（1時間耐火）	化粧窯業系サイディング	ALCパネル	木質系ボード[*1] セメント板[*2] 火山性ガラス質複層板 石膏ボード	グラスウール充てん	無し 木質系ボード[*1] セメント板[*2] 火山性ガラス質複層板 石膏ボード	強化石膏ボード（下張り）	アルミニウム箔張りガラス繊維クロス[*3]	強化石膏ボード（上張り）
木製軸組造外壁（1時間耐火）	木材	両面薬剤処理ボード用原紙張り石膏板2枚重ね張り（上張り＋下張り）	木質系ボード[*1]	グラスウール充てん	無し 木質系ボード[*1]	強化石膏ボード（下張り）		強化石膏ボード（上張り）
木製軸組造外壁（1時間耐火）	樹脂塗装鋼板 軽量セメントモルタル	両面薬剤処理ボード用原紙張り石膏板2枚重ね張り（上張り＋下張り）	木質系ボード[*4] セメント板[*2] 火山性ガラス質複層板	グラスウール充てん	無し 木質系ボード[*4] セメント板[*2] 火山性ガラス質複層板	強化石膏ボード（下張り）	アルミニウム箔張りガラス繊維クロス[*3]	強化石膏ボード（上張り）
木製軸組造外壁（2時間耐火）	軽量セメントモルタル	両面薬剤処理ボード用原紙張り石膏板3枚重ね張り（上張り＋中張り＋下張り）	木質系ボード[*5] セメント板[*7] 火山性ガラス質複層板	グラスウール充てん	無し 木質系ボード[*6] セメント板[*7] 火山性ガラス質複層板 石膏ボード[*8]	強化石膏ボード（下張り）	強化石膏ボード（中張り）	強化石膏ボード（上張り）

間仕切壁

間仕切壁	片側（外側より内側へ）				壁体内	片側（内側より外側へ）			
木製軸組造間仕切壁（1時間耐火）	強化石膏ボード（上張り）		強化石膏ボード（下張り）	無し 木質系ボード[*1] セメント板[*2] 火山性ガラス質複層板 石膏ボード	充てん無し	無し 木質系ボード[*1] セメント板[*2] 火山性ガラス質複層板 石膏ボード	強化石膏ボード（下張り）		強化石膏ボード（上張り）
木製軸組造間仕切壁（1時間耐火）	強化石膏ボード（上張り）	アルミニウム箔張りガラス繊維クロス[*3]	強化石膏ボード（下張り）		グラスウール充てん		強化石膏ボード（下張り）	アルミニウム箔張りガラス繊維クロス[*3]	強化石膏ボード（上張り）
木製軸組造間仕切壁（1時間耐火）	強化石膏ボード（上張り）		強化石膏ボード（下張り）	無し 木質系ボード[*1] セメント板[*2] 火山性ガラス質複層板	グラスウール充てん	無し 木質系ボード[*1] セメント板[*2] 火山性ガラス質複層板	強化石膏ボード（下張り）		強化石膏ボード（上張り）
木製軸組造間仕切壁（2時間耐火）	強化石膏ボード（上張り）	強化石膏ボード（中張り）	強化石膏ボード（下張り）	無し 木質系ボード[*9] セメント板[*7] 火山性ガラス質複層板	充てん無し 又は グラスウール充てん	無し 木質系ボード[*9] セメント板[*7] 火山性ガラス質複層板	強化石膏ボード（下張り）	強化石膏ボード（中張り）	強化石膏ボード（上張り）

床

床	床側（外側より内側へ）				床懐内	天井側（内側より外側へ）			
木製軸組造床（1時間耐火）	強化石膏ボード（上張り）		強化石膏ボード（下張り）	木質系ボード[*6]	充てん無し 又は グラスウール充てん		強化石膏ボード（下張り）		強化石膏ボード（上張り）
木製軸組造床（2時間耐火）	強化石膏ボード（上張り）	強化石膏ボード（中張り）	強化石膏ボード（下張り）	木質系ボード[*6]	充てん無し 又は グラスウール充てん		強化石膏ボード（下張り）	強化石膏ボード（中張り）	強化石膏ボード（上張り）

屋根

屋根	屋外側（外側より内側へ）			小屋内	屋内側（内側より外側へ）	
木製軸組造屋根（30分耐火）	屋根仕上げ材（任意）	防水材（任意）	木質系ボード[*1] セメント板[*2]	グラスウール 又は ロックウール充てん	強化石膏ボード（下張り）	強化石膏ボード（上張り）
木製軸組造屋根（30分耐火）	瓦葺き スレート葺き 金属板葺き アスファルトシングル葺き FRP防水葺き シート防水葺き 太陽電池モジュール付き瓦葺き	防水材（任意）	木質系ボード[*6]	グラスウール 又は ロックウール充てん	強化石膏ボード	

階段

階段	表側（外側より内側へ）				階段内	裏側（内側より外側へ）	
木製階段（30分耐火）	強化石膏ボード（上張り）		強化石膏ボード（下張り）	段板・蹴込み板：木質系ボード[*1] ささら桁：構造用合板等 又は木質系ボード[*1]	充てん無し	強化石膏ボード（下張り）	強化石膏ボード（上張り）

柱

柱	
木製柱（1時間耐火）	強化石膏ボード2枚重ね張り被覆
木製柱（2時間耐火）	強化石膏ボード3枚重ね張り被覆

梁

梁	
木製梁（1時間耐火）	強化石膏ボード2枚重ね張り被覆
木製梁（2時間耐火）	上面・側面：強化石膏ボード3枚重ね張り被覆 下面：強化石膏ボード4枚重ね張り被覆

＊1：構造用合板、構造用パネル、繊維板、パーティクルボード　＊2：木質系セメント板、パルプセメント板、繊維強化セメント板　＊3：強化石膏ボード(下張り)の厚さ等によりこれを用いない仕様も可能　＊4:構造用合板、構造用パネル、パーティクルボード、単板積層材(LVL)、直交集成板(CLT)　＊5:構造用合板、構造用パネル、パーティクルボード、ミディアムデンシティファイバーボード、単板積層材（LVL）　＊6：＊5に直交集成板（CLT）を加えた6種類　＊7：硬質木片セメント板、繊維強化セメント板　＊8：石膏ボード、強化石膏ボード、構造用石膏ボードのいずれか。ただし柱間挿入で外壁に鉄網下地材を使用しない場合は使用不可

【在来軸組工法】屋根・小屋組

図1 勾配屋根の30分耐火構造の例1（屋根仕上げ材が評価対象外となる屋根）

屋根アイソメ図

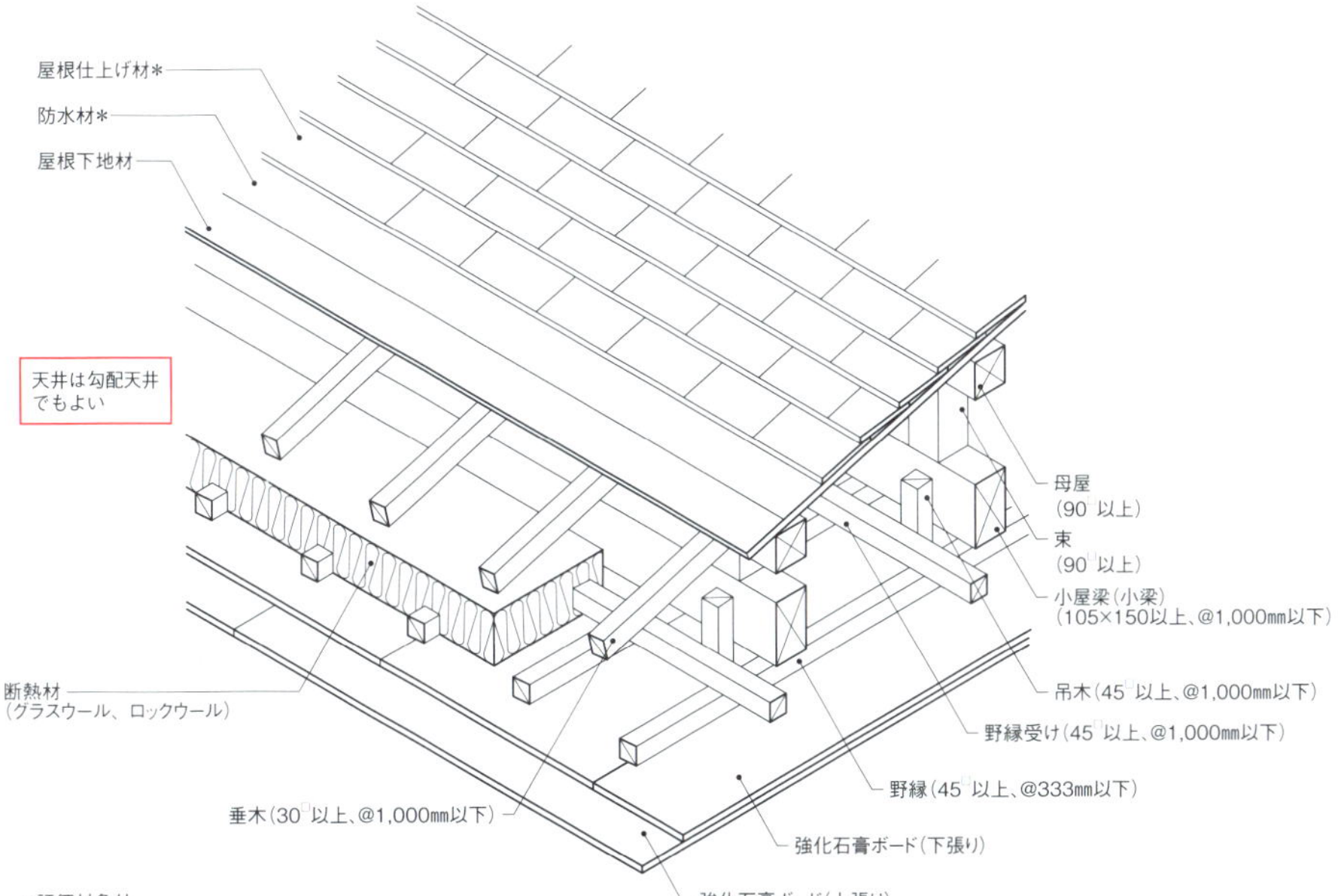

*評価対象外

屋根下面の天井下地の例

表1 屋根下地材の種類（例1の場合）

①木質系ボード（4種類） 構造用合板、構造用パネル、繊維板、パーティクルボード
②セメント板（3種類） 木質系セメント板、パルプセメント板、構造強化セメント板

耐火構造においては、屋根には30分の耐火性能が求められる。

木住協の認定仕様によるメンブレン耐火構造では、屋根の裏面である天井面をボード等で被覆することにより、下面からの火熱に耐えることが求められる。また、それらを支持する天井下地部材や小屋部材にも断面やピッチの制限が課せられる。図1の例で言えば屋根上面については、30㎜角以上の垂木を1000㎜以下の間隔に配置し、7種類の屋根下地材から選択した野地板を張る［表］。それより上の屋根仕上げ材や防水材に認定上の制限はないが、通常と同じく防火地域・準防火地域もしくは法22条区域では、屋根仕上げ材に不燃材料（または同等以上の飛び火防止性能を有するもの）を用いる必要がある。

屋根下面（天井面）については、吊木・野縁受け・野縁にはいずれも45㎜×45㎜以上の断面のものを用い、強化石膏ボードを2重張りするが、間にアルミ箔張りガラス繊維クロスは必要ない。釘またはビスにて固定する。

充填断熱材は、グラスウールまたはロックウールに限り使用することができる。

また、屋根下面にダウンライト等を設ける場合には、その周囲に別途対応が必要になる。［163頁］。

図2 勾配屋根の30分耐火構造の例2（指定された屋根仕上げ部材を用いる場合）

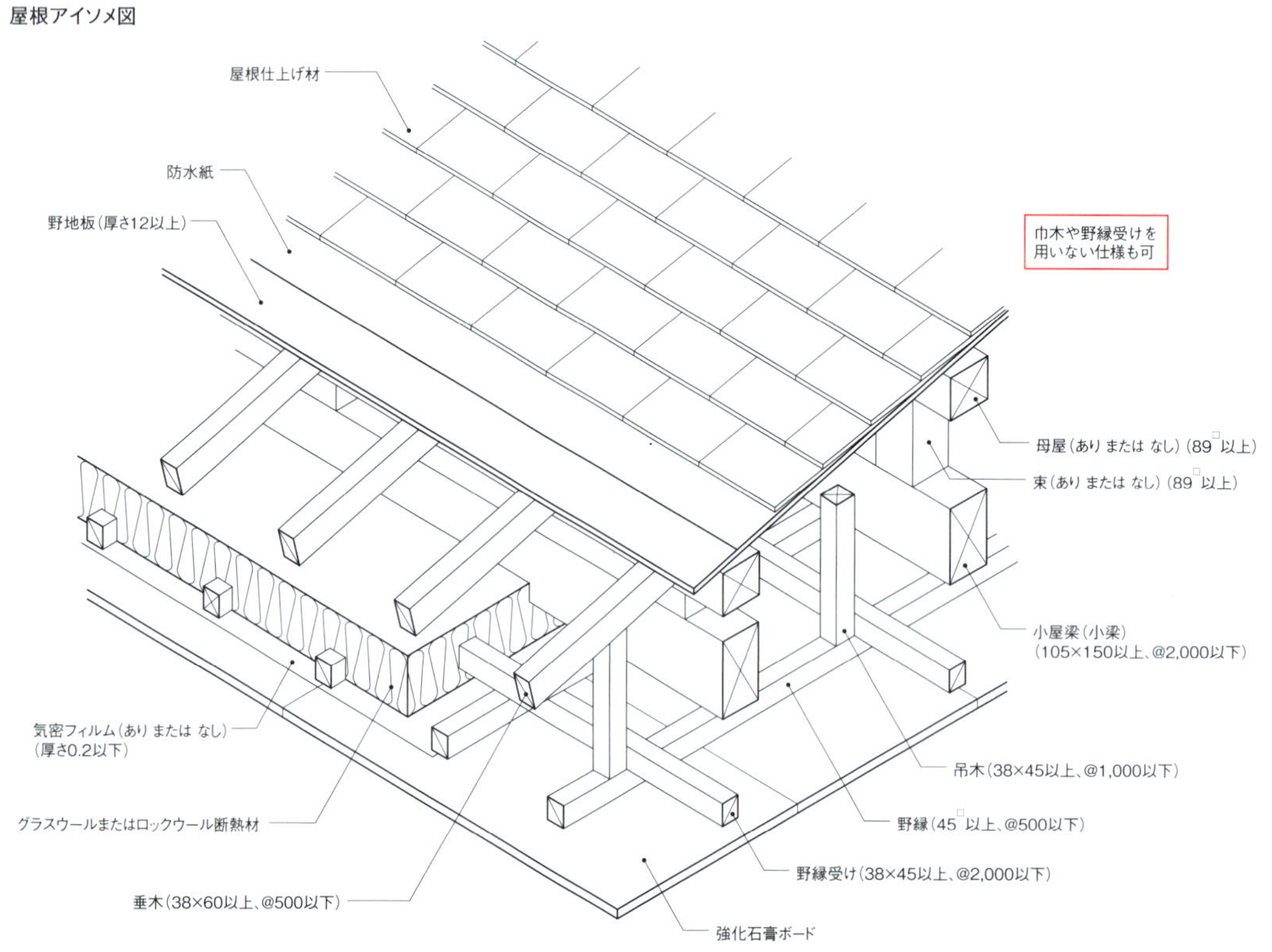

このほか、屋根仕上げ材を①瓦②スレート③金属板④金属板（断熱材裏打あり）⑤シングル⑥太陽電池モジュール付き瓦の5つに限定した仕様もあり、その場合は屋根下地材の種類や、小屋部材・天井の仕様等がやや異なる［図2］。

陸屋根も基本的には同じだが、この場合には小屋束や母屋・垂木がないのが一般的である［図3］。陸屋根の多くは、上階がセットバックしたバルコニーに用いられる。

水勾配は屋根下地の上でとることも少なくないが、ここは耐火構造の評価対象外となる。ただし、陸屋根部分が避難上有効なバルコニーとなる場合は、屋根ではなく床として扱う必要があり、仕様が異なるため注意が必要である。［158頁］。

軒については、軒先・軒裏も耐火被覆の対象となり、軒先については鼻隠部分を窯業系不燃材料20㎜厚以上（または同等品）で被覆、軒裏については外壁（屋外側）と同様の被覆を行う［図4］。

軒裏に小屋裏の換気口を設ける場合は、防火ダンパー付きのものを用いる。

共同住宅や長屋等の界壁の場合、小屋裏まで達せしめる必要がある［図5］。

図3 陸屋根の30分耐火構造の例

陸屋根アイソメ図

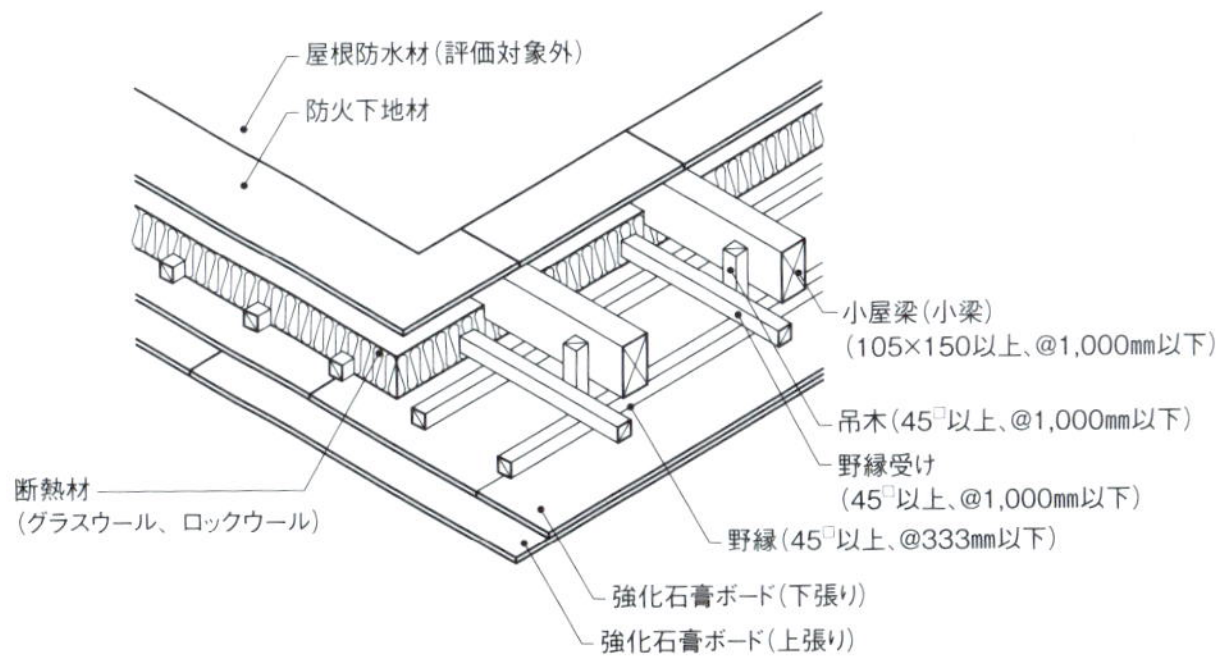

図4 軒の30分耐火構造

屋根断面図

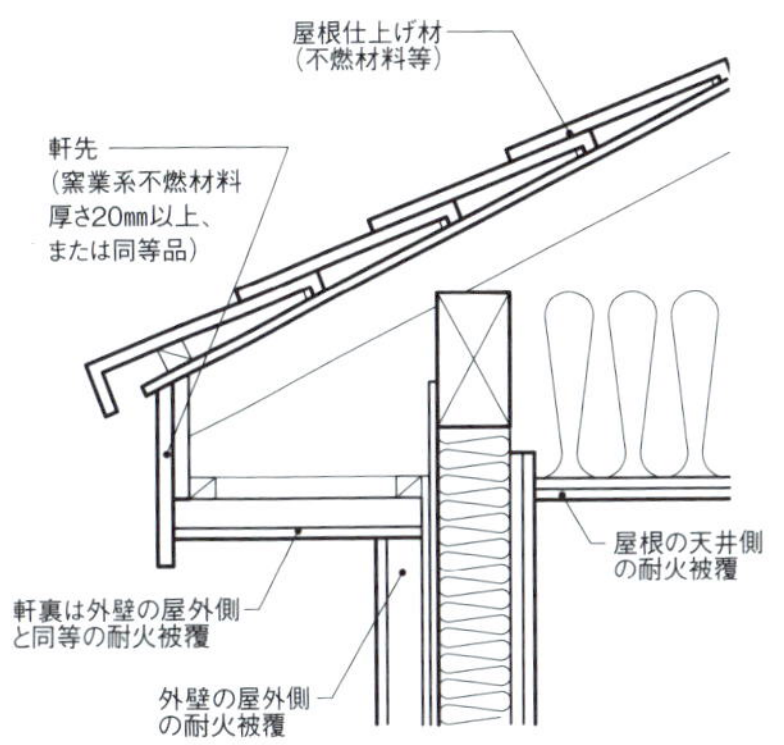

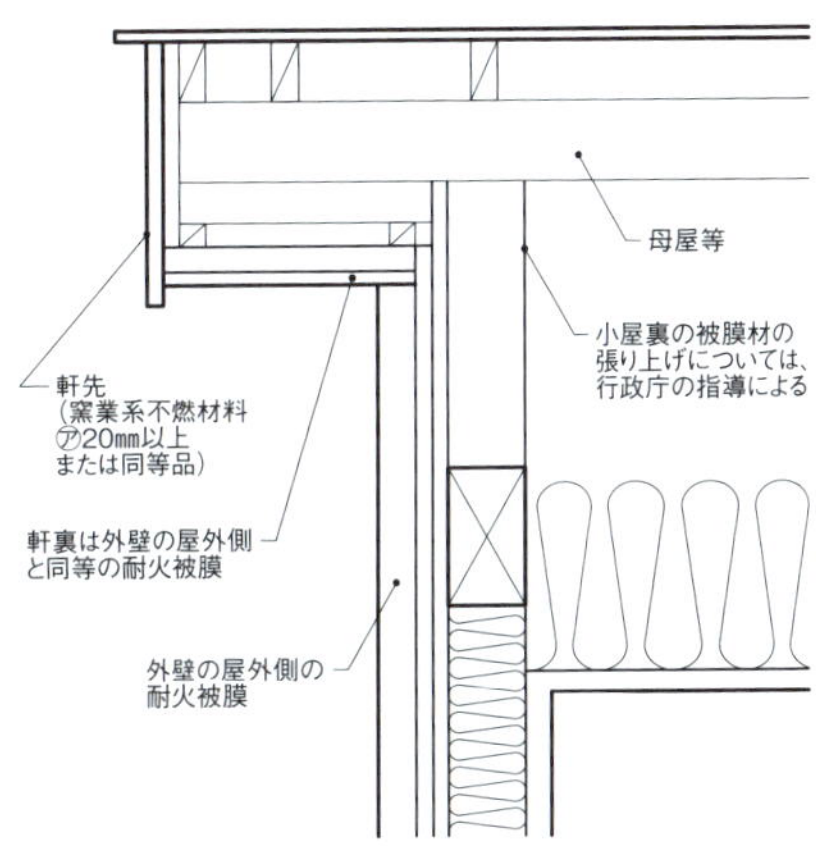

図5 共同住宅等の界壁と屋根の納まり

断面図

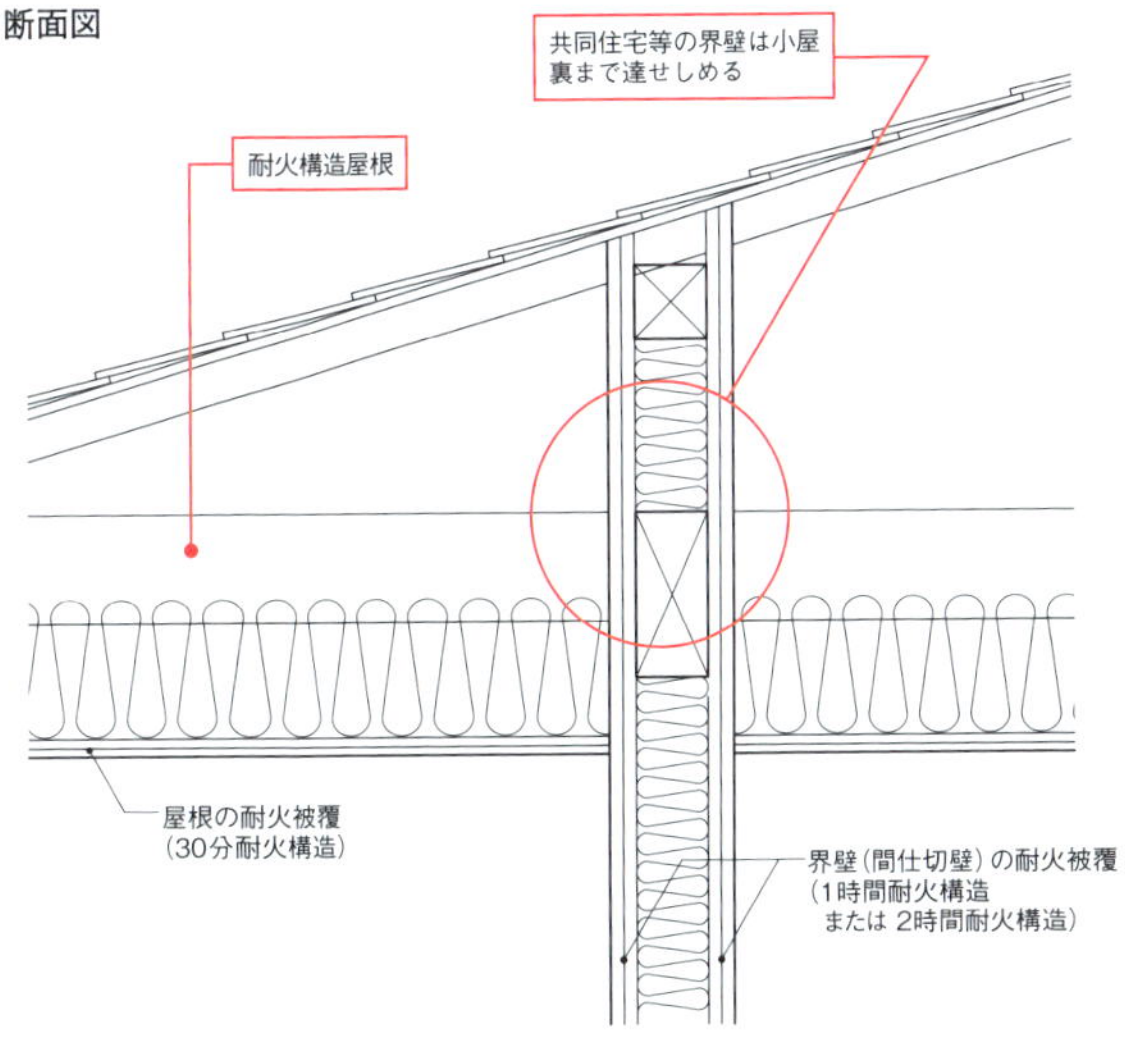

【在来軸組工法】外壁・サッシ

図1　外壁の1時間耐火構造の例1

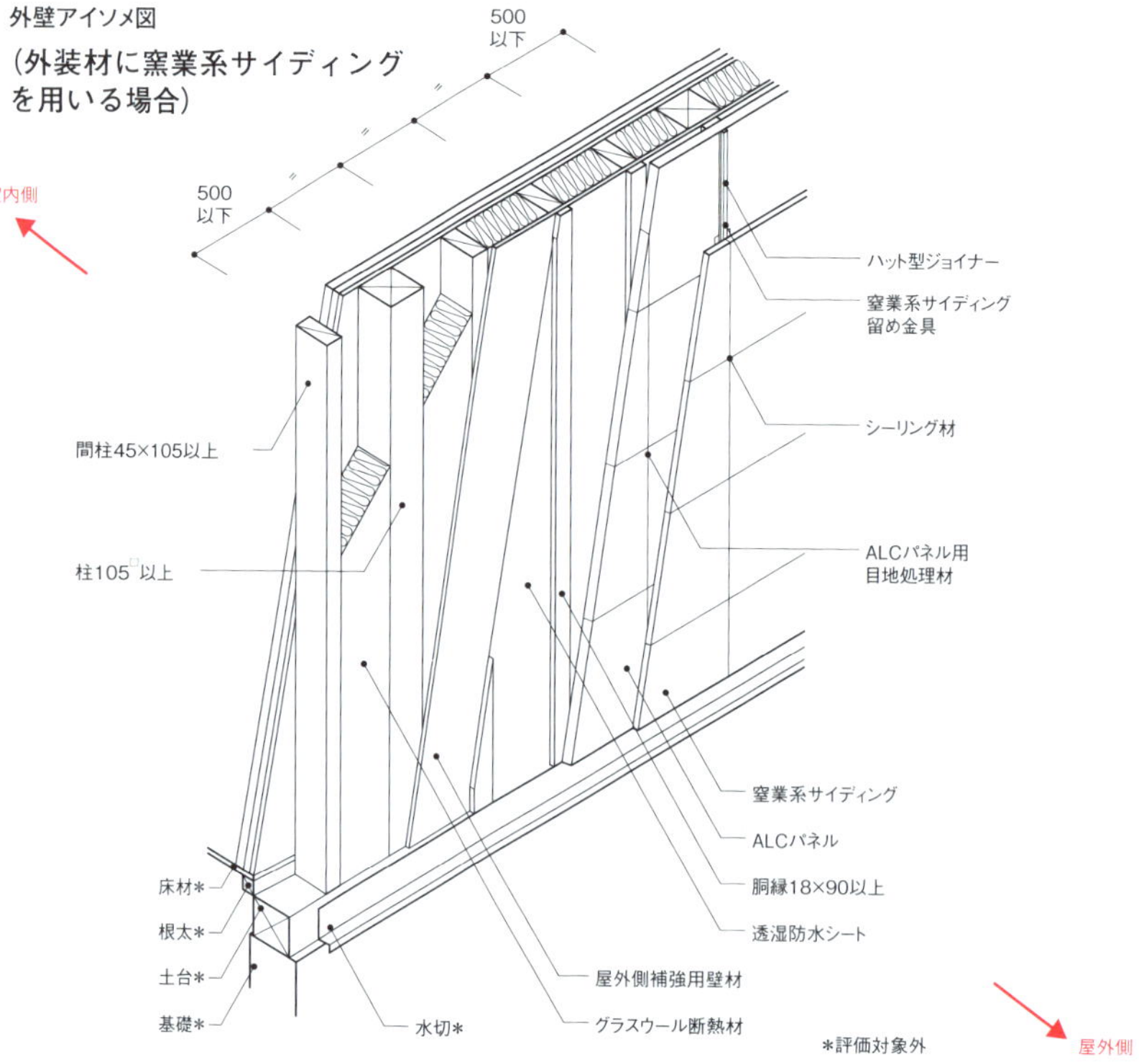

表1　補強用壁材の分類（例1の場合）

①木質系ボード（4種類） 構造用合板、構造用パネル、繊維板、パーティクルボード
②セメント板（3種類） 木質系セメント板、パルプセメント板、構造強化セメント板
③火山性ガラス質複層板
④石膏ボード

外壁のメンブレン耐火構造では、屋外側・屋内側の面材や軸組はもちろん、断熱材や透湿防水シートなども含めた複合体として認定を受けている。柱は105㎜角以上、間柱は45×105㎜以上を用いる。充填断熱材は、グラスウールに限り使用することができる。

1時間耐火では、外装材に窯業系サイディングを用いる場合、屋外側は、軸組に補強用壁材（9種類の中から選択［表1］）を捨張りしてから透湿防水シートを張り、胴縁（18×90㎜以上）を介してALCパネルを張る。仕上げは窯業系サイディングを使用する。

屋内側は、補強用壁材（9種類の中から選択［表1］）を捨張りした上から（捨張りの省略も可）強化石膏ボードを2重張りする。間にアルミ箔張りガラス繊維クロスを挟んだ場合には上張りも釘またはビスにて固定するが、挟まない場合の上張りは炭酸カルシウム系接着剤＋ステープル（幅4㎜・長さ32㎜・ピッチ200㎜以下）で固定する。

1時間耐火で外装材に木材、鋼板または軽量セメントモルタルを用いる場合、外装下地にALCパネルは用いず、両面薬剤処理ボード用原紙張石膏ボードの2重張りとなる。2時間耐火の場合、外装材は軽量セメントモルタルに限られる。

図2 外壁の1時間耐火構造の例2
（外装材に木材を用いる場合）

外壁アイソメ図

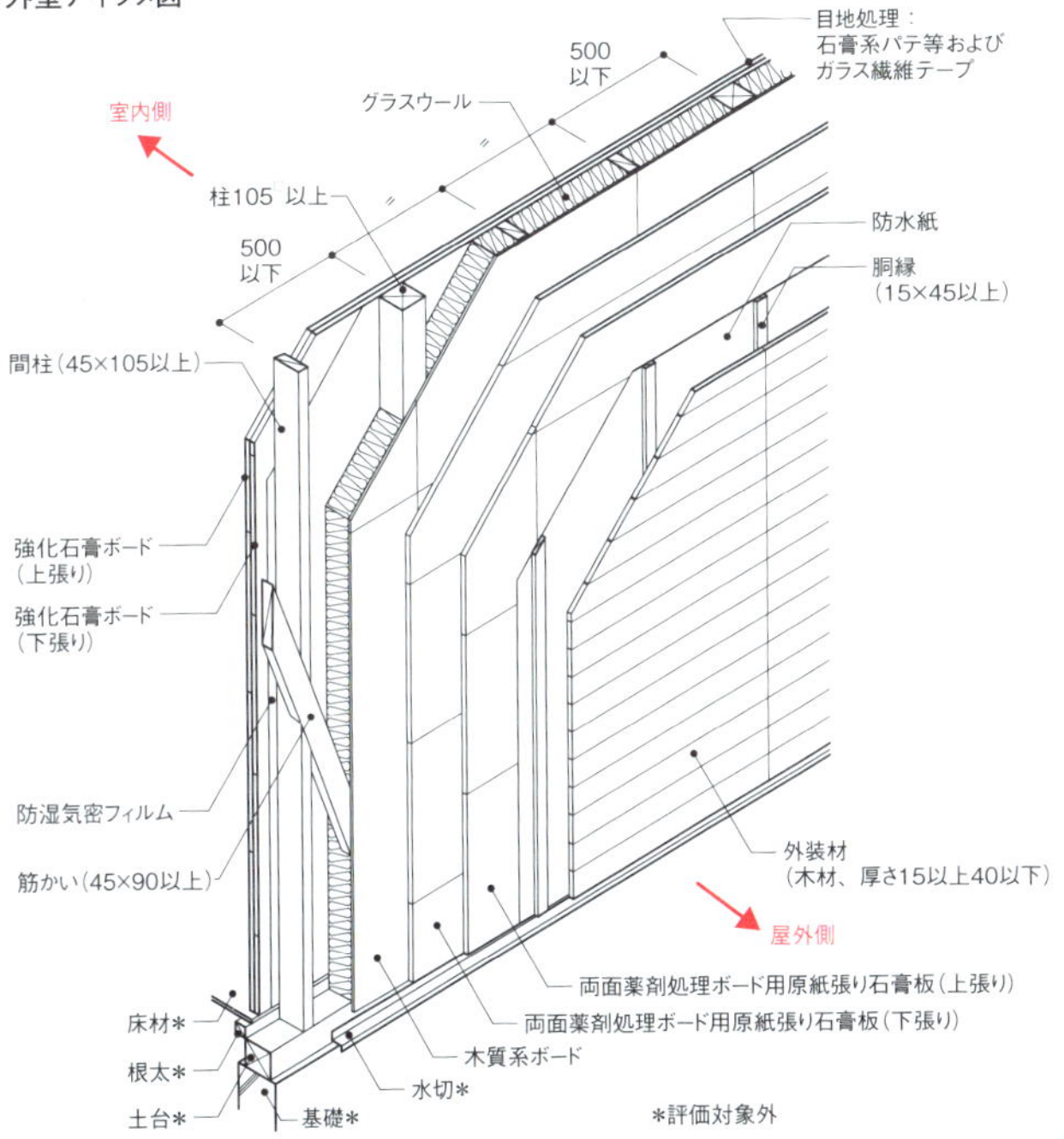

外壁屋外側の耐火被覆（胴縁にALCパネルを取り付けているところ）

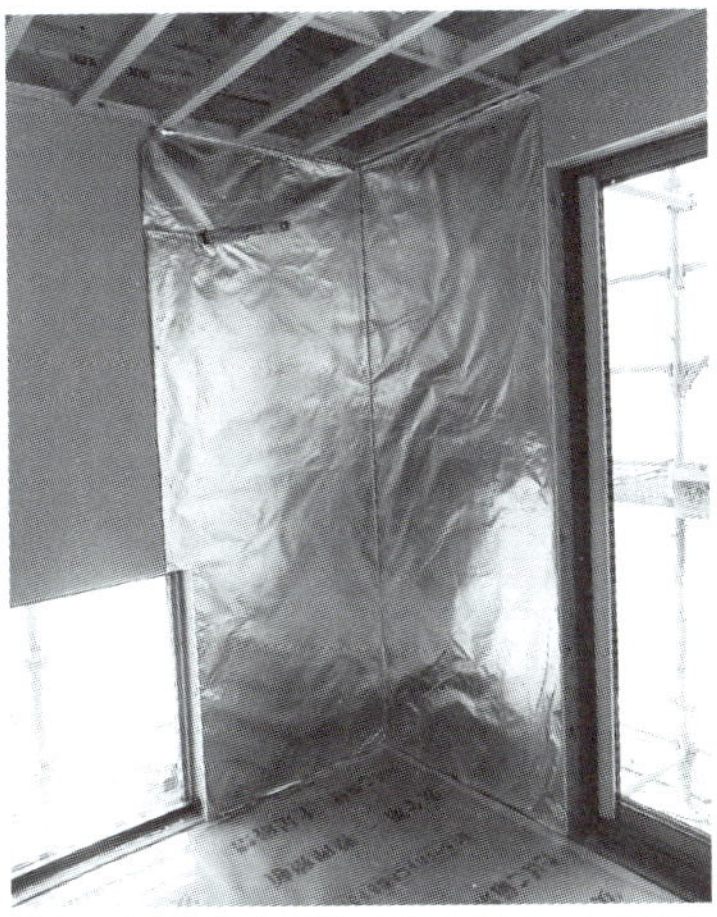

外壁屋内側の耐火被覆（強化石膏ボード下張りの上にアルミ箔張りガラス繊維クロスを張っているところ）

図3 開口部の納まりの例

●**縦断面** 開口部断面図

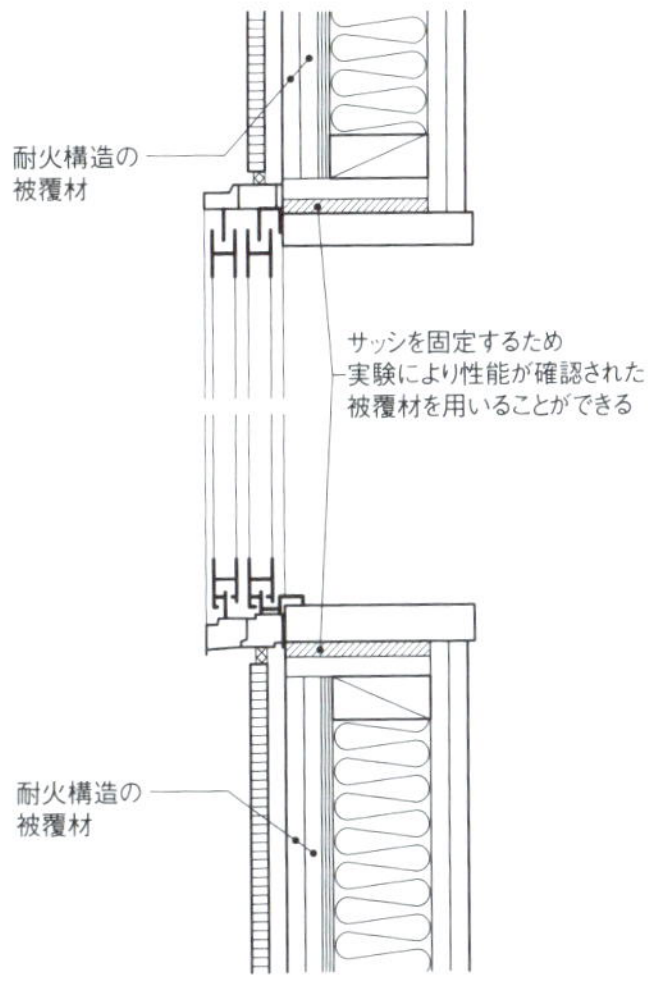

●**横断面** 開口部平面図

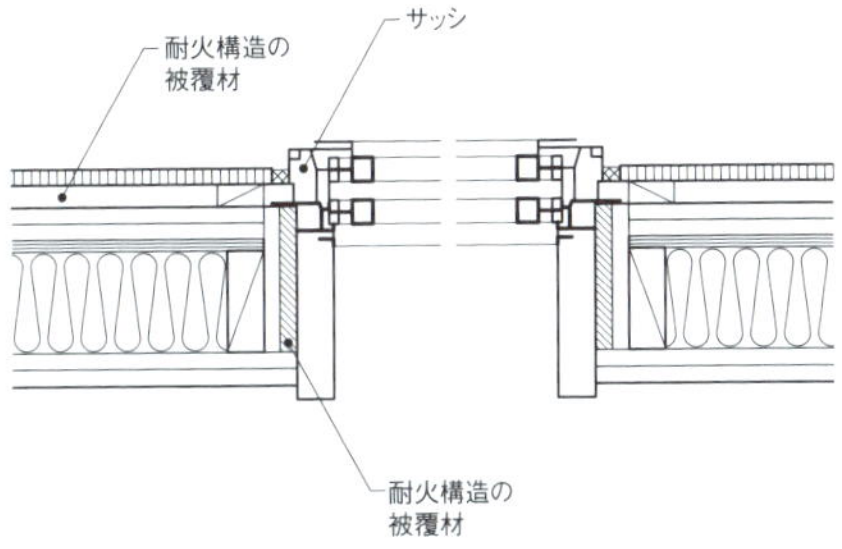

外壁開口部については、延焼のおそれのある部分では防火設備仕様のものを、それ以外は通常のサッシ（ドア）を用いてかまわない。いずれにしても、開口により生じる外壁の小口部分についても、耐火構造で被覆したうえ、額縁をまわすかクロス巻き込み等で仕上げる［図3］。

耐火構造では、通常に比べて外壁が室内側・室外側ともに厚くなるため、開口部を入隅・出隅付近に配置する際には、入隅側の小さい壁が留められるかどうか（特に外壁の場合はALCパネルやサイディングを固定できるか）チェックする必要がある。

間仕切壁（耐力壁）・独立柱

図1 間仕切壁の1時間耐火構造の例（1階の場合）

断熱材が不要な場合

間仕切壁アイソメ図

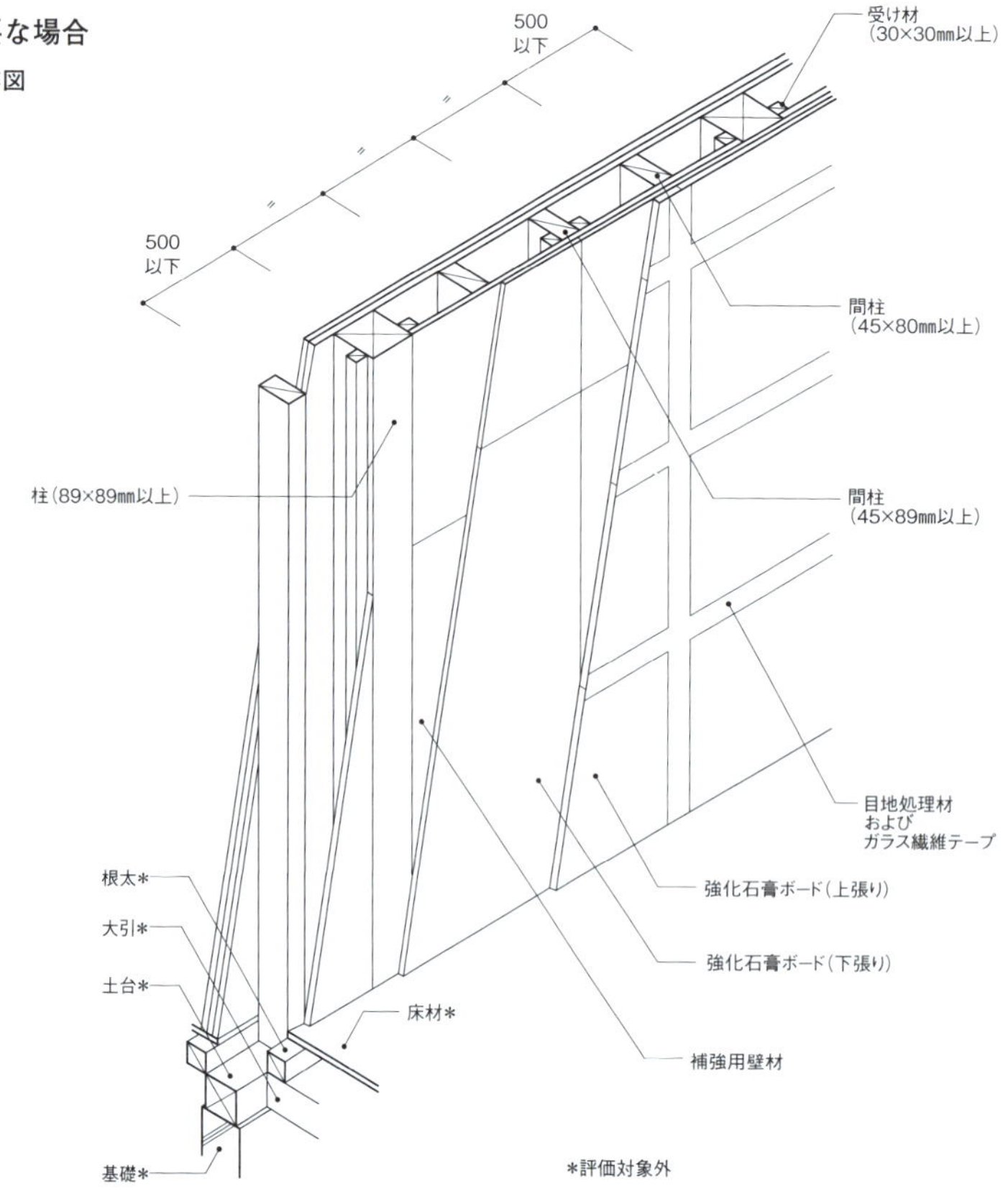

表 補強用壁材の分類（図1の場合）

①木質系ボード（4種類） 構造用合板、構造用パネル、繊維板、パーティクルボード	②セメント板（3種類） 木質系セメント板、パルプセメント板、構造強化セメント板	③火山性ガラス質複層板	④石膏ボード

（注）補強用壁材は両面に張る。その際、同グループ（①～④）の壁材とする。ただし石膏ボードは断熱材を充填しない場合のみ使用可。

屋内の柱のうち、鉛直耐力を負担するものについては、耐火被覆された壁の中に隠蔽する必要があり、ここではこのような壁を「間仕切壁」（耐力壁）と呼ぶことにする。

1時間耐火の間仕切壁（耐力壁）は断熱材が不要な場合には例えば図1の仕様となる。断熱材を入れても基本的な構成は変わらないが、長屋または共同住宅の界壁の場合には異なる仕様となるので注意を要する。

2時間耐火の場合は、図1にさらに強化石膏ボードを上張り（3枚重ね張り）する。ただし、補強用壁材に繊維板やパルプセメント板は使えない。

（構造体である）独立柱を用いる場合には、断面は105×105㎜以上、210×210㎜以下とし、強化石膏ボード（ひる石入り）を2重張りする［図2］。

間仕切り壁の出入隅部では、柱に受材を沿わせる必要がある［図3］。このとき耐火仕様では厚い強化石膏ボードを2重張りするため、通常よりも見付けの大きな受材が必要になり、筋かいやホールダウン金物などと干渉する可能性が高くなるため注意が必要である（必要に応じて欠き込み加工する）。

同じ壁の中に太さの異なる柱がある場合（通し

図2 独立性の１時間耐火構造の例

柱アイソメ図

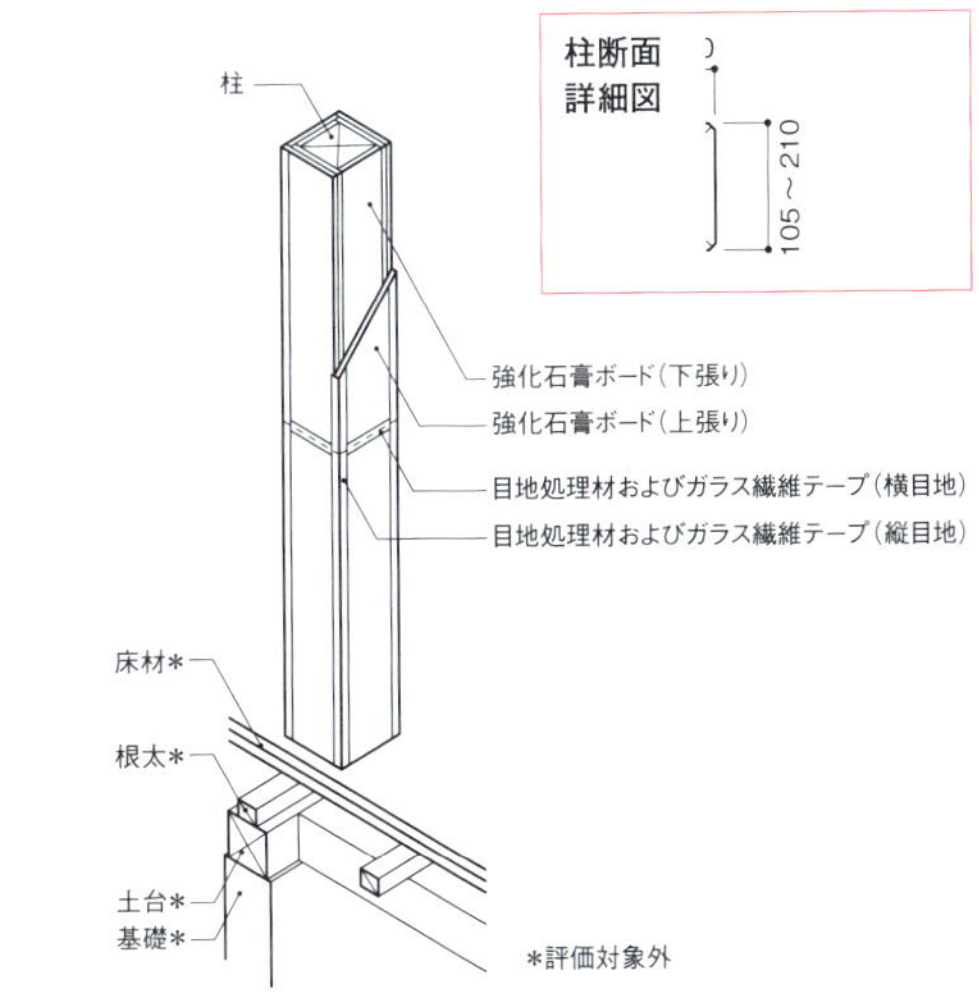

図3 柱に受材を沿わせる場合

平面図

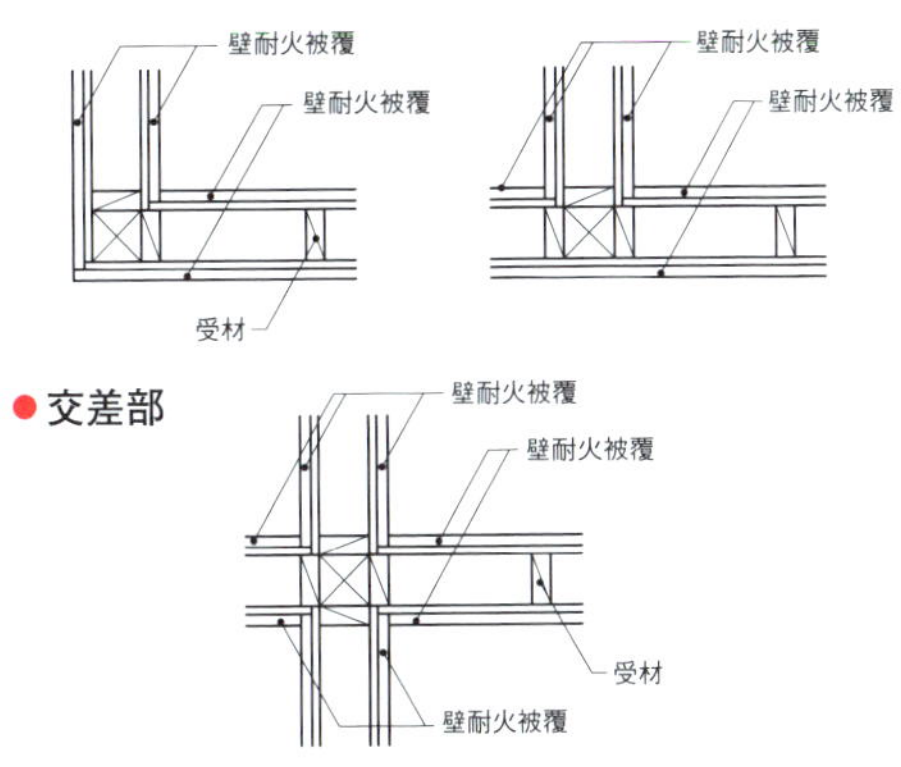

図5 壁をふかす場合

平面図

①通常の納まり

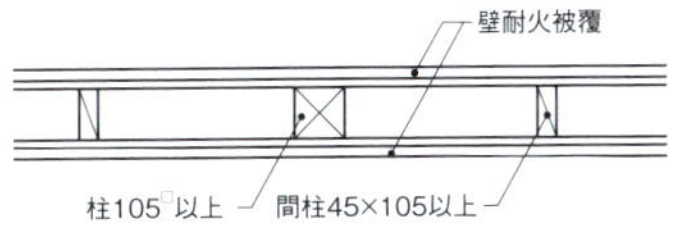

②柱・間柱寸法を大きくする

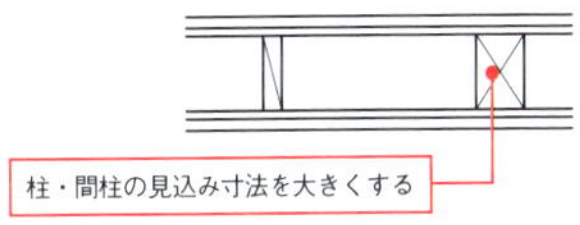

③構造用合板等・耐火被覆の厚さ等を増す

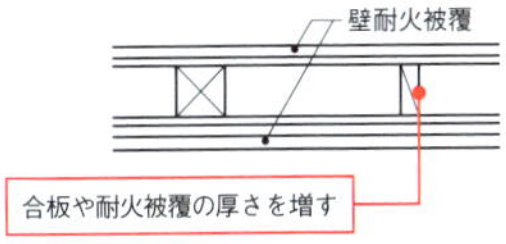

④耐火壁の上に下地を組む

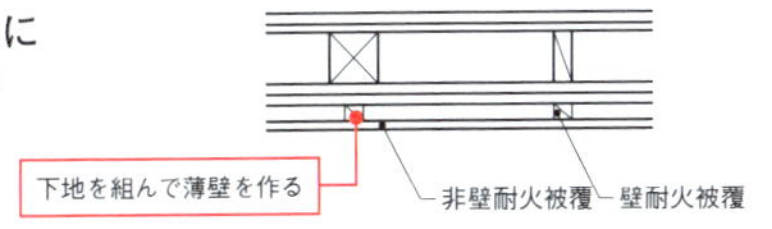

図4 太さの異なる柱がある場合

平面図

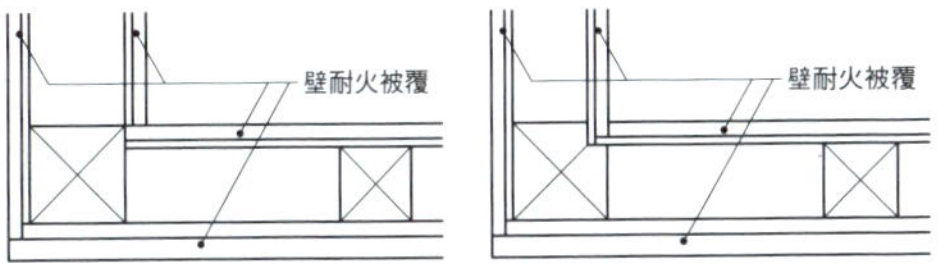

図6 間柱を千鳥配置する場合

平面図

●通常の納まり

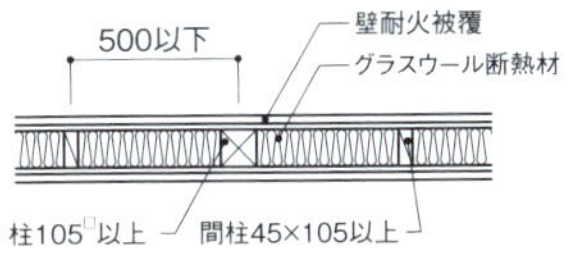

●千鳥配置

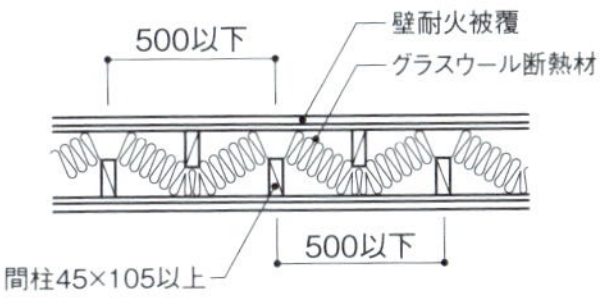

柱のみ120㎜角を用いる場合など）、出入隅の一方の壁を厚くしたり、柱の一部を切り欠くなどし、耐火被覆はあくまでも連続するように納める［図4］。壁をふかしたい場合は、認定仕様の範囲内で、柱や間柱などの軸組部材の断面を大きくする（軸組に直接胴縁等を付けて壁をふかすのは不可）［図5②］、面材の厚さを大きくする［図5③］、耐火壁の表面に再度下地を組んで（非耐火の）壁でふかす［図5④］、の方法がある。

界壁では間柱を千鳥に配置し、［図6］のように壁をふかして遮音性能を高めることができる。

反対に壁を薄くしたい場合は、その部分を耐火壁とはせず、耐火壁とはいったん縁を切り、それに付加するように延長する方法を用いる。

【軸組工法】床・天井

図1 床の1時間耐火構造の例（断熱材を入れない場合）

床アイソメ図

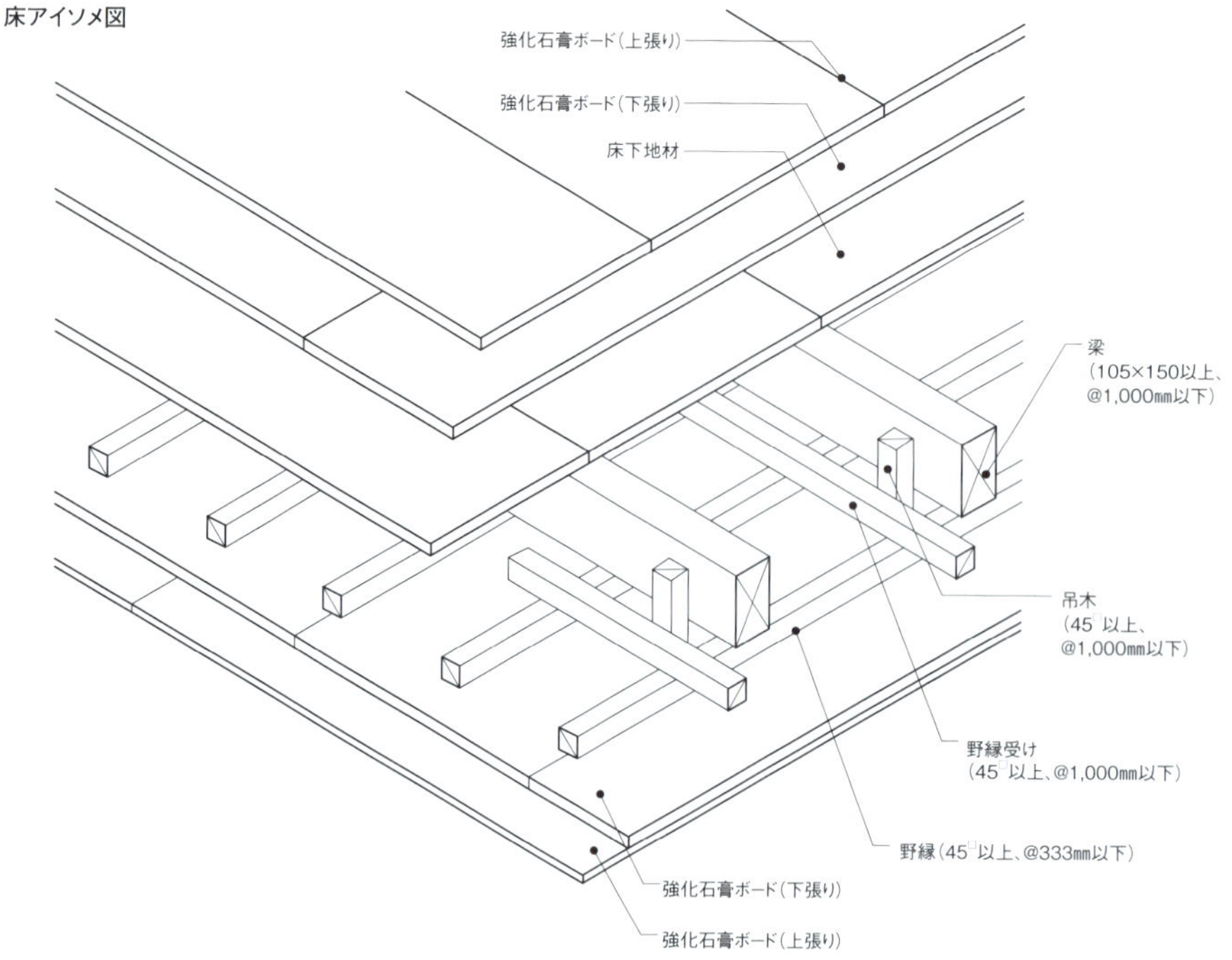

図2 床組・天井組の寸法基準

床断面図

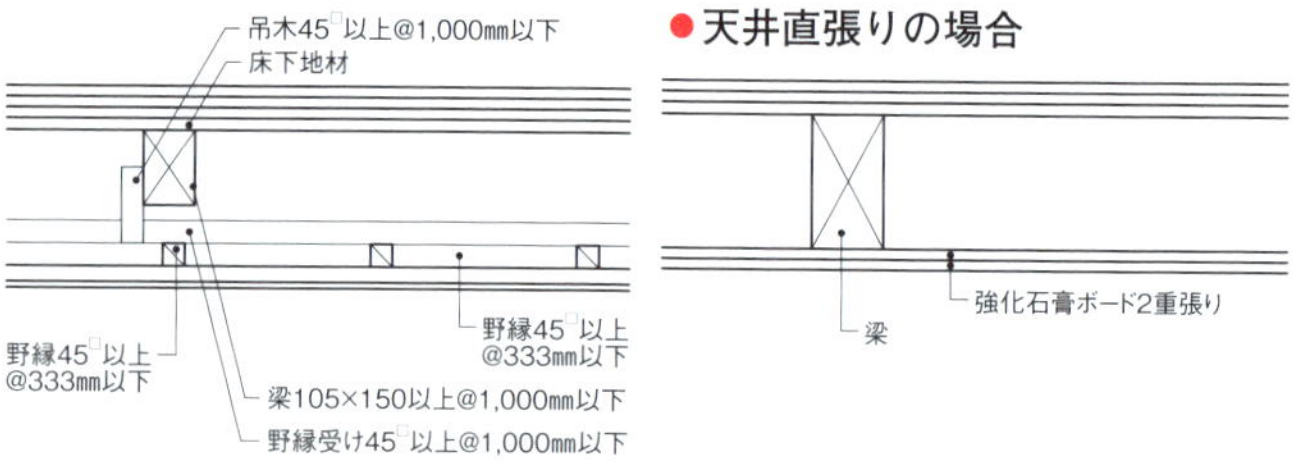

表 床下地材の分類（図1の場合）

木質系ボード（6種類）
構造用合板、構造用パネル、ミディアムデンシティファイバーボード、パーティクルボード、単板積層材（LVL）、直交集成板（CLT板）

2階以上の床は、床組・天井組を床面と天井面で耐火被覆する。評価仕様にはグラスウール断熱材が入らないタイプと入るタイプがあるが、断熱材以外の仕様は同じである［図1］。

床梁は105㎜×150㎜以上の断面を用い、ピッチ1000㎜以下とする。梁に厚さ24㎜以上の床下地材（7種の中から選択）を直張りし、その上に強化石膏ボードを2重張り（2時間耐火の場合は3重張り）する。根太を用いた床組も可能である。

天井面も強化石膏ボードを2重張り（2時間耐火の場合は3重張り）する。天井野縁を組む仕様と直張り仕様があるが、直張り仕様の場合は強化石膏ボードの厚みを増すことになる。天井組は吊木・野縁受けは38㎜×45㎜以上、野縁は45㎜×45㎜以上の断面のものをそれぞれ用いる。ピッチについても、吊木・野縁受けは1000㎜以下、野縁は333㎜以下と定められている。これは、面材の荷重が大きくなることに加え、天井面の強化石膏ボードと梁の隔離距離を確保するためである。したがって、天井を薄くして一部に梁型が出るような場合でも、梁と天井の石膏ボードとは一定以上離れるように下地を組む。ただし直張り仕様の場合はこの限りではない［図2］。

図3 床かさ上げ部の耐火被覆

床断面図

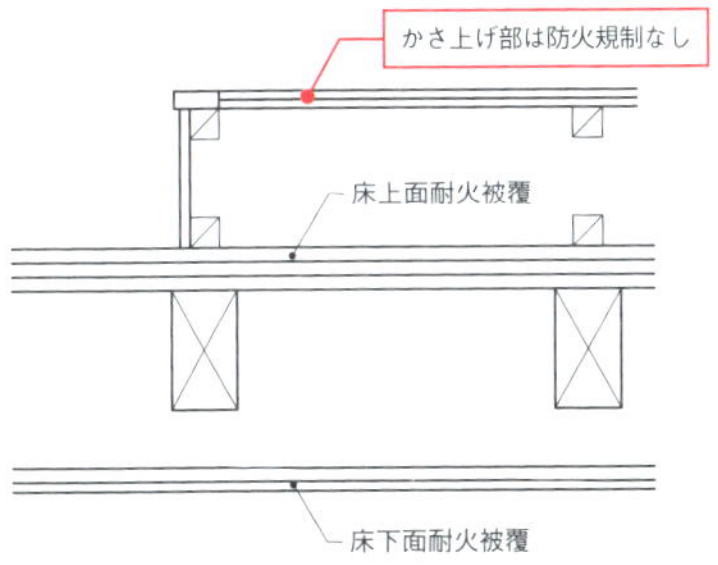

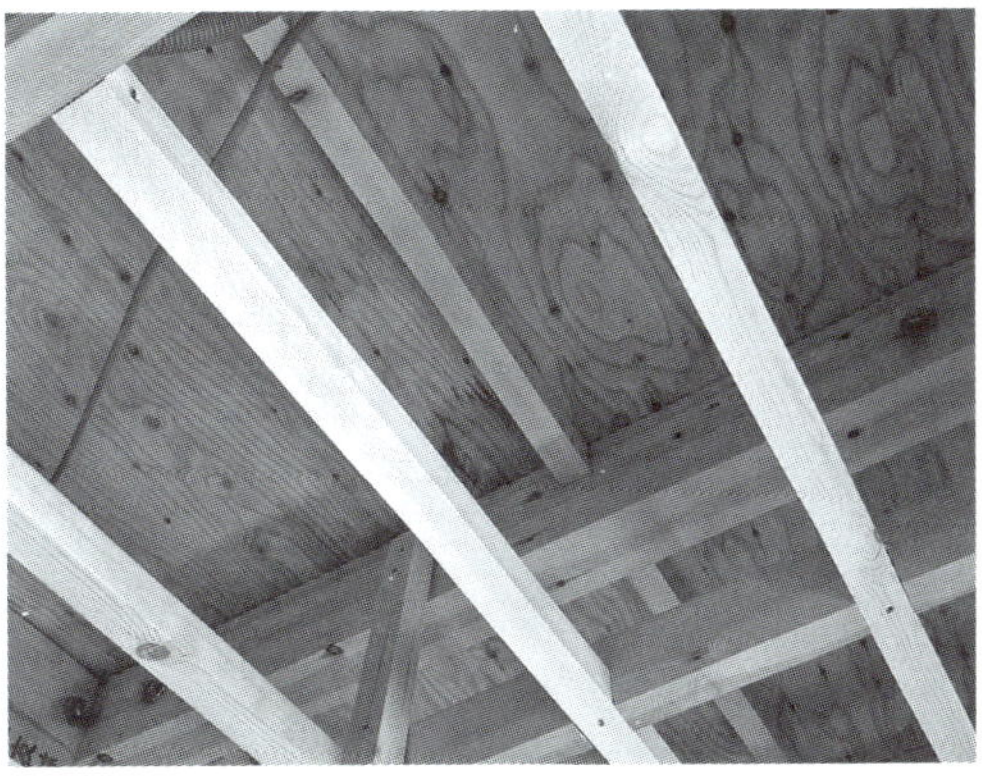

天井組の例。ここでは断面の大きな野縁受けを切り欠き、野縁と同面になるように組んでいる

図4 床落とし込み部の耐火被覆

断面図

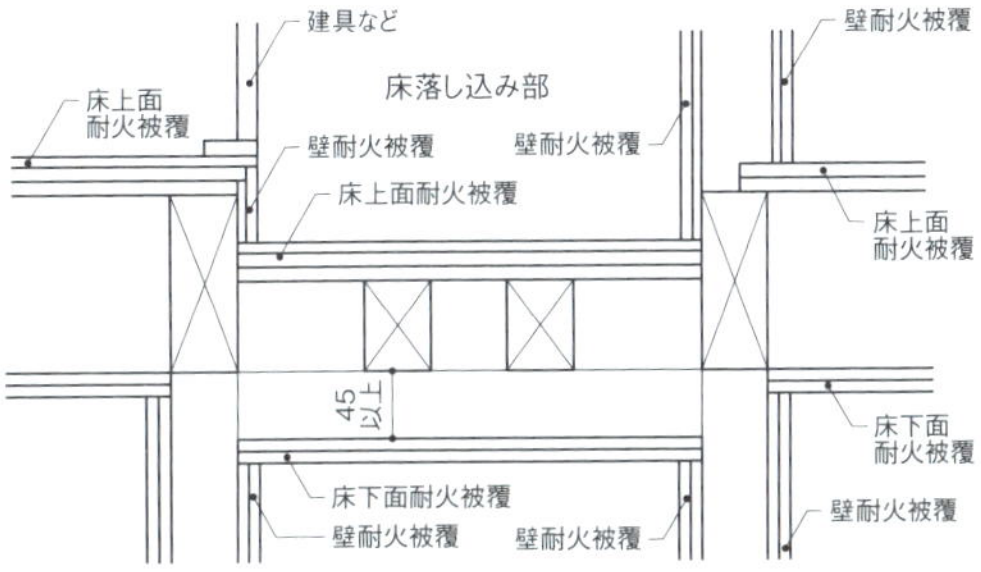

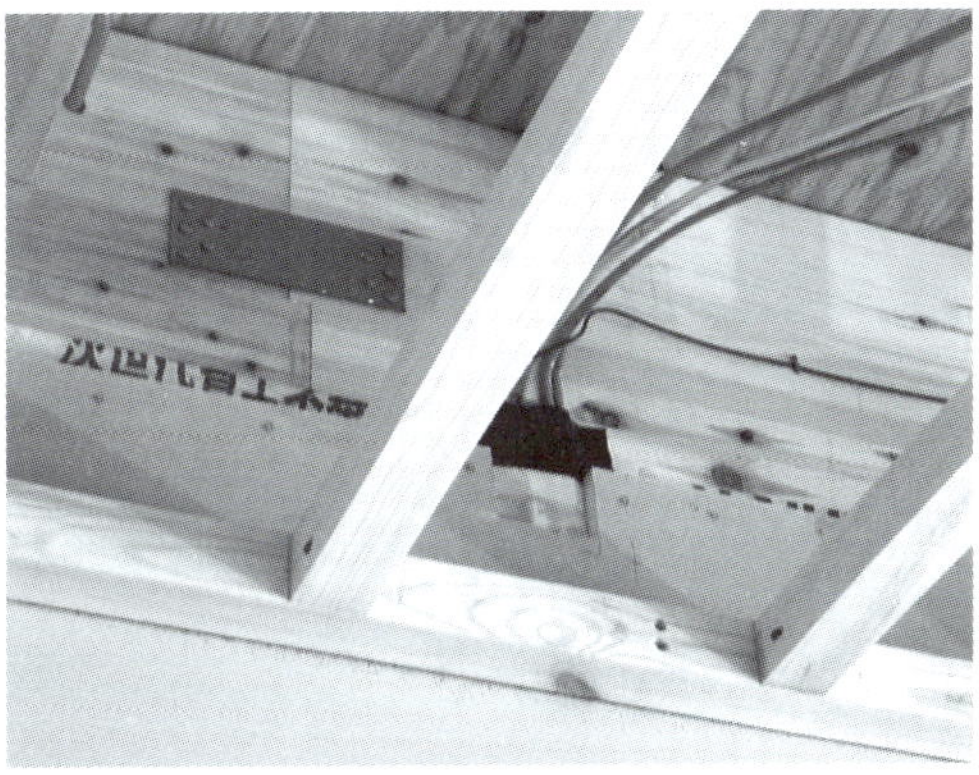

天井と間仕切壁の取り合いの例。間仕切壁の耐火被覆の上に野縁を回して天井を組んでいるところ

図5 天井と間仕切壁の取り合い部の耐火被覆

断面図

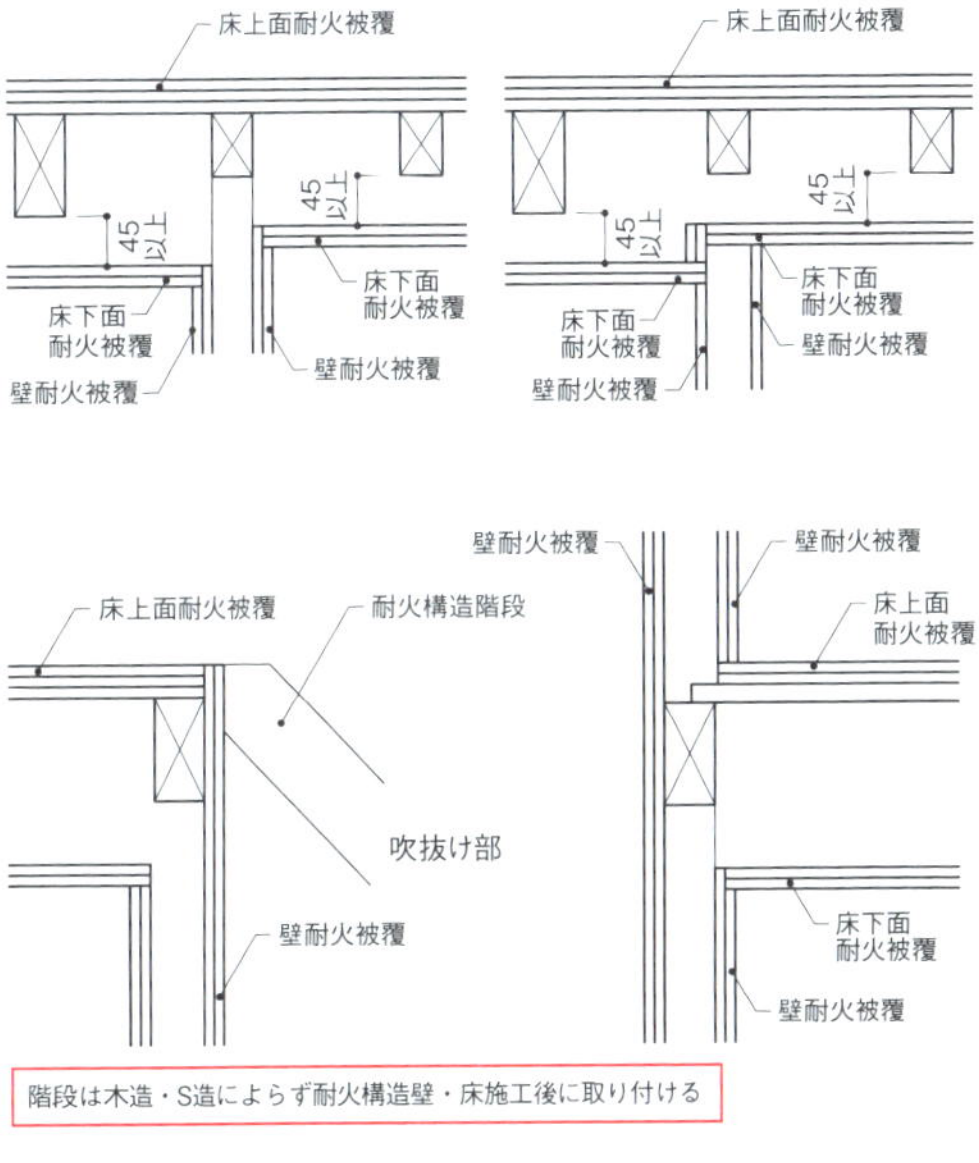

和室などで床をかさ上げする場合には、耐火床の上に新たに床下地を組む［図3］。逆に床を落とし込む場合（2階以上にユニットバスを設置する場合など）には、床面の耐火被覆が途切れないよう、落とし込み部の側面の壁の耐火被覆を忘れてはならない。建築物中央部なら間仕切壁の仕様、外壁屋内面なら外壁の仕様に準じて被覆する。この時、落とし込み部についても梁下端から天井の石膏ボード上面まで45㎜以上隔離されていなければならず（直張り仕様を除く）、場合によっては天井も一般部より下げる必要がある［図4］。天井に段差が付く場合はもちろん、天井面と耐火間仕切壁の取り合い部でも耐火被覆が連続するよう注意を要する［図5］。

【在来軸組工法】バルコニー・1階床

図1 バルコニーの耐火構造

バルコニー断面図

①避難上有効なバルコニー

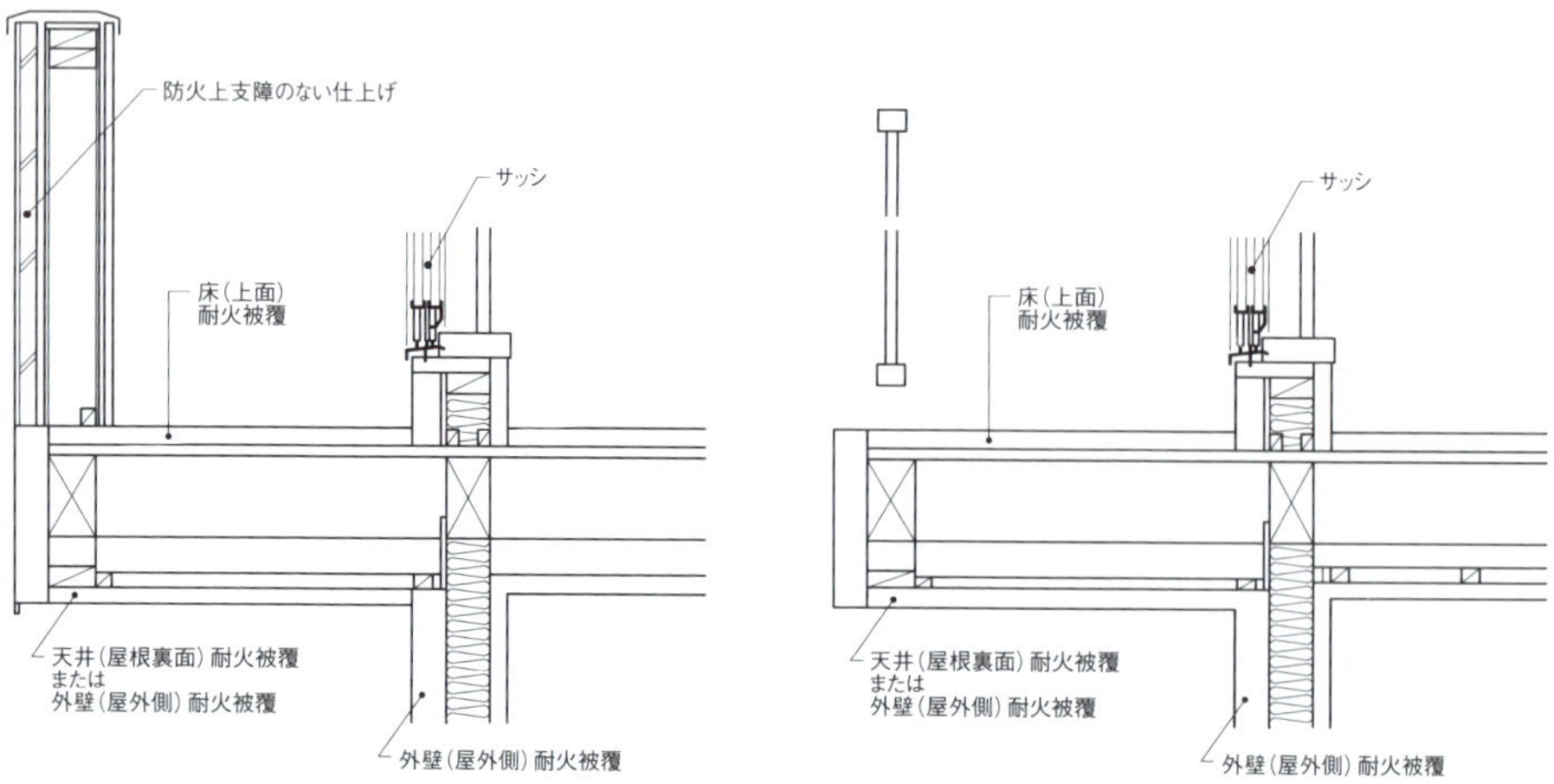

②その他のバルコニー

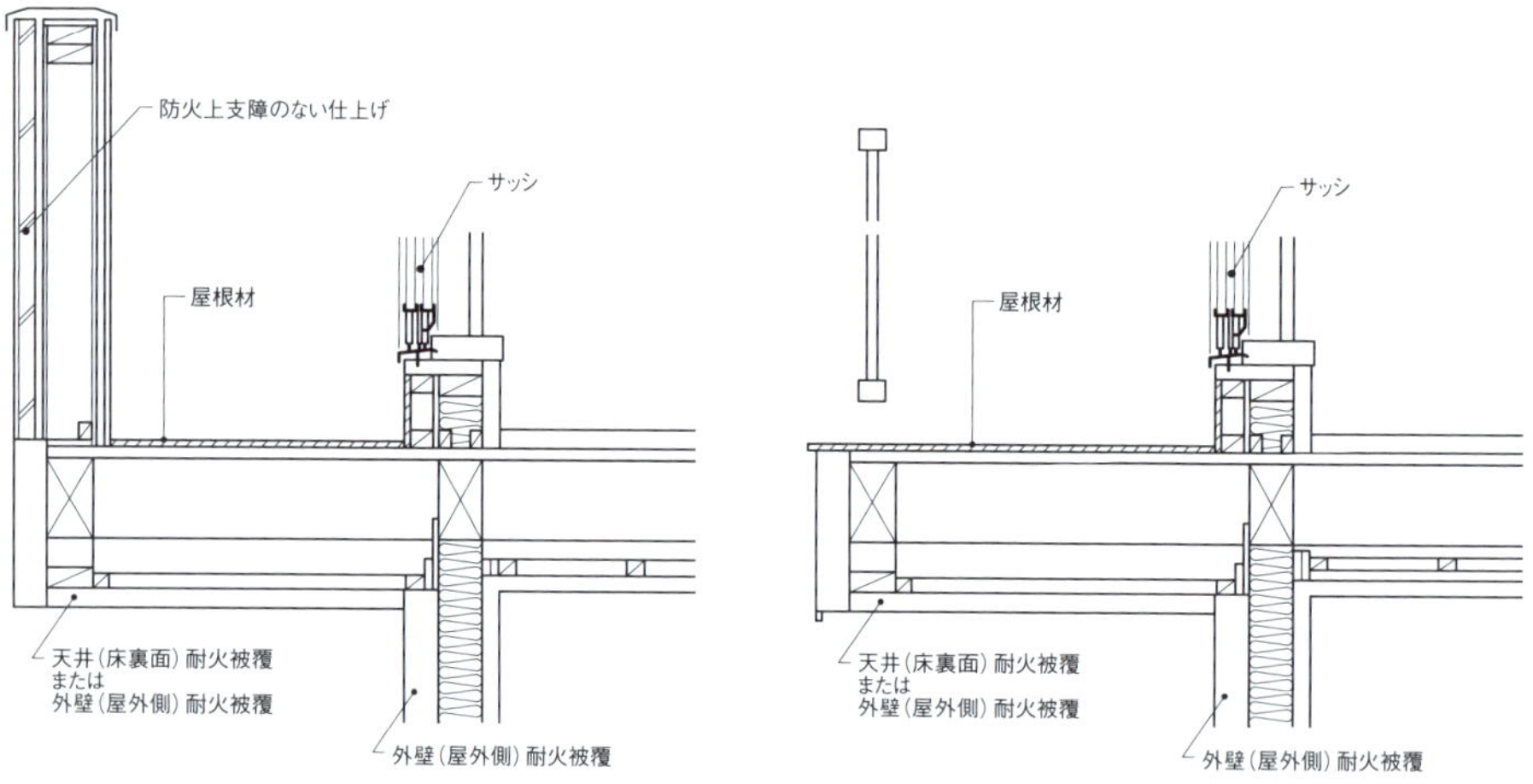

③後付けバルコニー

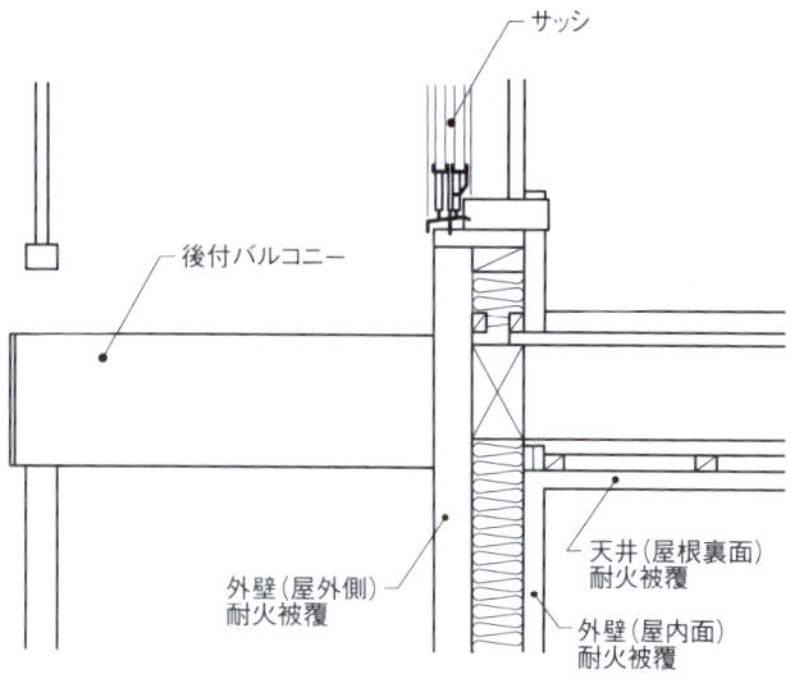

バルコニーや1階床は、法的な扱いや耐火被覆の考え方によって、構法が異なってくる。

図1—①避難上有効なバルコニー（たとえば共同住宅等の開放廊下や避難バルコニー、非常用進入口のバルコニーなど）の場合、バルコニーは主要構造部の床と見なされるため内部の床に準じた耐火仕様に、腰壁の外面および軒裏は、外壁と一続きの被覆ラインと見なされるため外壁に準じた耐火仕様にしなければならない。図1—②その他のバルコニーの場合、バルコニー床は屋根と見なされることから屋根の耐火仕様でよいが、その場合でも腰壁の外面および軒裏は外壁に準じた耐火

図2 1階床廻りの耐火構造

床断面図

①耐火構造である壁を先行施工とする（床は後施工とする）

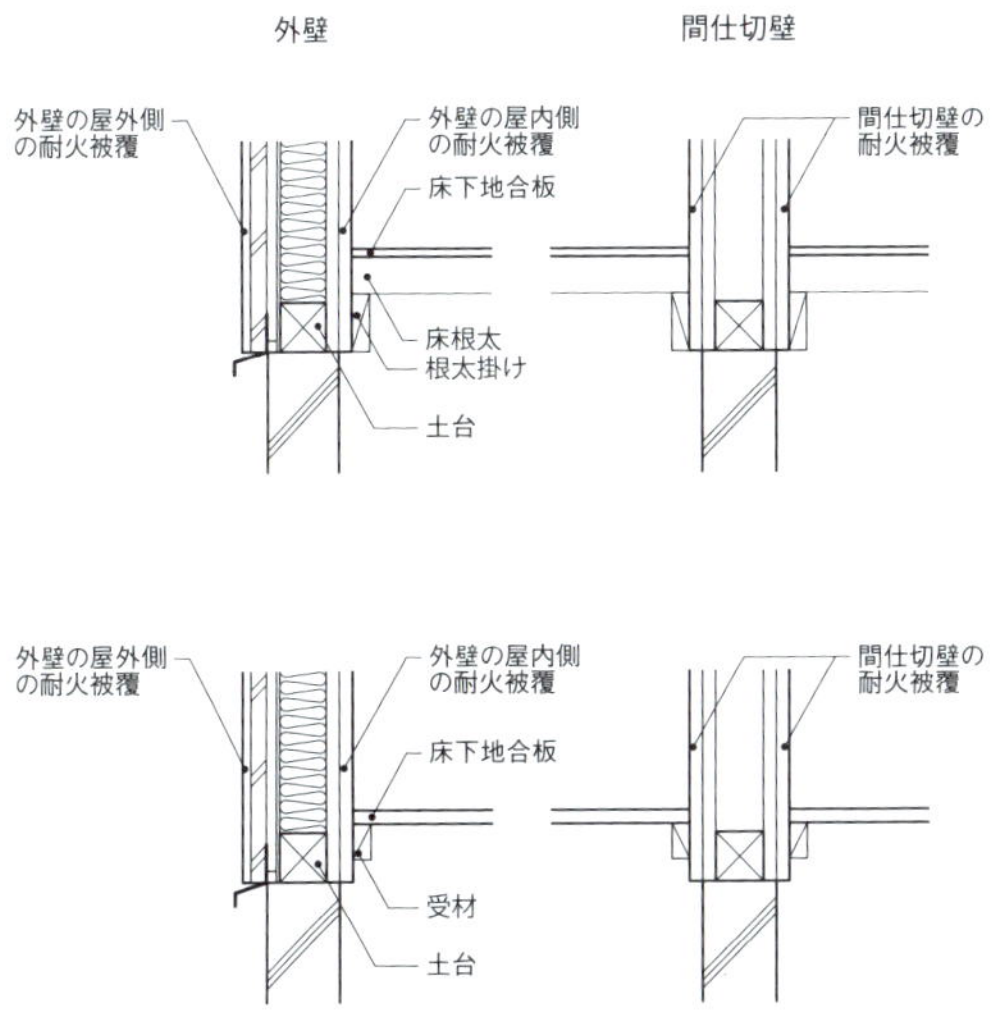

②床（上面）を耐火被覆する

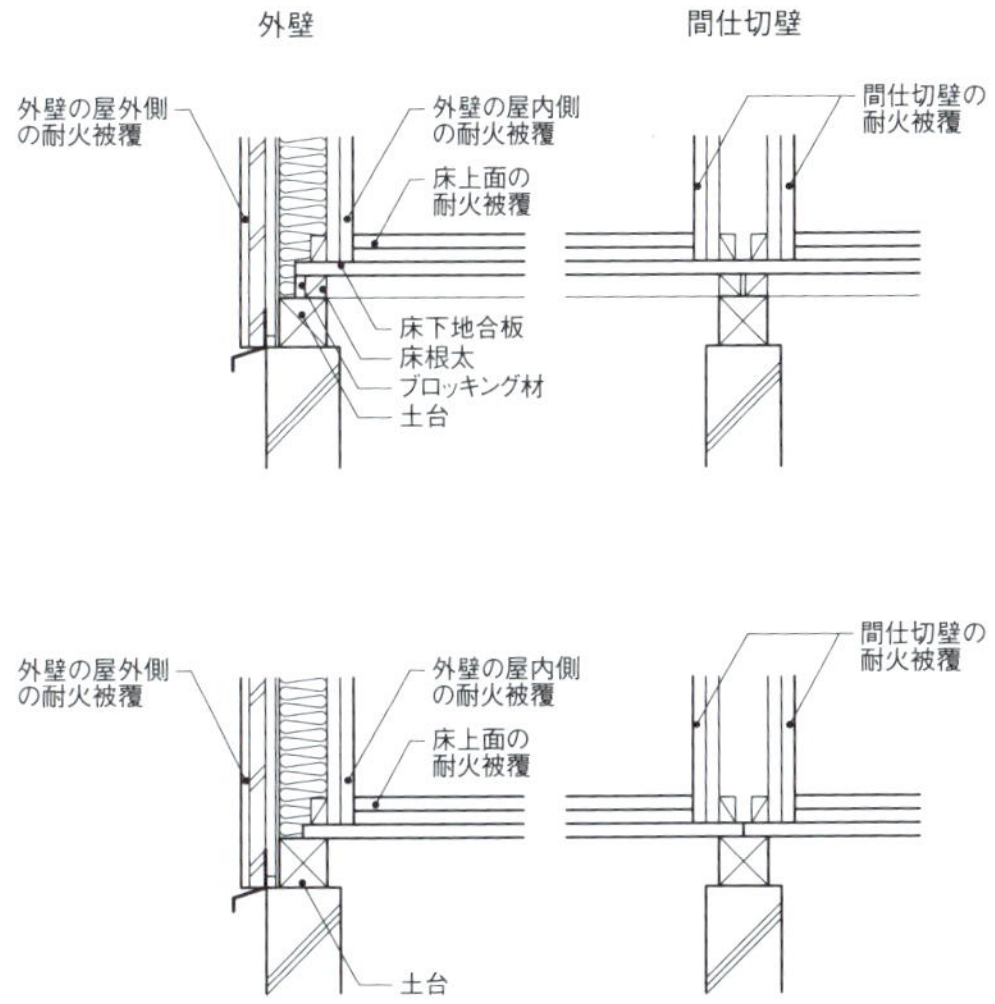

③最下階の床板をRC造とする

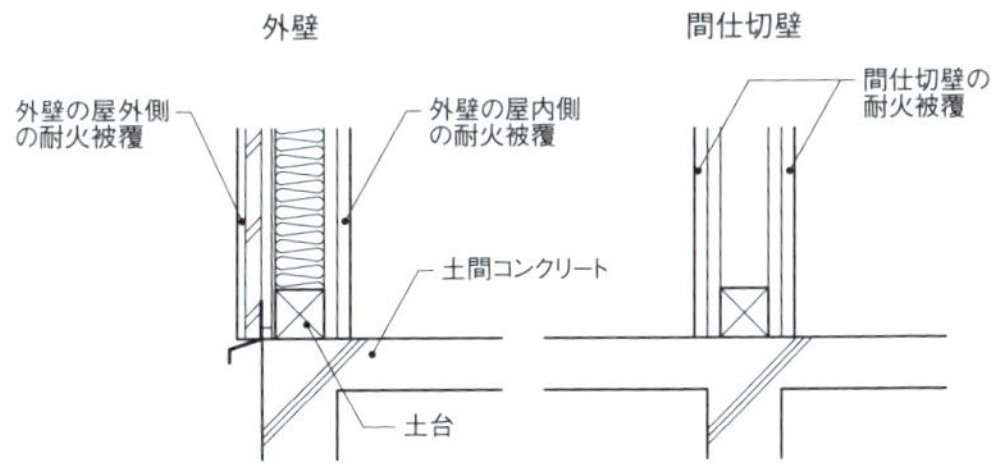

仕様となる。なお、図1―③後付けバルコニーは耐火の制約を受けないが、それ自身が耐火構造でない場合には避難上有効なバルコニーとしては使えない。

1階床（最下階の床）は主要構造部ではないため耐火は求められないが、通常の床組では主要構造部である土台（の屋内側）が耐火被覆されないため、図2―①土台の屋内側も（外壁の屋内側の仕様で）耐火被覆する、図2―②1階床面を耐火被覆し、土台を耐火被覆で囲まれた床下空間に隠蔽する。図2―③1階床をRC造とするなどの方法で対応する。

図2―①の場合、内壁の耐火被覆を先行させて土台まで被覆し、床組を後施工とする。

【在来軸組工法】階段

図1 階段の耐火構造

階段アイソメ図

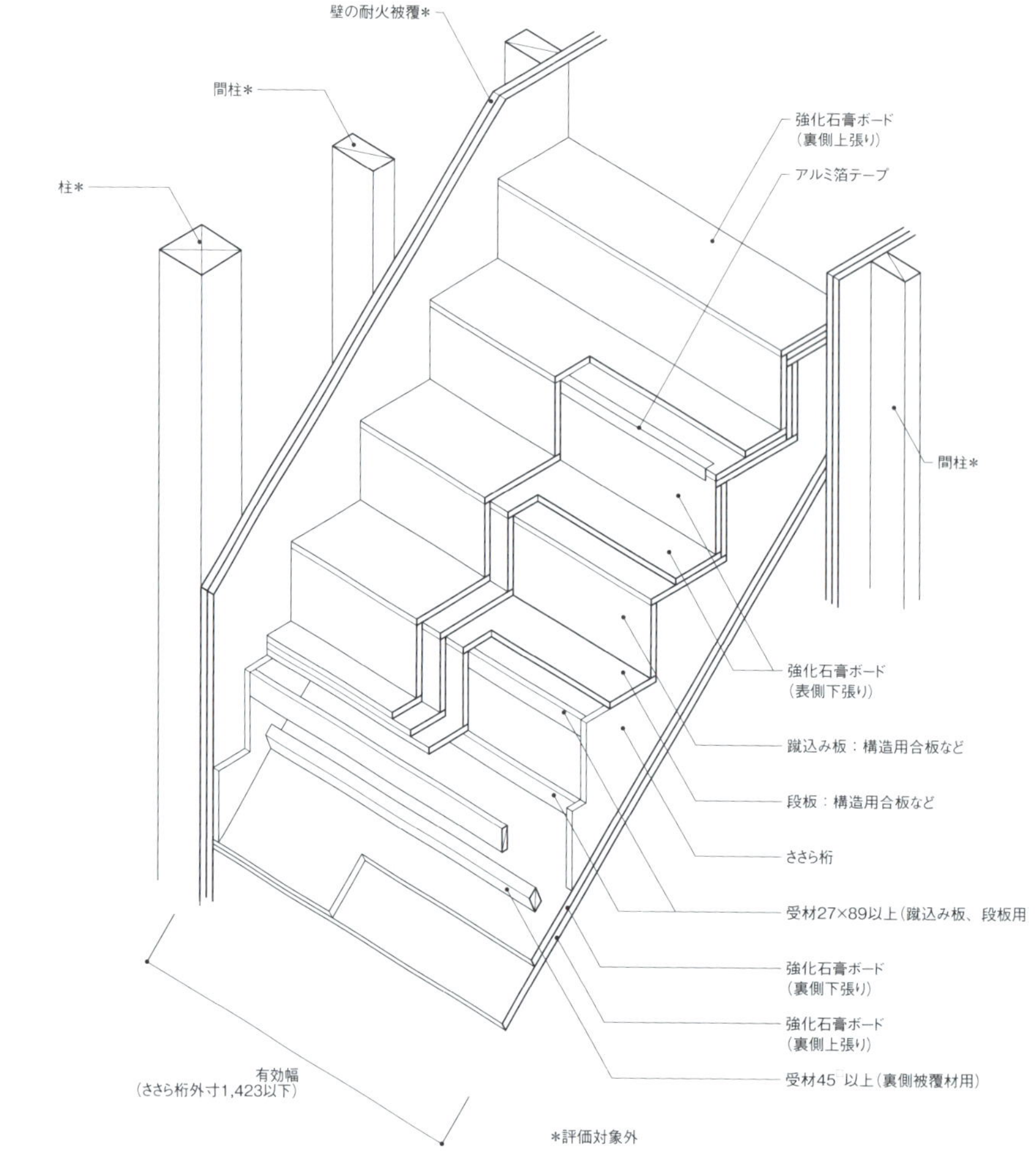

＊評価対象外

階段の耐火被覆

階段には30分の耐火構造が求められる。認定仕様の階段は、段板と蹴込み板に強化石膏ボードを被せた「表側」、同じく強化石膏ボードによる「裏側」、「側面の壁」等で被覆される。したがって、階段の両側は必ず所定の耐火仕様の壁でなければならない［図1］。

具体的には、耐火被覆（強化石膏ボード2重張り）された両側の壁の上にささら桁（厚さ28㎜以上）を取り付け、両者間に受材（27㎜×89㎜以上）を渡し、段板・蹴込み板（いずれも構造用合板等で厚さ12㎜以上）が隙間なく連続するように取り付ける。この上に強化石膏ボードを2重張りする。裏側についても、ささら桁間に受材（45㎜×45㎜以上）を渡し、強化石膏ボードを2重張りする。

なお、鉄骨階段はそれ自身で30分の耐火構造と見なされるため、これを用いてもよい。形状が複雑な階段などでも鉄骨造でつくる方が容易な場合が少なくない。ただし、段板を木製とすることはできないため、注意が必要である（鉄板等の段板の上に木製の仕上げを施すことは可能）。

図2 階段（30分耐火）と壁・床（1時間耐火）の取り合い

断面図

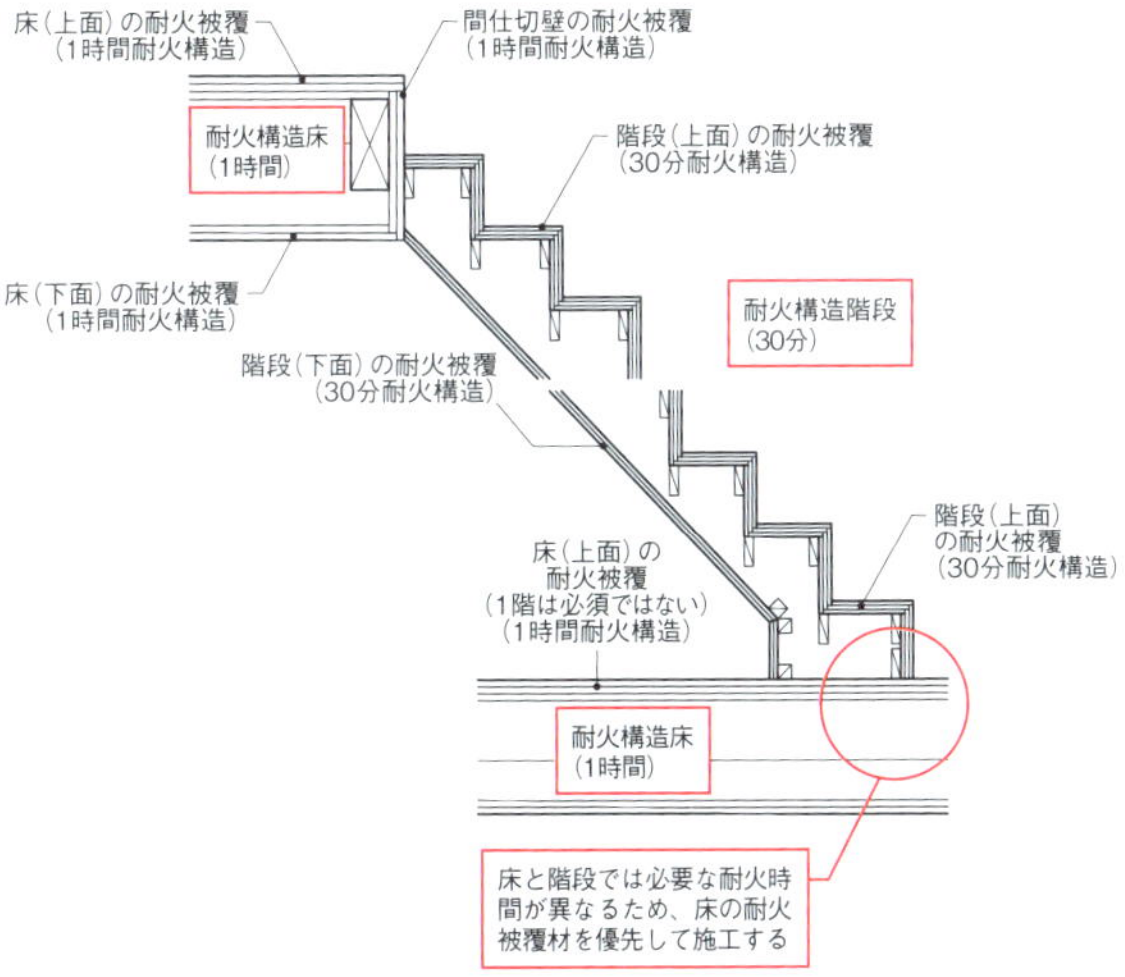

平面図

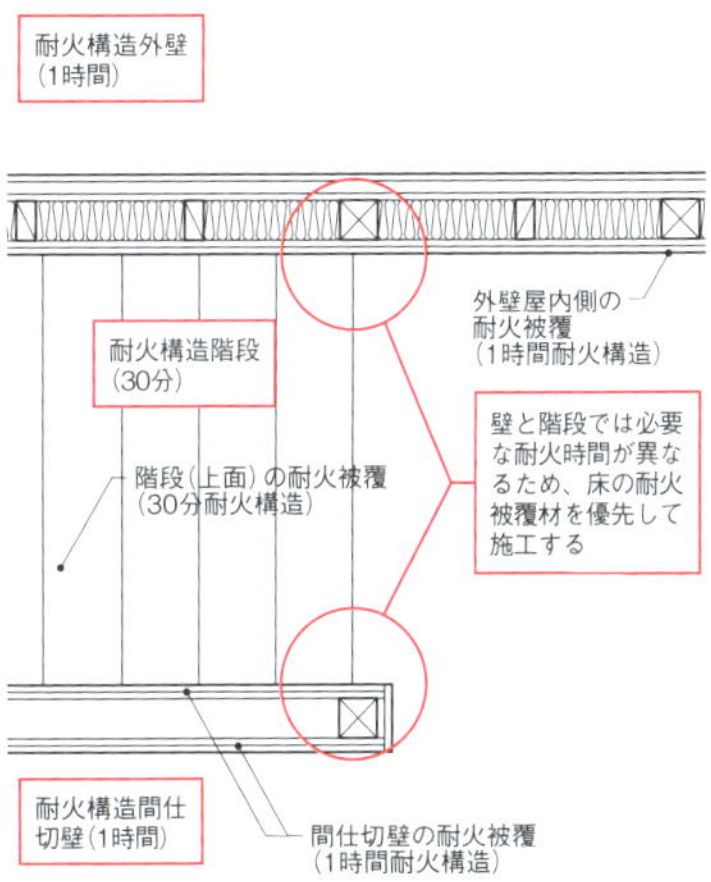

図3 1階床に取り付く階段の耐火構造

断面図

● 1階床を耐火被覆する場合

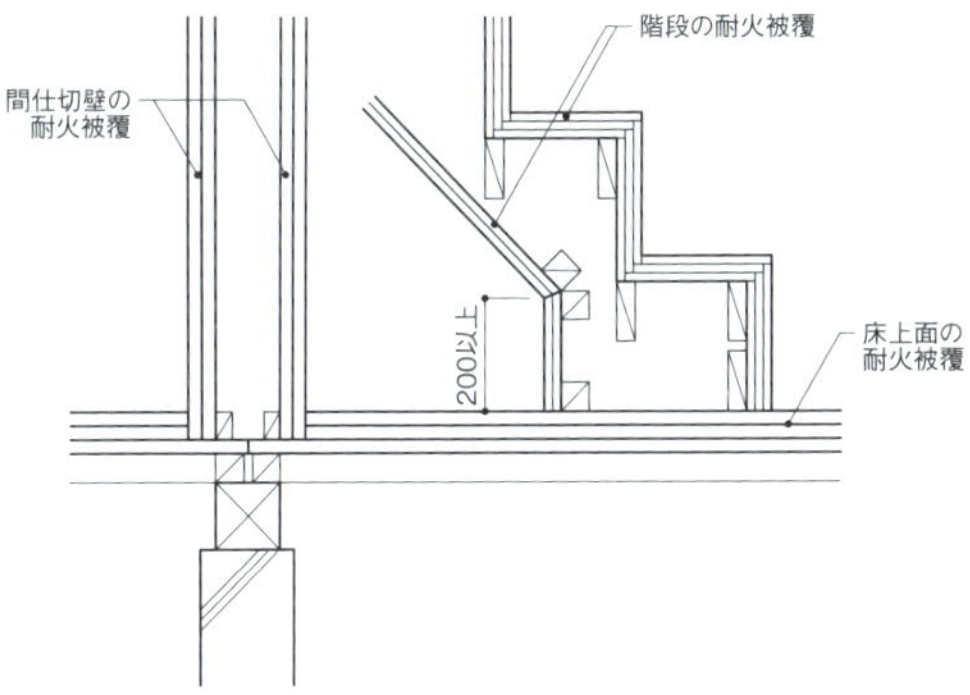

● 1階床を耐火被覆しない場合

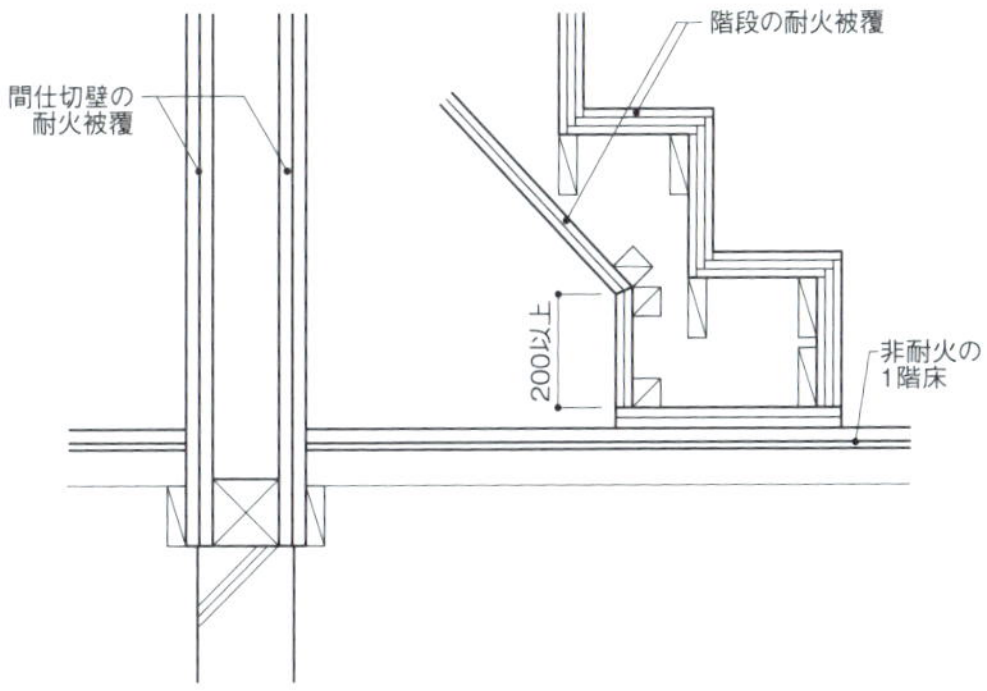

階段と床・天井の取り合い

階段は言わば「斜めの床」であり、表側を床面、裏側を天井面（受材を野縁）と考えればおおむね理解しやすい。ただし、床には1時間以上の耐火時間が求められるのに対して階段は30分であり、ボード厚さなどの仕様に違いがある。また、階段は上階床―下階床に橋渡しされるが、階段と床の取り合い部分では、床の方が求められる耐火時間が長いことから、一体として被覆するのではなく、床を耐火被覆した後に階段を取り付ける必要がある［図2］。

1階床に取り付く階段

1階床に取り付く階段の場合、1階床が耐火床の場合はそのまま床上に取り付ければよい。もし耐火床でない（壁の耐火被覆を土台まで張りおろし、1階床は非耐火）の場合は、1階床が燃え抜けた際にも階段が残るように、床面との取り合い部分にも耐火被覆することが望ましい［図3］。

通常、本設の内部階段は内装工事の後の方で行われることが多く、1階床や階段両側の壁は先に造作工事が終わっている。1階床が非耐火の際の階段工事では、まず床下地合板上に強化石膏ボードを2重張りすると、より確実なメンブレン耐火とすることができる。

【在来軸組工法】設備等の扱い

埋込照明やコンセント・スイッチは壁や天井に埋め込まなければならない。また、給排水、給湯、空調ダクト等は壁や天井を貫通する。しかし耐火構造においては、これらが耐火被覆の連続を切らないように注意しなければならない［図2～6］。

2重壁や2重天井を用いれば、耐火被覆を気にすることなくこれらの設備を設置できる［図1］が、そうしない場合には、開口部や貫通部の処理に注意する必要がある。

PS・DSの場合も、耐火構造の間仕切壁で囲う場合と、（非耐火構造の）2重壁で囲う場合が考えられる。PS・DS内の床についても、耐火構造でつくる場合（防火区画の場合）と、その必要がない場合（非耐火の床や吹き抜けでも良い場合）があるので注意すること。

図1 2重壁・2重天井・2重床の活用

断面図

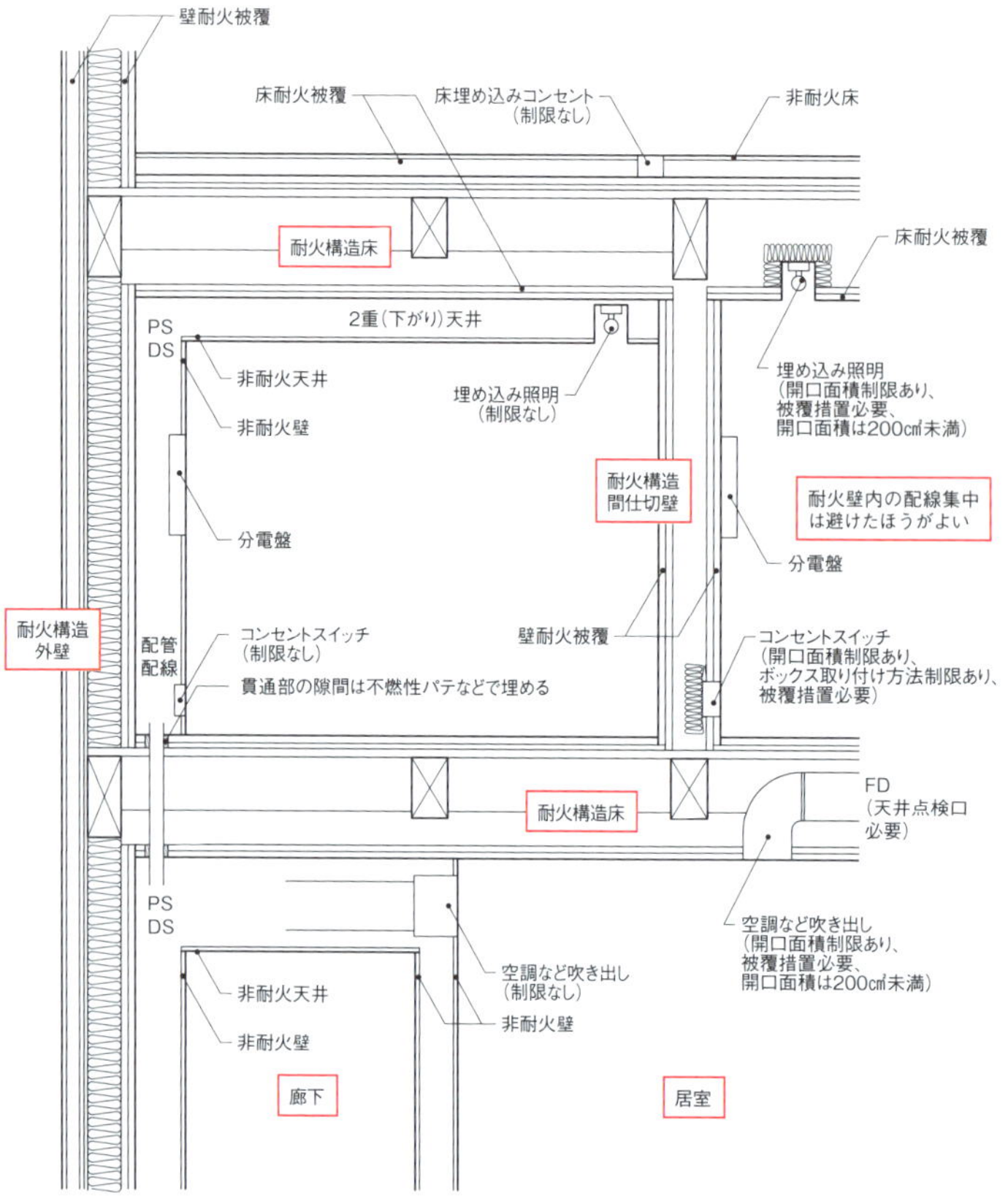

図2 ダクト配管の取付け

● 開口面積100㎠未満

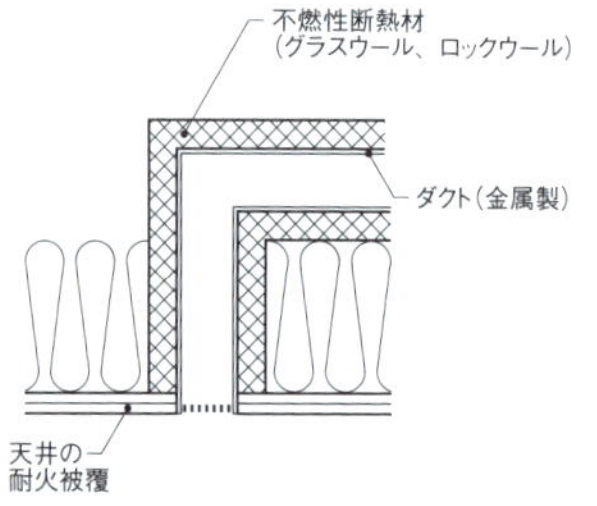

● 開口面積100㎠以上

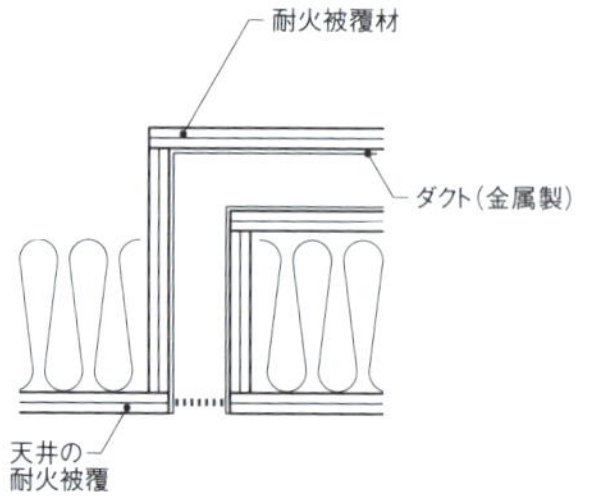

2時間耐火の場合は、開口面積にかかわらず天井と同等の耐火被覆を行う必要がある

● ダクトに防火ダンパーを取り付けた場合

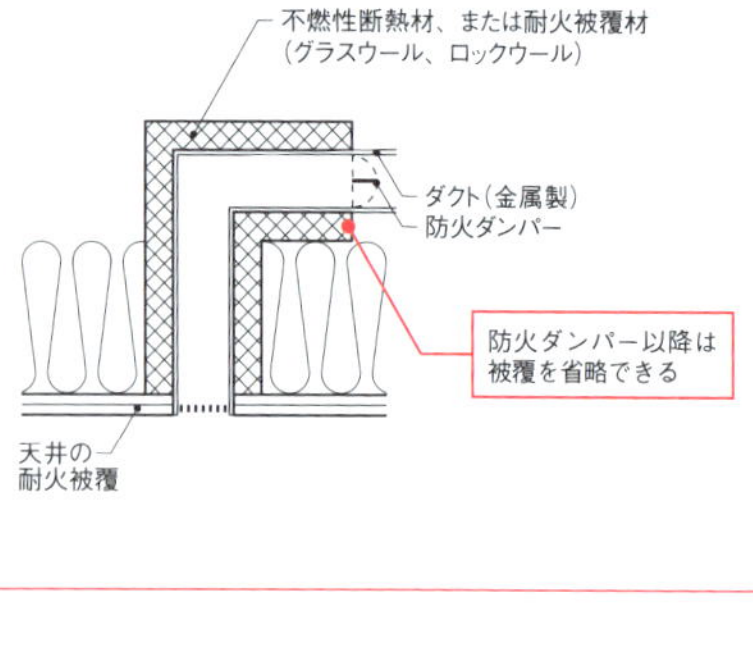

図3 コンセントボックスの耐火構造

● 断面図

開口面積100㎠未満

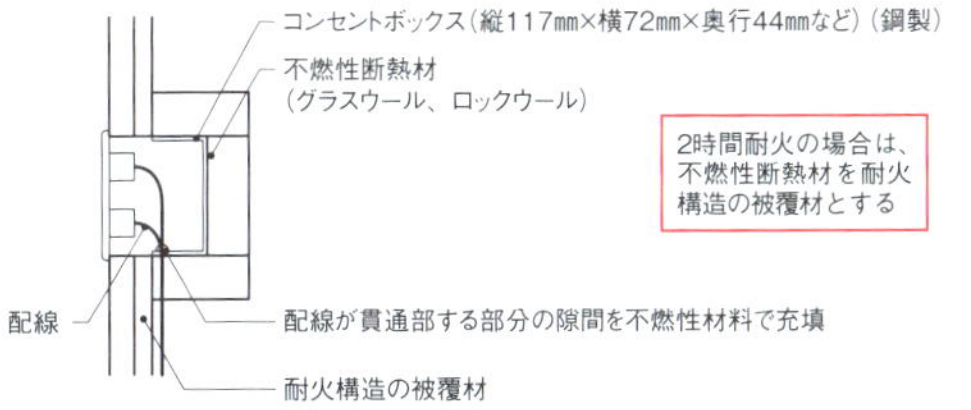

開口面積200㎠未満

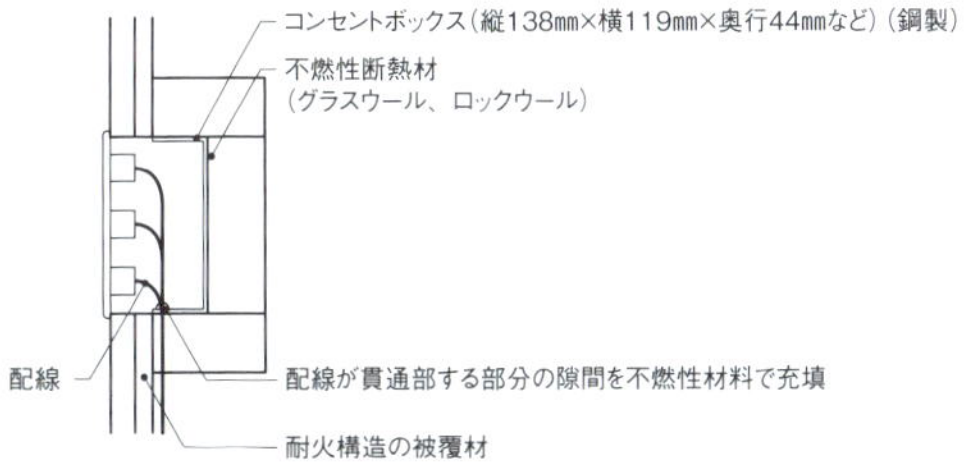

開口面積200㎠以上

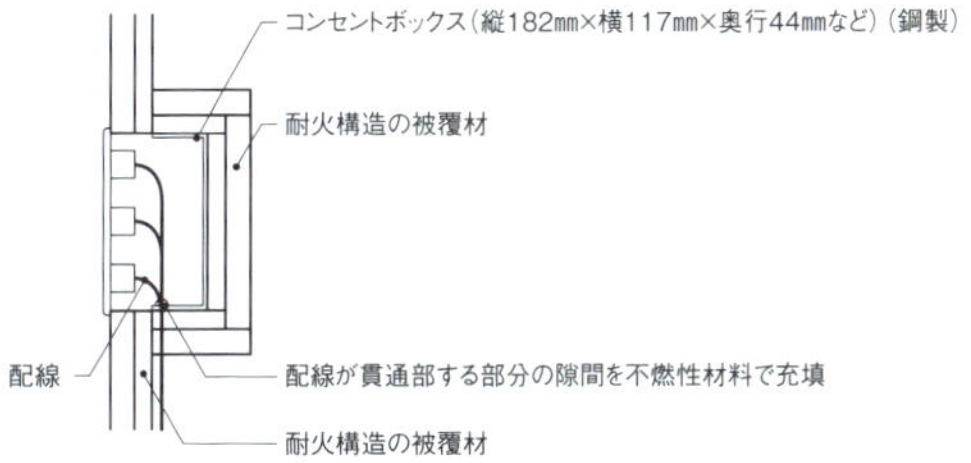

● 正面図

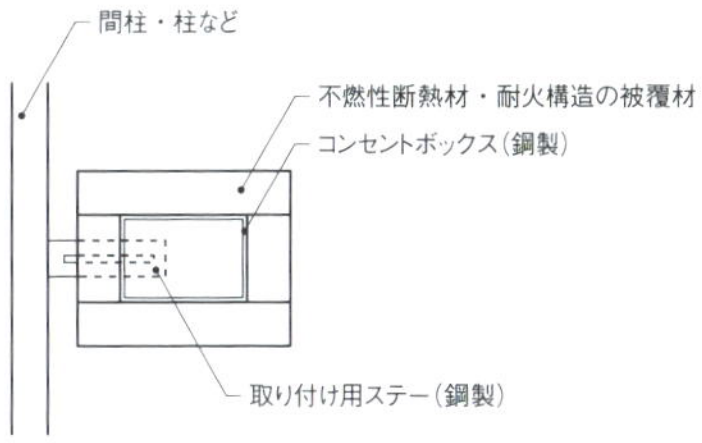

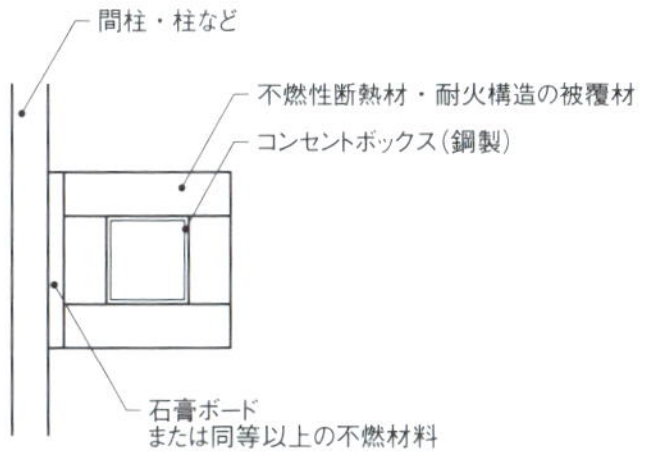

コンセントボックスを厚さ12.5㎜以上の石膏ボードを介して柱に留めつけているところ(この後ボックス廻りを断熱材で覆う)

図4 シーリング照明の耐火構造

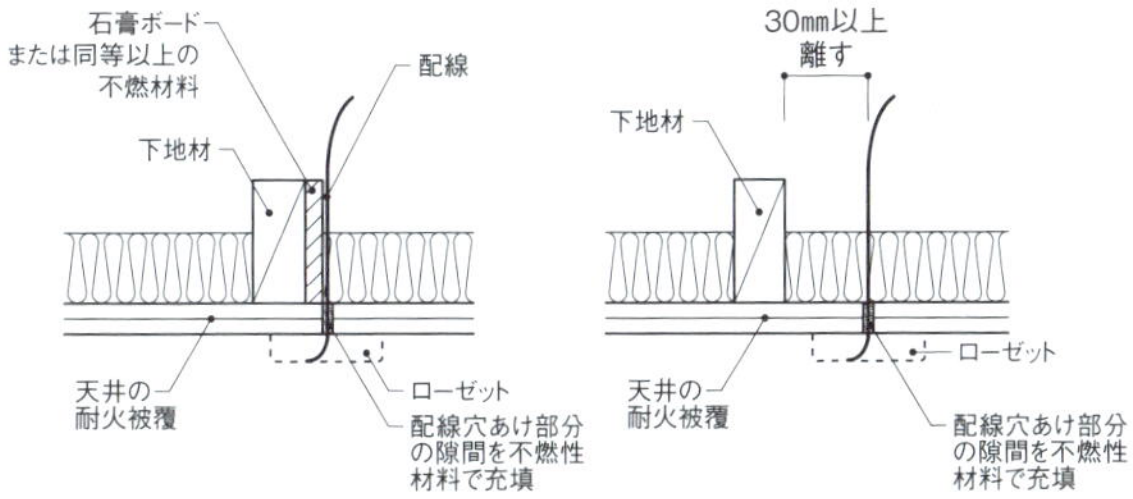

図5 配管等の貫通部の処理

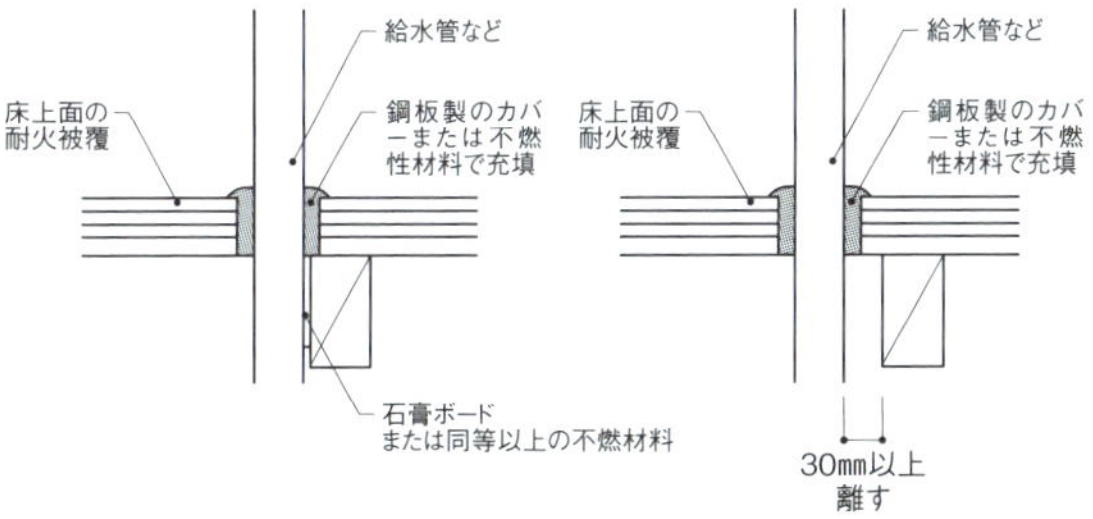

図6 埋め込み照明の耐火構造

開口面積100㎠未満

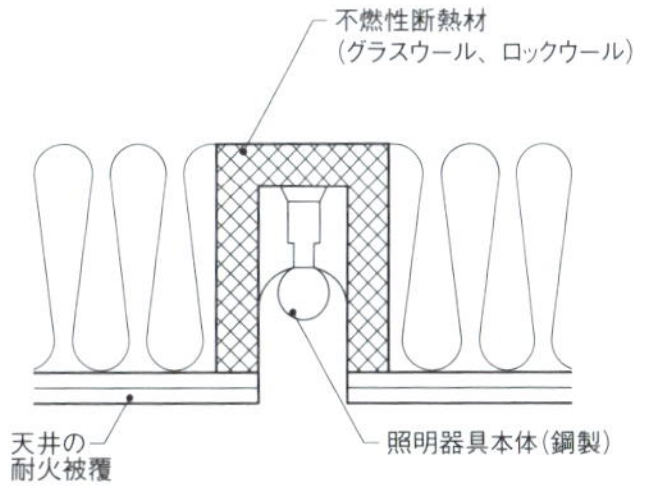

開口面積100㎠以上

2時間耐火の場合は、開口面積にかかわらず天井と同等の耐火被覆を行う必要がある

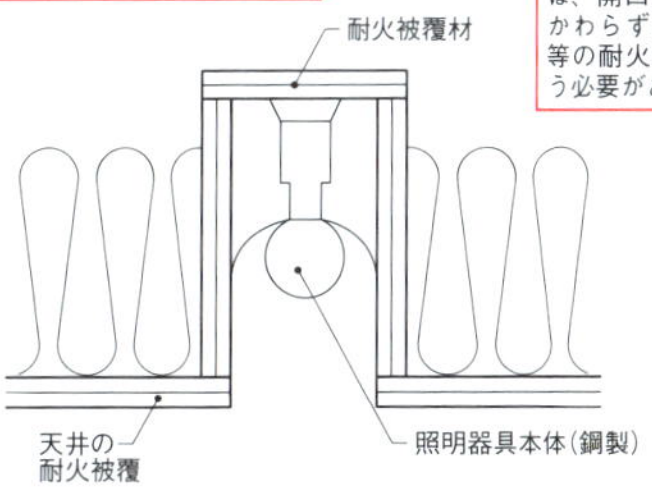

【2×4工法】メンブレン耐火構造の基本事項

（国研）建築研究所・2×4による2×4耐火4階建てモデル棟

張り重ねる強化石膏ボードの厚さだけ室内有効寸法が小さくなる

図1 耐火構造を行う部位（主要構造部）

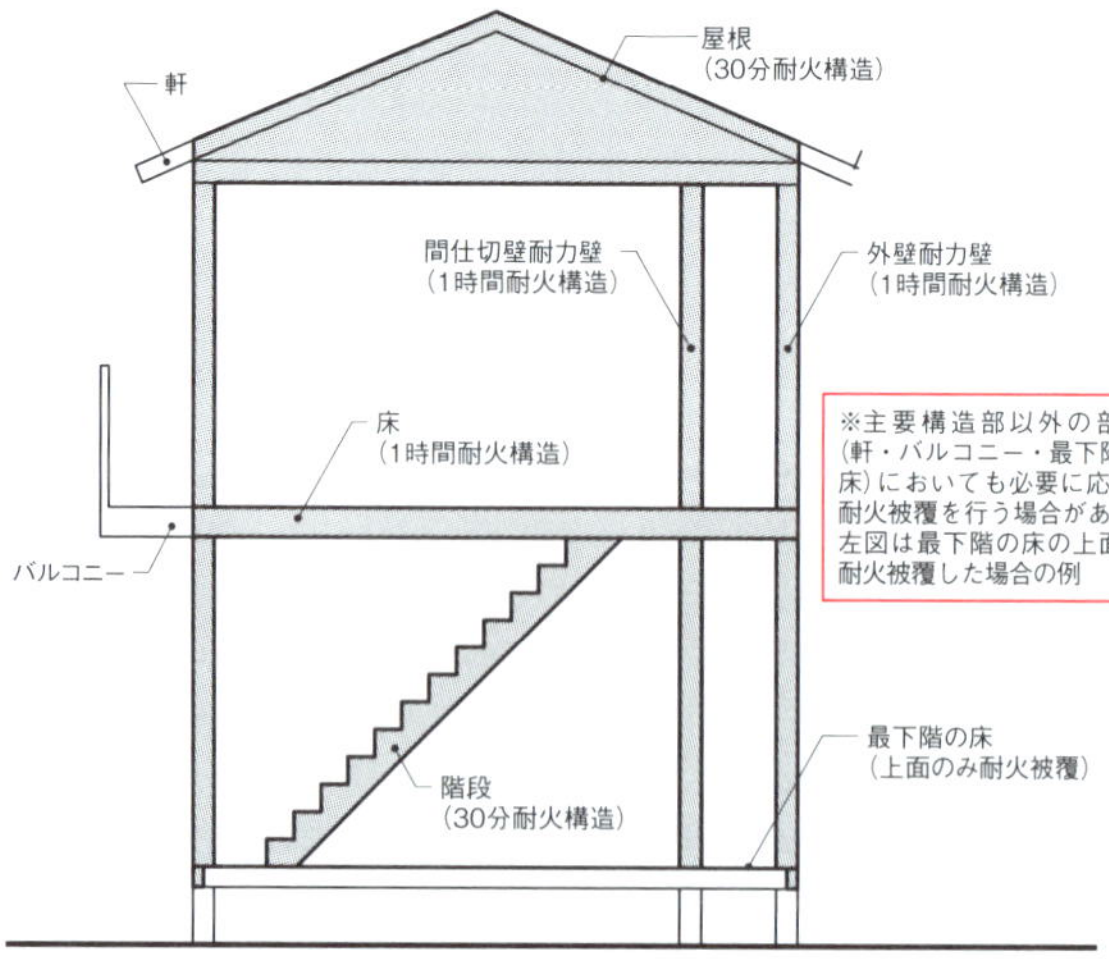

※主要構造部以外の部位（軒・バルコニー・最下階の床）においても必要に応じ、耐火被覆を行う場合がある。左図は最下階の床の上面を耐火被覆した場合の例

図2 壁の耐火被覆の例

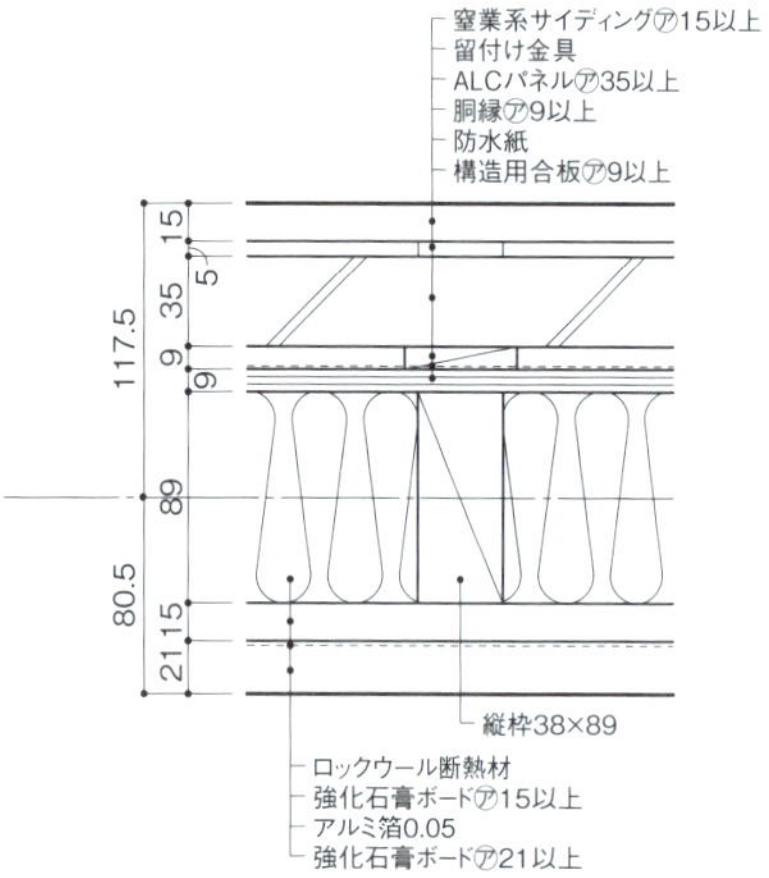

図3 モジュールと有効寸法

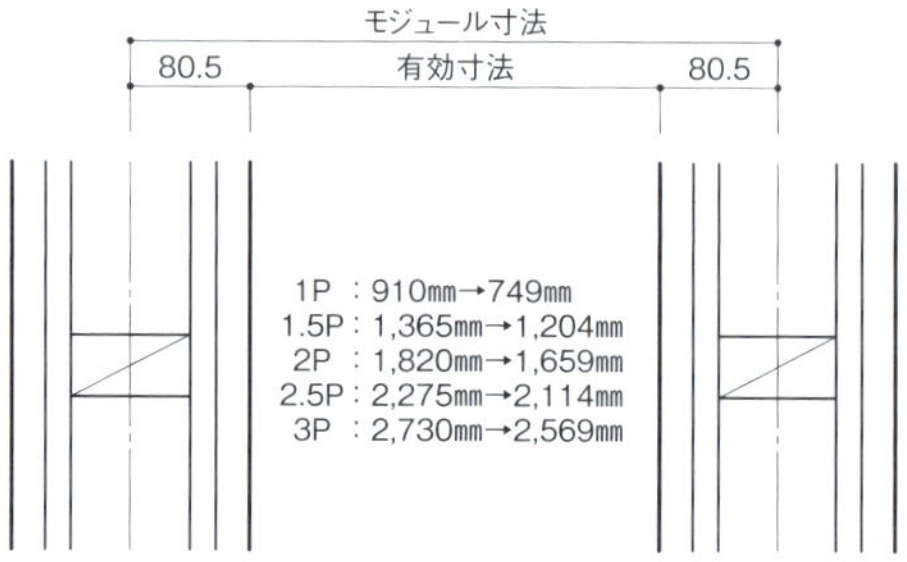

大臣認定を取得している強化石膏ボードは、15㎜厚ではGB-F（V）およびGB-F（N）、それ以外はGB-F（V）に限られる。使用する大臣認定ごとに協会のマニュアルや大臣認定書（写し）等を確認すること

2×4協会の仕様に従い164～183頁では、2×4工法における耐火木造の設計・施工のポイントを述べる。これ以上の詳細な内容については協会のマニュアル類を直接確認してほしい。※1 なお当協会が取得した大臣認定の耐火構造を使用する際には、講習会を受けるなど所定の手続きが必要である［3章］。

メンブレン耐火構造の基本的な考え方は、2×4工法の場合でも、軸組工法と変わらない［図1］。耐火認定の一覧は表に示すとおりである。※2 外壁仕上げ材には、窯業系サイディングだけでなく、金属系サイディング、タイル、金属板、モルタル、吹付け・塗装など、さまざまな選択肢がある。

1時間耐火仕様では壁や床・天井に強化石膏ボードを2重張りする［図2］。例えば室内の壁や床・天井（最上階を除く）のボード厚は21㎜＋15㎜以上となり、通常の12・5㎜1重張りと比べると最低でも23・5㎜は室内の有効寸法が小さくなる（壁～壁間、床～最上階を除く天井間では最低でも47㎜）［図3］。2時間耐火の場合はさらに厳しくなる。したがって、廊下や階段、ユニットバス、設備機器の設置スペース等で一定以上の有効寸法が要求される場合には、十分な注意が必要である。

※1：「枠組壁工法耐火建築物　設計・施工の手引」2×4協会、2018.7。なお、164～183頁の図表の多くはこれを参照・引用している
※2：表では主にボードの構成や断熱材の有無を中心に記載しており、胴縁や防湿気密フィルム等は省略している

表 耐火構造大臣認定の概要（2×4協会による）

外壁

	屋外側（外側より内側へ）			壁体内	屋内側（内側より外側へ）			
木製枠組造外壁（1時間耐火）	窯業系サイディング	ALCパネル	木質系ボード*1	ロックウール充てん又は無し	無し 木質系ボード*1	強化石膏ボード（下張り）	アルミニウム箔	強化石膏ボード（上張り）
	塗装*2 陶磁器質タイル 窯業系サイディング 複合金属サイディング 既調合セメントモルタル 金属板 住宅屋根用化粧スレート	ケイ酸カルシウム板3枚重ね張り（上張り＋中張り＋下張り）	木質系ボード*1	ロックウール充てん又は無し	木質系ボード*1	強化石膏ボード（下張り）		強化石膏ボード（上張り）
	木材	両面薬剤処理ボード用原紙張り石膏板2枚重ね張り（上張り＋下張り）	木質系ボード*3	ロックウール充てん	木質系ボード*3	強化石膏ボード（下張り）		強化石膏ボード（上張り）
木製枠組造外壁（2時間耐火）	ALCパネル	両面薬剤処理ボード用原紙張り石膏板2枚重ね張り（上張り＋下張り）	木質系ボード*4	ロックウール充てん	木質系ボード*4	強化石膏ボード（下張り）	強化石膏ボード（中張り）	強化石膏ボード（上張り）

間仕切壁

	片側（外側より内側へ）				壁体内	片側（内側より外側へ）			
木製枠組造間仕切壁（1時間耐火）	強化石膏ボード（上張り）	アルミニウム箔	強化石膏ボード（下張り）		ロックウール充てん又は無し		強化石膏ボード（下張り）	アルミニウム箔	強化石膏ボード（上張り）
	強化石膏ボード（上張り）		強化石膏ボード（下張り）		充てん無し		強化石膏ボード（下張り）		強化石膏ボード（上張り）
	強化石膏ボード（上張り）		強化石膏ボード（下張り）	木質系ボード*3	充てん無し	木質系ボード*3	強化石膏ボード（下張り）		強化石膏ボード（上張り）
木製枠組造間仕切壁（1時間耐火）（界壁仕様）	強化石膏ボード（上張り）	アルミニウム箔	強化石膏ボード（下張り）	木質系ボード*1	ロックウール充てん	木質系ボード*1	強化石膏ボード（下張り）	アルミニウム箔	強化石膏ボード（上張り）
木製枠組造間仕切壁（2時間耐火）	強化石膏ボード（上張り）	強化石膏ボード（中張り）	強化石膏ボード（下張り）	木質系ボード*1	充てん無し（ミッドプライウォール・ダブル仕様）	木質系ボード*1	強化石膏ボード（下張り）	強化石膏ボード（中張り）	強化石膏ボード（上張り）
	強化石膏ボード（上張り）	強化石膏ボード（中張り）	強化石膏ボード（下張り）	木質系ボード*4	ロックウール充てん（スタッド千鳥配置仕様）	木質系ボード*4	強化石膏ボード（下張り）	強化石膏ボード（中張り）	強化石膏ボード（上張り）

床

	床側（外側より内側へ）				床懐内	天井側（内側より外側へ）			
木製枠組造床（1時間耐火）	強化石膏ボード（上張り）	アルミニウム箔	強化石膏ボード（下張り）	木質系ボード*1	充てん無し（床根太・天井根太仕様）		強化石膏ボード（下張り）		強化石膏ボード（上張り）
	強化石膏ボード（上張り）		強化石膏ボード（下張り）	木質系ボード*3	ロックウール充てん（床根太・天井根太仕様）		強化石膏ボード（下張り）		強化石膏ボード（上張り）
	強化石膏ボード（上張り）		強化石膏ボード（下張り）	木質系ボード*3	充てん無し※トラス床根太仕様		強化石膏ボード（下張り）		強化石膏ボード（上張り）
	両面薬剤処理ボード用原紙張り石膏板（上張り）		両面薬剤処理ボード用原紙張り石膏板（下張り）	木質系ボード*3	充てん無し（床根太・直天井仕様）		両面薬剤処理ボード用原紙張り石膏板（下張り）		両面薬剤処理ボード用原紙張り石膏板（上張り）
木製枠組造床（2時間耐火）	強化石膏ボード（上張り）	強化石膏ボード（中張り）	強化石膏ボード（下張り）	木質系ボード*3	充てん無し（床根太・直天井仕様）		強化石膏ボード（下張り）	強化石膏ボード（中張り）	強化石膏ボード（上張り）

屋根

	屋外側（外側より内側へ）			小屋内	屋内側（内側より外側へ）	
木製軸組造屋根（30分耐火）	屋根仕上げ材	防水材	木質系ボード*3	グラスウール断熱材充てん ロックウール断熱材充てん	強化石膏ボード（下張り）	強化石膏ボード（上張り）
	合成高分子系ルーフィングシート FRP防水		木質系ボード*3	ロックウール断熱材充てん	強化石膏ボード（下張り）	強化石膏ボード（上張り）

階段

	表側（外側より内側へ）				階段内	裏側（内側より外側へ）	
枠組壁工法構造用製材製階段（30分耐火）	強化石膏ボード（上張り）		強化石膏ボード（下張り）	段板・蹴込み板：木質系ボード*5ささら桁：枠組壁工法構造用製材	無し	強化石膏ボード（下張り）	強化石膏ボード（上張り）
木製階段（30分耐火）	強化石膏ボード（上張り）		強化石膏ボード（下張り）	段板・蹴込み板・ささら桁：枠組壁工法構造用製材等*6	無し	強化石膏ボード（下張り）	強化石膏ボード（上張り）

＊1：構造用合板、構造用パネル　＊2：アクリルウレタン系樹脂、アクリルシリコーン系樹脂、アクリル樹脂、フッ素系樹脂、シリコーン系樹脂、エポキシ系樹脂、無機質系樹脂　＊3：構造用合板、構造用パネル、パーティクルボード　＊4：構造用合板、構造用パネル、パーティクルボード、ミディアムデンシティファイバーボード　＊5：構造用合板、構造用パネル、パーティクルボード、枠組壁工法構造用製材　＊6：枠組壁工法構造用製材、枠組壁工法構造用たて継ぎ材、集成材、単板積層材

図1 勾配屋根の30分耐火構造（瓦葺きの場合）

屋根アイソメ図

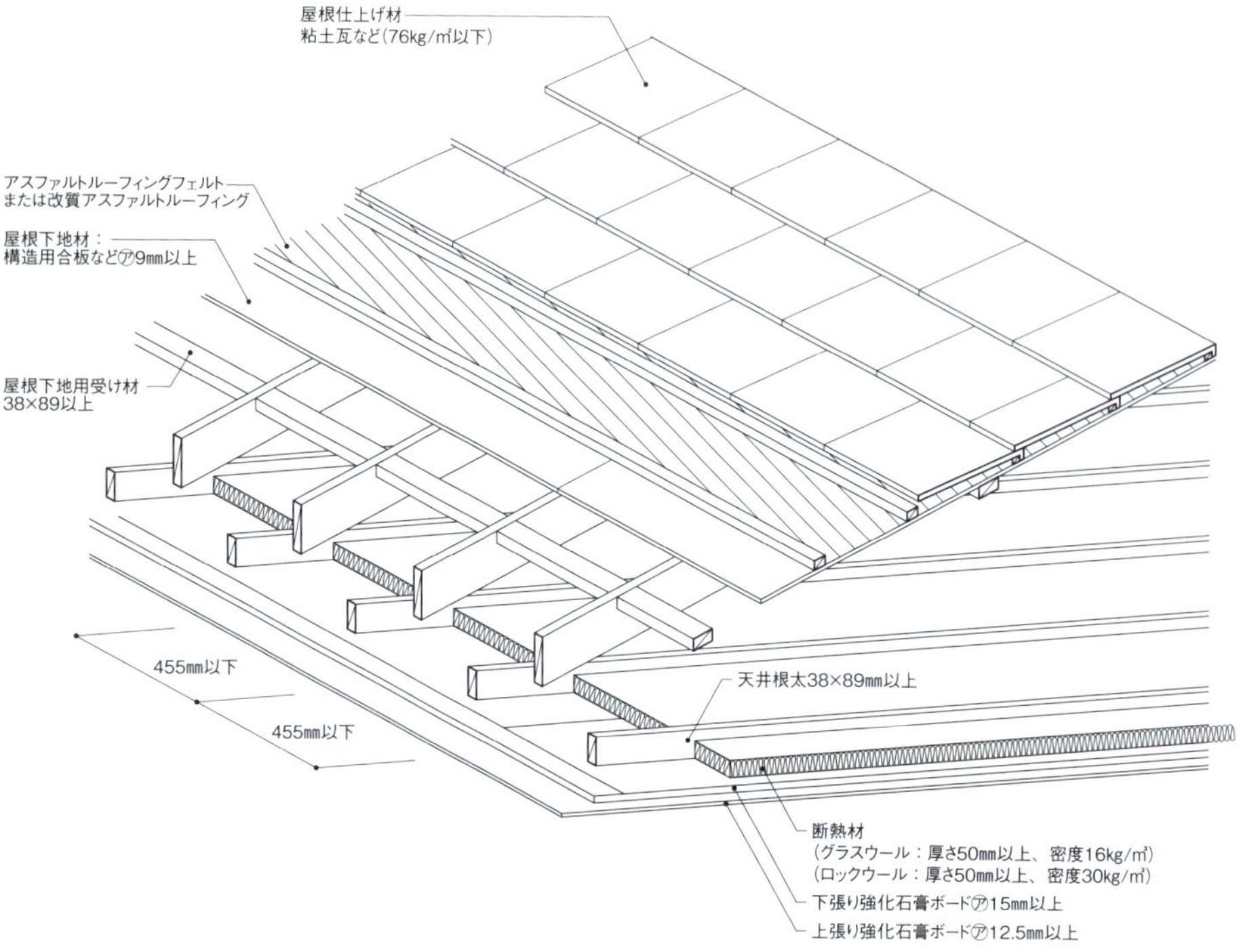

勾配屋根の場合、2×4協会の認定仕様では、屋根上面については、2×6以上の垂木を455㎜以下の間隔に配置し、構造用合板（または構造用パネル、いわゆるOSB）等の野地板を張る。それより上のアスファルトルーフィングや屋根葺き材についても30分耐火の大臣認定で定められた仕様のものを用いる必要がある。

屋根下面（天井面）については、強化石膏ボードを2重張り（下張り厚さ15㎜以上、上張り厚さ12・5㎜以上）とする［図1］。

充填断熱材は、グラスウール（最大密度16kg／㎥・厚さ50㎜以上）またはロックウール（最大密度30kg／㎥・厚さ50㎜以上）に限り使用することができる。

ただし、垂木上端から天井根太下端までの天井空間は高さ190㎜以上を確保する必要がある。勾配天井の場合には注意を要する［図2］。

軒先は、屋根本体とみなすか付け庇とみなすかで耐火被覆の範囲が異なるが、これも軸組工法と同様である［図3］。

トップライトを設ける場合、主要構造部である屋根の一部とみなされるため（防火上「屋根の開口部」という規定はない）、防火地域・準防火地域・法22条区域の区分にかかわらず、30分耐火の

図2 天井空間の寸法

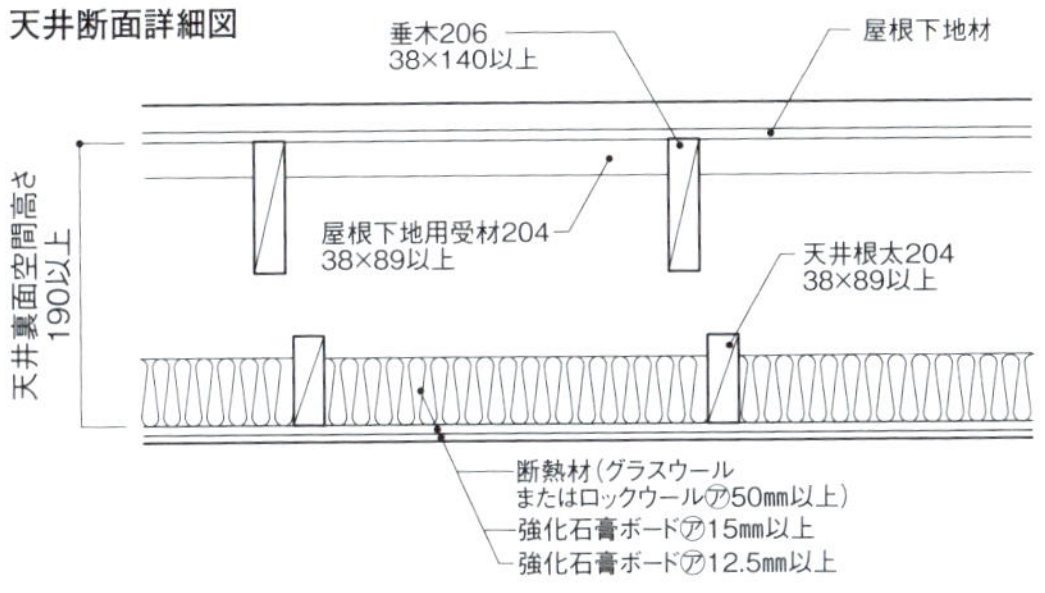

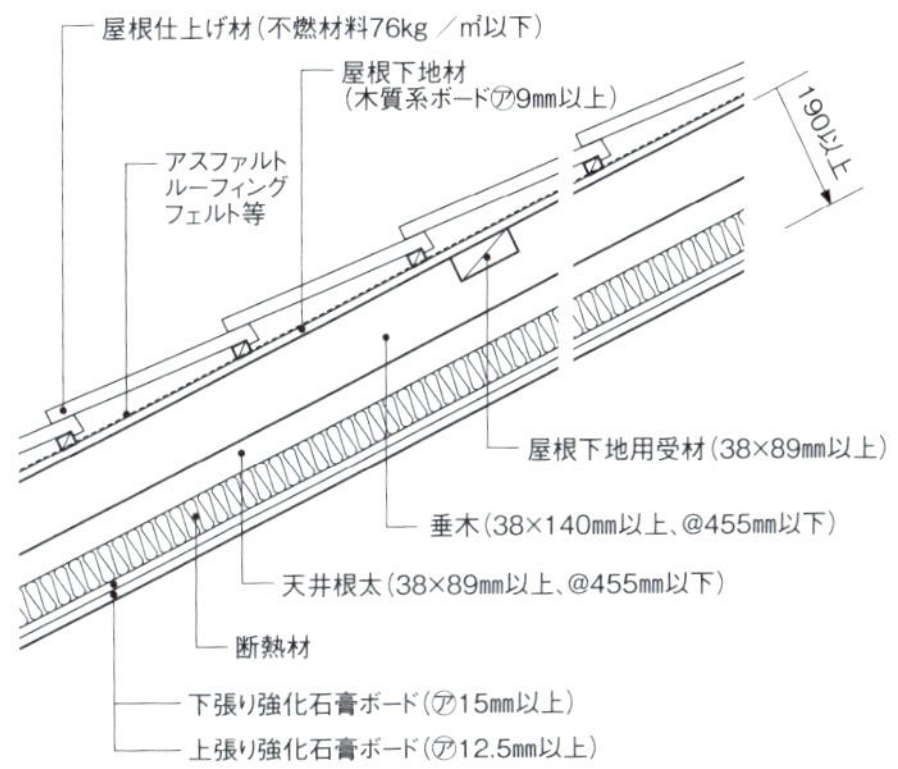

図3 軒先の耐火構造

①屋根構造の一部として取り扱う場合

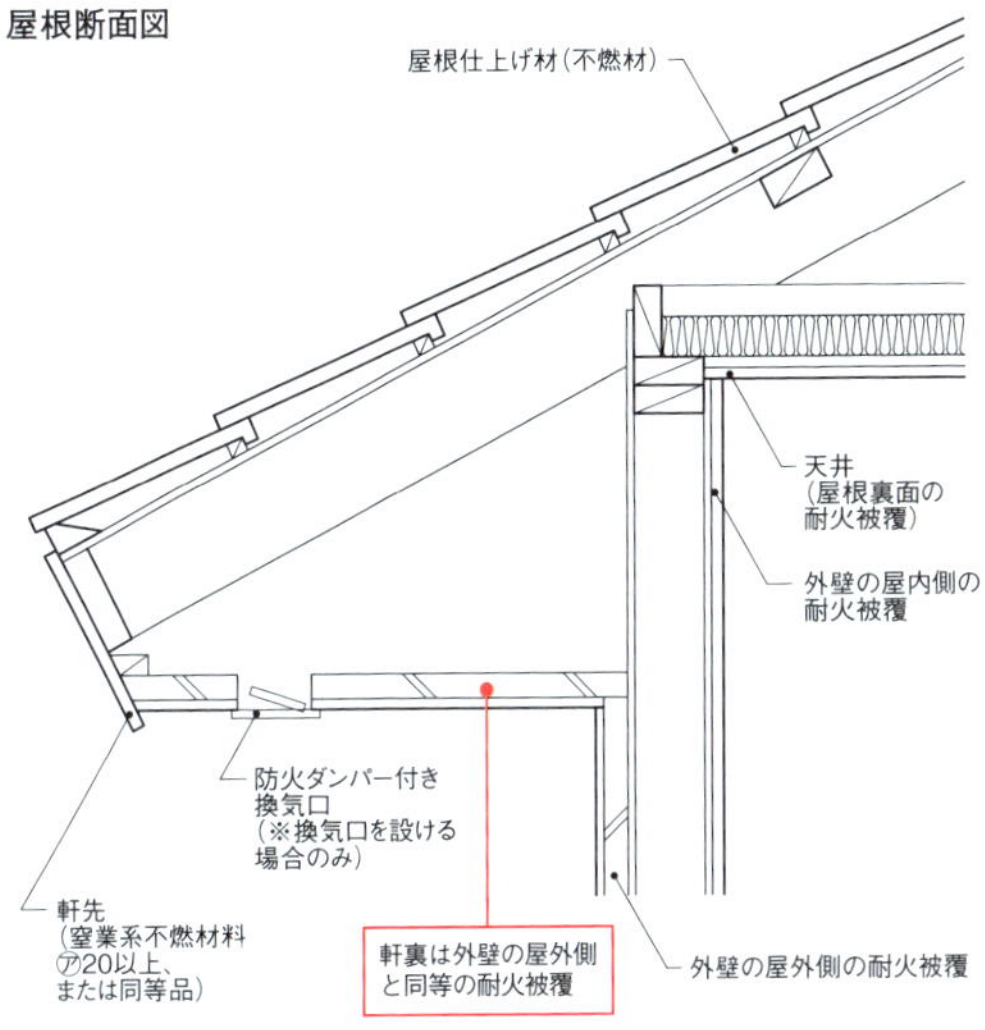

②付属物（付け庇）として取り扱う場合

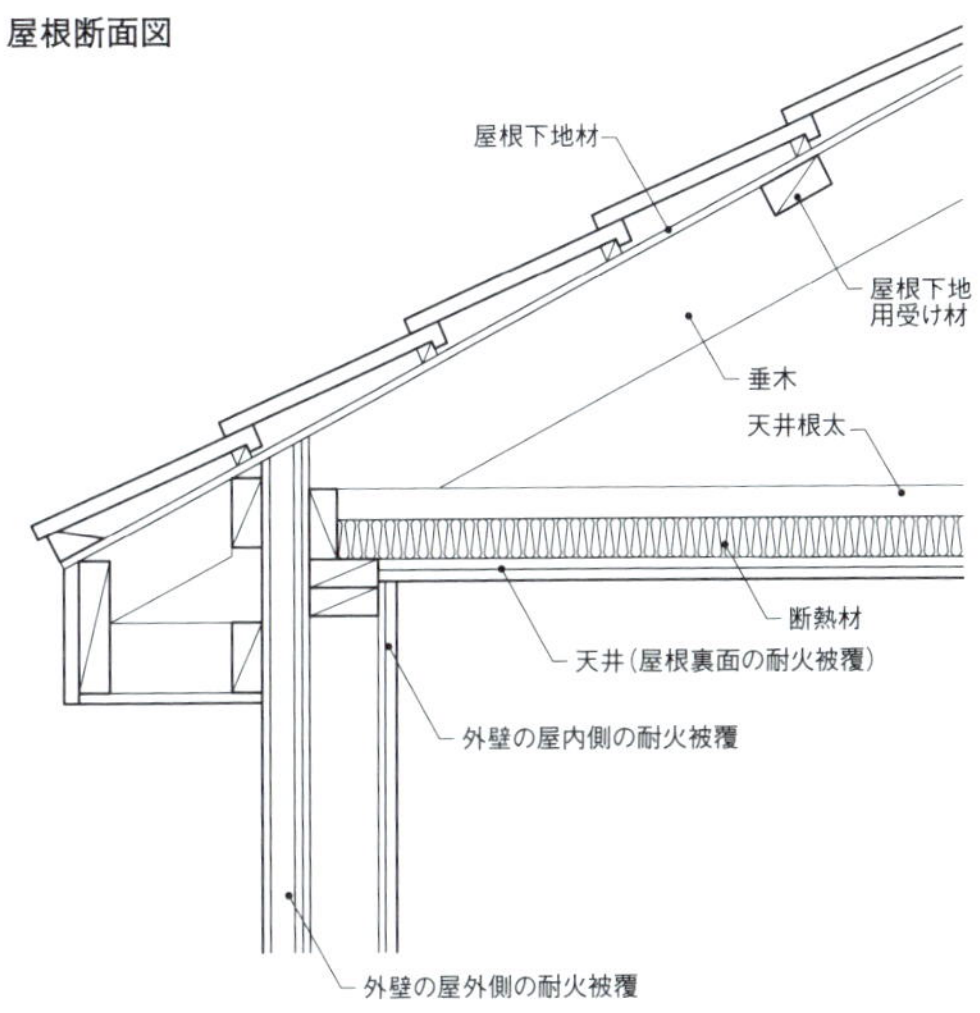

図4 トップライト廻りの耐火構造

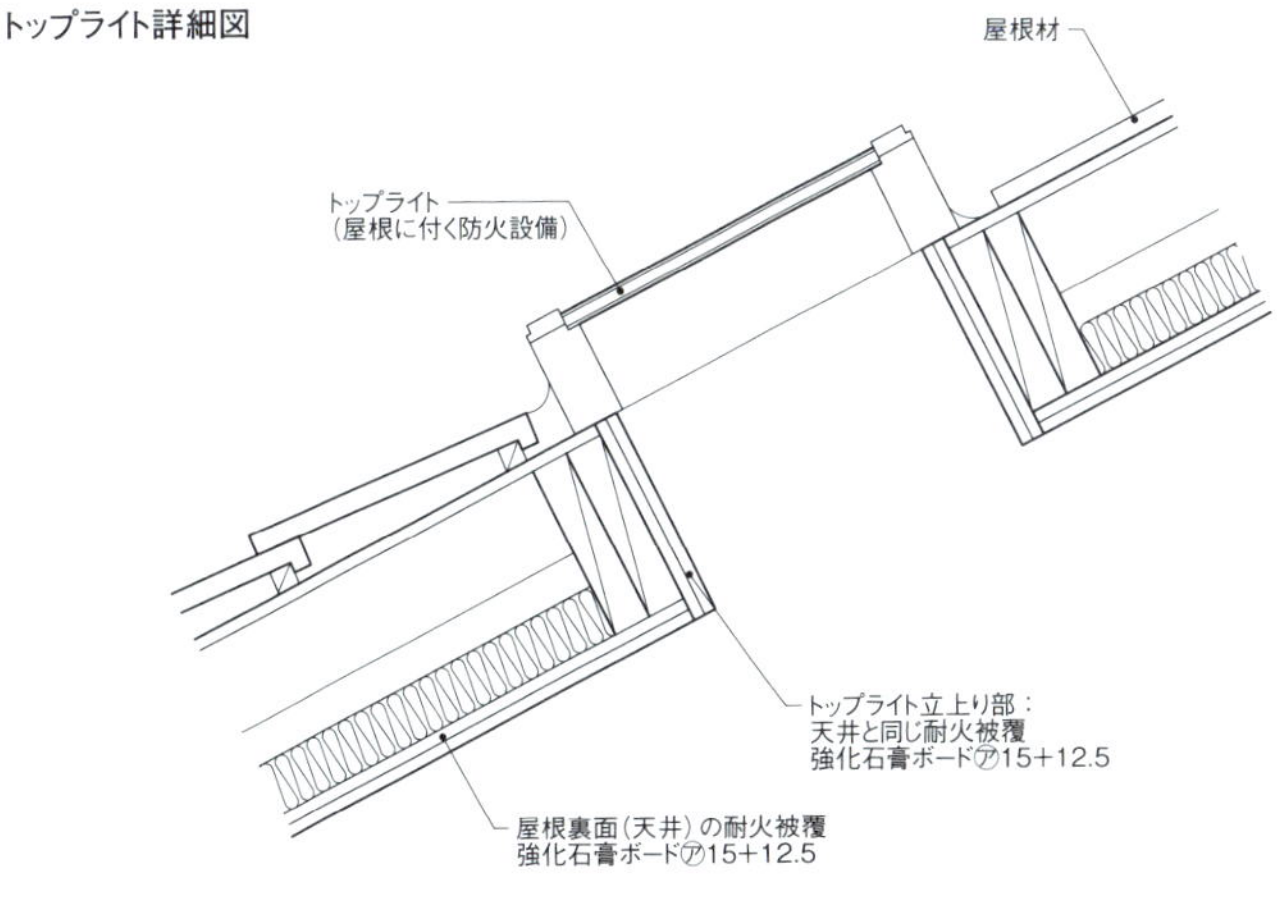

防火設備の認定を取得したものを使用する必要がある（ただし現在、木造住宅用でこれに該当するものは少ない）。また、立ち上がり部の内側についても、天井面と同じ耐火被覆を施さなければならない［図4］。

図5 陸屋根の30分耐火構造

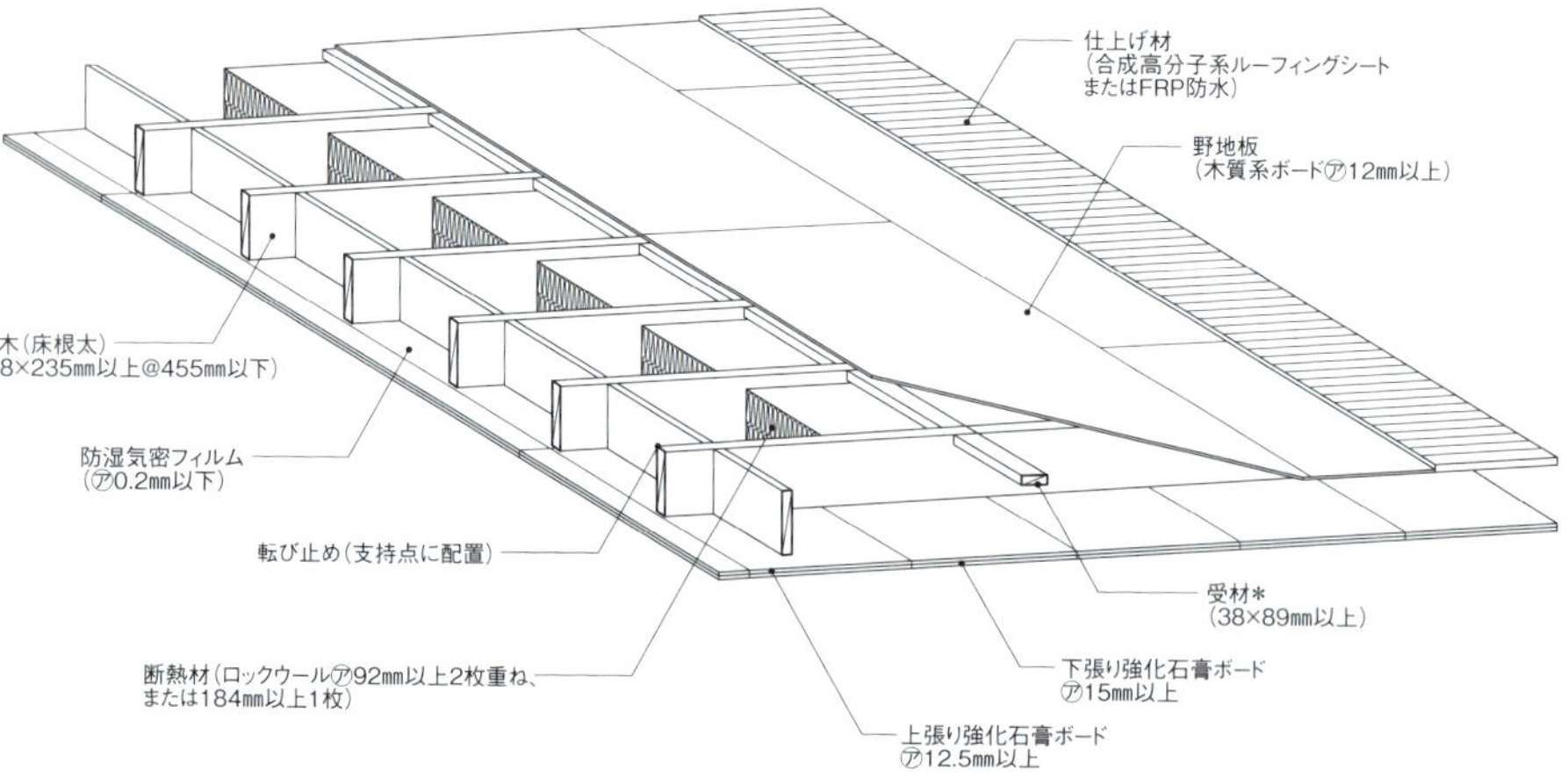

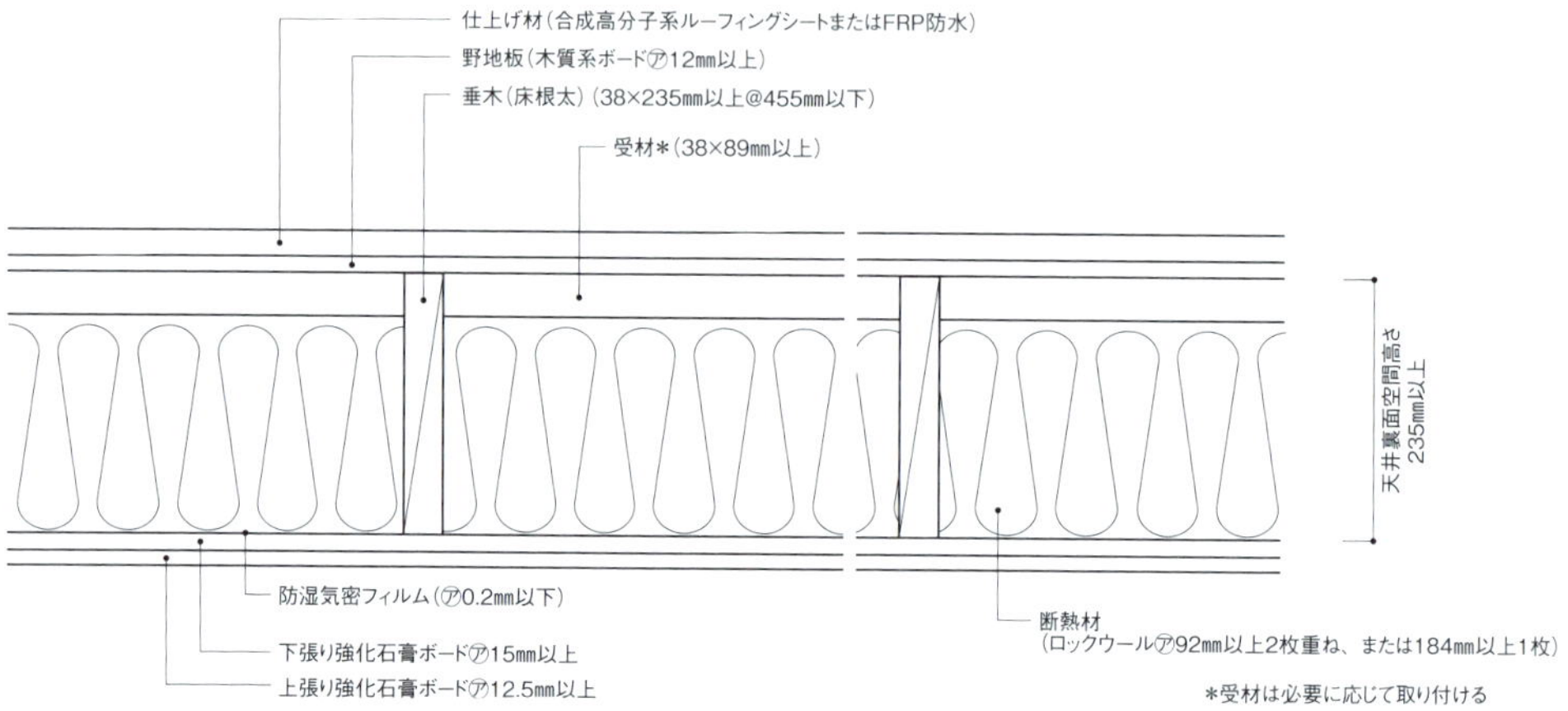

*受材は必要に応じて取り付ける

陸屋根の場合、2×10以上の垂木(床根太)を455mm以下の間隔に配置し、12mm以上の構造用合板等の野地板を張り、合成高分子系ルーフィングシートまたはFRP防水を施す。葺材は、防火無指定地域以外であれば、飛び火の大臣認定を受けた仕様としなければならない。屋根下面(天井面)については強化石膏ボード2重張りとする[図5]。

【2×4工法】外壁・サッシ（1）

図1 外壁の1時間耐火構造の例1

● ALC板仕様（サイディング仕上げ）

外壁アイソメ図

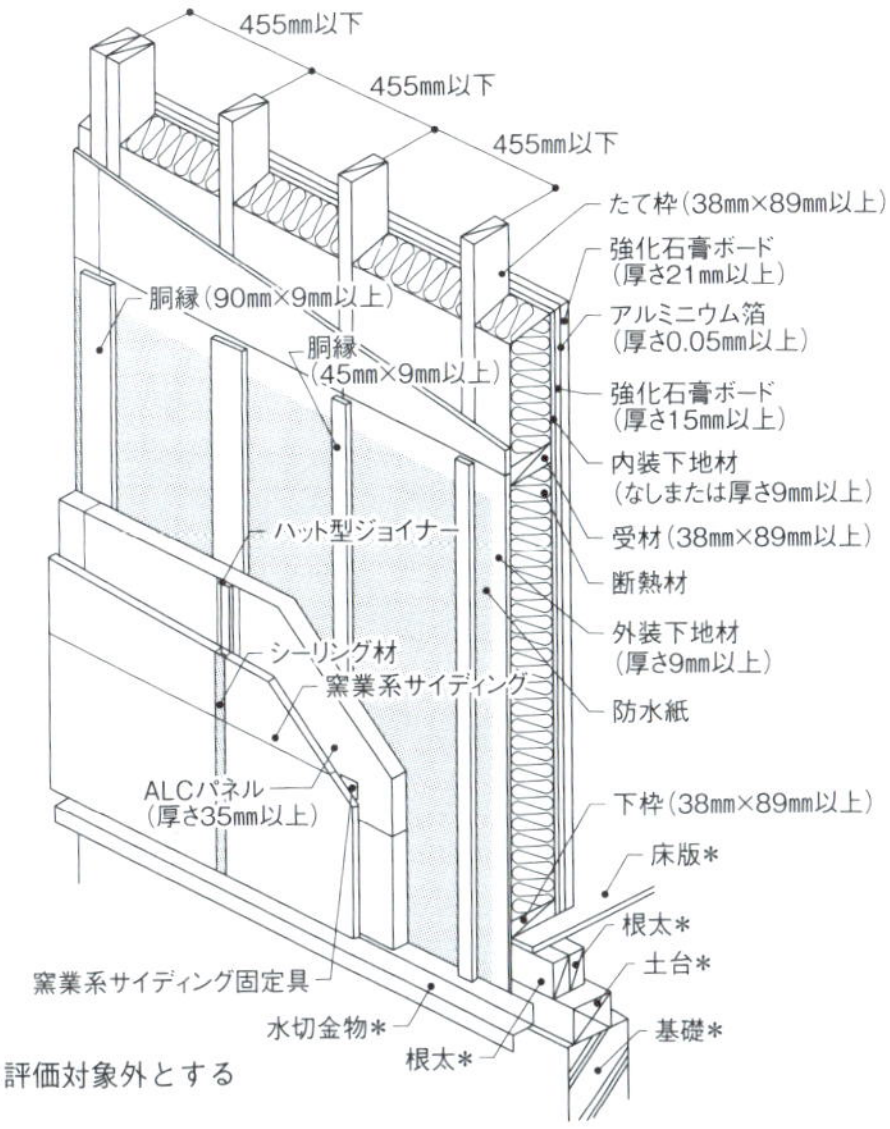

＊評価対象外とする

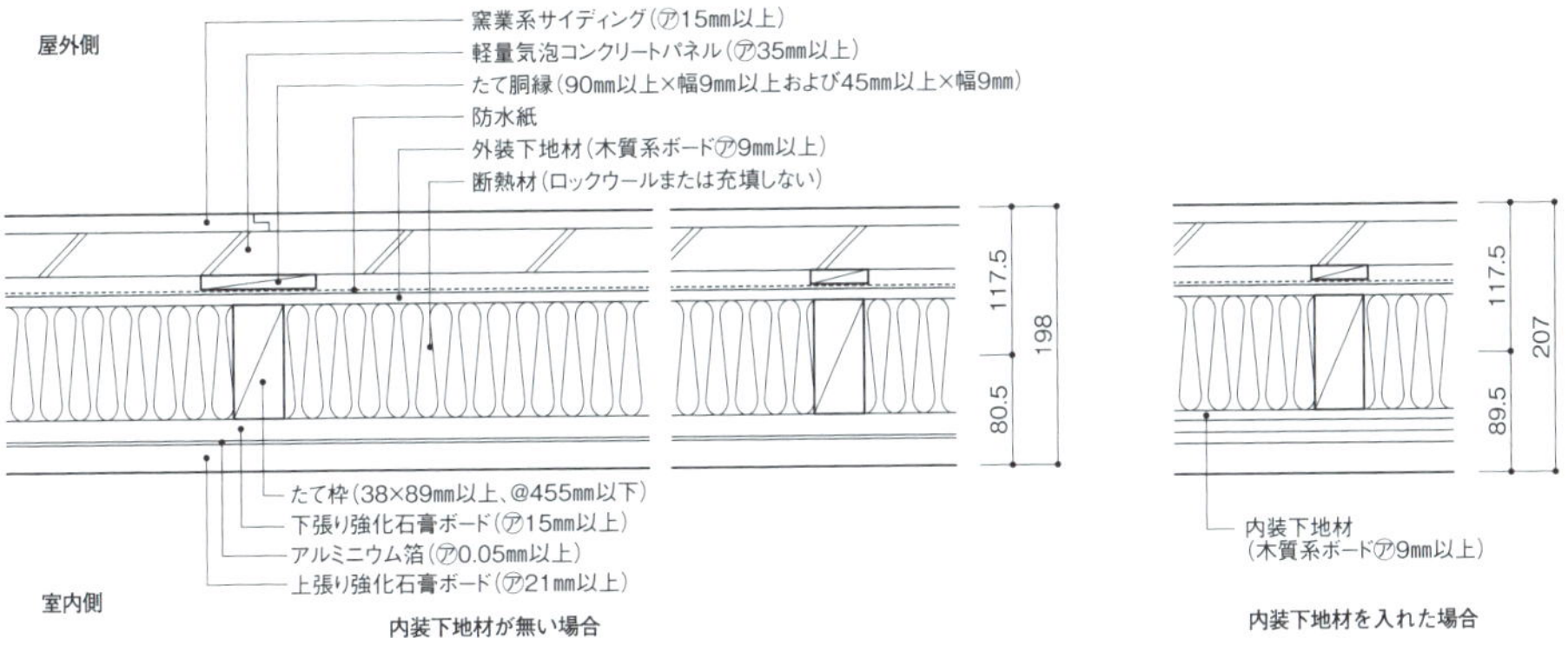

内装下地材が無い場合

内装下地材を入れた場合

外壁のたて枠は2×4材で455㎜ピッチ以下、充填断熱材は、ロックウール（密度30kg／㎥以上）に限り使用することができる。

1時間耐火の場合、屋外側は、外壁下地材（構造用合板または構造用パネル）に透湿防水シート（またはアスファルトフェルト）を張り、胴縁（9×45㎜以上）を介してALCパネル（厚さ35㎜以上）［図1］またはケイ酸カルシウム板3重張り（10㎜＋45㎜＋10㎜以上）を張る［図2］。

外部仕上げは、ALCパネルの場合は窯業系サイディングに限られるが、ケイ酸カルシウム板の場合は窯業系サイディング以外にも塗装・吹付け、タイル、金属系サイディング、金属板、セメントモルタルなどの仕様から選択できる［表］。

屋内側は、内壁下地材を捨張りした上から（ALC板仕様の場合は省略も可）強化石膏ボードを2重張りする。下張り厚さ15㎜以上・上張り厚さ21㎜以上のものを用い、ALC板仕様の場合は間に厚さ0・05㎜以上のアルミ箔（ちなみに、軸組工法の場合に用いられるアルミ箔張りガラス繊維クロスとは異なる）を挟む。

外壁仕上げに木材を使用する場合、屋外側は構造用合板などの下地材の上に両面薬剤処理ボード用原紙張り石膏ボードを2枚重ね張りして、さら

図2 外壁の1時間耐火構造の例2

●けい酸カルシウム板(3重張り)仕様

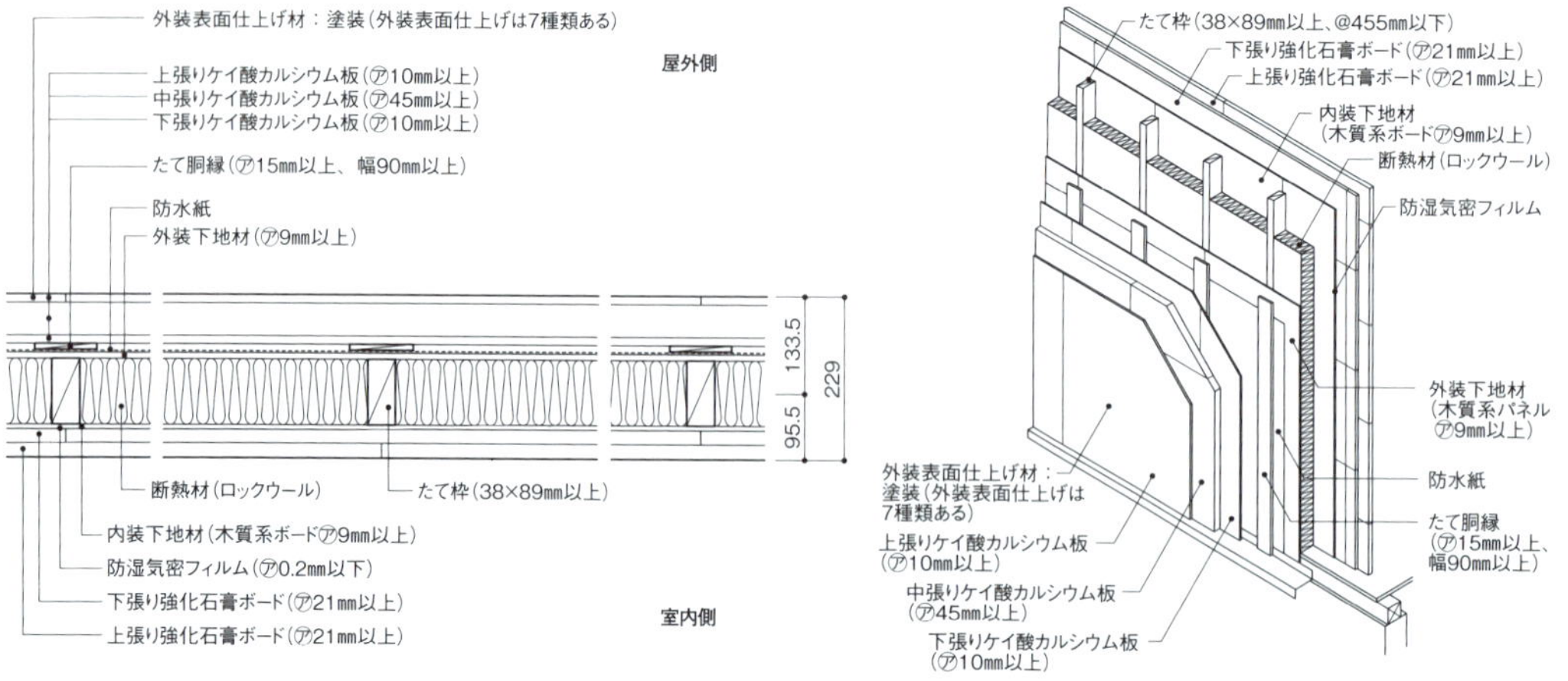

図3 外壁の1時間耐火構造の例3

●両面薬剤処理ボード用原紙張り石膏板仕様(木材仕上げ)

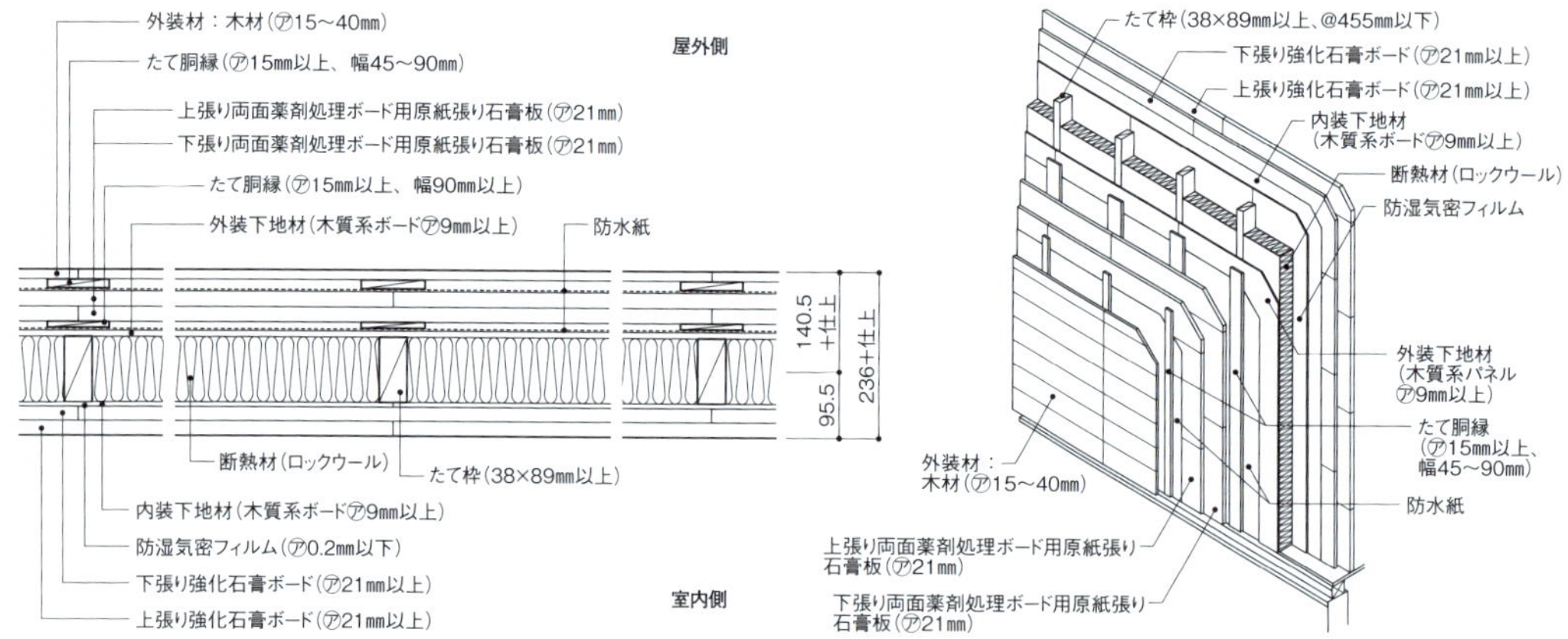

にその上から厚さ15～40㎜の木材を張る［図3］。
　2時間耐火の場合、外装材はALC板に限られる。屋外側は両面薬剤処理ボード用原紙張り石膏ボードを2枚張りし、ALC板で仕上げる。室内側は内装下地材を捨て張りした上から（省略可）、強化石膏ボードを3重張りする。
　なお、図4は耐火被覆工事の手順である（ALC板仕様の場合）。材料に応じてCN釘、石膏ボード釘、十字穴付き木ねじ、ステープル等を用いるが、それぞれの長さやピッチの規定に注意する。

図4 耐火被覆工事の手順例（1時間耐火の場合）

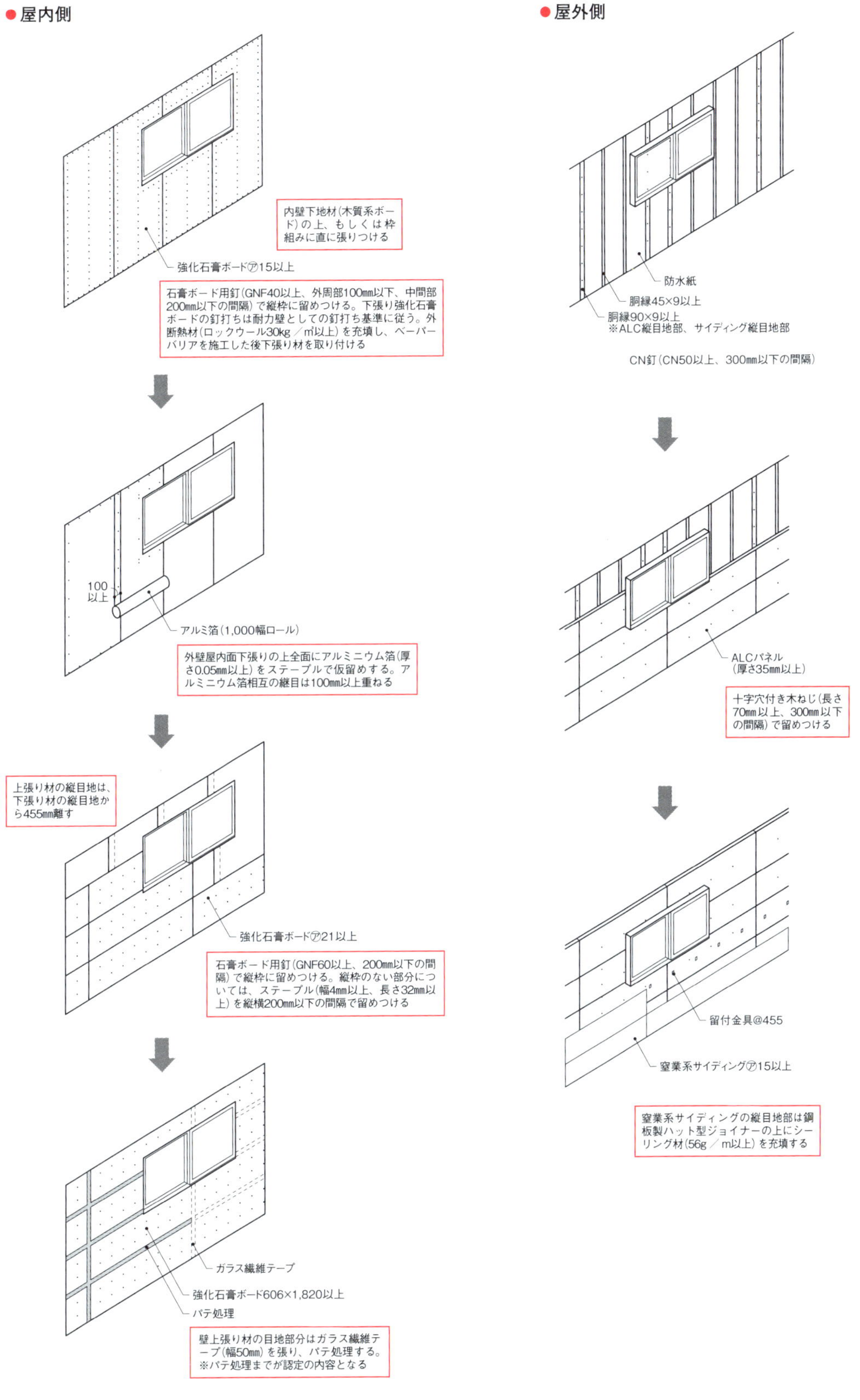
●屋内側
内壁下地材(木質系ボード)の上、もしくは枠組みに直に張りつける
強化石膏ボード㋐15以上
石膏ボード用釘(GNF40以上、外周部100㎜以下、中間部200㎜以下の間隔)で縦枠に留めつける。下張り強化石膏ボードの釘打ちは耐力壁としての釘打ち基準に従う。外断熱材(ロックウール30kg／㎥以上)を充填し、ペーパーバリアを施工した後下張り材を取り付ける
100以上
アルミ箔(1,000幅ロール)
外壁屋内面下張りの上全面にアルミニウム箔(厚さ0.05㎜以上)をステープルで仮留めする。アルミニウム箔相互の継目は100㎜以上重ねる
上張り材の縦目地は、下張り材の縦目地から455㎜離す
強化石膏ボード㋐21以上
石膏ボード用釘(GNF60以上、200㎜以下の間隔)で縦枠に留めつける。縦枠のない部分については、ステープル(幅4㎜以上、長さ32㎜以上)を縦横200㎜以下の間隔で留めつける
ガラス繊維テープ
強化石膏ボード606×1,820以上
パテ処理
壁上張り材の目地部分はガラス繊維テープ(幅50㎜)を張り、パテ処理する。※パテ処理までが認定の内容となる
●屋外側
防水紙
胴縁45×9以上
胴縁90×9以上
※ALC縦目地部、サイディング縦目地部
CN釘(CN50以上、300㎜以下の間隔)
ALCパネル
(厚さ35㎜以上)
十字穴付き木ねじ(長さ70㎜以上、300㎜以下の間隔)で留めつける
留付金具@455
窯業系サイディング㋐15以上
窯業系サイディングの縦目地部は鋼板製ハット型ジョイナーの上にシーリング材(56g／m以上)を充填する

【2×4工法】外壁・サッシ（2）

図1 開口部（サッシ）の納まり

●屋内側の被覆と同じ仕様で小口を被覆する場合

平面図

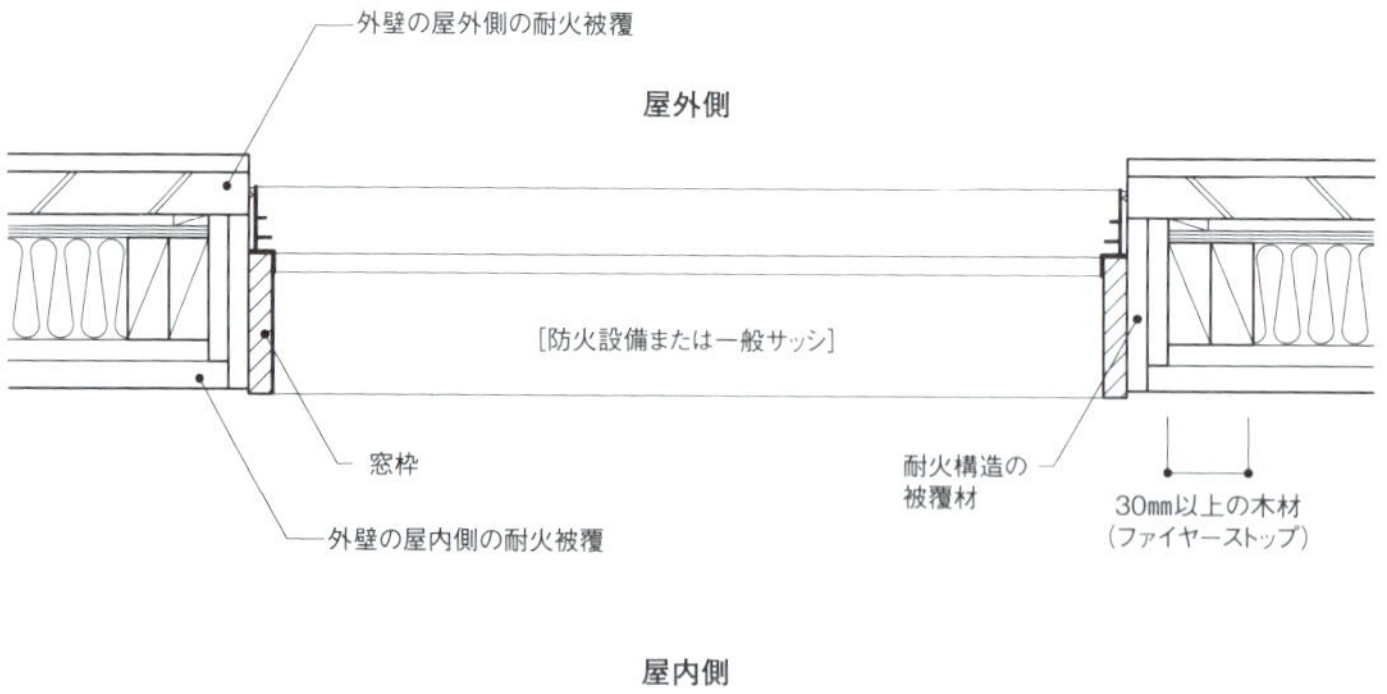

●協会が実験で独自に性能確認した仕様で小口を被覆する場合

平面図

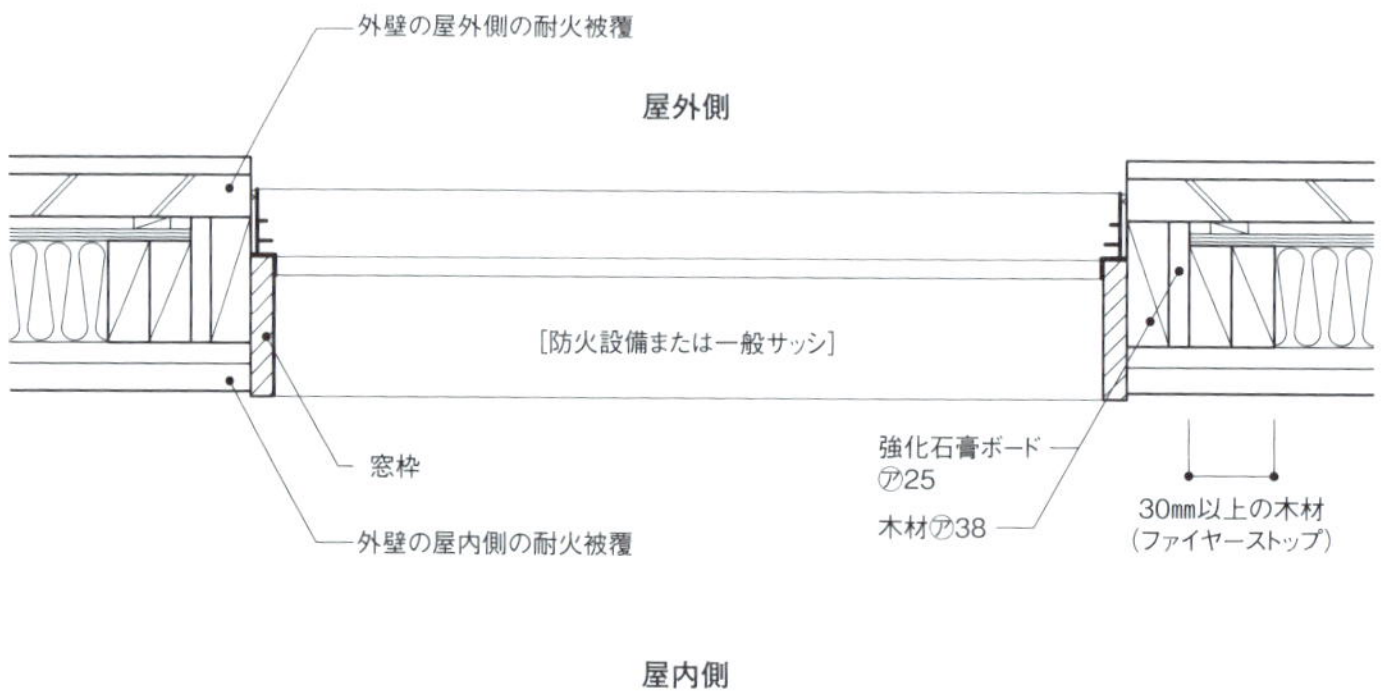

外壁部のサッシの扱い

トップライトとは異なり、外壁のサッシについては防火上「外壁の開口部」として扱われ、それ自体は主要構造部にならない。そのため、「延焼のおそれのある部分」ならば、遮炎性能（加熱開始後20分間当該加熱面以外の面に火炎を出さないもの）を有する防火設備の認定をうけたサッシ・ガラスを使用しなければならない。これは準耐火建築物の場合と同じである（「延焼のおそれのある部分」に入っていない場合は、その限りではない）。

一方、屋内側については、枠廻りの小口面の耐火性能を損なわないように、ここも通常は外壁の屋内側の被覆を小口にも連続させるが、協会が施工の合理化を目的に、実験により独自に性能確認した仕様で被覆することもできる［図1］。つまり、所定の耐火被覆を施す必要があり、その上から窓額縁等を回すことになる。

住宅メーカーによっては、小口を石膏ボード＋耐火シートで個別認定を取得しているところもあり、そのような場合の開口部のラフオープン寸法は通常の場合と大きくは変わらなくなる。

開口面積が100平方cm以上の吸排気口等につ

図3 出隅・入隅部の処理

● 出隅部

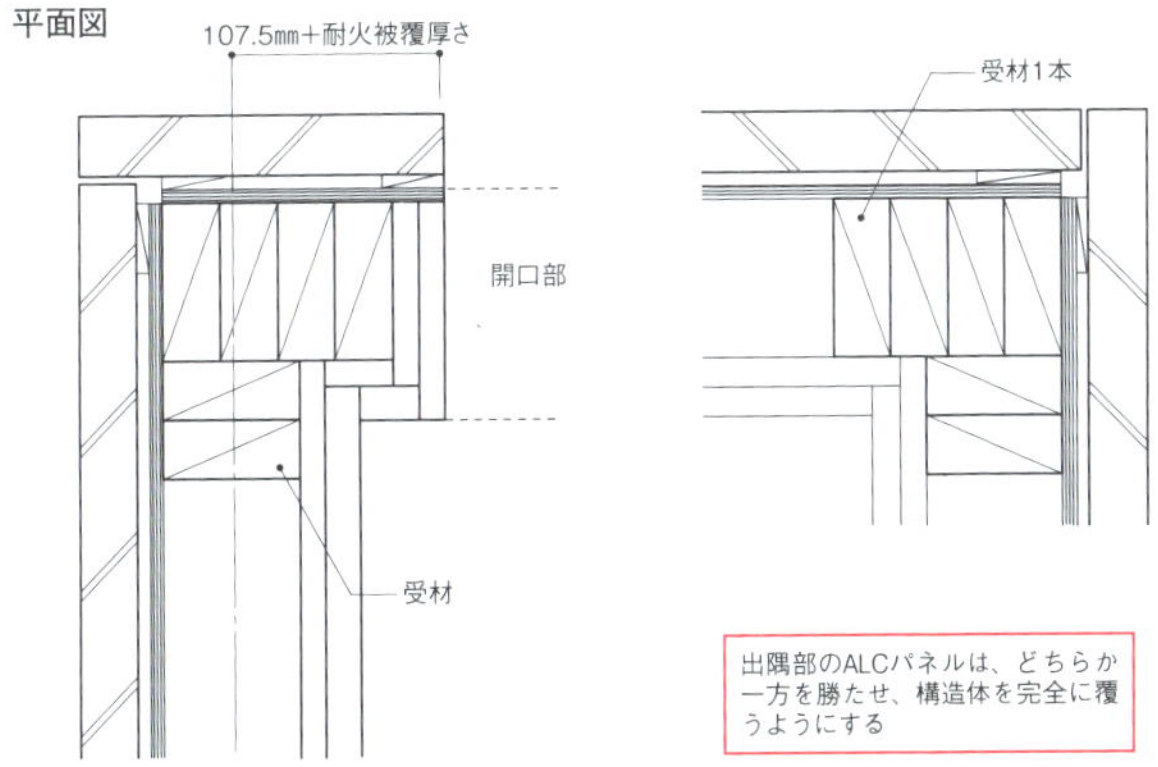

● 入隅部

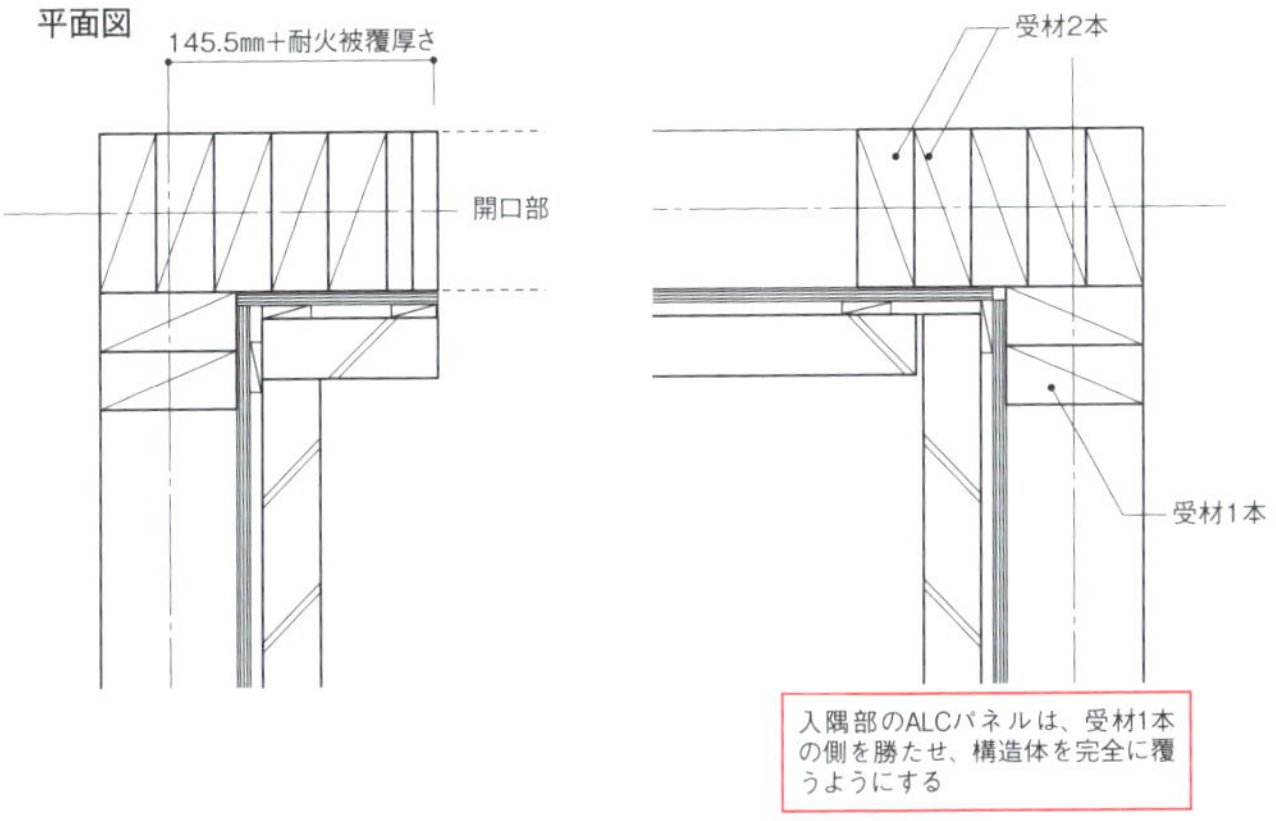

出隅部、入隅部、直交壁に端部が接する開口部の位置には注意が必要となる
①外壁・内壁の厚さが、通常のものより大きいこと
②外壁・内壁下張り材の受材が必要
③開口部周囲に不燃材が必要

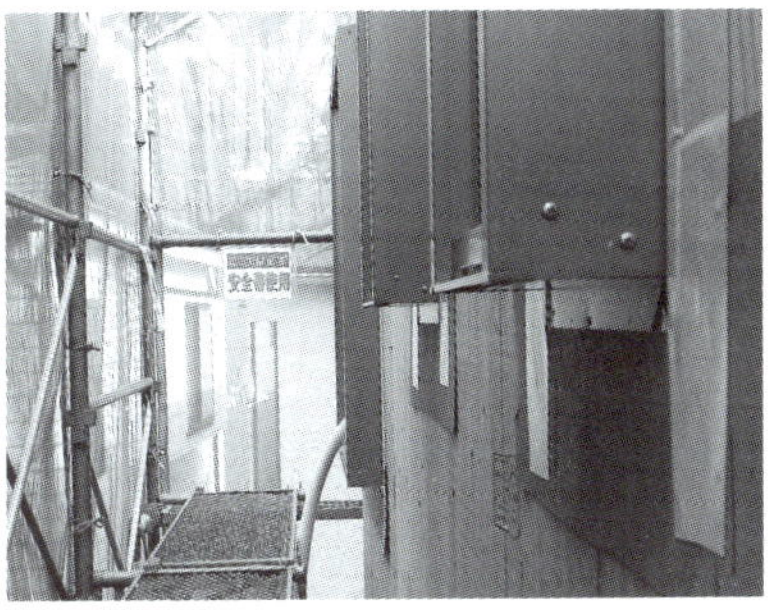

「延焼のおそれのある部分」に設けられる防火設備のサッシ（施工中の大型枠付サッシ）

図2 開口部（換気扇）の納まり

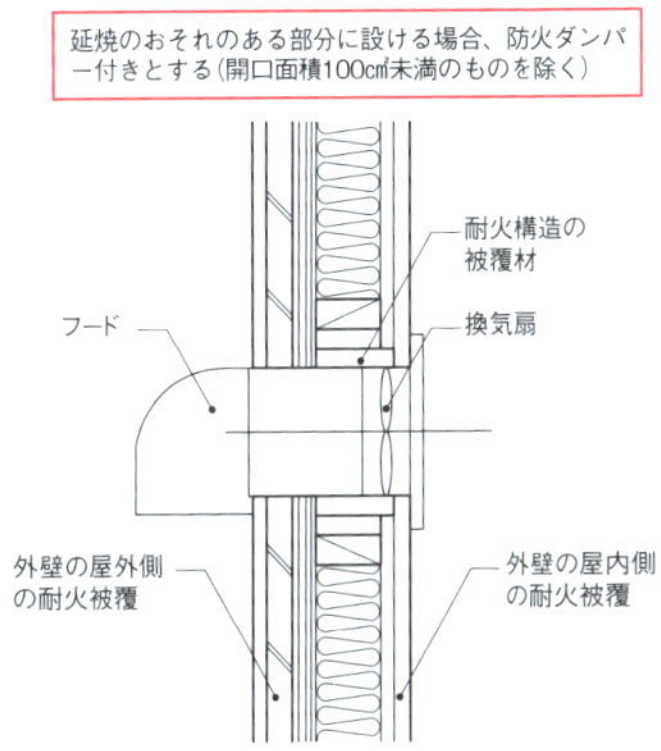

いていても防火設備として扱われるため、防火ダンパー付きのものを用いる必要がある［図2］。

壁厚の増加に伴う留意点

ALC板やケイ酸カルシウム板を屋外仕上げ層の下に張った耐火構造の外壁は厚いため、通常のサッシの納まりでは納まらない。そのため「大型枠付きサッシ」を用いるか、外壁仕上げをサッシに巻き込むようにする「内付風納め」にする等の工夫が必要になる。

外壁の屋外側・屋内側ともに厚さが増す結果、部屋の出隅や入隅では、従来に比べて開口部を端部ぎりぎりに寄せるのが難しくなるため、注意を要する［図3］。最低でも出隅部は壁芯から107・5㎜＋枠廻り不燃材厚さ、入隅部は145・5㎜＋枠廻り不燃材厚さ以上離さなければならない。ただし、前述のように住宅メーカーの独自仕様によっては、これよりも小さい寸法で納めることも可能である。

図1 間仕切壁の1時間耐火構造

①断熱材が不要な場合 間仕切壁アイソメ図

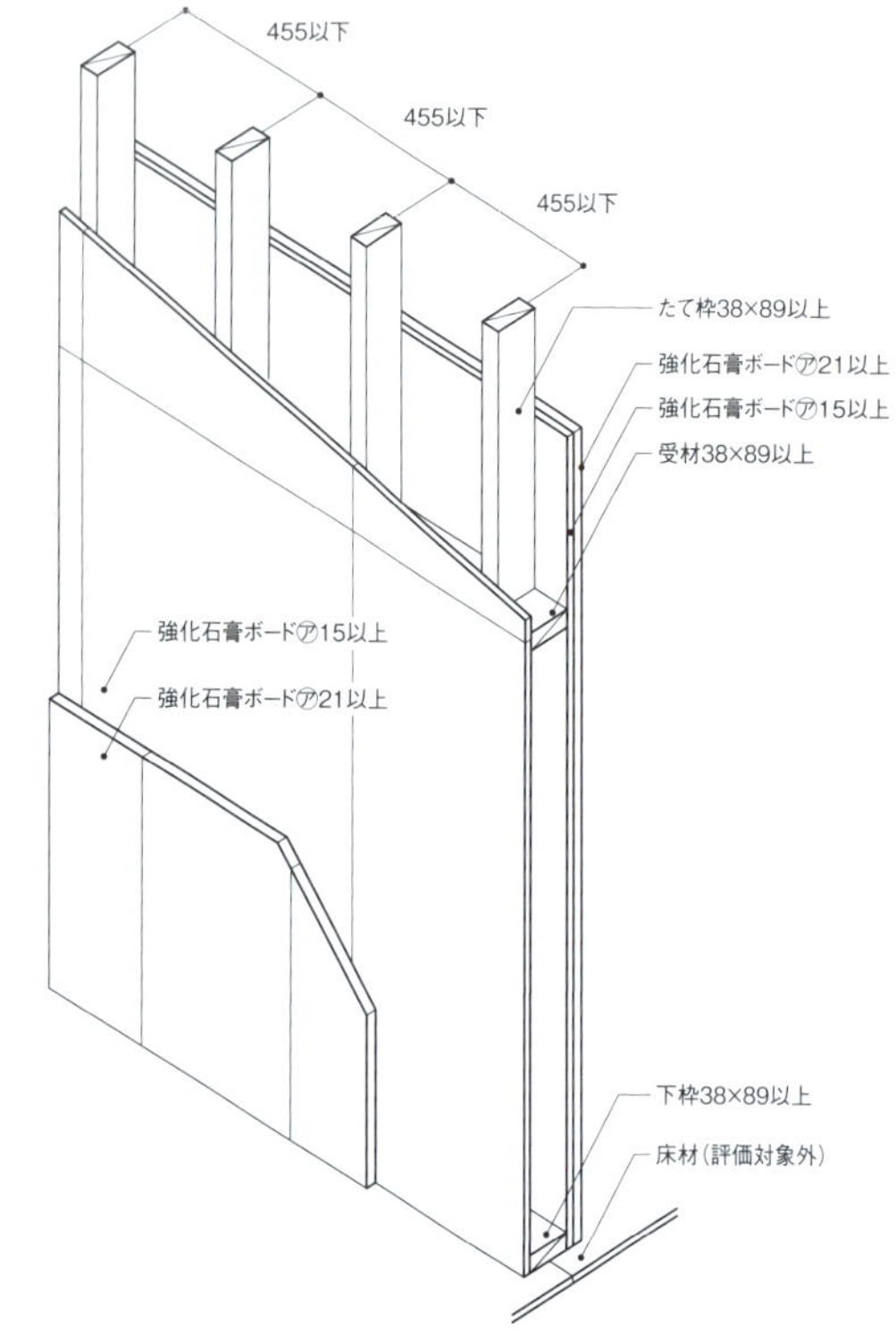

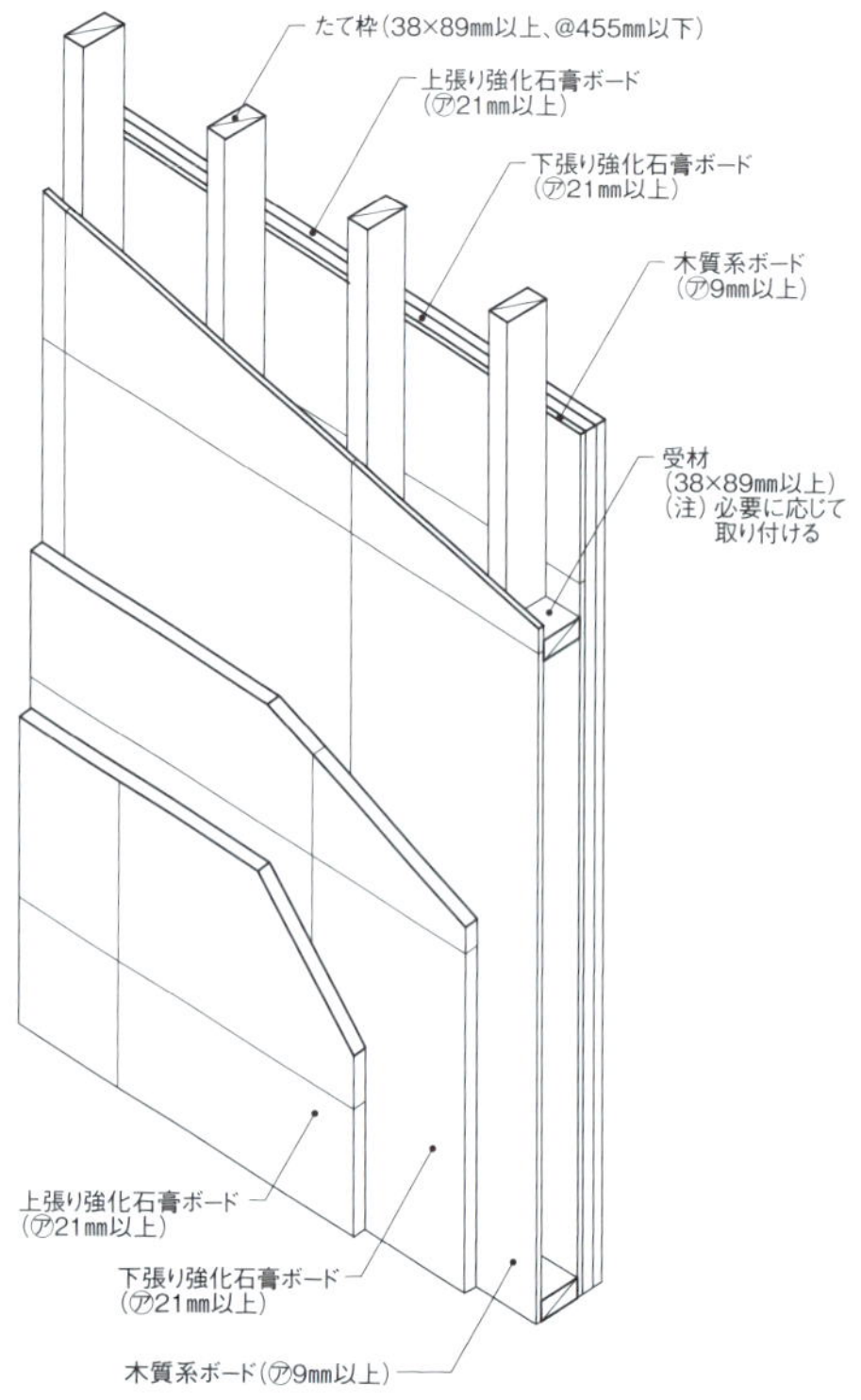

③長屋または共同住宅の界壁の場合

界壁アイソメ図

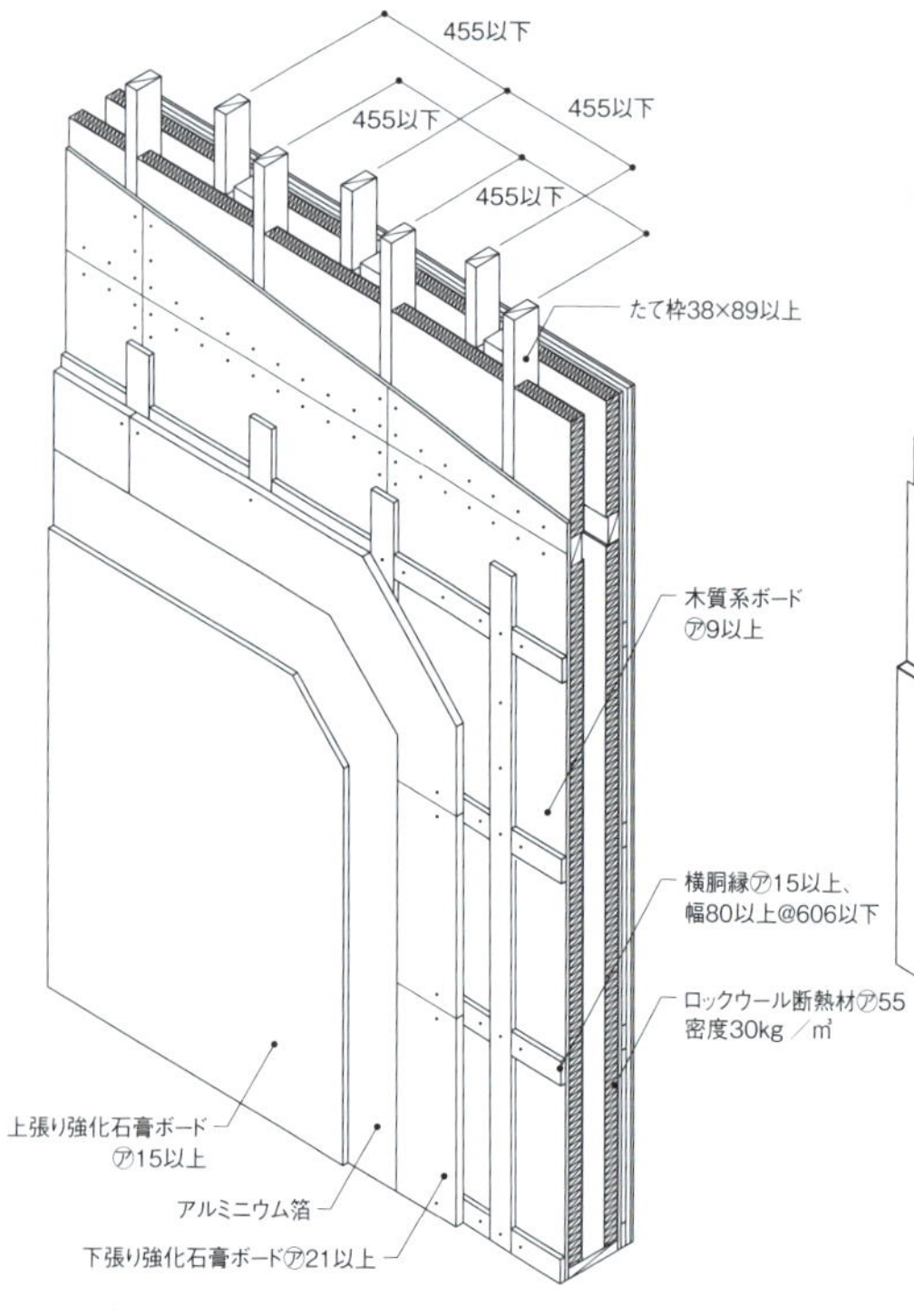

②断熱材を入れる場合 間仕切壁アイソメ図

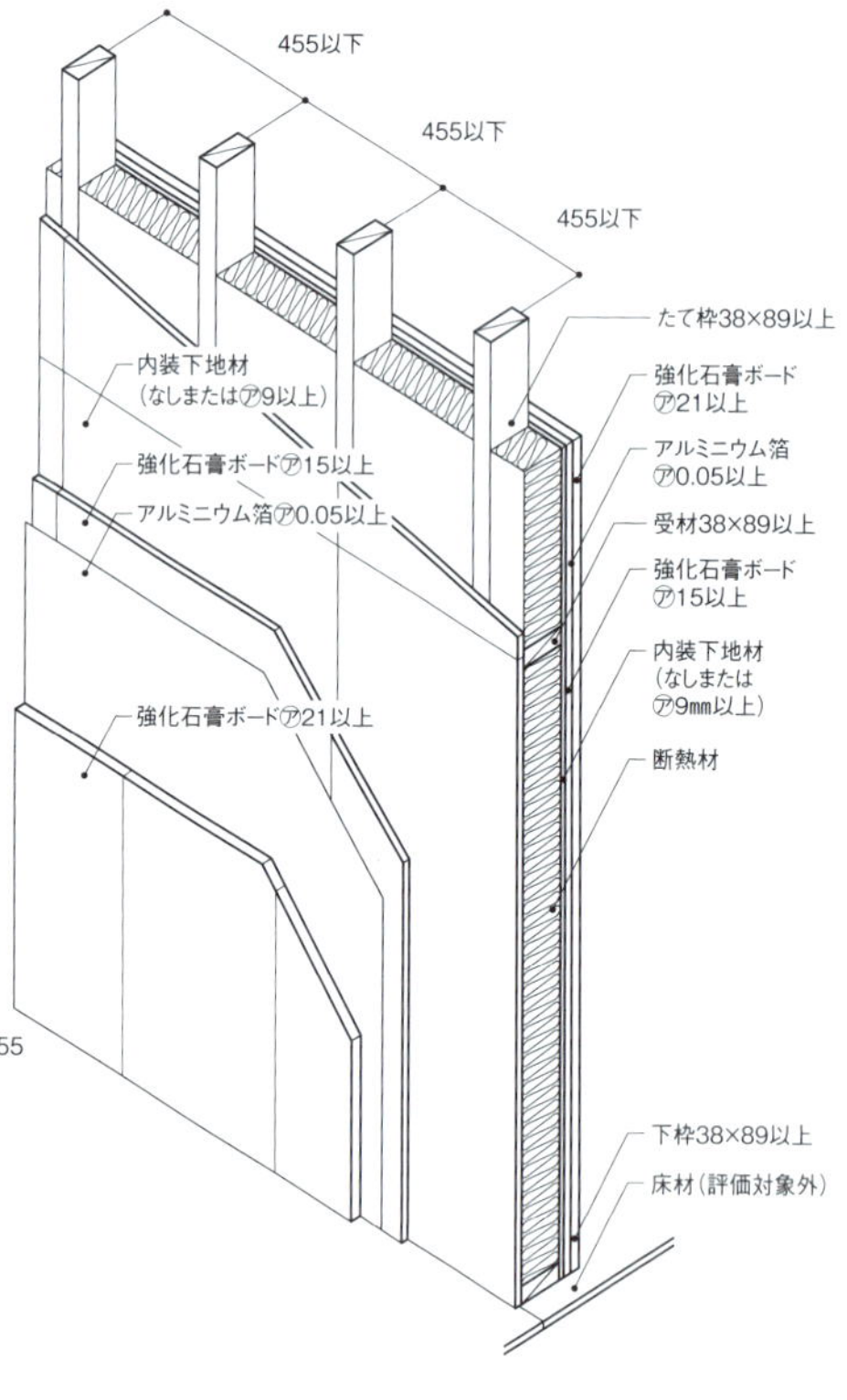

図2 耐力壁と非耐力壁の施工例

●直交壁（耐力壁の間仕切壁）　●直交壁（非耐力壁の間仕切壁）

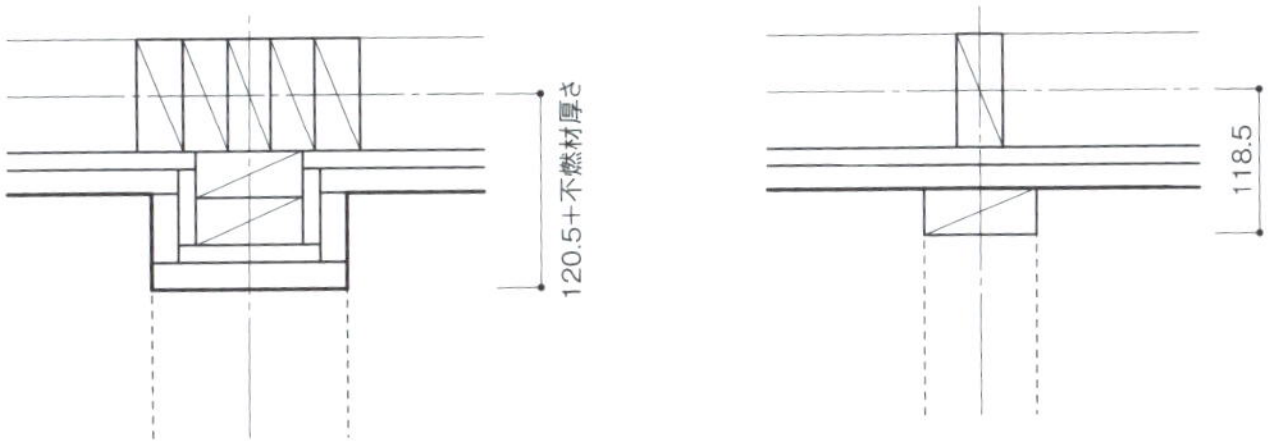

室内の開口部廻り。小口面も所定の耐火被覆を施す

図3 間仕切壁の開口部の納まり

●内壁開口部廻り（1時間耐火の場合）

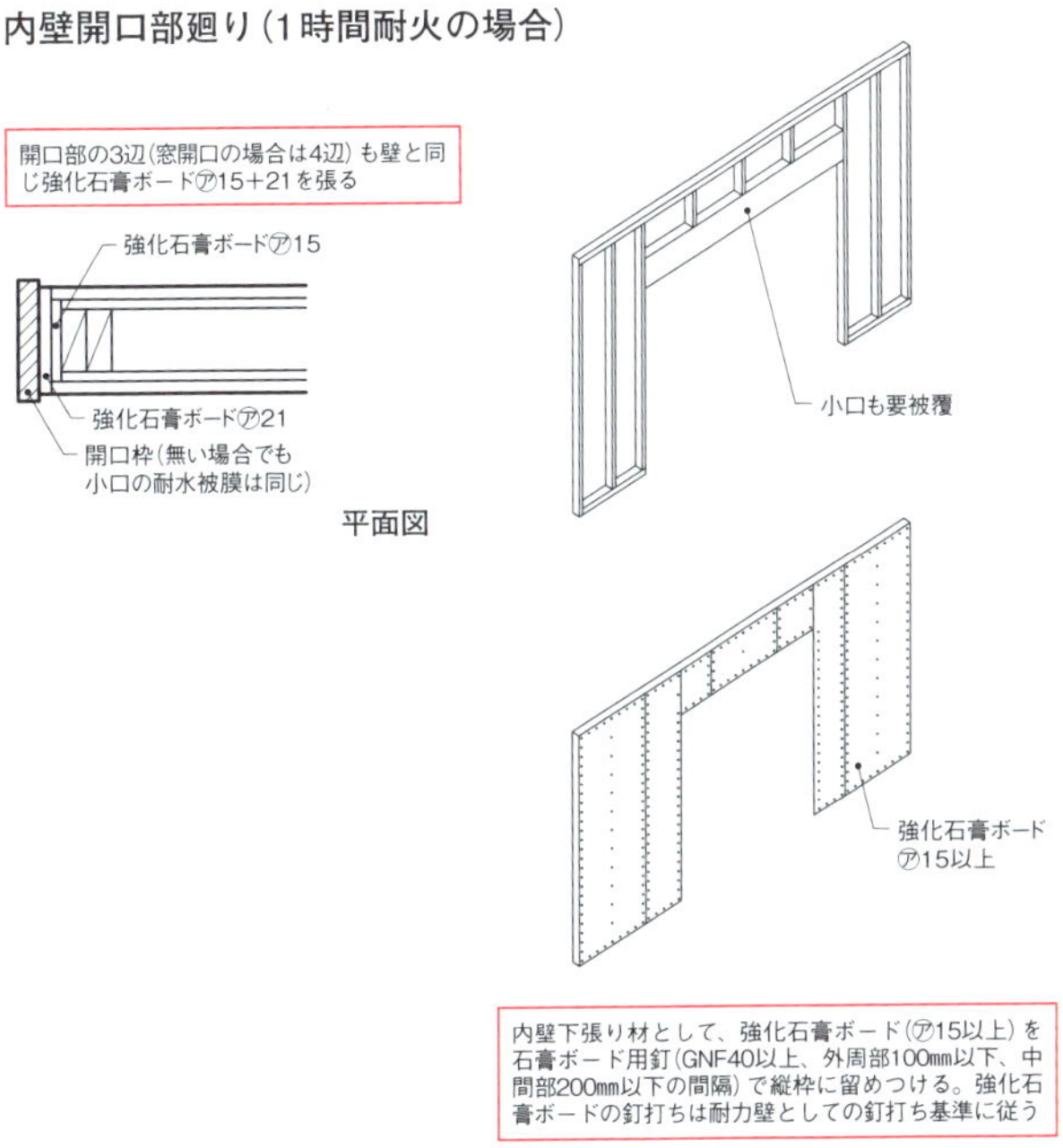

図4 片引き戸の施工例

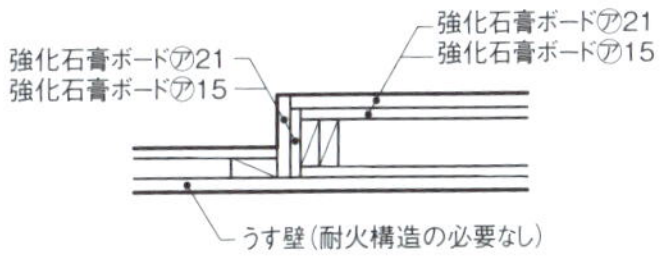

図5 界壁の耐火構造

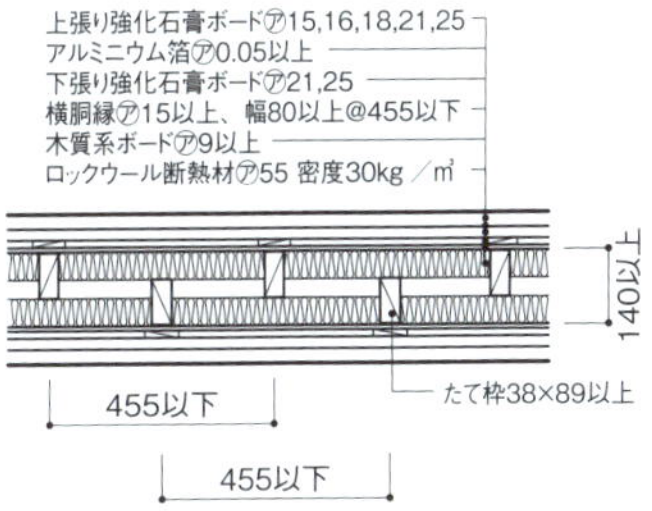

1時間耐火の間仕切壁（耐力壁）は断熱材が不要な場合には図1—①の仕様となるが、断熱材を入れる場合には図1—②となり、長屋または共同住宅の界壁の場合には図1—③を用いる。

なお、非耐力壁の間仕切壁については耐火被覆の必要がなく、通常の仕様でよい。この場合、主要構造部の耐火被覆工事の後に、耐火被覆を切らないように（主要構造部に負ける納まりで）施工しなければならない［図2］。

間仕切壁（耐力壁）の開口部では、小口部の耐火被覆を忘れてはならない。木製枠などが付く場合も付かない場合も、壁面と同じ被覆（強化石膏ボード2重張り）が小口面にも回り込むように施工する［図3］。

片引き戸などで壁厚が小さくなる場合は、その部分を耐火構造の壁とは縁を切り、非耐火仕様でつくるなどの方法で対応する［図4］。

界壁は図5のように455㎜以下の間隔のたて枠を壁の両側で千鳥に配置し、ロックウールをダブルで入れる。枠組みには厚さ9㎜以上の木質系ボードを張ったうえ、さらに胴縁を縦横に組み、強化石膏ボードを2重張り（間にアルミ箔）する。結果的に壁厚は最低でも260㎜必要になる。

なお、2時間耐火の場合は両面とも強化石膏ボード3重張り仕様となる。

図1 床・天井の1時間耐火構造1
（天井根太を用いる場合・断熱材なし）

床・天井アイソメ図

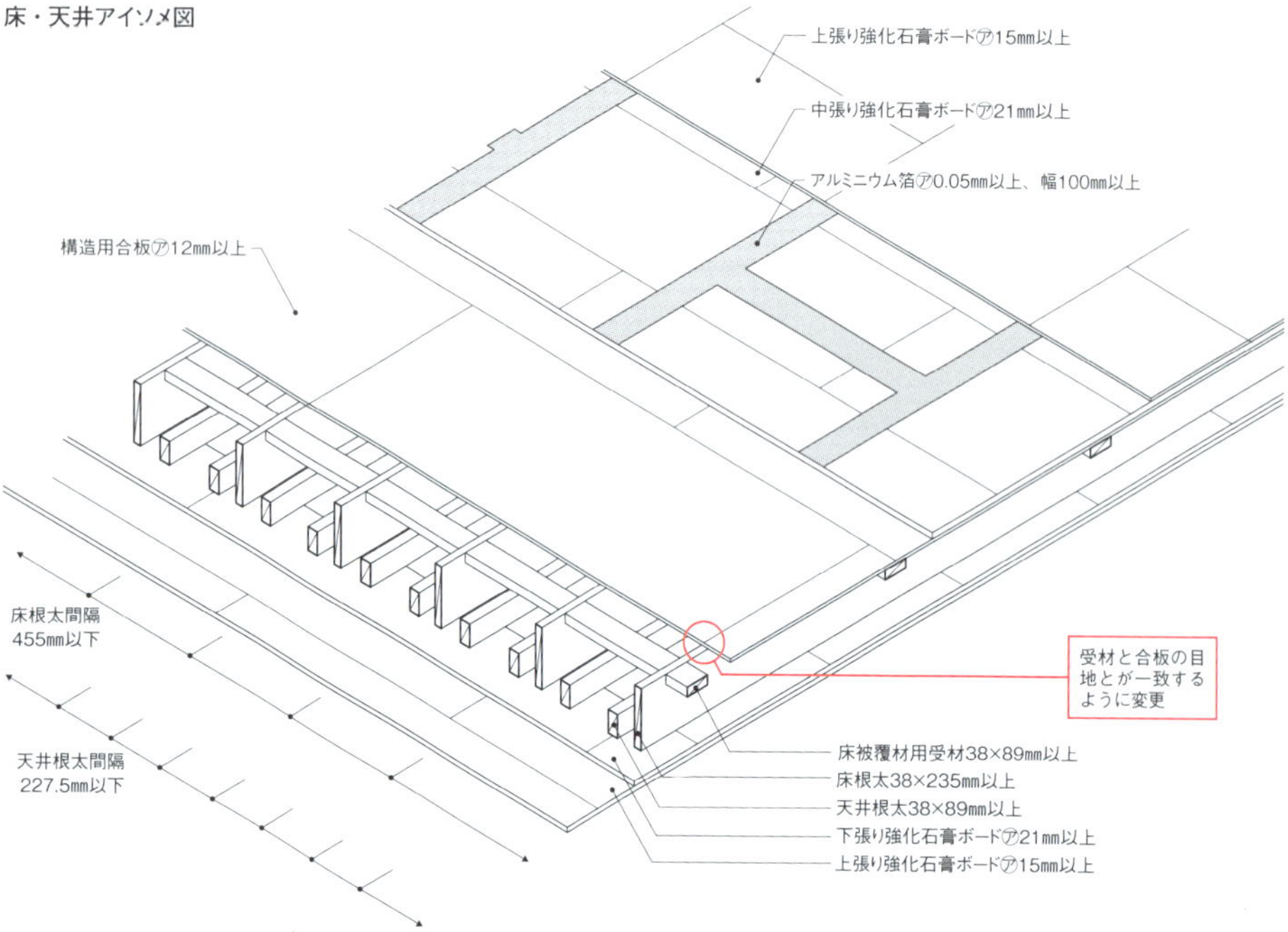

床組・天井組を見上げたところ。床根太と天井根太に10㎜程度の差をつけている

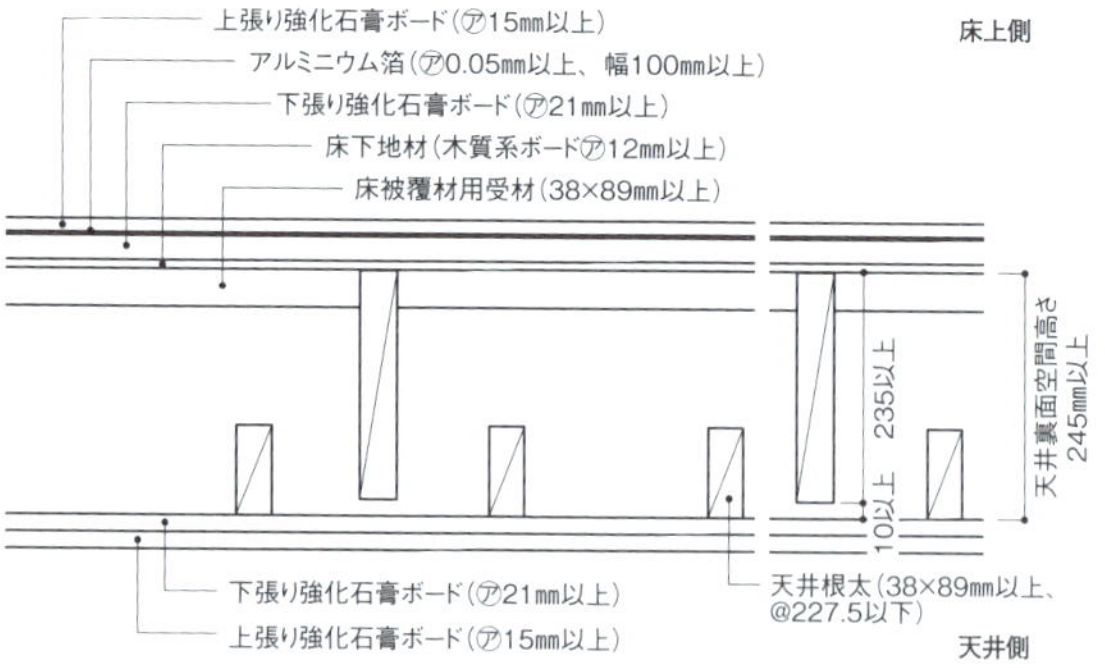

床の1時間耐火被覆

2階以上の床は、床組・天井組を床面と天井面で耐火被覆する。断熱材は充填しない仕様と充填できる仕様とで異なる［図1〜4］。床面は、2×10（38㎜×235㎜）以上の床根太と2×4以上の受材で四周を囲むように構造用合板等（認定による）を張り、その上から強化石膏ボードを2重張り（下張り21㎜以上、上張り15㎜または21㎜以上）する。

天井の1時間耐火被覆

天井面は天井根太を用いる（吊天井）仕様と用いない仕様で異なる。被覆材は強化石膏ボードを2重張り（下張り21㎜以上、上張り15㎜または21㎜以上）または両面薬剤処理ボード用原紙張り石膏ボードを2重張り（いずれも21㎜以上）する。なお、天井裏の空間は吊天井の場合で245㎜以上確保する。たとえば2×10の床根太を用いた場合には、根太下端から天井下張り強化石膏ボードまで10㎜以上は確保しなければならない。

また、壁との取り合いや、床下げ時の納まりにも注意が必要である［図6、7］。

図2 床・天井の1時間耐火構造2（天井根太を用いる場合・断熱材あり）

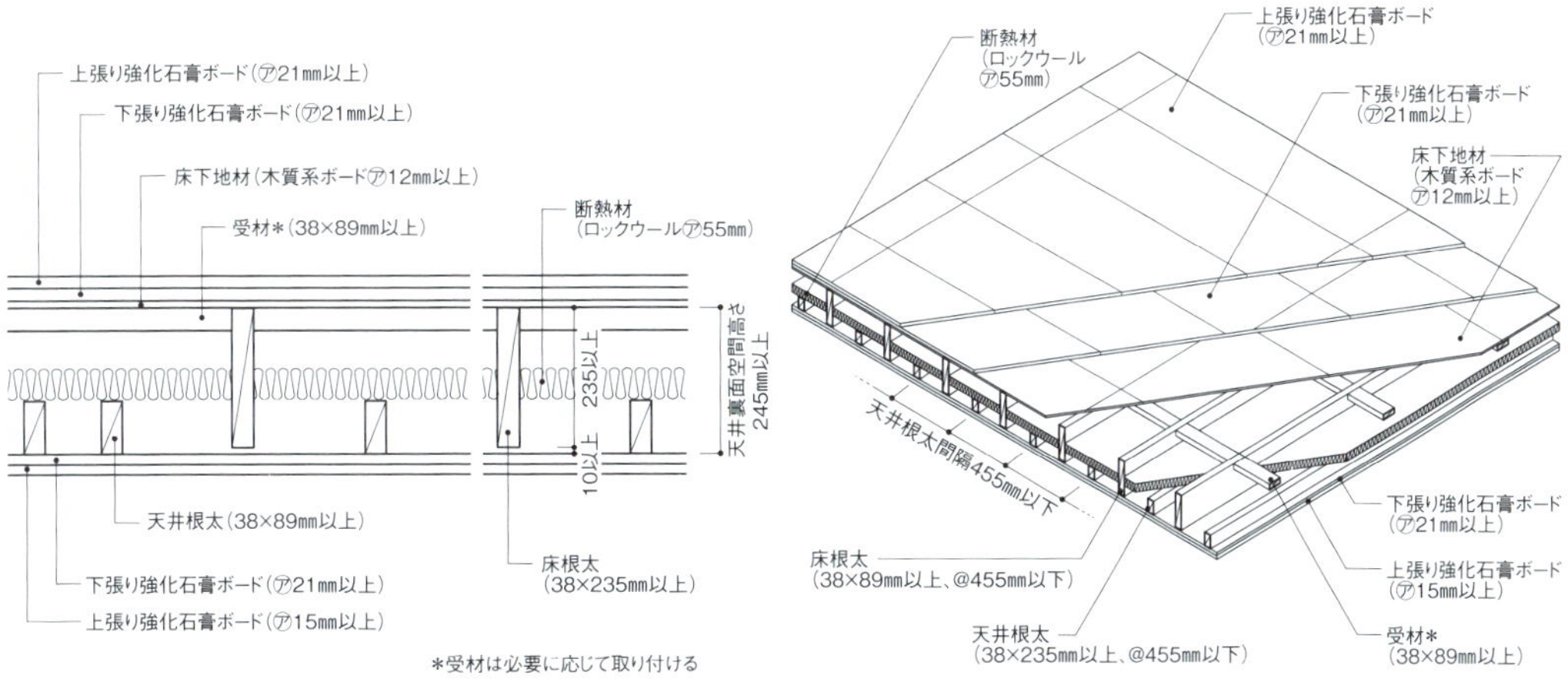

*受材は必要に応じて取り付ける

図3 床・天井の1時間耐火構造3（天井根太を用いない場合・断熱材なし）

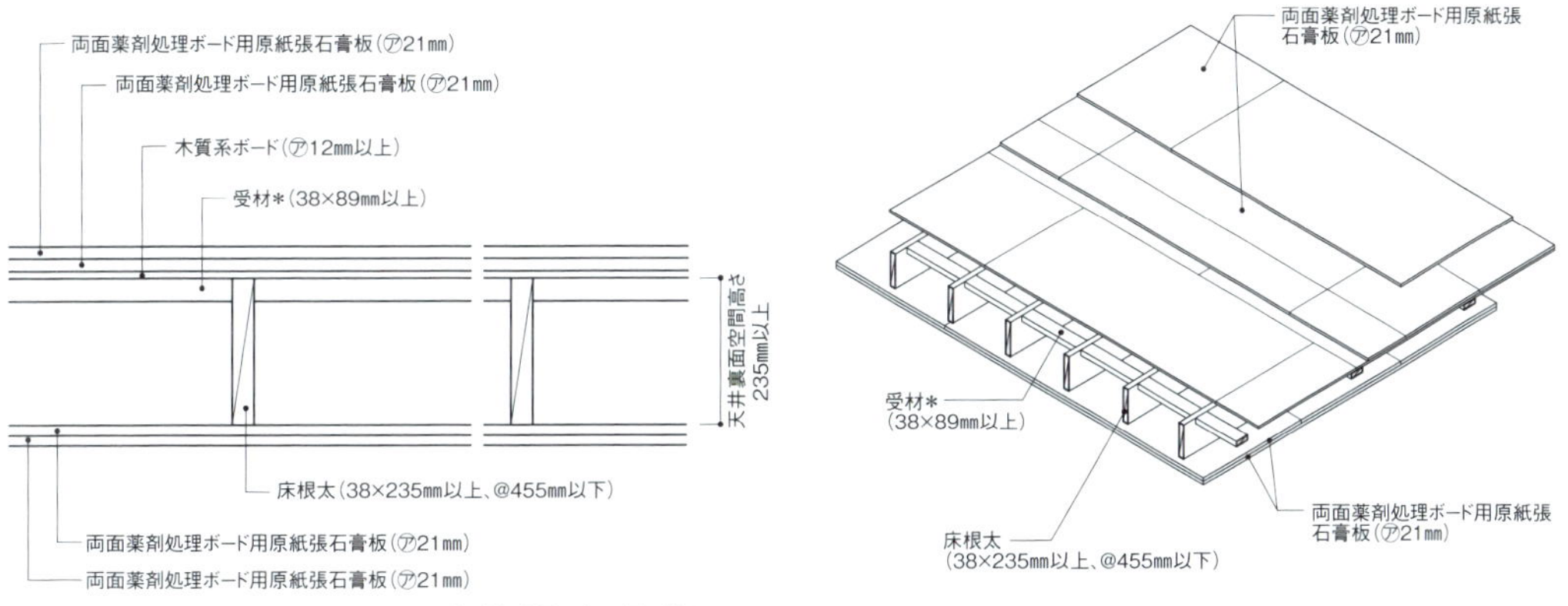

*受け材は必要に応じて取り付ける
*断熱材を入れることはできない

図4 床・天井の1時間耐火構造4（トラス床根太を用いる場合・断熱材なし）

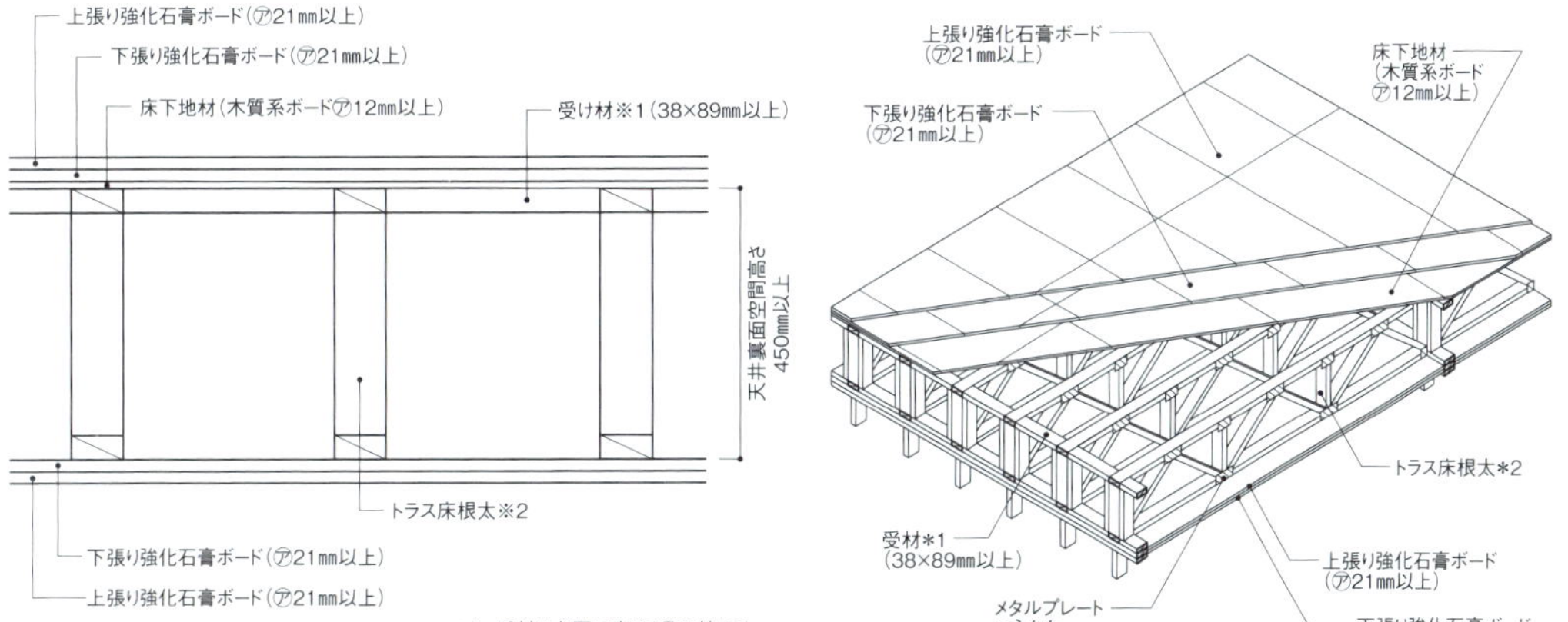

*1 受材は必要に応じて取り付ける
*2 トラス床根太は構成材料を平づかいにした場合（本図）と縦づかいにした場合とがある

図5 床面の取り付け手順（アルミ箔を用いる場合）

● 床面下張り材取り付け

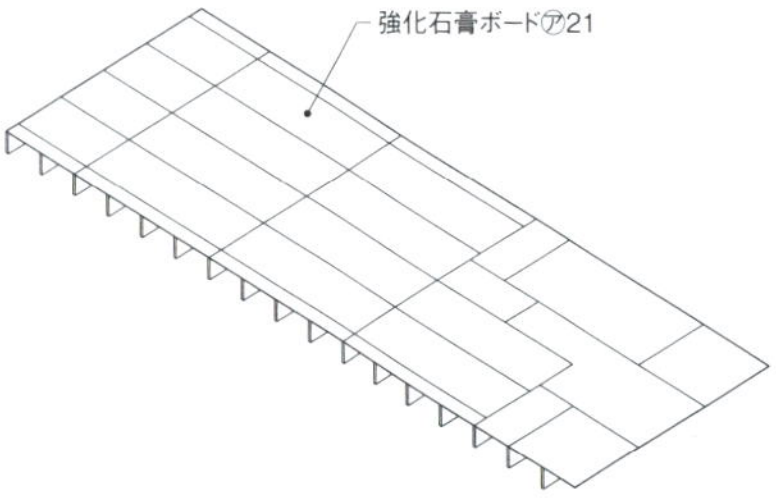

床下地材の上に床下張り材として、強化石膏ボード（㋐21以上）を石膏ボード用釘（GNF50以上、短辺方向の外周部600㎜以下、長辺方向の外周部900㎜以下の間隔）で床下地材などに留めつける

● 床目地アルミ箔取り付け

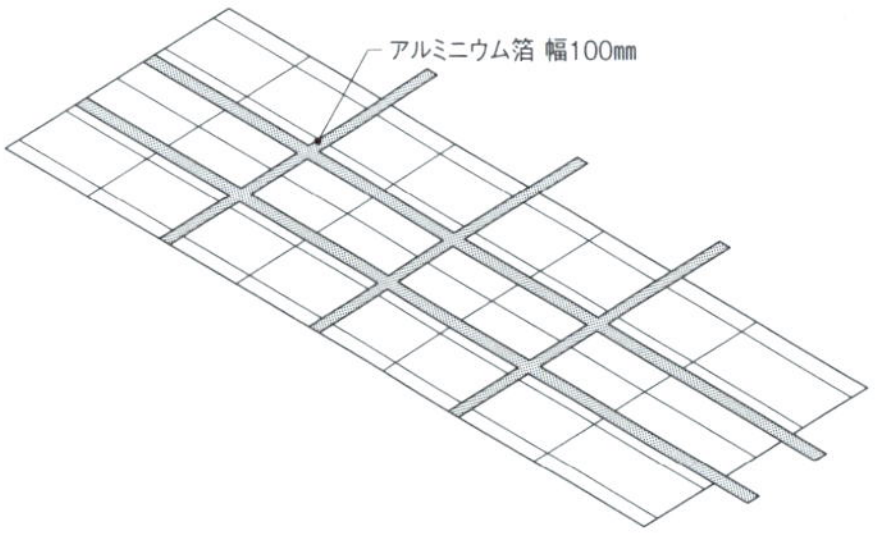

床下地材の目地と一致しないように上張り材を割り付け、下張り材の上に（上張り材の目地がくる位置に）アルミニウム箔（幅100）を張りつける。上張り材の目地は下張り材の目地から75㎜以上はなす

● 床面上張り材取り付け

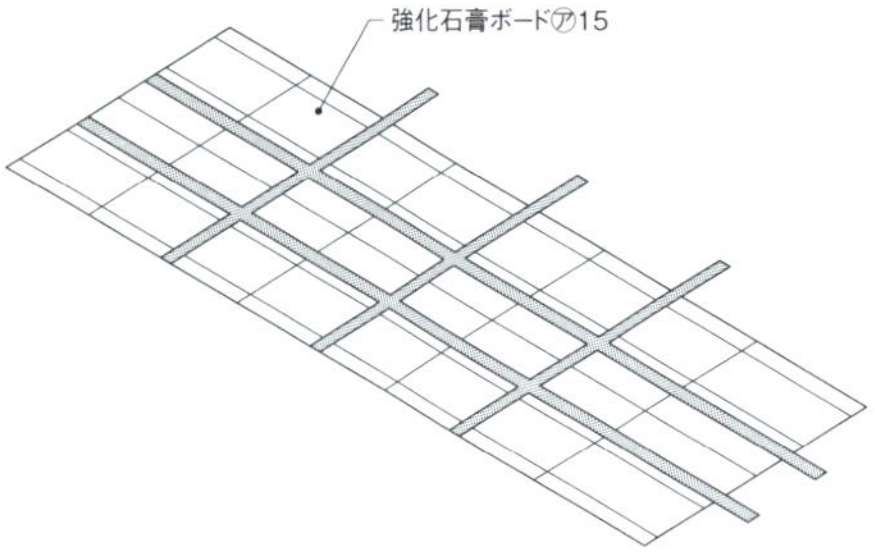

床上張り材として、強化石膏ボード（㋐15以上）をスクリュー釘（φ2.5㎜以上×65㎜以上外周部のみ300㎜以下の間隔）で床下地材にななどに留め付ける。十文字付き木ねじを用いても構わない。アルミニウム箔の位置に目地がくるように上張り材を配置する

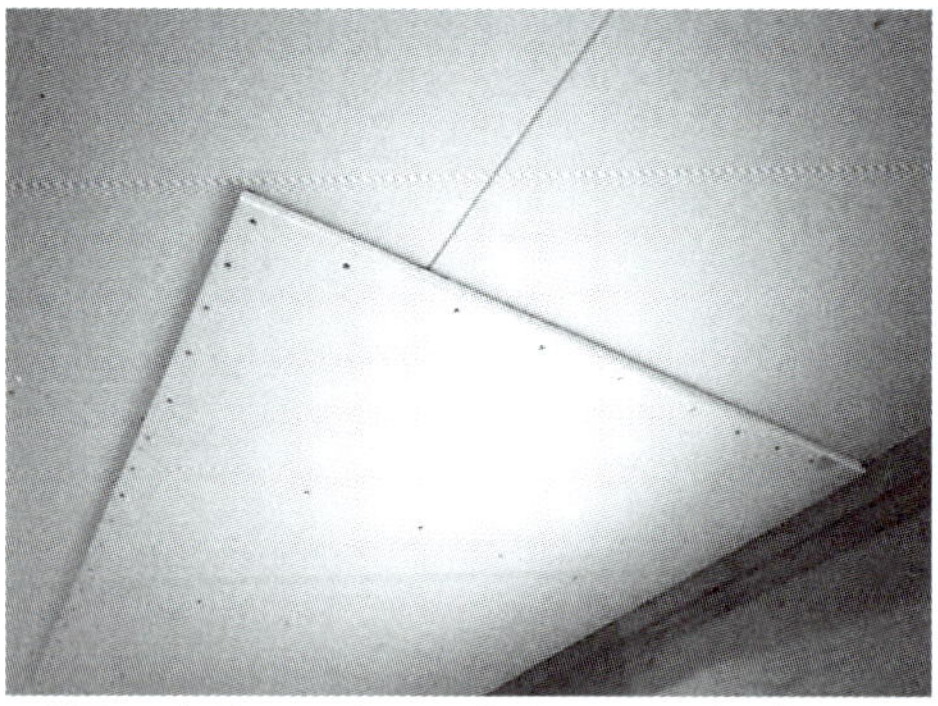

天井面の石膏ボードは壁面の石膏ボードよりも先に施工し、壁に勝たせる

図6 壁の上下端の処理の例

断面図

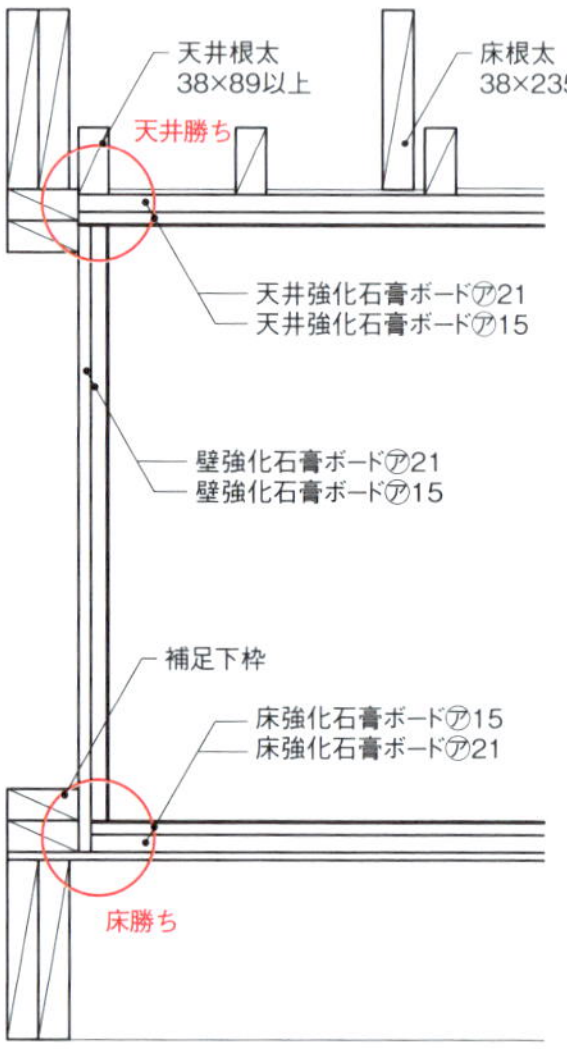

図7 ユニットバス等で床下げを行う場合の納まり

断面図

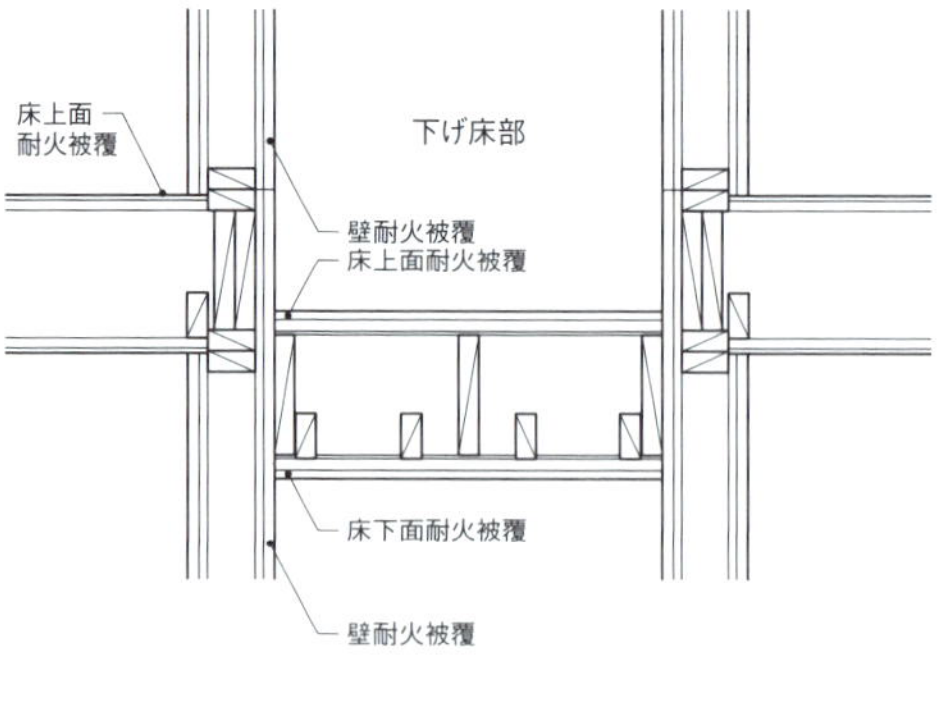

【2×4工法】階段

図1 階段の30分耐火構造1

階段アイソメ図

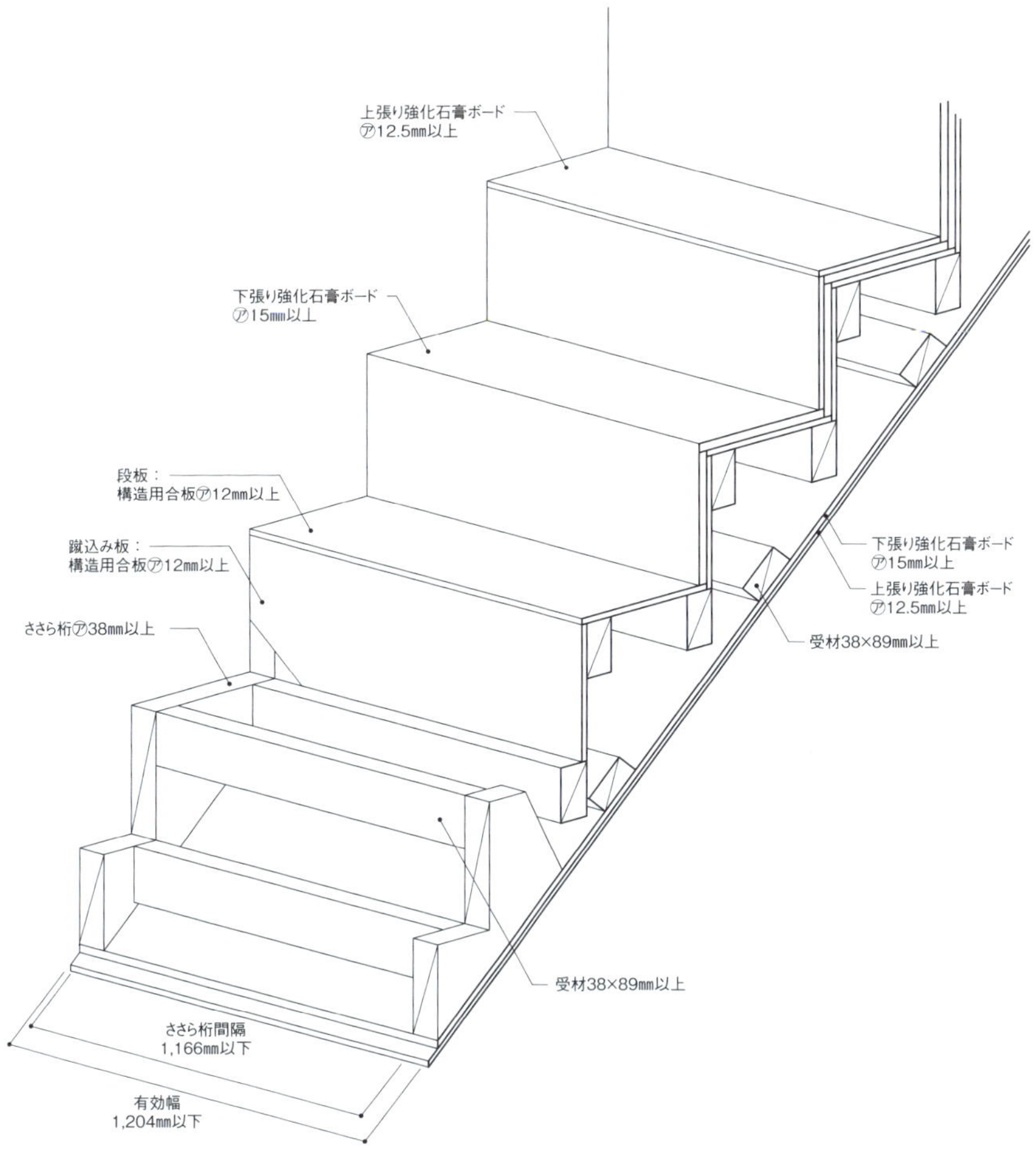

図2 階段と壁・床の取り付け部

断面図

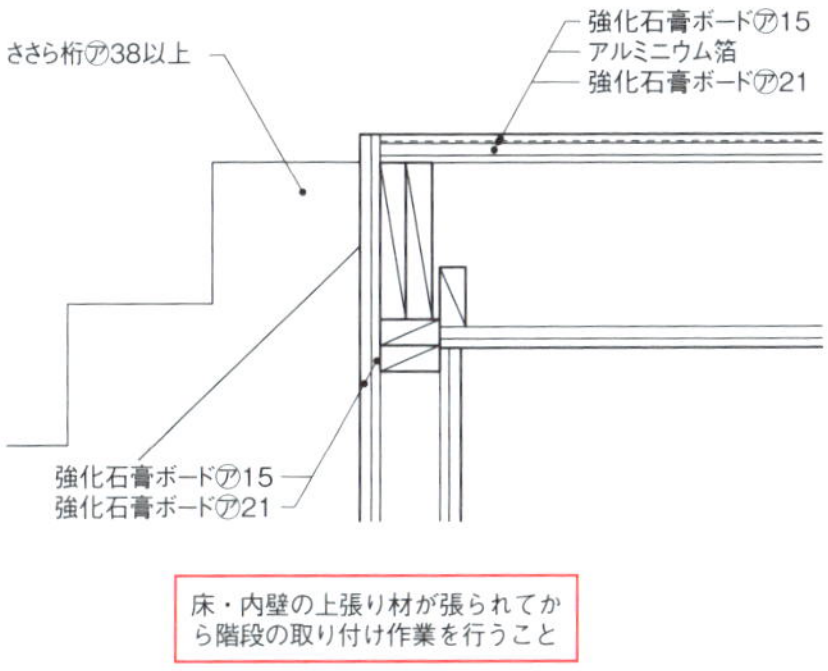

階段は、段板と蹴込み板に強化石膏ボードを被せた「表側」、同じく強化石膏ボードによる「裏側」、「側面の壁」等で被覆される［図1～3］。したがって、階段の両側は必ず耐火仕様の壁となる。また、30分耐火の階段が取り付く壁や床は1時間耐火または2時間耐火であるため、階段が負けるように（床や壁の被覆が勝つように）取り付けなければならない［図2］。

なお、鉄骨階段はそれ自身で30分の耐火構造であり、これを用いてもよい。ただし、段板を木製とすることはできない（鉄板等の段板の上に木製の仕上げを施すことは可能）。

図3 階段の施工手順

● 階段表側

1. 両側の内壁上張り材施工後その上にささら桁を取り付ける

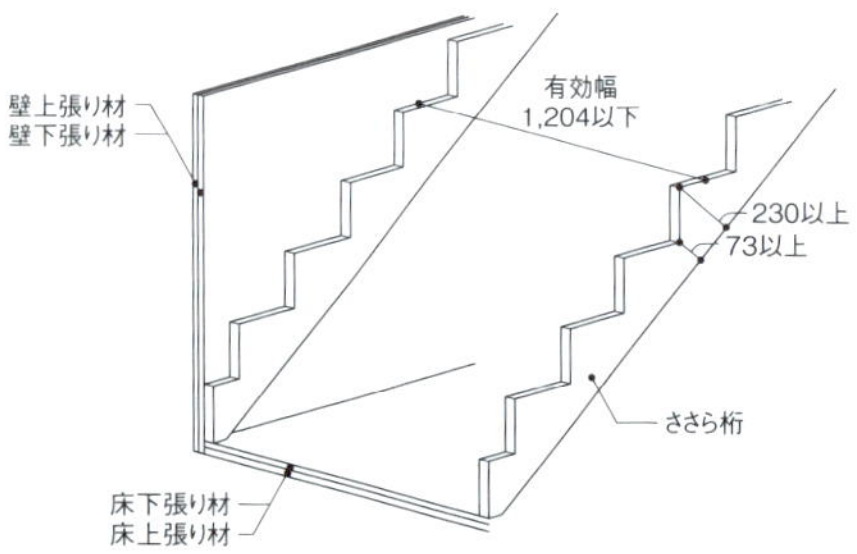

2. ささら桁に段板および蹴込み板、受材(38×89以上)を取り付ける

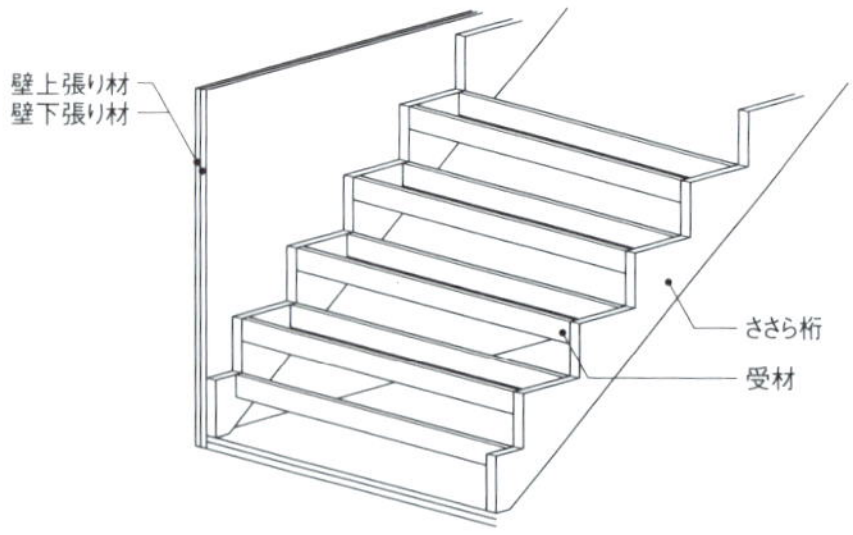

3. 段板(構造用合板㋐12以上)、蹴込み板(構造用合板㋐12以上)をささら桁、受材に鉄丸釘を外周部100mm以下の間隔で留めつける

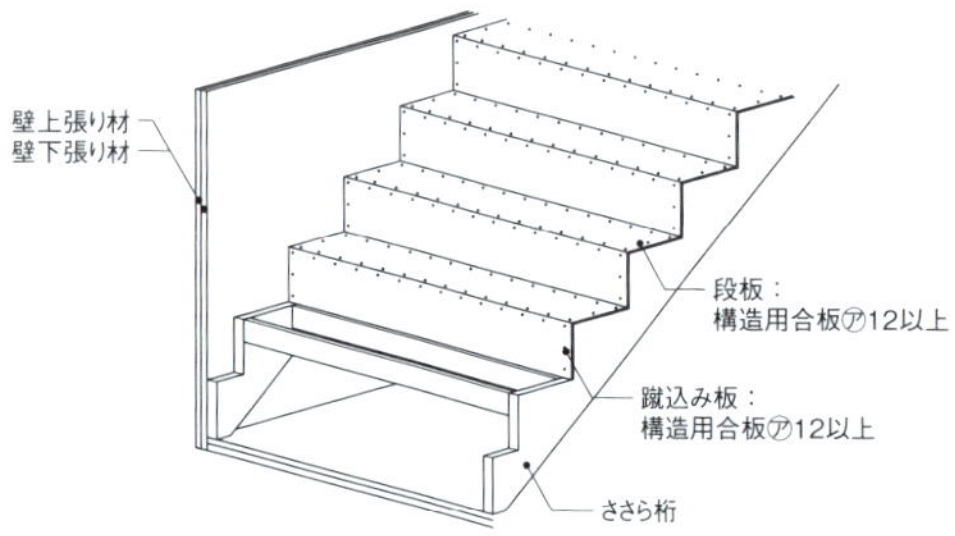

蹴込み板から段板の木口にスクリュー釘(φ2.15×38以上)を間隔100mm以下で留めつける

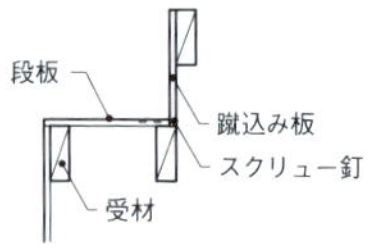

階段断面図

4. 下張り材(強化石膏ボード㋐15以上)を石膏ボード用釘で外周部100mm以下の間隔で留めつける

5. 上張り材(強化石膏ボード㋐12.5以上)を十字穴付き木ねじで外周部100mm以下の間隔で留めつける

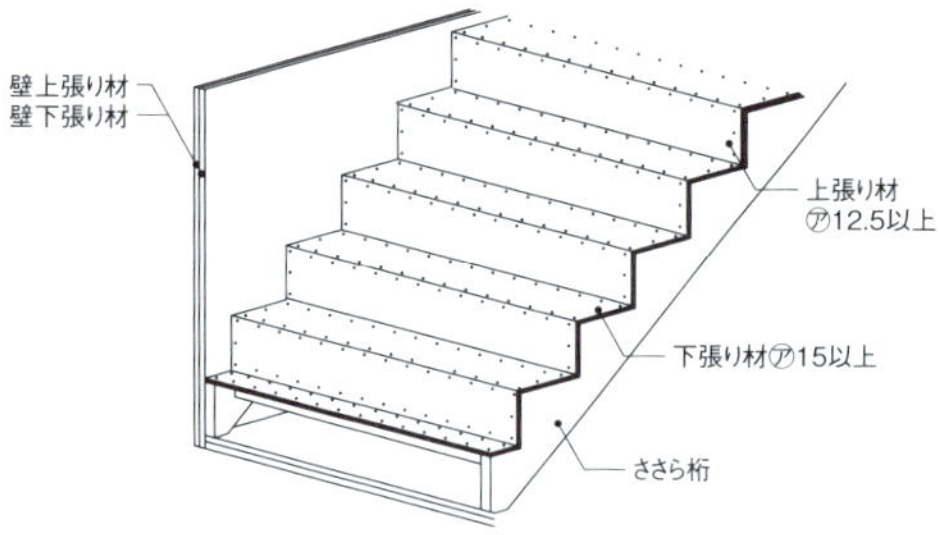

● 階段裏側

1. 強化石膏ボード(下張り材、上張り材)の継目のくる位置に受材(@455mm以下)を取り付ける

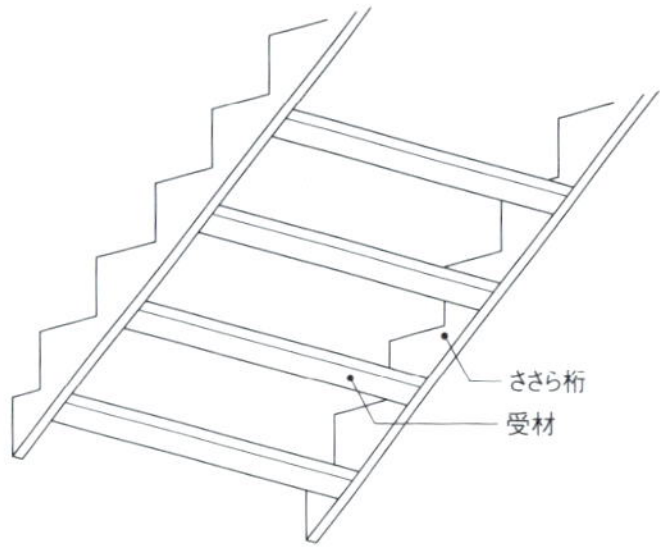

2. ささら桁の裏側に下張り材(強化石膏ボード㋐15以上)を石膏ボード用釘で外周部300mm以下の間隔で留めつける

3. 下張り材の目地と一致しないように割り付け、上張り材(強化石膏ボード㋐12.5以上)を十字穴付き木ねじで外周部150mm以下、中間部200mm以下の間隔で留めつける

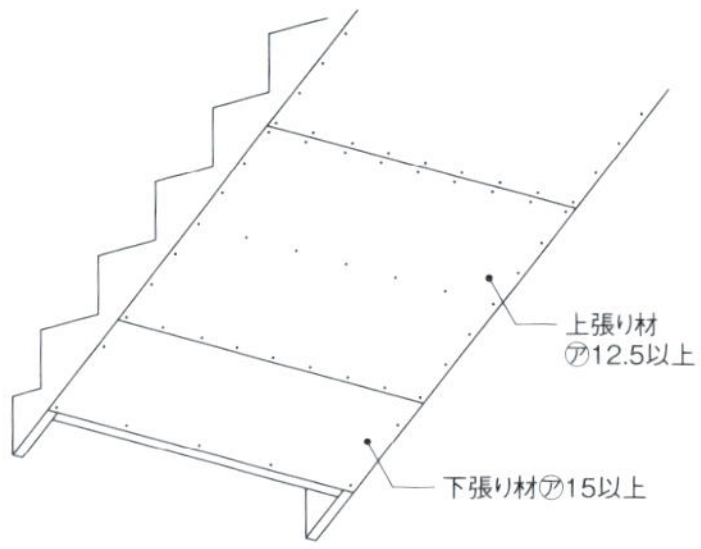

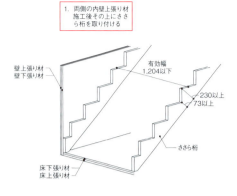

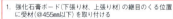

図4 階段の30分耐火構造2（中間部ささら桁を有する幅広階段）

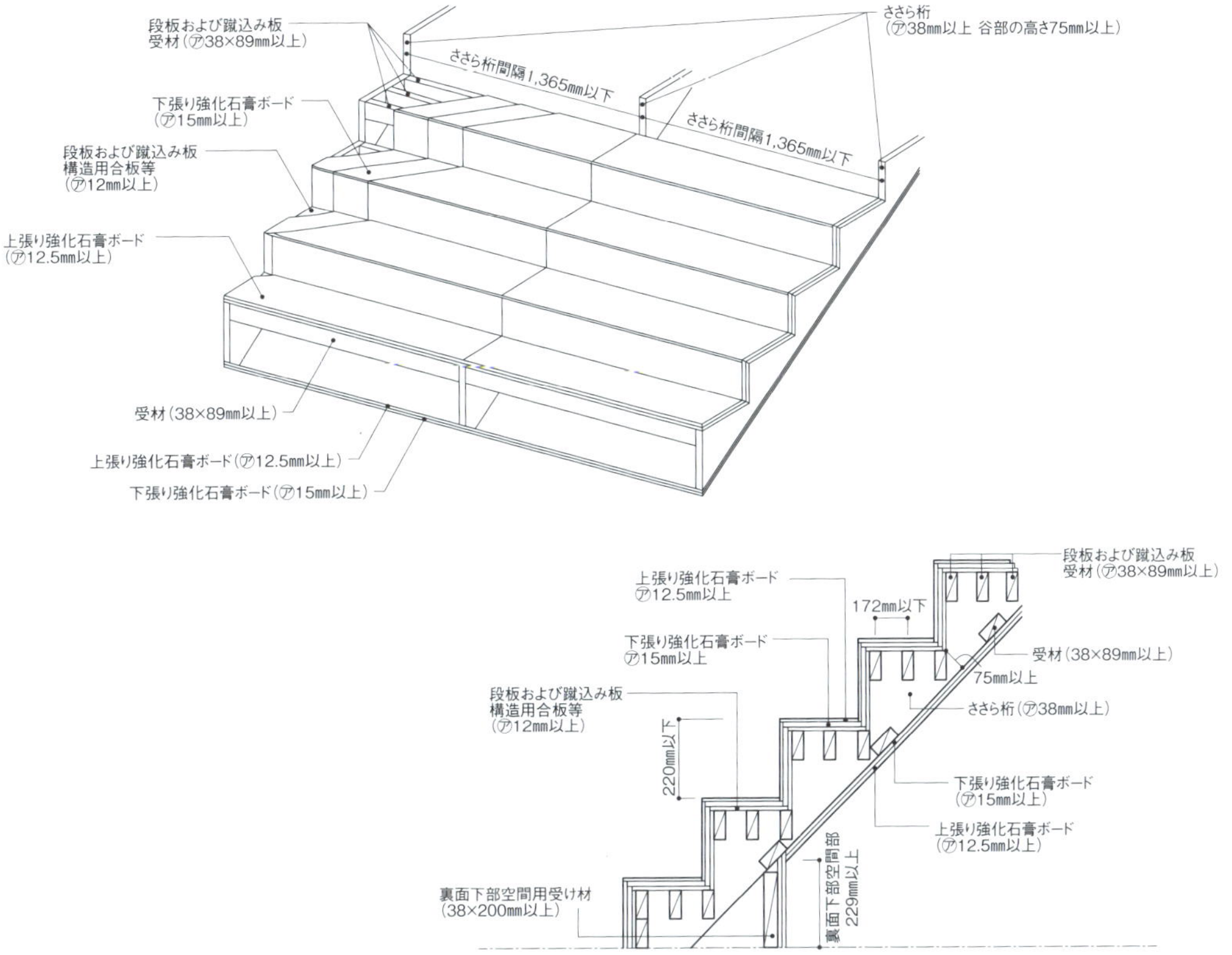

●階段表側の施工

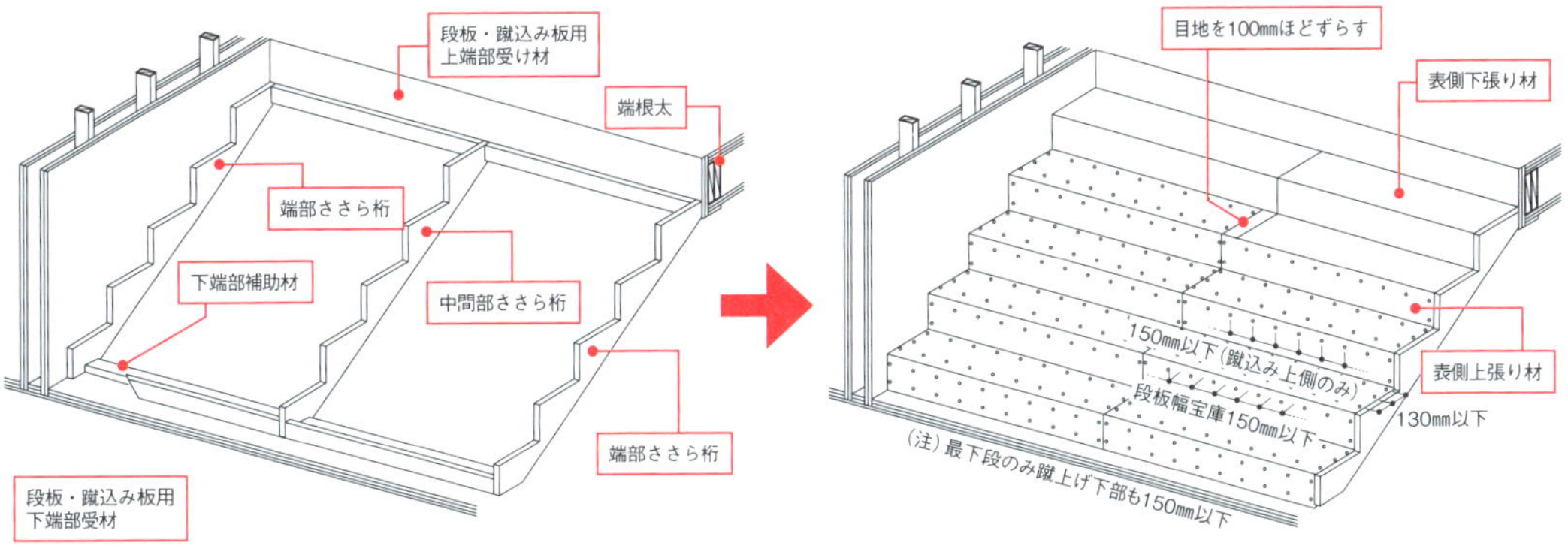

●階段裏側の施工

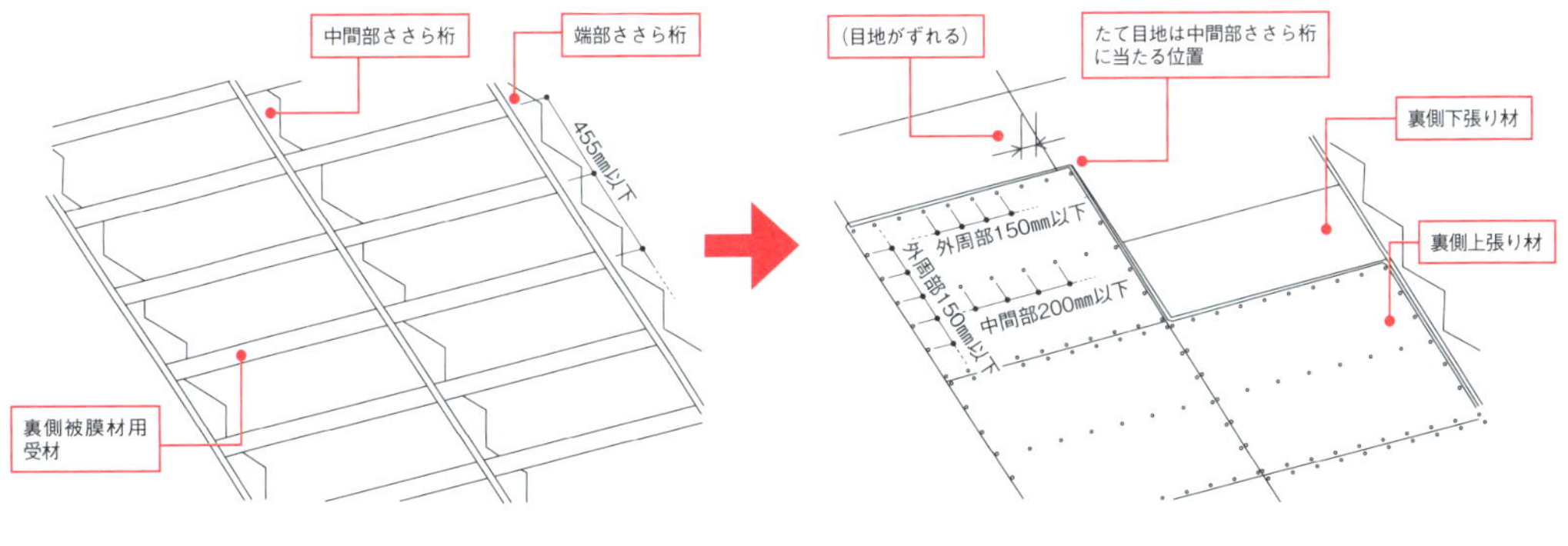

【2×4工法】バルコニー・1階床

図1 バルコニーの耐火構造

(1) 避難上有効なバルコニーに該当する場合

断面図

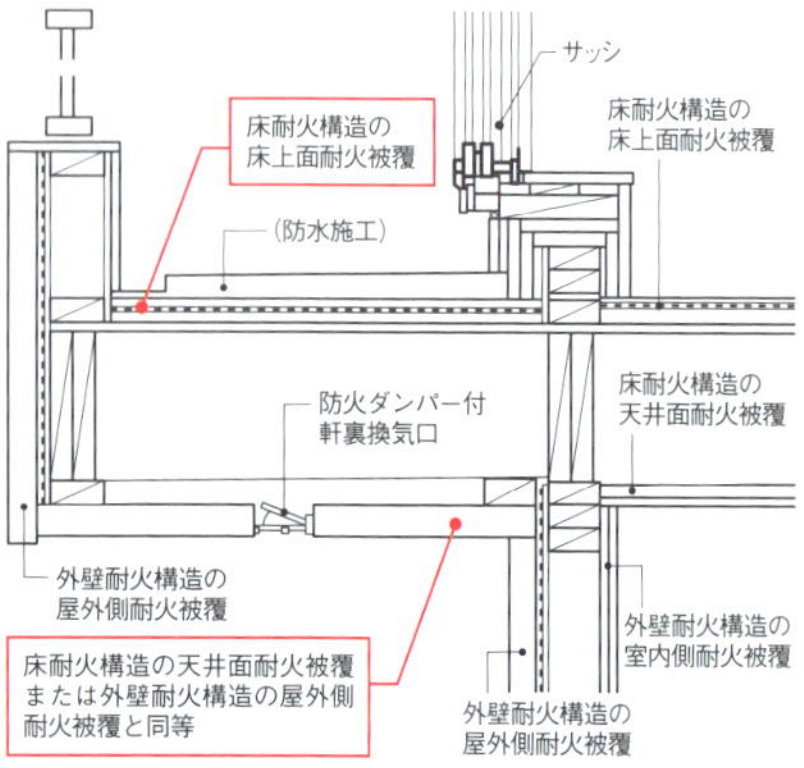

バルコニー正面図

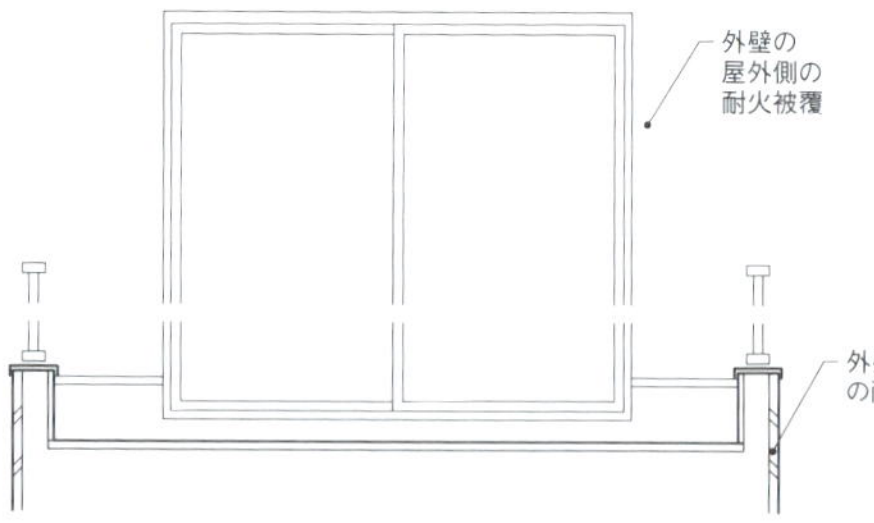

(2) その他のバルコニーの場合

①持ち出しバルコニーの場合

断面図

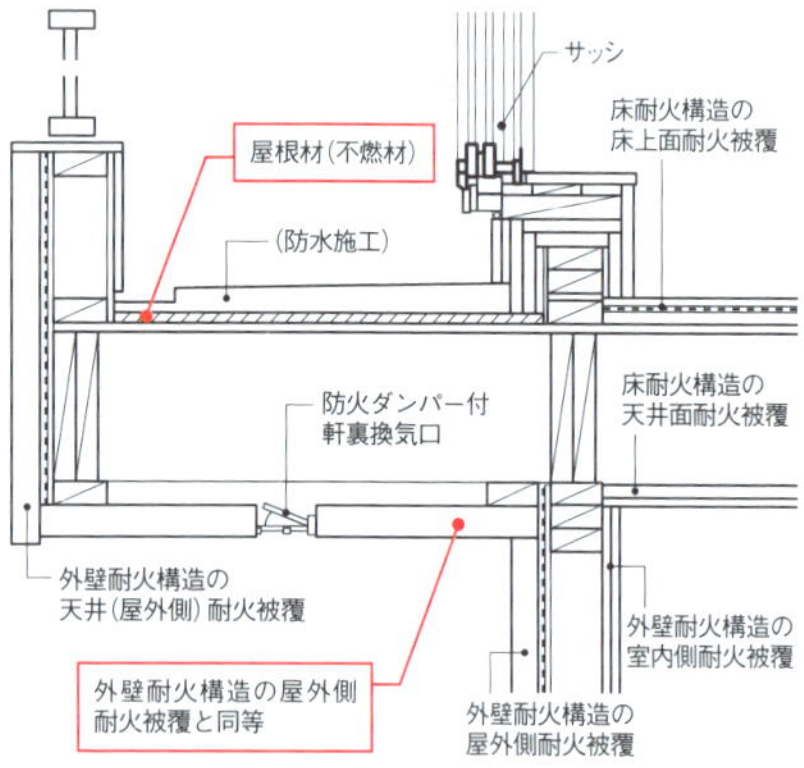

②後付けバルコニーの場合

断面図

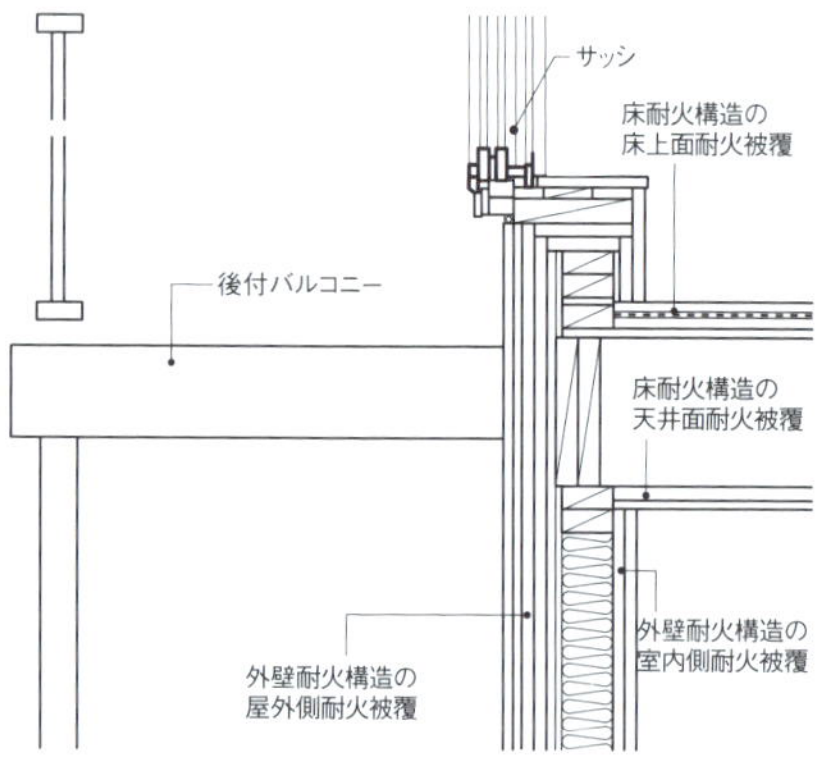

耐火構造が必要な場合のバルコニー

バルコニーは主要構造部には当たらないが、避難上有効なバルコニーは建物本体の一部とみなされるため、その床は中間階の床と同様、鼻先は外壁同様の耐火被覆がそれぞれ求められる。また、本体側の防水層の立ち上がり部にも耐火被覆が必要であり、注意を要する［図1］。その他のバルコニーの場合でも、鼻先や軒裏は建物本体に準じた耐火仕様が求められる（後付けバルコニーはこの限りではない）。

バルコニーと本体の取り合い部分

図2 1階床廻りの耐火構造

①耐火構造である壁を先施工とする場合（床は後施工とする）

断面図

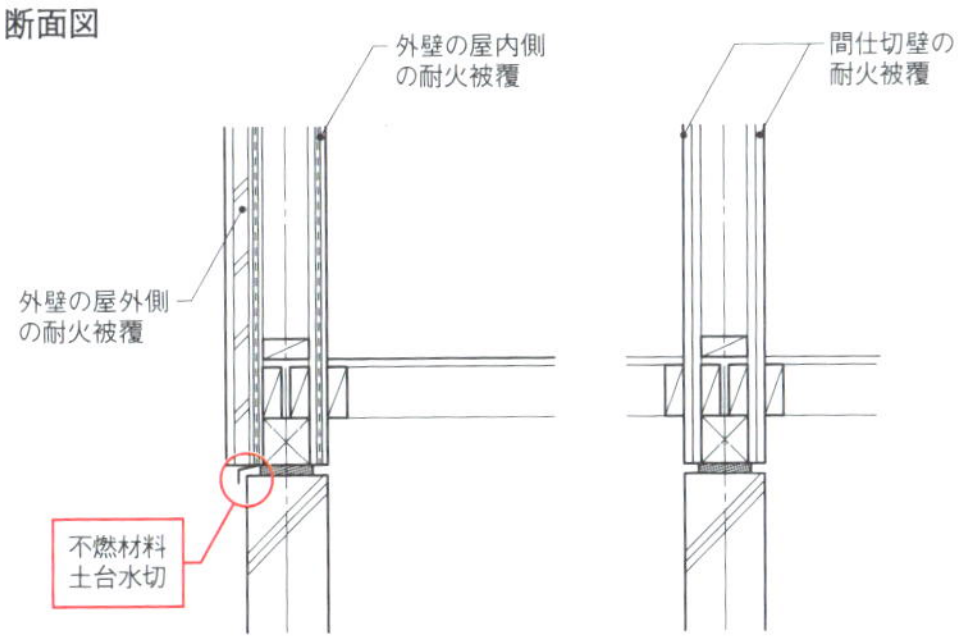

②床（上面）を耐火被覆する場合

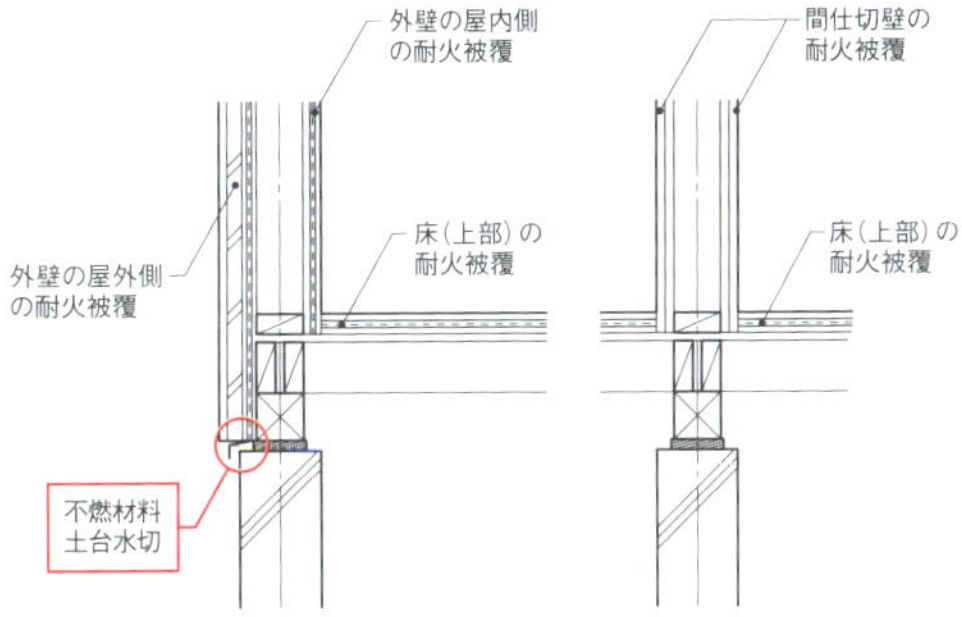

③最下階の床板をRC造とする場合

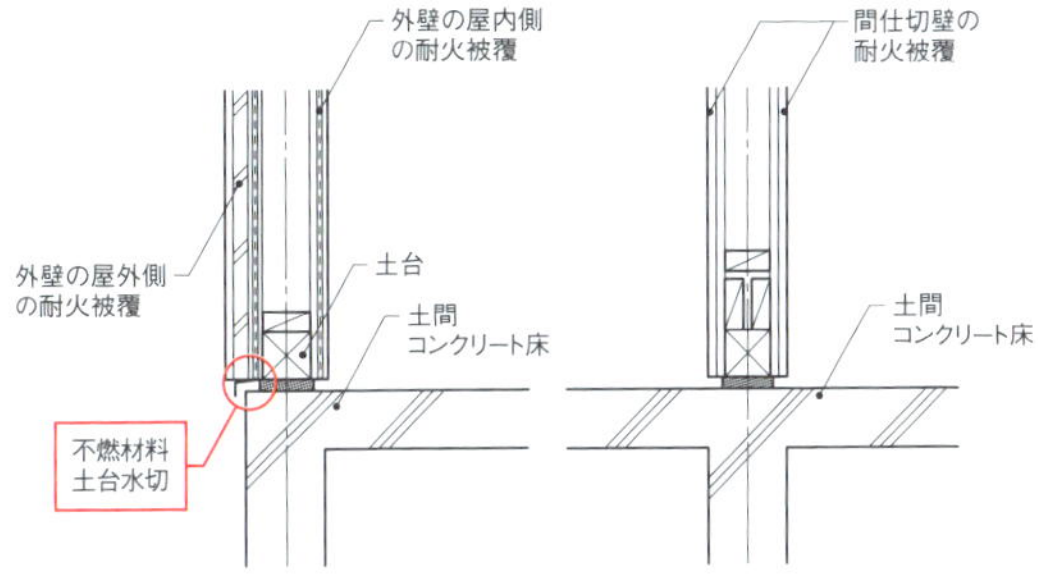

●耐火被覆施工の例

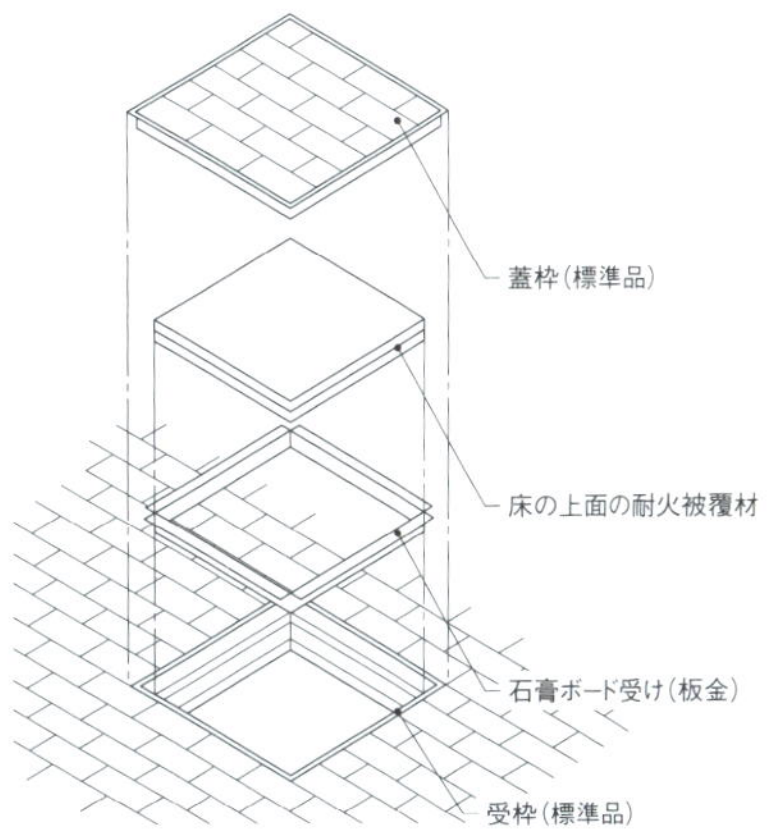

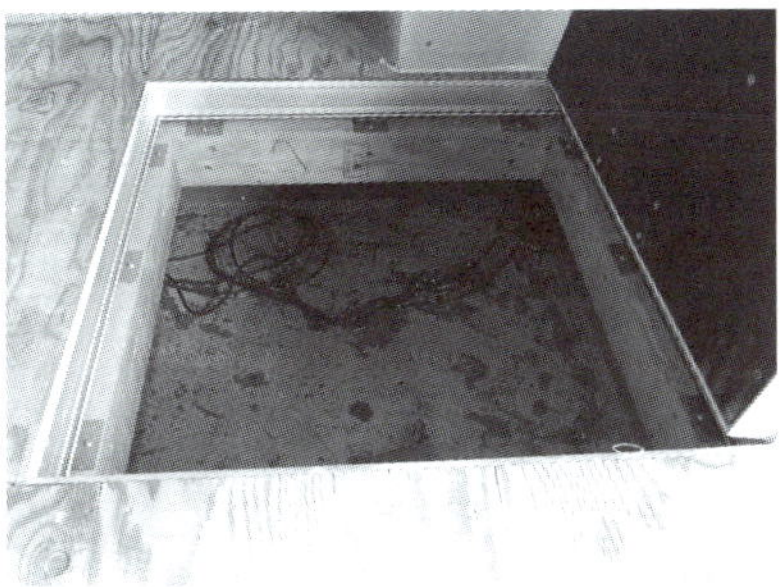

1階床を耐火被覆した場合の床下点検口。右に写る蓋も耐火被覆されている

1階床の耐火被覆

1階床面の扱いも、軸組工法と基本的に変わらない。床に先行して壁面の耐火被覆を基礎上端まで行った場合の床は被覆の必要がないが、先に床面を施工した場合は、床面の耐火被覆が必要になる［図2］。将来の間仕切り位置の変更等を考えると、床下地面を先につくる後者の方が自由度が高いと言える。ただしこの場合、床下点検口や床下収納の開口部も耐火被覆を連続させる必要が生じる。具体的には、これらの蓋にも床の上面と同様、すなわち構造用合板等の上に強化石膏ボード2重張りの被覆を行うことになる。

なお、RC造のスラブの上に枠組みを建てる場合、当該床に制約は受けない。

【CLTパネル工法】メンブレン耐火の基本事項

CLT協会の仕様に従い184～193頁では、CLTパネル工法における耐火木造の設計・施工のポイントを述べる。これ以上の詳細な内容については協会のマニュアル類※1を直接確認してほしい。なお当協会が取得した大臣認定の耐火構造を使用する際には、講習会を受けるなど所定の手続きが必要である（詳しくは協会ホームページを参照）。

耐火認定の一覧は表に示すとおりである。なお外壁・間仕切り壁・床の1時間耐火構造については、告示仕様に従うこととされたい。

CLTパネル工法は壁式鉄筋コンクリート造などに替わる工法として期待されており、建設にかかるCO_2総排出量が小さくなることはもちろん、躯体重量が軽いことから下部構造を小さくできることや、パネルの工場生産による現場施工の省力化などが見込まれる（準耐火構造以下で一定の条件を満たせばパネルを現しにすることも可能）。

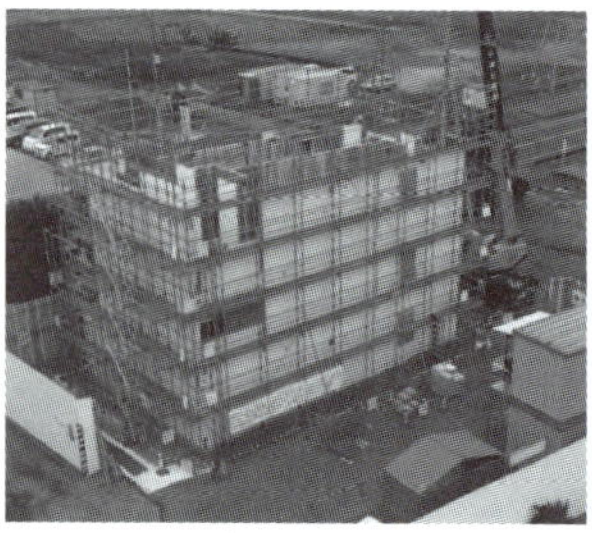

CLTパネル工法の例
（写真：大東建託「CLT実大棟」）

表 耐火構造大臣認定の概要（CLT協会が取得したもの※2）

外壁

	屋外側（外側より内側へ）			構造体	断熱層	屋内側（内側より外側へ）		
CLT造外壁（2時間耐火）	ALCパネル	両面薬剤処理ボード用原紙張り石膏板（上張り材）	両面薬剤処理ボード用原紙張り石膏板（下張り材）	CLT	グラスウール充填	強化石膏ボード（下張り）	強化石膏ボード（中張り）	強化石膏ボード（上張り）
	ALCパネル	強化石膏ボード		CLT	グラスウール充填	強化石膏ボード（下張り）	強化石膏ボード（中張り）	強化石膏ボード（上張り）

間仕切壁

	片側（外側より内側へ）			構造体	壁体内	片側（内側より外側へ）		
CLT造間仕切壁（2時間耐火）	強化石膏ボード（上張り）	強化石膏ボード（中張り）	強化石膏ボード（下張り）	CLT	グラスウール、またはロックウール充填	強化石膏ボード（下張り）	強化石膏ボード（中張り）	強化石膏ボード（上張り）
	強化石膏ボード（上張り）	強化石膏ボード（中張り）	強化石膏ボード（下張り）	CLT	充填なし	強化石膏ボード（下張り）	強化石膏ボード（中張り）	強化石膏ボード（上張り）

床

	床側（外側より内側へ）				構造体	床懐内	天井側（内側より外側へ）		
CLT造床（2時間耐火）	強化石膏ボード（上張り）	強化石膏ボード（中張り）	強化石膏ボード（下張り）		CLT	充填なし	強化石膏ボード（下張り）	強化石膏ボード（中張り）	強化石膏ボード（上張り）
	強化石膏ボード（上張り）	強化石膏ボード（中張り）	強化石膏ボード（下張り）	木質系ボード*3	CLT	充填なし	強化石膏ボード（下張り）	強化石膏ボード（中張り）	強化石膏ボード（上張り）

屋根

	屋外側（外側より内側へ）			構造体	小屋内	屋内側（内側より外側へ）
CLT造屋根（30分耐火）	瓦		防水材（任意）	CLT	グラスウール、またはロックウール充填	強化石膏ボード
	スレート		防水材（任意）	CLT	グラスウール、またはロックウール充填	強化石膏ボード
	金属板	裏打ち材あり、またはなし	防水材（任意）	CLT	グラスウール、またはロックウール充填	強化石膏ボード
	アスファルトシングル	裏打ち材あり、またはなし	防水材（任意）	CLT	グラスウール、またはロックウール充填	強化石膏ボード
	塗膜防水	外張り断熱材*4（発泡プラスチック断熱材、または建築用断熱材）	下張り材（構造用合板、または普通合板、その他）	CLT	グラスウール、またはロックウール充填	強化石膏ボード
	シート防水	外張り断熱材*4（発泡プラスチック断熱材、または建築用断熱材）	下張り材（構造用合板、または普通合板、その他）	CLT	グラスウール、またはロックウール充填	強化石膏ボード
	アスファルト防水	外張り断熱材*4（発泡プラスチック断熱材、または建築用断熱材）	下張り材（構造用合板、または普通合板、その他）	CLT	グラスウール、またはロックウール充填	強化石膏ボード

階段

	段板（外側より内側へ）			蹴込板（外側より内側へ）		ささら桁			階段裏面
木製階段（30分耐火）	強化石膏ボード（上張り）	強化石膏ボード（中張り）	CLT	強化石膏ボード	製材、集成材、合板、または単板積層材	強化石膏ボード（上張り）	強化石膏ボード（下張り）	製材、集成材、合板、または単板積層材	強化石膏ボード

＊3：構造用合板、構造用パネル、ミディアムデンシティファイバーボード、パーティクルボード、単板積層材、CLT
＊4：ポリスチレンフォーム、硬質ウレタンフォーム、ポリエチレンフォーム、フェノールフォーム

※1：「CLT大臣認定 認定管理技術者講習会テキスト」CLT協会、2022.9。なお184～193頁の図表の多くはこれを参照・引用している。
※2：「間仕切壁（断熱材充填仕様）」「床」については、銘建工業（株）が取得した大臣認定をCLT協会が管理運営している。

【CLTパネル工法】屋根

図1 屋根の30分耐火構造の例（勾配屋根）

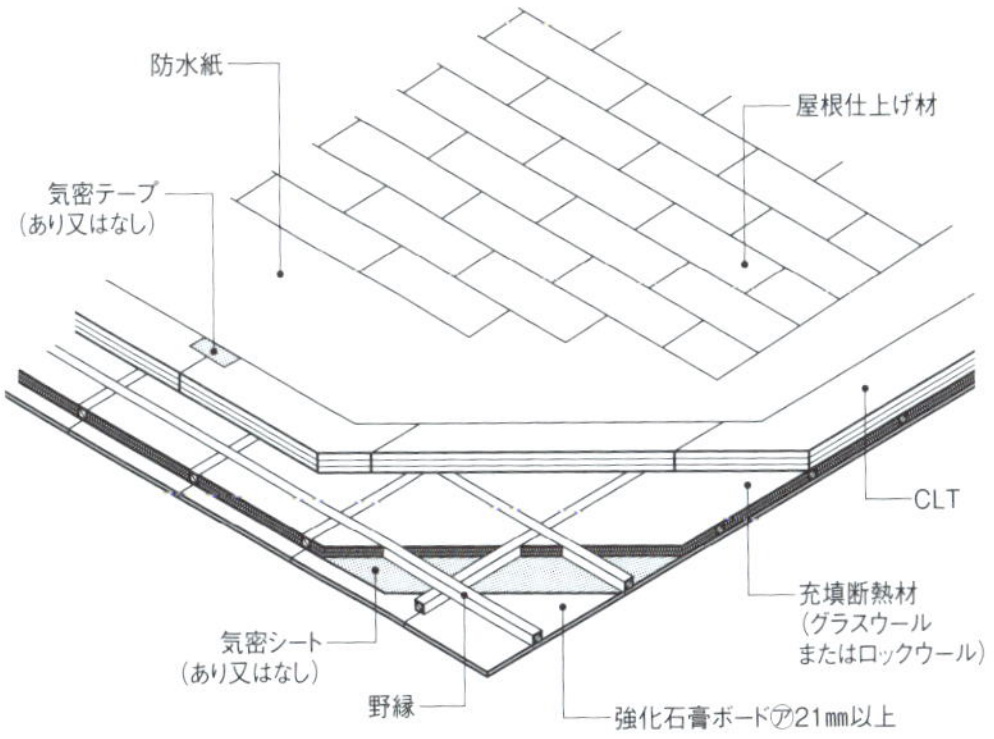

図2 屋根の30分耐火構造の例（陸屋根）

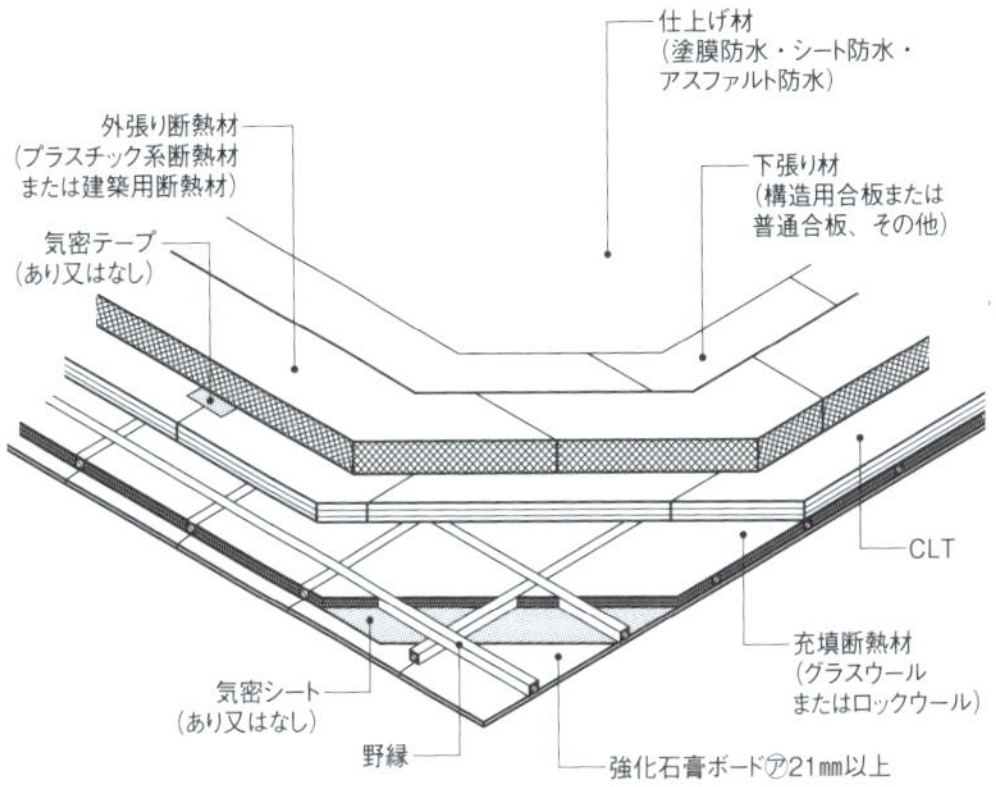

図3 CLTパネルの接合方法

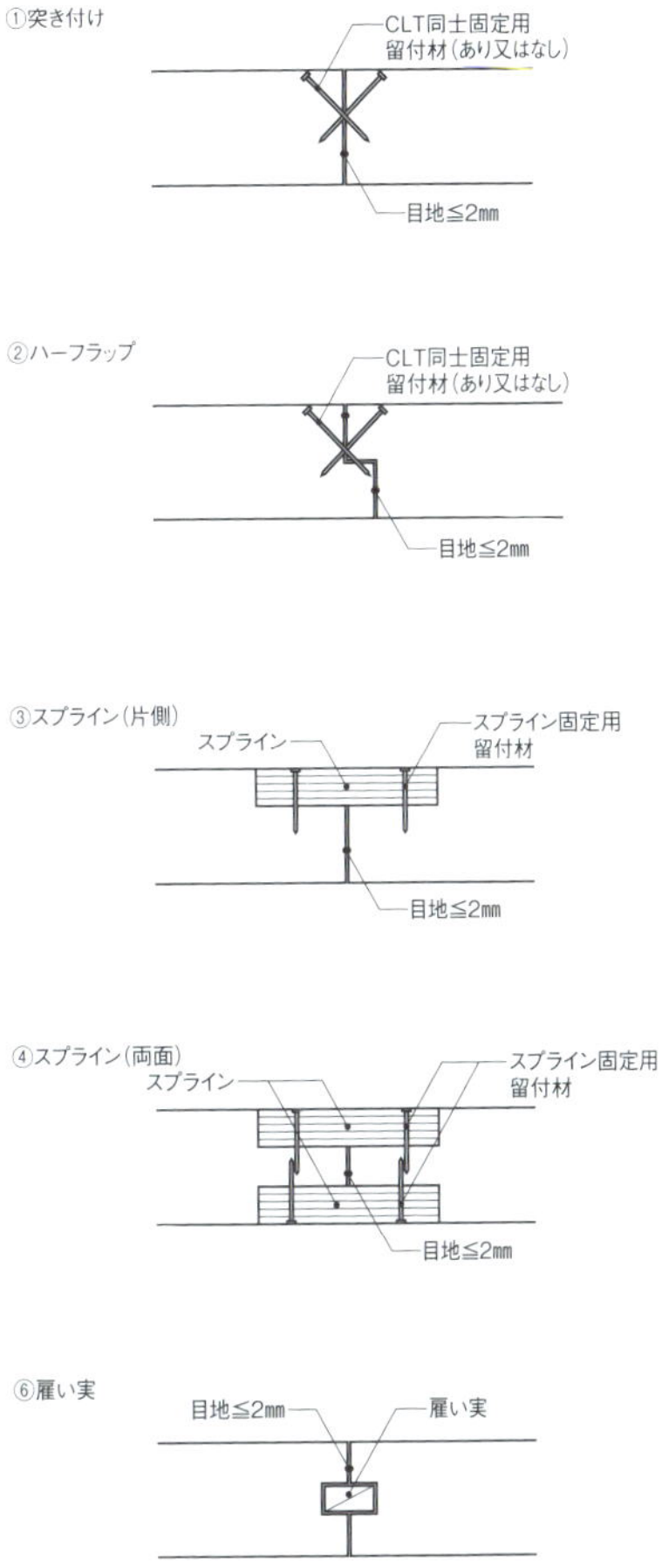

CLT（直交集成板）による30分耐火構造の例を図に示す。図1は勾配屋根の場合、図2は陸屋根（または緩勾配屋根）の場合である。CLTを屋根に用いる場合、その多くは直天井にするのが一般的であろう。ここではそれらを想定した断面構成となっている。

勾配屋根の場合、屋根仕上げ材は瓦・スレート・金属板・アスファルトシングルが想定される。ただし防水シートから下の構成はいずれも変わらない。充填断熱材はCLTの下（屋内側）に直付けした野縁でできるスペースに取り付けられる。その下の被覆材は強化石膏ボード1枚でよい。

陸屋根（または緩勾配屋根）の場合、仕上げ材（防水材）は塗膜防水・シート防水・アスファルト防水になる。この場合、CLTの上には外張り断熱材を敷き込み、その上に下張り材（合板等）を張った上に防水工事を行う。CLTより室内側は勾配屋根と同様である（屋内側にも充填断熱材が入る）。

なお、CLT同士の接合方法は図2に示す通りである。いずれの方法でも、目地は2㎜以下に抑える必要がある。

【CLTパネル工法】外壁・間仕切壁

図1 外壁の2時間耐火構造の例

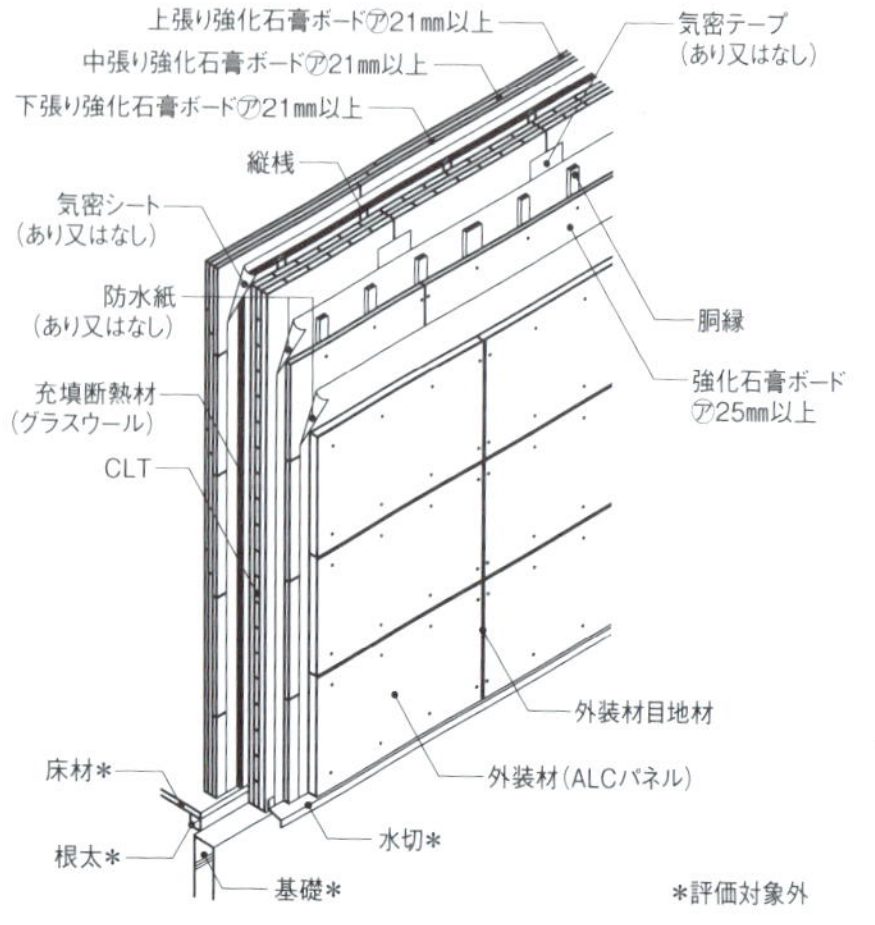

図2 外壁の2時間耐火構造の例（断面）

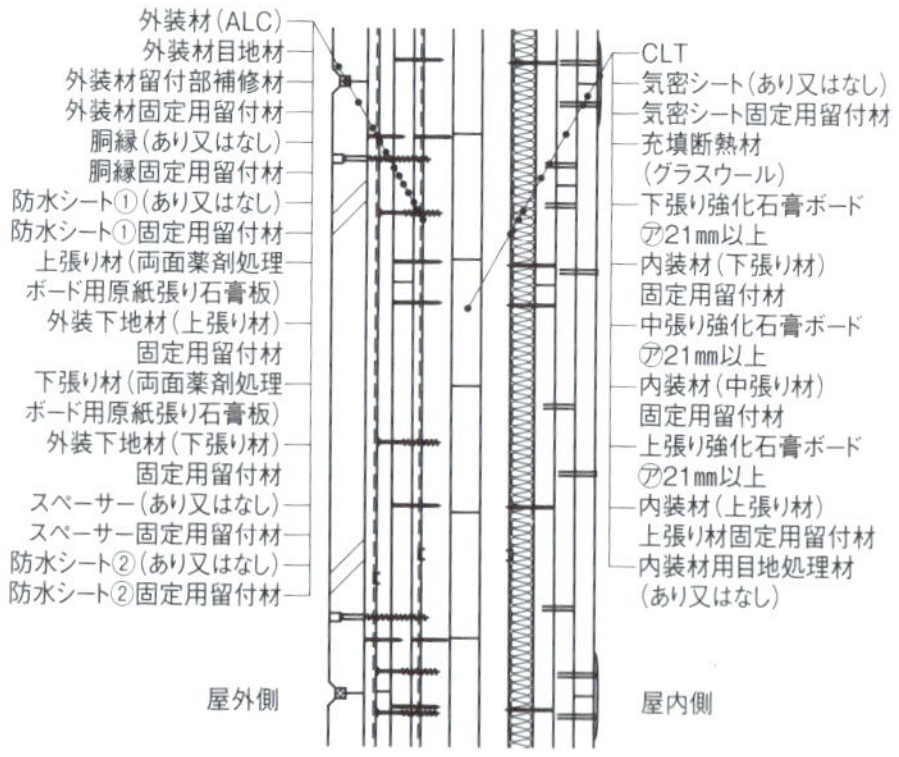

図3 間仕切壁の2時間耐火構造の例（断熱材なしの場合）

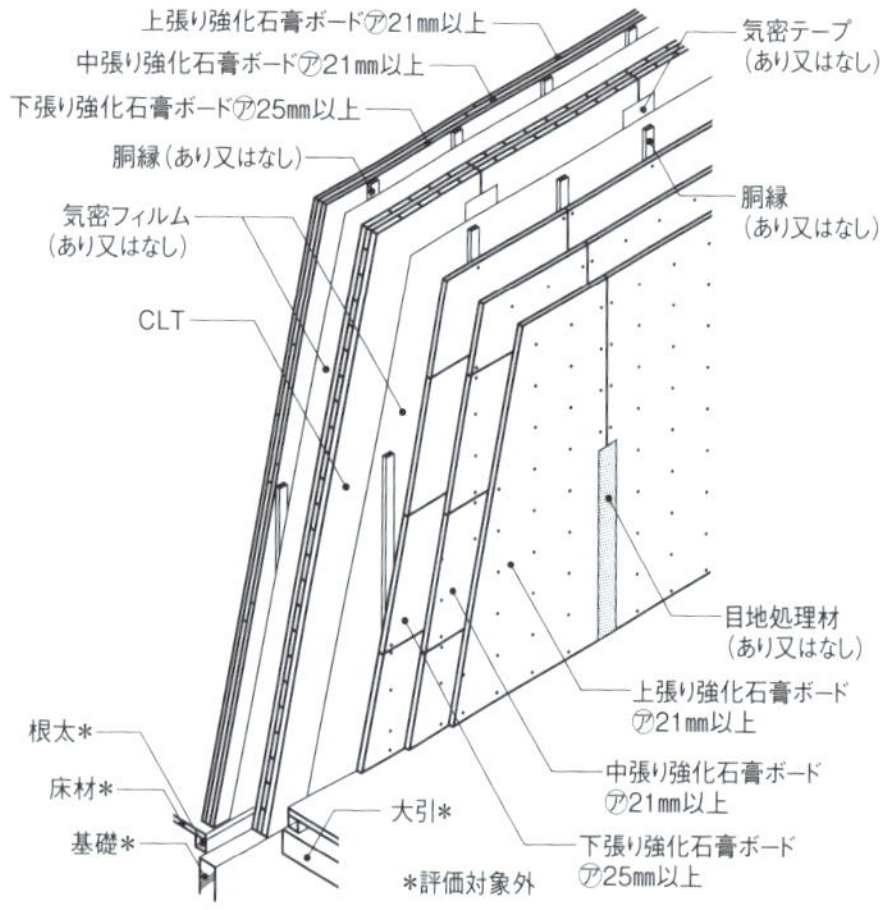

図4 間仕切壁の2時間耐火構造の例（断面）（断熱材ありの場合）

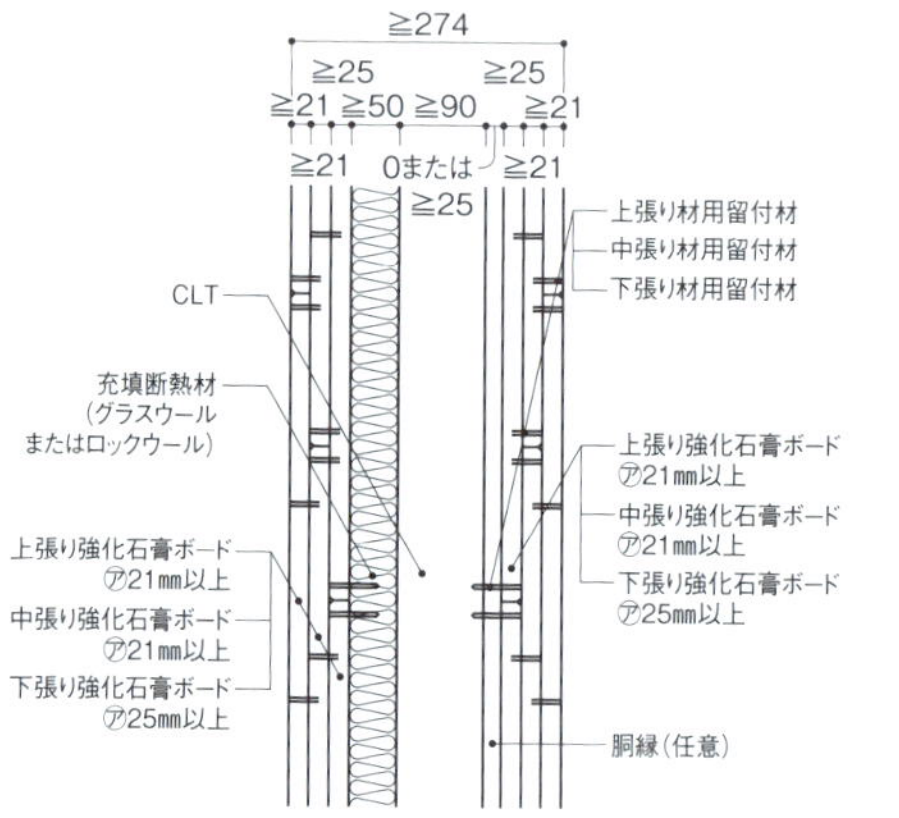

CLT（直交集成板）による2時間耐火構造の外壁及び間仕切壁の例を図1～4に示す。なお1時間耐火構造については協会では大臣認定を取得していないため、例示仕様を参照されたい。また、従来は耐火建築物でなければ建築できなかった中層建築物についても、高性能の準耐火構造（75分・90分準耐火）により室内側についてはCLTの現しでの建築も可能になったが、ここでの対象ではないため、協会ホームページや他書等※を参照されたい。

外壁では、CLTの屋外側に下地材を介してALC（軽量気泡コンクリート）パネルを外装材として張る。通常、その間に防水紙を施すが、認定仕様では（防耐火性能上）その有無は問わない。パネル間の目地は2㎜以下とする。屋内側は、充填断熱材を介して強化石膏ボードを3重張りする。この間に気密シートを入れることもできる。

間仕切壁では、CLTの両面にそれぞれ強化石膏ボードを3重張りする。気密フィルムを入れて気密性を高める場合には、CLTと石膏ボードの間に入れる。CLTのどちらかの面に断熱材を入れて遮音性を高めることもできる。

※「CLTを用いた中大規模木造建築物の防耐火設計手引き（案）の作成事業・報告書」（公財）日本住宅・木材技術センター、ＣＬＴ協会、2022. 3、https://www.howtec.or.jp/files/libs/4134/20220421723466013.pdf

【CLTパネル工法】床・階段

図1 床の2時間耐火構造

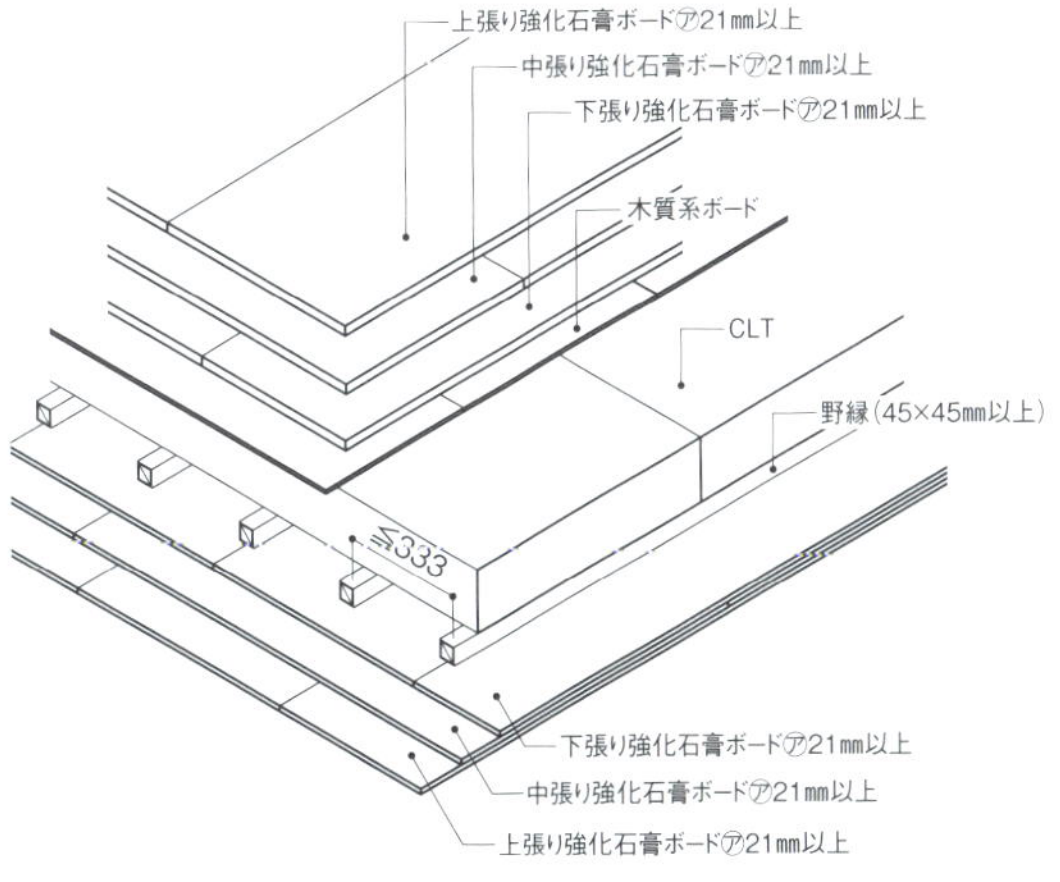

図2 階段の30分耐火構造

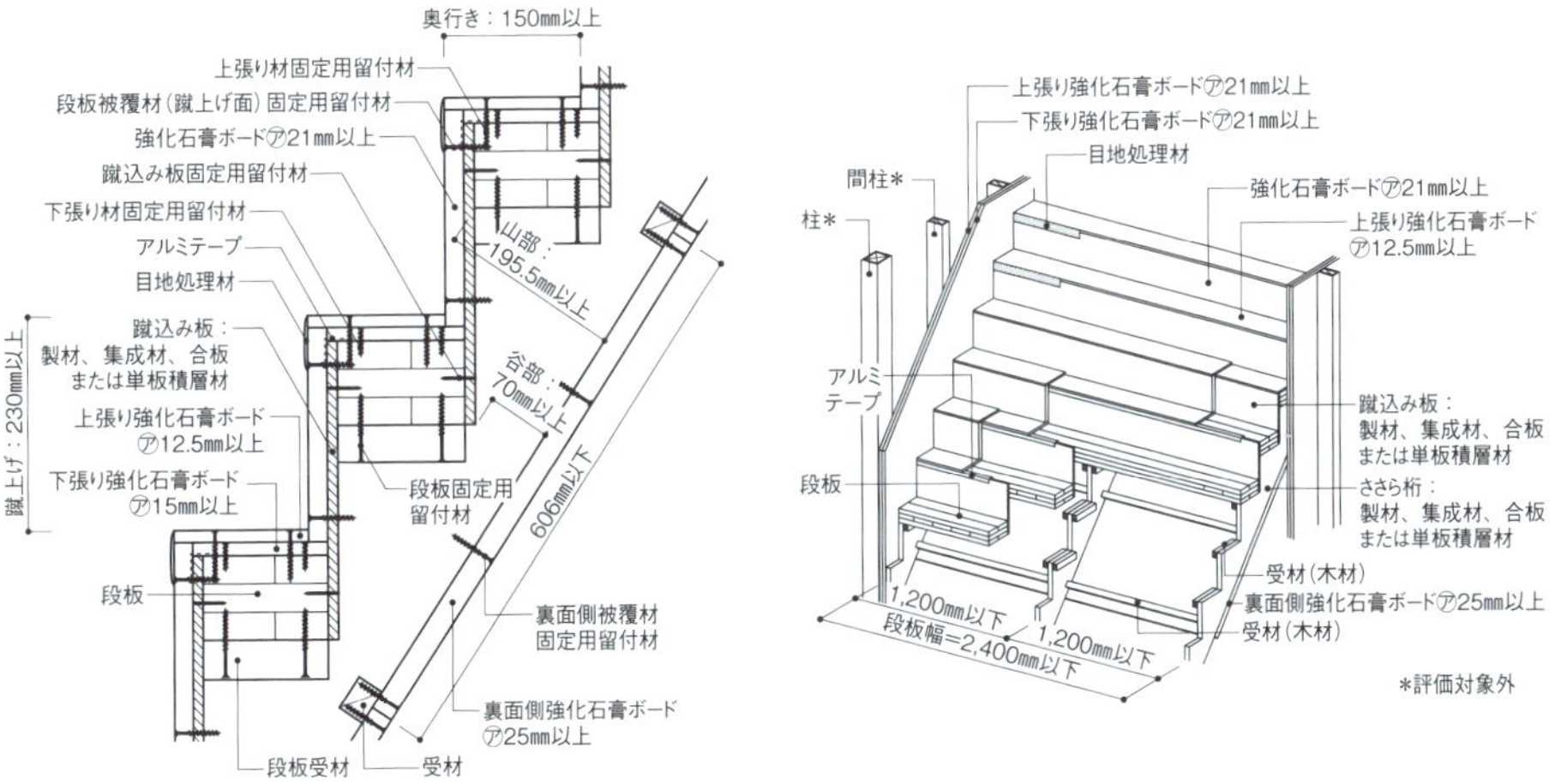

CLT（直交集成板）による2時間耐火構造の外床の例を図1に示す。CLTの床側・天井側ともにそれぞれ強化石膏ボードを3重張りするという意味では間仕切壁と同様であるが、CLTの上面にはまず下地材として木質系ボード（構造用合板、構造用パネル、ミディアムデンシティファイバーボード、パーティクルボード、単板積層材、直交集成材）を張るか、床根太（12㎜×45㎜以上、500㎜間隔以下）を配置する。天井側はCLTに野縁（45㎜×45㎜以上、333㎜以下）を直付けし、強化石膏ボードで被覆する。

CLT床は重量が小さいため鉄筋コンクリート造などに比べ遮音性能がやや問題になる可能性がある。集合住宅や宿舎・ホテルなど、高い遮音性能が要求される建物では、床の衝撃音対策が重要になってくるので留意されたい。

階段（30分耐火構造）の例を図2に示す。在来軸組工法や2×4工法の場合の階段［179頁］と概ね同様の構成であるが、それらの段が「受け材＋段板」であるのに対して、CLT版を直接ささら桁に載せるところが異なっている。

【木質ラーメン工法ほか】メンブレン耐火の基本事項

図1　耐火建築物の各部位に要求される耐火性能時間

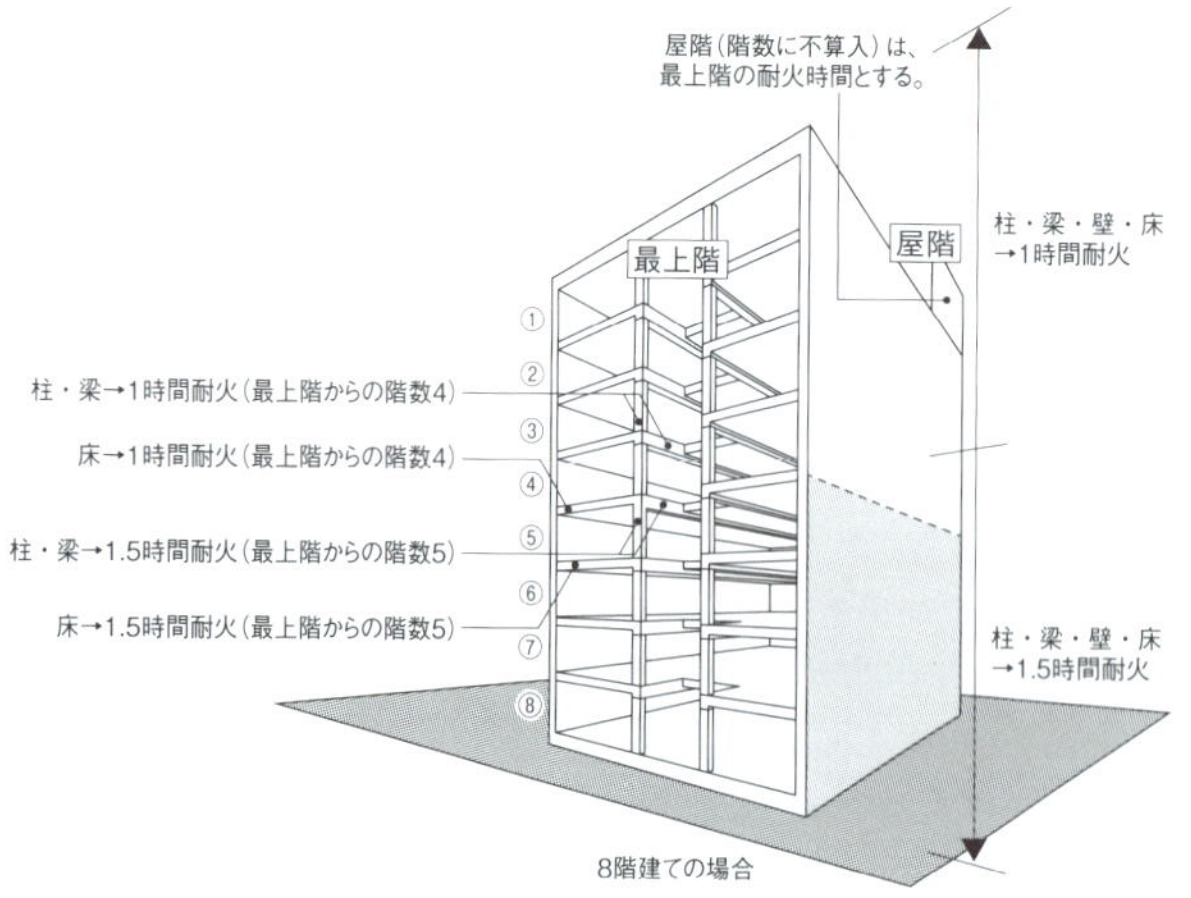

図2　木造耐火フレームとCLT耐震壁によるオフィスビルのイメージ（左：構造　右：外観）

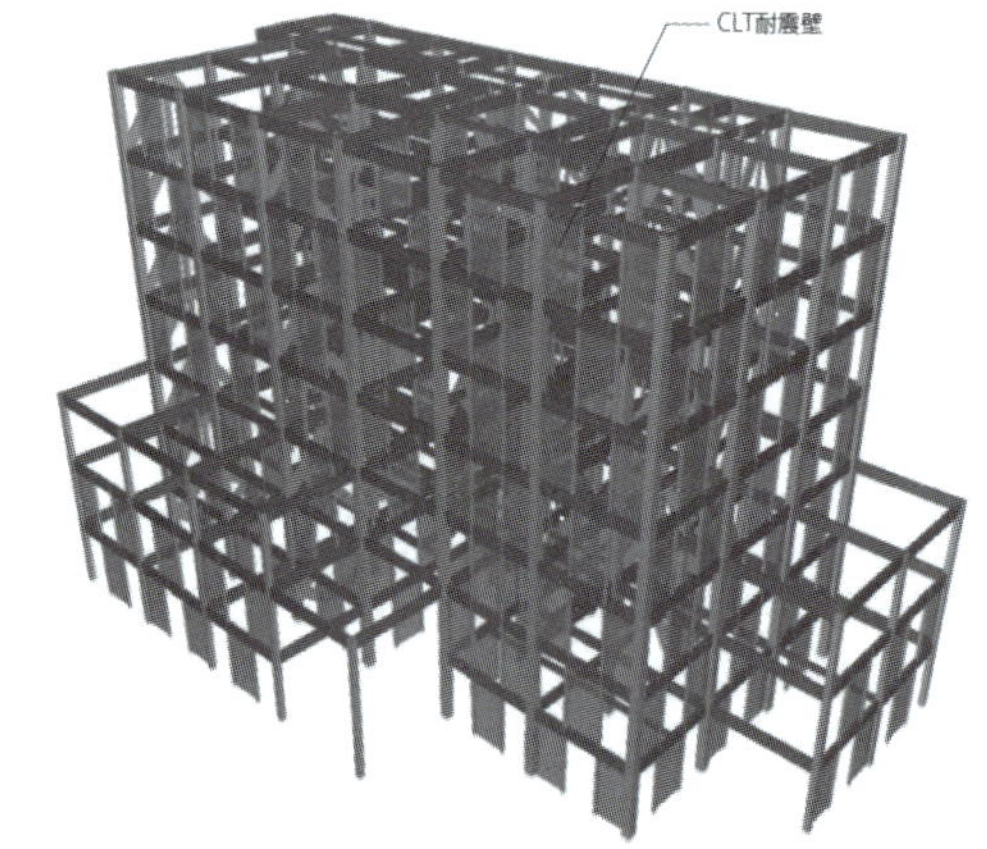

（株）シェルター作成、引用元：中規模ビルの木造化のすすめ「木でつくる　中規模ビルのモデル設計」（令和3年度・公益財団法人日本住宅・木材技術センター発行）

昨今、木造による耐火建築物は増加の一途をたどっているが、その多くは中低層の集合住宅・高齢化施設や防火地域内の小規模建築等、比較的規模の小さいもので、雑誌等でみかける木造庁舎やオフィスビル、商業ビル、ホテル、中高層マンション等は大手建設会社が独自に取得した大臣認定仕様（その多くは特許出願／取得されている）によってつくられていることが多かった。

木耐建では、大型断面の木質材料を用いた柱・梁による軸組構造（以下、木質ラーメン工法等と記す）の各部位の大臣認定仕様について、認定取得者（民間の団体企業）からの委託によりその運営を行い、これを会員にオープン化し、中大規模木造耐火建築物のさらなる普及を図っている。ここではそれらの仕様の一部を紹介するが、これ以上の詳細な内容については協会のマニュアル類を直接確認してほしい。※またこれらの認定仕様を用いる際には、講習会を受けるなど所定の手続きが必要である。

これらの認定仕様や告示仕様（例示仕様）を組み合わせることで、従来は鉄筋コンクリート造や鉄骨造等でしかできなかった建物を、特殊な工法を用いずとも設計・施工することが可能になる（図2にオフィスビルのイメージ例を示す）。

※「木質耐火部材を用いた木造耐火建築物設計マニュアル」日本木造耐火建築協会、2022年8月。なお188～193頁の図表の多くはこれを参照・引用している

表1 耐火構造大臣認定の概要

木耐建が認定取得者から委託を受け運用するもののうち、2時間耐火以上のもの

柱

	表面材	被覆材（表面から中へ）		構造材（荷重支持材）
木製柱（2時間耐火）	・集成材 ・製材 ・LVL ・合板 ・ＣＬＴ ・強化石膏ボード ・ケイ酸カルシウム板	強化石膏ボード3重張り 【内層部2～4】 ・強化石膏ボード㋐21㎜3重張り	【内層部1＊】 ・集成材 ・製材 ・LVL ・合板 ・CLT ㋐2.5㎜以上	・集成材 ・製材 ・LVL ・無等級木材 （150×150㎜～3,000×3,000㎜）
木製柱（3時間耐火）	・集成材 ・製材 ・LVL ・合板 ・ＣＬＴ ・強化石膏ボード ・ケイ酸カルシウム板	強化石膏ボード4重張り 【内層部2～5】 ・強化石膏ボード㋐21㎜4重張り	【内層部1＊】 ・集成材 ・製材 ・LVL ・合板 ・CLT ㋐2.5㎜以上	・集成材 ・製材 ・LVL ・無等級木材 ・CLT （210×210㎜～3,000×3,000㎜）
木製柱（3時間耐火）	・集成材 ・製材 ・LVL ・合板 ・ＣＬＴ ・強化石膏ボード ・ケイ酸カルシウム板	強化石膏ボード（防水防かびタイプ）4重張り 【内層部2～5】 ・強化石膏ボード（防水防かびタイプ）㋐21㎜4重張り	【内層部1＊】 ・集成材 ・製材 ・LVL ・合板 ・CLT ㋐2.5㎜以上	・集成材 ・製材 ・LVL ・無等級木材 ・CLT （210×210㎜～1,080×1,080㎜）

梁

	表面材	被覆材（表面から中へ）	構造材（荷重支持材）
梁（3面）（2時間耐火）	・集成材 ・製材 ・LVL ・合板 ・ＣＬＴ ・強化石膏ボード ・ケイ酸カルシウム板	強化石膏ボード㋐21㎜3重張り	・集成材 ・製材 ・LVL ・無等級木材 ・CLT （120×240㎜～500×1,500㎜）
梁（3面）（3時間耐火）	・集成材 ・製材 ・LVL ・合板 ・ＣＬＴ ・強化石膏ボード ・ケイ酸カルシウム板	強化石膏ボード㋐21㎜4重張り	・集成材 ・製材 ・LVL ・無等級木材 ・CLT （120×360㎜～500×1,500㎜）
梁（4面）（2時間耐火）	・集成材 ・製材 ・LVL ・合板 ・ＣＬＴ ・強化石膏ボード ・ケイ酸カルシウム板	強化石膏ボード㋐21㎜3重張り	・集成材 ・製材 ・LVL ・無等級木材 ・CLT （120×120㎜～500×1,350㎜）

外壁

	屋外側（外側より内側へ）			構造材（荷重支持材）	壁体内	屋内側
外壁（耐力壁）（2時間耐火）	ALCパネル	両面薬剤処理ボード用原紙張り石膏板㋐21㎜		・集成材 ・製材 ・LVL ・無等級木材 ・CLT	断熱材あり、または無し	強化石膏ボード㋐21㎜3重張り
	ALCパネル	木質系ボード㋐9㎜		・集成材 ・製材 ・LVL ・無等級木材 ・CLT	断熱材あり、または無し	強化石膏ボード㋐21㎜3重張り
	鋼板	木質系ボードあり、または無し	強化石膏ボード㋐21㎜3重張り	CLT		強化石膏ボード㋐21㎜3重張り

間仕切壁

	片側（外側より内側へ）		壁体内	構造材（荷重支持材）	片側	
間仕切壁（耐力壁）（2時間耐火）	強化石膏ボード㋐21㎜以上、2重張り	強化石膏ボード㋐15㎜1枚張り		・集成材 ・製材 ・LVL ・無等級木材	強化石膏ボード㋐15㎜以上	強化石膏ボード㋐21㎜以上、2重張り
	強化石膏ボード㋐21㎜以上、3重張り		断熱材あり、または無し	・集成材 ・製材 ・LVL ・無等級木材	強化石膏ボード㋐21㎜以上3重張り	

床

	床側（外側より内側へ）			構造材（荷重支持材）	天井懐内	天井側
床（2時間耐火）	木質系ボード	強化石膏ボード㋐21㎜2重張り	強化石膏ボード㋐15㎜1枚張り	・集成材 ・製材 ・LVL ・無等級木材 ・CLT	断熱材あり、または無し	強化石膏ボード㋐21㎜以上、3重張り

＊「内層部1」は必須ではないが、構造材（荷重支持材）が"束ねた材"である場合等に有効な処置である。

【木質ラーメン工法ほか】柱・梁

図1 柱の2時間耐火構造の例

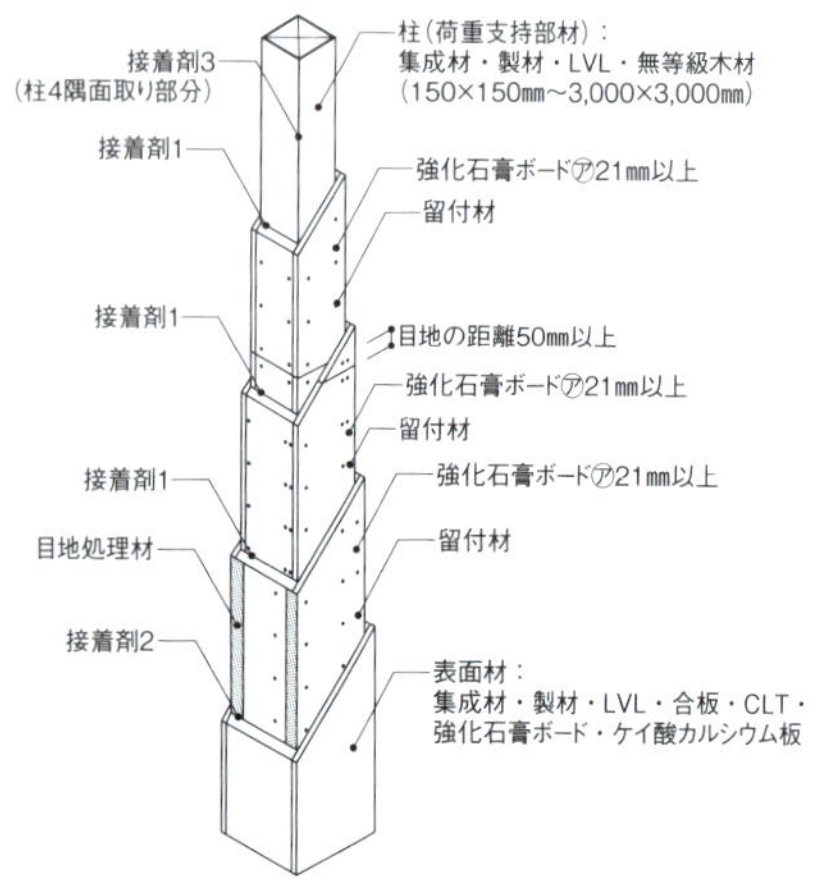

図2 柱の3時間耐火構造の例

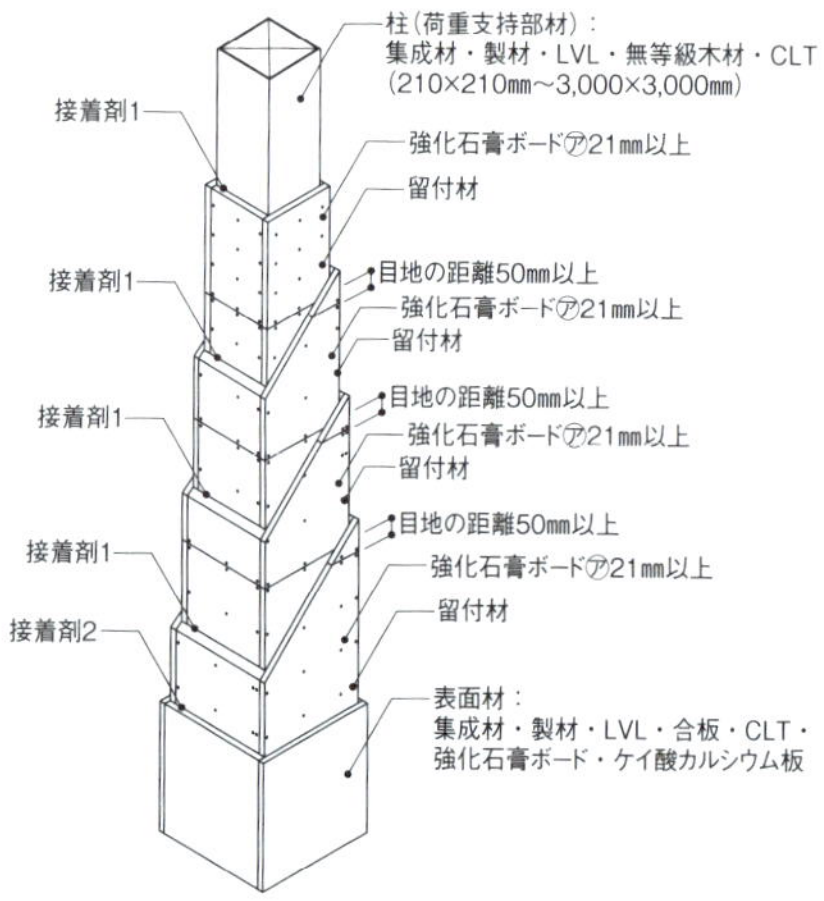

図3 梁の2時間耐火構造（3面）の例

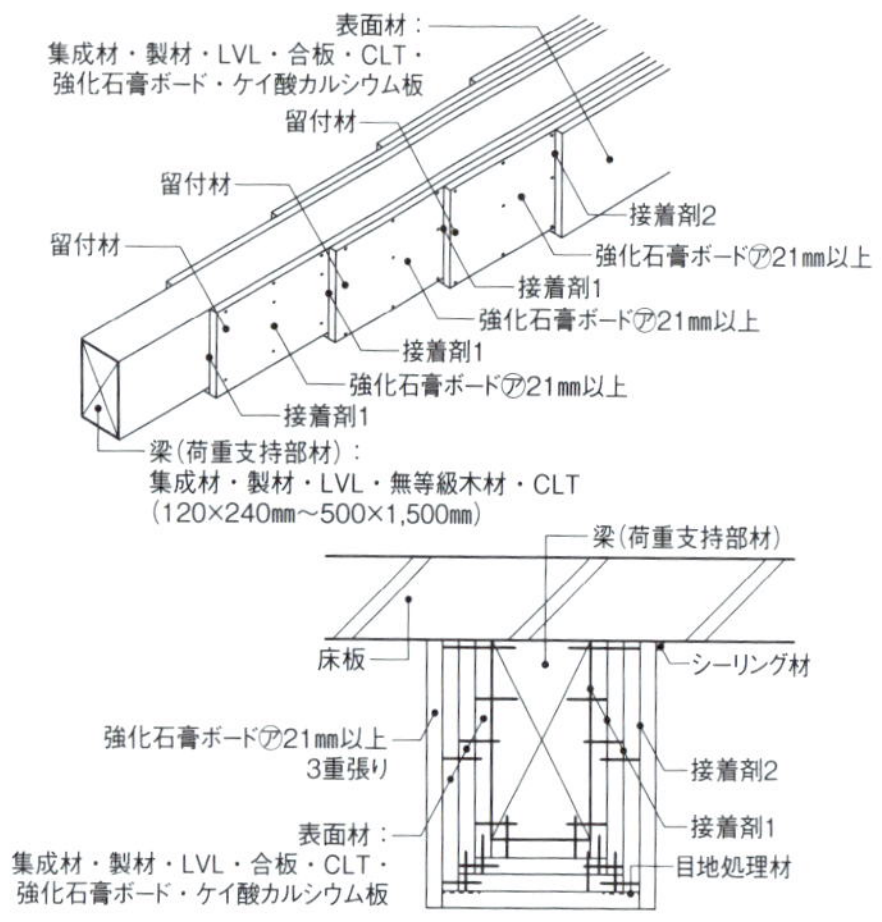

図4 梁の2時間耐火構造（4面）の例

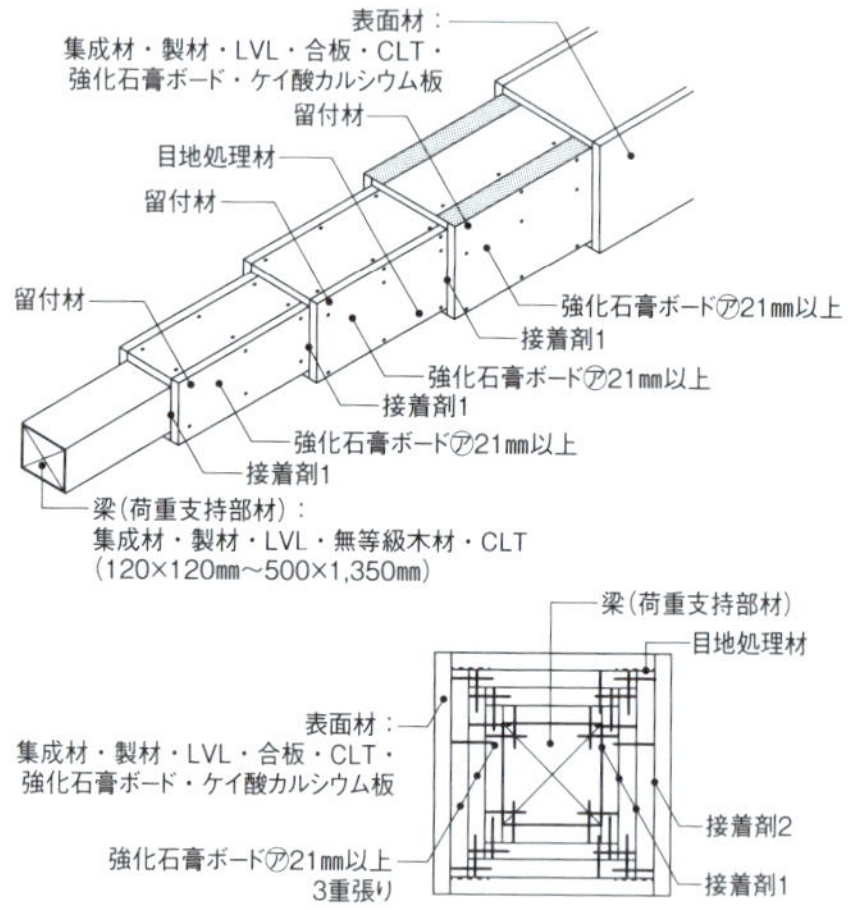

本章でこれまで紹介してきた耐火構造の認定仕様はいずれも、板状や塊状のもの（屋根・壁・床・階段等）全体を強化石膏ボード等で被覆するものだったが、ここでは単体の柱や梁の被覆を扱う。

柱の場合、荷重支持部材である構造柱に、強化石膏ボードを2時間耐火では最低3重、3時間耐火では最低4重に被覆する。これは「燃え止まり層」として機能する。構造柱のすぐ外側に、集成材や製材・LVLなどの下張り材を張ってもよい。一方、強化石膏ボードの外側の表面層は「燃えしろ層」として機能する。従って様々な木質系材料で仕上げることが可能となる。いずれにせよ、仕上げ後の柱の外形寸法はかなり大きくなる。

柱と壁が連続する場合、①それぞれ被覆した耐火柱と耐火壁を隙間なく連続させる。②柱と壁を下地レベル連続させ、これら全体を覆うように被覆する。の2つの方法が考えられる。①はそれぞれの認定仕様に従えば良いが、②は別々の認定仕様を合成したようなものになる。協会のマニュアル［188頁※1］にはそれらの例示があるが、使用にあたっては注意が必要である。

梁は床を支持する「3面タイプ」と独立して宙を飛ぶ「4面タイプ」に分かれるが、燃え止まり層の基本的な考え方は柱と同様である。

【木質ラーメン工法ほか】外壁

図1 外壁の2時間耐火構造の例（木製軸組外壁）

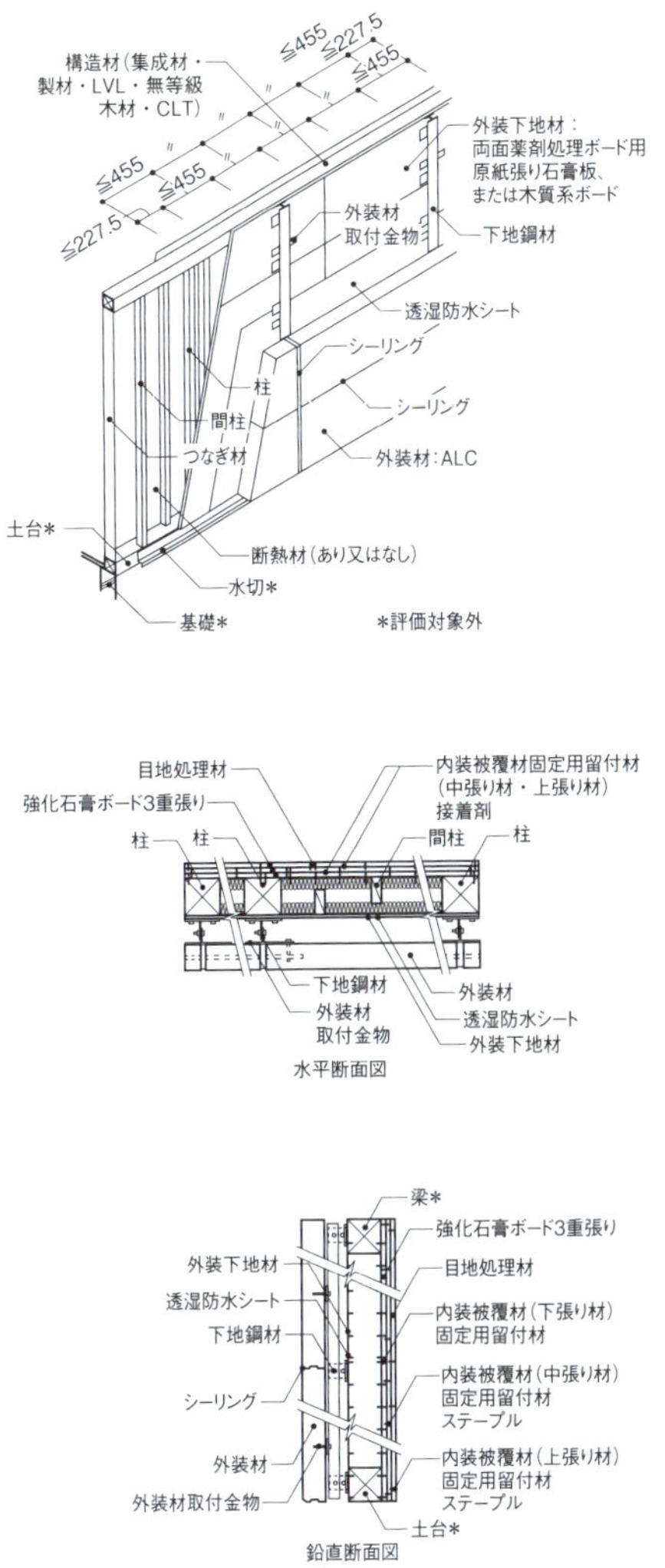

図2 外壁の2時間耐火構造の例（CLT外壁）

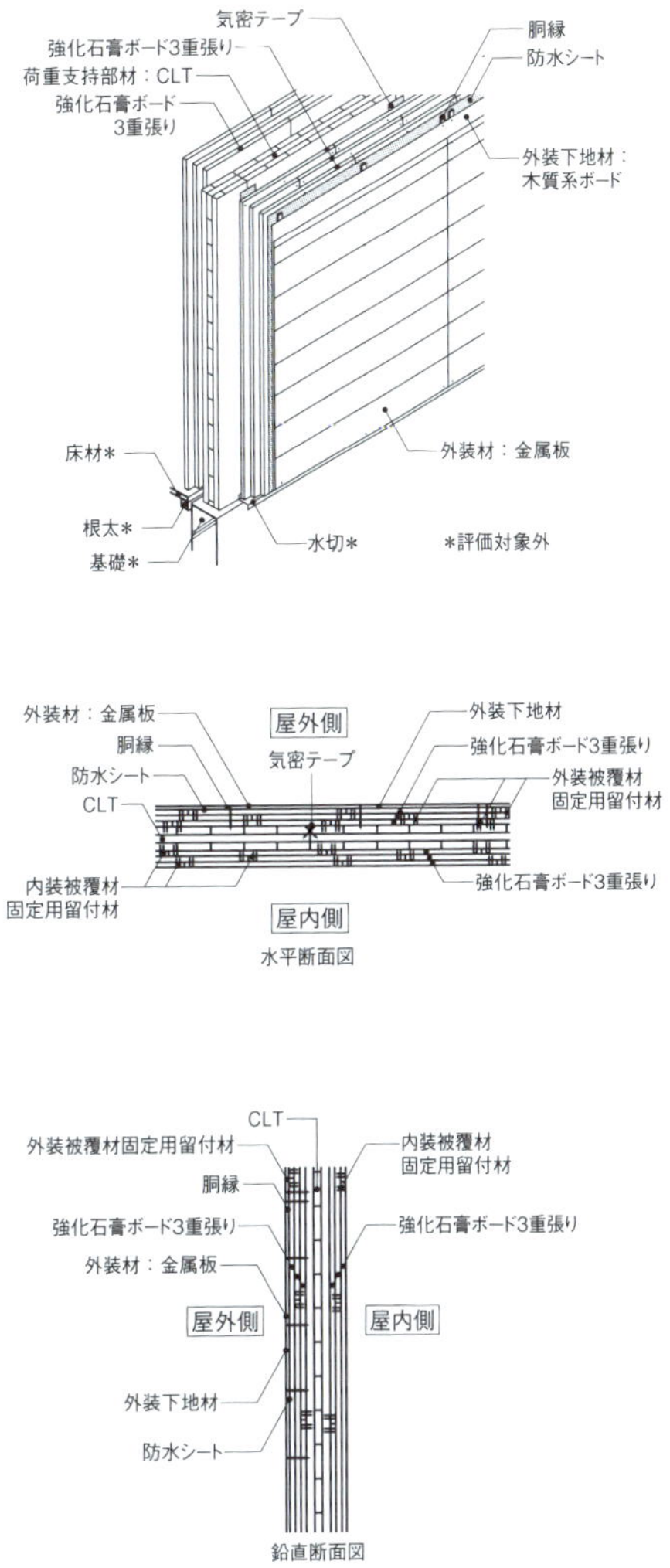

2時間耐火構造の外壁の認定仕様を図1・2に示す。図1は木製の軸組（柱や間柱等の鉛直材と梁や土台等の上下横架材）で壁体を構成し外側の仕上げをALCとした場合、図2はCLTを構造支持材として壁体を構成し外側の仕上げを金属板とした場合の例である。

外装をALCとした場合、それ自身が被覆層となるため、構造支持材（木製軸組であってもCLTであっても）の屋外側には外装下地材（木質系ボードなど）と透湿防水シート、外装取付金物などを取り付けるだけでよい。一方、外装を金属板とした場合には、構造支持材（木製軸組であってもCLTであっても）の屋外側は強化石膏ボードで3重に被覆した上で、外装下地板を張って金属板で仕上げる。

屋内側については、外装材・構造支持材の種類に関わらず強化石膏ボード3重張りで被覆する。仕上げについては特に規定はない。

【木質ラーメン工法ほか】間仕切壁

図1 間仕切壁の2時間耐火構造の例（断熱材なし）

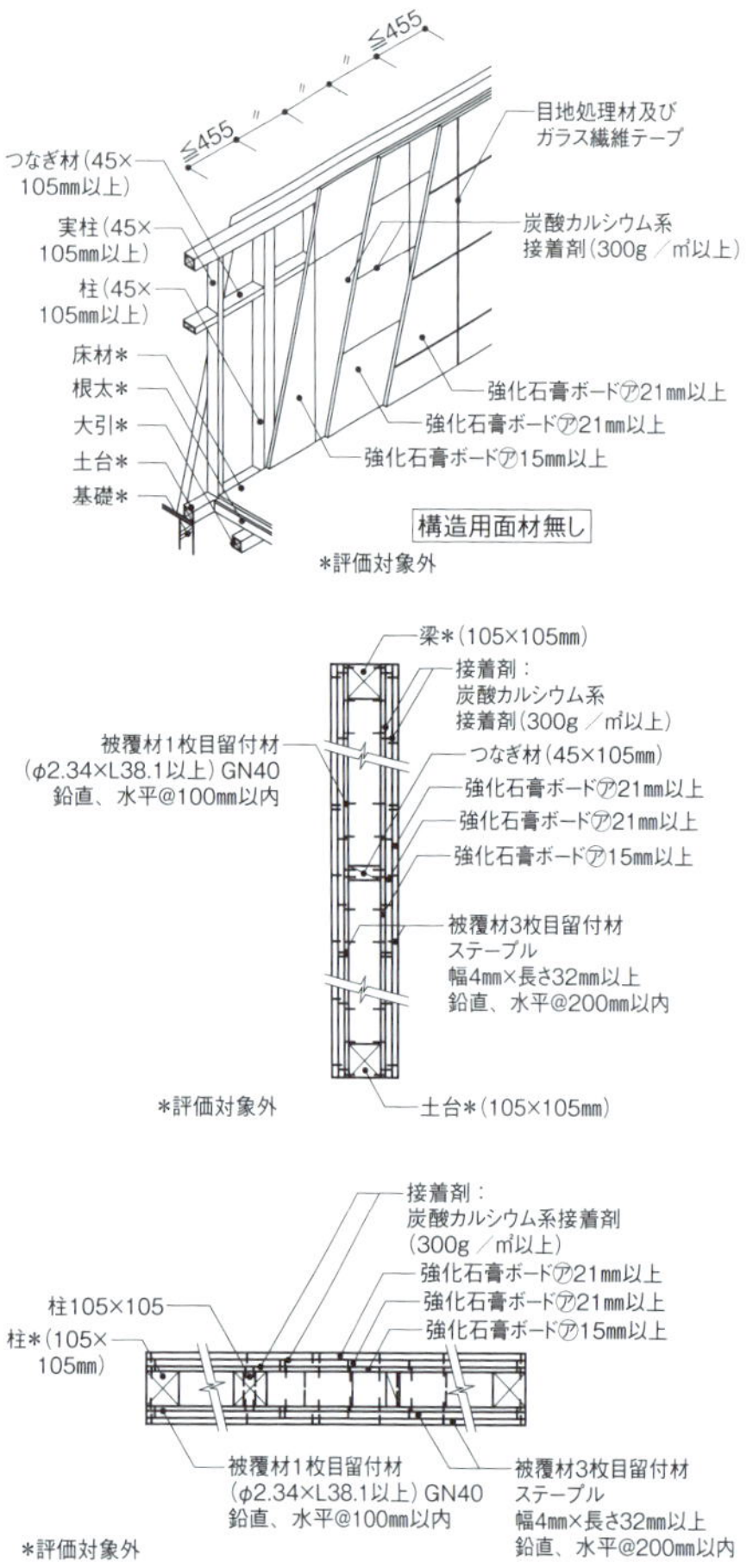

図2 間仕切壁の2時間耐火構造の例（断熱材あり）

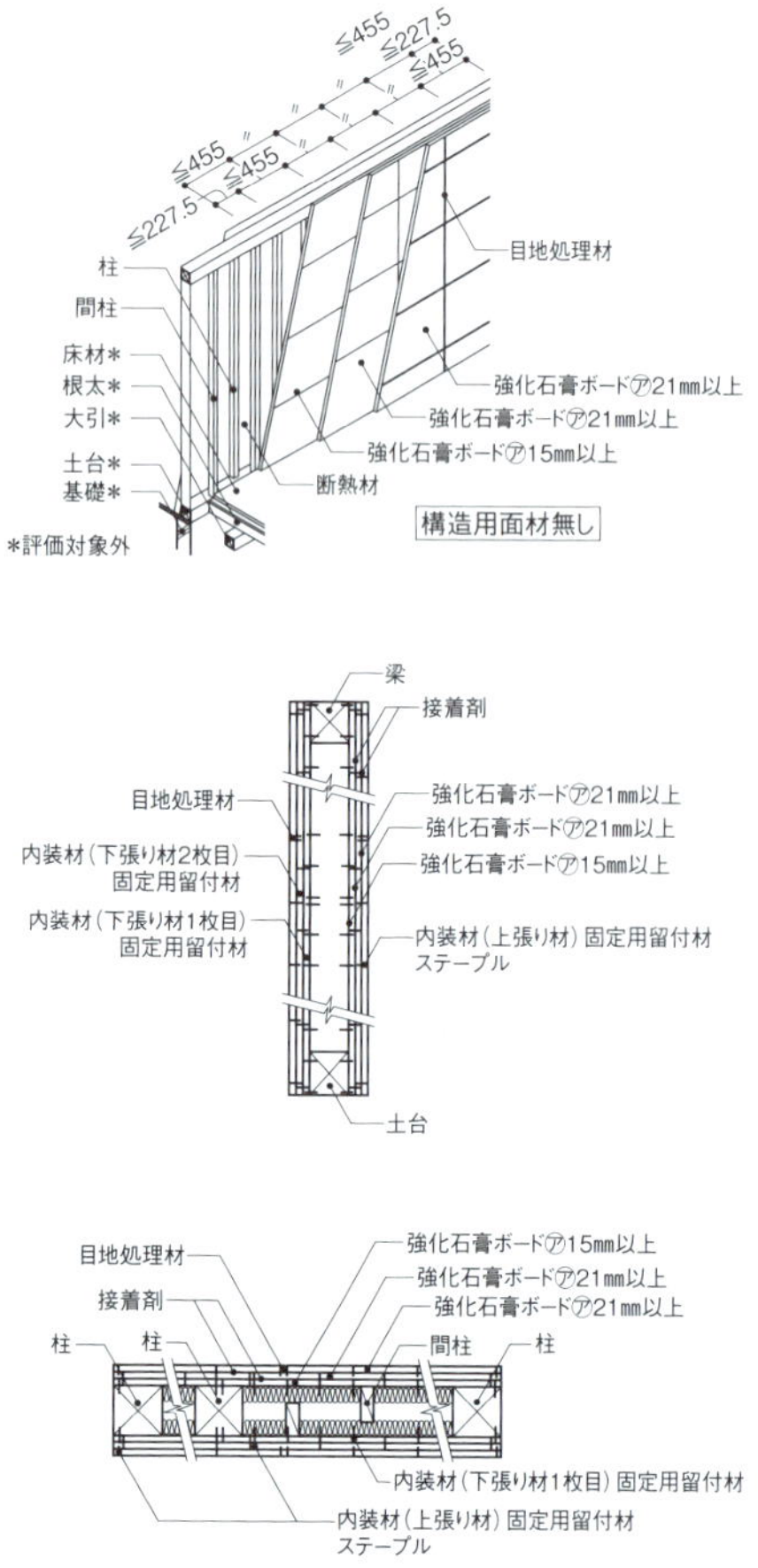

図3 床・梁・間仕切壁の2時間耐火構造の取り合い例

（左：梁の被覆が天井の被覆に勝つ場合、右：同負ける場合）

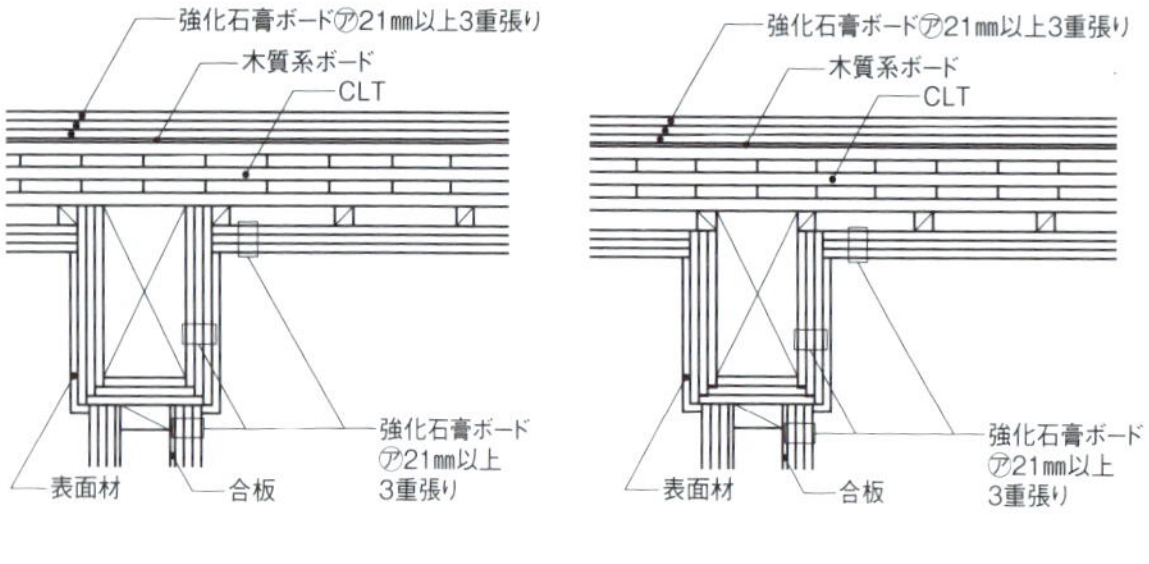

2時間耐火構造の間仕切壁の認定仕様を図1、2に示す。いずれも木製の軸組で壁体を構成しているが、断熱材（主に遮音対策）が入る場合と入らない場合で若干軸組の構成が異なる。この他、強化石膏ボードの厚さが15、21、21㎜の場合と3枚とも21㎜の場合がある。詳しくは189頁の表を参照されたい。

【木質ラーメン工法ほか】床

図1 床の2時間耐火構造の例（吊天井の場合）

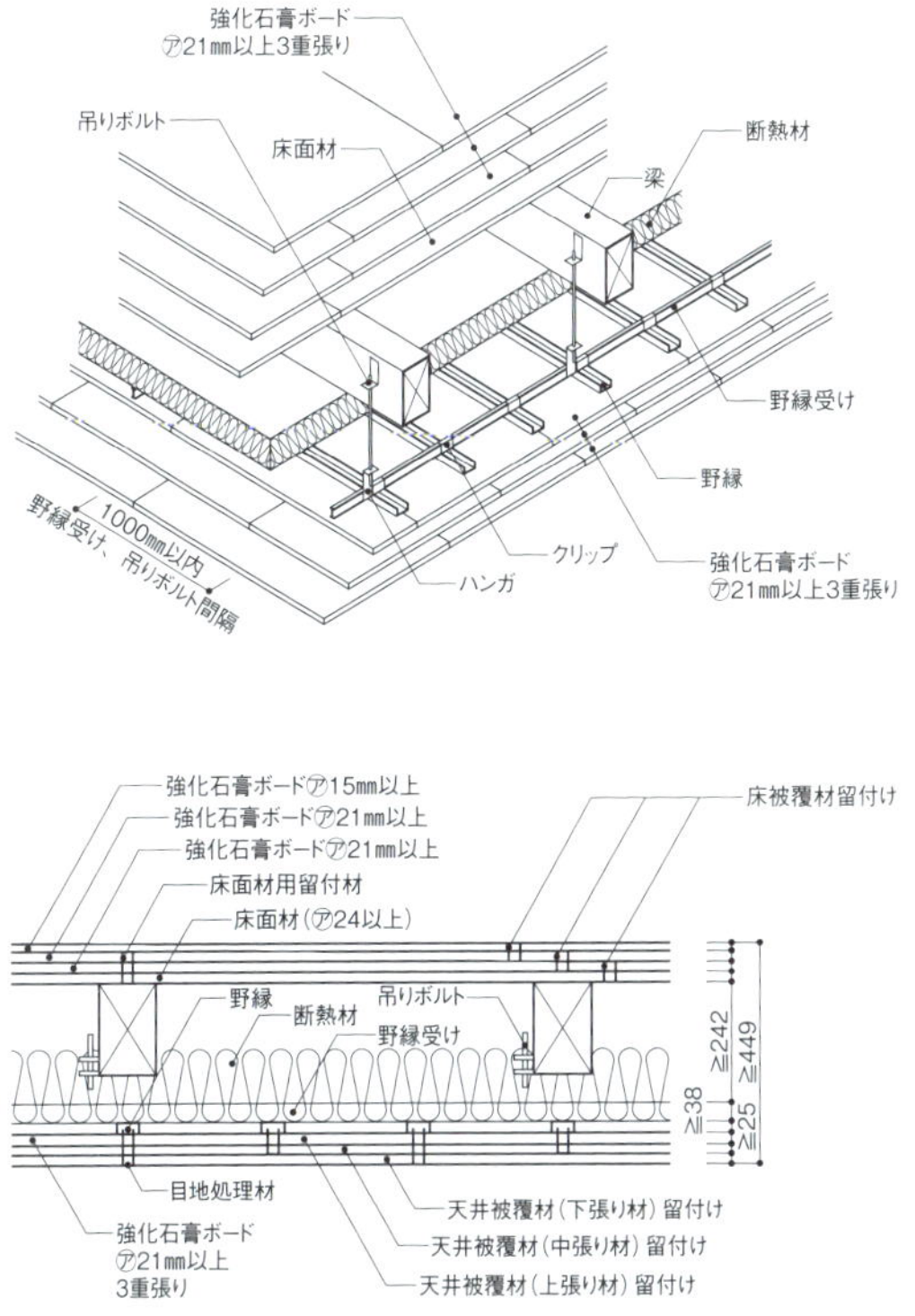

図2 梁と（天井懐内の）小梁の扱いの違い

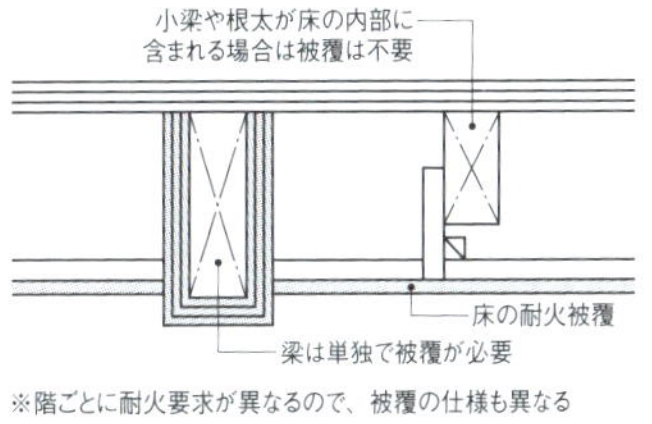

※階ごとに耐火要求が異なるので、被覆の仕様も異なる

図3 床の異種構造との取り合いの例（CLT版・直天井の場合）

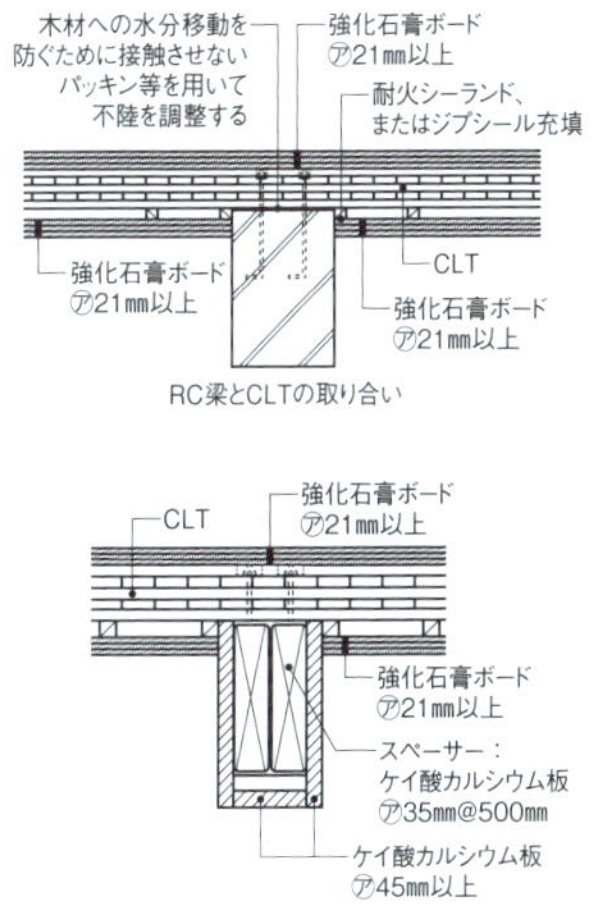

RC梁とCLTの取り合い

2時間耐火構造の床の認定仕様を図1に示す。この図は床梁＋床面材で構造支持材を、吊天井で天井を構成しているが、構造支持材はCLT等のスラブでも、また独立天井（床とは縁をきり下階の壁上部に下地を回して構成する天井）でも構わない。いずれにせよ、構造支持材（床面材）の上には強化石膏ボード3重張り、構造支持材の下（天井面）も強化石膏ボード3重張りとなる。

天井懐内に隠れる梁（小梁）については被覆の必要はないが、懐内に納まらない梁（大梁）は、単独での被覆が必要になる（柱・梁の項目を参照）。その取り合いは図2のようになる。また、異種構造の梁と床の組み合わせの場合も、それぞれ被覆したもの（RCの場合は被覆不要）が取り合うことになる（図3に例を載せる）。

耐火木造と規格サッシ

住宅用規格サッシの現状

耐火木造の6割近くは戸建住宅である［22頁］。こうした建物には住宅サッシが用いられるが、近年その規格寸法が大きく変化した。

かつてのアルミサッシには、伝統的な畳の大きさを踏まえた寸法系列がいくつか用意されていた。関東間だけでなく、関西間や九州・四国間向けもラインナップされ、半外付引違いサッシであれば30種類の定尺幅が存在していたのである。ところが現在のアルミ樹脂複合サッシからは関西間や九州・四国間が割愛され、その定尺幅は12種類に整理されている［表1］。

耐火木造のサッシ納まりの課題

こうした住宅サッシを耐火木造に用いるには、納まりの工夫が必要になる。通常の木造では、サッシ枠を間柱（在来軸組工法）やたて枠（2×4工法）の間に挿入するだけである。しかし耐火木造には、開口内周部に耐火被覆がある。正味ラフ開口幅が狭まるだけでなく、サッシ枠を釘打ちできない箇所が発生してしまうのである［図1］。

最も単純な工夫は、内周部措置の上からサッシ取付下地材を設置することである。小口へ釘打ちできるよう、この部材には一定の厚みが必要である。その取り付けには長釘を用いるが、サッシ枠は通常の接合具で留めることができる。もっともこの工夫によって正味ラフ開口幅はさらに狭まり、適合する住宅サッシは減少する。

それでは、どのような定尺幅が耐火木造に活用できるのであろうか。実はこの問いかけは、在来軸組工法よりも2×4工法のほうが大きな意味をもつ。間柱は壁下地材であり、サッシ枠挿入のために現場で位置を決めることができる。一方たて枠は構造材である。その位置を調整した場合には、確認申請に遡る修正が発生することになる。

表1 規格サッシ定尺幅の種類数（2012年※1と21年）※1

開閉方式			半外付引違い	外付引違い	装飾窓	出窓
アルミサッシ（複層ガラス用）・アルミ樹脂複合サッシ	定尺幅の内訳	3尺系未満	1（1）		6（5）	
		3尺系	2（5）	1（2）	2（3）	―（1）
		4.5尺系	2（4）	1（2）	2（3）	―（1）
		6尺系	3（9）	1（5）	2（3）	―（4）
		7.5尺系※2	―（3）			
		9尺系	3（5）	1（3）		―（1）
		12尺系	1（3）	1（3）		
	合計		12（30）	5（15）	12（14）	―（7）

＊1（ ）内が2012年の種類数
＊2 ここでは定尺幅2,500mm以下の9尺系サッシを指す

図1 耐火木造の開口部に関する問題点

通常の開口部納まり

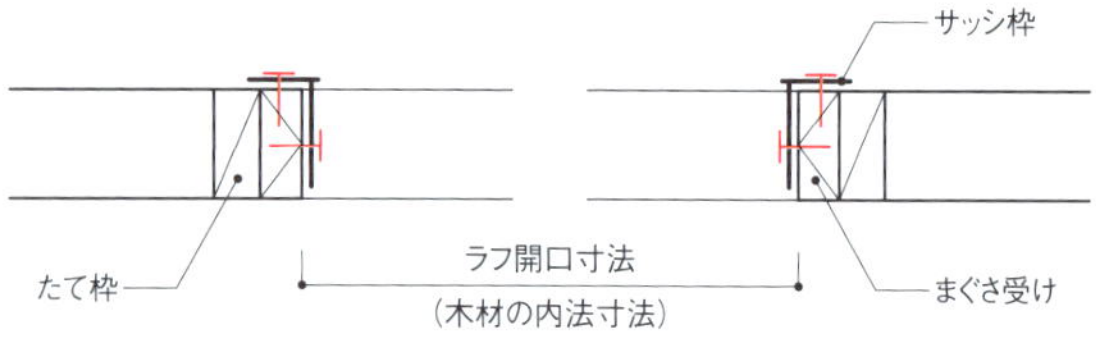

耐火木造に生じる問題

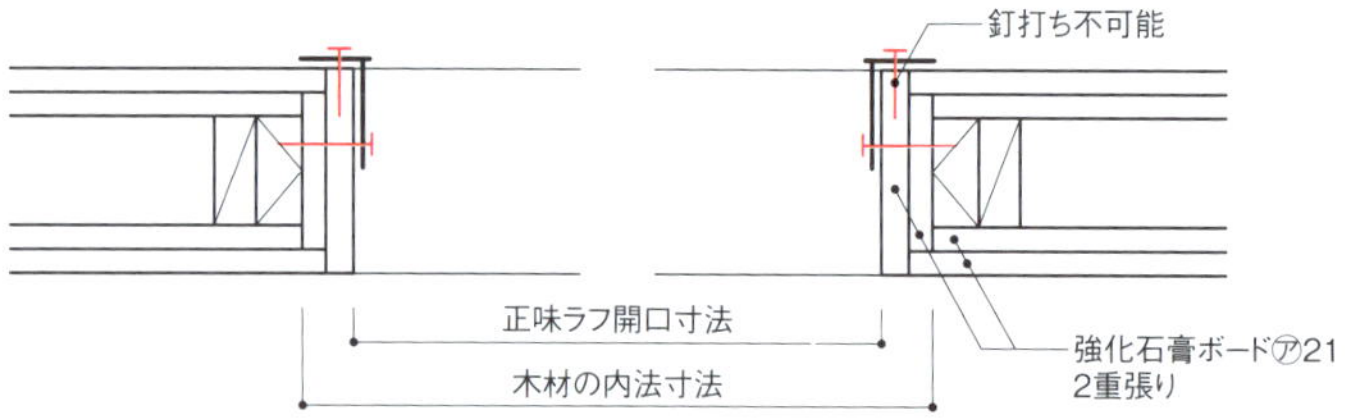

※1：日本サッシ協会編「住宅サッシ／住宅出入り口商品「標準規格寸法」」日本サッシ協会、2012.12及び2021.4

表2 2×4工法の耐火木造に適合する住宅サッシ(1)半外付引違い

尺系*1		3尺系		4.5尺系		6尺系			7.5尺系		9尺系		12尺系	
呼称*2		069	074	114	119	150	165	174	220	243	256	278	281	366
定尺幅		730㎜	780㎜	1185㎜	1235㎜	1540㎜	1690㎜	1780㎜	2240㎜	2470㎜	2600㎜	2820㎜	2850㎜	3700㎜
たて枠間隔455㎜	内周部措置42㎜	1枚ずらし［10㎜］	–	–	–	–	–	–	–	1枚ずらし［12㎜］	–	調整不要［7.5㎜］	1枚ずらし［11.5㎜］	–
	内周部措置25㎜	調整不要［8㎜］	–	–	–	合板追加［14㎜］	–	–	–	調整不要［10㎜］	–	1枚追加［5.5㎜］	調整不要［9.5㎜］	–
たて枠間隔500㎜	内周部措置42㎜	–	–	合板追加［14.5㎜］	1枚ずらし［14.5㎜］	–	合板追加［12㎜］	–	1枚ずらし［12㎜］	–	1枚追加［6㎜］	–	–	–
	内周部措置25㎜	調整不要［15㎜］	1枚ずらし［9㎜］	–	調整不要［12.5㎜］	–	–	1枚ずらし［9㎜］	調整不要［10㎜］	–	–	–	–	1枚ずらし［11㎜］
参考（旧規格）		関東間（入隅）	関東間	関東間（入隅）	関東間	関東間（入隅）	関東間	九州・四国間	2×4（MM）	共通	関東間	MM（入隅）	共通	九州・四国間

＊1 3尺未満の半外付引違いに適合サッシなし　＊2 赤字は現在の規格寸法、黒字は旧規格寸法

表3 2×4工法の耐火木造に適合する住宅サッシ(2)半外付装飾窓、外付引違い

尺系*1		6尺系	9尺系		12尺系	3尺系未満	
呼称*2		【172】	【263】	【276】	【372】	023	026
定尺幅		1720㎜	2630㎜	2765㎜	3720㎜	275㎜	300㎜
たて枠間隔455㎜	内周部措置42㎜	–	–	1枚追加［15㎜］	調整不要［11.5㎜］	1枚ずらし［10㎜］	–
	内周部措置25㎜	–	–	–	1枚追加［9.5㎜］	調整不要［8㎜］	1枚ずらし［14.5㎜］
たて枠間隔500㎜	内周部措置42㎜	–	調整不要［9㎜］	–	–	調整不要［13.5㎜］	–
	内周部措置25㎜	合板追加［13㎜］	1枚追加［7㎜］	–	–	1枚追加［11.5㎜］	合板追加［12㎜］
参考（旧規格）		関東間	関東間	九州・四国間	九州・四国間	共通	共通

検討仕様

〈ラフ開口寸法に応じてまぐさ受けを設置〉
・900㎜未満：まぐさ受けなし
・900～2,700㎜：開口部左右にまぐさ受けを1本ずつ設置
・2,700㎜以上：開口部左右にまぐさ受けを2本ずつ設置
〈サッシの取付方法〉
・開口部の内周部措置の上から厚38㎜の取付下地材を設置
〈隙間調整方法〉
・狭い場合：片側のたて枠を1枚分ずらす（1枚ずらし）
・広い場合：厚38㎜の調整材を片側に追加（1枚追加）、または厚12㎜の調整材を片側に追加（合板追加）
〈定尺幅の適合判断〉
・5㎜以上15㎜以下の隙間をサッシ枠の左右に確保できること（［ ］内の数値は確保される隙間寸法を示す）

＊1 装飾窓の3尺系から6尺系までの適合状況は表2と同じ　＊2【 】内は外付引違いサッシ。なお赤字は現在の規格寸法、黒字は旧規格寸法

2×4工法の耐火木造に適合するサッシ

表2と表3に2×4工法の耐火木造に適合する定尺幅を示す。ここでは隙間調整方法を3種類に絞り、隙間が足りない場合はたて枠の「1枚ずらし」、広い場合はたて枠の「1枚追加」または「合板追加」によって調整することにした。

2×4住宅のたて枠間隔は455㎜が一般的である。内周部を厚25㎜で措置すると半外付引違いサッシは3種類、装飾窓は4種類が適合する。こうした適合数は厚42㎜とさほど変わらないが、「調整不要」を増やすという効果がある。なお中大規模木造では構造計算が行われるため、たて枠間隔500㎜もありうる。しかしこうした設計を行っても、現在の定尺幅では適合数が特に増えるわけではない。

言うまでもなく、サッシ選択は工事価格に大きな影響を与える。耐火木造の普及は、規格サッシの再整備を遠からず要請するに違いない。前述のように、現在の定尺幅は関東間に基づいている。しかし旧規格に目を向けると、九州・四国間などの定尺幅には耐火木造に適した寸法が少なくないことに気付く［表2・3］。こうしたさまざまな寸法系列は、日本の木造住宅が育んできた建築的資源である。今後、耐火木造用規格サッシ系列を整備する際には、こうした資産の柔軟な活用が重要になることであろう。※2

※2：西川直志・佐藤考一「耐火木造用規格サッシの整備に向けた基礎的検討　大規模耐火木造の設計・施工・部材供給に関する研究（その6）」日本建築学会技術報告集第74号、pp. 323-327 、2024.2

Q&A形式で学ぶ耐火木造（2×4工法）

1. 耐火構造の認定区分／外装仕上材など

	Question	Answer
1-1	外壁も間仕切壁も認定は耐力壁の区分のみですが、これらを非耐力壁に用いることは可能ですか?	可能です［165、169、174頁］。
1-2	外壁のALC板の目地にシーリング等の止水処理を施す必要はありますか?	当該仕様にそうした処理は不要です［169頁］。

2. 耐火被覆・下地材（木材など）

	Question	Answer
2-1	外壁下地の面材に大臣認定を取得した構造用面材を使用できますか?	2×4協会が取得した認定仕様では、告示に定められた構造用合板や構造用パネルのみ使用できます［169頁］。
2-2	枠材や床根太にLVLなどを使用できますか?	2×4協会が取得した認定仕様では、枠材や床根太に使えるのは製材（枠組壁工法構造用製材同等品）のみです。ただし、企業が個別に認定を受けた仕様のなかには、Ｉジョイストなどを使えるものもあります［169、174、176頁］。
2-3	床には被覆材の受材を910㎜間隔で設ける仕様となっていますが、実付き合板を用いて受材を省略することはできますか?	受材を含む部材構成で認定を取得しているため、省略できません［176頁］。
2-4	階段の下側を物入等に使用することは可能ですか? また、屋根には小屋裏収納を設置できますか?	階段裏側に所定の耐火被覆をすれば階段下を収納空間として使用することは可能です［179頁］。 小屋裏収納を設置する場合、収納空間の屋内側に屋根直下の天井と同じ耐火被覆をすれば問題ありません。なお、小屋裏収納部の床が主要構造部となる場合は床にも所定の耐火被覆が必要となります［179頁］。
2-5	1階の土台部分に耐火被覆をしない納まりがあるのはなぜですか?	通常の1階部分では下階からの火災を考える必要はないためです。床先行工法で耐火被覆を行う場合にはこうした納まりも可能になります［183頁］。
2-6	外壁の開口部、防火区画の開口部の小口に不燃材料を回す納まりを採用してもいいですか?	（一社）日本建築センターの「木造建築物の防・耐火設計マニュアル」に「原則として耐火構造の屋外側と屋内側の耐火被覆を連結させる」と記載されているためそれを準用することになります［172頁］。

3. 断熱材

	Question	Answer
3-1	間仕切壁の仕様には断熱材ありとなしとがあります。使い分け方を教えてください。	断熱材ありは共同住宅の界壁向けに所定の遮音性を確保した仕様です［174頁］。
3-2	外壁や間仕切の断熱材にロックウール以外の材料を使用できますか?	外壁や間仕切壁の断熱材にはロックウールのみ使用できます。ただし、屋根にはグラスウール（密度16kg/㎥以上）も使用できます［166、169、174頁］。
3-3	床には「断熱材を充填しない」ことと記されていますが、その理由はなぜですか?	断熱材を充填すると火災の際に床の内部温度が上昇します。つまり、木材の炭化温度に達するおそれがあるため、断熱材なしの仕様には断熱材を充填することはできません（ダウンライト裏面などの部分的な措置を除く）［176頁］。

●ここに掲載したQ&Aは本書の理解を深めるために想定したものです。なお2023年12月末時点の認定仕様を前提にしています。

6

耐火木造の現場

耐火被覆工事の作業工程

図1 在来軸組工法の耐火被覆工事のフロー（例）※3

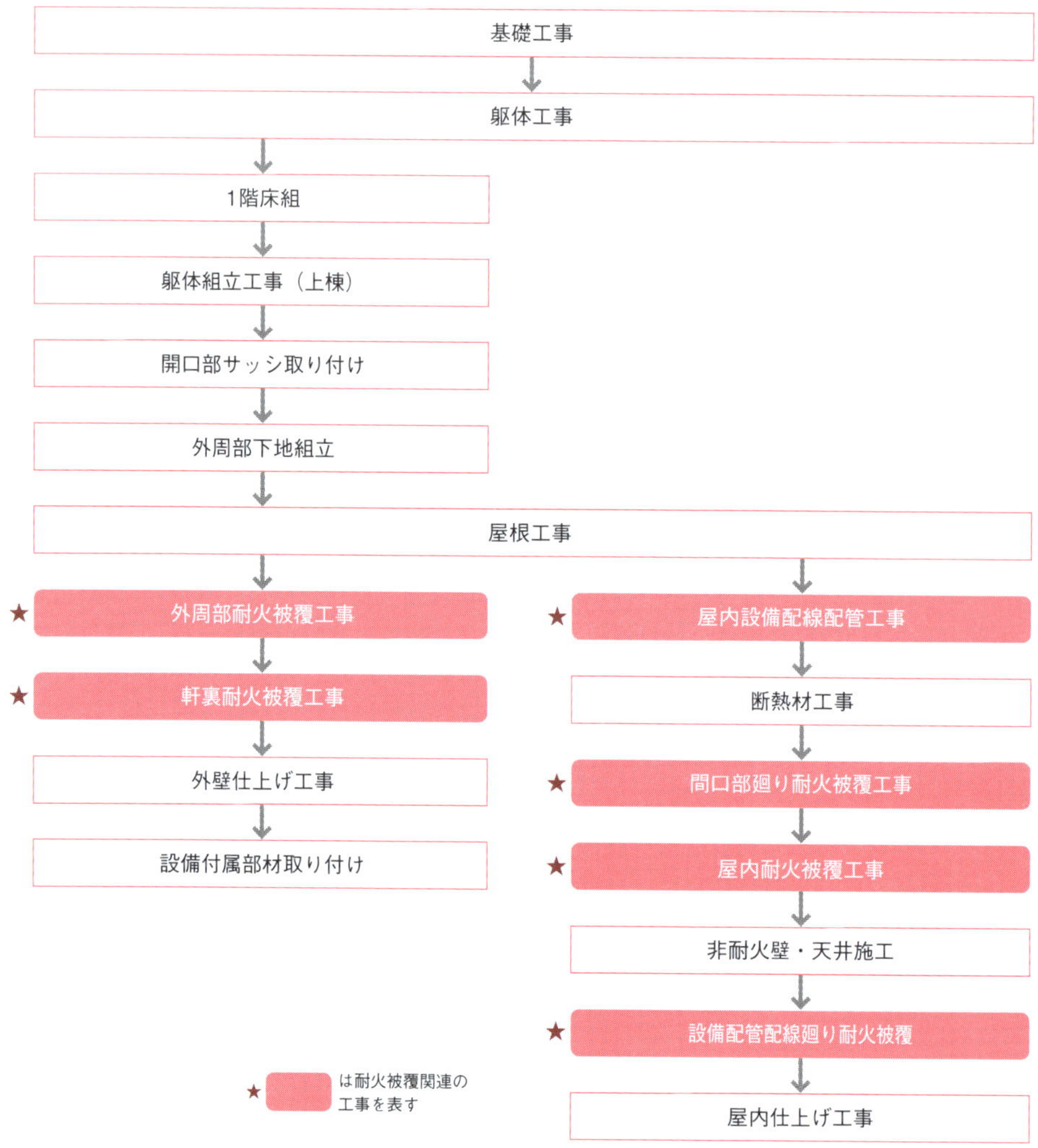

本章では、耐火木造の施工について、事例写真を中心に説明する。200〜207頁に例示する写真はすべて2×4工法の建築物であるが、基本的な施工手順は在来軸組工法も2×4工法も変わらない。具体的な施工法は木住協および2×4協会の設計・施工の手引を参照のこと。※1・2

耐火被覆の連続性の確保

木住協の在来軸組工法による耐火構造の認定仕様、2×4協会の2×4工法による耐火構造の認定仕様は、いずれも被覆型のメンブレン耐火構造によるものである。したがって、内外の耐火被覆材の連続性が確保されている必要がある。

両協会の大臣認定は、主要構造部ごとの認定であり、各主要構造部の取り合い部については認定の対象とはなっていない。各主要構造部については、それこそ認定仕様通りに施工すれば済むことであるが、メンブレンの連続性確保のためには、むしろ取り合い部の仕様のほうが重要であり、5章で示した各部の標準詳細を基本としながら、現実のメンブレンの隙間を塞いでいく作業が、設計、施工ともに必要となってくる。同時に、取り合い部納まりの勝ち負け等を適切に確保するためには、工事における作業手順（工程の前後関係）

※1：「講習会修了者のための木造軸組工法による耐火建築物の設計・施工の手引き」（一社）日本木造住宅産業協会、2019.9
※2：「枠組壁工法　耐火建築物　設計・施工の手引」（一社）日本ツーバイフォー建築協会、2018.7

図2　2×4工法の耐火被覆工事のフロー（例）※4

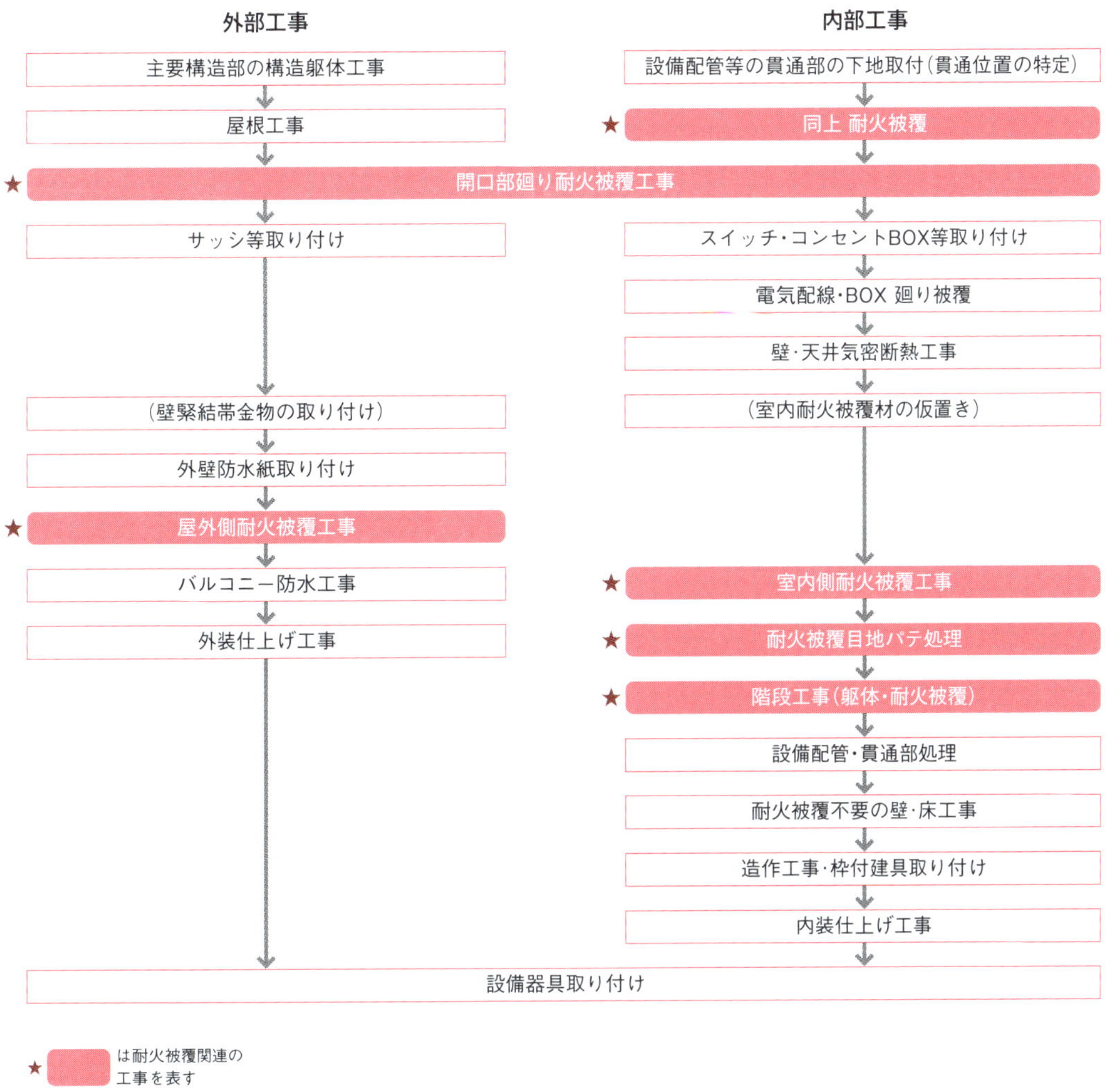

を十分に考慮しなければならない。

耐火被覆工事の流れ

木住協、2×4協会とも、耐火建築物に特有の工事の流れを、それぞれの「設計・施工の手引き」に例示している。在来軸組工法の工事フローを図1に、2×4工法の工事フローを図2に示す。図中の★の部分が、耐火被覆関連の工事を表している。在来軸組工法と2×4工法では、標準的な納まりに違いがあるため、作業手順も若干異なっている。

屋内側耐火被覆の手順

在来軸組工法では、1時間（2時間）耐火構造である壁・床の耐火被覆を完了後、30分耐火構造である屋根・階段を施工し、耐火時間の長い被覆が必ず勝ちとなる納まりとすることとなっている。すなわち屋根下の天井の耐火被覆に対し、室内側壁面の耐火被覆が勝ちになる［151頁］。

一方、2×4工法では、階段については軸組工法と同様であるが、屋根下・床下を問わず天井面の耐火被覆を先行し、次に壁面、最後に床面の順に耐火被覆を進めていくしたがって、室内側壁面の耐火被覆に対し、天井面の耐火被覆が勝ちになる［167頁］。これは床版（プラットフォーム）を勝ちとする2×4工法の大原則に従うものとなっている。

※3：※1　P.54より作成　※4：※2　P.4-1より作成

鍵を握る石膏ボード工事

200〜202頁で屋内耐火被覆工事、203〜205頁で屋外耐火被覆工事、206、207頁で配線・配管工事について、工事写真を用いて説明する。なお、写真はすべて2×4工法のものであり、また写真に示される仕様および工事手順は、あくまでも一例にすぎない。具体的な仕様・施工法については、木住協および2×4協会の設計・施工の手引※1・2を確認すること。

1 ボード工事に取りかかる前の内観（2×4工法）

天井面耐火被覆　176〜178頁

2 天井面下張り材取り付け（床天井）

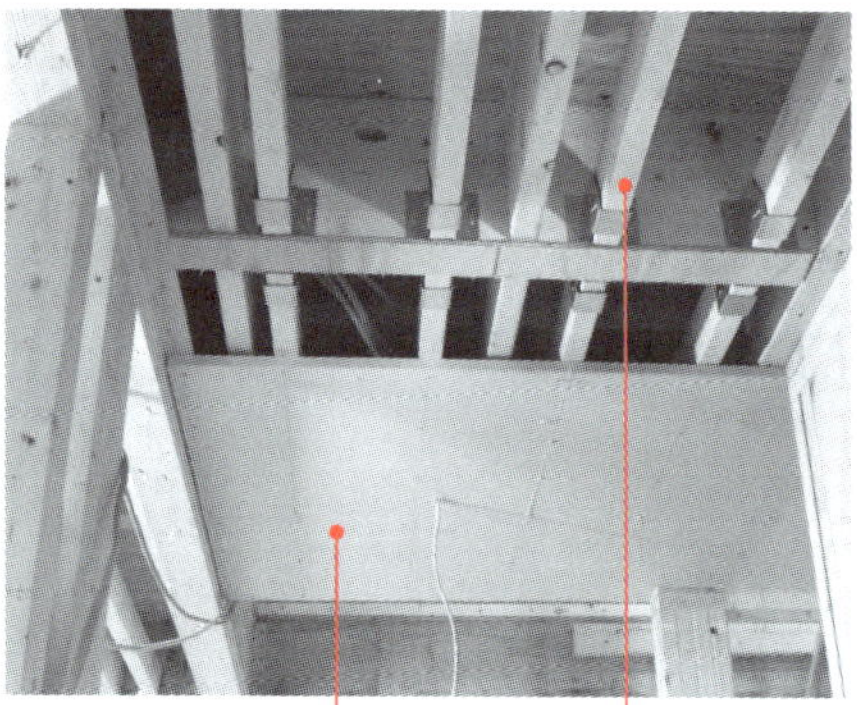

天井根太

下張り:強化石膏ボード21mm

3 天井面上張り材取り付け

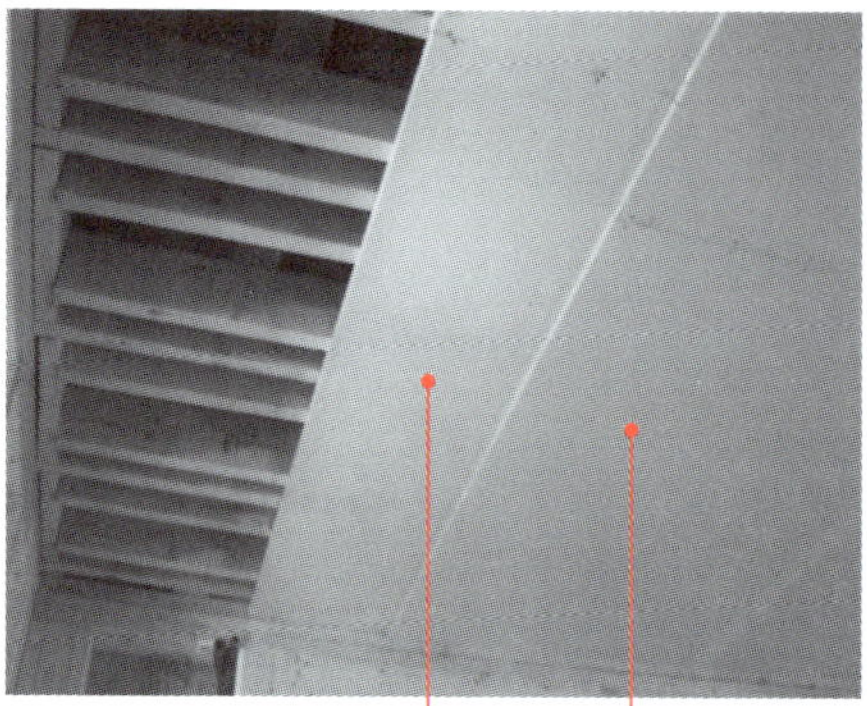

下張り:強化石膏ボード21mm

上張り:強化石膏ボード15mm

外壁屋内面耐火被覆　169〜171頁

4 断熱材の施工

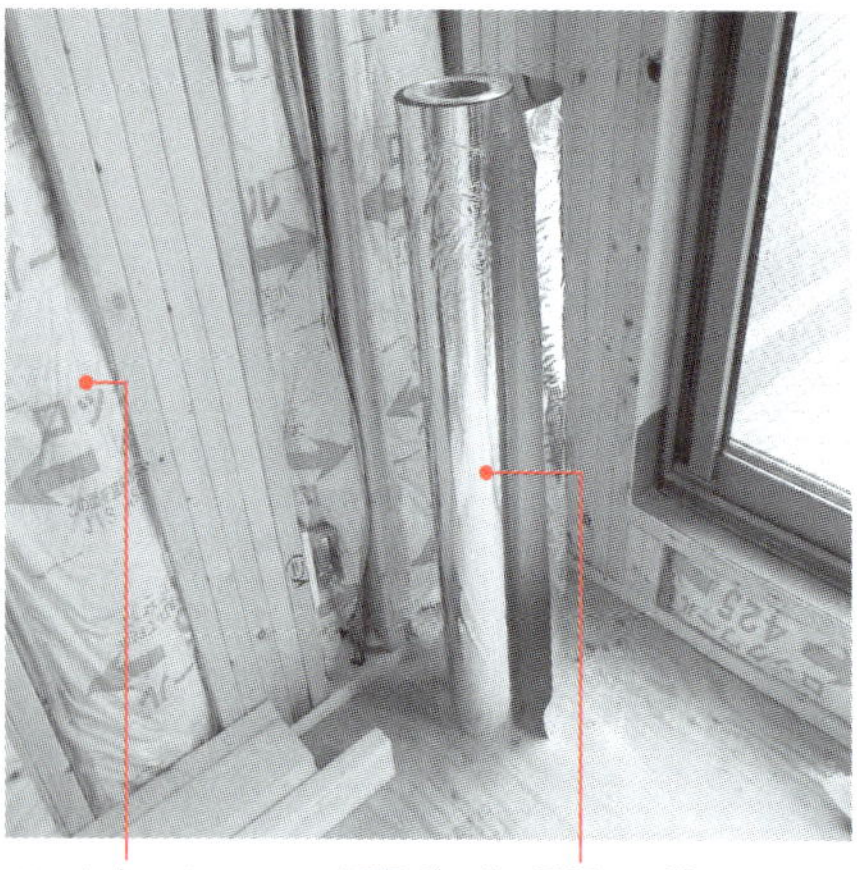

ロックウール充填

石膏ボード2重張りの間に設けるアルミニウム箔（0.05mm厚、幅1,000mmロール）

5 下張り材、アルミニウム箔取り付け

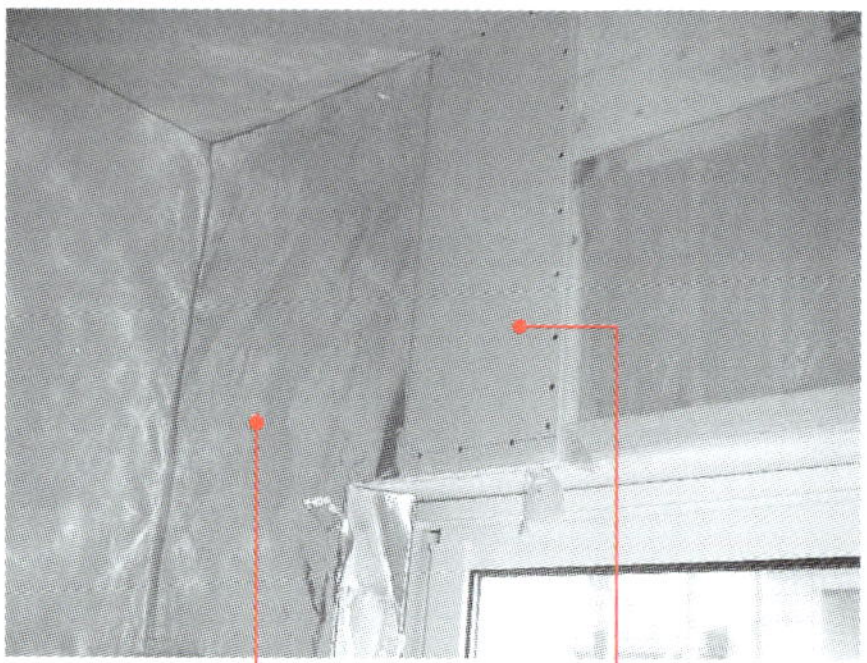

アルミニウム箔 0.05mm

下張り：強化石膏ボード15mm

※1：「講習会修了者のための木造軸組工法による耐火建築物の設計・施工の手引き」（一社）日本木造住宅産業協会、2019.9
※2：「枠組壁工法　耐火建築物　設計・施工の手引」（一社）日本ツーバイフォー建築協会、2018.7

6 上張り材取り付け

7 上張り終了

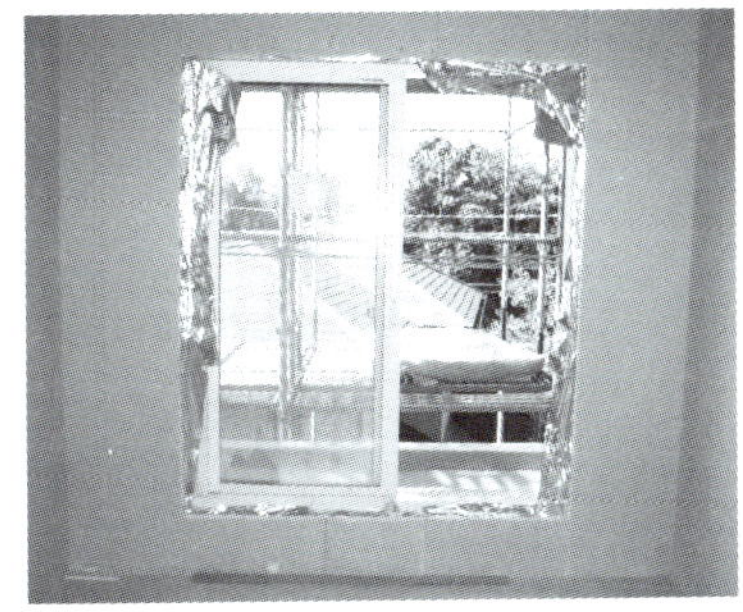

8 目地部分

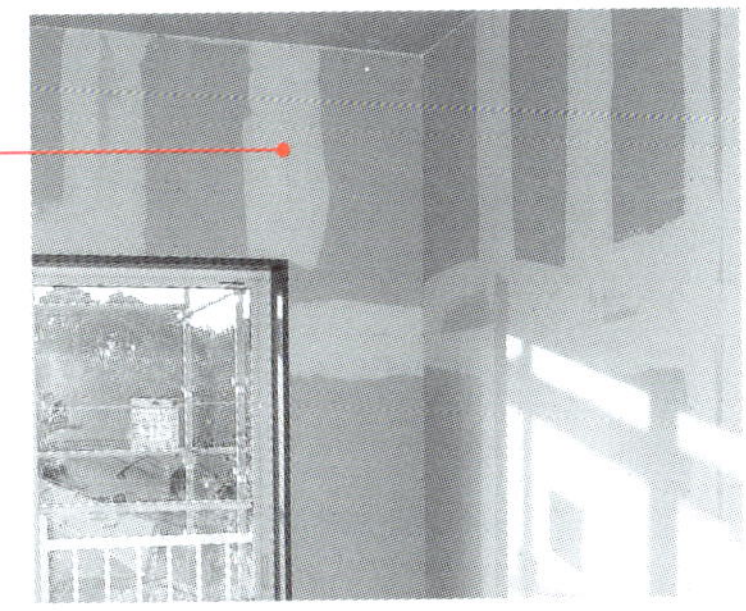

間仕切壁の耐火被覆 174、175頁

9 間仕切壁の下地

10 ロックウール充填

11 間仕切壁の耐火被覆の層構成※3

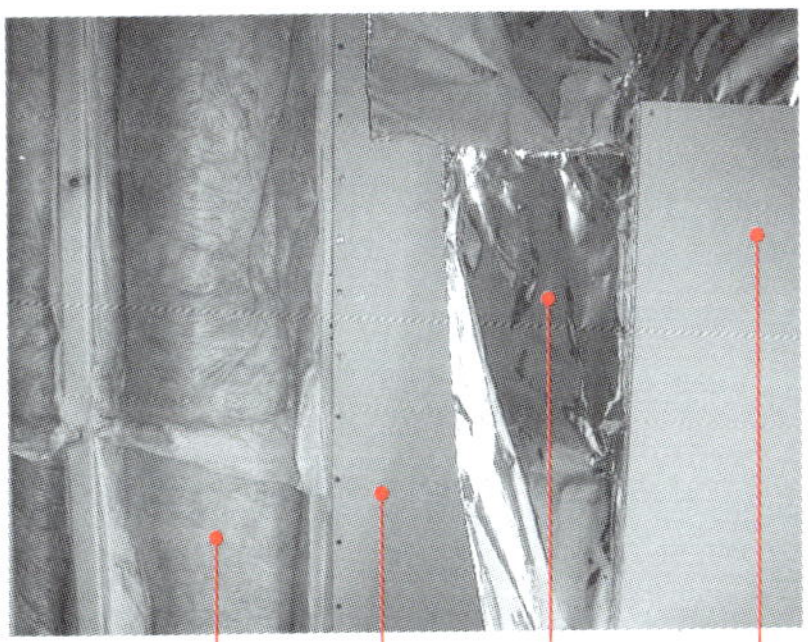

12 上張り終了

※3:断熱材を入れない間仕切壁の場合は、アルミニウム箔は不要である

13 目地部分

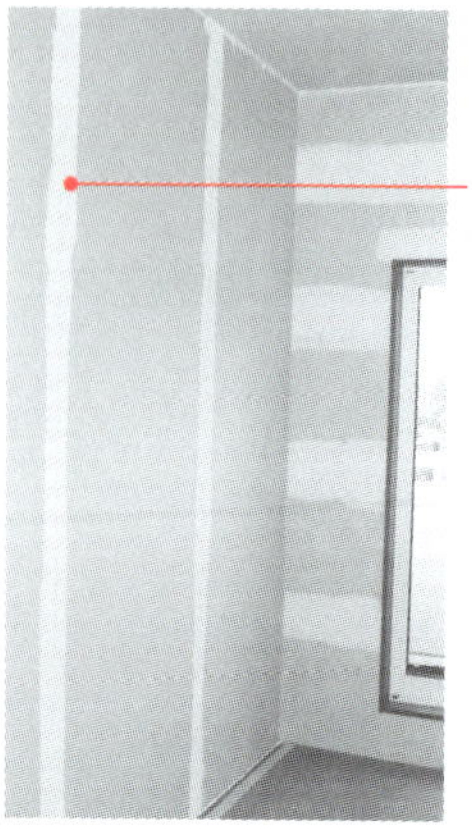

14 間仕切壁の耐火被覆の層構成（側面より）

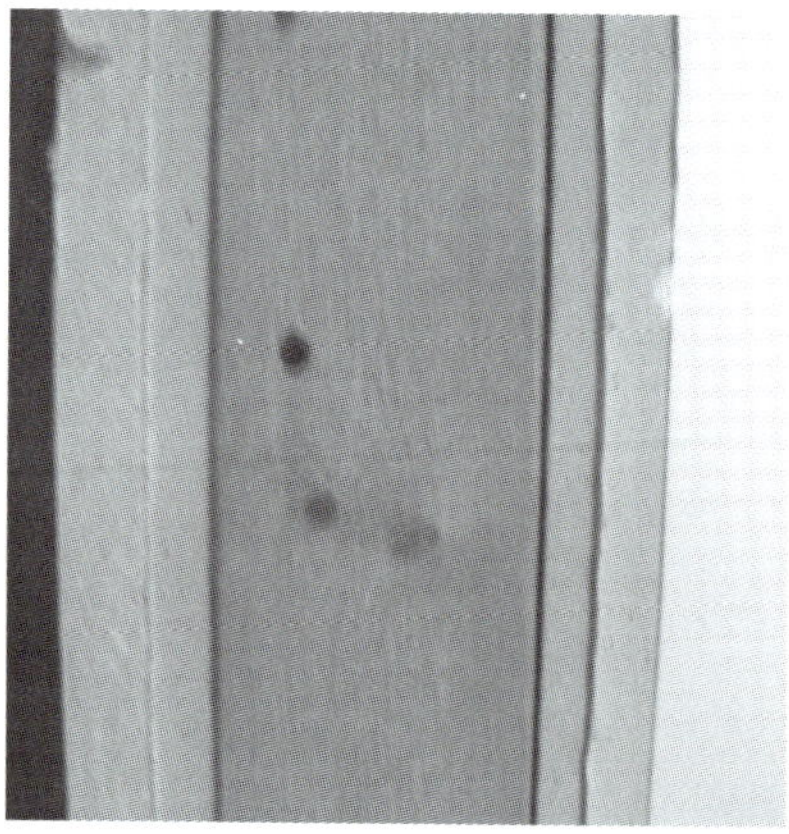

床の耐火被覆　176～178頁

15 床下地材（構造用合板）の施工

16 アルミニウム箔の目地張り

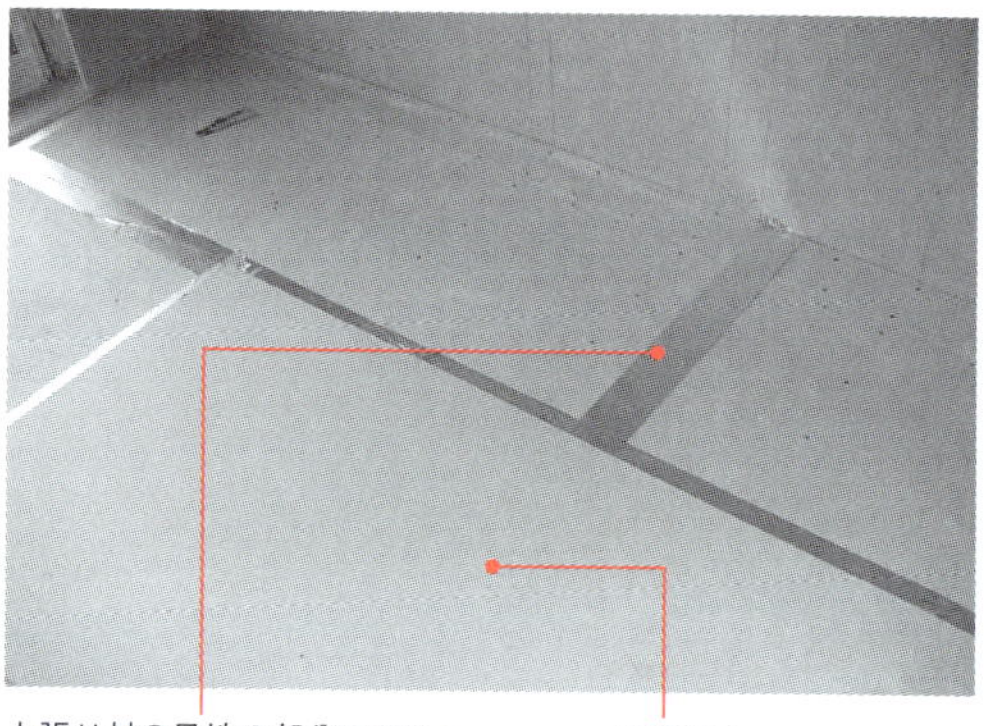

17 上張り材の取り付け

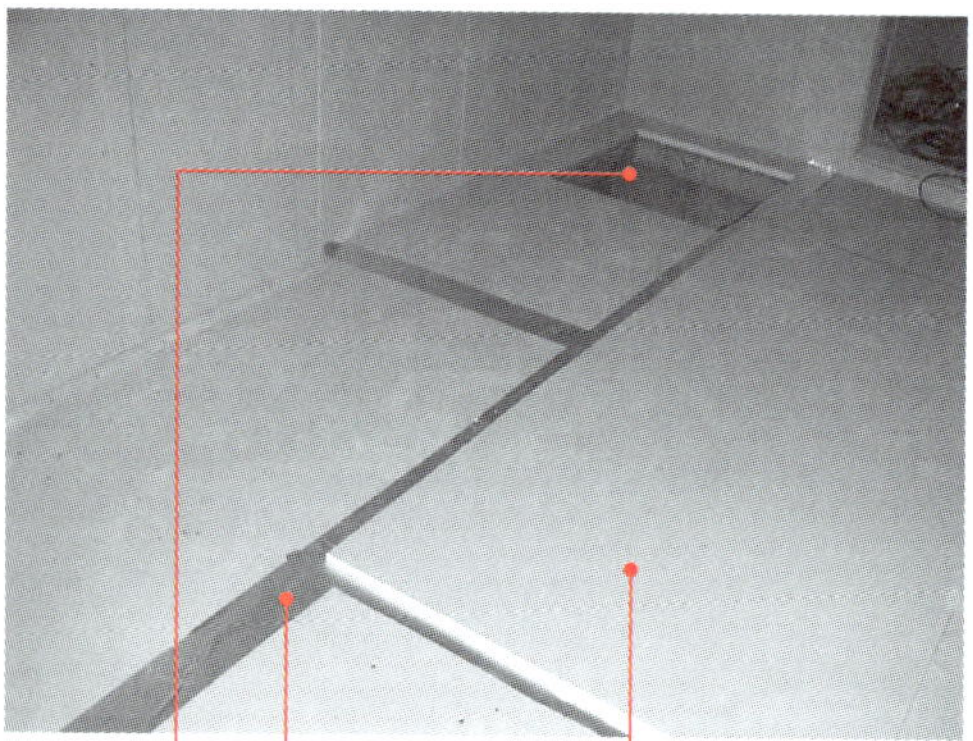

18 床上耐火被覆材の取り付け終了

19 床仕上げ材の施工

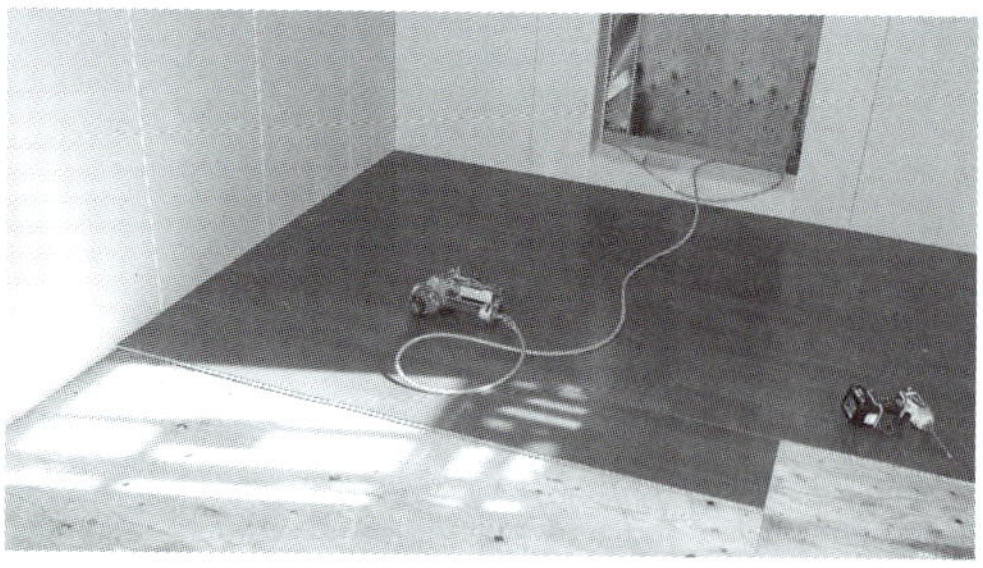

外装材を取り付ける

外壁の耐火被覆 169～171頁

1 外壁面の下地（構造用合板）

2 縦胴縁（通気層）の取り付け

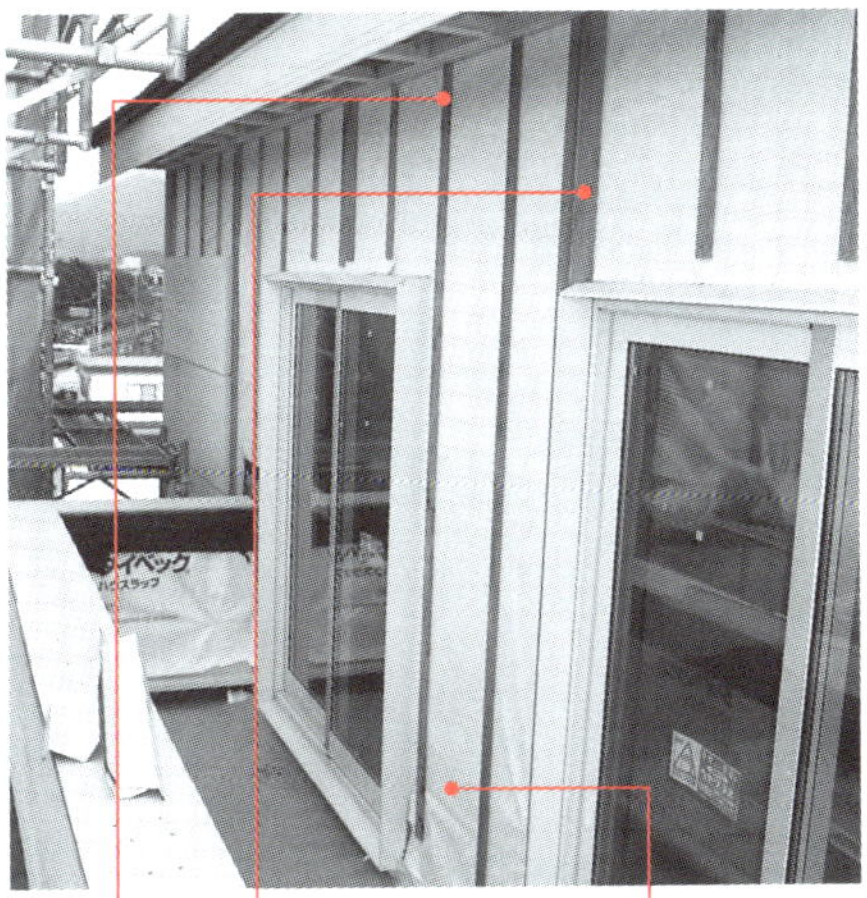

胴縁 幅90㎜ ×厚12㎜
（ALC板の目地部分）

下地材の上に
透湿防水シート

胴縁 幅45㎜×厚12㎜

3 ALC板の取り付け

ALC板厚37㎜

ALC板

4 サイディングの取り付け

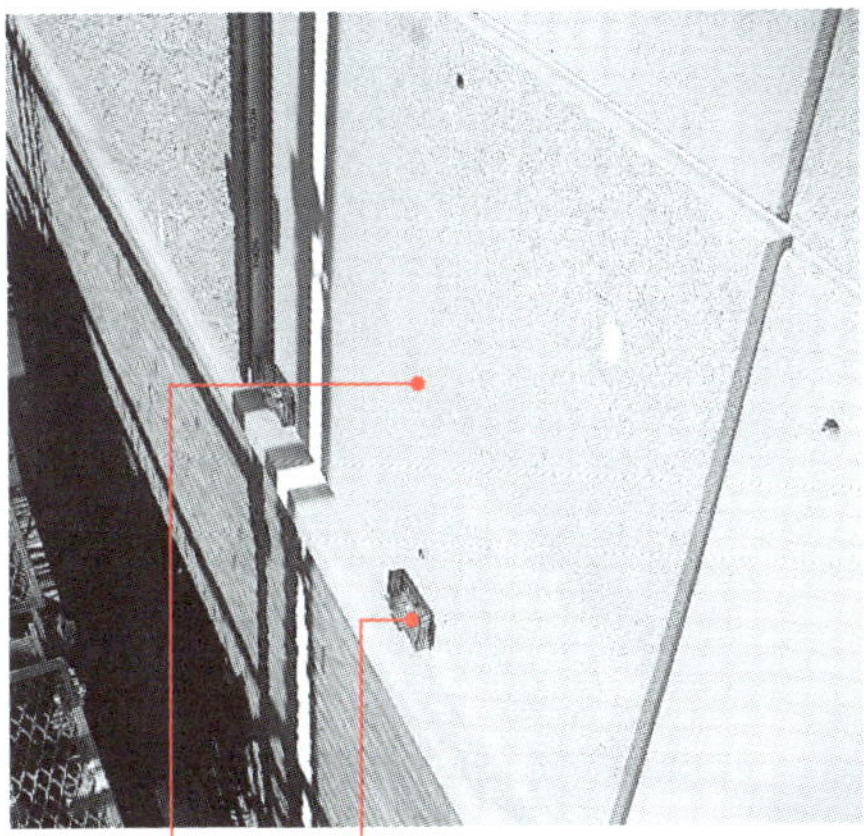

窯業系サイディング
専用留め金具@455㎜以下

窯業系サイディング厚15㎜

5 サイディングの出隅部分

目地はハット型
ジョイナー使用

最後にポリウレタン系
シーリングを施工

軒裏の耐火被覆(屋根構造の一部とする場合) 166～168頁

軒を屋根構造の一部として取り扱う場合、軒裏は外壁の屋外側と同等の耐火被覆とする。

6 鼻隠し、破風板の施工

不燃材 厚21㎜

7 軒裏天井の下地施工

8 ALC板の施工

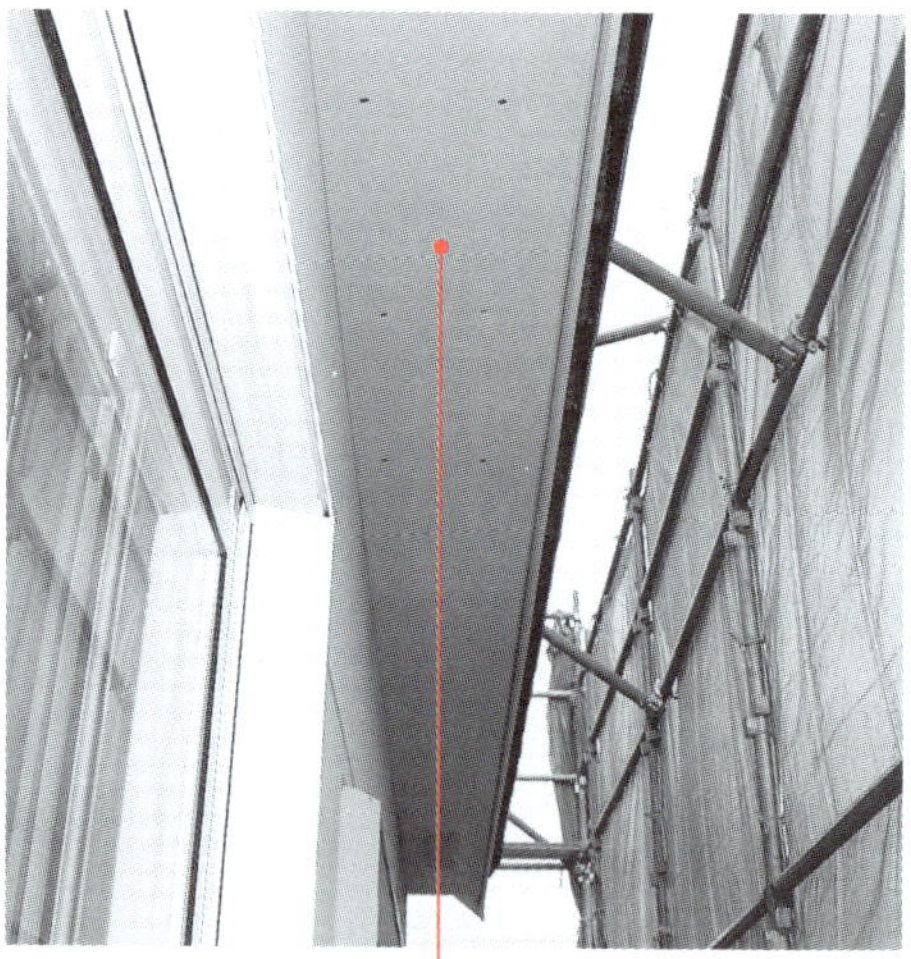

ALC板 厚37㎜

9 上張り材の施工

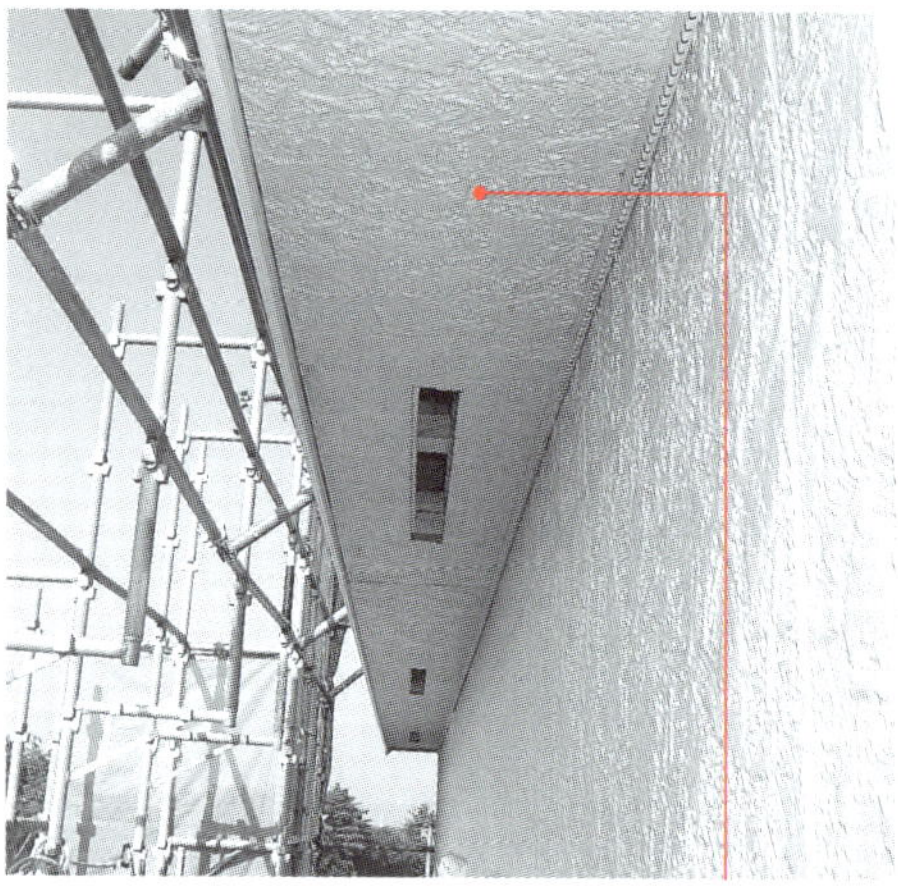

窯業系サイディング 厚15㎜

10 軒裏完成

バルコニー（避難上有効なバルコニーとした例） 182頁

11 バルコニー下地

12 水勾配、ライニング

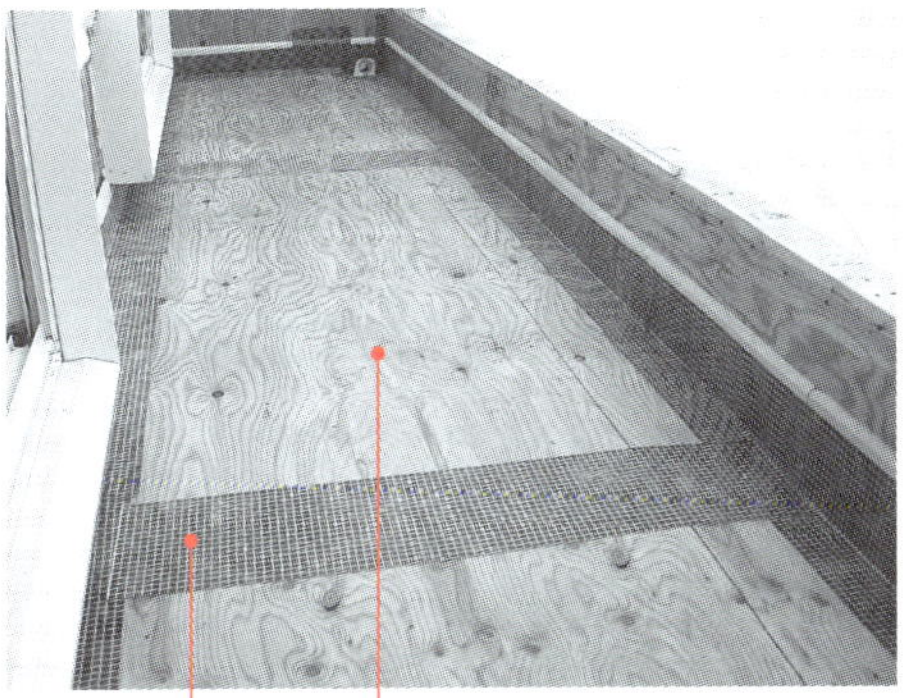

13 FRP防水

※このあと仕上げは歩行用モルタル化粧板

14 外壁側の下地

15 バルコニー外壁側

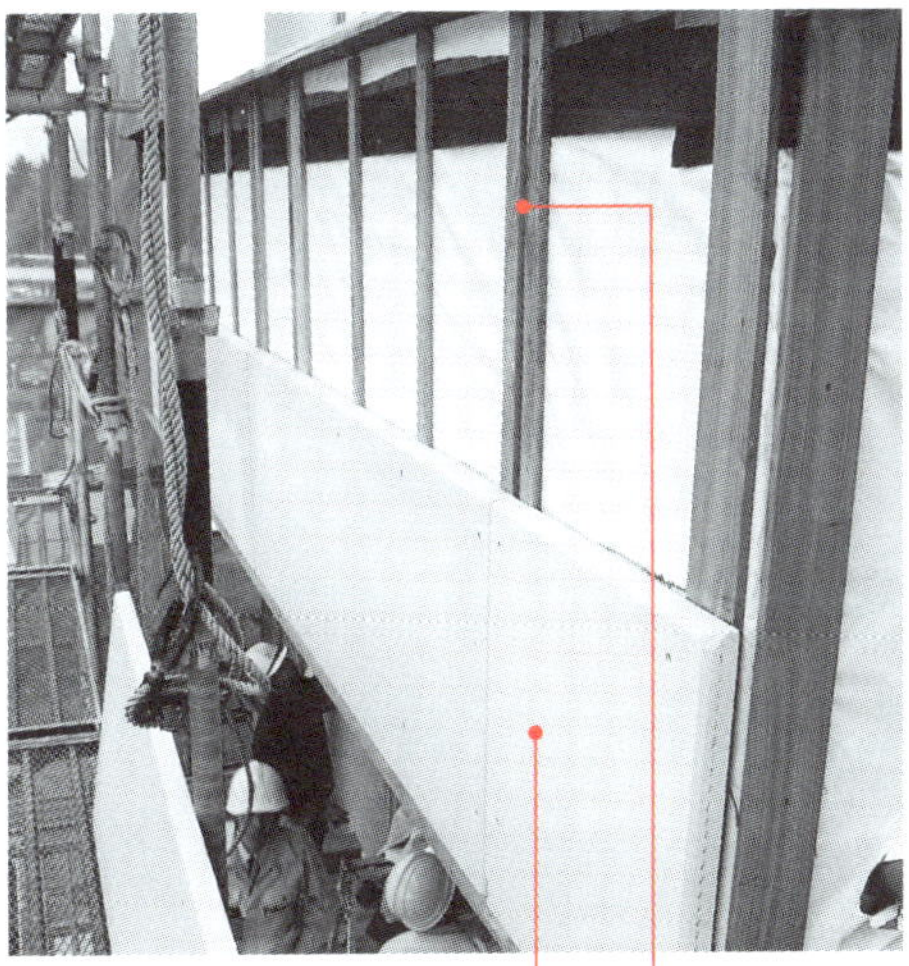

16 バルコニー下側の防火被覆

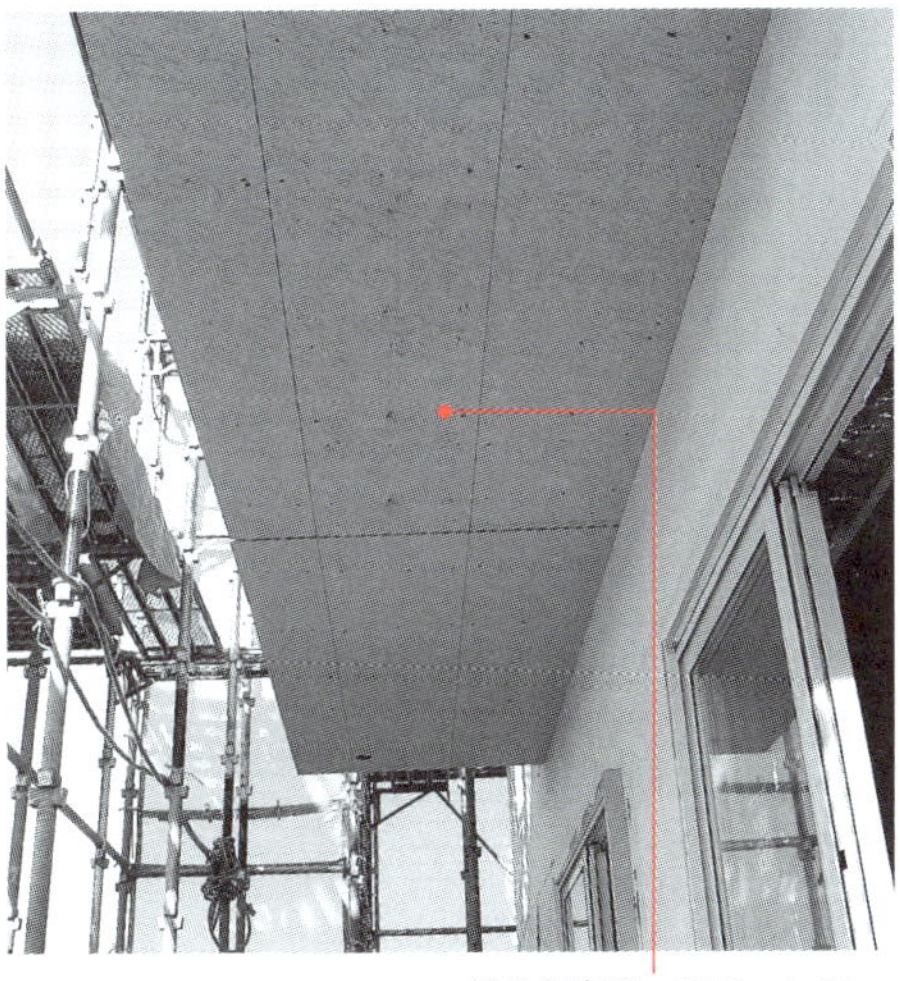

耐火木造の配線・配管

設備の設置

1 スイッチ・コンセントボックス設置 ボックスは鋼製のもの

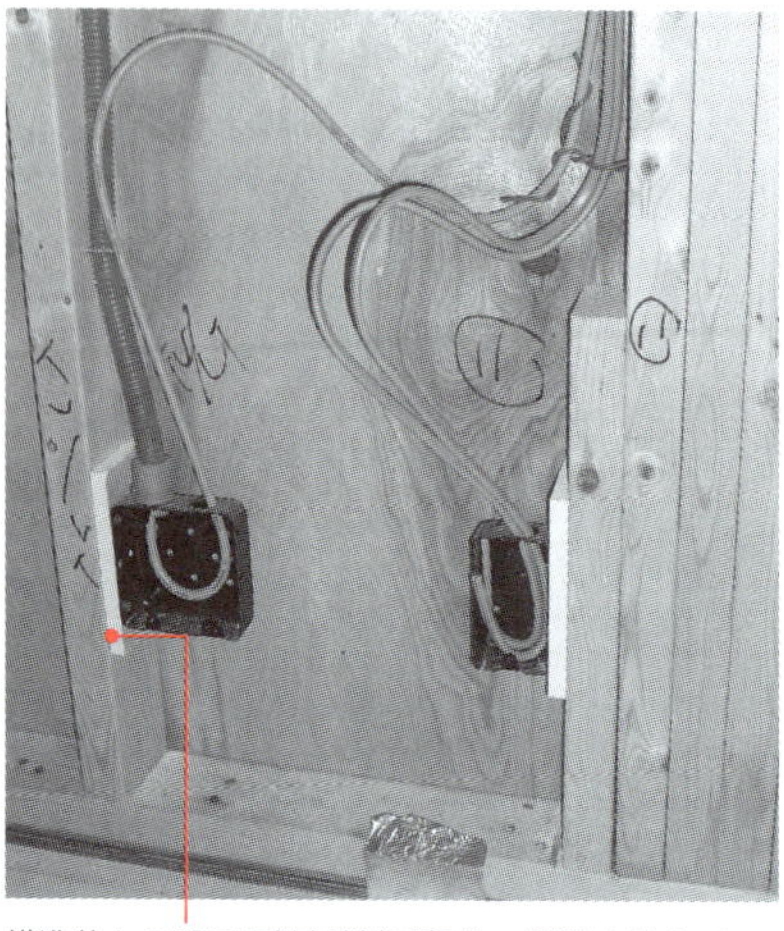

構造体との間に不燃材料（石膏ボード等）を挟んで取り付ける（鋼製ステイを用いる方法もある）

2 ボックス周囲の耐火措置

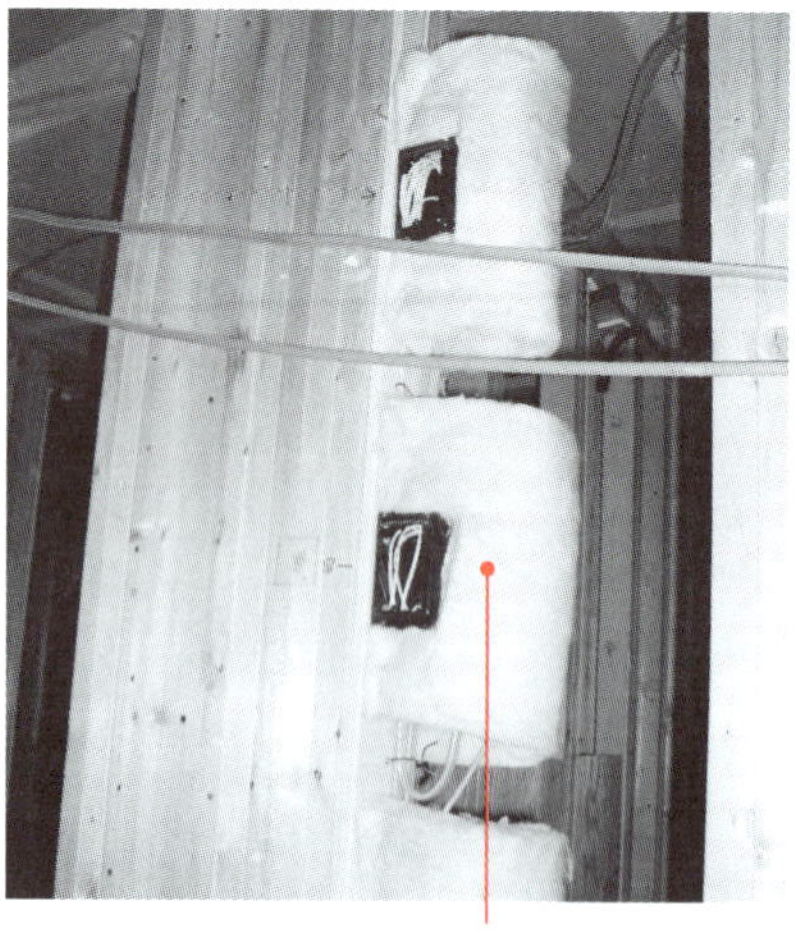

ボックスの周囲、裏面を、所定の断熱材等で被覆する

3 防火区画の壁・床を配管が貫通する場合の処理（モデル）

いずれも、配管の貫通部の隙間を、モルタル等の不燃材料で充填する

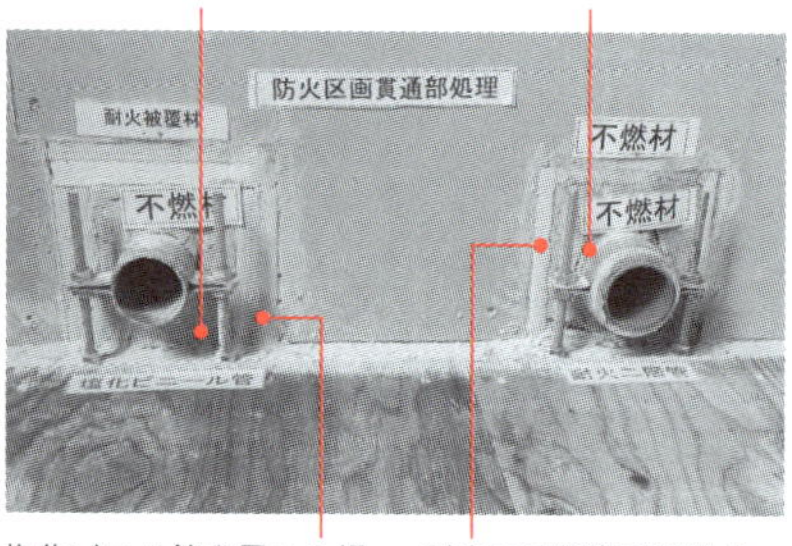

塩化ビニル管を用いる場合は、貫通部の小口を壁と同じ耐火被覆材で被覆

耐火２層管（不燃管）を用いる場合は、小口は不燃材料の被覆でよい

4 シーリングライトの配線

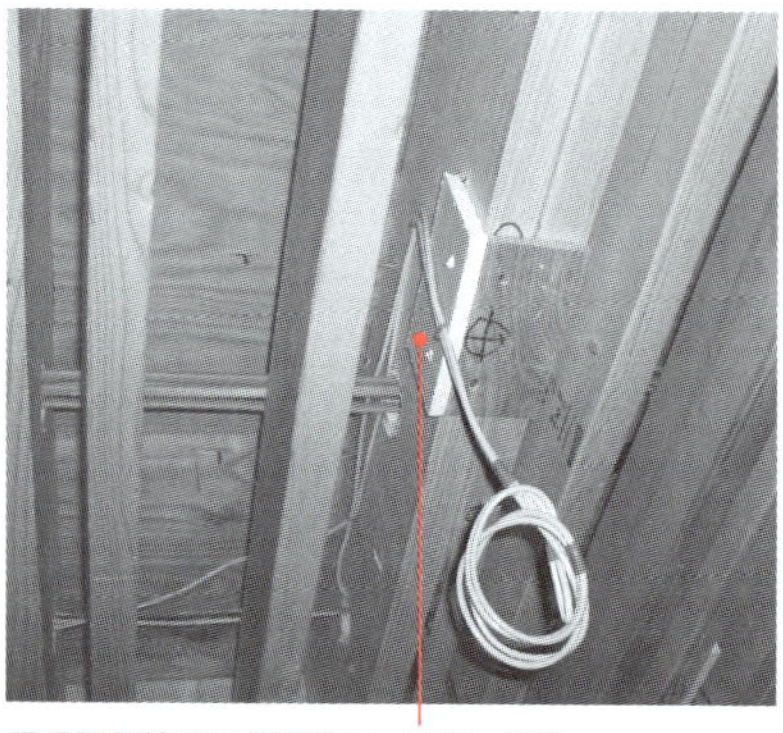

照明器具等の天井配線は、下地・構造材から30㎜以上離すか、写真のように不燃材料（石膏ボード等）を挟む

5 分電盤

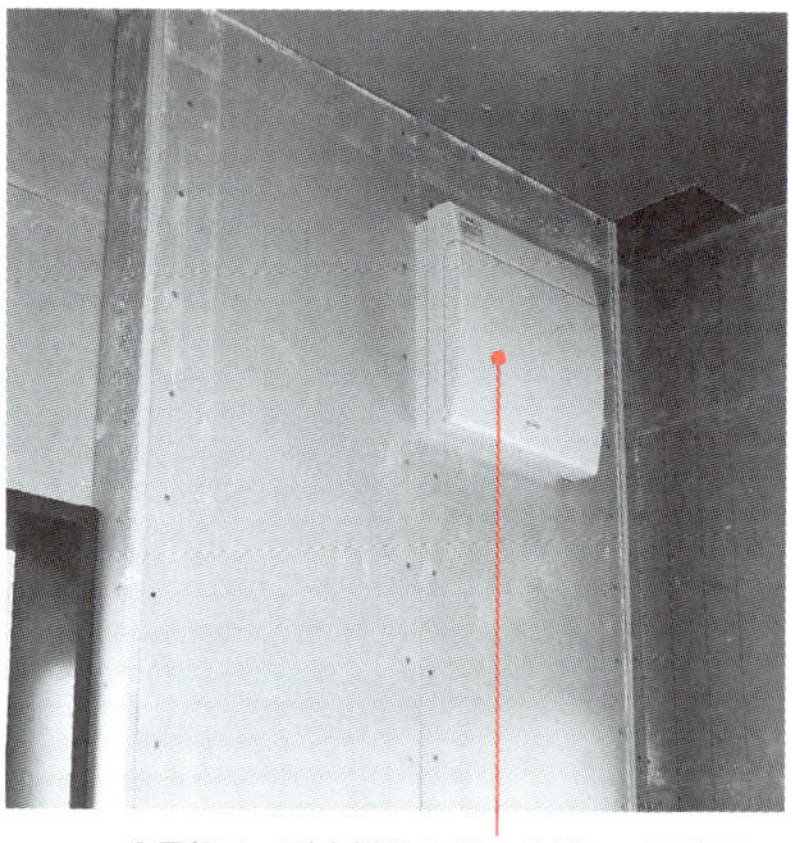

分電盤は、耐火構造の壁の外側に、配線用のふかし壁を設け、その上に取り付ける

耐火木造の外に配線・配管する

耐火構造の外側に設備ゾーン

耐火構造の床や壁、あるいはその表面の耐火被覆材を、配線や配管が貫通する方法は確立されており、仕様として規定されている。この場合、開口部の耐火補強や貫通部の隙間への不燃材料充填等が必要であり、施工は煩雑になる。

配線、配管は、できうる限り、耐火被覆の外側で行い、耐火被覆に損傷を与えないようにすることが望ましい［図］。

図 パイプスペース納まり例

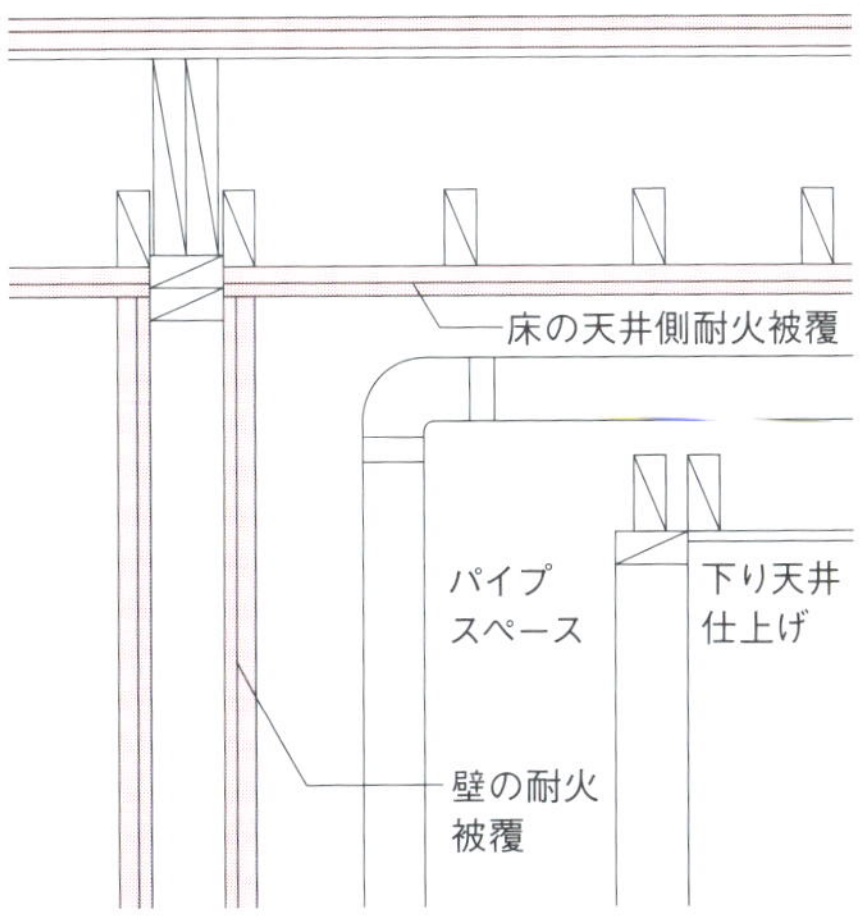

6 空調機器の設置例

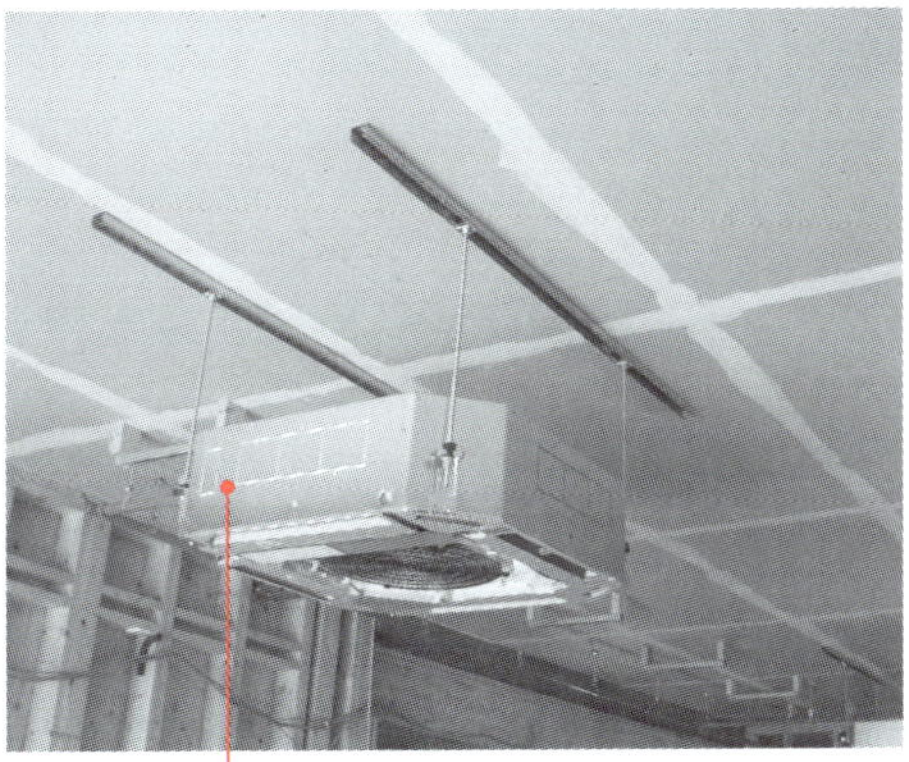

耐火構造の床の下側面（躯体天井）の耐火被覆の外側に機器を設置する

7 耐火構造外側の配線・配管の例

耐火構造の床の下側面（躯体天井）の耐火被覆の外側に配線、配管を行う

8 2重天井の下地の例※1

耐火構造の床と下がり天井の2重天井とする。その間の懐に設備、配線、配管を納める

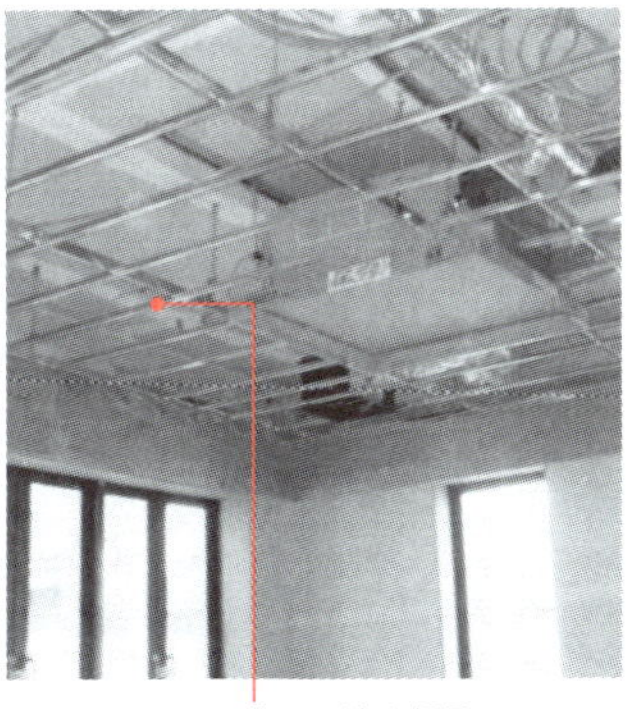

写真は下がり天井の下地を軽量鉄骨としたもの。金具は躯体の天井根太から吊っている

9 パイプスペースの設置例※2

たて配管は、壁の耐火被覆の外側にパイプスペースやふかし壁を設けて納める。耐火構造の床は貫通しているので、耐火処理を行う

写真の例では、ALC（37㎜）を3枚重ねにし、隙間をモルタルでグラウトしている

10 パイプスペースの軽量鉄骨下地の例※3

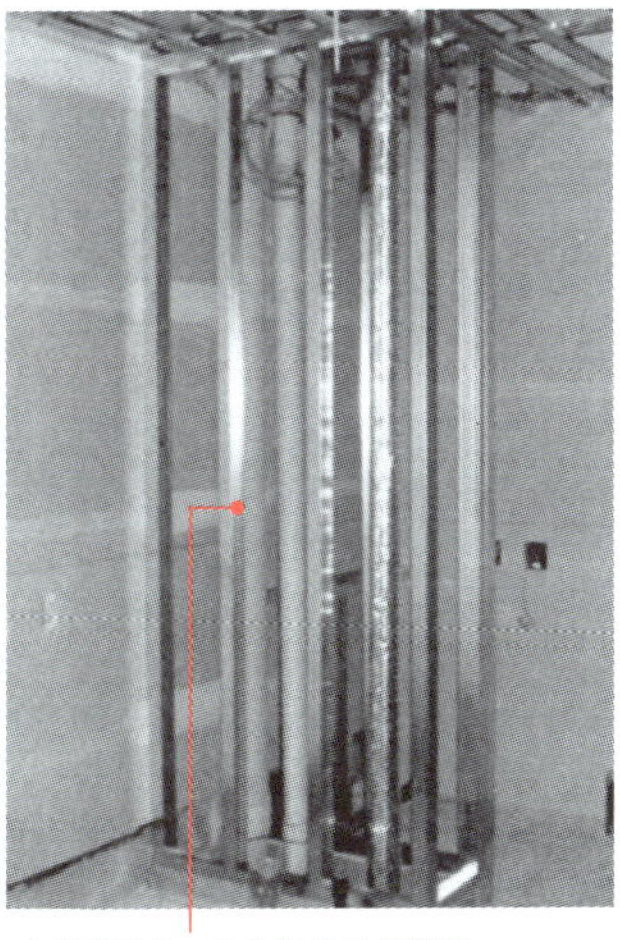

パイプスペースを構成する雑壁の下地を軽量鉄骨とした例

※1：中村孝「特養老人ホームりんどう麻溝新築工事 建設報告書」西武建設2010.10、p.56　※2：同左、p.63　※3：同左、p.69

自主工事検査から監理報告へ

表1 工事監理報告に関連する書類

書類名	提出者と提出先	関連条文	書類の様式
工事監理報告書	監理者→建築主	建築士法20条3項	4号2の2 （建築士法施行規則17条の15）
完了検査申請書	建築主→建築主事等	建築基準法7条1項	19号様式 （建築基準法施行規則4条1項）
工事監理状況報告書		建築基準法7条1項	（建築基準法施行規則4条1項5号） →自治体の建築基準法施行細則

表2 完了検査申請書における記載項目（第４面）

工事監理の状況の記載が求められている項目
1．敷地の形状、高さ、衛生および安全
2．主要構造部および主要構造部以外の構造耐力上主要な部分に用いる材料（接合材料を含む）の種類、品質、形状および寸法
3．主要構造部および主要構造部以外の構造耐力上主要な部分に用いる材料の接合状況、接合部分の形状等
4．建築物の各部分の位置、形状および大きさ
5．構造耐力上主要な部分の防錆《ぼうせい》、防腐および防蟻《ぼうぎ》措置および状況
6．居室の内装の仕上げに用いる建築材料の種別および当該建築材料を用いる部分の面積
7．天井および壁の室内に面する部分にかかわる仕上げの材料の種別および厚さ
8．開口部に設ける建具の種類および大きさ
9．建築設備に用いる材料の種類並びにその照合した内容、構造および施工状況（区画貫通部の処理状況を含む）

（注）上記の事項を含む報告書を別に添付すれば、完了申請第4面を別途提出する必要はない

監理業務の締めくくり

建築関連法における「工事監理」とは設計図書と建築物を照合することである。杓子定規にとらえれば、この業務は「工事監理報告書」の作成で終了する。この後には「完了検査」が控えているが、その申請者は建築主になるからである。

もちろんこれは極端な考え方である。建築確認の申請者が建築主と定められていても実質的に設計者が担当するように、完了検査までが工事監理者の役割ととらえた方が適切である。実際、完了検査申請書の第4面（以下、完了申請第4面）には工事監理の状況を記載するが、この部分には工事監理者の確認が要求されている。

書式から見える工事監理のエッセンス

このように完了検査によって監理業務は締めくくられるが、その申請書は建築基準法の施行規則によって定められている［表1］。これらを改めて確認すると、その書式が工事監理のエッセンスを表現していることに気づく。実際、完了申請第4面に記載すべき項目を表2のように抜き出してみると、工事監理項目が9種類に整理できること

がよく分かる。

なお完了検査申請書の注意書きにあるように、完了申請第4面は別の報告書としても提出できる。一般的にこの添付報告書は「工事監理状況報告書」[※1]と呼ばれ、建築基準法施行細則によって書式を定めている自治体もある。この場合でも、工事監理状況報告書の構成は、完了申請第4面の9つの分類に従っており、実態としてはこれらの内訳を具体的に示しているにすぎない。

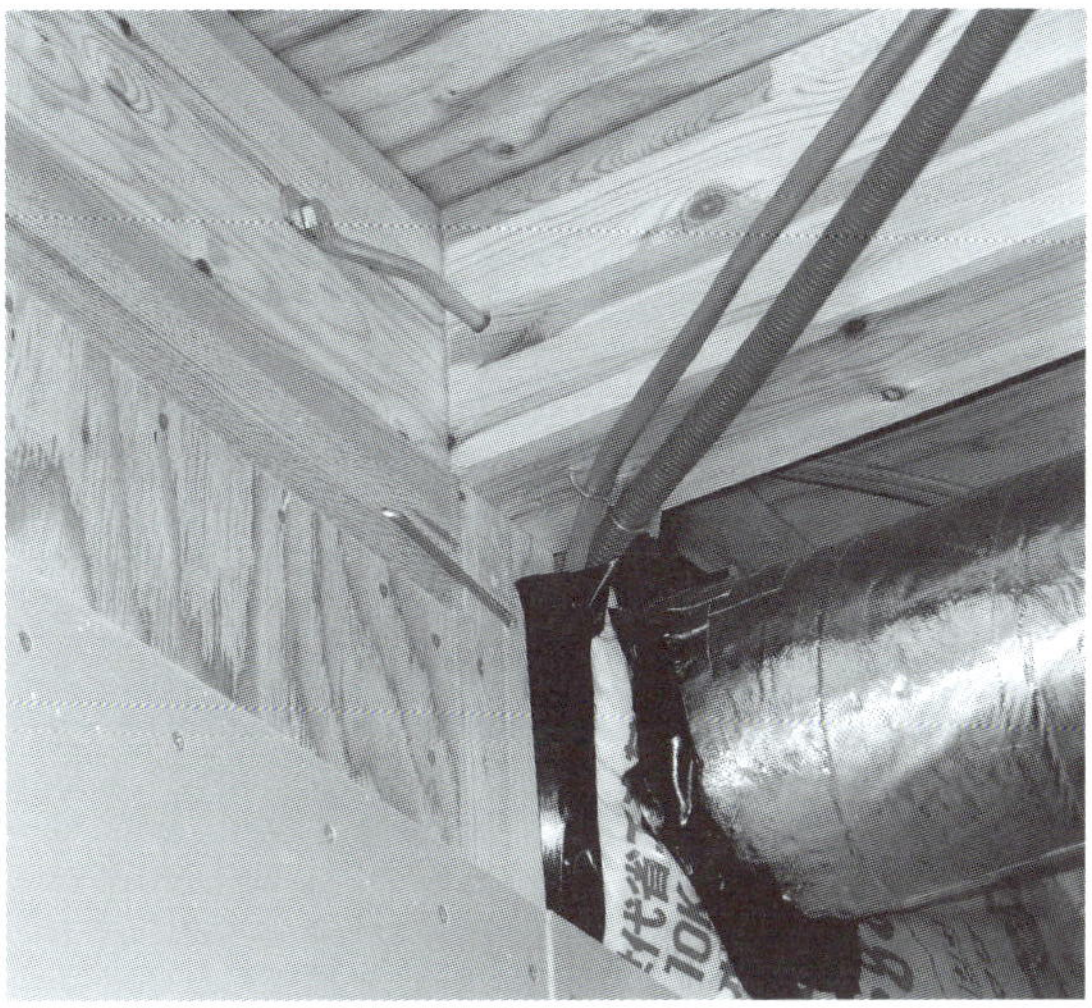

耐火木造(軸組工法)のチェック項目の例

耐力壁の面材の取付方法

強化石膏ボードを耐力要素に見込む場合には横架材と接合するなど所定の仕様で設置する（写真は強化石膏ボードに耐力を見込んでいない場合）

既存書式と耐火木造のギャップ

当然のことながら主要構造部の工事監理状況はこうした書類に記載が求められる。完了申請第4面では、2つめと3つめの項目が該当する。ところが表2を見れば気づくように、ここで求めているのはもっぱら構造耐力性能にかかわる照合であり、耐火性能に関する照合ではない。自治体が定めた工事監理状況報告書の書式を見ても軸組材の断面寸法の記載は求められていても、耐火構造の仕様を確認する体裁になっていない。

これは従来の耐火構造を考えれば不思議なことではない。たとえば1時間耐火の間仕切壁を取り上げてみよう。RC造の間仕切壁なら壁厚さえ確認できれば十分である。もちろん鋼製下地の間仕切壁では層構成の確認が必要になる。しかしこれらは非耐力壁として設置されるので、構造耐力から切り離し、防火区画として別途抽出した方が照合作業はしやすい。

一方、耐火木造は壁の層構成そのものが大臣認定されており、壁厚の確認だけでは工事監理にならない。この点は鋼製下地壁に似ているが、耐火木造の壁は耐力壁の区分で大臣認定を受けている。つまり構造耐力上主要な部分が防火区画を兼ねるため、構造耐力から切り離して抽出しても実務的なメリットが生まれることはない。

自主検査チェックリストの活用

このように完了検査に関連する既存の書式はRC造やS造を前提にしており、そのままでは木質系耐火構造の工事監理を十分に記述することはできない。そこで耐火木造の主要構造部の工事監理には「自主検査チェックリスト」[※2]を活用するのが実践的である。

自主検査チェックリストとは木住協と2×4協会がそれぞれ発行している耐火木造の施工管理ツールである［表3・4］。耐火木造の施工にあたって、両協会とも所定の講習を受講した有資格者が検査することを定めている。自主検査チェックリストはこうした有資格者が用いるツールであるが、その核心は耐火性能の施工上の欠陥を防ぐことにある。

したがって、工事監理者もこのチェックリストを通して、木質系耐火構造の工事のポイントを効率よく把握することができる。また木住協にしても2×4協会にしてもこのチェックリストが施工管理と工事監理の橋渡しとなることを期待している。具体的には、工事監理状況報告書に耐火構造の監理を記述する際には、両協会の自主検査チェックリストの項目を参考にするとよい。

※1：ただし東京都の細則では「建築工事施工結果報告書」、大阪府の細則では「工事監理報告書」と呼ぶ
※2：木住協では「工事自主検査チェックリスト」、2×4協会では「耐火構造工事検査チェックリスト」と呼ぶ

表3 自主検査チェックリスト「外壁」の抜粋（木住協）

部位	施工項目	確認内容	確認資料等	確認方法	適・否	日付	手直し内容等	日付
外壁 外壁側 壁下地の施工	・柱、間柱の施工		標準仕様書 標準詳細図 マニュアル	A・B・C	適・否	/		/
	柱の断面寸法	105mm×105mm以上						
	間柱の断面寸法・取り付け間隔	45mm×105mm以上・500mm以下						
	・構造用合板等の施工			A・B・C	適・否	/		/
	下地面材料	構造用合板9mm以上 その他申請内容に含む面材（　　　　　　）						
	取り付け方法	CN50以上の釘または25mm以上のビスにて300mm以下の間隔で留め付ける。耐力壁とする場合は告示または認定仕様も同時に満足すること						
	・透湿防水シートの取り付け			A・B・C	適・否	/		/
	取り付け方法	縦方向90mm、幅方向150mm程度の重なりを取り、ステープルで構造用合板に仮留めする						
	・胴縁の施工			A・B・C	適・否	/		/
	取り付け方法	N50以上の釘または25mm以上のビスにて300mm以下の間隔で留め付ける						
	胴縁の断面寸法・取り付け間隔	18mm×90mm以上・500mm以下						
外壁 外壁側 外壁材の施工	・ALCパネルの取り付け		標準仕様書 標準詳細図 マニュアル	A・B・C	適・否	/		/
	材料の厚さ	35mm以上						
	取り付け方法	60mm以上のビス等で短辺方向を2本以上、長辺方向の間隔を500mm以下で胴縁に留め付ける						
	ビス等の頭処理	ALCパネル表面より7mm～10mm凹むようにねじ込み、専用パテにて充填する						
	目地部処理	ALCパネル相互の目地部はシーリング材を充填する						
	・窯業系サイディングの取り付け			A・B・C	適・否	/		/
	材料の厚さ	15mm以上（中空品は18mm以上）						
	働き幅	303mm～600mm						
	目地位置・目地処理	目地がALCパネルの目地と重ならないように配置する。縦目地部はハット型ジョイナーを取り付け、シーリング材を充填する						
	留め金具	留め金具は短辺方向の上下2箇所、長辺方向500mm以下に配置し、65mm以上のビス等で胴縁に留め付ける。ビス等の本数は1箇所あたり1本以上						
外壁 内壁側 内壁材等の施工	・断熱材の充填		標準仕様書 標準詳細図 マニュアル	A・B・C	適・否	/		/
	断熱材の材料	グラスウール断熱材（厚さ25mm以上100mm以下、密度10kg/m³以上16kg/m³以下）						
	取り付け方法	柱と間柱の間および間柱と間柱の間に充填						
	・補強用壁材の取り付け			A・B・C	適・否	/		/
	補強用壁材の有無	有り・無し　有りの場合の種類（　　　　　　）						
	取り付け方法	N50以上の釘または25mm以上のビスにて300mm以下の間隔で留め付ける。耐力壁とする場合は告示または認定仕様も同時に満足すること						
	・下張り強化石膏ボードの取り付け			A・B・C	適・否	/		/
	材料の厚さ	15mm以上						
	取り付け方法	GN40以上の石膏ボード釘等で、周辺部150mm以下、中間部200mm以下で柱および間柱に取り付ける						
	・アルミ箔張ガラス繊維クロス（ALGC）の取り付け			A・B・C	適・否	/		/
	材料の有無	有り・下張り強化石膏ボードの厚みが15mmの場合 無し・下張り強化石膏ボードの厚みが21mm以上の場合						
	材料の厚さ	0.12mm以上						
	取り付け方法	幅9.6mm以上、長さ10mm以上のステープルで400mm以下の間隔で、下張り強化石膏ボードに留め付ける						
	・上張り強化石膏ボードの取り付け			A・B・C	適・否	/		/
	材料の厚さ	21mm以上						
	取り付け方法（ALGCを取り付ける場合）	目地が下張り強化石膏ボードの目地と重ならないように配置し、57mm以上のビス等で200mm以下の間隔で柱および間柱に留め付ける						
	取り付け方法（ALGCを取り付けない場合）	目地が下張り強化石膏ボードの目地と重ならないように配置し、炭酸カルシウム系接着剤（300g/m²）を併用して、幅4mm以上、長さ32mm以上のステープルで200mm以下の間隔で下張り強化石膏ボードに留め付ける						
	目地処理	石膏系目地処理材（200g/m以上）およびガラス繊維テープ（厚さ0.2mm以上、幅50mm以上）にて平滑に仕上げる						
外壁 他の登録認定等を使用する場合	□木住協の登録認定 （登録番号　　　） （認定番号　　　） □平12建告1399号による仕様 具体の仕様を記述	施工上の確認事項を記述	認定書	A・B・C	適・否	/		/

天井の野縁：45mm×45mmの木材を303mm以下の間隔で設置

外壁の胴縁：18mm×90mmの木材を500mm以下の間隔で設置

表4 自主検査チェックリスト「開口部」の抜粋（2×4協会）

項目					確認内容	確認書類等	写真	保険	性能	確認方法	適・否	日付	備考（手直し方法）	日付
開口部	防火区画の開口部	防火設備（防火戸）	取付躯体の仕様		防火設備取合部分まで連続して耐火被覆があるか	枠組壁工法耐火建築物標準仕様書・枠組壁工法耐火建築物標準詳細図				A·B·C	適·否	/		/
			開口部木口面		開口部廻りに不燃材が張られているか					A·B·C	適·否	/		/
		スイッチ、コンセントボックスなど			耐火構造の開口部に統合し確認									
		シーリング配線部分			耐火構造の開口部に統合し確認									
	耐火構造の開口部	外壁の開口部（サッシなど：防火設備）	取付躯体の仕様		防火設備取り合いまで連続して耐火被覆があるか					A·B·C	適·否	/		/
			開口部木口面		開口部廻りに不燃材が張られているか		写真NO21 不燃材の使用			A·B·C	適·否	/		/
		外壁の開口部（サッシなど：一般）	取付躯体の仕様		開口取付部分まで連続して耐火被覆があるか					A·B·C	適·否	/		/
			開口部木口面		開口部廻りに不燃材が張られているか					A·B·C	適·否	/		/
		外壁の開口部（ウェザーカバーなど）	取付躯体の仕様		防火設備取合部分まで連続して耐火被覆があるか					A·B·C	適·否	/		/
			開口部木口面		開口部廻りに不燃材が張られているか					A·B·C	適·否	/		/
			外壁との取り合い		貫通部の隙間は、不燃性材で充填してあるか					A·B·C	適·否	/		/
			開口面積による防火処置	100㎠未満	不燃性材で作られた防火覆い等のあるもの					A·B·C	適·否	/		/
				100㎠以上	防火ダンパー機能を有するものか					A·B·C	適·否	/		/
		間仕切り壁の開口部	取付躯体の仕様		取付部分まで連続して耐火被覆があるか		写真NO21 耐火被覆			A·B·C	適·否	/		/
			開口部木口面		開口部廻りに不燃材が張られているか					A·B·C	適·否	/		/
		スイッチ、コンセントボックスなど	ボックス		鋼製ボックスの使用					A·B·C	適·否	/		/
			枠材（木部）との取り合い		石膏ボード（厚12.5mm以上）もしくは同等以上の不燃材料を枠材とボックスとの間に挟みこむ					A·B·C	適·否	/		/
					鋼製ステーを使用する。ボックスと取り付け枠材は80mm以上離して取り付け									
			開口面積による裏面防火処置	100㎠未満	厚さ30mm以上の不燃性断熱材		写真NO21 鋼製ボックス使用			A·B·C	適·否	/		/
				200㎠未満	厚さ50mm以上の不燃性断熱材									
				200㎠以上	壁と同等の耐火被覆とする									
		照明器具用のシーリング配線	配線廻りの措置		貫通部の隙間は、不燃性材で充填してあるか。穴開け部分は可燃材から30mm以上離す。または石膏ボード（厚12.5mm以上）もしくは同等以上の不燃材料を配線と枠材との間に挟む					A·B·C	適·否	/		/
		照明器具の取り付け部	材料		貫通部分は、不燃材か					A·B·C	適·否	/		/
			天井との取り合い		器具取り合いまで連続して耐火被覆があるか					A·B·C	適·否	/		/
			開口面積による裏面防火処置	100㎠未満	厚さ50mm以上の不燃性断熱材					A·B·C	適·否	/		/
				200㎠未満	壁と同等の耐火被覆とする									
		ダクト配管	材料	ダクト貫通	ダクトは不燃材か					A·B·C	適·否	/		/
			取付躯体の仕様		防火設備取合部分まで連続して耐火被覆があるか					A·B·C	適·否	/		/
			開口部木口面		開口部廻りに不燃材が張られているか					A·B·C	適·否	/		/
			天井との取り合い		貫通部の隙間は、不燃性材で充填してあるか		写真NO22 隙間充填状況			A·B·C	適·否	/		/
			開口面積による裏面防火処置	100㎠未満	厚さ50mm以上の不燃性断熱材					A·B·C	適·否	/		/
				200㎠未満	壁と同等の耐火被覆とする									
		床を貫通する配管など	配管、配線廻りの措置	隙間充填	貫通部の隙間は、不燃性材で充填してあるか		写真NO22 隙間充填状況			A·B·C	適·否	/		/
			配管材	貫通配管	貫通部前後1mは、不燃性材料か					A·B·C	適·否	/		/
		トップライト廻り	屋内立ち上がり		天井部と同等以上の連続した耐火被覆があるか					A·B·C	適·否	/		/
		小屋裏換気口、軒裏換気口	構造		防火設備もしくは、鋼製換気枠の防火ダンパー付か					A·B·C	適·否	/		/

保険欄の○印は住宅瑕疵担保責任保険設計施工基準の記載項目。性能欄は構造の安定、劣化の軽減に対応。確認方法　A：目視　B：計測　C：書類

天井の上張り：目地が下張り強化石膏ボードの目地と重ならないように設置

木造の床遮音性能

図1 木造住宅（2×4工法）の遮音性に関するアンケート結果

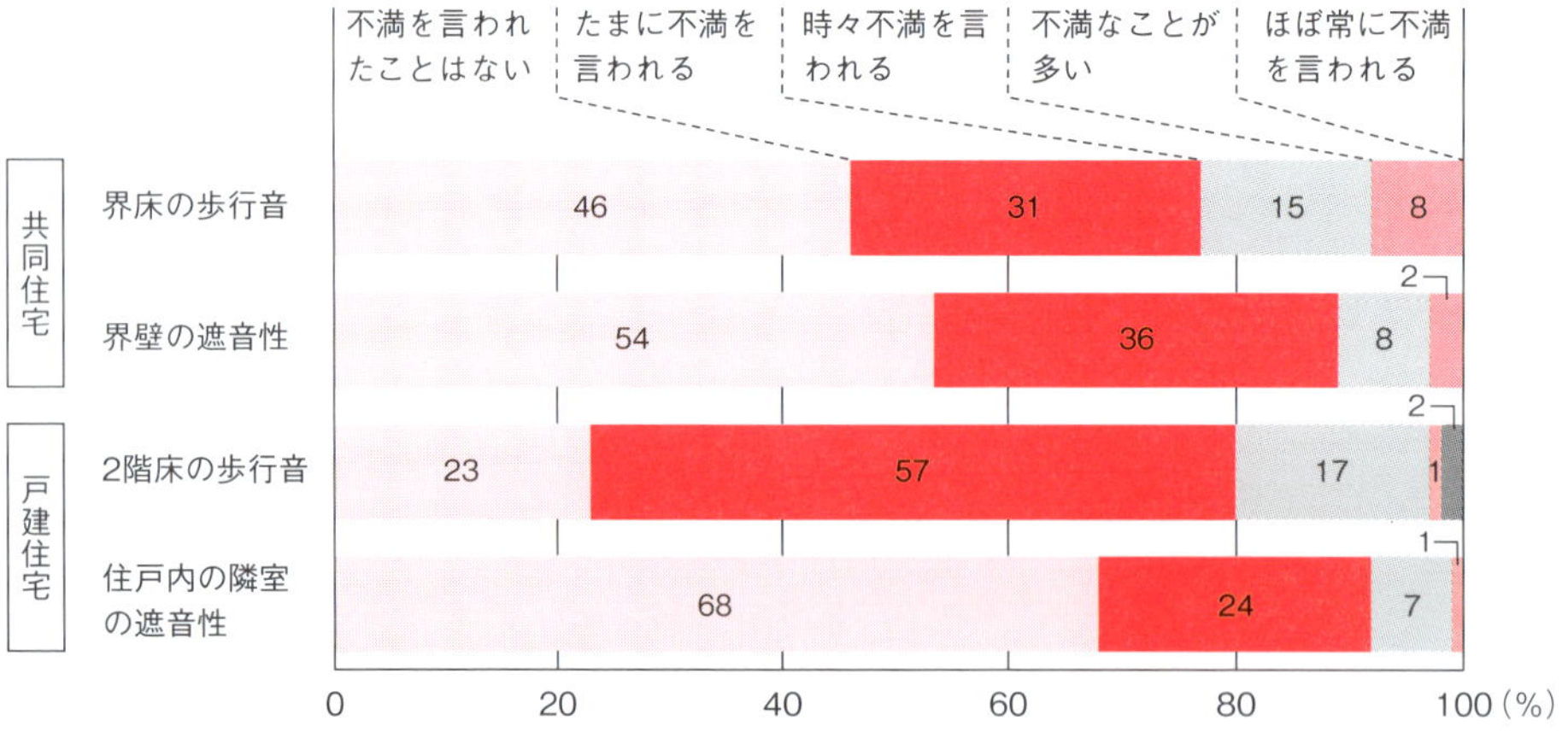

調査対象：2×4協会会員企業500社（回答121社）　調査時期：2008年
質問項目：入居後に建築主から不満を言われる頻度

木造の遮音性の現状

「耐火木造」の主要構造部はRC造やS造と同等の耐火性能を持つ。それでは、ほかの性能はどうであろうか。2×4工法に関する調査にもとづき[※1]、まずは遮音性に対する評価を見てみよう。

意外なことに、床遮音に対するクレームは戸建住宅よりも共同住宅のほうが少ない［図1］。後者は木造賃貸物件に対する回答になるが、そもそもこうした建築物には遮音性に関する期待が小さい可能性がある。しかし別の設問の回答によれば、共同住宅の設計では何らかの床遮音対策が行われている様子がうかがえる。したがって図1の回答結果は、むしろそうした取り組みが実を結んでいると考えた方が適当であろう。

ところで、天井には直張天井という仕様がある。この仕様は遮音性が劣っており、2×4協会も講習会などを通じてその周知に努めてきた。しかし直張天井を採用しているという回答が3割ほど見られることから、戸建住宅の床遮音性に関するクレームの一因になっている可能性がある。

床下地の仕様変更の効果

実務的には床遮音等級が重要である。耐火木造の床面と天井面には強化石膏ボードが重ね張りされる。従来の木造床よりも良好な遮音性が期待されているが、いかんせんデータの蓄積が少ない。そこでその代わりに省令準耐火構造（2×4工法）を基準として床下地の仕様変更の効果を確認してみよう。

床下地を層構成から変えてしまう方法は、「増し張り」と「置床」である。前者はALC板や硬質木質セメント板などを張って床の面密度を上げる方法であり、後者はRC造の集合住宅に普及している置床工法を用いる方法である。

省令準耐火構造の床遮音等級はL_H−70程度である［図2(1)］。これに増し張りを行うと下階で測定される重量衝撃音は5〜8dB減少する［図2(2)］。つまりL_Hの等級は1つ上がるが2つまでは上がらない。ALC板より硬質木片セメント板のほうが効果が高いのは後者の密度のほうが大きいためで、質量則に従った結果となっている。なお増し張りは軽量衝撃音対策としても有効でありL_Lは2等級ほど上がることが分かる。

一方、置床を設置した場合、軽量衝撃音の減少は目覚ましい［図2(3)］。しかし重量衝撃音の測定値は少し減少する程度でありL_H等級が変わるほどではない。

※1：本TOPICSは「枠組壁工法床遮音工法ハンドブック」㈳日本ツーバイフォー建築協会、2011.3にもとづく。図1と図2（1）〜（3）もこの文献からの引用である

図2 木造（2×4工法）の床遮音性能に関する測定※2 ［S=1：20］

(1) 省令準耐火構造仕様

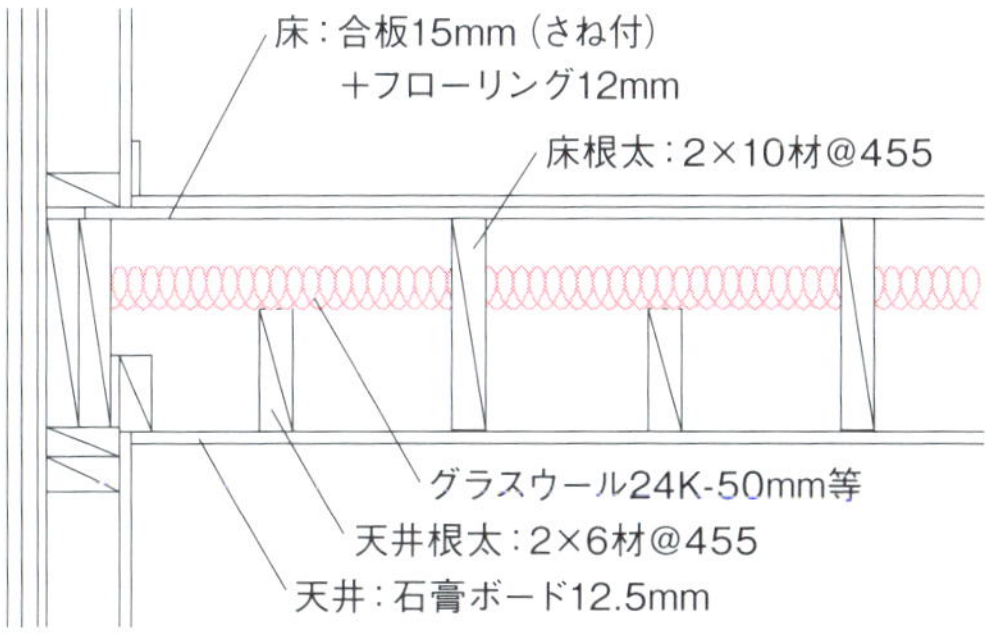

(2) 増し張り仕様

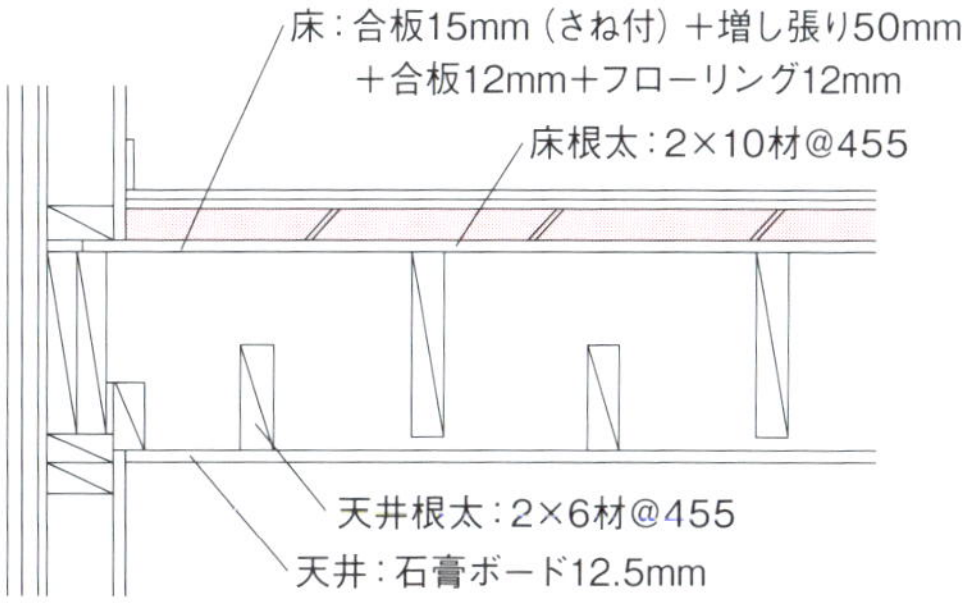

	測定値の変化	
増し張りの材料	重量衝撃音	軽量衝撃音
ALC板	5dB低下	2dB低下
硬質木片セメント板	8dB低下	14dB低下

(3) 置床仕様

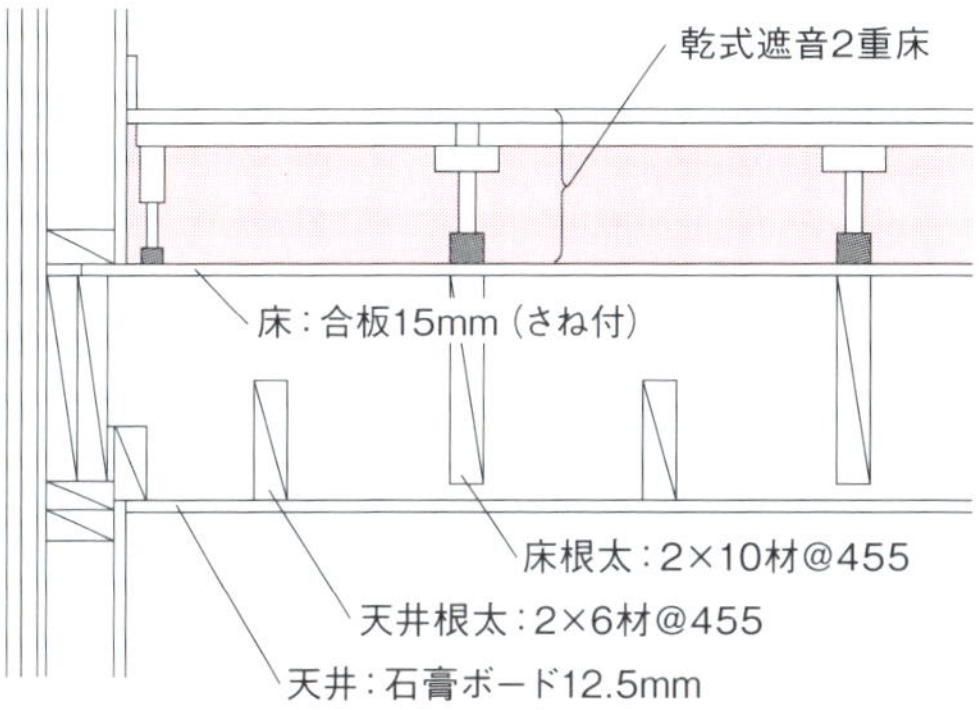

測定値の変化	
重量衝撃音	軽量衝撃音
1dB低下	24dB低下

(4) 高遮音床仕様の例※2

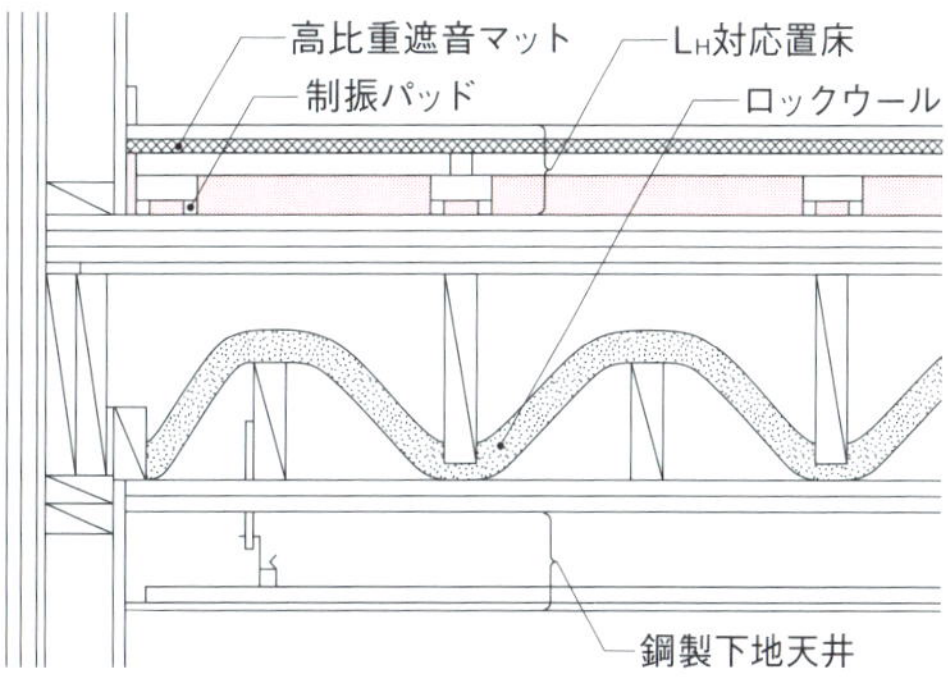

測定値の変化	
重量衝撃音	軽量衝撃音
L_H-55	L_H-45

以上のことから床下地の仕様変更は、軽量衝撃音対策として一歩足りないことが分かる。つまり現行の集合住宅の床遮音等級はL_H-55が標準であるが、木造の床に増し張りを行っても、この等級よりも1つから2つほど低い等級に留まってしまう。

高遮音床仕様の確立に向けて

今後、耐火木造が分譲集合住宅を目指すのであれば、床遮音性の確保が成否の鍵を握る可能性は高い。既往の衝撃音対策に工夫を加えることによって、L_H-55を達成した床仕様も既に現れている［図2(4)］。

そもそも耐火木造の床は、厚めの強化石膏ボードが重ね張りされており、従来の木造床より面密度が大きい図2(4)の仕様は、基本的にはこうした耐火木造床にL_H対応置床工法と吊天井を併用してL_H-55を実現したものになる。もちろん衝撃音への対策はこうした方法に限られるわけではない。たとえば金属板バネなどの緩衝材を用いてL_Hを6～7dB改善する製品なども存在する。※3

いずれにせよL_H-55レベルの木造床の探求は端緒についたばかりであり、最も効果的な部材構成は未だ明らかにされていない。果たして現代的な木造技術が中大規模建築物づくりに根付くのかどうか、高遮音床の確立という課題はその試金石の1つであり続けている。

※2：MOCXION INAGI（新建築2022年2月号、pp.166-171）にもとづく
※3：「コンバージョン［計画・設計］マニュアル」エクスナレッジ、2004.3、pp.125-129

Column

防火区画貫通部措置の開発

耐火木造の開発課題として、防火区画貫通部措置が注目を集めている。従来は準耐火構造に用いる鋼製スリーブを準用してきたが、この工法が耐火木造の貫通部措置として十分でないことが判明した。そこで、鋼製スリーブのさまざまな被覆方法が、建築研究コンソーシアムによって検討されたのである。ところが、断熱材の継目で木部が炭化するなどして良好な結果が得られず[※1]、従来とは発想の異なる取り組みも行われ始めたのである。

その1つが、継目のない石膏スリーブを検討したものである［図1］。この検討は林野庁委託事業の中で行われ、強化石膏ボードの心材を一体成形したスリーブに対する加熱試験が実施された。その結果、2時間の加熱を行っても、石膏スリーブ周りの木材の最高温度は200℃ほどに止まり、木部の炭化も見られなかったという［図2、3］[※2]。

もちろん、石膏スリーブ以外にもさまざまな貫通部措置がありうる。いずれにせよ、木造耐火構造の例示仕様が一通りの部位に揃った今日、耐火木造にふさわしい各種納まりが強く求められ始めたことは確かである。

図1 石膏スリーブの検討（右：部材構成、左：試験後）

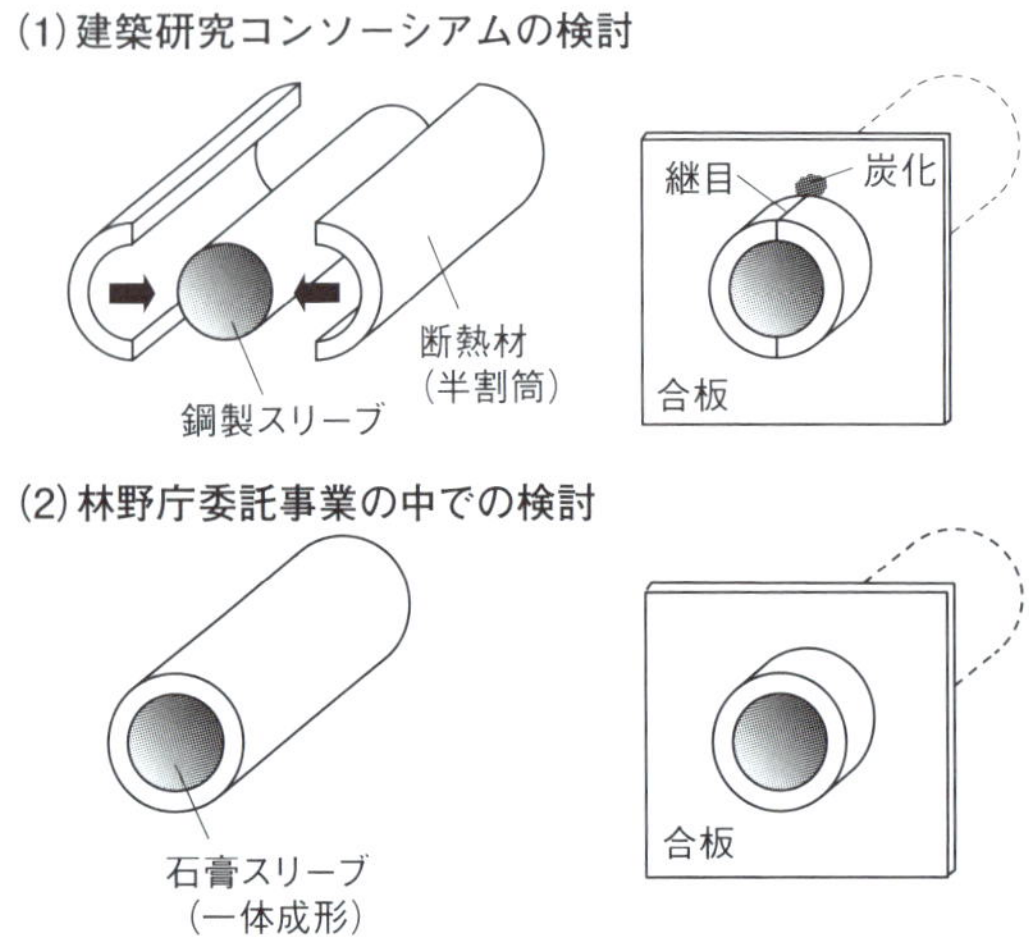

図2 石膏スリーブ周りの木部の温度推移

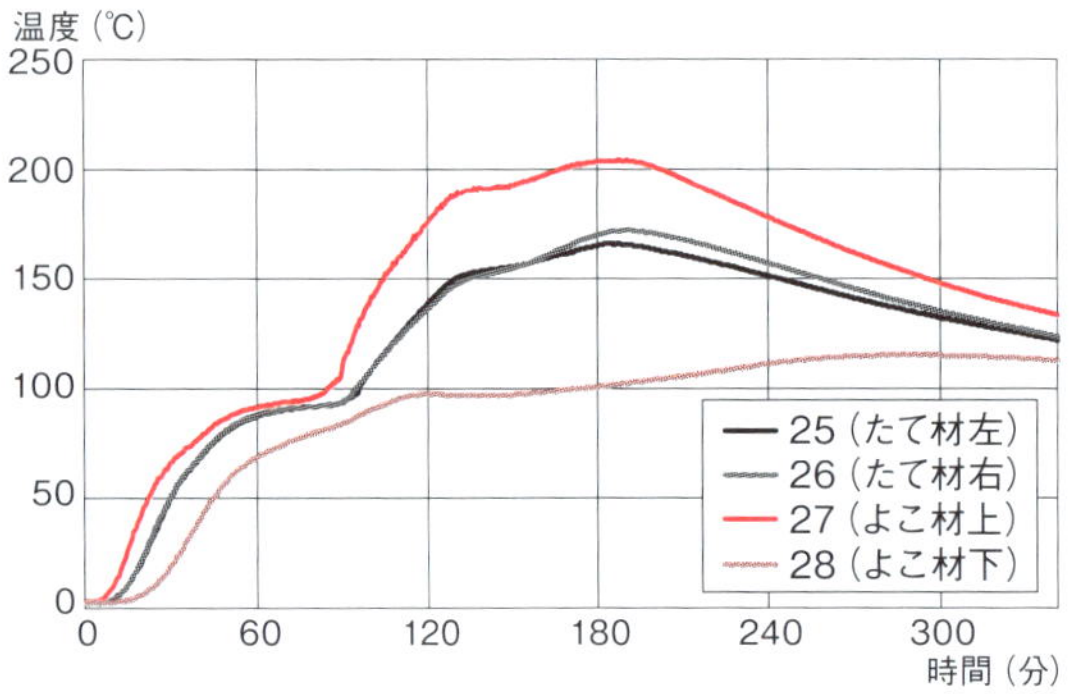

図3 石膏スリーブの2時間加熱実験

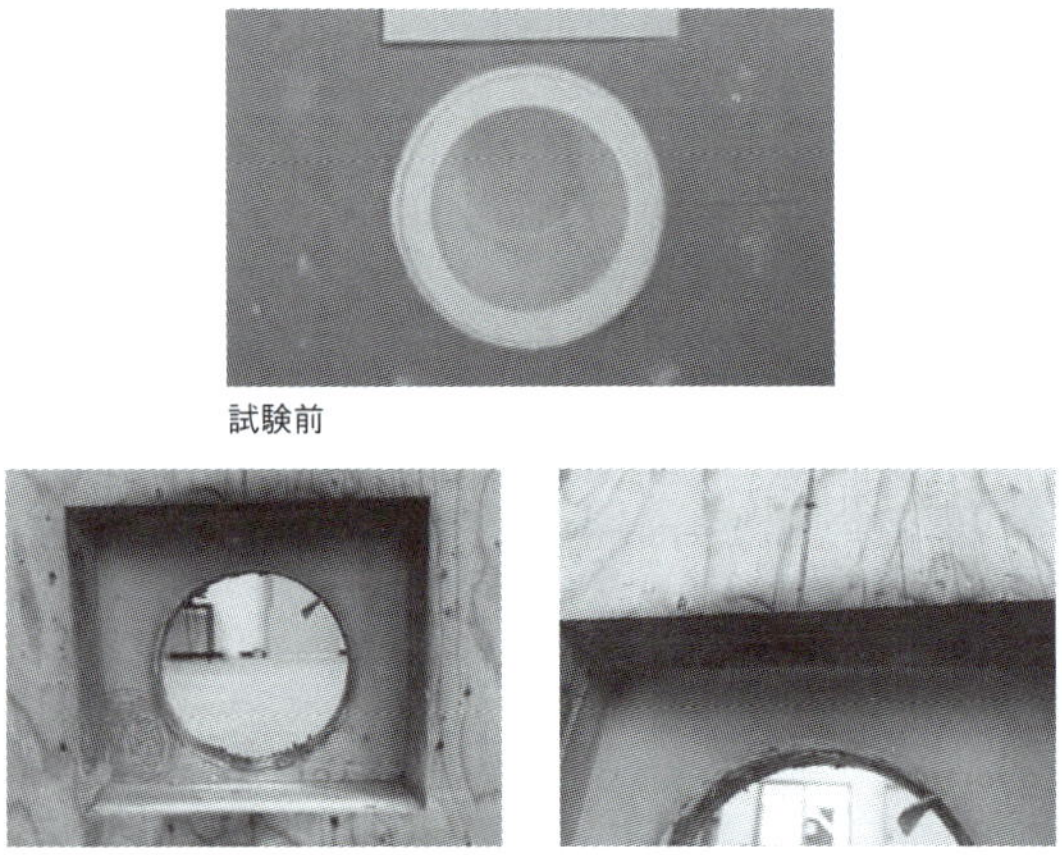

試験前

ボード解体後　　うえ材の状況

※1：遊佐秀逸他「木質耐火構造貫通部の性能評価：その1 断熱された貫通管が配された区画貫通部の加熱試験」日本建築学会大会学術講演梗概集，2015.9，pp.91-92

※2：泉潤一他「枠組壁工法耐火構造の各部防火措置の性能検証実験　その5　2時間耐火構造における区画貫通措置の加熱試験」日本建築学会大会学術講演梗概集，2017.7，pp. 311-312

7

大規模耐火木造の施工管理

ビル工事との違い、住宅工事との違い

表 大規模耐火木造の分業の特色

	木造戸建	大規模耐火木造	RC集合住宅
躯体工事	大工	大工	鉄筋工・型枠工 コンクリート工
サッシ工事		大工 金建工	金建工
内装下地工事		大工	（大工） （軽鉄工）
内装ボード工事		（大工） （ボード工）	ボード工

【サッシ工事の違い】（左）金建工による取り付け（RC造）と（右）大工による取り付け（木造）

ビル工事との違い

建築物の各部工事は材工一式で発注される。一般的に、材料が異なれば作業を担当する職種も自ずと異なる。ところが現在の木造住宅では、アルミサッシや石膏ボードといった木材以外の材料をふんだんに使いながらも、その取付工事を大工が行う。つまり、材料が異なるにも関わらず、開口部工事や内装下地工事に至るまで1つの職種が兼務している。

その背景には、木造住宅の建材・部品は木材の代替品として普及したという歴史的経緯がある。言い方を換えれば、これらは大工作業を前提として開発・販売されてきたのである。そのため耐火木造でも戸建住宅などの小規模建築物であれば、大工中心の工事が行われる。ただし耐火木造では大量の石膏ボードを用いるので、従来の木造住宅工事の延長線上でおおらかな資材搬入を考えていると、思わぬトラブルが生じる。

住宅工事との違い

耐火木造は木造建築物の大規模化を可能にする。規模が大きくなれば工事は分業化され、木造であってもビル工事に近づく。たとえば規模が大

図 大規模耐火木造事例「りんどう麻溝※（2×4工法）」において元請施工会社が作成した施工図

●住宅用サッシ工事

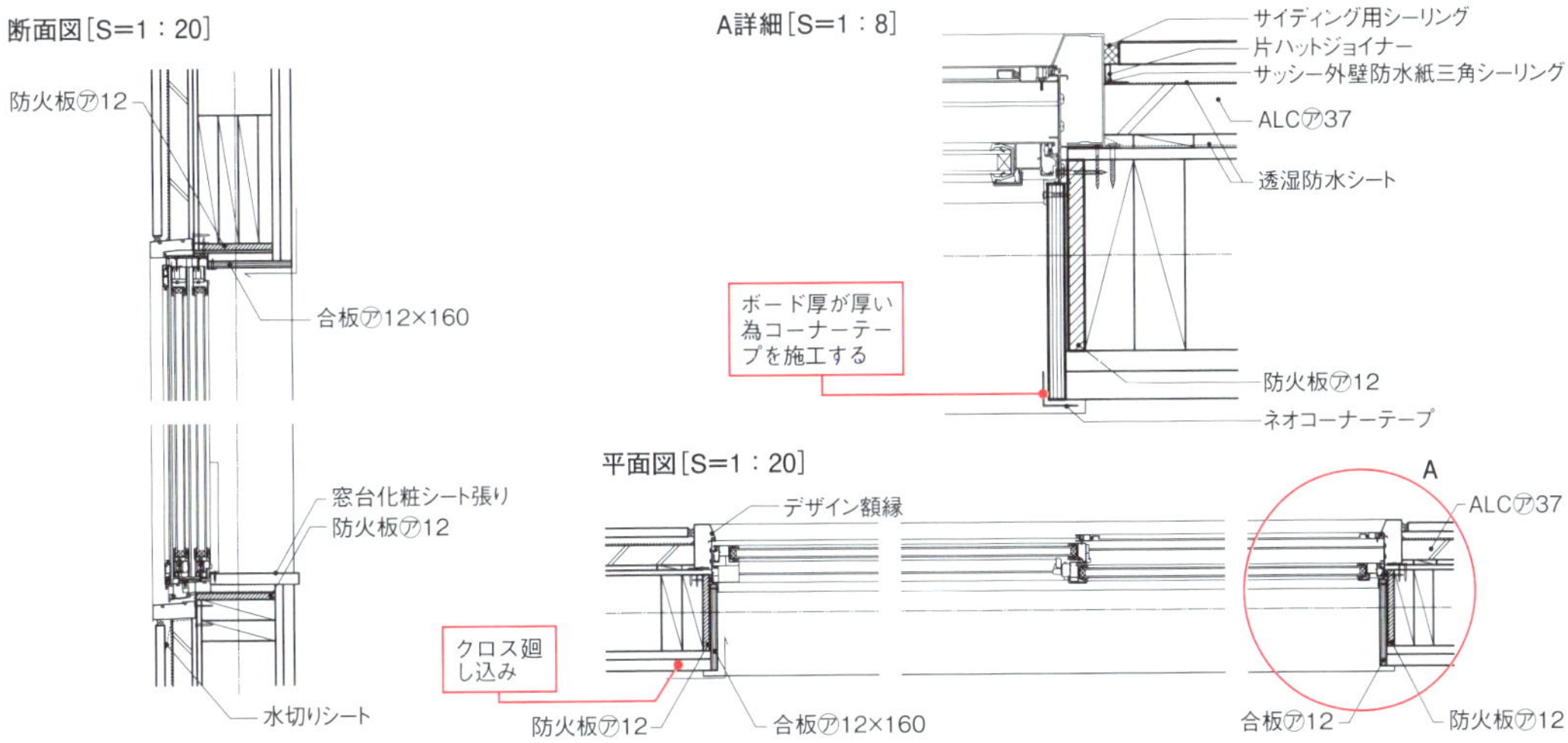

●床天井（耐火構造）工事

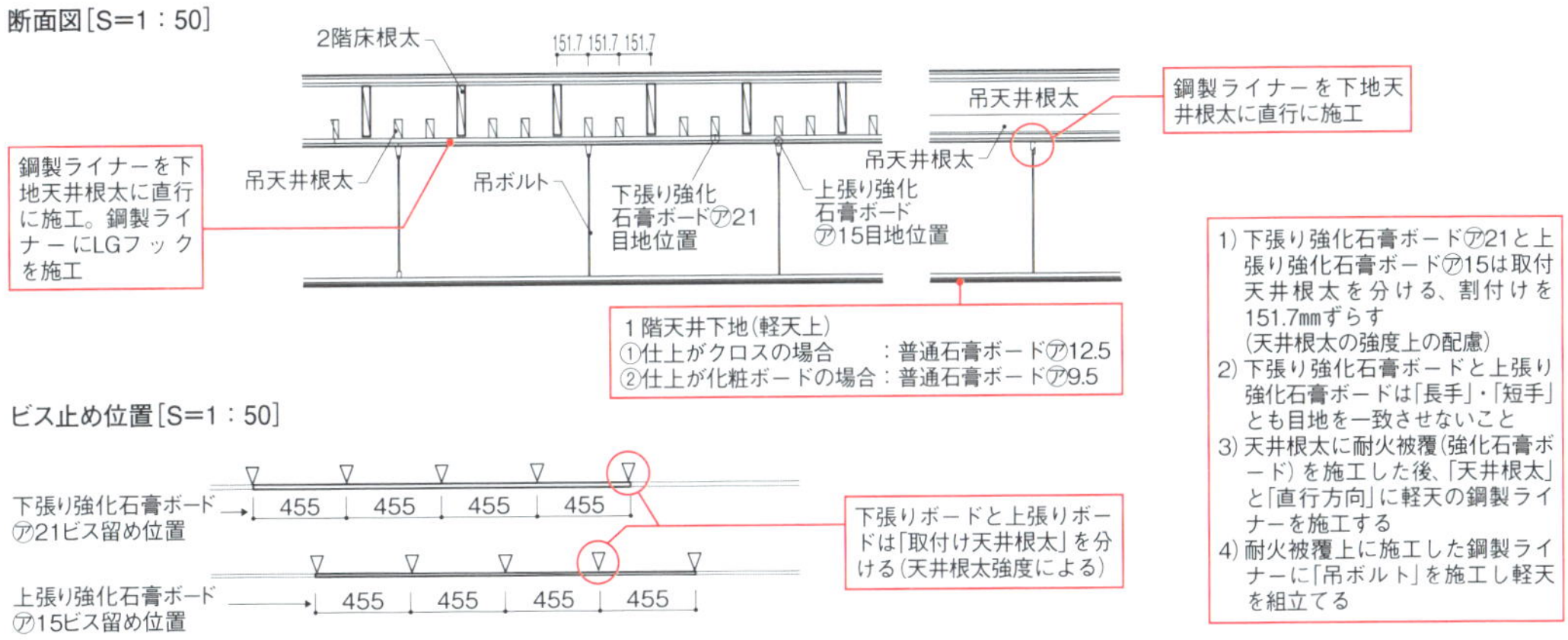

耐火木造の戸建住宅の現場に大量搬入された強化石膏ボード

きくなると、石膏ボード工事は専門工事業者に発注され、ボード工によって施工される。エントランスホールなどに全面ガラスが採用されたりすればカーテンウォール工事業者の責任施工になる。

しかし大規模耐火木造の工事は、隅々まで専門工事業者に割り振れるわけでない［表］。床・壁・天井の木製下地が大工に任されることに変わりはないからである。集合住宅の内装木製下地を請け負う専門工事業者なども存在するので、作業員を通常の方法で手配することは可能である。ただしそうした工事業者は必ずしも耐火木造の工事に通じているわけではない。そのため、大規模耐火木造では、内装下地の施工要領書や施工図の作成を元請業者がサポートする必要があり、実質的に内装下地工事までが元請業者の直営となることが多い［図］。

※：219頁表2参照。なお本事例は2010年竣工のため、開口部の内周部措置（A詳細）の考え方が現在と異なっている

実施設計から施工計画へ

表1 耐火構造の境界条件に関する集中的検討：大規模耐火木造事例「りんどう麻溝（2×4工法）」の場合

区分	一次実施設計 ⇄	二次実施設計（詳細設計） →	施工図
意匠計画	1）集団規定・単体規定チェック 2）基本矩計の計画（配線・配管ルートを考慮） 3）避難関係の計画 4）各有効開口寸法の検討 5）仕上材の検討 6）防水処理の検討 7）床遮音対策の検討	1）非住宅部品要素の取合い設計 2）大型建築への住宅部品の適合性チェック 3）ビル用建材のツーバイフォーへの適合性チェック 4）避難設備の設計 5）外壁耐火壁の防水対策設計 6）矩計設計	1）各施工図 2）各施工要領書
耐火計画	1）防火区画の設定 2）その他耐火関係区画の設定（縦穴区画・異種用途区画他） 3）排煙区画の設定 4）耐火壁・非耐火壁の区分（構造計画との整合性） 5）防火戸の設定	1）耐火壁と建築部品の取合設計 2）耐火貫通処理設計 3）防火戸・不燃建具設定	1）耐火施工要領書（施工手順書） 2）耐火ボード類の割付図 3）貫通部処理図 ※耐火被覆の手間を軽減するには、施工手順の最適化が必須
設備・電気計画	1）配線・配管ルート設定 2）PS・EPSの設定 3）設備ピットの設定 4）消火関係設備の設定（スプリンクラー等）	1）設備・電気の配線・配管ルート設計 2）耐火壁貫通処理の設計 3）点検口位置・仕様設定	1）耐火施工要領書
構造計画	1）構造計算ルートの検討 2）告示規定のチェック 3）構造壁・非構造壁の区分 4）横架材・基礎の仮断面材種設定 5）耐力壁量・構造壁配置の仮検討 6）耐力壁仕様の検討 7）根太・梁等の配置・材種検討 8）エキスパンション等の検討	1）構造計画の詳細検討 2）構造計算 3）構造図作成 4）非構造部図（非耐火部造作部）	1）パネル図 2）基礎施工図 3）トラス図 4）施工要領書

ここから194頁にかけて、大規模耐火木造工事の全体計画について述べる。これらの節では、2×4工法による大規模耐火木造の事例※1「りんどう麻溝」を主な題材として取り上げる［表2］。

生産設計への展開

大規模耐火木造の工事現場は、RC造やS造ではないが、野丁場の1つである。当該建築物のために一時的に集められた専門工事業者は、元請業者が立案した施工計画にもとづいて作業を実施していく。端的に言えば、施工計画とは「全体工程表」と「総合仮設計画図」と各種工事の「施工要領書」にまとめられた内容であり、これらの有無が野丁場と町場の工事の違いと言っても差し支えない。

施工法の立案は元請施工会社の役割であり、言うまでもなく設計図書にもとづく。ただしダイナミックな工期短縮が求められる場合、RC造やS造では建築物のありよう（構法）から再検討されることも珍しくない。

こうした構工法の検討は生産設計とも呼ばれるが、規模が大きくなれば耐火木造にも要請されるようになる。もっともRC造の生産設計が躯体工法の改良に向けられるのに対し、耐火木造では

※1：中村孝「特養老人ホームりんどう麻溝新築工事建設報告書」西武建設, 2010.10

図 総合仮設の例

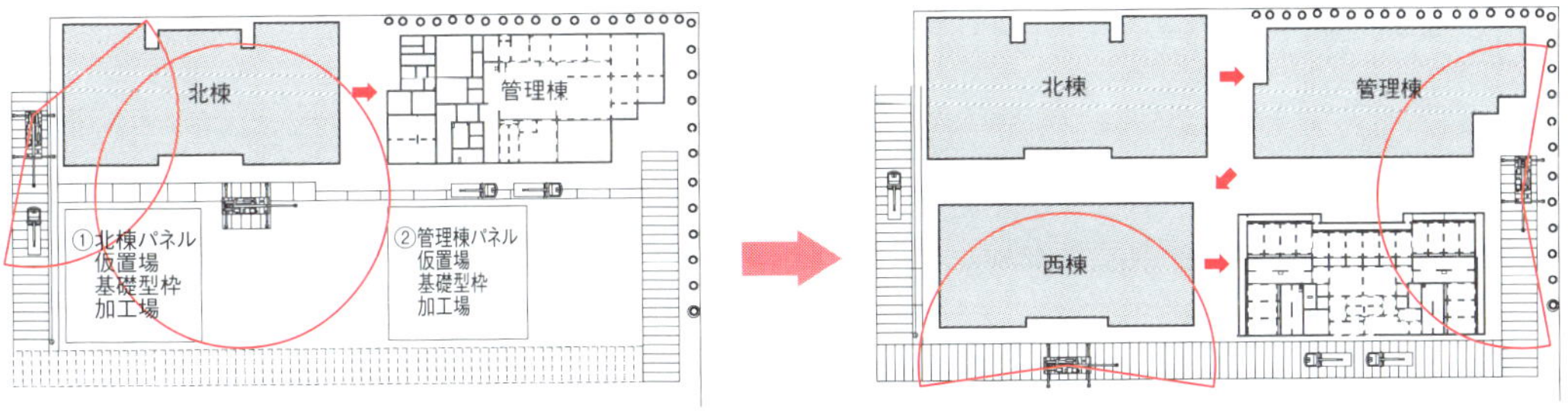

北棟から順次着工。外部足場を解体して次の棟に使用する

工事の様子：北棟は建方完了（左奥）、管理棟は１階のフレーミング中（右奥）、西棟は根切りの準備中（左前）、東棟は管理棟フレーミングの作業場として使用中

表２ 大規模耐火木造事例「りんどう麻溝（２×４工法）」の建築物データ

名称	特別養護老人ホームりんどう麻溝	敷地面積	7,919.6㎡
所在地	神奈川県相模原市	延床面積	6,397.5㎡
設計者	DAN綜合設計	構造・階数	耐火構造（枠組壁工法）・2階建て
施工者	西武建設	工期	2009年11月から2010年10月

床・壁・天井の下地工事のサブパッケージが重要である。

その契機となるのが床・壁・天井を構成する耐火構造の境界条件の検討である。表1はりんどう麻溝で行われた防耐火に関するデザインレビューの様子である。サッシ（防火戸）などの各種部品の取合い、配線・配管ルート、貫通部処理といった各種納まりに関する項目が列挙されている。

工区分割と工期短縮

図は総合仮設計画図の抜粋である。りんどう麻溝はほぼ同規模の4棟から構成されている。こうした建築物の構成は必ずしも一般的でないが、工期短縮を工区分割によって実現した典型例である。つまりこの工事は棟ごとに工区分割されており、各工程が次の工区へ同時移動することによって、一種の流れ作業を実現している（188、189頁の全体工程参照）。

もちろんこうしたスケジュールは偶然ではない。小屋トラスの地組化や2階床のパネル化といったフレーミング工事の省力化によって、その工期が基礎工事と同期化された結果である。

雨天対策の必要性

通常、2×4工法では各階床工事が先行するが、そのように作業を進めると、この工事では1階床組みが1ヶ月間ほど雨ざらしになってしまう。193頁で述べるように、木工事再編成の一環として1階床には置床工法が採用されているが、これは雨天対策も兼ねている。そのため基礎にはスラブオングレード（土間床）[※2]工法が採用され、雨水は釜場より排水されている。

※2：Slab-on-grade Construction。なお日本ではスラブオングラウンド工法と呼ばれることもある

全体工程と歩掛

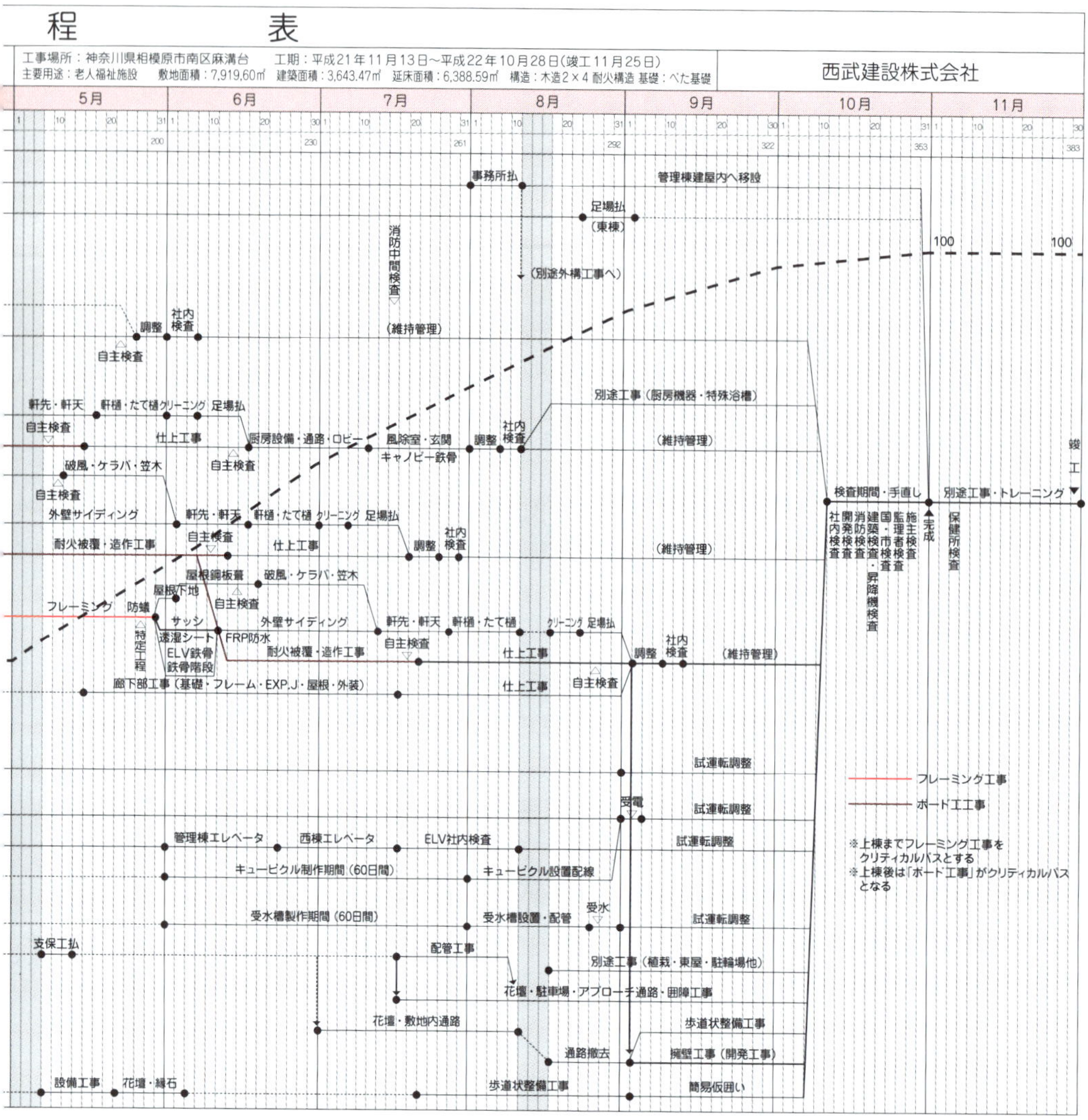

りんどう麻溝の全体工程

図はりんどう麻溝の全体工程である。上棟まではフレーミング工事、上棟後はボード工事（耐火被覆工事）がクリティカルパスになっている。

4棟から構成されるこの建築物では、基礎工事とフレーミング工事の工期を約1ヶ月間に同期化して工事が進められている。各棟の規模は約1500㎡であるが、1ヶ月間を単位とするサイクル工程が実現できたことから、りんどう麻溝の施工管理者はこの規模が耐火木造の施工効率の目安になるのではないかと指摘している。

歩掛の分析

表はフレーミング工事と造作工事の歩掛を表している。目立つのは垂木・野地板作業と天井根太・雑壁※作業の工数である。

この建築物で垂木・野地板作業の工数が目立つ理由は、2階床のパネル化やトラスの地組までは行われたものの、屋根のパネル化までは行われなかったためである。つまり、クリティカルパスに含まれていない垂木・野地板の取り付けは通常作業であり、条件によってはこれらの作業工数を削減できる可能性がある。

※：雑壁とはここでは「非耐火構造壁」を指す

図 大規模耐火木造事例「りんどう麻溝（2×4工法）」の全体工程

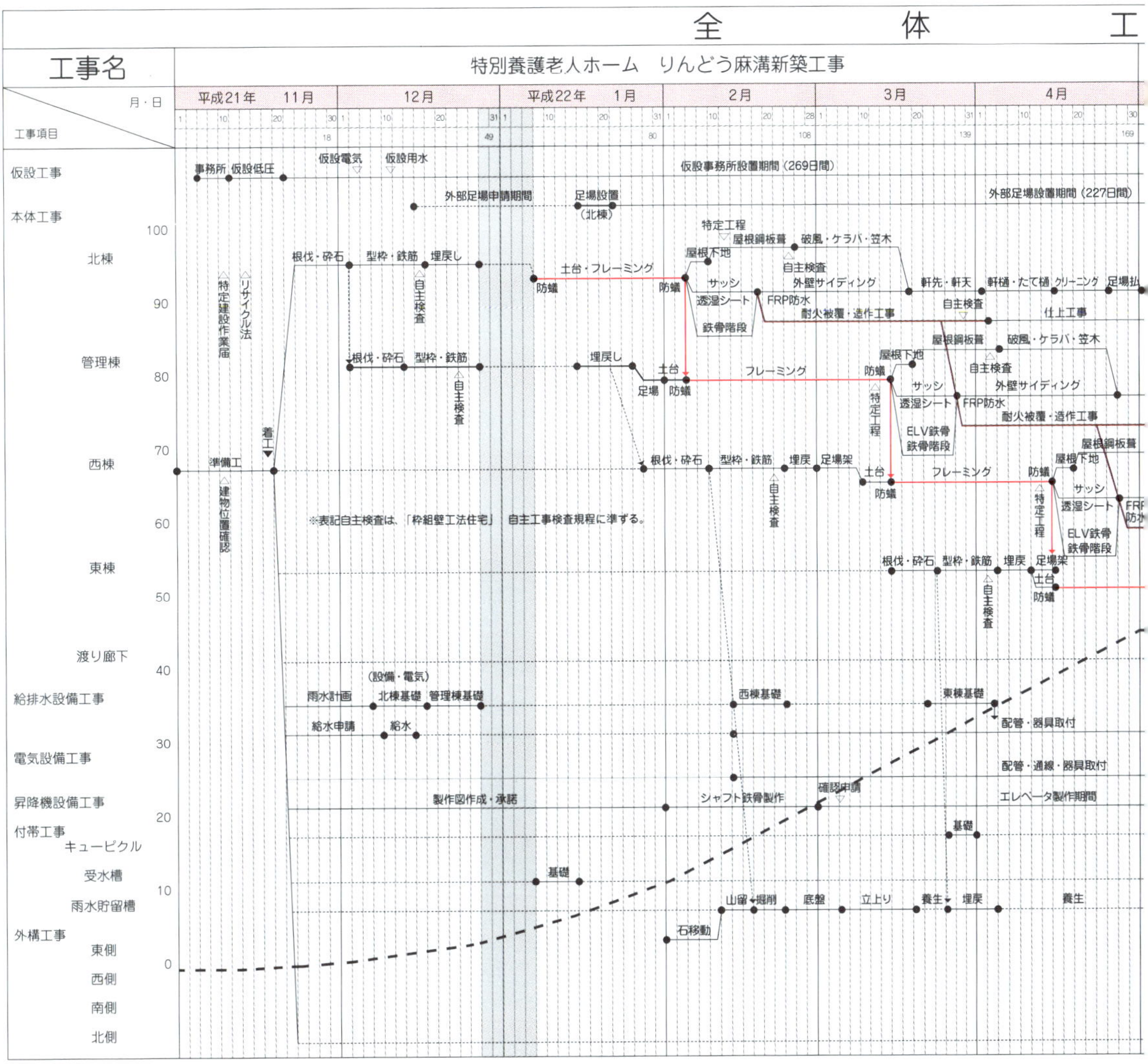

表 「りんどう麻溝（2×4工法）」の歩掛

工事内容			人工（人工／坪）
フレーミング工事			1,056（0.55）
内訳	土台→上棟	土台敷き	98（0.05）
		1階壁組	95（0.05）
		2階床組	109（0.06）
		2階壁組	86（0.05）
		トラス組立・設置	118（0.06）
		垂木・野地板	291（0.15）
	上棟後	天井根太・雑壁	259（0.14）
造作工事			1,206（0.63）

4棟の工事床面積の合計：6,296㎡（1,904.5坪）

一方、天井根太・雑壁作業の工数が目立つのは主に天井の構成に起因する。雑壁をLGS下地に切り替えた管理棟以降は、これらの工数は半減しているからである。現在、2×4工法の耐火木造仕様では、天井根太を床根太間に2本設けることになっているが、施工管理者はこの部位を作業性の観点から改善する余地が残されているのではないかと示唆している。

躯体工事の発注

表　建築総合図の作成手順（2×4工法）

①平面詳細図にたて枠材（構造材）を正確にプロットする。
②電気コンセントなどの位置と配線ルートを決定する。
③換気ダクトや設備配管などの位置を決定する。
④上記の検討過程でたて枠材の位置変更が生じた場合は、構造計算書の確認を行ったうえで構造図を調整する。

躯体工事の特性

躯体工事は元請業者の直営が基本である。RC造の場合、元請業者は材料を発注するとともに、型枠工・鉄筋工・コンクリート工を手配する。一方、S造では鉄骨の発注と鉄骨鳶の手配を行うが、有力な鉄骨ファブリケーターがこれらを材工一式で請け負うことも少なくない。

こうした既存の躯体工事にたとえるなら、軸組工法にしても2×4工法にしても、大規模耐火木造はS造に近い。軸組工法は規模が大きくなると集成材が用いられる。一般に鉄骨鳶がボルト接合を行うが、有力な集成材メーカーはこうした集成材工事を材工一式で請け負うこともできる。

一方、2×4工法の場合はコンポーネント会社※が大きな役割を果たす。こうした業者はパネル加工能力を備えており、枠組図をパネル図に展開する。そのため建て方計画までサポートできる業者も存在し、地域のフレーマー事情にも通じているので労務調達に一役買うこともある。

耐火木造と建築総合図

大規模な建築物では元請業者によって「総合図」と呼ばれる図面が作成されることが少なくない。その典型は公共建築物が建築工事と設備工事とに分離発注された場合であり、構造と設備の取り合いを確認するために総合図が作成される。また、民間建築物でもダイナミックな生産設計がなされた場合には検討内容を取りまとめるために総合図が作成される［表、図1］。

ところで床・壁・天井と設備との取り合いは防耐火性能の弱点となりやすい。たとえばS造建築物の防火区画には、鋼製下地の耐火構造が多用されるが、配管貫通部などは神経を使う部分である。もっともこの場合には間仕切壁の一部の問題にすぎないので、専門工事の施工要領書の範囲で検討すれば済む。

一方、耐火木造では「構造耐力上主要な部分」が耐火構造の壁や床天井の中に含まれ、こうした部分と設備の取り合いが建築物の各所に現れてくる。そのためりんどう麻溝の施工管理者は、大規模耐火木造の防耐火性能を確実に実現する方法として、総合図を用いた全体的検討を推奨している。

実際、配線ルート用の非耐火構造壁を設けたり、木工事の再編の一環として鋼製下地壁を設けたりする場合には、総合図にその配置を明示して検討することが必須となるだろう。

※：2×4材の加工・販売業者。注文ごとに木拾いを行い、製材を必要な長さに切断（プレカット）して1棟分の木材一式を販売する

図1 建築総合図の作成例（意匠図と設備図の情報を集約する）

[S＝1：120]

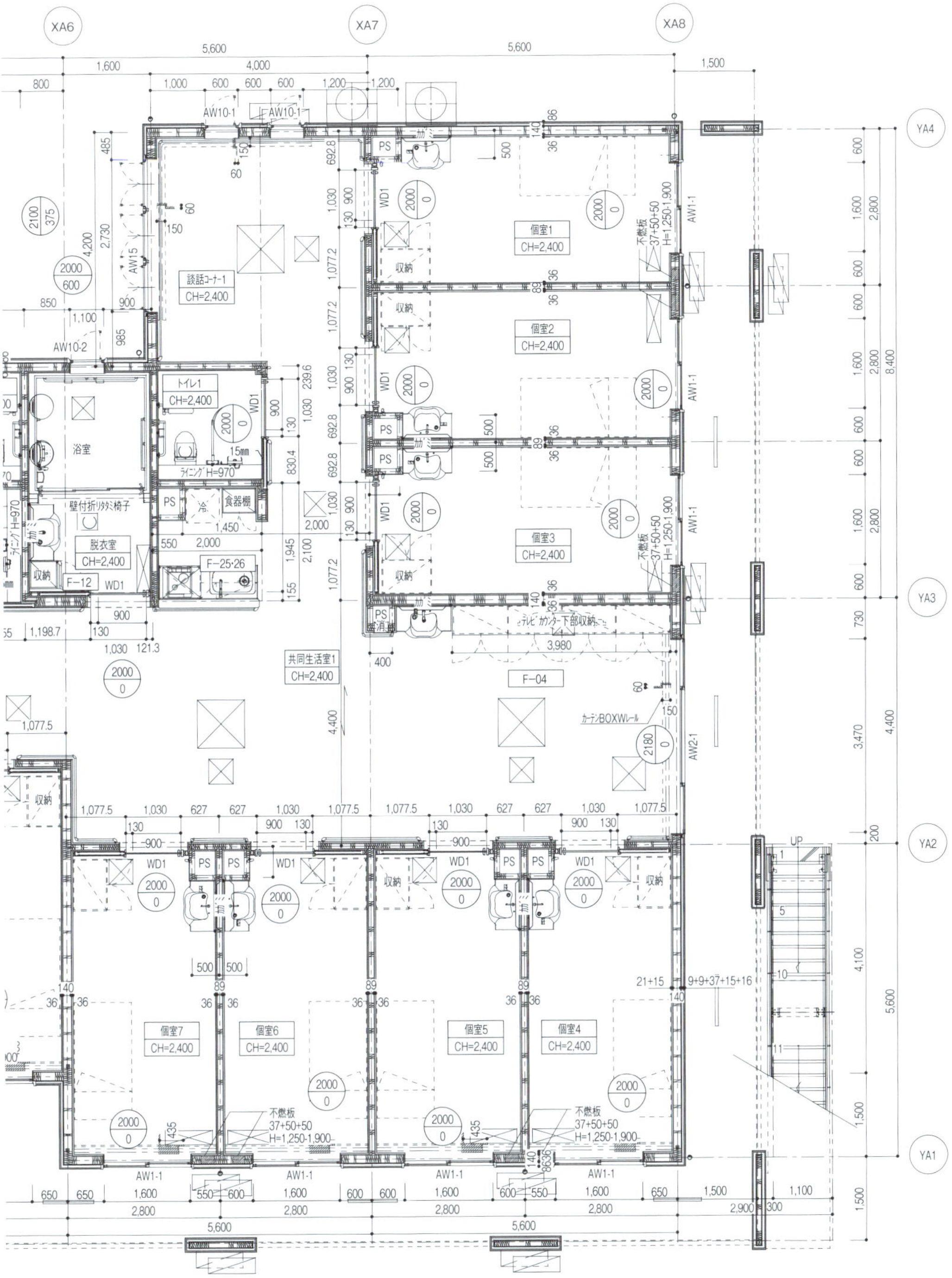

図2 防耐火性能に関する設備・電気施工要領書の作成例 [S＝1：180]

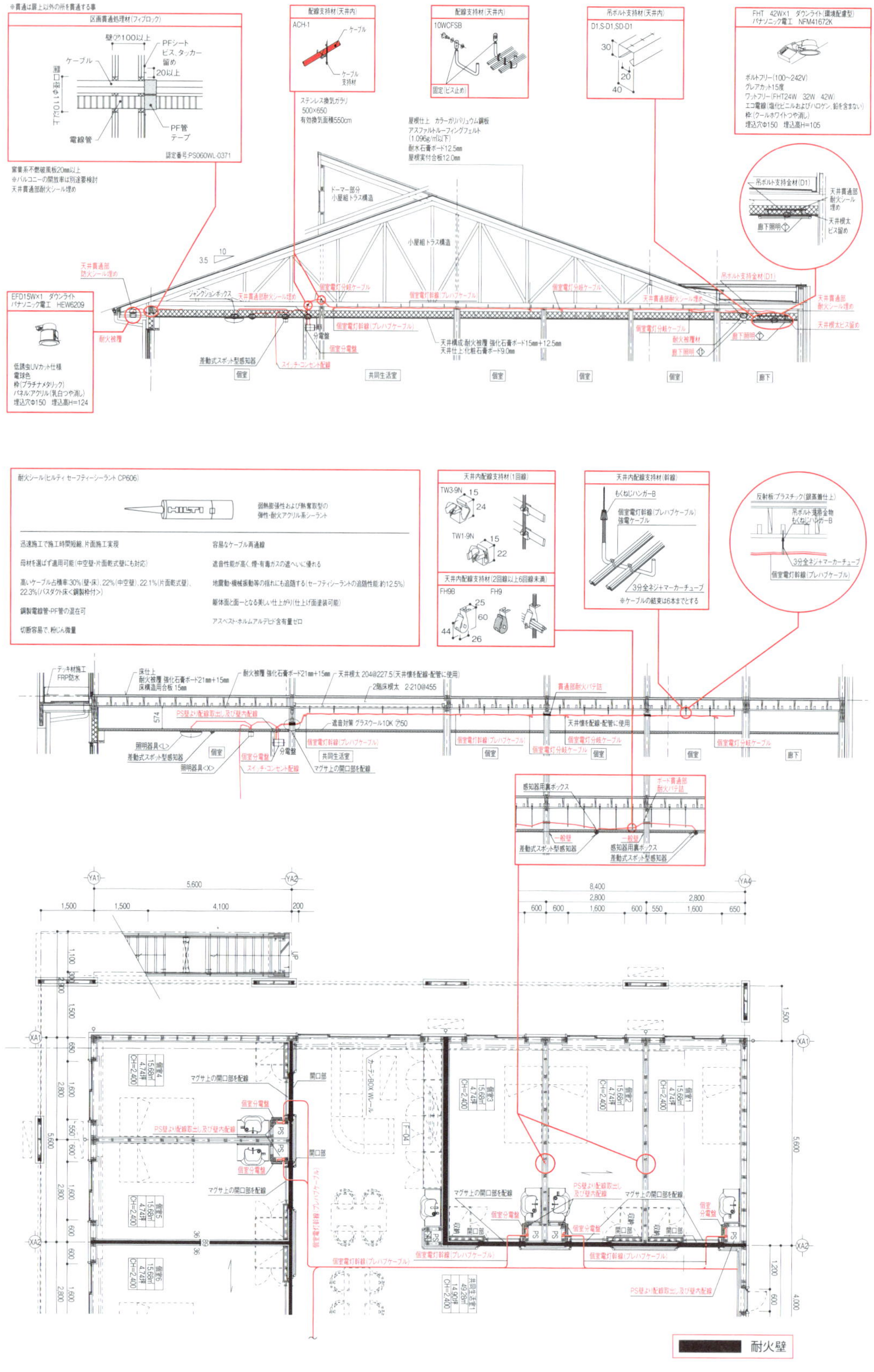

木工事のサブパッケージ

表 大規模耐火木造における木工事の再編成の例（2×4工法）

フレーミング工事	①1階床には置床構法を採用する ②2階床の合板を工場でパネル化する ③壁パネルの開口の小口には工場で不燃材を取り付ける ④小屋トラスは地組によってユニット化する ⑤雑壁（非耐火構造壁）の下地には軽量鉄骨の使用も検討 ⑥重機を活用して効率的なフレーミングチームを構築する
造作工事	①破風・鼻隠し・軒天井の工事は外装工が担当する ②軒天換気口は外装工が担当する ③ボード工事はボード工が担当する ④1階天井下地は軽鉄工が担当する ⑤天井点検口は軽鉄工が担当する ⑥1階置床の下地合板張りまで置床工が担当する

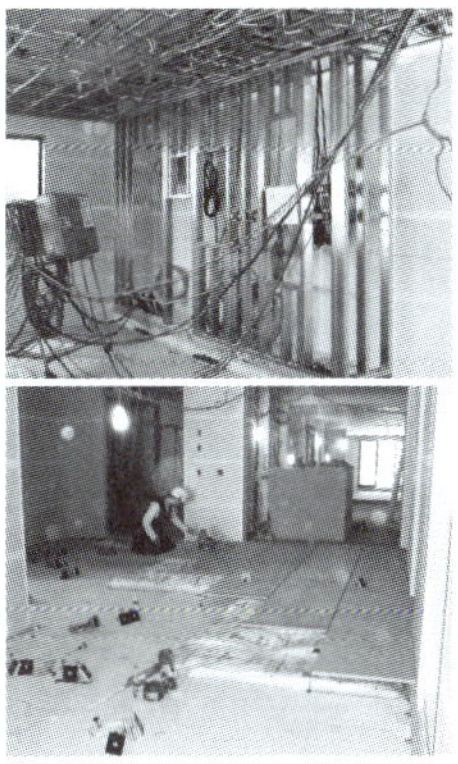

【RC造やS造の内装技術の導入の例】（上）鋼製下地による天井と非耐火壁、（下）1階床への置床工法の導入

耐火木造の工期短縮へのアプローチ

作業の繰り返し性が見込めるとき、工期短縮の最も重要な手段となるのが分業化である。もちろん戸建住宅程度であれば、作業を細分化するとかえって作業効率は低下する。さまざまな木製部材が各種建材・部品に置き換わったにもかかわらず、これらを大工が取り付けているのはそのためである。

しかし一定の規模になれば現場工事の再編の余地が生まれる。たとえばRC造の集合住宅の建設でも、巧妙な工区分割によって要素工程を同期化し、階当たり37戸の躯体の建て方を3日間でこなした例もある。[※1] そこで重要なのが建築物のありよう（構法）を含めた検討である。実際、集合住宅の躯体工事の省力化工法と呼ばれるものは、現場打ちRC部材を要所要所でPCa化することで成立している。

木工事の再編成

表はりんどう麻溝で行われた木工事の再編成の試みを示している。フレーミング工事については重機の利用効率を上げるためのプレハブ化、造作工事については他材料への置換によって、木工事関連の部材数を削減している様子が見て取れる。またボード工事には専門工事業者が存在することから、作業担当がそうした業者へ振り替えられていることも分かる。その一方で、耐火木造の床天井下地やサッシの取り付けなど、他職種では代替できない作業に対して造作大工の集中投入が図られている。

耐火木造の受注スキームの構築

ゼネコンは必ずしも大工の動員が得意なわけではない。したがって表に示されるような木工事の再編成は、ゼネコンが元請業者になった場合に有効な考え方である。もし大工の動員が得意なビルダーなどが参画するのであれば、大工の担当範囲を拡げるような工事のサブパッケージもありうるであろう。

いずれにせよ大規模耐火木造を建設するためにはゼネコンが培ってきた施工計画技術と大工に代表される町場の生産社会を横断する取り組みが必要である［図］。おそらくこれはRC造やS造には要請されない木造に固有の課題であり、耐火木造という新たな技術がさまざまなビルディングタイプに広がっていくうえで、欠くことのできない要件となることであろう。

※1：「三井住友建設／大規模マンション急速施工、1日当たり12戸建設達成」日刊建設工業新聞2009年2月19日

図 非木造用部品の適合性の検討例※2

●エキスパンションジョイントの施工図

①パラペット部のエキスパンションジョイントは、通常パラペット天端から150㎜壁を立上げた部分で施工する
②外壁のエキスパンションジョイントは下地のALC面に施工し、サイディングとの取合いをシーリングする
③２階床のエキスパンションジョイントは、床21㎜石膏ボード面に施工する
④エキスパンションの耐火帯のクリアランスは60～70㎜確保する

[S=1：60]

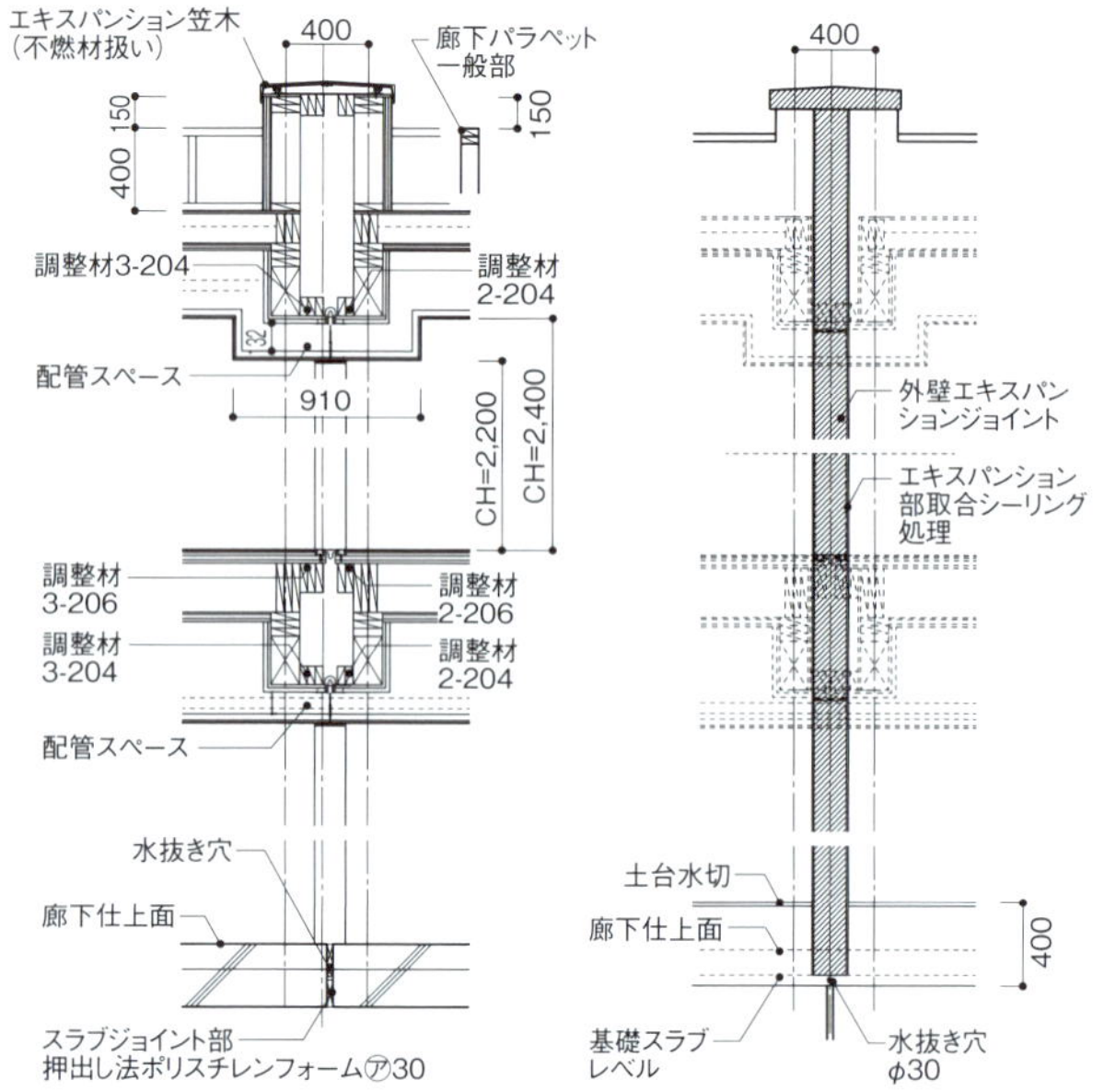

[S=1：60]

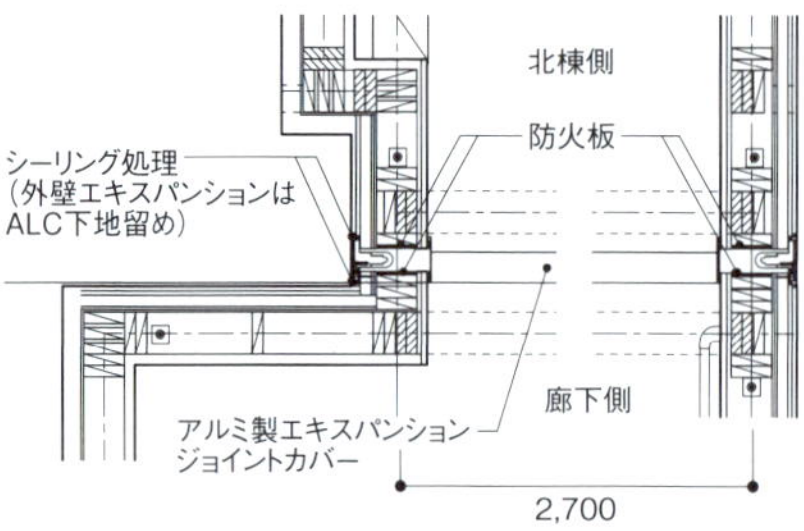

●特別防火設備の施工図

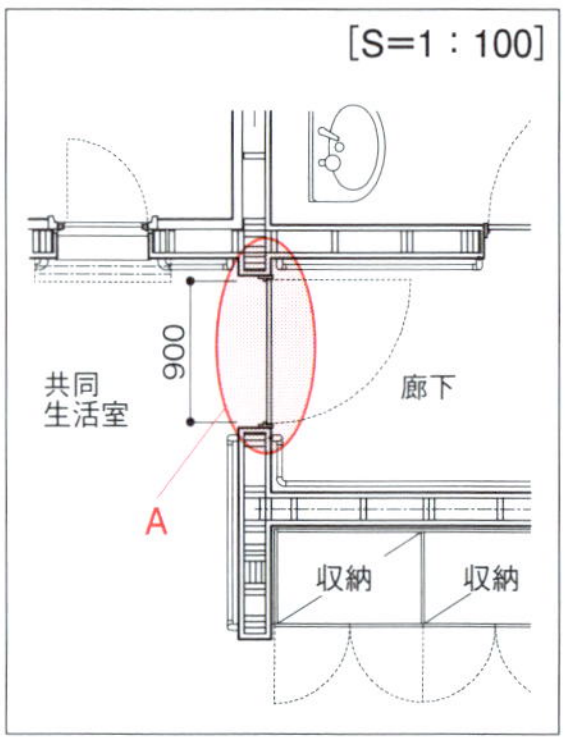

A詳細図［S=1：30］

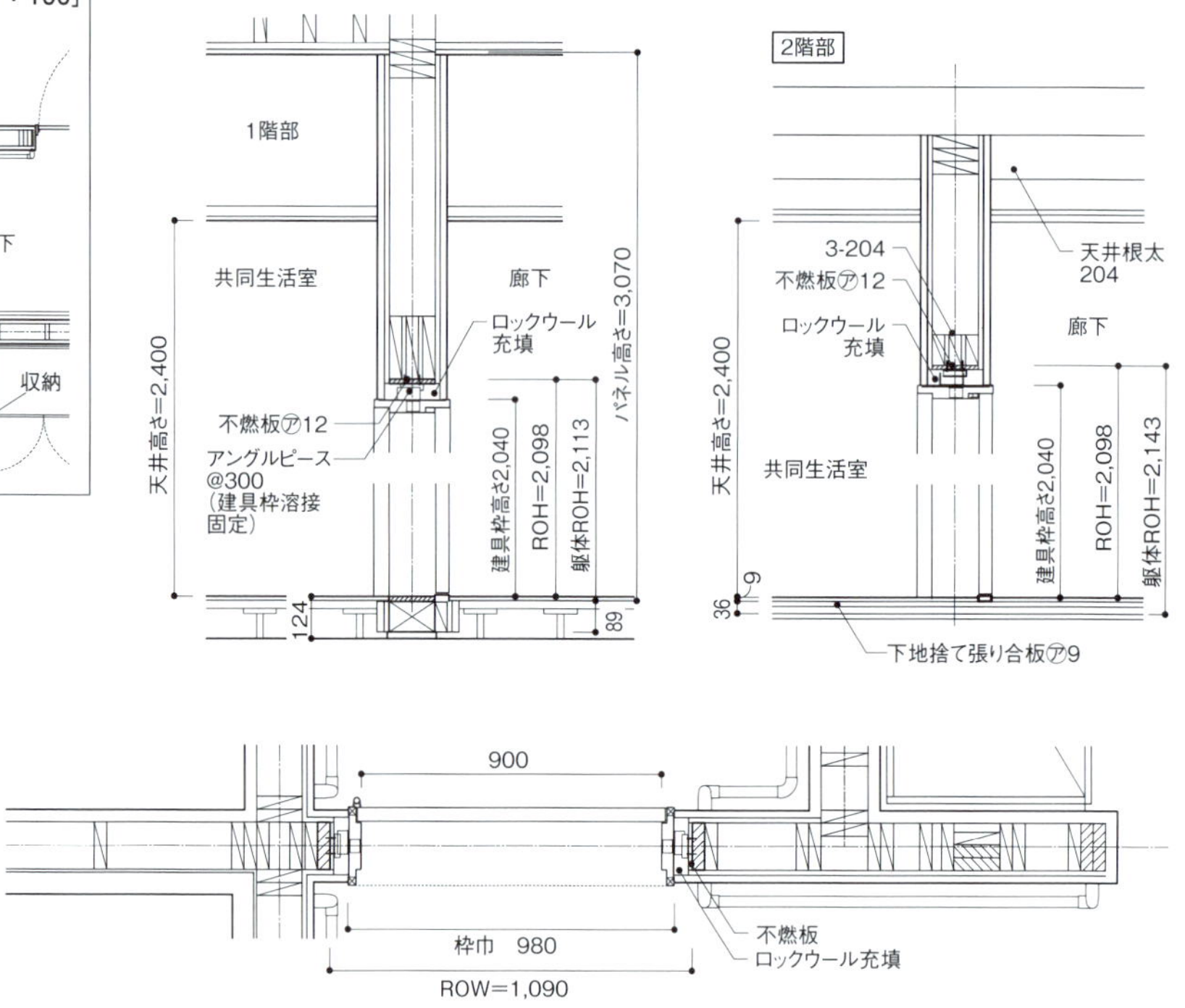

※2：本事例は2010年竣工のため、開口部の内周部措置の考え方が現在と異なっている

ファサードエンジニアリングの新たな課題※1

中大規模木造のファサードデザイン

どのような建物であれ、立地に応じた耐候性や耐火性などが求められる。その一方、架構によって立面構成や外壁材料に違いが生じることも確かである。では中大規模木造のファサードデザインに、どのような特徴が認められるのであろうか。

2010年代中頃から、建築関連誌では定期的に木造特集が組まれるようになった。耐火建築物に限定することなく直近5年間を確認すると、※2 中大規模木造の1／3ほどが「全面ガラス」のファサードをもつ［図1］。しかし「横連窓」「ポツ窓」は少なく、これらから逸脱した「その他」が1／4ほどを占める。こうした内訳は、木造の中高層オフィスビルがまだ少ないことを示しており、ファサードの断面構成を見ても「庇」や「バルコニー」をもつものが2／3を占めている［図2］。

ファサードと木部現し

いうまでもなく、庇等があるファサードは木部現しと関わりが深い。中大規模木造は、仕上げの木質化を図ったハイグレード仕様が多く、立面表現も木材活用に向かう傾向が強い。実際、中大規模木造の2／3ほどに「木製ルーバー」や「板張り」が施され、「木質系耐力壁」を現している場合もある。庇やバルコニーは、これらを保護するだけでなく軒下に柱・梁などの現しを誘発する。特に軒天の木質化は定番化しており、中大規模木造の4割ほどにこうした部位が見られる［図3］。木部を屋外に設けない場合は、「ガラス越し現し」とでも呼ぶべきファサードが定石である。中大規模木造の6割ほどにこうした取組みが見られ、その半数近くが「全面ガラス」と結び付いている。現代建築には、構造表現主義の流れがある。「ガラス越し現し」はその1つであり、線材を組子のように編み上げたり、面材を市松状に配置したりするなどした耐力壁がガラス越しに設置されたりしている。

中大規模木造ファサードの留意点

こうした現代木造の建築表現は、ファサードエンジニアリングに新たな課題をもたらし始めている。その1つは、屋外現し部分の保護である。手引き書は「原則、構造材は現しとしない」と慎重な姿勢を崩さないが、※3 この表現は明らかに例外の発生を予見している。無垢材は差し支えないという意見もあれば、所定の接着剤を使った集成材ならば問題ないという指摘もあり、集成材工場に行けば、暴露試験を兼ねた建屋に10年以上経過した現し集成材の使用例を確認できたりする。屋外現しを仕上げ材に限定したとしても、エイジングの織り込み方によって採用すべき木材保護塗料（WP）は異なり、木製ルーバーにはアセチル化処理だけに割り切ったような事例も存在する。

いずれにせよ、屋外現しの要諦は小口（木材繊維が切断された面）を雨曝しにしないことである。製材では腐朽、木質系材料では膨潤トラブルがここから生じるためである。このように考えていくと、小口を木質系面材でカバーするという着想が浮かんでくるが、実際、こうした方法でLVLの屋外現しに挑んだ事例も存在する。

2つ目は、外壁に木造耐火構造の大臣認定仕様を活用する場合である。告示に例示された仕様は仕上げ材が限定されないため、板張り仕上げをしても差し支えない。一方、大臣認定仕様は、例示仕様に比べて洗練された層構成をもつものの、仕上材が認定範囲に限定される。板張り可能な仕様でも板厚が制約されるため（152、170頁）、壁面の木質化をもっぱら木製ルーバーに頼ることも少なくない［図4］。このように、木造耐火構造の大臣認定仕様と例示仕様には、設計実務上の紛らわしい違いがある。

※1：本稿は「建築技術2022 年11 月号」に発表した内容を加筆・修正したものである。
※2：新建築社編「木造特集」、新建築2017 年11 月号・2018 年11 月号・2019 年10 月号・2020 年11 月号・2021 年11 月号
※3：大橋好光・他9名編「木でつくる中大規模建築の設計入門」日本住宅・木材技術センター、2022.8、p.148

３つ目は、二次部材の扱いである。鉄骨造では、ＡＬＣ外壁などの開口部の補強材が思いのほか建設費を押し上げる。※4 同様に、中大規模木造でもこれらの数量拾いが見積り精度に影響する。もちろん鉄骨造と異なる留意点もある。例えば、鉄骨部材にはカーテンウォールの取付け金物などがあらかじめ溶接されるが、木質部材にはこうした手配が困難である。つまり、非木造では発生しない現場作業が外壁と躯体の境界に生じるため、適切な工事監理を通して品質確保に努めることが求められる。こうしたファサードエンジニアリングの課題は認識され始めたばかりである。案外、この分野の進展が現代木造の中高層化の行方を左右することになるのかもしれない。

図1　飯能商工会議所
（設計・写真提供：野沢正光建築工房）

図2　高知学園大学
（設計・監理・写真提供：艸建築工房）

図3　流山市立おおぐろの森小学校
（設計：日本設計、写真：川澄・小林研二写真事務所）

図4　ザ ロイヤルパーク キャンバス 札幌大通公園
（設計：三菱地所設計、写真：川澄・小林研二写真事務所）

※4：佐藤孝一他「実務者のための鉄骨造再入門」学芸出版社，2022.8、p.162

8 耐火木造の確認申請

確認申請のポイント

本章では木造4階建て（2×4工法）[※1]［表］を例示しながら、耐火木造の建築確認申請のポイントについて述べる。

意匠図と設備図

197頁から203頁に耐火木造の確認申請図書の意匠図と設備図の抜粋を示す。これらを木造3階建ての確認申請図書と比較すると[※2]、用意すべき意匠図や設備図の分量は耐火木造になってもさほど変わらないことが分かる。

耐火木造の申請図面で最も特徴的なことは、平面図の表現がS造の申請図面に近くなることである［198、199頁］。少なくとも外壁と間仕切壁で認定の種類が異なるので、その違いを示すことが必要である。また非耐火構造壁を設ける場合はその明示も重要である。S造を手掛ける設計者なら見慣れた表現であるが、そうでない場合はS造の申請図面も参考にするとよいであろう[※3]。

耐火構造に関する一覧資料

確認申請図書の作成のこつは、各規定の関連事項を簡潔な一覧表にまとめることにある。つまり耐火木造の確認申請では主要構造部に用いる認定仕様と告示仕様に関する仕様書と詳細図の作成が求められる。

こうした資料は大臣認定書の別添から作成できる。もっとも木住協にしても2×4協会にしても、ひな形となる標準仕様書と標準詳細図を作成している。これらの使用方法や条件は各団体の講習会などを通じて解説されている。

なお耐火建築物の申請では特定防火設備や防火設備の一覧資料も必要になるが、これは建具表で兼ねることができる。

構造図

4号建築物であれば基礎伏図・各階床伏図・軸組図に加えて、壁量計算表やN値計算表などをつければよい。耐火木造でもこうした構造図の構成そのものは変わらないが、建物重量の増加を反映した壁量計算が推奨されている［81、86頁］。

4号建築物の範囲を越えると建築基準法の原則通りに許容応力度設計が求められる。実務的に言えば、木造3階建てからは構造設計者との協同が必要になり、構造図作成は委託される。さらに木造4階建てになると構造設計一級建築士による構造設計が求められ、建築確認の他に構造計算適合性判定も必要になる。これらは別の機関に申請することになるが、どちらも適切な機関を選択することが重要である。

その他の添付資料

耐火建築物では防火ダンパーの仕様を示す資料などを添付するが、耐火木造でも同様である。ただし近年は建築基準法の改正に伴って施行規則も頻繁に変わっており、必要な添付書類が増えたり減ったりしている。この点については申請先の機関に確認することが必要である。

表　本章に例示する建築物の概要

用途	共同住宅
階数	4階建て
構造	耐火構造（2×4工法）
建築面積	58㎡
延べ面積	218㎡
用途地域	近隣商業
防火地域	防火地域
敷地面積	110㎡
容積率	198.2%＜400%
建坪率	52.8%＜80%
前面道路幅	8.8m

〈摘要〉申請図書の構成
意匠図13枚、設備図6枚（給排水衛生2枚・電気4枚）、構造図15枚（構造計算書を除く*）、その他添付資料

＊構造計算はルート3による

※1：設計監理：中田好彦建築設計事務所（連絡先：03-6459-7062）。なお事例に関する図面も同事務所の提供による
※2：「確認申請マニュアルコンプリート版｜2011-12」エクスナレッジ、2011.1、pp.164-176　※3：同、pp.212-213、220-223

内外仕上げ表

表1 内部仕上げ表

室名	床	巾木	壁	天井	備考
玄関	ホモジニアスタイル＋合板12mm ALC35＋フリーフロア（2～4階） 下地：強化PB耐火仕様 （2～4階）	木製：H=60 下地：強化 PB耐火仕様 またはPB	ビニールクロス 下地：強化 PB耐火仕様 またはPB	ビニールクロス 下地：強化PB 耐火仕様 以下同様	下足入：既製品 1階床はホモジニアスタイル ＋下地モルタル金鏝 強化PB（NM-8615） PB（NM-8619）
ホール	フローリング12mm ALC35＋フリーフロア（2～4階） 下地：強化PB耐火仕様	同上	同上	同上	
LD	同上	同上	同上	同上	Wカーテンレール（SUS）
キッチン	同上	同上	同上	同上	キッチンL=1650 IHヒーター2穴 カウンター：人造大理石
洋室6帖	同上	同上	同上	同上	Wカーテンレール（SUS）
ウォークイン クロゼット	同上	同上	同上	同上	ハンガーパイプ（SUS） 棚
トイレ	CFシート＋合板12mm ALC35＋フリーフロア（2～4階） 下地：強化PB耐火仕様	同上	同上	同上	棚
洗面室	同上	同上	同上	同上	リネン庫：既製品 防水パン 洗面化粧台L=750
ユニットバス	1216 下床：強化PB耐火仕様 （2～4階）		UB裏壁： 下地：強化 PB耐火仕様 またはPB	UB裏天井： 強化PB耐火 仕様	

共用部	アプローチ	床：石またはタイル、壁：外壁耐火同仕様のうえ、けい酸カルシウム板6＋大理石張り、一部吹付け材、天井：強化PB15＋21（床耐火構造の下面）＋けい酸カルシウム板＋吹付け材	オートロック操作盤
	1階MB	床：ノンスリップシート、壁：外壁（または間仕切り）耐火構造＋けい酸カルシウム板4＋吹付け材、天井部分床：FP060FL-0016＋けい酸カルシウム板＋吹付け材	ポスト
	各階階段室	階段床耐火構造（FP030ST-0002）ただし1階-2階間のみ1時間耐火（FP060FL-0016）と同じ構成の段板、蹴上、あげ裏とする。路面：けい酸カルシウム板6＋ナイスレイ下地ノンスリップシート、蹴上：ノンスリップシート、手摺：集成材、上げ裏天井：けい酸カルシウム板＋吹付け材、壁：外壁耐火構造＋けい酸カルシウム板＋吹付け材	ノンスリップシート:タキストロンt=2.5（タキロン）、またはタキステップ 消火器各階1台設置 （計4台）
	1階階段部分	床：石またはタイル、壁：外壁耐火同仕様のうえ、けい酸カルシウム板6＋大理石またはタイル張り、一部吹付け材、踏面：石またはタイル、蹴上:石またはタイル	

表2 外部仕上げ表

	部位	仕上げ	備考
外部	屋根	ガルバリウム鋼板0.4タテハゼふき 下地：構造用合板 下ふき材：防水紙JIS A 6005 パラペット部分立上り：ガルバリウム鋼板ふき	雪止め、笠木：既製品（下地は防水テープ巻き込み）
	外壁	耐火仕様：窯業系サイディング＋軽量コンクリートパネル（ALC）＋構造用合板 断熱材：ロックウールt=50×2	窯業系サイディング（NM-9119） 断熱材：ロックウール（NM-8600）
	バルコニー	2階～4階バルコニー床:床根太、構造用合板ア15 強化PBア21＋アルミ箔幅100＋強化PBア15＋けい酸カルシウム板6ノンスリップシート2.5 1階バルコニー床：コンクリート金鏝押え＋塗膜防水	手摺：StFB10×50、アルミパンチングメタル3mm
	軒天	軽量コンクリートパネル35 窯業系サイディング15 QF060BE=9225 けい酸カルシウム板6VP ただしバルコニー軒天は強化PBア21＋強化PBア15＋けい酸カルシウム板6VP	SUS換気口（防火ダンパー付） 100φ、3台×2
外構	アプローチ（外）	床：土間コンクリート厚み150mm＋溶接金網 石またはタイル	雨水桝へ水勾配 自転車駐輪機6台
	建物廻り	床：土間コンクリート厚み150mm＋溶接金網 （西） 砕石敷き（南北、東一部）	
	テラス	ウッドデッキ	
	ゴミ置場		
その他		基礎立上り：コンクリート打ち放し補修 外部換気口等ベントキャップはすべて深型ステン防火ダンパー付とする集合ポスト	

FP060BE-0006	外壁：屋外側:窯業系サイディング15　軽量コンクリートパネル35　胴縁45×9　防水紙　構造用合板9 壁内：断熱材：ロックウール(30kg/m²以上)t=50 屋内側：構造用合板なし または9)強化PB15+アルミ箔0.05+強化PB21+ビニールクロス ※ただし共用側はビニルクロスの代わりにけい酸カルシウム板4を付加
FP060BP-0005	間仕切壁(両面)：構造用合板9+強化PB15+強化PB21+ビニルクロス ※ただし共用側はビニルクロスの代わりにけい酸カルシウム板4を付加 ※ただし4階間仕切りはすべてFP060BP-0006とする
FP060BP-0006	間仕切壁(両面)：強化PB15+強化PB21+ビニルクロス ※ただし共用側はビニルクロスの代わりにけい酸カルシウム板4を付加
	間仕切壁：PB12.5両面
	袖壁：外壁屋外側仕様両面+側面
防	建築基準法2条9号に規定する防火設備
防	特定防火設備　平12建告1369号該当

	給排水衛生設備工事は建築基準法施行令129条の2の5による
	換気設備工事は建築基準法施行令129条の2の6による

▲	代替進入口W750×H1200以上(3、4階のみ)

●	住宅用火災警報器　　煙感知式(NS検定品)
◉	住宅用火災警報器　　熱感知式(NS検定品)
	※コンロはIHコンロ(全戸共通)、※火気使用室なし
-----	建築基準法施行令125条、125条の2、126条の歩行距離
	エアコン室外機
	ガス給湯器

消	消火器
	給気口100φFD付　H=FL+450
	排気口100φFD付
	換気扇(24時間換気)・スイッチは長押しでOFFになる構造
	換気扇(スチール製)局所
	換気扇(樹脂)局所
	非常用照明
H	2、4階避難器具(固定式避難ハシゴ)
	3階避難器具(固定式避難ハシゴ)

消防法の無窓階の判定
2階～4階の規定開口部の数=1(<2.∴無窓階)
1階：53.7m²/30=1.79(<4.9=1.65×2+0.8×2.∴有窓階)

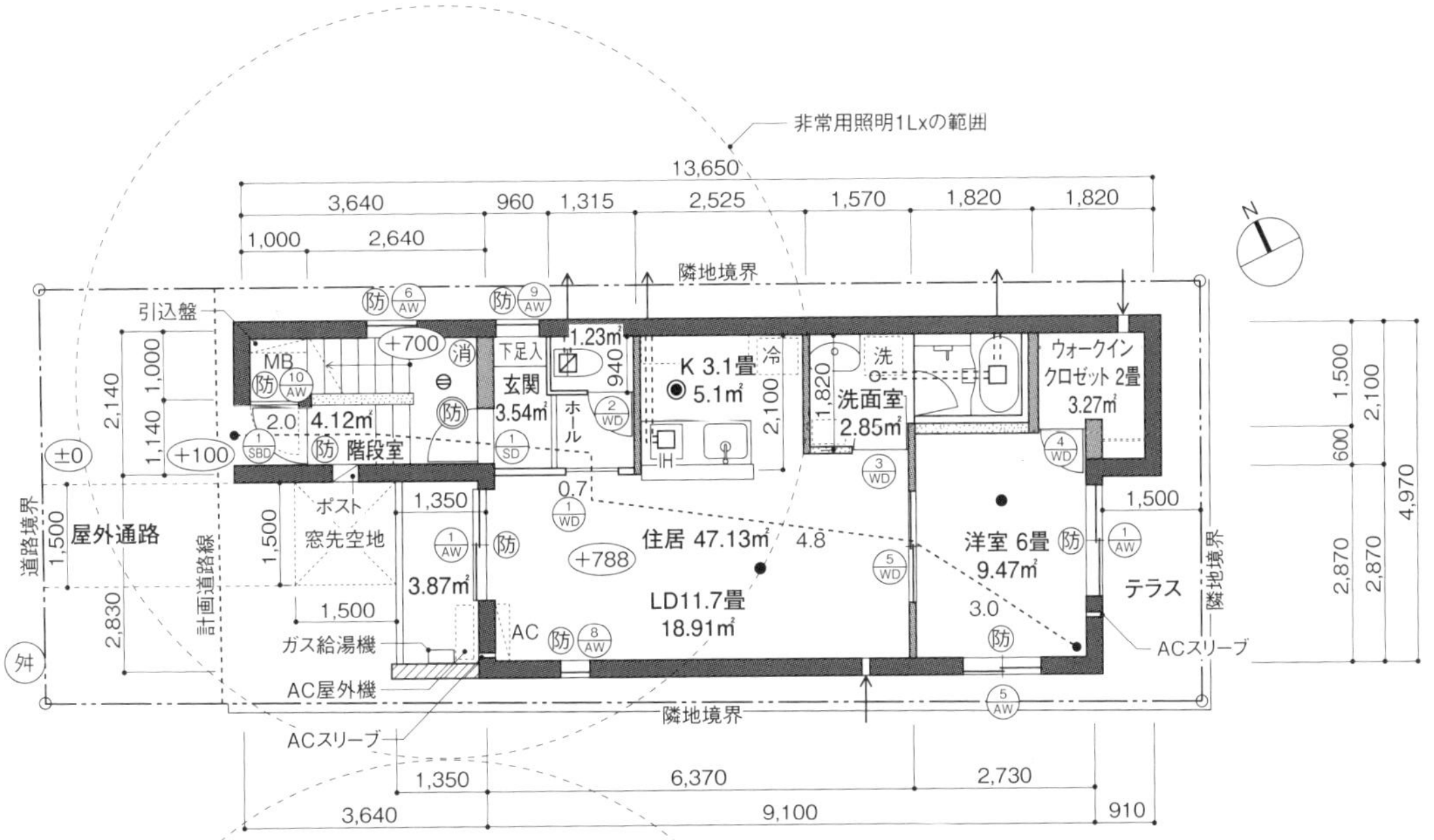

1階平面図(S＝1：150)

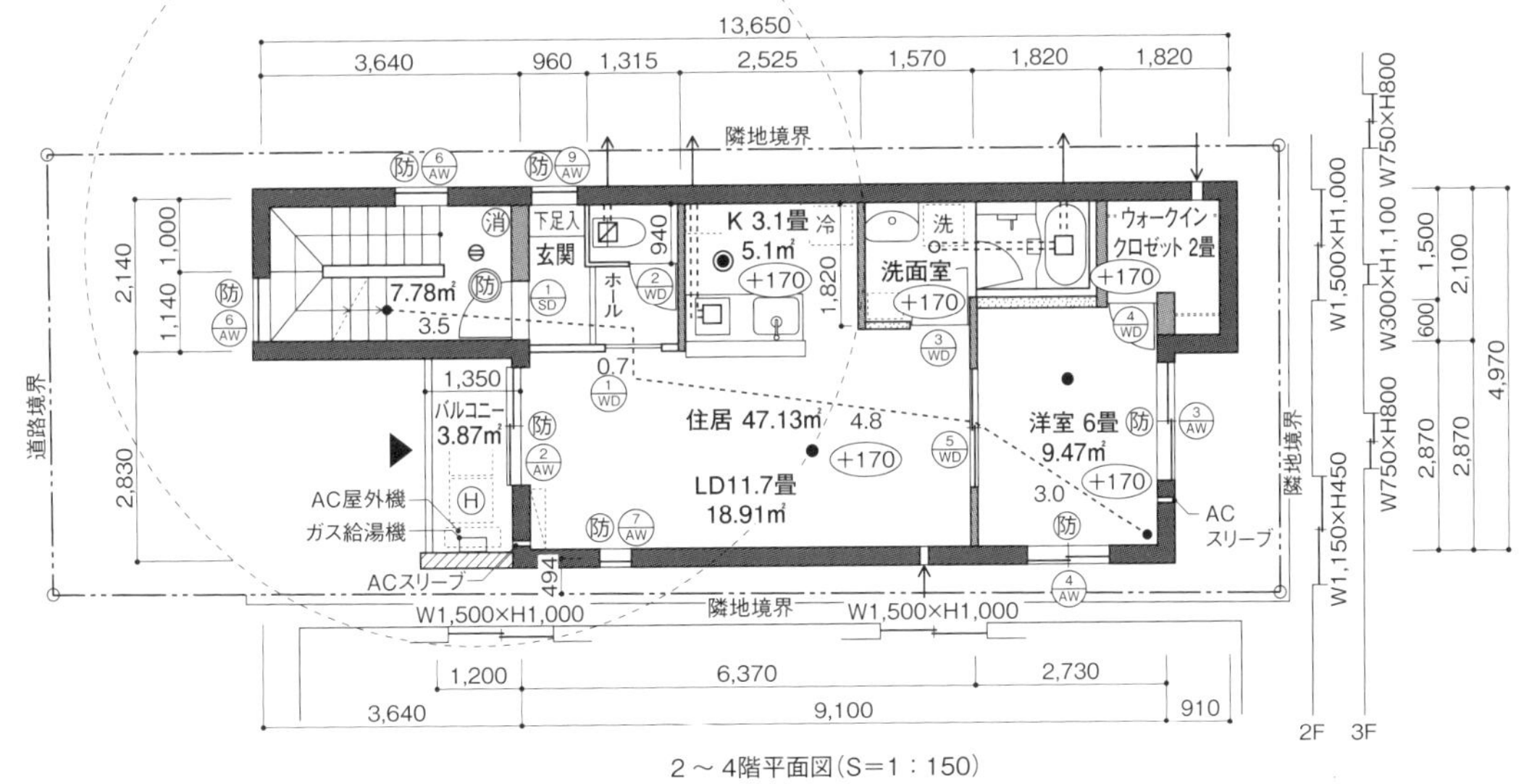

2～4階平面図(S＝1：150)

■採光チェック表

	居室面積		必要採光面積		有効採光面積	係数d/h×10−1	開口面積	判定
1階洋室6帖	9.47	÷7	1.353	<	1.38=3.3×0.42	1.5/10.507×10−1=0.427	W1.65×H2=3.3	OK
2階洋室6帖	9.47	÷7	1.353	<	2.14	1.5/7.269×10−1=1.06	W1.65×H1.3=2.14	OK
LD	18.91	÷7	2.7	<	3.3		W1.65×H2=3.3	OK

■換気チェック表

	居室面積		必要換気面積		有効換気面積	開口面積	判定
LD	18.91	÷20	0.946	<	開口面積の1/2=1.65	W1.65×H2=3.3	OK
洋室6帖	9.47	÷20	0.474	<	開口面積の1/2=1.07	W1.65×H1.3=2.14	OK

(注)排煙:建築基準法施行令126条の2-1-1参照

立面図・断面図

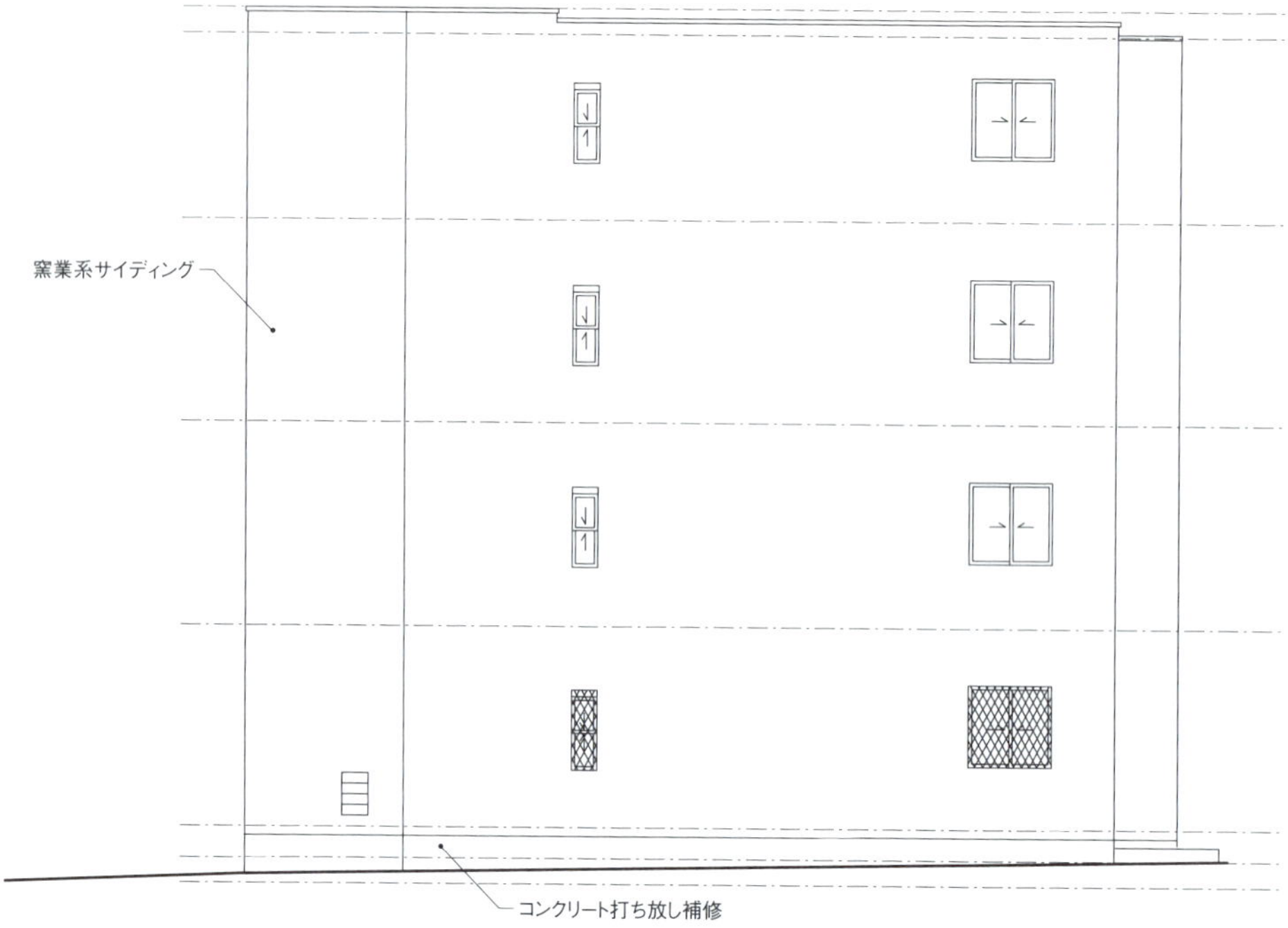

南立面図（S＝1：150）

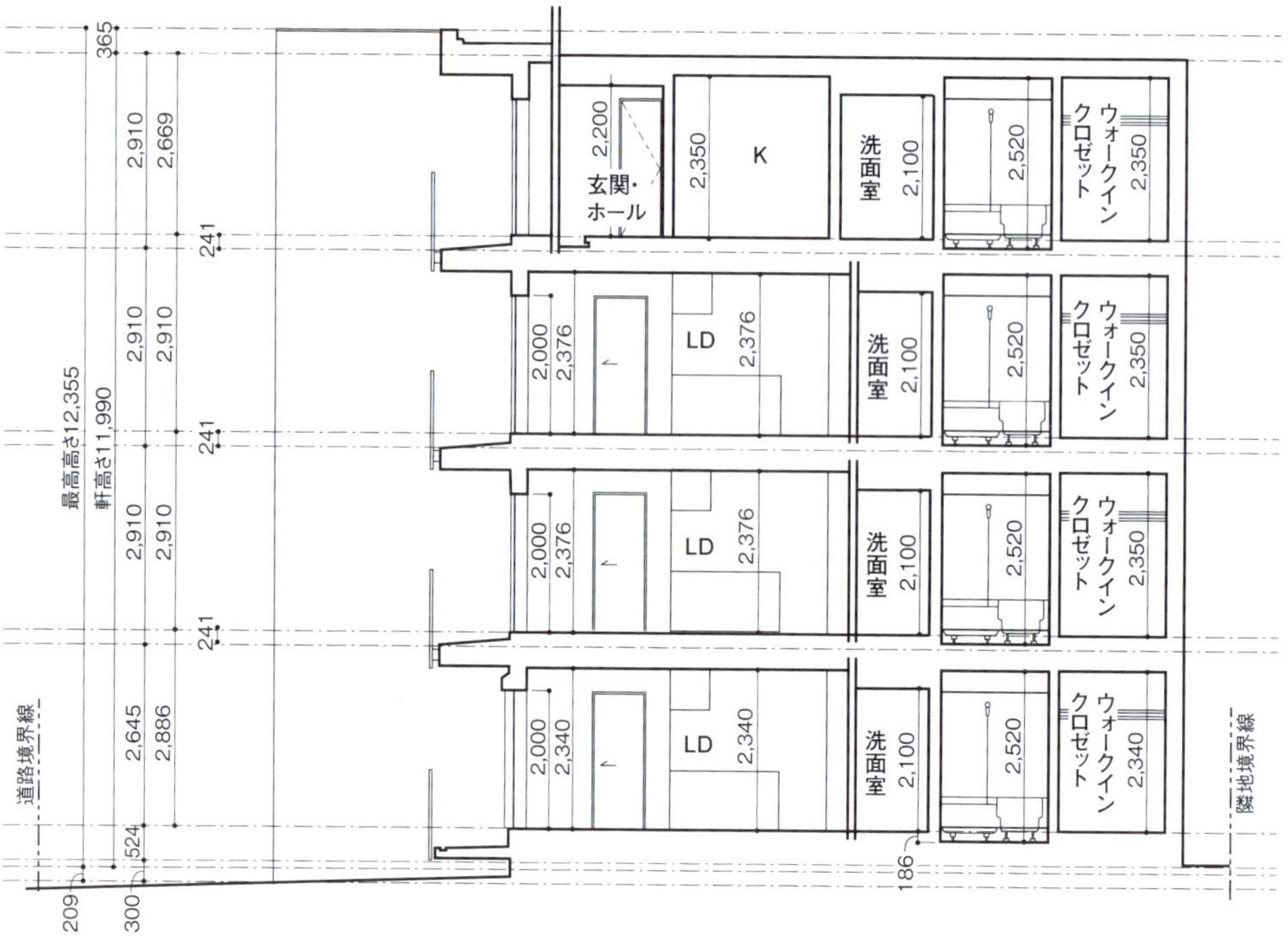

東西断面図（S＝1：150）

立面図

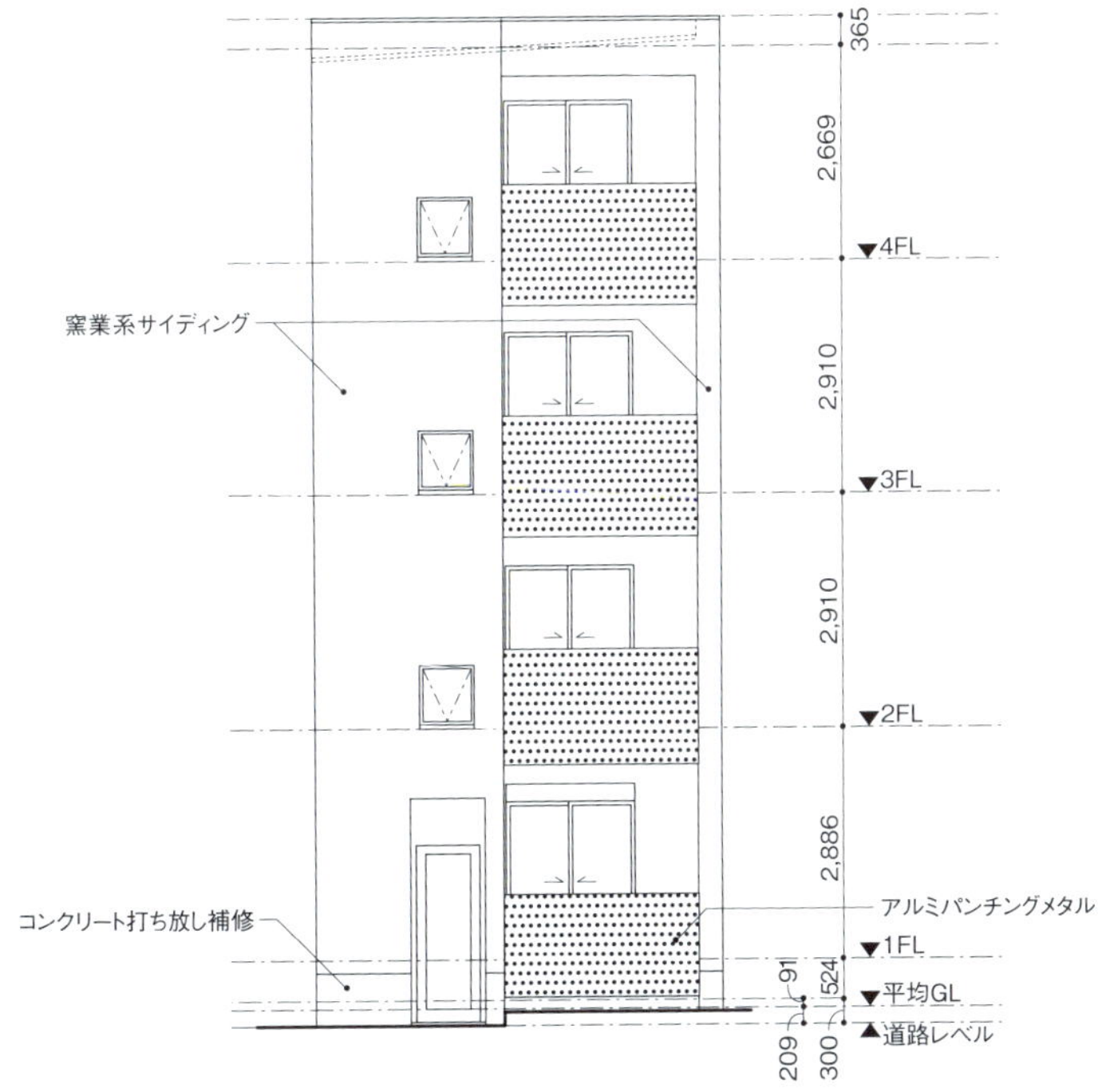

西立面図（S＝1：150）

断面図

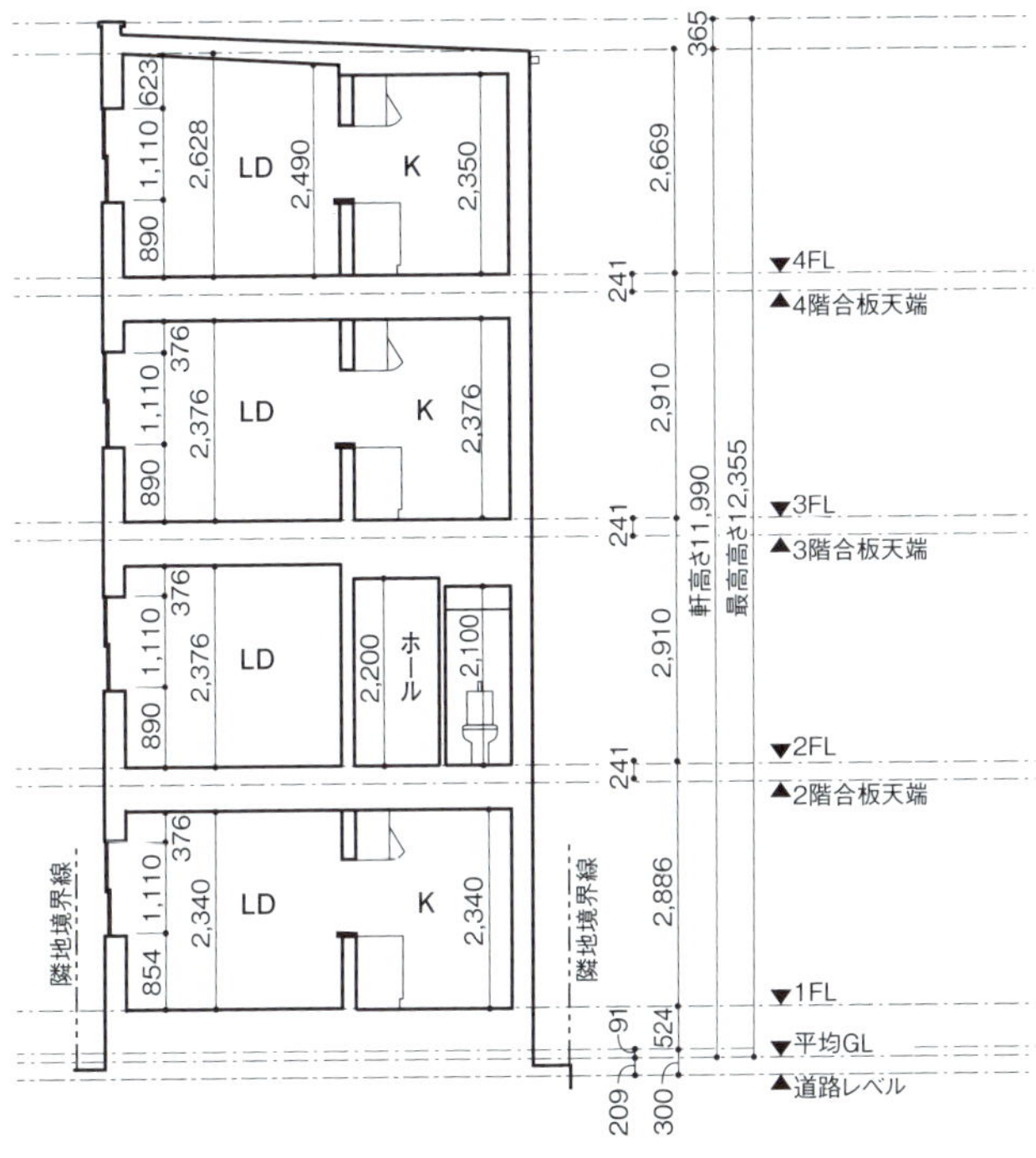

南北断面図（S＝1：150）

建具表

（下表は一部抜粋）

記号・名称	4 AW 引違いサッシュ	5 AW 面格子付き引違いサッシュ	6 AW 内倒しサッシュ
形状 寸法	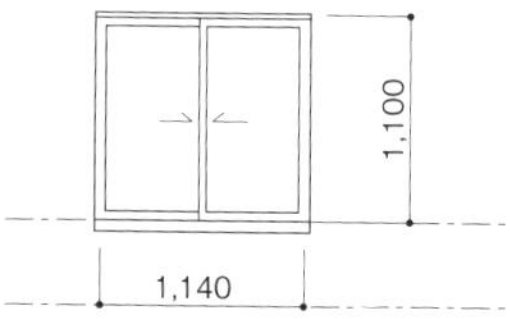	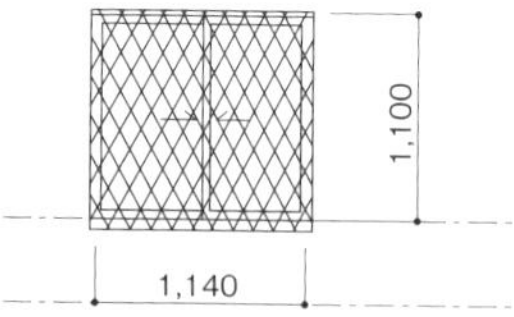	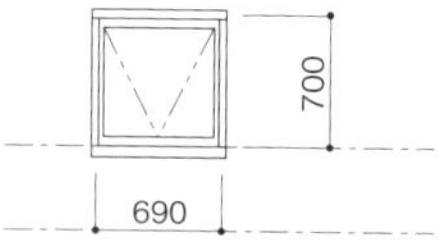
数量・場所	洋室　3	洋室　1	階段室　7
材質・仕上	アルミ形材　電解着色	アルミ形材　電解着色	アルミ形材　電解着色
見込	70	70	70
ガラス	アミ入りトーメイ6.8+AS6+トーメイ3	アミ入りトーメイ6.8+AS6+トーメイ3	アミ入りトーメイ6.8+AS6+トーメイ3
金物	付属金物一式	付属金物一式	付属金物一式
備考	防火設備　EB-9112	防火設備　EB-9112	防火設備　EB-9115

記号・名称	10 AW 開きサッシュ	1 SSD 片開き框ドア	1 SD 片開きドア
形状 寸法	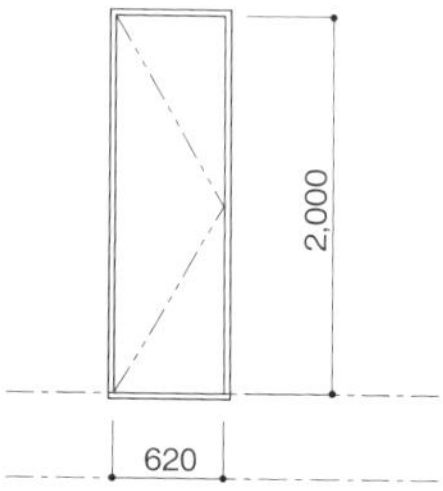	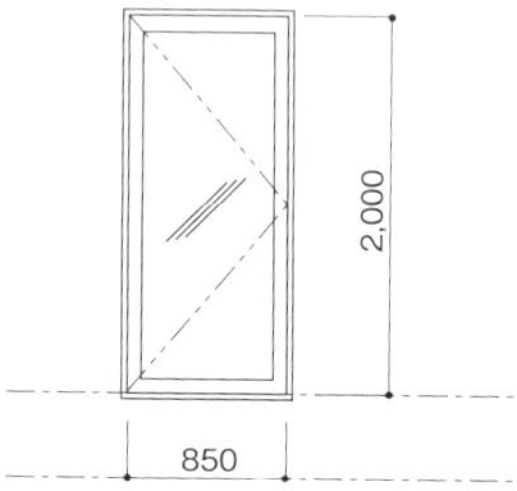	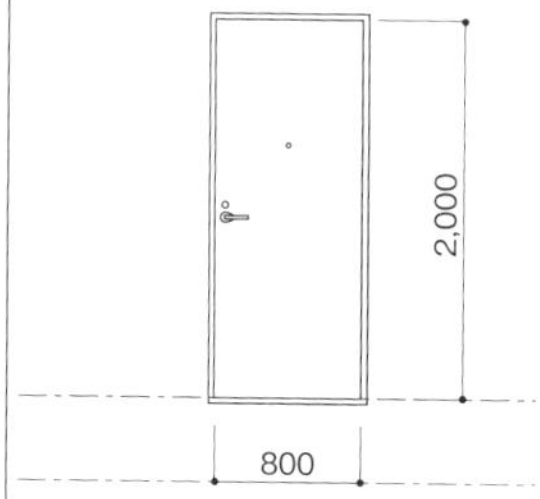
数量・場所	1階MB　1	1階階段室　1	玄関　4
材質・仕上	アルミ形材+アルミ板3mm　電解着色	SUS　ヘアライン	鋼板1.6mm
見込	70	80	80
ガラス		網入り6.8トーメイ	
金物	付属金物一式	フロアヒンジ　オートドア金物一式	レバーハンドル、シリンダー錠
		ハンドル：丸パイプタイプ	ドアスコープ、ドアガード、補助錠
備考	防火設備　EB-9117	平12建告1369号防火設備　非常時解錠装置付き	特定防火設備平12建告1369号該当

記号・名称	4 WD 片開きフラッシュ戸	5 WD 引き分けフラッシュ戸
形状 寸法	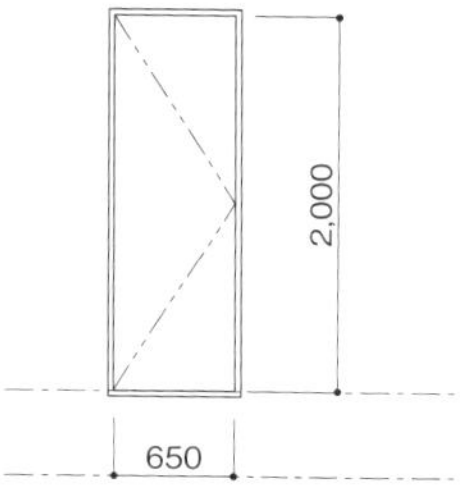	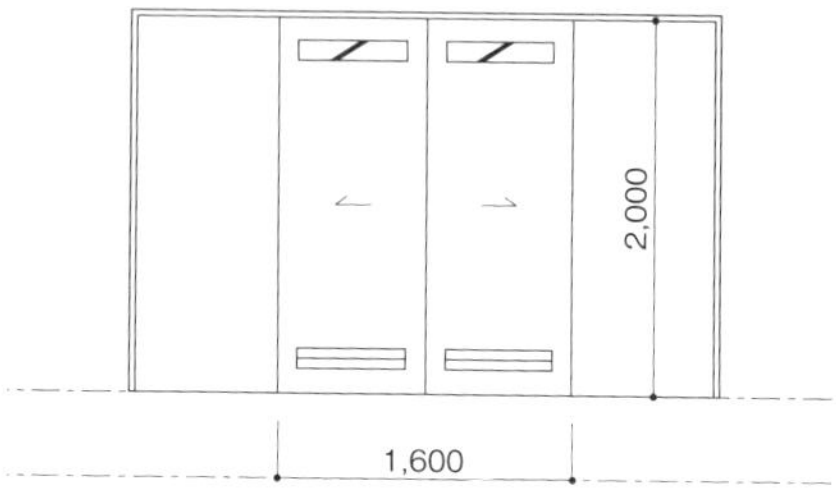
数量・場所	ウォークインクロゼット　4	洋室　4
材質・仕上	芯：LVL　表面：MDF、オレフィン	芯：LVL　表面：MDF、オレフィン
見込	150	150
ガラス		
金物	付属金物一式	付属金物一式
備考	建具下換気用アンダーカット	換気用ガラリ付き

（注）AWはすべて補助錠付き

衛生設備平面図

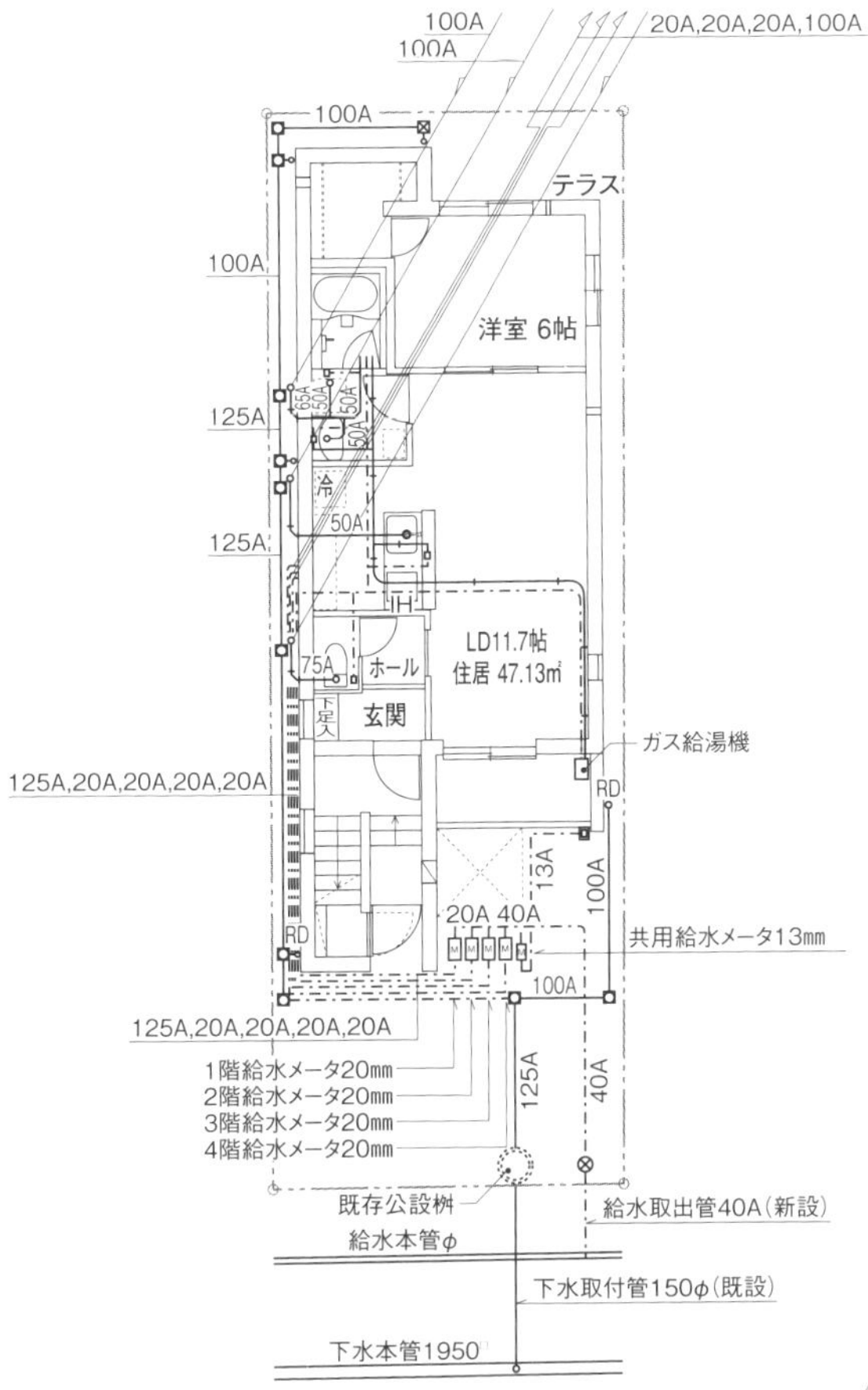

1階平面図
（S＝1：180）

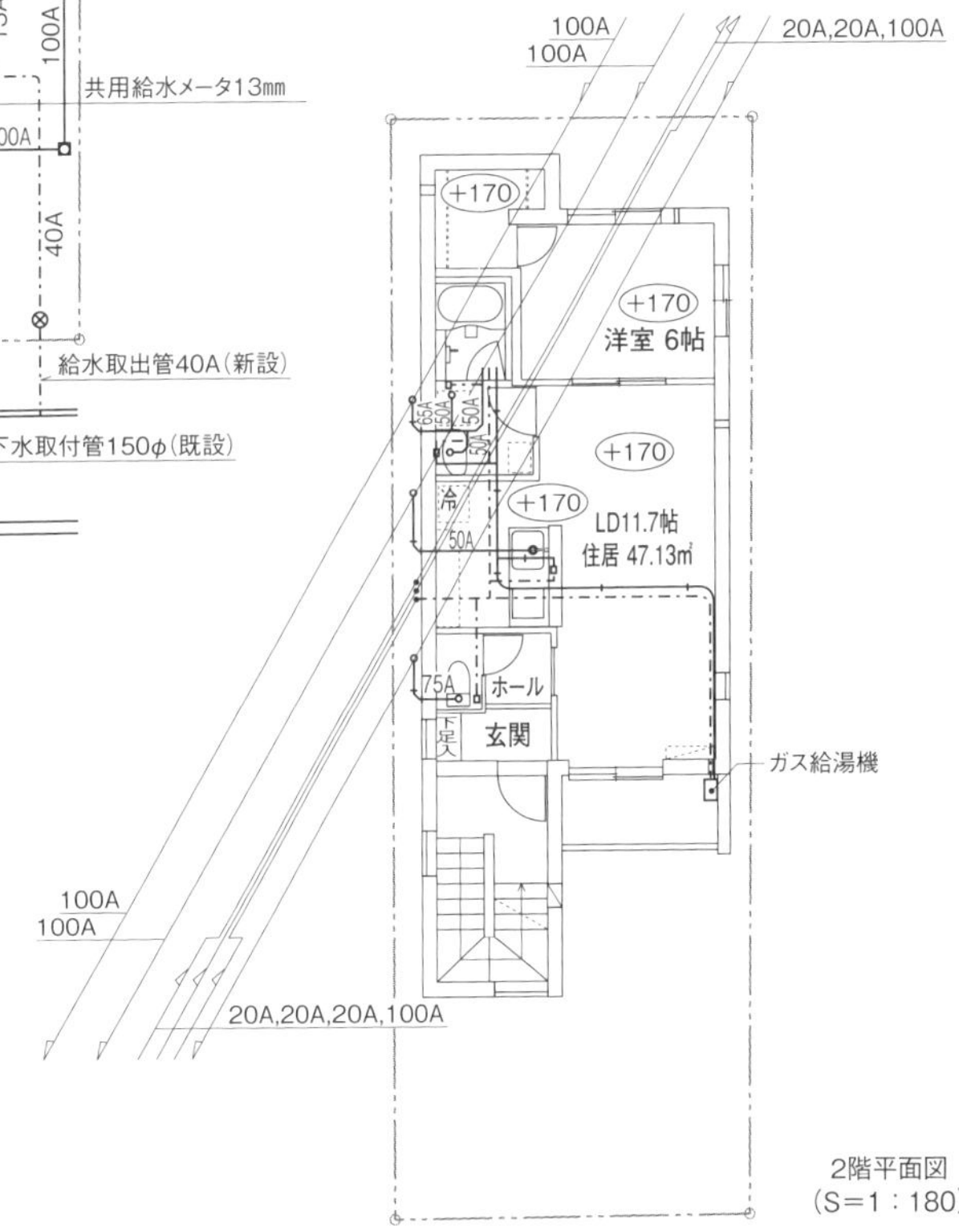

2階平面図
（S＝1：180）

住戸内配管サイズ表

名称	主管	給湯器	台所	ユニットバス	洗濯機パン	便器	備考
給水・給湯管	16φ	16φ	13φ	13φ	13φ	13φ	
排水管	65A		50A	50A	50A	75A	

配管材仕様表

	屋外	屋内	防火区画貫通部
排水管（雑排水）	VU50～150	VU50～100	耐火音ナイン
排水管（雨水）	VU50～100		耐火音ナイン
給水管	HIV20～50	HIV20・PB16～13	フィブロック
給湯管		PB16～13	フィブロック

広がる中高層木造

表　中高層木造の代表例

竣工年	名　称	階数	摘　要
2011年	東部地域振興ふれあい拠点施設	6F	立面混構造（1～3FはS造）軸組工法
2013年	下馬の集合住宅	5F	立面混構造（1FはRC造）軸組工法
2016年	高知県自治会館新庁舎	6F	立面混構造（中間層免震。1～3FはRC造）軸組・CLT工法
	花畑あすか苑	5F	立面混構造（1FはRC造）2×4工法
	ぷろぼの福祉ビル	5F	立面混構造（1FはRC造）CLT工法
2017年	yeniev南笹口	5F	5階建て木造。軸組工法による2時間耐火
2018年	江東区立有明西学園	5F	平面・立面混構造（1Fと各階の特別教室をRC化）
	THE WOOD	6F	立面混構造（1～2FはS造）
2019年	長門市本庁舎	5F	平面混構造（両端コアをRC化）
2020年	FLATS WOODS 木場	12F	柱の木質化。5～8Fに燃え止まり型2時間耐火を使用
	Fujiプレゼンスプロジェクト	5F	5階建て木造。2×4工法による2時間耐火
2021年	MOCXION INAGI	5F	立面混構造（1FはRC造）2×4工法
	髙惣木工ビル	7F	7階建て木造。燃え止まり型の2時間耐火
	HULIC &New GINZA8	12F	平面混構造。燃え止まり型の2時間耐火（敷地奥はS造）
2022年	Port Plus	11F	11階建て木造。燃え止まり型の2時間耐火（基礎免震）

多層化の進行

耐火木造は木造の多層化をもたらした。1時間耐火構造の適用範囲は4階建て以下に限られるとはいえ、立面混構造を採用することで6階建て前後も可能にしたのである［表］。実際、公共建築物木材利用促進法が施行された翌年、こうした木質系混構造によって、6階建て公共建築の木造化が早くも試みられることになった［7頁図2］。

さらに一通りの部位に木造1時間耐火が例示される頃には純木造5階建てが現れ、2022年には10階建てを超える木造が、基礎免震を併用しながら実現することになった。そしてこの頃になると、高さ100mの高層木造など、かつては想像さえできなかったプロジェクトが発表されることになったのである［18頁図4］。

木造耐火構造の開発傾向

こうした多層化の進行は木造耐火構造に関する技術開発の賜物である。建築基準法上、5階建て以上には下層階の柱・梁などに1.5時間か2時間耐火構造が要求される［27頁表1］。さらに15階建て以上になると、下層階の柱・梁に2.5時間耐火が要求され、20階建て以上では3時間耐火が必要になる。中高層木造の出現は、木造がこうした要求性能を次々に達成していった証である。

木造耐火構造の大臣認定リストは、この歩みを雄弁に物語っている［図1］。2010年代前半までは基本的に1時間耐火の開発に止まっていた。10年代後半には2時間耐火の開発成果が顕在化するが、大半は1時間耐火であった。しかし20年代に入ると、開発の中心は明らかに2時間耐火に移行する。3時間耐火を含めれば、この時期の大臣認定の2／3は中高層木造向けである※1。

中高層木造という隘路

中高層木造という新たな建築市場が現れ始めている。しかし現時点では、こうした工事の担い手は必ずしも容易に見つからない。1970年代以降、日本の木造を担ったのは工務店と呼ばれる建設業者である。工務店は全国に数万社存在するものの、主に戸建住宅を請け負ってきた。そのためこうした会社は、中大規模工事のマネジメント力を基本的に保有していないのである。

いうまでもなく、中大規模工事を請け負う総合建設業者が日本各地に存在する。複数の県に営業所をもつ総合建設業者に限ったとしても、5千社近くが存在する。しかし、ゼネコンと呼ばれるこ

※1：1.5時間耐火構造は2023年の建築基準法改正によって導入された。そのため図1の集計期間には1.5時間耐火構造は見当たらない

れらの会社は、もっぱら非木造建築を手掛けており、木造工事に不慣れであることは否めない。

戦前、大手ゼネコンが木造工事に長けていたことは確かである。大規模工事の出発点はレンガ造の官庁建築に遡る。実はレンガ造建築物のもっとも大きな専門工事は木造工事であり、こうした建物を請け負う会社は、傘下に多数の大工を抱えていたのである。しかし、野丁場仕事がRC造やS造に移行して半世紀以上が経過した。今日、大手ゼネコンの協力会社に、かつてのような大工集団を見いだすことはできない。

木質系躯体の工事編成という課題

木造ドーム等を手掛けてきたゼネコンにとって、もはや大断面集成材工事は特別なものではない。S造と同様、協力会社に建方工事を任せることが可能であり、適当な協力会社が見当たらないなら、集成材メーカーに材工一式で発注することもできる。しかし、建築関連誌に発表された中高層木造を見る限り、その躯体工事のあり方を大断面集成材工事と同一視することは難しい。

図2は建築関連誌に掲載された中大規模耐火木造の調査結果である※2。調査対象8事例には表の中の6事例が含まれている。中高層木造の場合でも、集成材メーカーが大きな役割を果たしている場合もある［図2―①］。しかし目立つのは、耐火木質部材の開発会社が様々な立場で参画していることである［図2②～④］。その一方で、通常は非木造の元請けになる地場ゼネコンが、躯体工事のサブコンを務めている事例も目を引く［図2―⑥］。さらに2階建ての中規模建築物に目を向ければ、2×4住宅を手掛ける地元ビルダーが、躯体サブコンを務めている事例も存在したりする。

今のところ、中高層木造の木質系躯体工事に定型を見出すことは困難である。こうした状況は、技術的な試行錯誤が盛んであることを物語っている。そうしたさまざまな取り組みが1つの典型に集約されていくのか、それとも幾つかの豊かなバリエーションとして並立していくのか、現時点で見通すことはできない。しかし今日、木質系躯体の工事編成という大きな課題が、中高層木造の前に浮上し始めたことは確かである。

図1 木造耐火構造（柱）の大臣認定数の推移（2022年12月まで）

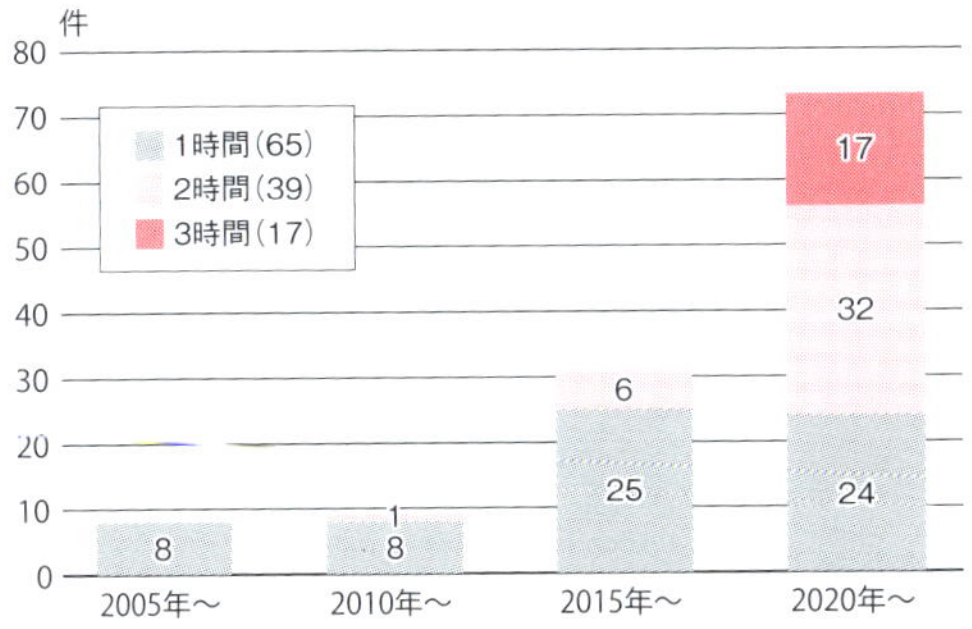

図2 中大規模耐火木造の工事編成の例※2

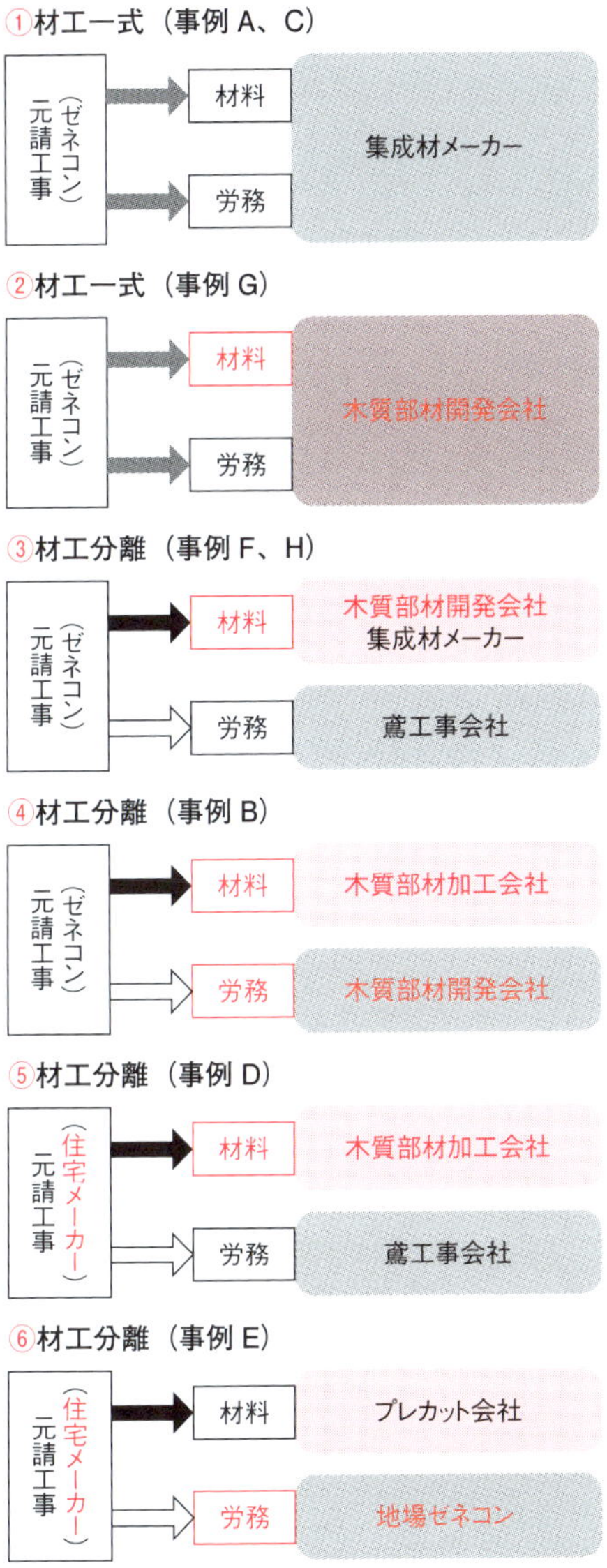

※2：西川直志・佐藤考一「大規模耐火木造の普及に向けた施工実態の調査」日本建築学会北陸支部研究報告集第66号、2023.7、pp. 236-239

参考文献

1章

「高齢者施設における建物整備と法人経営」（平成 20 年度厚生労働省老人保健事業推進等国庫補助事業）（一社）日本医療福祉建築協会　2009.3

「木造 1 時間耐火建築物の設計事例（2009）」「同（2010）」（社）日本木造住宅産業協会　2009.5、2010.5

「耐火木造による福祉施設建設指針策定事業報告書」（平成 22 年度社会福祉振興事業）建築環境ワークス　2011.3

「CASBEE 戸建 - 新築評価マニュアル（2010 年版）」 IBEC　2011.3

「環境を考慮した学校施設の整備推進－エコスクールパイロット・モデル事業事例集」文部科学省・農林水産省・経済産業省・環境省　2011.2

「木造住宅政策を振り返る」鎌田宜夫　群居 37　1994.12

「大規模木造の普及に向けた施工実態の調査」西川直志・佐藤考一　日本建築学会北陸支部研究報告集第 66 号　2023.7

2章

「住宅の内装防火設計マニュアル」（一財）日本建築センター　2009.12

「2001 年版耐火性能検証法の解説及び計算例とその解説」（一財）日本建築センター他編　海文堂出版　2006.1

「2 × 4 耐火 4 階建共同住宅設計に関する問題点」 中田好彦建築設計事務所　2010.9

「大規模木造施設の計画・設計の手引」（一社）日本ツーバイフォー建築協会・カナダ林産業審議会 2015.11

「木造建築物の防・耐火設計マニュアルー大規模木造を中心としてー（第 2 版）」（一財）日本建築センター　2022.1

「ここまでできる木造建築のすすめ（改訂版）」（一社）木を活かす建築推進協議会　2021.3

「中大規模木造建築物に係る防火基準の全体像と設計手法のポイントについて」国土交通省住宅局　2024.3（https://www.mlit.go.jp/common/001737719.pdf、閲覧日 2024 年 12 月 1 日）

3章

「ツーバイフォー耐火大型建築物　特別養護老人ホームりんどう麻溝」（一社）日本ツーバイフォー建築協会　パンフレット　2010.11

「“都市に木造の森を” 都市防火地域等での木質ハイブリッド集成材を用いた耐火建築物の建築促進」 日本集成材工業協同組合　パンフレット

「木造軸組工法による耐火建築物設計マニュアル（第 7 版）〈本編〉」「同〈資料編①〉（1 時間耐火構造）」「同〈資料編②〉（2 時間耐火構造）」（一社）日本木造住宅産業協会　2019.9

「耐火集成材の開発（その 8）ラミナの部分的薬剤処理により作成したスギ耐火集成材柱・梁接合部の加熱実験」 西村光太他　日本建築学会大会学術講演梗概集　2009.8

「建築物の防火避難規定の解説 2016（第 2 版）」 日本建築行政会議編　ぎょうせい　2021.6

「耐火構造における協会大臣認定仕様と告示仕様の上手な利用法について」（一社）日本ツーバイフォー建築協会（https://www.2x4assoc.or.jp/technology/taika/file/taika03_specification.pdf、閲覧日 2024 年 12 月 1 日）

「枠組壁工法耐火建築物　設計・施工の手引」（一社）日本ツーバイフォー建築協会　2018.7

「CLT 大臣認定　認定管理技術者講習会講習会テキスト」（一社）日本 CLT 協会　2022.9

「木質耐火部材を用いた木造耐火建築物設計マニュアル（2022 年版）」（一社）日本木造耐火建築協会　2022.8

「集合住宅のパラダイムシフト」 佐藤考一　新建築 2003 年 12 月号

「次代の住宅メーカーが目指す新機能」『住まいのりすとら』 東洋書店　2010.1

「枠組壁工法床遮音工法ハンドブック」 （一社）日本ツーバイフォー建築協会　2011.3

「大規模木造施設の計画・設計の手引」（一社）日本ツーバイフォー建築協会・カナダ林産業審議会　2015.11

4章

「木造軸組工法による耐火建築物設計マニュアル（第7版）〈本編〉」「同〈資料編①〉（1時間耐火構造）」「同〈資料編②〉（2時間耐火構造）」（一社）日本木造住宅産業協会　2019.9
「木造軸組工法住宅の許容応力度設計（2017年版）」（公財）日本住宅・木材技術センター　2017.3
「改正建築基準法　2階建ての木造一戸建て住宅（軸組構法）等の確認申請・審査マニュアル　2022年改正（2025年施行）対応版」（一財）日本建築防災協会、（一財）建築行政情報センター　2023.11
「2018年　枠組壁工法建築物構造計算指針」（一社）日本ツーバイフォー建築協会　2018.11
「2018年　枠組壁工法建築物設計の手引」（一社）日本ツーバイフォー建築協会　2018.11
「枠組壁工法耐火建築物設計・施工の手引」（一社）日本ツーバイフォー建築協会　2018.7
「改正建築基準法　2階建ての木造一戸建て住宅（枠組壁工法）等の確認申請・審査マニュアル　2025年施行対応版」（一社）日本ツーバイフォー建築協会　2024.10
「2012年改訂版　木造住宅の耐震診断と補強方法」（一財）日本建築防災協会　2019.11（第4刷）
「2020年版　建築物の構造関係技術基準解説書」（一財）建築行政情報センター、（一財）日本建築防災協会　2020.10
「3階建混構造住宅の構造設計の手引き」（公財）日本住宅・木材技術センター　2005.1
「木質系混構造建築物の構造設計の手引き（2019年版）」（公財）日本住宅・木材技術センター　2019.3
「中大規模木造建築物の構造設計の手引き」稲山正弘著　彰国社　2017.2
「鋼製枠組みとLVLパネルを用いたハイブリッド耐震システムの開発：その1～3」塩手博道他　日本建築学会大会学術講演梗概集　2010.7
「ツーバイフォー」（一社）日本ツーバイフォー建築協会会報誌 Vol.166　2007年3月号
「カナダ ブリティッシュコロンビア大学 18階建て学生寮 Brock Commons」Paul Fast, Robert Jackson, 麓 英彦　Journal of Timber Engineering, Vol. 30 No.1 (2017)
「国総研、建研ら／木造3階建て校舎で実大火災実験／基準見直しへ課題抽出」日刊建設工業新聞 2012年2月23日

5章

「大規模木造施設の計画・設計の手引」（一社）日本ツーバイフォー建築協会・カナダ林産業審議会 2015.11
「木造軸組工法による耐火建築物設計マニュアル（第7版）〈本編〉」「同〈資料編①〉（1時間耐火構造）」「同〈資料編②〉（2時間耐火構造）」（一社）日本木造住宅産業協会　2019.9
「枠組壁工法耐火建築物設計・施工の手引」（一社）日本ツーバイフォー建築協会　2018.7
「木質耐火部材を用いた木造耐火建築物設計マニュアル（2022年版）」（一社）日本木造耐火建築協会　2022.8
「CLT大臣認定　認定管理技術者講習会テキスト」（一社）日本CLT協会　2022.9
「木造建築物の防・耐火設計マニュアルー大規模木造を中心としてー（第2版）」（一財）日本建築センター　2022.1
「住宅サッシ／住宅出入り口商品「標準寸法」」（一社）日本サッシ協会　2012.12 および 2021.4
「耐火木造用規格サッシの整備に向けた基礎的検討」西川直志・佐藤考一　日本建築学会技術報告集第74号　2024.4

6章

「講習会修了者のための木造軸組工法による耐火建築物の設計・施工の手引き」（一社）日本木造住宅産業協会　2019.9
「枠組壁工法耐火建築物設計・施工の手引」（一社）日本ツーバイフォー建築協会　2018.7
「枠組壁工法床遮音工法ハンドブック」（一社）日本ツーバイフォー建築協会　2011.3
「コンバージョン［計画・設計］マニュアル」 エクスナレッジ　2004.3
「特養老人ホームりんどう麻溝新築工事 建設報告書」 中村孝　西武建設　2010.10
「木造軸組工法による耐火建築物設計マニュアル（第7版）〈本編〉」「同〈資料編①〉（1時間耐火構造）」「同〈資料編②〉（2時間耐火構造）」（一社）

日本木造住宅産業協会　2019.9
「木質耐火構造貫通部の性能評価：その 1 断熱された貫通管が配された区画貫通部の加熱実験」遊佐秀逸他　日本建築学会大会学術講演梗概集 2015.9
「枠組壁工法耐火構造の各部防火被覆の性能検証実験 その 5 2 時間耐火構造における区画貫通措置の加熱実験」泉潤一他 日本建築学会学術講演梗概集 2017.7

7 章

「特養老人ホームりんどう麻溝新築工事建設報告書」 中村孝　西武建設　2010.10
「三井住友建設／大規模マンション急速施工、1 日当たり 12 戸建設達成」 日刊建設工業新聞 2009 年 2 月 19 日
「ファサードエンジニアリングの新たな課題」佐藤考一　建築技術 2022 年 11 月号
「木造特集」新建築 2017 年 11 月号・2018 年 11 月号・2019 年 10 月号・2020 年 11 月号・2021 年 11 月号
「木でつくる中大規模木造建築の設計入門」大橋好光ほか　日本住宅・木材技術センター　2022.8
「実務者のための鉄骨造再入門」佐藤考一ほか　学芸出版社　2022.8

8 章

「確認申請マニュアルコンプリート版｜ 2011-12」 エクスナレッジ　2011.1
「大規模木造の普及に向けた施工実態の調査」西川直志・佐藤考一　日本建築学会北陸支部研究報告集第 66 号　2023.7

著者プロフィール

佐藤考一（さとう・こういち）
金沢工業大学建築学科教授、建築環境ワークス協同組合（A/E　WORKS）代表理事。一級建築士。
1966年栃木県生まれ。1997年東京大学大学院博士課程修了、博士（工学）。
主な著書：『初学者の建築講座　建築計画』共著（市ヶ谷出版社）、『コンバージョンが都市を再生する、地域を変える』共著（日刊建設通信新聞社）、『建築再生の進め方』共著（市ヶ谷出版社）、『性能別に考えるS造設計［構法・ディテール］選定マニュアル』共著（エクスナレッジ）、『よくわかる！建築』共著（PHP研究所）、『日本住宅建設と産業化』共著（中国建築工業出版社）ほか。

小見康夫（おみ・やすお）
東京都市大学建築都市デザイン学部建築学科教授、建築環境ワークス協同組合（A/E WORKS）監事。
一級建築士。
1961年大阪府生まれ。1995年東京大学大学院博士課程修了、博士（工学）。住宅メーカー開発部、設計事務所代表、2002～2004年A/E WORKS代表理事等を経て2005年より武蔵工業大学（現・東京都市大学）。
主な著書：『図説テキスト・建築構造』共著（彰国社）、『世界のタイル・日本のタイル』共著（INAX出版）、『ズバリ図解　建築』監修（ぶんか社）、『よくわかる！建築』編著（PHP研究所）、『日本住宅建設と産業化』共著（中国建築工業出版社）、『3D図解による建築構法』共著（市ヶ谷出版社）ほか。

呉　東航（ウー・ドンハン）
（株）呉建築事務所代表取締役、東京理科大学客員教授。一級建築士。構造設計一級建築士。
1963年中国広州市生まれ。1987年日本に留学。1994年東京大学大学院博士課程修了、博士（工学）。黒沢建設を経て1997年より現職。
主な著書：『よくわかる！建築』共著（PHP研究所）、『日本住宅建設と産業化』主編 共著（中国建築工業出版社）、『よくわかる　住まいの耐震・制振工法』編著（住まいの学校）ほか。

栗田　紀之（くりた・のりゆき）
きがまえ研究室代表、建築環境ワークス協同組合（A/E　WORKS）専務理事、東京理科大学非常勤講師。一級建築士。
1964年愛媛県生まれ。1993年東京大学大学院博士課程単位取得退学。1996年博士（工学）。東京工芸大学助手を経てA/E WORKS設立に参加。2004～2010年に同代表理事。
主な著書：『図解 建築工事の進め方 木造住宅』共著（市ヶ谷出版社）、『よくわかる！建築』共著（PHP研究所）、『日本住宅建設と産業化』共著（中国建築工業出版社）ほか。

カバーデザイン：米倉英弘（米倉デザイン室）
DTP：ユーホーワークス
印刷・製本：シナノ書籍印刷

耐火木造［計画・設計・施工］マニュアル
令和7年大改正 完全対応版

2025年4月1日　　初版第1刷発行

著　者　佐藤考一　小見康夫　呉東航　栗田紀之
［A/E WORKS］
発行者　三輪 浩之
発行所　株式会社エクスナレッジ
〒106－0032
東京都港区六本木7－2－26
https://www.xknowledge.co.jp/

編集　Fax 03－3403－1381／info@xknowledge.co.jp
販売　Tel 03－3403－1321／Fax 03－3403－1829